좋은 삶의 정치사상

정치사상총서 05

좋은 삶의 정치사상

지은이 / 김용민·육혜원·장의관·박의경·안외순·안정석·오수웅
　　　　김동하·신복룡·최순영·정원섭·설한·김주성·김병욱
펴낸이 / 강동권
펴낸곳 / (주)이학사

1판 1쇄 발행 / 2014년 5월 30일

등록 / 1996년 2월 2일 (등록번호 제 03-948호)
주소 / 서울시 종로구 윤보선길 65(안국동 17-1) 우 110-240
전화 / 02-720-4572 · 팩스 / 02-720-4573
이메일 / ehaksa@korea.com · 트위터 / twitter.com/ehaksa · 페이스북 / facebook.com/ehaksa

© (사)한국정치사상학회, 2014, Printed in Seoul, Korea.

ISBN 978-89-6147-191-6 94340
　　　978-89-6147-139-8 94340(세트)

이 책의 저작권은 저자가 가지고 있습니다.
저작권법에 의해 보호를 받는 저작물이므로 이 책 내용의 일부 또는 전부를 재사용하려면
저작권자와 (주)이학사 양측의 동의를 얻어야 합니다.

* 책값은 뒤표지에 표시되어 있습니다.

이 도서의 국립중앙도서관 출판시도서목록(CIP)은 e-CIP 홈페이지(http://www.nl.go.kr/ecip)와 국가자료공동목록시스템(http://www.nl.go.kr/kolisnet)에서 이용하실 수 있습니다. (CIP제어번호: CIP2014014851)

정치사상총서 05

좋은 삶의 정치사상

김용민 · 육혜원 · 장의관 · 박의경 · 안외순 · 안정석 · 오수웅 · 김동하
신복룡 · 최순영 · 정원섭 · 설한 · 김주성 · 김병욱 지음

이학사

서문

　인간은 행복을 추구한다. 행복이 보장되는 삶이 좋은 삶이며, 정치의 목적은 좋은 삶을 현실의 세계에 실현하는 데 놓여 있다. 이런 면에서 정치는 내세에서의 좋은 삶을 추구하는 종교와는 다르다. 정치에서 좋은 삶은 자기 혼자만 잘 사는 그런 이기적 삶이 아니라, 동료 시민들과 더불어 잘 사는 협동적 삶을 의미한다. 더불어 잘 산다는 것은 공동선이며, 정의는 다름 아닌 공동선의 중요한 기준이다. 정치는 정의에 입각해서 시민에게 좋음과 행복을 부여하는 과정이다. 정치철학자들은 끊임없이 인간의 본성, 행복, 좋은 삶, 공동선, 정의, 국가 등의 관념에 관하여 고민해왔고, 나름대로의 해결책을 제시하기도 하였으며, 이러한 고민은 현재도 계속되고 있다. 좋은 삶에 대한 성찰은 우리의 행복과 직결된다. 여타 학문이 지니지 못하고 있는 미래지향성, 다시 말해 이상적 정의 사회의 추구를 그 본질로 하고 있는 정치학은 좋은 삶에 대한 철학적 고찰을 통해 21세기의 정치 세계에서 실현 가능한 좋은 삶의 모습을 제시할 책임이 있다. 이 책은 이러한 책임 의식에 공감한 열네 명의 학자가 공동으로 작업한 결과이다.

좋은 삶과 정치라는 커다란 주제에 보다 쉽게 접근하기 위하여 우선 시대를 크게 고중세, 근대, 현대의 세 시대로 구분했고, 각 시대에 속하는 동양 사상가, 서양 사상가, 혹은 주요 사상적 조류의 좋은 삶에 대한 관점을 살펴보았다. 지은이들이 나름대로 애써서 기획을 해 보았지만 각 시대를 대표할 수 있는 동서양 사상가들이 빠짐없이 거론된 것도 아니고, 동양 사상가나 한국 사상가에 대한 연구가 서양 사상가에 비하여 상당히 미흡하며, 책 전반적으로 볼 때 일관된 체계성을 충실히 갖추지 못한 것 같아서 아쉬움이 많이 남았던 작업이라고 생각된다. 하지만 이러한 학문적 시도가 예전에 없었던 새로운 도전이었고, 좋은 삶과 행복한 삶에 대한 시민의 기대와 희망에 부응할 수 있는 정치적 지향점을 성찰할 수 있는 계기를 제공했다면, 이 책이 지니는 중요성은 과소평가할 수 없을 것이다.

이 책의 모태가 되는 글들은 한국정치사상학회가 대한민국 국회의 후원을 받아 2009년 11월 21일에 개최한 "동서고금의 좋은 삶과 정치"라는 학술회의에서 발표된 논문들이다. 지면을 빌려 다시 한번 정치사상학회, 국회, 이 책의 지은이들에게 감사를 표한다. 편제상 이 책의 말미인 제4부에 실려 있지만, 김용민의 「좋은 삶과 정치」라는 글은 당시 학술회의에서 기조 논문으로 발표된 것이다. 김용민의 글에 맞춰 지은이들이 각자 자신들의 연구 주제를 결정한 것은 아니지만, 우연하게도 김용민의 글에 언급된 주요 주제들의 흐름과 지은이들의 개별 연구 주제가 맥락적으로 상당히 연관되어 있는 것으로 나타나고 있다. 김용민의 글은 이 책의 「서론」 격이라고 할 수 있다. 이 책을 읽는 독자는 그의 글부터 읽어보기를 권한다.

「서론」 격의 글이 따로 있으니, 중복을 피하기 위해 장황한 서문은 피하기로 하고, 이하에서는 독자의 이해를 높이기 위해 지은이들이 자신들의 글을 통해 전달하고자 하는 논지가 무엇인지에 관해 핵심적으로 설명하고자 한다.

　제1부는 동서양의 고중세 정치사상에 나타난 좋은 삶의 모습을 탐구하는 총 네 편의 글로 구성된다. 서양의 철학자로서는 소크라테스, 아리스토텔레스, 아우구스티누스가 제시한 좋은 삶의 모습을, 그리고 동양의 철학자로서는 맹자가 제시한 좋은 삶의 모습을 각각 분석하고 있다. 소크라테스가 제시한 좋은 삶의 모습을 다루고 있는 1장에서 육혜원은 소크라테스가 끊임없이 '좋은 삶과 정치'에 대해 진정으로 숙고하고자 했던 최초의 사상가였음을 주장하고 있다. 그에 따르면, 소크라테스는 철학의 소명이 '영혼을 돌보는 일'이라고 생각했고, '자신의 영혼을 보살피는 것'에 대해 사람들을 설득하려고 했으며, '좋은 삶'을 살기 위해서는 자신이 누구인지를 알도록 자신 스스로 대해 사유하는 일부터 시작해야 함을 시민에게 알리려고 했다는 것이다. 소크라테스는 좋은 삶에 대해 사유하는 것과 모순되는 '부정의'하게 행위하는 것을 생각의 힘으로 막는 능력을 키우는 교육에 힘썼지만, 그의 사유에 대한 요구가 아테네 시민에게 설득력이나 공감을 얻지 못했기 때문에, 그의 좋은 삶에 대한 이상은 실패로 끝나고 있음을 육혜원은 지적하고 있다.
　아리스토텔레스가 제시한 좋은 삶의 모습을 다루고 있는 2장에서 장의관은 아리스토텔레스에게 있어서 정치의 본질은 도시국가의 구성원들에게 좋은 삶을 부여하는 데 있으며, 이때의 좋은 삶은 개인의 독립적 노력의 소산이라기보다는 정치 공동체의 형성과 운영을 통한 구성원들 간의 공동 협력의 산물로 이해된다는 점을 강조하고 있다. 다시 말해 공동선을 도모하는 정치 공동체의 존립은 구성원들의 좋은 삶을 제고시키는 요건으로 기능한다는 것이다. 이 글에서 장의관은 좋은 시민(polites spoudaios)이 반드시 좋은 사람(aner agathos)

과 일치하는 것은 아니라는 아리스토텔레스의 언급은, 좋은 삶을 영위할 수 있는 좋은 사람의 자질이 모든 정치 공동체에서 발현되는 것은 아니라는 것을 의미한다고 해석하면서, 좋은 시민의 조건과 좋은 사람의 조건이 일치할 수 있는 정치 공동체의 형태와 이의 구현은 아리스토텔레스 정치철학의 중심 논제임을 주장하고 있다. 아울러 좋은 삶의 실현을 위한 조건으로 아리스토텔레스가 제기하는 정치 공동체의 역할 및 한계에 대한 분석적 논의를 개진하고 있다.

아우구스티누스가 제시한 종교적 좋은 삶의 모습을 다루고 있는 3장에서 박의경은 아우구스티누스가 종교적 좋은 삶을 통해서 정치 사회의 평화와 안정을 이룩할 수 있다는 믿음을 가지고 있었음을 주장하고 있다. 박의경은 아우구스티누스가 로마제국의 말기에 외침으로 혼란한 상황에서 이에 대한 종교적 정리를 하면서, 인간이 목표로 삼아야 할 삶을 하나님의 도성과 지상의 도성의 두 가지로 설정하고 있다고 지적하면서, 이 두 도성에 대한 이중적 목표 설정이 이후 정치와 종교를 둘러싼 신학적 논쟁의 불씨가 되고 있음을 강조하고 있다. 다음으로 박의경은 두 가지를 동시에 영위해나갈 수 있는 능력을 인간이 가지고 있지 않다는 사실에 대한 명확한 인지를 통해, 종교와 정치를 결합시켜 사회와 국가를 종교화하는 동시에 종교를 정치화시키려는 시도가 아우구스티누스로부터 아퀴나스, 칼빈으로 이어지고 있다는 것을 논의한다. 이와 같은 시도는 결국 정치와 종교는 서로의 존립을 위해서는 없어서는 안 될 것이며, 인간의 좋은 삶을 위해서도 절대적으로 필요한 근본 가치라는 것을 보여주고 있다고 지은이는 결론을 맺고 있다.

4장에서 전개되고 있는 동양 사상에서의 좋은 삶의 모습에 대한 탐구는 그 철학적 전통이 앞에서 논의된 좋은 삶에 대한 서양 사상적 전통과는 상당히 다르게 나타나고 있다. 그것은 상당히 도덕적이며 윤리적인 것으로 나타난다. 안외순은 맹자에게 있어서 좋은 삶을 보장하는 좋은 정치를 왕도정치로 보고 있고 이것을 인정(仁政, politics by humaneness)이라고 하고 있다. 안외순의 논의를 따라가보자. 맹자는 인정을 '인민의 후회 없는 물질적 생활 보장'(=양민養民)에서 시작하여 '인민의 도덕화 혹은 윤리화'(=교민敎民)로 완성된다고 보는데, 이런 의미에서 인정은 물질적 풍요 위에 도덕적 성숙이 갖추어진 정치 공동체라고 할 수 있다. 맹자는 좋은 삶은 인간의 생물적 본능의 충족 후에 가능한 것임을 줄기차게 역설하고 있다. 이른바 '양민이 왕도정치의 시작'인 것이다. 또한 맹자는 좋은 삶의 최종 조건은 교민(敎民)을 통한 오륜(五倫)의 향유임을 강조하는데, 맹자에 따르면, 인(仁)/의(義)를 체득한 선인(善人)이 아직 불선(不善)한 백성들을 선으로 인도하려는 측은지심의 발현은 양민으로 그쳐서는 안 되며 오륜에 대한 교화로까지 이어져야 한다는 것이다. 맹자에게 있어 '좋은 삶'은 인간의 고유성인 도덕적 본성을 현실에서 구현하는 삶이다. 이러한 논의를 통해 안외순은 맹자는 국가가 정치를 통해 인간성 회복, 선 자체를 구가할 수 있도록 도와주는 것을 자신의 최종 목적으로 보고 있다는 결론을 제시하고 있다.

제2부는 동서양의 근대 정치사상에 나타난 좋은 삶의 모습을 탐구하는 총 네 편의 글로 구성된다. 서양의 철학자로 마키아벨리, 루소, 헤겔이 제시한 좋은 삶의 모습을, 동양의 경우 그 범위를 좁게 잡아 조선 후기 실학자들이 고민했던 조선 민중의 삶의 모습을 분석하고 있다. 마키아벨리가 제시한 좋은 삶의 모습을 다루고 있는 5장에서 안정석은 마키아벨리가 좋은 삶과 정치의 이미지를 그리스 고전 정치철학과 중세 사상가들, 그리고 그가 살았던 15~6세기의 기독교 문화권에서의 관점에 대한 비판적인 성찰을 통해 그려내고 있

음을 밝히고 있다. 마키아벨리는 이 비판적 성찰을 통해 그리스철학과 기독교의 가르침에는 도덕적 선과 악에 대하여 비효율적인 가르침이 담겨 있다는 결론을 내리고 그것을 혁신하려고 했다는 것인데, 그에게 좋은 삶과 정치라는 이미지는 바로 이런 혁신 속에서 이해되어야 할 문제로 고려되어야 한다는 것이다. 안정석에 따르면, 마키아벨리는 좋은 삶과 정치란 것이 우선 고전 정치철학의 지평에서는 정의롭지 못한 삶으로부터 정의로운 삶으로 옮겨 가는 데 있다고 이해했고, 중세적인 기독교적 지평에서는 죄를 짓는 삶으로부터 회개하는 삶으로 옮겨 가는 것과 연관되어 있는 것으로 이해한 반면에, 그 자신이 수립한 관점에서는 '가벼운 일'(즐거운 삶)과 '심각한 일'(정치와 같은 무거운 삶) 사이를 '왕복'하는 삶으로 이해했다는 것이다. 마키아벨리의 좋은 삶에 대한 관점은 고전 철학과 기독교적 관점을 혁신하면서 새롭게 등장했다는 것이 결론으로 제시되고 있다.

루소가 제시한 좋은 삶의 모습을 루소의 미학에서 찾고 있는 6장의 글에서, 오수웅은 루소의 좋은 삶에 대한 관념은 이성과 감성, 쾌락과 고통, 욕망과 능력, 행복과 존재 등의 상호 관계에 대한 고찰에서 규정되고 있음을 밝히고 있으며, 이러한 상호 관계의 핵심은 비례 균형과 조화라고 주장하고 있다. 즉, 좋은 삶을 살기 위해서는 한 인간의 본성에 있는 능력과 그에 따른 개인적·사회적 행위들을 비례 균형과 조화에 이르게 해야 한다는 것이다. 이러한 미학적 관점에서 볼 때, 루소에게 있어서 사회인의 참된 행복은 욕망과 능력, 즐거움과 고통, 개인적 존재와 사회적 존재와 같은 구성 인자들이 비례 균형과 조화의 상태에 이르게 될 때 느끼는 현존감으로 나타나고 있으며, 좋은 삶은 그러한 현존감을 가장 많이 느끼는 삶으로 나타나게 된다는 것이다. 오수웅은 비례 균형과 조화에 이르는 활동(삶)을 아름다움으로 간주하는 루소의 미학은 인간의 본성과 삶을 구상할 때 반영되고 있을 뿐만 아니라, 나아가서 『사회계약론』에서 정치체를 구상할 때에도 반영되고 있음을 주장하고 있다.

인륜성 개념을 중심으로 헤겔이 제시한 좋은 삶의 모습을 탐색하고 있는 7장에서, 김동하는 헤겔에게 '좋은 삶'이 무엇이며 그것의 사회 정치적 조건이 무엇인지를 해명하는 문제는 헤겔이 정립하려 했던 인륜성의 구조와 자유의 이념을 해명하는 문제와 같은 것이라고 말하고 있다. 김동하는 인륜성을 구성하는 원리로서 대칭적인 상호성의 원리에 기초한 인정 개념을 주장하고 있는 호네트를 비판하는 전략을 우회적으로 취함으로써 헤겔이 진정으로 의도했던 인륜성이 과연 무엇이었던가를 파악하고자 한다. 동등한 개인들 간의 수평적인 상호작용을 통해 '정치적인 것'을 형성해간다는 호네트의 상호성 이론이 지니는 규범성은 매력적이게 보일 수 있지만, 김동하는 개인들 간의 대칭적인 상호성의 원리에 기초하여 재구성된 좋은 삶의 형식들이 긍정적인 자기 이해를 위한 필요충분조건이 될 수 있는가에 관해 강력한 의문을 제기한다. 그는 상호성에 기초한 인정의 원리를 주장하는 호네트를 비판하면서 이를 보충할 수 있는 대안을 헤겔이 발전시킨 '공동체성'의 이념을 통해 제시하고 있다. 결론적으로 지은이는 헤겔의 인륜성 개념을 상호성의 원리와 공동체성의 이념이 조화롭게 결합된 하나의 사회 이론 모델로 제시하고 있다.

8장에서 신복룡은 한국의 실학사상을 중심으로 민중의 삶을 분석하고 있는데, 앞의 글들과 달리 개별 사상가에 대한 논의가 아니라는 점에서 상당히 이채롭다고 할 수 있다. 우선 신복룡은 실학사상이 문명에의 눈뜸, 민중에 대한 의식의 발양(發揚), 우주론 또는 세계관의 개안을 통한 지평의 확대, 그 결과로서의 탈중화사상 등 한국 사상사에서 가진 의미가 매우 컸다고 해석한다. 그는 조선 후기 실학자들이 지녔던 고민을 다음 세 가지로 요약하고 있다. 첫째로 그들은 제도 개혁의 문제와 관련하여, 선정(善政)의 문제, 선정을 위한 제도의 개혁, 그리고 신분제를 고민했다. 둘째로 그들은 토지의 생산성과 관련하여, 민산(民産)을 고민했다. 민산을 높이기 위해 그들은 자연과학의 도입, 경자유전(耕者有田)의 도입, 유민의 방지, 화폐납(貨幣納) 제노의 도입을 구상했다. 셋째로 우주론과 관련하여, 강역학(疆域學)에 주목하면서 실지 회복주의(失地回復主義, irredentism)를 강조했고, 지리학의 발견과 함께 중화주의로부터의 해방을 도모했으며, 자연과학의 도입에 눈뜨기 시작했다. 그러나 신복룡은 실학자들이 지닌 고민의 개혁성, 계몽성, 근대성에도 불구하고 민중의 삶에 대한 그들의 관점은 근대적이지 못했다고 지적하고 있다. 그들이 민중에 대한 연민을 가졌던 것을 부인할 수는 없지만, 그들은 민중을 어디까지나 "우리[籬]" 안의 존재로 생각했고, "양을 치는 심정"으로 민중을 바라보았으며, 그들의 생각은 기본적으로 우민의 논리에 기초하고 있었다는 것이다. 이러한 점에서 신복룡은 종래의 인문학 분야의 사상사가 실학의 애민적(愛民的) 요소를 너무 과장한 것이 아닌가 하는 의문을 제기한다.

제3부는 서양의 현대 정치사상에 나타난 좋은 삶의 모습을 탐구하는 총 네 편의 글로 구성된다. 니체, 롤즈, 킴리카가 제시한 좋은 삶의 모습이 분석되는 한편, 현대의 실존 양식에 걸맞은 정치 이념의 지형이 과연 무엇인지에 대한 탐구가 이루어지고 있다. 9장에서 최순영은 니체가 제시한 위버멘쉬의 고귀한 삶을 좋은 삶으로 파악하고 있다. 최순영에 따르면, 니체의 좋은 삶에 대한 견해는 이상적 인간으로서 위버멘쉬의 고귀한 삶과 그 대척점에 있는 천민, 종말인의 동물적이며 속물적인 삶의 대비에서 그 특징이 드러난다. 다시 말해 니체는 인간을 힘에의 의지의 관점에서 위버멘쉬와 동물 사이

의 심연에 걸쳐져 있는 밧줄 위를 걷고 있는 양자 사이의 교량으로서, 과정적 존재로 파악하고 있는데, 이러한 관점에 따르면 인간은 힘에의 의지의 상승과 퇴락에 따라 위버멘쉬로 상승할 수도 동물로 몰락할 수도 있게 된다는 것이다. 힘에의 의지에 근거한 주권적 입법자(위버멘쉬)만이 자기 규율에 따라 행동하며, 따라서 고귀한 삶을 누리게 된다. 니체는 고귀한 삶은 자기 규율이 결여된 사이비 자유에 기초한 자유주의나, 인간과 문화의 왜소화를 초래하는 정치적 평등에 기초한 민주주의와 사회주의에서 가능하지 않다는 것을 강조하고 있는데, 최순영은 이러한 니체의 주장이 현대적 삶에 대한 비판적 사유의 계기를 제공한다고 보고 있다.

10장에서 정원섭은 롤즈의 이론을 중심으로 정치적 자유주의에서의 좋은 삶을 논의하고 있다. 자유와 관용을 강조하는 자유주의자의 좋은 삶에 대한 기본적 입장은 개인적 차원에서 이상적이라고 생각하는 "좋은 삶"이 있다 할지라도 정치적 차원에서는 특정 형태의 삶의 양식을 옹호하는 것보다는 "좋은 삶"에 대한 다양한 입장이 공존할 수 있는 가능성을 인정하는 것이다. 정원섭에 따르면, 롤즈는 어떤 형태의 삶이 "좋은 삶"인가에 대해 구체적인 논의를 전개하지 않는다. 오히려 롤즈는 "무엇이 좋은 삶인가"에 대하여 다양한 입장이 있을 수 있다는 것을 인정할 뿐만 아니라 이러한 입장들끼리 갈등할 경우 이러한 입장들 간의 공존의 가능성에 더욱 주목한다. 따라서 그의 정치적 자유주의는 "좋은 삶"에 대한 도덕철학을 설파하는 것이라기보다는 "좋은 삶"에 대한 다양한 입장이 공존할 수 있는 사회적 여건, 즉 공정한 사회를 구체화하는 방안에 대한 것이라고 할 수 있다. 정원섭은 이 글에서 롤즈가 제시한 "재산 소유 민주주의" 체제가 보다 구체적인 차원에서 사회정의를 구현하면서 좋을 삶의 사회적 여건을 제공하는 정치 체제임을 보여주고 있다.

11장에서 설한은 자유주의적인 입장에서 다문화주의를 가장 정교하고 체계적으로 다루어온 대표적 이론가인 킴리카의 이론을 비판적으로 고찰하고 있다. 킴리카에게 있어서 자유주의는 좋은 삶의 관점에서 정당화될 수 있으며, 이 삶은 개인의 자율성에 기초를 둔 특정한 삶의 개념이다. 하지만 자율성은 문화적인 전제조건을 또한 필요로 하는데, 따라서 문화는 진정한 자유를 결정짓는 조건이 된다. 이러한 기본적인 인식을 바탕으로 킴리카는 자유주의와 다문화주의의 결합을 시도하고 있다. 그러나 이 글에서 설한은 킴리카 이론이 지닌 두 가지의 문제점을 지적하고 있다. 첫 번째 문제점은 킴리카의 이론이 문화적 유대를 자율성을 위한 필요조건으로 격하시킴으로써 의미 관계를 기능적 관계로 변형시키고 있다는 것이며, 두 번째 문제점은 킴리카 이론에 있어서 자유주의와 다문화주의 사이를 연결시켜주는 필수적인 가교 역할을 하는 핵심 개념인 '자유'의 개념을 킴리카가 모호하게 사용함으로써 그의 자유주의적 다문화주의는 일관성이 떨어진다는 것이다. 설한은 '자유주의적 자율성'과 '문화에 의해 가능한 선택의 자유' 사이의 등치는 결국 겉으로만 그럴 듯한 것으로 그치고 만다는 결론을 제시한다.

12장에서 김주성은 정치를 인간이 자기의 실존을 실현하는 생활양식이라고 본다면, 정치제도는 인간의 실존 양식을 대표하는 것이며, 실존을 존재의 형태로 보기보다는 자유의 형태로 본다면, 정치제도에 내재된 인간의 자유는 바로 인간 실존의 내용과 한계를 구성할 것이라는 전제에서 현대인의 실존 양식을 분석하고 있다. 김주성은 현대의 정치제도는 입헌 자유주의가 민주주의와 복합된 것이고, 더 자세하게는 공화주의의 매개로 자유주의와 민주주의가 복합된 것이라고 보고 있으며, 이처럼 복합된 정치제도가 지지하는 실존 양식은 삼중적인 실존 양식이라고 주장한다. 내밀한 자기 영역과 경제생활의 영역에서 개인적 실존을 확보하고, 법과 공익의 정치 영역에서 공화주의의 정치적 실존을 누리고, 나아가 선거나 국민투표, 발안 및 소환의 정치 활동에서 민주주의의 정치적 실존까지 누린다는 것이다. 삼중적인 실존 양식은 서로 중심을 차지하려고 갈등 관계에 처하게 되는데, 김주성은 균형점을 찾기 위해서는 전통적인 공화주의적 실존 양식의 매개 기능이 제 역할을 해야 한다고 주장한다. 자유화의 욕구와 민주화의 욕구가 자아내는 긴장 국면은 공화적 실존의 매개 역할이 없으면 해소될 수 없기 때문이라는 것이다.

제4부는 서양 정치사상에 나타난 좋은 삶과 정치의 관계에 대한 근원적·철학적 성찰 및 그 관계에 대한 시대별 관점이 정리되어 있는 김용민의 글과, 좋은 삶에 대한 새로운 인식과 그 방향 설정을 위해서 기존의 정치학의 메타이론인 '지배와 피지배의 틀'을 극복할 수 있는, '일[事]' 개념을 중심으로 하는 '일 자체 준거적 메타이론'이라는 새로운 대안을 제시하는 김병욱의 글로 구성된다. 앞에서 언급했듯이 김용민의 글은 책 전체의 서론 역할을 하고 있다. 13장에서 김용민은 좋은 삶을 누리는 정치적 주체가 어떤 인물 유형이었는가에 초점을 맞추어 고대에서 현대에 이르기까지의 서양 정치사상을 일별하고 있다. 그는 좋은 삶의 주체가 고전적 통치자(예를 들면 플라톤의 철인왕이나 크세노폰의 키루스왕) → 아리스토텔레스적인 고전적 시민 → 헬레니즘 시대의 비정치적 현자 또는 에피쿠로스주의적 쾌락주의자 → 키케로적인 로마 시민 → 중세적 종교인 → 근대적 자유주의 시민 → 현대의 자유주의, 공동체주의, 공화주의의 복합적 영향을 받는 시민 → 절차적 심의 민주주의의 시민의 순으로 변화해 왔음을 보여주고 있다. 김용민은 시민은 '정치 참여'와 '심의'를 통해 좋은 삶을 획득할 수 있다는 아리스토텔레스의 주장을 수용하면

서, 25세기가 흐른 지금에도 이 주장은 보편적 진리를 담고 있음을 강조한다. 그는 미래 정치학의 과제로 이러한 보편적 진리를 실천할 수 있는 보다 정교한 정치제도를 만들고 제도에 걸맞게 시민을 교육해야 할 강력한 필요성이 있음을 강조하는 것으로 결론을 대신하고 있다.

14장에서 김병욱은 인간의 삶을 자연의 생명 활동이라는 커다란 틀에서 파악하면서 다음과 같은 궁극적 질문을 던진다. "자연과 인간의 생명 활동에서 최근 현격하게 가중되고 있는 고통의 문제는 과연 어디에서 연원하는 것이고, 이러한 생명 활동에 대한 인간의 지배 문제는 근원적으로 어디에서부터 연원하는 것인가. 이러한 생명 활동에서 인간이 있어야 할 위치는 어디며, 인간이 꿈꿀 수 있고 인간이 관여할 수 있는 일은 과연 어떤 일인가. 정치의 가능성이라고도 할 수 있을 이 일의 가능성을 어디서부터 어떻게 탐지해갈 수 있을 것인가." 이러한 의문을 염두에 두고, 김병욱은 그가 새롭게 제안한 '일 자체 준거적 메타이론'에 근거하여, 좋은 삶과 좋은 일의 관계를 다음과 같이 말한다. '좋은 사람'이란 작은 일이든 큰일이든 자신이 맡은 매사를 공적 방식에 따라 응분의 일로 감당해가는 사람이며, 자신이 관여하는 일에서 그 일을 응분의 일로 감당해가는 경우 그 당사자인 자신의 삶 역시 좋은 삶으로 변화할 가능성이 높아진다. 김병욱은 이 시대에 우리가 함께 꿈꿀 수 있는 인간과 자연 온 누리의 '좋은 생명 활동'은 '좋은 일에 관여하는 삶'이며, 특히 이러한 생명 활동은 지배하는 일이 아닌, '지탱하는 일에 관여하는 삶'이라는 점을 강조하고 있는데, 이러한 그의 관점은 새로운 메타이론적 시도라는 점에서 참신하다고 할 수 있다.

이제 이 글을 마무리할 때가 되었다. 나는 민주주의가 전 세계적으로 확산된 21세기 포스트모던 시대에 좋은 삶, 또는 행복한 삶을 추구하는 시민의 유형을 대표적으로 세 가지로 나눌 수 있다고 생각한다. 공적인 생활(혹은 영역)에서 행복을 느끼는 아리스토텔레스적인 고전적 시민, 공적인 생활보다는 사적인 생활에서 "덕이 곧 행복"이라고 믿고 사는 스토아적인 시민과 "쾌락이 곧 행복"이라고 믿고 사는 에피쿠로스적 시민이 바로 그것이다. 아리스토텔레스는 시민을 좋은 삶의 주체로서 확실하게 부각시켰다. 고전적 시민은 "참여(participation)"와 "심의(deliberation)"를 통해 좋은 삶을 설계하며, 참여와 심의의 과정에서 행복을 느낀다. 아리스토텔레스 사후, 헬레니즘 시대의 도래와 더불어 정치적 주권을 상실한 그리스인들은 더 이상 공적인 영역이 아니라 사적이고 개인적인 영역에서 안심입명과 행복을 찾고자 하였다. 헬레니즘 시대에 이르러 철학은 이러한 시대의 요구에 따라 인간의 욕구, 쾌락, 행복 등을 충족시켜주는 방법 및 고통을 치유하는 방법을 제공하는 수단적 학문으로 변질되었다. 스토아학파와 에피쿠로스학파는 시대의 요구에 부응하는 철학으로 새롭게 부상하였으며, "덕이 곧 행복" 또는 "쾌락이 곧 행복"이라는 윤리 원칙을 내세워 개인주의적이고 비정치적인 삶을 좋은 삶의 모델로 제시하였다.

   고전 철학에 나타난 세 가지 시민의 유형이 현대의 자유주의, 공동체주의, 공화주의 담론에서도 재생되어 나타나고 있다는 것은 놀라운 일이다. 공동체주의와 공화주의가 추구하는 시민 유형은 아리스토텔레스적 시민이라고 한다면, 칸트의 전통을 계승하고 있는 롤즈류의 자유주의자가 추구하는 시민 유형은 (약한 의미의) 스토아적 시민, 벤담의 전통을 계승하고 있는 공리주의자가 추구하는 시민 유형은 에피쿠로스적 시민이라고 할 수 있다. 나는 롤즈가 말하듯이 '합당한 다원주의의 현실'에서 어떤 유형의 시민이 더욱 바람직한 것인가에 대한 논의는 바람직하지 않다고 생각한다. 중요한 것은 포스트모던 시대의 시민은 개별적이고 주체적인 행복을 추구하고 있다는 사실을 염두에 두고 정치를 통해 이들에게 맞춤형 행복과 더 나아가서 맞춤형 힐링을 제공해야 하는 것이다. 새로운 시대를 맞아 이제 정치가 새로운 역할을 다하기 위해서는 전통적인 기존의 메타 이론을 바꾸어야 한다는 당위성이 존재한다.

시민의 입장에서 좋은 삶에 대한 성찰은 자신이 행복해지기 위해서 필요하다. 행복하기 위해서는 현명해야 할 필요가 있으며, 현명하기 위해서는 교육을 받아야 할 필요가 있다. 국가가 시민에게 맞춤형 행복을 제공하는 것은 물론 중요하고 기본적인 일이지만, 정신적 행복을 누릴 수 있는 영혼을 형성하는 교육은 더욱 중요하고 가치 있는 일이라고 할 수 있다. 나는 지은이들을 대표하여, 우리가 애써서 만든 이 책이 시민의 영혼 교육에 일조하리라고 굳게 믿는다.

2014년 4월
초안산 자락의 우거에서
14명의 지은이들을 대표해서
김용민이 쓰다

차례

서문_김용민　　　　　　　　　　　　　　　　　　　　　　　　　　　5

제1부 좋은 삶과 고중세 정치사상

1장 소크라테스의 사상에서 좋음(agaton)과 정치_육혜원　　　　　23
2장 아리스토텔레스 정치 공동체의 가능성과 한계_장의관　　　　51
3장 종교적 좋은 삶과 정치적 좋은 삶: 아우구스티누스를 중심으로_박의경　　93
4장 맹자의 인정론과 좋은 삶_안외순　　　　　　　　　　　　　127

제2부 좋은 삶과 근대 정치사상

5장 마키아벨리에게 있어 좋은 삶과 정치_안정석　　　　　　　163
6장 비례 균형과 조화에 이르는 삶: 루소의 미학_오수웅　　　　213
7장 헤겔이 생각한 '좋은 삶'의 질서와 '인정의 정치'_김동하　　253
8장 조선 후기 실학자들의 눈에 비친 민중의 삶_신복룡　　　　287

제3부 좋은 삶과 현대 정치사상

9장 니체의 위버멘쉬와 고귀한 삶 그리고 정치_최순영   341

10장 정치적 자유주의에서 좋은 삶_정원섭   381

11장 킴리카의 자율성과 문화_설한   403

12장 현대 정치와 실존 양식_김주성   445

제4부 좋은 삶과 좋은 정치

13장 좋은 삶과 정치: 좋은 삶을 누리는 정치적 주체는 누구인가?_김용민   475

14장 좋은 일에 관여하는 삶과 정치학_김병욱   501

각 장에 대한 안내 및 각 장이 처음 게재된 학술지   551

지은이 소개   553

제1부 좋은 삶과
고중세 정치사상

1장 소크라테스의 사상에서 좋음(agaton)과 정치

육혜원

1. 서론

　소크라테스는 사유와 행위가 거의 일치하는 삶을 살았다. 소크라테스는 행위는 사유에 의해 결정된다고 생각했다. 그가 일생 동안 추구한 '좋은 삶'이 무엇인가에 대해서는 그의 생애에 일어난 주목할 만한 사건을 통해서 알 수 있다. 그뿐만 아니라 그의 생애를 기록하고 그의 사상을 발전시킨 제자 플라톤의 대화편을 통해서도 파악할 수 있다.

　그의 삶에 대해 기록한 사람은 대표적으로 플라톤, 아리스토파네스, 크세노폰, 디오게네스 라에르티오스였다. 이 가운데 소크라테스의 생애와 철학 사상에 관해 가장 방대하고 중요한 기록을 남긴 사람은 플라톤이었다. 소크라테스는 스스로 한 줄의 기록도 남기지 않았기 때문에 우리가 아는 소크라테스의 모습은 대부분 플라톤에 의존하고 있다.

플라톤의 소크라테스에 관한 기록을 어떻게 볼 것인가는 크게 세 가지로 정리할 수 있다(Ottmann, 2001: 236-237; 마르틴, 2005: 28-29). 첫째로, 소크라테스에 대한 플라톤의 기록은 플라톤의 창작물에 가깝다는 해석이다. 이러한 입장을 취하고 있는 대표적 학자는 기곤(Gigon)이다. 둘째로, 플라톤의 전 대화편은 전적으로 소크라테스의 삶과 사상을 알리기 위한 기록이라는 해석이다. 대표적으로 버넷(Burnet), 테일러(Taylor)가 이런 주장을 하고 있다. 셋째로, 플라톤의 초기 대화편은 소크라테스의 행적과 사상을 보고하고 있고 중기, 후기 대화편으로 가면서 소크라테스의 사상에 영향을 받은 플라톤의 사상이 소개되고 있다는 관점이다. 블라스토스(Vlastos), 슐라이어마허(Schleiermacher)가 이런 입장을 취하고 있다.[1]

소크라테스를 창작된 인물로 보는 것은 지나치게 자의적인 해석이고, 플라톤의 기록을 전적으로 소크라테스의 삶과 철학을 기록한 것으로 보고 있는 테일러의 관점도 수용하기 어렵다. 플라톤은 소크라테스와 피타고라스 사상에 가장 큰 영향을 받았는데 플라톤의 초

---

1) 초기 대화편 중 『변명』, 『크리톤』은 기원전 399년에 있었던 소크라테스 재판에 관한 대화편이다. 『프로타고라스』, 『이온』, 『히피아스』, 『에우튀데모스』는 소피스트들에 관한 대화편이다. 『라케스』, 『카르미데스』, 『에우티프론』, 『뤼시스』, 『국가 I 트라시마코스』 편까지는 정의(definition)에 관한 대화편이다. 『고르기아스』는 기원전 387년의 시칠리아 여행 시기에 쓴 작품이다. 『크라튀로스』, 『메넥세노스』는 기원전 387년 이후에 쓴 작품이다.
과도기 대화편으로 『메논』, 『파이돈』, 『향연』이 있고, 중기 대화편으로는 『국가』, 『파이드로스』, 『파르메니데스』, 『테아이테토스』가 있다. 과도기 대화편의 모든 작품과 중기 대화편 중 『국가』, 『파이드로스』는 이데아에 관한 대화편이다.
후기 대화편은 『소피스트』, 『정치가』, 『필레보스』, 『티마이오스』, 『크리티아스』, 『법률』이 있다. 후기 대화편 중 『소피스트』, 『정치가』, 『필레보스』는 기원전 369년 이후부터 2차 시칠리아 여행 때인 기원전 367년에서 365년 사이에 쓴 것인데, 중기 대화편 중 『파르메니데스』, 『테아이테토스』와 함께 이데아에 대해 비판적인 대화편이다. 『티마이오스』, 『크리티아스』, 『법률』은 기원전 347년까지 쓴 미완성의 작품들로 이데아에 대한 대화편이다(Görgemanns, 1994: 44-45).

기 대화편에는 소크라테스의 역사적인 삶과 사상이 담겨 있다. 중기 대화편으로 가면서 플라톤은 오르페우스 신비가들과 피타고라스주의자들에게 영향을 받은 이데아론을 구체화시키고 있다.

'정치철학'은 '정치에 관한 철학적 반성'이다. 정치철학은 현실 정치에 대한 비판에서 비롯된 유토피아(utopia)의 제시나 이상(ideal) 정치에 관심을 갖는다. 이는 구체적으로 새롭게 실현 가능한 '좋은 삶'의 모습을 제시할 수 있는 '정치 공동체'에 관심을 갖는 것을 의미한다. 소크라테스의 사상에서 나타난 '좋은 삶과 그에 걸맞은 정체(politeia)란 무엇인가.'에 관한 고찰은 소크라테스의 정치철학을 어떻게 평가하는가의 문제로 귀결된다. 소크라테스의 삶은 아테네 민주정체에 각성을 촉구한 '쇠파리' 정도에 불과한 것이 아니었다.

그러나 소크라테스는 그리스인의 폴리스와 정치적인 삶을 존중하면서 아테네 시민으로 살고자 하였고 새로운 정치 공동체를 제시하지는 않았다. 반면 그의 제자 플라톤은 『국가』에서 좋음(agaton)의 이데아를 실현시킬 철인 왕이 지배하는 이상 국가를 제시하였다. 그후에 플라톤은 스파르타의 리쿠르고스의 법령에 버금가는 철인의 법령을 담아 현실에서 '법치가 지배하는 정체'를 『법률』에서 구성하였다.

본 논문은 소크라테스가 정치사상의 전통에서 처음으로 발견한 '좋음'의 개념과 '좋은 삶의 정치'를 그의 삶과 사상 안에서 조명하고자 한다.

2. '좋은(agaton) 삶'이란?

1) 카이레폰의 아폴론 신탁이야기

소크라테스는 누구인가? 소크라테스의 '좋은 삶'의 사상은 어떻게 형성되었을까? 소크라테스의 사상은 그가 살았던 역사적인 상황과 불가분의 관계에 있다. 소크라테스[2]는 아테네가 페르시아와 세 차례의 전쟁을 치르고 나서 십 년 후에 태어났다. 페르시아의 첫 번째 공격, 즉 기원전 492년의 다리우스 왕의 공격은 태풍으로 인해서 실패로 돌아갔고, 기원전 490년의 두 번째 공격은 그의 아들 크세르크세스가 아테네 북동쪽 마라톤[3] 평야를 침략했으나 아테네가 승리했다. 기원전 479년의 세 번째 공격 때 아테네인은 아테네를 버리고 솔론이 기원전 596년에 메가라로부터 빼앗은 아테네 점령 지역인 살라미스 섬으로 피난을 가서 싸웠다. 이 틈에 페르시아는 아테네로 쳐들어가 신전과 집을 모두 불태우고 아테네를 쑥대밭으로 만들었다. 아테네인이 살라미스 섬에서 다시 고향으로 돌아왔을 때, 그들은 새롭고 아름다운 아테네를 재건하려는 마음뿐이었다(드·수자·

---

[2] 소크라테스는 기원전 469년 알로페케 마을(『고르기아스』 495d)에 사는 조각가 소프로니스코스(『에우티데모스』 297e)와 산파 파이나레테(『테아이테토스』 149a)의 아들로 태어났다.

[3] 마라톤 전투에서 아테네 군은 소수의 중갑병(Hoplites)의 뛰어난 전술로 페르시아 대군에게 승리하였다. 우리가 흔히 알고 있는 마라톤 경주의 기원이 된 "아테네의 용사 필리피에스가 마라톤 전장에서 아테네까지 약 140마일을 달려 승리한 사실을 알리고 죽었다는 이야기와 올림픽에서 마라톤 경주는 이를 기념하기 위해 생긴 것이다."라는 이야기는 허구이고 사실은 다음과 같다. 아테네 군은 마라톤 전투로 향하기 전에 아테네에서 가장 빨리 달리는 필리피데스를 스파르타에 지원을 요청하기 위해 보냈다. 그는 140마일쯤 되는 거리를 이틀 만에 도착했다. 스파르타는 늦장을 부리다 뒤늦게 파병군을 보냈고, 파병군이 도착하기 전날 전투가 모두 끝나버려 전투에 참가할 수 없었다(헤로도토스, 2009).

헤켈·루엘란-존스, 2009: 109). 페리클레스는 폐허가 된 아테네를 전후 30년 만에 가장 아름다운 도시로 만들었다. 가장 웅장한 것은 12년에 걸쳐서 지은 파르테논신전이었다. 소크라테스가 열다섯 살 되던 해인 기원전 454년에 페르시아로부터 위험이 사라지자 페리클레스는 델로스동맹 '헬라스 공공 기금의 재무국 본부'를 델로스 섬에서 아테네로 옮겼다(투키디데스, 2005: 96). 그 덕분에 페리클레스는 거대한 건설 사업을 할 수 있었다. 델로스동맹의 기금으로 아테네는 살라미스해전 이 20년 동안 에게 해 북동부 해안의 동맹 도시국가들을 페르시아의 침입으로부터 지키고 보호할 수 있었다. 이것은 아테네만이 3단 노선을 건조하는 조선소와 배를 만드는 숙련된 인력을 가지고 있었기 때문에 가능한 일이었다. 배를 만드는 최하층의 시민은 페르시아전쟁에서 승리한 후에 정치에 참여할 수 있는 기회를 갖게 되었다. 소크라테스가 청년이 되었을 때는 아테네의 시민이 모두 참여하는 페리클레스 시대의 민주정치가 정점에 달한 시기였다(마틴, 2004: 187). 아테네는 그 당시 국제도시로서 소아시아와 흑해 주변, 시칠리아 등지에서 많은 사람이 모여드는 곳이었다. 소크라테스는 호기심을 가지고 다른 나라를 여행할 필요가 없을 정도로 여러 나라에서 온 이방인과 소피스트와 만나 이야기를 나누었다. 소크라테스는 아침에는 장터에서, 오후에는 체육관에서, 저녁에는 부유한 사람이 초대한 만찬에서 토론했다. 그러면서 소크라테스는 많은 사람의 이야기에 귀 기울였고 생각을 넓혀갈 수 있었다(크세노폰, 2002: 14).

 소크라테스가 서른 살쯤 되었을 때 그는 너무 독특한 방법으로 질문을 했기 때문에 질문을 당하는 사람은 매우 곤혹스러워했고, 그것을 보는 사람은 매우 즐거워했다. 아버지가 죽은 후에 유산을 받은 그는 철학하기를 본격적으로 시작했다(스톤, 2006: 210-214). 포티데이아 전투에 함께 참가한 알키비아데스는 소크라테스가 자기 자신과 조용한 대화를 하느라고 생각에 잠겨서 꼼짝도 하지 않았다고 전한다(『향연』 220d-e).

소크라테스가 본격적으로 '좋은 삶'에 대해 철학적인 고찰을 하며 사람을 만나서 토론을 하게 된 것은 카이레폰 때문이었다. 카이레폰은 소크라테스를 따라 다니던 열성 제자였다. 카이레폰은 아주 마르고 창백했다. 아리스토파네스는 기원전 423년에 상연된 『구름』에서 아버지 스트렙시아데스가 그의 아들 페이딥피데스를 창백한 카이레폰처럼 만들어달라고 소크라테스에게 부탁하는 장면을 묘사한 적이 있다(아리스토파네스, 1990: 41). 카이레폰은 소크라테스가 모든 사람 중에 가장 현명한 사람이라는 것을 증명하기 위해서 델포이로 가서 아폴론의 신탁을 들었다. 그가 신에게 물어본 질문은 "아테네에서 소크라테스보다 더 현명한 사람이 있는가?"였다. 사제는 그에게 "소크라테스보다 더 지혜로운 사람은 없다."(『변명』 20e)라고 대답하였다. 카이레폰[4]은 자신이 바라던 답을 사제에게서 듣고 이 소식을 소크라테스에게 전하기 위해 아테네로 돌아왔다. 아폴론의 신탁 이야기는 아테네 사람에게도 알려지고 그 소문으로 인해서 소크라테스는 부담을 갖게 되었다. 소크라테스는 아테네에서 지혜롭다고 알려진 유명한 사람을 만나서 신탁이야기를 검증하려고 하였다. 하지만 누구 하나 제대로 된 답을 알지 못했다. 소크라테스는 사람들에게서 일반적인 이야기만 들었다. 어느 누구도 스스로에게 되묻는 숙고를 하지 않았다. 오직 소크라테스 자신만이 무지함을 자각하고 있었다. 소크라테스는 유명한 사람을 만나본 결과 '자신을 돌보는 것'이야말

---

[4] 카이레폰은 소크라테스가 고소를 당하고 재판을 받을 때는 죽고 없었기 때문에 소크라테스를 도와줄 수 없었다. 플라톤의 『향연』에 따르면 카이레폰은 민주주의자였다. 그는 30인 과두정치 때문에 망명을 갔고 민주정이 다시 아테네에 세워졌을 때 민주주의자와 함께 돌아왔다고 플라톤은 전하였다.

로 철학이 해야 할 일이라고 생각했다(Ottmann, 2001: 245).

그런데 사람들은 이러한 소크라테스의 생각에 대해 아테네에 참주가 나타난 것만큼 두려워했다. 소크라테스가 질문하는 모습을 본 젊은이들은 소크라테스를 흉내 내면서 자기 아버지들에게 질문을 던졌고 아버지들은 당황스러워했다. 아리스토파네스는 『구름』에서 젊은이가 소크라테스를 흉내 내면서 자기 아버지를 수사적으로 능가하며 구타하는 장면을 썼다(아리스토파네스, 1990: 64; 크세노폰, 2002: 32). 그뿐 아니라 아리스토파네스는 소크라테스를 약한 논증을 강한 논증으로 만들어서 법정에서 이길 수 있는 변론술을 가르치는 소피스트로 묘사했다(아리스토파네스, 1990: 58-59). 아리스토파네스나 아테네인은 소크라테스를 참주가 될 인물을 길러내는 소피스트로 여겼다. 소크라테스가 두려운 나머지 아리스토파네스는 '토론에 뛰어나도록 교육시켜 법정에서 누구도 당해낼 사람이 없는 제자를 길러내는 소크라테스'의 새로운 교육 방식을 공격했다. 그는 소크라테스를 고발하도록 뒤에서 획책했다. 후에 소크라테스는 『변명』에서 자신은 소피스트가 아니라고 주장하면서, 아리스토파네스가 자신을 오래전부터 중상해오던 사람이라고 밝혔다(『변명』 18d-20a).

2) 너 자신을 알라

소크라테스는 인생의 중반에 이르러 헌신해야 할 사명을 발견했다. 철학적 숙고를 시작하면서 소크라테스가 추구한 것은 '나 자신을 알려고 하는 것'이었다(『파이드로스』 224a-b). 소크라테스는 델포이 신전 현판에 쓰인 '너 자신을 알라.'라는 말이 '무엇이든 지나치지 않게 하라.'는 절제의 의미라고 밝혔다(『프로타고라스』 343b). 소크라테스는 '절제'야말로 '자기 자신을 아는 것', 즉 '내 처지를 아는 것'이라고 했다(『카르미데스』 164d). 소크라테스에게 '나를 아는 것'은 '내 삶의 근거' 또는 '나 자신을 아는 것'이며 결국 '인간은 어떻게 살아야 하는가?'라는 자신 스스로에 대해 사유하라는 것이었다. 소크라테스는 '자신의 영혼을 보살피는 것'에 대해 사람들을 설득하려고 했다. 그래서 소크라테스는 자신을 말이나 소에 붙어 자극을 주는 '쇠파리'에 비유하며 아테네 사람을 계몽하는 자로 자처했다(『변명』 30e). '좋은 삶'을 산다는 것은 자신이 누구인지를 숙고하는 일부터 시작해야 함을 소크라테스는 시민에게 알리려고 했다. 아테네 시민은 다른 사람들의 의견(doxa)을 자신에게 되물어야 하고 그 의견들에 대해 스스로 판단한 사유를 가짐으로써 자신이 누구인지를 알아야 한다고 소크라테스는 생각했다.

그러나 소크라테스를 쫓아다니던 제자를 제외하고 아테네 시민은 소크라테스가 말하는 '좋은 삶'에 대한 사유에 별 관심이 없었다. 아테네 시민은 자신을 성찰하고 자신의 '영혼을 보살피는 좋은 삶'보다는 '현실에 이득이 되는 것'을 찾고 정치에 관해 토론하고 축제 행렬을 쫓아다니며 올림픽경기를 즐겼다. 찬란하고 아름다운 아테네 도시국가에서 아테네 시민은 일상생활에서 얻는 기쁨과 행복을 누렸다. 만일 인간이 욕구로부터 행복(eudaimonia)을 느낄 수 있다면, 소크라테스는 그것이 이성의 욕구에서 비롯된 것일 때만 소중하다고 여겼다. 플라톤은 이러한 소크라테스의 '좋은 삶'의 철학을 발전시켜 '언제 인간이 행복할 수 있는가.'에 대해 논하면서 '쾌락'과 '이성'과 '지혜'가 모두 혼합된(『필레부스』 20b) 삶의 형태로 '좋음'의 이론을 발전시켰다(『필레부스』 11b-12e). 플라톤의 후기 대화편인 『필레부스』에서 플라톤은 경험적인 삶의 모습에 가깝게 논의를 전개하여 '좋은 삶에 대한 욕구'를 쾌락과 행복에 결부시켰다(『필레부스』 22a). 하지만 좋음을 얻기 위해서 쾌락은 이성의 잣대(metron)로 여과돼야 한다(『필레부스』 28a). 플라톤의 쾌락은 '이성적 쾌락'이었다(Erler, 2006: 205).

아테네 시민 중, 젊은 엘리트는 '영혼의 좋은 삶'을 누릴 수 있는 방법을 찾기 위해서 소크라테스를 찾았지만 대부분의 아테네 시민은 사유하기를 거부하는 행위를 했을 뿐만 아니라 어느 누구의 가르침이나 지배에 복종하는 것도 싫어했다. 아테네인은 종종 사제의 신탁에 의존 했지만, 신탁을 잘못 판단하여 자주 실수를 하기도 했다. 아테네인은 그러한 행동을 후회하기도 했지만, 그러나 도편추방제가 생긴 이후에는 참주 기질이 있는 사람을 싫어하여 그런 사람이 보이면 추방해버리는 것이 다반사였다(플라실리에르, 2003: 350-352). 그래서 신탁도, 정치가도, 당대의 지식인인 비극이나 희극작가, 시인 그 누구도 아테네인의 자유로움을 막지 못했다.

소크라테스도 아테네에서 자유를 누리며 철학을 즐겼다. 하지만 뒤에 소크라테스는 자신의 자유로운 견해 때문에 아테네에서 처형을 당했다. 소크라테스가 '너 자신을 알라.'라고 아테네인에게 요청했을 때 아테네인은 왜 자유롭지 못하고 예외적이었을까? 소크라테스의 그 말도 델포이 신전에 오래전부터 쓰여 있었던 탈레스의 격언이었는데 아테네인은 왜 그토록 소크라테스를 싫어했을까? 소크라테스의 나이가 마흔여섯쯤 되었을 때, 아리스토파네스가 『구름』을 상연했다. 이는 소크라테스가 그때쯤에 벌써 유명 작가의 작품에서 풍자의 대상이 될 정도로 아테네에서 유명했다는 것을 증명한다. 그리고 기원전 423년이면 스파르타와 아테네가 펠로폰네소스전쟁을 하고 있을 때였다. 기원전 431년에 시작된 이 전쟁은 기원전 404년이 돼서야 끝났다. 그리고 펠로폰네소스전쟁의 1차 전쟁으로 부르는 10년간의 '아르키다모스 전쟁' 중에 페리클레스는 흑사병으로 죽었다. 그러니까 소크라테스가 마흔 살이 되었을 쯤에 페리클레스의 민주주의는 빛을 잃었고, 아테네는 펠로폰네소스전쟁에 휘말려서 훌륭한 지도자를 잃은 채 방황하고 있었던 것이다. 페리클레스는 죽고, 그가 키웠던 소크라테스의 제자 알키비아데스가 정치가로 명망을 얻으면서 정적 니키아스와 대결하고 있을 때, 소크라테스는 마흔여덟에서 쉰둘쯤이었다. 그 사이에 아테네인은 벌써 『구름』의 마지막 장면처럼 소크라테스의 "사색원"을 불태워버리고 싶을 정도로 소크라테스를 싫어하고 있었다. 아테네인은 펠로폰네소스전쟁에서 페리클레스의 방어 전략으로 아테네가 승리하리라고 기대했지만, 난공불락의 도시, 아테네의 올리브나무와 포도나무가 모두 짓밟혔을 뿐만 아니라 성벽 밑으로 피난했던 사람들은 흑사병으로 죽어갔다. 아테네인은 성난 목소리로 신중했지만 공격적이지 못했던 페리클레스의 전략에 분노했다. 그러나 아테네에서 페리클레스만큼 훌륭한 지도자는 나타나지 않았다. 아테네인은 페리클레스가 죽은 후 그가 반대했던 제국의 팽창을 위해 주전론을 주장하며 기원전 415년에 시칠리아 원정을 떠났다. 소크라테스는 군복무에서 돌아와 전쟁 중에도 토론을 즐겼다. 아테네인은 희극작가의 작품을 보며 풍자와 웃음 속에서 위로를 받았다. 하지만 소크라테스의 질문은 아테네인에게 이러한 여유를 주지 못했다. 소크라테스의 철학은 아테네인에게 아무런 카타르시스도 주지 못했다.

그러나 소크라테스의 제자는 달랐다. 소피스트 프로타고라스가 아테네를 방문했을 때 소크라테스의 제자 히포크라테스는 이른 새벽에 소크라테스를 찾아와 대문을 두드리며 프로타고라스를 만나려 함께 가길 요구했다. 배움의 열정에 가득 찬 아테네의 젊은이는 당대에 가장 유명한 소피스트와 소크라테스의 대결을 경청했다. 아테네의 젊은이와 제자는 인간 정신의 탁월한 개화의 기쁨을 아는 순간, 소크라테스가 가르쳐주는 정신세계의 아름다움과 순수함에서 벗어날 수가 없었다. 그러나 소크라테스의 철학은 아테네 시민 모두에게 줄 수 있는 기쁨은 아니었다.

3) '좋은 삶'이란?

소크라테스는 아테네인을 철학이라는 사유의 길로 이끌고자 하였다. 펠로폰네소스전쟁으로 인해 사회적으로나 정치적으로 혼란한 와중에도 소크라테스는 '정의가 부정의보다 낫다.'(『고르기아스』 482c-486d)는 것을 몸소 죽음을 무릅쓰고 실천하면서 살았다. 소크라테스는 탁월하게 사람을 교육시키려고 노력했다. 소크라테스의 어머니는 산파였는데, 그는 정신적인 산파술을 가지고 있다고 하면서 사람을 곤경에 빠뜨렸다(『테아이테토스』 144a). 소크라테스의 산파술은 변증술, 논박술이라고 부르기도 하는데, 소크라테스는 논박술을 사용하여 대화 상대자에게 질문을 하고, 특유의 아이러니로 반박하여 모순을 일으킴으로써 사람들을 당황시켰다. 소크라테스는 원래 질문의 개념 속에 있는 사물들을 그 종류에 따라 나누어 그 나누어진 사물들에서 각각 그 본성을 찾아 대답을 얻고자 하는 방법으로 대화함으로써 대화 상대자가 심사숙고한 생각을 분만하도록 도와주었다(『테아이테토스』 210b-c; 『소피스트』 230c-d). 대화의 기술로 시작되었던 소크라테스의 변증술은 후기 대화편 『소피스트』에 이르러서는 개념 분할(Diairesis) 방법으로 하나의 이데아(개념)에 여러 개의 술어를 결합시켜 하나와 여럿의 문제를 해결하고자 했다. 플라톤은 노년에 이르면 피타고라스주의에 영향을 받아 이데아의 시초(arche)를 '하나(monad)'에서 발견한다. 하나인 이데아는 더 이상 나눌 수 없는 형상(eidos)이다. 소크라테스의 사유는 사물들에 있는 개별적인 것에 대해서가 아니라 존재의 '하나의 유(eidos, idea)'에 속하고 모든 것에 공통인 것에 관한 것이다. 『소피스트』 대화편의 변증법적 방법론에서 보여주었던 개념 분할의 방법에 따른 개념들의 위아래 배열에서 최고점은 모든 다른 '유'를 포괄하는 개념의 존재이다. 소크라테스는 모든 개별적인 사물에 공통적인 이름을 줄 때 하나의 이데아가 있다고 본다(『국가』 596a). 따라서 소크라테스의 논박술(elenchos)은 대화하는 기술, 즉 질문과 답에 의해 사물의 진정한 실제를 개념적으로 파악하는 기술이다(『국가』 534e; 『파이드로스』 265d).

소크라테스의 철학에서 좋음(agathon, the good)은 가장 중요한 윤리적 개념이다. 희랍어에서 '좋음'은 '인간은 어떻게 살아야 하는가.' 하는 규정적인 의미를 내포하고 있다. '좋음'은 인간의 훌륭한 행위와 관련되면서 '탁월함(arete, virtue)'의 의미로 사용되었다(『메논』 87e). 인간이 탁월한 행위로 살아갈 때, 아테네인은 그러한 삶을 '좋은 삶' 혹은 '탁월한 삶'이라고 여겼다. 아테네에 민주정이 자리를 잡으면서 탁월함의 뜻 속에 있던, 핀다로스가 그의 서사시에서 찬양했던 그리스 영웅의 귀족적인 고귀함이란 의미가 사라졌다. 5세기에 소피스트가 나타나면서 아테네인은 '좋음(아가톤)'의 개념을 다시 활발하게 논의하기 시작했다(Görgemanns, 1994: 124).

소크라테스는 『프로타고라스』, 『메논』에서 '아레테'를 교육시킬 수 있는지에 대해서 논한다. 특히 『프로타고라스』에서 소크라테스와 프로타고라스는 교육을 통해서 아테네 시민을 개선시킬 수 있다고 생각했다. 프로타고라스는 신화를 빗대어 설명하면서 아테네 시민들이 왜 아레테의 가르침을 받아야 하는지 전달하고자 한다. 신화의 내용은 '인간 공동체에 정치술이 결여된 탓에 사람들 사이에 부정의가 싹트고 이로 인해 사람들이 함께 살지 못하게 되자, 이를 해결하기 위해 제우스가 인간 세상에 헤르메스를 보내어 정의(dike)와 절제(aidos)를 인간에게 전달해주었다.'는 내용이다. 신화가 주는 메시지는 '인간은 정의와 절제를 정치적인 아레테로 삼아 교육받고 습득해서 자신의 공동체를 정의롭게 유지하고 사회계약으로 나아가야 한다.'는 프로타고라스의 주장이 담겨 있다(『프로타고라스』 322c-323a).

그렇지만 소크라테스는 아레테에 대한 교육의 입장이 달랐다. 소크라테스는 아테네 시민 각각이 지닌 본성에 따라 아레테의 지식을 여럿으로 나눈다(『프로타고라스』 329b-333e). 소크라테스(플라톤적인 소크라테스)[5]에게 있어서 아레테가 가장 탁월하게 발휘되려면, 엄밀한 전문 지식을 지닌 정치가가 실수하지 않으며 피지배자를 이롭게 하는 훌륭한 정치를 해야 한다. 정치 술이란 정치가인 '내가 어떻게 살아야 좋은 삶인가.'에 대한 지식이 아니라, '정치 공동체 안에서 인간이 타인과 더불어 어떻게 살아야 좋은 삶인가.'에 대한 것이라고 하였다. '부정의'란 '유용한 것'이 아니라 '해를 입히는 것'(『크리톤』 49c; 『국가』 359b-360d 기게스의 반지의 예)이다. '부정의'는 사람에게 비유한다면 '병든 것'이며, 반대로 '정의'는 '건강'한 것이다(『크리톤』 47d-e; 『국가』 444c). 더 나아가 피타고라스학파에서 본뜬 '건강함'을 정치 공동체의 '질서 있음(kosmos)'(『고르기아스』 504b-d)과 연관시켰다. 『고르기아스』에서 소크라테스는 '강자의 정치'를 '정의'로 보고 '약자'에게 필요한 '아레테의 정치'는 '부정의'라고 말하는 칼리클레스의 주장을 거부했다(『고르기아스』 483b-d). 소크라테스에게서 '영혼을 돌봄'이란 '영혼의 질서를 돌봄'을 의미한다(『고르기아스』 507a-e). 정의는 정치 공동체의 질서가 유지된 상태를 의미한다. 정치 공동

---

[5] 플라톤이 초기 대화편을 저작하던 시기에는 소크라테스 사상에 영향을 받아 그의 행적과 사상을 기록하였고, 중기, 후기 대화편을 저작할 때는 오르페우스의 신비주의와 피타고라스주의의 영향을 받아 독자적으로 자신의 사상을 발전시켜 이데아론을 완성했다는 점에서, 『정치가』에서 주장하는 소크라테스의 이러한 견해는 '플라톤적 소크라테스'의 견해라고 볼 수 있다.

체는 정의를 통해 좋음의 이데아가 실현된다.

프로타고라스는 아레테의 판단 능력을 시민에게 맡겼고, 보다 좋은 판단을 위해 '정치적 아레테'에 관한 시민교육에 관심을 가졌다. 반면 소크라테스는 시민계급을 세 계급으로 구분하였는데 이는 영혼(psyche, soul)을 세 부분으로 나눈 것과 부합한다.

소크라테스는 『국가』에서 '영혼에 좋음의 질서'의 내용이 무엇인지에 대해 논하면서 국가 안에서의 영혼의 자연적 본성(퓌시스physis)에 따라 세 부분으로 계급과 아레테의 서열을 정했다. 정치적 평등은 시민들의 본성에 따른 능력으로 등급을 매긴 평등이다. 통치자들의 이데아 교육은 신체적 훈련에서 변증법까지로 선발에 의한 교육이다(『국가』 374e-376c, 436a, 441ad, 580de). 아레테 중에 가장 최고의 아레테는 '철학적 지혜(sophia)'의 아레테이다. '철학적 지혜'는 '정치 공동체에게 무엇이 진정으로 유용한 것인지.'에 대해 판단할 수 있도록 한다(『국가』 428d). 그다음 등급은 '용기(andreia)'의 아레테이다. '용기'는 '무엇이 위험하고 위험하지 않은지.'를 판단할 수 있도록 한다(『국가』 429b-c). 세 번째는 '절제'의 아레테이다. '절제(sophrosyne)'는 '무엇이 지나침이 없는 쾌락과 욕구인지.'를 판단할 수 있도록 한다(『국가』 430e). 그뿐만 아니라 절제는 정치 공동체 안에서 자신이 지배자가 될 수 있는지 피지배자가 될 수 있는지 자신의 처지를 판단할 수 있도록 한다(『국가』 432b). 이렇게 해서 첫 번째 서열은 철인 왕이고 두 번째 서열은 수호자 계급, 세 번째 서열은 생산자 계급이 되었다. 세 가지 아레테를 정치 공동체 안에서 영혼의 좋음의 이데아를 질서 있게 지속시키는 아레테는 '정의(justice)'이다. 아레테는 '등급'이 있고, 정치 공동체는 '정의'의 아레테로 "제 것의 소유와 제 일을 함(to ta hautou prattein)"[6]의 질서를 보존시킬 수 있다(『국가』 433a).

(플라톤적인) 소크라테스는 당시의 관습(노모스nomos)을 따른 트라시마코스나 칼리클레스의 정의관을 거부하고 아테네인들이 자신들의 본성에 따라 좋음의 이데아를 정치 공동체 안에 실현할 수 있다는 것을 받아들일 수 있도록 아레테 교육을 통해 아테네인들을 계몽하고 설득하고자 했다. 좋음의 이데아와 유사하게 되도록 전력을 다해 추구하는 아레테의 삶(탁월함을 추구하는 삶)이 인간의 삶에 있어서 최고의 사명이었기 때문이었다.

소크라테스는 '아레테가 어떻게 배움으로 인식되고 터득되는가.'의 문제를 '상기설'을 통해서 해결했다(『메논』 81d). 소크라테스는 죽음 후의 영혼의 실재를 가정했다. 플라톤은 영혼의 실재를 증명하기 위해서 피타고라스적인 윤회설을 이데아론과 결합시켰다. 모든 학습과 인식은 영혼이 선재(pre-existence)할 때(『파이드로스』 247c) 보았던 이데아를 상기(anammesis)함으로써 이루어진다는 것이다(『메논』 81d, 『파이돈』 72e). 상기설의 내용은 영혼이 윤회됨에 의해서 이전의 선험적 인식 속에서 알았던 기억을 끄집어내는 것이다. 소크라테스가 말한 성신의 산파 역할은 대화를 통해 이전에 알았던 지식을 이끌어내는 것이었다(『메논』 98a). 상기설은 『국가』에서 '동굴의 비유'를 통해 '좋음의 이데아'와 '교육'을 연결시키는 고리가 되었다. 소크라테스에게 '무엇이 진정으로 좋은 것인지(what is really good).'를 아는 변증술에 관한 교육은 철학자 교육에만 해당되었다.

그러나 『프로타고라스』나 『메논』에서 주장한 아레테의 교육 가능성에 관한 내용은 후기 대화편으로 가면 빠져 있다. 더 이상 악은 교육에 의해서 제거될 수 있는 것이 아니라고 본 것이다. 소크라테스

---

6) 정의란 정치 공동체 안에서 자신의 본성에 따라 각자 알맞은 일을 한다는 의미이다.

는 악과 잘못의 원인을 감각 세계에서 발견(『고르기아스』 493a)하려 하지 않고 초감각적인 '영혼'에서 발견하고자 한다. 악은 『법률』에서는 악한 영혼이다(『법률』 896e).『프로타고라스』나『메논』에서 아레테의 교육 가능성에 관한 주장은 결과적으로 플라톤이 자신의 이원론에 근거를 두고 인정한 것이다. 플라톤이 교육을 통해서 악을 제거할 수 있다고 한 것은 아레테 교육에 대한 믿음에 근거했다기보다는 아레테 교육을 지상세계에서의 좋은 삶을 위한 지침서 정도로 인정한 것이다.

플라톤에게 있어서는 스스로 운동하는 '영혼'이 모든 운동의 시초이고 생명의 원리이다.『티마이오스』에서 데미우르고스(조물주)는 스스로 운동하는 원리를 우주에 적용하여 최초로 세계영혼을 창조한다(『티마이오스』 34b). 생성된 세계영혼은 정신(nous 혹은 사유)과 이데아의 조화에 참여(methezis koinonia)한다(『티마이오스』 36e). 세계영혼은 이데아들과 물질적인 세계의 중간 위치에서 둘을 결합시킨다. 좋음의 이데아의 본(paradeigmata)을 따라 세계는 만들어진다. 생성된 우주는 정신적인 것과 물질적인 것으로, 이원론적으로 결합되어 있다. 인간은 정신적인 것과 일시적으로 물질적인 것이 결합되어 있다. 인간 영혼의 본성(physis, nature)은 초감각적인 세계인 이데아의 세계에 속한다. 이데아의 세계는 실재하며 영원불변하고 사유에 의해서만 파악될 수 있다(『향연』 211b;『파이돈』 100b;『국가』 507b;『티마이오스』 28a). 만들어진 세계 또한 본성적으로 이성적이다. 이 세계는 완전하고 영원한 좋음의 이데아의 모사이기 때문이다. 좋음은 모든 사물의 척도이다.

소크라테스가 여러 의견에 대한 숙고와 사유, 설득 등을 그의 삶의 모티브로 여겼다면, 플라톤은 감각 초월의 세계, 철인 왕을 꿈꿨다. 소크라테스는 그리스인의 폴리스와 정치의 삶을 존중하면서 사유하며 아테네 시민으로 살고자 하였고 새로운 정치 공동체를 제시하지는 않았다. 반면 그의 제자 플라톤은 『국가』에서 '좋음의 이데아를 추구하는 철인 왕이 지배하는 이상 국가'를 제시하였다. 플라톤의 이데아론은 소크라테스 이전 이오니아적인 자연철학자들의 일원론에 대립된다. 플라톤은 파르메니데스로부터 감각계를 단순한 현상으로 보는 파르메니데스의 영향을 받는다. 우주를 운행하는 일원론적인 만물의 원리가 인식의 대상으로 설명될 수 있으려면 불변적인 것이 되어야 한다. 플라톤은 파르메니데스에게서 현상계는 감각의 세계이고 존재의 세계는 사유의 세계임을 발견한다. 플라톤은 사물들에서 비감각적인 본성을 발견하여 인식의 대상으로 삼고자 한다. 플라톤은 피타고라스학파의 수 이론에 영향을 받아서 자신의 이론을 이데아론에서 우주에 대한 이론으로 까지 발전시켰다. 플라톤은 수학을 감각적인 것과 정신적 세계 사이를 중재할 수 있는 요소로 보았다. 수학은 사물의 비감각적인 본성을 잘 드러낸다. 많은 개별적인 도형은 삼각형의 개념을 그들 속에 현존시키는 한(참여시키는 한) 삼각형이다.

이미 언급했듯이 플라톤의 후기 작품에서 대화자로 나타나는 소크라테스의 입장은 플라톤적이다. 플라톤은 그의 이상 국가 모델에서 엘리트 교육과 철인 왕의 탄생에 대해 논한 후, 최상의 교육을 받은 철인 왕은 '좋음의 이데아(the Idea of the Good)'를 인식할 수 있게 되고(『국가』 540a-b), 이를 통해 철인 왕은 '정치 공동체를 좋은 삶으로 인도한다.'고 주장했다(『국가』 506b). 플라톤은 철인 왕이 지배해야만 '정치 공동체'가 '좋은 삶'을 이룰 수 있다고 하였다.[7] 플라톤은

---

7) "철학자가 왕이 되어 통치를 하든지, 아니면 현재 왕이 철학 공부를 하여 나라를 다스리지 않는 한 우리의 이상 국가는 실현되기 어려울 걸세. 즉 정치권력과 철학적 정신이 합해져서 나라를 세우는 원동력이 되도록 현재의 교육제도를 강제

'아레테'의 교육을 추구하였고 정치도 정치를 전문적으로 아는 정치술(politike episteme)에 탁월한 자질을 가진 자가 맡아서 해야 한다고 생각했다.

이는 전적으로 아마추어적인 민주정치에 도전하는 말이었다 (Görgemanns, 1994: 151). 플라톤은 폴리스적인 정치적 삶을 거부하고 '철인 왕이 다스리는 이상 국가'라는 보다 급진적인 사상을 갖고 있었다. '숙고(사유)'에 대한 강조는 소크라테스와 플라톤 모두에게서 발견되는 공통된 부분이다. 소크라테스나 플라톤에게 인간이 자신의 본성(physis)대로 산다는 의미는 '사유하는 삶'이다. 사유는 인간존재의 본성이다. 플라톤과는 달리 소크라테스는 숙고하는 것과 정치적 진리 모델을 찾는 것은 동일한 것이 아니라고 생각했겠지만 그를 따르던 크리티아스는 소크라테스가 말하는 정치가가 바로 자신이라고 확신했다. 크리티아스와 마찬가지로 착각한 아테네 시민은 그러한 요구에 공감할 수 없었다. 아테네는 민주정체였고 더군다나 다양한 의견이 난무하는 가운데 소피스트의 도움으로 폴리스의 시민들이 정치에 참가하고 공적인 문제를 해결하였다. 결국 소크라테스의 철학은 과두주의자나 참주에게 이용될 뿐이었다(스톤, 2006: 120). 아니토스를 비롯한 고발자에게 소크라테스는 어렵게 다시 회복한 아테네의 민주정치를 흔들어놓을지도 모를 배후의 인물이었다. 모든 시민이 정치에 참여하고 토론을 통해 정치적인 결정을 생활화하는 것을 표본으로 여겼던 아테네인은 소크라테스가 의미하는 '좋은 삶의 철학'을 이해하지 못했다. 소크라테스가 아테네 시민을 개인적으

> 적으로 바꾸지 않는다면, 나라 안에 불행은 제거되지 않을 걸세. 여보게, 글라우콘. 이것은 어느 나라에서도 마찬가지이네. 이러한 이치는 우리가 세울 이상 국가에도 적용되며, 그러한 조건이 갖추어지지 않는 한 이상 국가의 실현은 매우 어려울 걸세."(『국가』 473d)

로 만나 자신의 철학을 이야기할 때, 아테네 시민은 당연히 민주 시민의 권리와 의무에 대해 소크라테스가 옳지 못한 견해를 갖고 있다고 생각했다.

3. '정치 공동체' 비판

1) 시민 소크라테스

소크라테스는 아테네 민주주의를 우려했다. 하지만 시민으로서의 소크라테스의 삶은 아테네의 대부분의 시민과 흡사했다. 아테네인은 나라를 위해 목숨을 바쳐 전투에 임하였고 페르시아전쟁 이후에는 에게 해와 소아시아에 파병되었다. 스파르타는 델로스동맹 이후에 아테네 제국의 속국이 된 그리스인의 자유를 위해 싸우겠다고 선언하며 펠로폰네소스전쟁을 일으켰다. 그리고 페르시아의 도움으로 스파르타는 펠로폰네소스전쟁에서 승리하였다. 기원전 405년 아테네는 민주정을 1년 안에 회복하고 스파르타를 제외한 그리스인과 다시 결속하게 되었다.[8] 그런데 소크라테스는 기원전 432년에서 422년까지 전투에 참전한 것으로 알려져 있다.

---

8) 기원전 399년에 소크라테스는 죽었다. 기원전 394년의 코린토스 전쟁 후에 아테네는 페르시아에게 적대적이었던 태도를 바꾸었다. 경제적인 이유로 그리스인이 페르시아에 용병으로 가는 것을 방관하였다. 기원전 389년 아테네가 이집트 반란군과 손을 잡으려 하자 이틈을 이용해서 스파르타는 기원전 387년 페르시아와 '대왕의 화의'라는 조약을 맺었다. 아테네는 에게 해의 패권을 회복하려 했으나 이 조약으로 실패하게 되었다. 하지만 이 조약으로 인해 그리스인은 스파르타의 지배에서 벗어났고 페르시아로부터 자치권을 얻었다(드 수자·헤켈·루엘란-존스, 2009: 331).

아테네에서 시민이 전투에 참가하는 것은 시민의 의무였다. 아테네는 팔랑크스라는 시민군으로 군대를 구성하기 때문에 시민은 평상시에 군사훈련을 받다가 전쟁이 일어나면 징집되어 시민 각자가 군사 장비를 자비로 마련하여 전투에 나갔다. 소크라테스가 전투에 참가할 때 마다 중무장 보병으로 나간 것을 보면, 그는 가난한 시민은[9] 아니었다. 소크라테스는 평생 동안 세 번 전투(『변명』 28d-e)에 참가했다. 첫 번째 전투는 펠로폰네소스전쟁이 일어나기 바로 직전인 기원전 432년에 소크라테스가 서른일곱 살이었을 때 참가한 포티데이아 전투였다. 아테네가 포티데이아[10] 도시국가를 포위하고 메가라 법령[11]을 선포하며 아테네 서쪽의 영토에 관심을 갖게 되자, 스파르타는 펠로폰네소스전쟁을 일으키게 되었다.[12] 소크라테스는 조국

---

9) 아테네의 군대는 장비 부담 비용의 수준에 따라 네 등급으로 나뉘었다. 첫 번째 등급은 알키비아데스처럼 부자 귀족으로 수입 곡물에 의존하는 아테네에서 말을 기를 수 있을 정도였다. 그래서 이들은 키운 말을 끌고나가 기병으로 전투에 참가했다. 그다음 등급은 소크라테스가 속했던 중무장 보병이었다. 이들은 창칼과 활을 막는 갑옷을 갖추고 방패와 창을 들고 걸어 다니면서 전투에 임했다. 그다음은 경무장 보병으로 이들은 갑옷 없이 창과 활만 갖고 전투에 임했는데, 페르시아전쟁 때 페르시아 군인과 같았다. 마지막으로는 3단 노선에서 노를 젓는 사람으로 자비로 지참하는 것은 가죽 받침대와 방석이었다(플라실리에르, 2003: 379-401).
10) 포티데이아는 아테네의 동맹국이었다. 하지만 스파르타 동맹국인 코린트의 이주민이 세운 도시국가였다. 그래서 아테네인은 포티데이아인이 반란을 일으키자 코린트인이 영향력을 갖지 못하도록 전투를 벌여 점령하려고 하였다. 아테네의 포티데이아 포위는 2년간 지속되었다(케이건, 2004: 78-82).
11) 메가라와 코린트는 국경 문제로 전쟁을 벌였다. 그런데 메가라는 패배할 위기에 놓이자 스파르타 동맹에서 탈퇴하고 아테네에게 동맹을 요청했다. 아테네는 마지못해 메가라를 아테네 동맹에 받아들였다. 그것은 메가라가 아테네에서 육로로 펠로폰네소스반도로 갈 때 그 길목에 있었기 때문이었다. 아테네로서는 국가 이익을 뿌리칠 수 없었던 것이다. 그러나 아테네는 메가라를 믿을 수 없어 '메가라 법령'을 선포하고 메가라가 아테네 및 아테네 동맹국과의 해상무역으로 수입을 올리지 못하도록 경제제제 조치를 취했다(케이건, 2004: 78-82).
12) 스파르타가 전쟁을 일으킨 이유는 델로스동맹 이후 아테네 동쪽의 에게 해와

을 위해 흔들림 없이 용기를 다해서 전투에 임했다. 포티데이아 전투에 함께 참가한 알키비아데스는 『향연』에서 그가 부상을 당해서 죽게 되었는데 소크라테스가 목숨을 구해주었던 일을 기억했다. 소크라테스는 두 번째 전투도 알키비아데스와 함께 참전하였는데 기원전 424년에 있었던 델리온 전투였다. 델리온 전투 때 아테네는 이미 페리클레스를 잃고 그의 전쟁 전략을 포기하면서 공격적으로 변한 상태였다. 보이오티아인과 테베인이 합심해서 아테네 군을 공격했기 때문에 아테네는 크게 패배를 당했으나 소크라테스와 알키비아데스는 무사했다. 알키비아데스는 『향연』에서 그 당시 후퇴하면서도 겁에 질리지 않고 의연했던 소크라테스의 모습을 회상했다. 그리고 이 델리온 전투에서는 소크라테스가 말에서 굴러 떨어진 크세노폰의 생명을 구해주었다(『향연』 215a-222b). 세 번째 전투는 기원전 422년에 일어난 암피폴리스 전투였다. 아테네 전함은 기원전 424년 겨울에 스파르타의 브라시다스 장군의 기습으로 빼앗긴 암피폴리스를 되찾기 위해 떠났다. 또다시 징집된 소크라테스는 이 전투에서도 패배를 맛보았다. 아테네는 주전파인 클레온을 이 전투에서 잃었다. 전쟁을 주도하던 스파르타의 브라시다스 장군도 이 전투에서 죽었다. 두 전쟁론자의 죽음으로 아테네와 스파르타는 기원전 421년에 '니키아스의 평화'라고 하는 평화협정을 맺게 되었다. 아테네인

> 소아시아 전역의 도시국가를 점령하고 지배하면서 거대해진 아테네 제국에 두려움을 느꼈기 때문이었다. 그뿐 아니라 아테네가 아테네 북서쪽의 영토에 대해서도 관심을 갖고 계속 개입했기 때문이었다. 그리고 코린트는 메가라와 함께 스파르타 동맹인 펠로폰네소스동맹의 주요한 회원국이었는데, 코린트는 아테네에 대한 반감 때문에 스파르타가 펠로폰네소스전쟁을 일으키도록 부추겼다. 코린트와 메가라가 싸울 때 아테네가 메가라 편을 든 것과 포티데이아 개입 그리고 아테네의 북서쪽의 도시국가인 코르키라가 모국인 코린트와 싸울 때 아테네가 코르키라를 도운 일이 아테네가 코린트의 미움을 산 원인이었다(투키디데스, 2005: 112-131).

이 600명, 스파르타인이 7명 전사한 암피폴리스 전투에서 소크라테스는 살아 돌아왔다. 소크라테스는 마흔일곱 살이 되었을 때 전쟁에 대한 깊은 피로감 속에서 평화를 맞이하게 되었다. 소크라테스가 서른여덟 살 때 시작됐던 펠로폰네소스전쟁은 벌써 십 년이 지났지만 아무런 승산 없이 잠시의 평화를 얻었다. 이후로 소크라테스는 전투에 더 이상 나가지 않았다. 펠로폰네소스전쟁은 아직 끝나지 않았지만 소크라테스는 거의 쉰 살이 되었을 때 시민군으로서의 의무를 마쳤다.

아테네의 시민으로 산 소크라테스는 평생을 '좋은 삶'에 관해서 생각하며 살아왔고 '좋은 삶'으로 인도할 수 있는 교육에 대해 숙고해왔다.[13] 소크라테스는 '좋음'을 사유하며 그것에 따라 행위를 하는 것과 모순되는 '부정의'한 행위는 사유의 힘으로 막을 수 있다고 보았다. 소크라테스는 '좋음'에 대한 숙고의 훈련으로 계몽된 시민이 아레테를 내면화시켜 행위로 나타난 '좋은 삶'을 추구하는 '정치 공동체'를 꿈꿨다.

2) 소크라테스의 죽음과 '정치 공동체' 비판

소크라테스는 두 번에 걸쳐 죽음을 무릅쓰고 적극적으로 '정치'에 저항했다. 첫 번째 사건은 아테네가 펠로폰네소스전쟁에서 패하기 직전인 기원전 406년에(소크라테스가 예순세 살 이었을 때) 여느 아테네인처럼 아르기누사이 해전에 관한 민회의 재판에 의장직을 맡게 된 일이었다. 아테네 민회는 해상 전투에서 승리를 거둔 후 살아남은

---

[13] 소크라테스의 교육 사상에 영향을 받은 두 철학자가 그리스 세계에 있었다. 크세노폰(페르시아의 키루스)과 아리스토텔레스(마케도니아의 알렉산더)였다.

병사를 폭풍우 속에서 구조하지 못한 것과 전투 중에 조국을 위해 죽은 사람을 제대로 매장하지 않은 일에 책임을 물었다. 민회는 여덟 명의 장군을 개별적으로 재판할 뿐만 아니라 장군이 자신을 변호할 수 있는 기회를 주었어야 했는데 한꺼번에 단 한 번의 표결로 사형을 판결했다. 소크라테스는 아르기누사이 해전에 관한 민회의 비정상적인 표결 절차를 불법적이라는 이유로 거부하였다(『변명』 32b). 시민들은 소크라테스가 그들이 결정한 일에 대해 못마땅하게 여기면서 비난하는 일을 싫어했다. 아테네 시민들은 비록 실수하더라도 그들 스스로 결정하고 지배하는 일에 자부심을 갖고 있었다. 그후에 아테네인은 그들의 실수를 후회하였고, 소크라테스는 잘못을 지적하는 쇠파리로 각인되었다(케이건, 2007: 534-539). 두 번째 사건은 펠로폰네소스전쟁에서 아테네가 패한 후 기원전 404년에(소크라테스가 예순다섯 살이었을 때) 소크라테스의 제자 크리티아스가 30인 정부의 한 사람이 되어 소크라테스에게 청년과 이야기하는 것을 금하고, 다른 네 사람과 함께 죄 없는 레온을 체포해오도록 명령을 내렸을 때 일어났다. 다른 네 명은 명령을 받아 레온을 체포하였고 레온은 처형되었다. 그러나 소크라테스는 명령을 무시하고 집으로 돌아가버렸다(『변명』 32d).

 소크라테스는 좋음을 사유하며 그것에 따라 아레테의 행위를 하는 것과 모순되는 '부정의'하게 행위를 하는 일에 찬성할 수는 없었다. 결국 소크라테스는 기원전 399년에 기소되었다. 기소된 이유는 신을 믿지 않고 젊은이를 타락시켰다는 것이다(크세노폰, 2002: 11; 라에르티오스, 2008: 97-112). 기소한 사람은 피혁 장인이면서 민주정치가인 핵심 고발자 아니토스와 시인 멜레투스, 그리고 웅변가 뤼콘이었다(해리스, 2009: 284). 기원전 403년 민주정이 회복되면서 사면령을 내려 30인 과두정 때의 죄를 묻지 않기로 했기 때문에 소크라테스의 소송 내용은 분명하지 않았다(콜라이아코, 2005: 201).

그러나 소크라테스가 실질적으로 고소된 이유는 다음과 같았다. 첫째, 정신적 산파라는 소크라테스가 어째서 과두주의자인 알키비아데스와 크리티아스와 같은 제자를 배출했는가? 고소자들은 제자의 과오에 스승인 소크라테스가 책임을 져야 한다고 생각했다(해리스, 2009: 297). 둘째, 소크라테스는 자주 공개적으로 민주정을 비판해왔다. 고발하기 전에 아니토스는 그런 소크라테스에게 경고를 하였다(『메논』 94e). 소크라테스는 맨발에 스파르타식 망토를 입고 스파르타인처럼 살았기 때문에 누가 봐도 친스파르타적인 과두정치를 옹호하는 사람으로 보였다(『향연』 174a, 220a-b). 소크라테스가 30인 과두정의 부정의한 명령을 거절했지만 고소자는 소크라테스가 친스파르타적이고 과두주의자임이 분명하다고 생각했다. 그리고 무엇보다도 소크라테스가 과두정에 진정으로 저항하여 망명한 적이 없었기 때문에 더욱 그렇게 생각했다(Pagès, 1997: 32). 셋째, 고소자를 비롯해서 아테네인은 전쟁과 흑사병으로 시련을 너무 많이 겪어서 소크라테스에게 관용을 베풀 수 있는 여유를 가질 수 없었다(해밀턴, 2009: 41).

아테네인은 힘써 지켜온 민주정치의 가치를 뒤흔드는 소크라테스를 싫어했다. 소크라테스는 일흔 살에 법정에서 사형선고를 받았다. 그러나 아테네 민주정은 관용을 베풀 여유도 없이 소크라테스에게 사형선고를 내리는 오점을 남겼다. 아테네 민주정은 제국주의화하면서 타락했다. 아테네 시민은 민주정을 유지하기 위해 공금을 모으고, 부와 명예를 얻으려고 소피스트에게 궤변을 배우면서 정신적으로 타락했다. 아레테로 훈련되지 않고 번민없는 아테네 시민들은 극단적인 민주정으로 치달았다. 이러한 민주정에 의에서 플라톤은 스승인 소크라테스가 죽임을 당했기 때문에 『국가』에서 철인 왕의 지배하에 가장 좋은 삶을 실현시킬 이상 국가를 설계했다(『국가』 427e).

4. 맺음말

소크라테스의 '좋은 삶'의 정치철학을 어떻게 평가할 것인가? 오늘날 우리가 소중히 여기는, 아테네 민주정의 산물인 민주주의는 역사적으로뿐만 아니라 이론적으로도 많이 변했다. 소크라테스가 오늘날의 민주주의국가에 살았다면 사형을 당하지 않았을 수도 있을 것이다. 그런데 기원전 4세기의 아테네인은 오늘날의 대의 민주주의와는 다르게 직접 민주정치에 참여했다. 아테네의 가정(oikos)의 영역에서는 노예나 여성, 외국인이 생산적인 노동의 일을 담당했다. (아테네에서 태어난) 남성 시민은 가정에서는 명령하는 자이며 주인이었다. 사실 아테네는 남성 시민만이 정치에 참여할 수 있었다. 아테네에서 모든 비시민이 참아내야 하는 사회적인 배척의 문제가 소크라테스나 플라톤에 의해서 제기된 적은 없었다. 가정에서는 지배와 복종, 주인과 노예의 관계 속에 있었던 아테네 남성 시민들은 정치의 공간인 폴리스(polis)에서는 자유와 평등의 관계 안에 있었다.

폴리스는 지배의 관계가 없는 우정의 공동체였다. 아테네 남성 시민들은 서로 평등한 자들로서 민주 질서에 참여하였다(isonomia). 아테네 민주정은 비록 남성 시민들에게만 허락된 고대 세계의 민주정치였지만, '정치는 서로 평등한 시민들 사이에서만 발생할 수 있다.'는 점에서 아테네의 폴리스는 정치적 공간으로 오늘날까지 중요한 의미를 갖는다.

아테네에서는 역사적으로 귀족이 절대적인 힘을 양보하였고 민주정의 기초를 세우고 지켜갔다. 페리클레스 시대의 민주정은 아테네의 자랑이었다. 그런데 페리클레스 시대에 엄청난 일이 또 일어났다. 아테네에 유명한 철학가인 소크라테스가 태어났던 것이다. 찬란한 아테네의 문화를 누리면서 소크라테스는 자신의 철학 사상을 키워나갔다.

하지만 소크라테스는 더 이상 '좋은 삶'의 의미를 찾는 철학을 할 수 없게 되었다. 소크라테스는 페리클레스의 문화적인 위대함과 현실주의적 수사학의 힘에서 비롯된 도덕적인 혼돈을 비판했다. 아테네인은 '좋은 삶'과 정치에 대해 그 의미를 숙고해보자는 소크라테스의 제안에 동의할 수 없었다. 소크라테스는 아테네인을 설득하는 데 실패했다. 소크라테스의 사유 방법과 무지에 대한 경고의 의미를 아테네인들은 깨닫지 못했다. 아테네인은 소크라테스를 사형시켰다.

아테네인들은 다행히 도편추방제가 생긴 이후에는 참주 기질이 있는 사람을 추방해버렸기 때문에 아테네 시민이 추구했던 민주정치와 자유를 보존할 수 있었다. 그러나 아테네는 소크라테스의 경고의 의미를 깨닫지 못한 채 제국주의화되면서 아테네 시민의 자유의 욕구는 배타적이고 자신의 이익만 돌보는 것으로 변질되었다. 플라톤은 『국가』에서 스승이 비난한 아테네 정체를 '돼지의 국가'(『국가』 372d)라고 빗대었다. 풍요로운 '욕구가 지나친(pleonexie)'(『국가』 373d-e) 국가에서는 '정의'를 찾아볼 수 없고 결국 전쟁에 휘말리게 된다고 하였다. 소크라테스의 죽음을 두고 철학적 순교를 하였다고 말한다. 소크라테스는 끊임없이 '정치'와 '좋은 삶'에 대해 진정으로 숙고하고자 했던 최초의 사상가였다.

참고 문헌

도리옹, 루이-앙드레, 2009, 『소크라테스』, 김유석 옮김, 서울: 이학사.

드 수자, 필립·발데미르 헤켈·로이드 루엘란-존스, 2009, 『그리스 전쟁』, 오태경 옮김, 서울: 플래닛미디어.

라에르티오스, 디오게네스, 2008, 『그리스 철학자 열전』, 전양범 옮김, 서울: 동서문화사.

마르틴, 고트프리트, 2005, 『대화의 철학 소크라테스』, 이강서 옮김, 서울: 한길사.

마틴, 토머스 R., 2004, 『고대 그리스의 역사』, 이종인 옮김, 서울: 가람기획.

박성우, 2004, 「플라톤의 변명과 소크라테스적 정치적 삶」, 『한국정치학회보』 38집 2호.

박성우, 2007, 「플라톤의 메네크세노스와 아테네 제국의 정체성, 그리고 플라톤적 정치적 삶」, 『한국정치학회보』 41집 4호.

스톤, I. F., 2006, 『소크라테스의 비밀』, 편상범·손병석 옮김, 서울: 간디서원.

아리스토파네스, 메난드로스, 1990, 『희랍희극』, 나영균 옮김, 서울: 현암신서.

칸트, 임마누엘, 1992, 『영원한 평화를 위하여』, 이한구 옮김, 서울: 서광사.

케이건, 도널드, 2004, 『전쟁과 인간』, 김지원 옮김, 서울: 세종연구원.

케이건, 도널드, 2007, 『펠로폰네소스전쟁사』, 허승일·박재욱 옮김, 서울: 까치.

콜라이아코, 제임스 A., 2005, 『소크라테스의 재판』, 김승욱 옮김, 서울: 작가정신.

크세노폰, 2002, 『소크라테스 회상』, 최혁순 옮김, 서울: 범우사.

키에르케고르, S., 1998, 『철학적 조각들』, 황필호 옮김, 서울: 집문당.

키토, H. D. F., 2008, 『고대 그리스, 그리스인』, 박재욱 옮김, 서울: 갈라파고스.

테일러, C. C. W., 2001, 『소크라테스』, 문창옥 옮김, 서울: 시공사.

투키디데스, 2005, 『펠로폰네소스전쟁사』, 박광순 옮김, 서울: 범우사.

플라실리에르, 로베르, 2003, 『페리클레스 시대: 고대 그리스의 일상생활』, 심현정 옮김, 서울: 우물이 있는 집.

플루타르코스, 2000, 『영웅전 전집 I, II』, 이성규 옮김, 서울: 현대지성사.

한국철학회, 1980, 『문제를 찾아서』, 서울: 종로서적.

해리스, 브라이언, 2009, 『인저스티스』, 이보경 옮김, 서울: 열대림.

해밀턴, 이디스, 2009, 『고대 그리스인의 생각과 힘』, 이지은 옮김, 서울: 범우사.

헤로도토스, 2009, 『역사』, 천병희 옮김, 서울: 숲.

Erler, M., 2006, *Platon*, München.

Gadamer, H. G., 1978, *Die Idee des Guten zwischen Plato und Aristoteles*, Heidelberg.

Görgemanns, H., 1994, *Platon*, Heidelberg.

Ottmann, H., 2001, *Geschichte des politischen Denkens. Die Griechen von Homer bis Sokrates*, Stuttgart.

Pagès, F., 1993, *Frühstück bei Sokrates*, München.

Paprotny T., 2003, *Kurze Geschichte der antiken Philosophie*, Freiburg.

Platon, 1983, *Platon Werke*, Darmstadt.

Steenblock, V., 2005, *Sokrates & Co. Ein Treffen mit den Denkern der Antike*, Darmstadt.

Werle, Josef M. (Hg), 2005, *Platon für Zeitgenossen. Bildung: Die Suche nach dem Schönen, Wahren und Guten*, München.

2장 아리스토텔레스 정치 공동체의 가능성과 한계

장의관

1. 서론

　인간에게 행복을 부여하는 좋은 삶의 본질과 방식 그리고 좋은 삶의 실현을 위한 정치 공동체의 역할은 고대 정치사상의 핵심적 논의 주제이며 이는 아리스토텔레스의 정치사상에서도 예외는 아니다. 아리스토텔레스에게 있어서 정치의 본질은 도시국가의 구성원들에게 좋은 삶을 부여하는 데 있으며, 이때의 좋은 삶은 개인의 독립적 노력의 소산이라기보다는 정치 공동체의 형성과 운영을 통한 구성원들 간의 공동 협력의 산물로 이해된다. 다시 말해 공동선을 도모하는 정치 공동체의 존립은 구성원들의 좋은 삶을 제고시키는 요건으로 기능한다.

　물론 모든 정치 공동체가 동일한 수준과 형태의 좋은 삶을 자신의 구성원들에게 제공하는 것은 결코 아니다. 좋은 시민(polites spoudaios)이 반드시 좋은 사람(aner agathos)과 일치하는 것은 아니라는 아리스토텔레스의 언급은 좋은 삶을 영위할 수 있는 좋은 사람의 자질이 모든 정치 공동체에서 발현되는 것은 아님을 의미한다.[1] 좋은 시민의 조건과 좋은 사람의 조건이 일치할 수 있는 정치 공동체의 형태와 이의 구현은 아리스토텔레스 정치철학의 중심 논제 중의 하나이다. 하지만 이 논제에 대한 아리스토텔레스의 입장에 관해서는 그간의 여러 학술적 고찰에도 불구하고 여전히 다양한 견해가 존재한다. 좋은 사람과 좋은 시민의 구체적 조건들은 무엇이며, 이들 조건 사이에는 본원적인 긴장의 관계가 존재하고 있는 것은 아닌지, 그리고 이러한 긴장을 극복하며 개인선과 공동선의 조화를 이끌어내는 정치 공동체의 구상은 과연 가능한 것인지 등의 질문은 명쾌한 결론을 결여한 채 지속적인 논쟁을 파생시키고 있다(Barker, 1959: 285ff; Cooper, 1975; Ackrill, 1980b; Hardie, 1981; Nussbaum, 1986; Johnson, 1990: 121ff; Nicoles, 1992: 55ff; Kraut, 2002).

이 글은 좋은 사람과 좋은 시민을 형성하는 덕성의 성격과 내용, 그리고 이러한 덕의 활성화를 위한 정치 공동체의 역할과 한계를 논의하며 좋은 사람과 좋은 시민의 긴장 관계에 대한 추가적 통찰력을 도모하는 데 그 목적이 있다. 좋은 사람과 좋은 시민 사이의 긴장과 관련된 논쟁은 아리스토텔레스의 저작들에서 나타나는 서로 상충적일 수 있는 내용들과 아리스토텔레스의 미흡한 설명이 중첩적으로 작용한 데에서 상당 부분 기인한다. 따라서 이 글은 아리스토텔레스의 『정치학』과 『니코마코스 윤리학』의 내용상의 연계 구도를 재검토하면서 상기 쟁점들에 대한 아리스토텔레스의 입장을 재확인하고

---

[1] 이 글에서 *spoudaios*와 *agathos*는 양자 모두 "좋은(good)"으로 번역되고 있지만 엄밀한 의미에서 차이를 지닌다. 역자에 따라서는 *spoudaios*를 *agathos*와 구분하여 "진중한(serious 혹은 earnest)"으로 번역하기도 한다. 이 글에서는 학계의 일반적 관행을 따라서 *polites spoudaios*를 "좋은 시민(good citizen)"으로 기술한다.

자 시도할 것이다. 이 글은 먼저 아리스토텔레스가 수용하는 행복한 삶의 본질과 양태에 대한 논의를 토대로 좋은 사람의 자질과 조건에 대해 고찰한다. 뒤이어 아리스토텔레스가 규정하는 정치 공동체 및 공동체 내 좋은 시민의 특성 및 역할에 대해 논의한다. 마지막으로 좋은 사람과 좋은 시민 사이의 긴장 요소와 이들 긴장의 해소를 위한 정치 공동체의 해법과 그 한계를 평가한다.

2. '좋은 사람(aner agathos)'의 조건

좋은 삶은 무엇이고 이를 어떻게 달성할 것인지에 초점을 맞추는 『니코마코스 윤리학』의 핵심 개념은 행복(eudaimonia)이다.[2] 아리스토텔레스는 인간 삶은 목적론적(teleological)인 정향성을 가진다는 전제로부터 그의 논의를 시작한다. 그는 인간의 모든 의식적이고 자발적인 행위가 특정 선을 지향한다는 전제를 토대로 이때 지향되는 선을 그 자체의 목적을 도모하는 것과 다른 목적을 위한 수단의 차원에서 모색되는 것으로 구분한다. 그는 다양한 인간 행위가 지향하는 목적들은 위계적 구조를 구성하고 있으며, 위계 구조의 하층에 위치한 목적들은 상층의 목적을 실현시키기 위한 도구적 기능을 수행하는 것으로 파악한다(Lear, 2004: 15ff 참조). 위계 구조의 가장 상층을 점하는 것은 좋은 삶의 핵심적 구성 요소인 행복이며, 따라서 행복

---

[2] eudaimonia는 일반적으로 행복(happiness)으로 번역되지만 평안(平安)한 삶 혹은 좋은 삶을 의미하는 well-being이나 융성한 삶 혹은 만개한 삶을 의미하는 human flourishing으로 기술되기도 한다. "well-being"의 개념 사용은 로스(Ross, 1980)를, "human flourishing"의 개념 사용은 쿠퍼(Cooper, 1975)와 애드킨스(Adkins, 1984)를 참조하라.

은 최고선(ultimate good)의 위상을 점하게 된다(NE, 1095a18).[3]

행복이 인간 행위의 궁극적 목적인지에 대한 논의의 시작은 행복의 구체적 내용에 대한 확인으로부터 시작할 것이다. 행복이 인간의 특정 심리 상태에 대한 결과론적인 수사일 뿐이라는 비판을 벗어나기 위해서는 행복의 특성에 대한 검토가 불가피하다. 아리스토텔레스가 정리하는 행복의 내적 특성은 다음과 같다(NE, 1097a23ff & 1176a30ff). 첫째, 행복은 최종적(final)인 자기 목적성을 보유한다. 즉 행복은 다른 것을 위한 수단이 아니라 스스로의 본원적 목적을 보유하면서 다른 모든 행위의 궁극적인 목적으로 기능한다. 둘째, 행복은 완성적(complete)이어서 개인의 삶 속에 부족함이 존재하지 않는 상태를 구현한다. 셋째, 행복은 자기 충족적(self-sufficient)으로 그 자체로서 바람직하고 스스로의 만족을 구가한다.[4]

행복의 명확한 의미 설정을 위해 아리스토텔레스는 행복 판단의 주체와 시점에 대한 논의를 추가한다. 아리스토텔레스는 인간 행복은 개인적 즐거움이나 만족스러움의 의식 상태에 근거하는 것이 아니라 이와는 별개의 좋은 삶 혹은 덕성스런 삶의 보편적 조건을 충족하는가에 달려 있다고 주장한다. 개인의 주관적 판단을 허용하지 않는 행복 평가의 조건 설정은 고대 그리스 행복관의 주류적 특성을 반영한다고 할 수 있다. 이는 주관적 시각의 허용이 행복의 상황에 대한 상이한 기준들과 오도된 판단들을 양산하여 행복의 개념을 무용하게 만들고 행복관의 상대주의를 초래할 수 있다는 우려에서 비

---

3) 지금부터 아리스토텔레스의 저서 *Nicomachean Ethics*는 NE로, *Politics*는 P로 각기 축약하여 표기한다. 관련 페이지의 표기는 베커 페이지 표기(Bekker pagination)에 의거한다.
4) 아리스토텔레스는 자기 충족성(self-sufficiency)의 의미를 한 개인의 만족 상태에 머물지 않고 주변의 가족과 동료 및 사회 구성원의 만족이 함께 확보되는 상태를 지칭하는 보다 확장적인 형태로 사용하기도 한다(NE, 1097b8).

롯된다. 설령 동일한 사람이라 할지라도 상이한 시점에 행복의 요건에 대한 상이한 생각을 보유할 수 있다는 아리스토텔레스의 지적은 행복의 주관적 판단이 수반할 수 있는 위험성을 확인시킨다.

아리스토텔레스가 규정하는 행복은 변덕스러운 인간 삶의 과정에서 특정인이 특정 시점에 느끼는 마음의 상태를 대변하는 개념은 아니다. 아리스토텔레스는 행복에 대한 평가가 인생의 일시적 순간에 이루어지기보다는 인생의 전 생애라는 장기적 시간범주 속에서 이루어져야 한다고 주장한다. 그는 어린애들이 항상 행복하다는 일상적 발언들은 부정확한 것이며 이 같은 언급은 어린애들이 행복해지기를 바라는 주위의 소망을 반영하는 것뿐이라는 견해를 피력한다(NE, 1099b35). 행복의 판단 시점을 일생이라는 확대된 시간 영역으로 규정하는 것은 행복이 일시적 즐거움에 의해 확보되는 것이 아니고 또한 일시적 슬픔과 고통 때문에 손실되는 것도 아님을 함의한다고 할 수 있다(Annas, 1993: 45ff).

그렇다면 아리스토텔레스가 염두에 둔 인간 행복의 구체적 내용은 무엇일까? 아리스토텔레스는 인간을 다른 존재들과는 본원적으로 구별시키는 인간의 독자적 특성 혹은 특징적 기능(ergon)을 규정하고자 시도한다. 그는 인간의 독특성은 생명(life)이나 감각(sentience)의 보유가 아니라고 주장한다. 이들 요소는 다양한 동식물에서도 발견되기 때문이다. 아리스토텔레스가 규정하는 인간의 독특성은 이성적 기능(reasoning)의 보유와 이성에 따라 행동하는 성향이다. 그는 인간을 이성이 지시하는 바에 따라 지적 및 도덕적 덕성을 연마 습득하고 이를 꾸준히 행사하는 삶을 지향하며 이러한 삶의 지향 속에서 행복에 도달하는 존재로 파악한다(NE, 1098a16).

물론 인간 이성이라는 기능은 그 존립만으로 자신의 가치를 자동적으로 발현시키지는 않는다. 인간 행복의 성취를 위해 이성적 기능은 최대한 개화되어야 하고 또한 반드시 활동으로 구체화되어야 한다(NE, 1099a5). 아리스토텔레스는 이성이라는 기능에 도덕적 품성(arete)의 개념을 연결시킨다. 인간 이성이 완전하게 발현된 형태의 덕성을 인간이 체화하고 이를 현실 속에서 구체적으로 표출할 때 진정한 인간 행복이 완성된다고 그는 주장한다. 결국 행복을 수반하는 좋은 삶의 조건은 완전하게 개화된 이성이자 그 이성에 따른 덕의 삶을 구현하는 것이라고 할 수 있다. 다시 말해 인간의 행복은 이성의 기능에 순응하며 덕의 추구에 집중하는 삶으로서, 덕의 수행은 "좋고 순조로운 삶(lives well and fares well)"을 이끌게 된다(NE, 1098b18).

아리스토텔레스는 인간 행복의 요건인 덕을 지적 덕(intellectual excellence)과 도덕적 덕(moral excellence)으로 구분한다(NE, 1103a11). 지적 덕은 올바른 사고와 이성적 판단을 포함하는 탁월한 지적 기능의 수행을 통해 달성된다. 반면에 도덕적 덕은 이성에 순응하는 품성과 행위의 확보를 통해 도달된다. 아리스토텔레스는 지적 덕의 영역 속에 철학적 지혜, 실천적 지혜, 과학적 지식, 직관적 이성, 기예(art) 등을 포함시킨다(NE, 1139b17). 이들 덕목 중 핵심적 요소는 철학적 지혜와 실천적 지혜로서, 철학적 지혜는 본성상 가장 고귀한 것들에 대한 근본적 지식을 추구하며, 실천적 지혜는 인간적 선과 관련된 숙고 및 행동의 지식을 도모한다. 철학적 지혜가 과학적 지식 및 직관적 이성의 후원을 받는 데 비해 실천적 지혜는 이들과 유리된 관계를 취한다.[5] 실천적 지혜는 지적 덕의 영역 속에 포함되고는 있지

---

[5] 아리스토텔레스는 지혜가 인간 이성의 전형적 산물이라는 시각을 견지하면서도 이성적 영역에 완전히 소속되는 철학적 지혜와는 달리 실천적 지혜는 이성적 영역과 더불어 감성적 인식의 영역을 함께 보유하는 것으로 파악한다(Ross, 1980: xvii). 한편 실천적 지혜가 비이성적 영역에 훨씬 더 치우치는 것으로 이해하는 시

만 기실은 도덕적 덕과 긴밀한 연계성을 갖는다. 아리스토텔레스는 도덕적 덕의 후원을 받을 때만이 인간을 정의롭고 고상하고 선하게 만드는 실천적 지혜의 기능이 완수된다고 주장한다(NE, 1144a10). 그는 궁극적으로 선을 추구하게 만드는 것은 실천적 지혜의 보유가 아니라 선함의 도덕적 덕성의 보유이며, 지혜는 결코 덕을 대체하지 못한다는 입장을 표명한다. 따라서 실천적 지혜는 도덕적 덕을 도와서 인간이 선의 추구를 위한 올바른 수단을 취하도록 이끈다. 한편 실천적 지혜는 철학적 지혜와의 관계에 있어서 동등한 위상을 갖기보다는 후자를 지원하는 역할을 부여받는다(NE, 1145b11).

아리스토텔레스의 논의가 집중되는 도덕적 덕은 이성과 비이성이 공존하는 욕망이라는 인간 품성의 적절한 통제 및 촉진을 통해 구현된다. 도덕적 덕은 이성에 따라 희구하고 행동하려는 인간 삶의 현실적 준거로서, 일반적으로 과도(excess)와 결핍(defect)의 양 극단을 피하는 중용(aurea mediocritas)의 성향을 보유한다고 아리스토텔레스는 설명한다(NE, 1106b14). 용기, 절제, 정의 등은 중용의 원칙에 부합하는 도덕적 덕의 대표적 내용들을 구성한다. 물론 도덕적 덕의 품목 중에는 타인에 대한 이유 없는 상해 행위나 절도 등과 같이 덕의 결여 시에 절대적 악의 특성이 표출되어서 중용의 원리에 일치하지 않는 것들도 존재한다(NE, 1107a11). 한편 아리스토텔레스는 도덕적 덕이 추구하는 중용의 위치(locus)가 고정불변임을 주장하지는 않는다. 그는 중용의 현실적 균형점이 특정 개인과 그 개인이 처한 상황적 변수들에 따라 변화할 수 있음을 인정한다. 중용의 기본 취지는 적절한 대상에게, 적절한 동기로부터, 적절한 시점에서, 적절한 방식으로, 적절하게 일을 처리하는 데 놓여 있기 때문이다. 아리스토텔레

각도 있다(Lord, 1987: 124-125).

스의 이러한 시각이 도덕적 덕의 상대주의를 표방하는 것은 결코 아니다. 그는 도덕적 덕이 성립되고 적용되는 구체적 환경의 조건들을 고려하지 않는 경우 현실 사회와는 유리된 도덕적 덕의 기준이 지배할 수 있음을 우려한다. 철학적 지혜와 같은 지적 덕이 사회와는 독립적으로 존재하는 개인에게도 허용되는 덕목인 데 반하여, 도덕적 덕은 사회 속에 존재하는 개인들에게 요구되고 이들에 의해 실천되는 덕목인 만큼 인간 삶의 상황적 환경 변수들을 외면할 수 없다는 것이다(Lawrence, 1993: 1ff).

아리스토텔레스는 "각 개인의 몫이 되는 행복의 양은 선(goodness)과 지혜(wisdom)의 양 및 그가 행하는 선하고 현명한 행위의 양과 일치 한다."고 주장한다(P, 1323b). 따라서 행복을 추구하는 개인에게 지적 덕성 및 도덕적 덕성의 구비는 삶의 가장 핵심적인 과제를 형성한다. 하지만 이들 덕성의 완비만으로 개인 행복이 반드시 달성되지는 않는다. 아리스토텔레스는 덕의 수행이 반드시 수행자의 행복을 보장하는 것은 아님을 명백히 한다. 왜냐하면 덕은 인간 삶 속에서 임의적으로 표출되는 재앙과 불행으로부터 인간을 완벽히 방어하지는 못하기 때문이다(Bartelett, 2008: 680ff). 아리스토텔레스는 인간의 비덕목 요소들 또한 행복의 성취에 영향을 미칠 수 있으며, 이들 비덕목 요소로서 건강, 부, 명예, 미모 등을 언급한다. "외부적 요소(external goods)"라고도 지칭되는 이들 비덕목 요소들이 심각하게 결여될 때 인간 행복은 저해받는다(NE, 1099a33).[6] 물론 비덕목 요소

---

[6] 멀건은 아리스토텔레스의 논리 속에서 비덕목 요소의 결여가 인간 행복을 손상시키는 경로는 두 가지이며, 비덕목 요소의 심각한 결여는 인간 행복의 직접적 파괴 요인일 뿐만 아니라 도덕적 덕성의 구현을 방해하는 환경을 이끌어냄으로써 추가적으로 인간 행복을 저해한다고 설명한다(Mulgan 1990: 200). 한편 비덕목 요소들이 인간 행복에 영향을 미치는지의 여부는 아리스토텔레스와 스토아학파의 행복관을 구분하는 핵심 기준이다. 스토아학파는 건강, 부, 명예, 미모와 같은

들의 충족이 인간 행복의 충분조건이 될 수는 없다. 왜냐하면 비덕목 요소들의 심각한 결여가 개인의 행복을 파괴시킬 수는 있다고 할지라도 이들 요소들의 풍족함이 인간을 진정으로 행복하게 만들 수는 없기 때문이다. 인간 행복의 결정 변수는 궁극적으로 내면적 덕성의 보유이며, 내면적 덕성은 비덕목 요소들의 풍족함에 의해 영향받지는 않는다. 내면적 덕성은 덕성을 추구하는 개인의 부단한 노력이 없이는 구축될 수 없다. 이는 행복이 운에 의해서 우발적으로 성취될 수 있는 것은 아니라는 아리스토텔레스의 입장을 확인시킨다.

인간 행복의 논의에서 배제되기 어려운 주제 중의 하나는 쾌락(pleasure)과의 연관성이다. 쾌락에 대한 플라톤의 공세적 비판과는 차별화를 도모하며 아리스토텔레스는 쾌락에 대해 보다 유보적인 자세를 견지한다(Rorty, 1974; Tessitore, 1989; Taylor, 2008: 240ff). 아리스토텔레스는 인간의 행복이 신의 행복과 동일할 수는 없으며, 따라서 인간적인 행복에 쾌락의 요소들이 일정 부분 병존하는 것은 불가피함을 인정한다. 인간 삶과 쾌락은 밀접하게 결부되어 있어서 쾌락의 요소가 완전히 해체된 인간 삶을 상정하고 이러한 삶을 현실에서 지향하는 것은 무리라고 그는 주장한다(NE, 1152b7, 1175a11ff). 하지만 쾌락은 그 자체가 선은 아니며 따라서 자체적 가치와 목적의 불완전성을 보유한다. 또한 모든 쾌락이 바람직한 결과로의 지향성만을 갖는 것도 아니다. 아리스토텔레스는 다양한 종류의 쾌락을 상정하며 이들 중에는 본원적으로 회피해야 할 성질의 쾌락이 존재함을

외부적 요소들은 그 자체로 좋음과 나쁨 사이의 중립적(neutral) 성향을 지닌다고 주장한다. 스토아학파는 자체적으로 좋은 성향을 지니는 것은 도덕적 덕목뿐이기 때문에 도덕적 덕목만이 행복의 충분조건이자 필요조건이라고 주장한다. 즉 비덕목 요소의 결여가 개인의 행복 달성을 방해할 수 없다는 것이다(Cooper, 1998).

강조한다(NE, 1174a33). 하지만 특정 쾌락은 인간이 스스로 희망하는 삶에 매진하도록 후원하는 긍정적 역할을 수행하기도 한다. 덕의 수행에 쾌락이 수반된다면 인간은 덕의 수행에 보다 적극적일 수 있을 것이다. 즉 적절한 수준과 방식으로 덕행의 쾌락을 추구함으로써 인간은 자신의 유덕함을 효과적으로 증대시킬 수 있다. 그럼에도 불구하고 아리스토텔레스는 쾌락 자체만을 위해 쾌락을 찾는 것은 회피해야 함을 지적한다. 쾌락에의 집착이 초래하는 현저한 문제점 중의 하나는 중용의 손쉬운 유실이다. 아리스토텔레스는 개인들이 쾌락의 반대쪽으로 자신을 유도하는 것이 중용의 상태를 취하는 데 유익하다는 주장에 동의하지는 않는다(NE, 1172a31). 그러면서도 쾌락을 멀리하면 개인들이 오도된 길로 빠질 가능성은 그만큼 줄어든다는 다소는 상충적일 수 있는 입장을 견지한다(NE, 1109b12).

아리스토텔레스는 다양한 종류의 쾌락들에 대해 우열의 순위를 부과하는 한편 이들 쾌락이 서로 상충적일 수 있음을 지적한다(Rorty, 1974: 494). 그는 이지적 사색의 쾌락이 여타 감각적 쾌락보다 우월함을 분명히 한다(NE, 1153a1, 1176a3). 쾌락 중에는 본원적으로 쾌적함이 깃들며 건강한 인간 활동의 수행을 촉진하는 이른바 고상한 쾌락이 존재한다(NE, 1174a10). 지적 덕이 수반하는 쾌락은 아마도 아리스토텔레스가 염두에 둔 자기 충족성과 지속성을 보유한 고상한 쾌락의 부류에 속할 것이다. 반면에 육체적 쾌락은 인간 삶에 본원적으로 내재한 연속적 고통이 일시적으로 해소될 때 일어나는 유동적 감정으로 저급의 쾌락이지만 일반 사람들의 집중적 추구 대상을 구성한다(Tessitore, 1989: 256ff). 사람들은 상이한 쾌락들의 우열에 대해 흔히 오도된 인식과 판단을 수행한다. 이들은 또한 쾌락이 장기간 지속되기 어렵다는 쾌락의 속성을 쉽게 간과한다. 나아가서 쾌락을 선으로 인식하며 과도히 집착하는 반면에 고통을 악으로 판단하여 무조건적으로 회피하려드는 오류를 범하기도 한다(NE, 1113a34). 가령 덕의 실행은 궁극적으로는 행복을 가져다주지만 덕의 수행 과정이 항상 즐거운 것만은 아닐 수 있다. 이 경우 사람들은 과정의 고통을 감내하려 들기보다는 덕의 실행을 중도에 포기하려 들 것이다. 아리스토텔레스는 쾌락에 대응하는 덕목으로서의 지혜와 절제의 중요성을 강조한다. 쾌락의 한계에 대한 명확한 인지는 지혜의 산물이다. 지혜로운 이가 추구하는 쾌락이 진정한 쾌락이고 지혜로운 이는 쾌락 자체를 위한 쾌락을 추구하지 않는다. 반면 절제는 쾌락에의 과도한 집착을 저지한다. 절제 있는 이는 쾌락을 필요 이상 갈구하지 않으며 쾌락의 부재 상황에서 심히 고통스러워 하지도 않는다. 절제 있는 이는 건강이 가져다주는 쾌락처럼 유용한 쾌락만을 자기 분수에 맞추어 추구한다(NE, 1119a11ff).

『니코마코스 윤리학』에서 논의되는 아리스토텔레스 행복관은 최고의 행복을 위해 최고의 덕성 수련과 실천을 요구한다(NE, 1177a2ff). 만약에 덕이 하나가 아니라 다수라면 그중에서 "최고이면서도 가장 완벽한 덕"의 수행이 모색되어야 한다. 아리스토텔레스에게 있어서 최고의 행복을 보장하는 덕은 다름 아닌 철학적 지혜이다. 철학적 지혜를 추구하는 관조적 삶이 왜 실천적 지혜의 삶이나 도덕적 덕의 삶보다 우위를 점하는지에 대해 아리스토텔레스는 명백한 이유를 제시하지 않는다. 그는 지성이 완벽히 개화된 관조적 삶은 최고의 행복을 부여하는 삶이라고 단정적으로 기술한다. 아리스토텔레스에 따르면 관조적 삶이 파생시키는 즐거움은 자체적 즐거움을 보유하고, 안정적이면서도 연속적이고, 결코 싫증나지 않는다는 특성을 수반한다(NE, 1177b19). 관조적 삶은 인간만이 영위할 수 있는 것으로, 인간 이외의 동물들은 진정한 행복에의 접근을 결코 허가받지 못한다(NE, 1178b25). 관조적 삶 속에 좋은 벗이 존재하면 더욱 바람직하지만, 좋은 벗의 부재 상태라도 진리에의 관조를 수행하는 고독한 관조적 삶은 지극한 행복을 도출한다.[7] 지성은 인간을 진정으로 인간답게 만들며 따라서 지성의 삶이야말로 가장 행복한 삶이라는 아리스토텔레스의 입장은 관조적 삶을 지극한 선의 영역과 일치시킨다(Tessitore, 1989: 254).

아리스토텔레스의 사상 속에서 관조적 삶을 정점으로 하는 지적인 삶과 도덕적인 삶의 연계성의 이슈는 가장 활발한 연구 영역 중의 하나이다. 완벽한 행복은 관조적 삶의 달성을 요구하지만 관조적 삶은 인간이 쉽게 도달할 수 있는 영역이 아니다. 이는 모든 이가 갈구는 하지만 결코 손에 넣을 수 없는 행복의 영역이 존재함을 의미할 것이다(Bartlett, 2008: 685). 또한 최선의 행복이 고독한 관조적 삶에게 허용된다면 이는 정치 공동체의 삶과는 유리된 채 사적 삶에 집착하는 인간에게도 지극한 행복이 허용될 수 있음을 의미한다(White, 1995: 271ff). 타인의 삶과 복지에는 무관심한 인간에게 지극한 행복을 허용하는 것은 공동으로 행복을 추구하는 정치적 동물로서 인간을 규정하는 아리스토텔레스의 중심 주장과 상충할 수 있다. 또한 관조적 삶에 대한 과도한 강조는 도덕적 삶의 위상에 대한 불가피한 손실을 야기하지 않을 수 없다. 관조적 삶이 행복의 절대적 조건이라면 이는 결국 도덕적 덕이 결여된 개인 삶을 권장하지는 않는다고 할지라도 최소한 두둔하는 결과를 초래할 수 있기 때문이다. 지적 삶과 도덕적 삶 사이의 상충성을 해소하기 위한 학문적 시도들은

---

[7] 아리스토텔레스는 철학적 지혜를 갖춘 충분히 행복한 이도 덕성을 지닌 친구들을 갖기를 선호한다고 언급한다. 왜냐하면 다른 선하고 친근한 이들과의 교류가 사회적 존재인 그를 더욱 행복하게 만들기 때문이라는 것이다(NE, 1170a6, 1178b6). 스미스는 이러한 아리스토텔레스의 입장을 연장하여 철학적 지혜의 확보는 개인이 혼자서 이루기보다는 좋은 친구들과의 삶의 공조 속에서 꾀하는 것이 더 높은 실현성을 갖는다고 해석한다(Smith, 1999: 630).

다양하게 펼쳐져왔다.[8] 그럼에도 불구하고 두 가지 삶 사이에 내재한 본원적 갈등의 요소를 완전히 극복하며 아리스토텔레스를 일관성 있게 만드는 것은 어려움을 노정한다(Nussbaum, 1986: 373ff; White, 1995: 269).[9] 관조적 삶에 의해 이끌려지는 행복의 보유자가 현실의 삶을 영위하는 데 도덕적 덕의 충족을 함께 요구받을 수 있지만, 그럼에도 불구하고 도덕적 덕은 철학적 지혜와의 동일 선상에서 강조되는 것은 아니며 반드시 필요한 것 또한 아닐 수 있기 때문이다.

한편 아리스토텔레스는 절대 행복의 조건으로서 관조적 삶을 강조하지만, 관조적 삶의 구체적 형태가 무엇인지를 명확하게 설명하지 않는다.[10] 그가 추가적 설명을 시도하지 않은 것은 관조적 삶을 언어적으로 기술하는 데 한계를 느끼거나, 아니면 관조적 삶의 현실 달성을 지극히 비관적으로 인식하여 설명의 필요성 자체를 느끼지 못하기 때문일 수 있다. 이러한 논란의 여지를 활짝 열어둔 채 아리스토텔레스는 『니코마코스 윤리학』에서 차선의 행복을 제공하는 도덕적 덕의 실현과 이를 위한 실천적 지혜의 제고에 관심을 집중시킨

---

8) 이 같은 상충성의 해소 방안으로 일부 학자들은 관조적 삶의 절대적 우월성에 대해 유보적 입장을 취하면서 도시국가의 삶을 영위하는 데 필요한 도덕적 삶의 중요성을 지적 삶과 동등한 위상으로 제고시키고자 시도한다. 즉 행복의 달성을 위해서는 지적 삶뿐만 아니라 도덕적 삶이 포괄적으로 요구된다는 입장을 견지한다(Hardie, 1981; Ackrill, 1980a: 135ff; Cooper, 1975: Ch. 1). 한편 지적 삶은 이상적 환경에서만 가능한 것이며 따라서 현실 삶의 비이상적 환경 속에서는 비록 차선의 행복이지만 도덕적 삶의 추구를 통해 행복에 접근할 수밖에 없다는 시각도 있다(Lawrence, 1993: 34).
9) 아리스토텔레스의 논리 내에서 지적 삶과 도덕적 삶과의 상충성은 존재하지 않으며 이들이 일관성을 지닌다는 주장도 있다(Smith, 2001: 272ff).
10) 아리스토텔레스는 『형이상학(Metaphysics)』에서 지적 덕의 내용에 대한 추가적 설명을 시도한다. 그는 지적 덕의 적용 영역으로 형이상학, 수학 및 자연과학 등을 포함시킨다. 하지만 이러한 추가적 설명에도 불구하고 완벽한 지적 덕이 주도하는 인간 삶의 구체적 내용은 여전히 빈곤한 상태로 남아 있다(Aristotle, 1933: Bk. I).

다. 그는 도덕적 덕이 보유하는 자체 가치뿐만 아니라 지적 덕에 대한 도덕적 덕의 후원 기능을 강조한다. 도덕적 덕은 통치자의 철학적 지혜를 태동시키고 완성하도록 돕는 역할을 수행한다는 것이다(Lear, 2004: 108ff).

도덕적 덕은 현실 세계 속의 인간 삶 및 행동과 깊은 연관성을 갖는다. 인간은 이성뿐만 아니라 비이성적 요소들과 육신의 신체를 보유하며 현실 삶을 영위하는 주체이다. 따라서 현실 세계 속의 인간이 도덕적 덕에 대해 호기심을 갖는 것은 당연하다. 아리스토텔레스는 인간이 도덕적 덕을 추구할 자연적 잠재성(natural potential)을 보유하지만 이러한 잠재성이 저절로 개화되는 것은 아니라고 주장한다. 그는 인간이 덕을 진정한 마음으로 행할 때는 덕행의 즐거움을 만끽할 것이라고 언급한다. 어떤 이가 정의로운 행위를 하면서도 즐거워하지 않는다면 이는 그가 정의의 덕성을 진정으로 보유하지 못했기 때문이라는 것이다(NE, 1099a10). 아리스토텔레스는 도덕적 덕행을 즐겁게 여길 수 있는지의 여부를 개인의 성품과 연계시킨다. 다시 말해 덕성이란 인간을 좋은 사람으로 만드는, 그리하여 인간의 본원적 성향을 최대한 발현시키도록 이끄는 성품으로 이해된다(NE, 1106a20). 아리스토텔레스는 이러한 성품이 어린 시절의 도덕 훈련과 유덕한 행위의 반복적 수행이라는 도덕 실습을 통해서만 확보될 수 있다고 주장한다. 덕성은 그 자체로서 충분하지 못하며 이를 지속적으로 실천하는 노력을 필요로 한다. 덕행의 실천은 종종 실천 과정상의 고통을 극복하기 위한 실천적 의지와 인내력을 요청받는다(NE, 1117b13). 한편 덕행의 의지가 확보되었다고 할지라도 도덕적 덕의 핵심인 중용의 적절한 위치를 개인들이 파악하는 것은 쉬운 과제가 아니다. 이는 실천적 지혜의 후원을 필요로 하는 과제이다. 이처럼 덕의 안정적 실행을 위한 여러 조건의 존재는 덕의 실행이 현실의 삶 속에서 쉽지 않음을 함의한다. "덕을 행하는 것이 흔치 않고, 칭송받아야 하며, 숭고하다."는 아리스토텔레스의 언급은 현실에서 덕의 실행이 결코 보편적인 현상이 아닐 수 있음을 의미한다(NE, 1109a29).

좋은 사람의 궁극적 요건은 지적 덕과 도덕적 덕의 소유이자 수행이다. 하지만 이들 덕의 소유와 수행을 개인적 차원에서 추구하는 것은 수월한 과제가 아니다. 아리스토텔레스는 덕성 진작을 위한 개인적 노력의 한계를 극복하기 위한 방안으로 정치 공동체의 유용성을 설파한다. 다음 절은 좋은 삶의 진작을 위해 아리스토텔레스가 제시하는 정치 공동체의 역할과 정치 공동체의 구성원으로서의 좋은 시민의 조건을 논의한다.

3. 정치 공동체와 '좋은 시민(polites spoudaios)'의 조건

아리스토텔레스에게 있어서 정치 공동체란 전체 구성원들의 이익을 도모하는 것을 목적으로 하는 자연적 형성체이다. 정치 공동체가 추구하는 궁극적 정의는 구성원 공동의 이익으로서, 구성원들은 국가의 정의를 통해 보다 좋은 삶을 제공받는다. 아리스토텔레스는 인간을 본원적으로 사회 속에서 타인들과 공존하며 협력적으로 발전을 꾀하는 '정치적 동물'로 인식한다(P, 1253a, 1278b; NE, 1169b17). 국가를 통해 개인들이 자신의 목적을 실현시켜나간다는 것은 국가 없이는 이들이 자신의 역량을 최대한으로 개발하고 완성적으로 발현시킬 수 없음을 의미한다(Miller, 1995: 45). 정치 공동체로부터 수혜를 받는 것은 지적 덕을 갖춘 충분히 행복한 이의 경우에도 예외는 아니다. 따라서 정치 공동체는 모든 구성원의 행복 증진에 기여한다.

물론 정치 공동체가 구성원들의 행복을 증진한다는 일반론적 주장은 현실 속의 모든 정치 공동체가 이러한 주장에 부합됨을 의미하지는 않는다. 구성원들의 행복을 증진시키는 좋은 정치 공동체가 있는가 하면 구성원들의 행복에 역행하는 오도된 정치 공동체들도 현실적으로 공존한다. 설령 좋은 정치 공동체가 존재한다고 할지라도 이것이 구성원들에게 최고의 완벽한 행복을 제공하는 것은 아닐 수 있으며 전체 구성원들을 동일한 행복 수준에 이르도록 만드는 것도 아니다. 이 경우 정치 공동체가 구성원들의 행복을 어느 수준까지 진작해야 하는지의 목표 설정 및 구성원들 간의 행복의 편차를 어느 정도까지 허용해야 할지의 기준 설정 등을 둘러싼 고민이 뒤따르는 것은 불가피하다. 지향하는 정치 공동체의 실현 가능 여부나 과도하게 설정된 목표의 달성 실패시 야기되는 사회적 비용 등의 이슈가 가미될 경우 바람직한 정치 공동체를 둘러싼 논의는 급격히 복잡해질 것이다.

개인의 행복은 도시국가의 행복과 일치한다는 아리스토텔레스의 주장은 국가와 구성원들의 관계에 대한 유기체론적 이해에 근거한다(P, 1324a5).[11] 아리스토텔레스의 유기체론은 정치 공동체 구성원들

---

11) 개인의 행복이 국가의 행복과 일치한다는 문장의 해석과 관련해서는 다소의 논쟁이 있다. 플라톤과는 달리 아리스토텔레스는 개인의 덕과 국가의 덕은 불일치될 수 있으며 이는 개인의 행복과 국가의 행복 간의 괴리로 이어질 수 있음을 지적한다. 바커의 해석에 따르면 아리스토텔레스에게 있어서 국가는 전체 시민의 집합을 의미하며, 이때 국가의 덕은 전체 시민의 덕과 일치하게 된다. 그러나 바커는 좋은 사람의 덕과 일반 시민의 덕 사이에 불일치가 발생하는 경우 이는 국가와 개인 사이의 덕 및 행복의 불일치를 초래할 수밖에 없음을 상기시킨다(Barker, 1959: 286-287). 한편 eudaimonia를 행복(happiness)보다는 번영(flourishing)의 의미로 이해한다면 상기 문장은 보다 쉽게 해석될 수 있을 것이다. 번영된 국가에서 개인의 번영이 보장된다는 다소는 평범한 비철학적인 주장이 펼쳐지기 때문이다(Adkins, 1984).

의 다양한 특성과 기능의 존재를 전제로 한다. 아리스토텔레스는 구성원들의 다양성이 증가할수록 정치 공동체는 자급자족의 역량을 확대할 수 있음을 강조한다. 아리스토텔레스는 정치 공동체의 효과적 유지를 위해 구성원들을 상호 연계하는 일정 수준의 동질성은 필요하지만 다른 한편으로 과도한 일체감의 조성은 정치 공동체의 발전에 역기능적일 수 있음을 지적하며 플라톤의 공유재산제에 대한 비판적 입장을 취한다. 좋은 음악이 동일음의 나열보다는 다양한 음 간의 하모니를 추구하듯이 좋은 국가는 다양한 구성 요소 간의 균형적 조화를 도모해야 한다는 것이다(P, 1263b). 아리스토텔레스는 도시국가를 단순 복합체(compound)가 아니라 유기적인 전체(whole)로 이해하고자 시도한다(P, 1274b). 도시국가를 자기 발전을 꾀하는 생물체에 견주어 이해하는 것 또한 유기체론적 시각의 반영이라고 할 수 있다.

그럼에도 불구하고 국가를 자체 목적성(telos)을 지닌 완전한 자생적 성장 개체로 아리스토텔레스가 이해하는지에 대해서는 논란이 존재한다. 아리스토텔레스는 국가의 존립 이유로 인간의 자연적 사회성을 전면에 내세우지만 다른 한편으로 국가 내 구성원들의 공동 이익이 존재함을 지적하는 데 소홀하지 않는다. 아리스토텔레스가 지적하는 구성원들의 공동 이익은 좋은 삶의 구현을 위한 덕성의 개발뿐만 아니라 개인적 생존 및 안위의 환경 제고를 요구한다(P, 1278b). 결국 정치 공동체의 궁극적 목적은 그 자신의 자생적 성장과 존립이 아니라 덕목 및 비덕목 요소들의 공동체적 활성화를 통해 구성원의 행복 증진을 도모하는 데 놓여 있다고 할 수 있다. 이는 국가라는 정치 공동체가 자신의 구성원인 개인들의 본원적 정치성을 연장하여 자신의 목적 속에 투영시키고 있음을 의미한다(김용찬, 2005: 93ff).

정치 공동체의 목적에 개인적 생존과 안위의 환경 제고를 포함시키는 것은 비덕목 요소의 심각한 결여가 개인 행복에 역기능적 효과를 초래할 수 있다는 아리스토텔레스의 입장을 고려할 때 결코 놀라운 일이 아니다. 정치 공동체는 개인의 덕성을 진작시키는 데 주력하지만 다른 한편으로 개인 행복을 저해하는 비덕목 요소들의 왜곡된 사회적 분배 구조에 대해 전적으로 무관심할 수는 없다. 비덕목 요소들의 편향된 분배 구조 속에서 이들 요소를 심각하게 결여하는 개인의 행복이 저해되는 것도 문제이지만 편향된 분배 구조는 정치 공동체 유지의 토대라고 할 수 있는 구성원 간의 연대성을 손상시킬 수 있기 때문이다. 아리스토텔레스는 정치 공동체가 구성원 간의 적대심이 아닌 상호 우애를 토대로 한다는 점을 강조한다. 편향된 분배 구조는 상호 우애의 토양을 와해시킨다. 아리스토텔레스는 편향된 분배 구조의 교정을 비례적 평등(proportionate equality)을 실현하는 정의의 몫으로 남긴다. 그는 재산의 분배가 불평등(unequal)하면 대중이 혁명적이 되는 반면, 관직의 분배가 평등(equal)하면 지식층이 혁명적이 된다는 지적을 통해 분배적 정의의 중요성을 강조한다(P, 1266b). 정의가 구현되지 못할 때 혁명적 사회 환경이 초래되고 이곳에서 개인 덕성의 발현은 기대될 수 없다. 결국 분배적 정의의 정립을 위한 정치 공동체의 노력은 덕성 진작의 환경 조성에 직·간접적으로 기여하게 된다(Smith, 1999: 631).

구성원의 행복 제고라는 정치 공동체의 목적에 가장 충실할 수 있는 정체의 모색은 아리스토텔레스의 『정치학』의 중심 과제라고 할 수 있다. 이상적 정체의 현실적 달성 가능성에 대해 의구심을 표방하는 아리스토텔레스에게 있어서 최선의 실현 가능한 정체는 최상의 이상적 정체와는 분명 차별화되는 것이다. 그럼에도 불구하고 양자 사이를 종종 넘나드는 아리스토텔레스의 논의 전개는 이들 둘을 명확히 구분 짓는 것을 어렵게 만든다(Ross, 1980: vi). 아리스토텔레스는 정치체제들을 구분하면서 피지배자의 이익을 저버린 채 지배자의 이익만을 추구하는 세 개의 오도된 정체(perversions)를 소개한다. 지배자의 이익 보호에만 전념하는 이들 정체에서 구성원들의 덕성 발현을 기대하기는 힘들 것이다. 지배자의 이익만을 추종하는 국가가 설정하는 덕목은 형평성의 왜곡을 수반할 가능성이 농후하다. 정의라는 덕목이 그 본원적 의미와 위치를 상실하고 "강자의 이익"을 대변하는 기제로 기능할 수 있음은 플라톤의 대화록에서도 지적된 바 있다(Plato, 1945: Bk. I). 한편 잘못된 정체에서는 피지배자들뿐만 아니라 지배자들도 좋은 삶을 향유하기는 어렵다. 이들 지배자가 권력의 소유를 통해 행복의 비덕목 요소들을 충족했을지는 몰라도 이러한 정체하에서 행복의 요건인 지적 및 도덕적 덕성을 확보하기는 어려울 것이다. 덕성을 지닌 지배자가 공동체의 이익을 외면한 채 자기 자신만의 이익을 추구하지는 않을 것이기 때문이다.

『정치학』의 정체 논의는 기본적으로 일인(one) 통치와 다수(many)의 통치 사이의 대비적 구도의 형태를 취한다(Strauss, 1978: 21). 아리스토텔레스가 최선의 정체로 지정하는 것은 왕정(kingship)이라고 할 수 있다(NE, 1160a35). 그는 지혜로운 일인 치자에 의한 공동선의 정치를 구성원 전체에게 행복을 제공할 수 있는 최선의 방안으로 규정한다.[12] 하지만 이 정체는 정치 공동체가 지향하는 자율 통치의 가치

---

12) 아리스토텔레스가 어떠한 정체를 최선의 정체로 규정하고 있는지에 대해서는 오랜 논란이 있다. 이러한 논란은 아리스토텔레스의 저서들 내에 존재하는 정체와 관련한 여러 상충적일 수 있는 언급으로부터 기인한다. 이 같은 논란에도 불구하고 그의 저서들 중에는 왕정을 최선의 정체로 규정한 구체적 언급들이 있으며, 이 글은 이러한 구체적 언급을 중시한다. 물론 아리스토텔레스는 왕정을 최선의 정체로 규정한 근거가 무엇인지를 명확히 밝히지 않고 있으며, 왕정보다는 귀족정이나 시민정 등의 논의에 보다 많은 지면을 할애함으로써 최

를 약화시키는 한편 정치의 영역을 폐기시키며 가족 경영과 흡사한 비정치적(unpolitical) 통치를 초래한다(Newell, 1987: 168). 따라서 왕정은 최선의 정치를 지향하면서도 그 내적 성격에 있어서는 정작 구성원들의 정치적 역량의 개화를 제약하는 결과를 초래한다(Davis, 1996: 66; Miller, 1995: 235). 이러한 역설적 상황에서 왕정이 좋은 사람의 양성에 가장 효율적인 정부 형태로 기능할 수 있을지는 의문이다.

아리스토텔레스의 정체 논의를 더욱 복잡하게 만드는 사안은 좋은 정체들이 공동선을 추구한다고 해서 그들 안의 모든 구성원이 좋은 사람일 수는 없다는 그의 주장에서 비롯된다. 아리스토텔레스는 정치 공동체가 모두 좋은 사람들로만 구성될 수는 없다는 견해를 피력한다(P, 1276b). 인간은 서로 다르게 태어나며 따라서 동일하게 좋은 사람이 될 수는 없다는 것이다. 인간은 각자가 상이한 장기(arete)를 가지고 상이한 역할을 수행하며 정치 공동체에 상이한 방식으로 기여하게 된다. 정치 공동체에 대한 상이한 기여를 논의하면서 아리스토텔레스는 좋은 사람과는 구분되는 좋은 시민의 개념을 제시한다. 그리고 좋은 시민으로서의 덕성이 좋은 사람으로서의 덕성과 일치하지 않을 수 있음을 언급한다(P, 1277a). 이는 좋은 사람의 덕성을 소유하지 않은 좋은 시민이 존재할 수 있으며, 역으로 좋은 사람은 자신의 시민적 역할과는 무관하게 존립할 수 있음을 의미한다.

> 선의 정체에 대한 논란의 추가적 단초를 제공하고 있다. 그가 차선의 정체로 규정한 귀족정과 시민정에 특별한 관심을 갖는 이유가 왕정의 경험론적 실현 가능성에 대한 부정적 전망 때문인지는 그의 논의 속에서 명확하지 않다. 그는 정체의 부패 가능성이 소수보다는 다수의 통치자 집단에서 낮다는 주장을 펼치면서 귀족정을 왕정보다 선호하는 입장을 일시적으로 취하기도 한다(P, 1286b). 그러나 이러한 주장에 앞선 전제로서 귀족정의 여러 통치자가 왕정의 일인 통치자와 동일한 수준의 좋은 자질을 갖춘 이들이어야 함을 내세운다. 만약 이러한 전제가 충족되지 못할 경우 아리스토텔레스는 귀족정에 대한 선호를 포기할 수도 있을 것이다.

아리스토텔레스는 정치체제가 시민들의 생활 방식을 결정하는 주된 변수임을 지적한다(P, 1295a). 생활 방식은 특정 사회에서 요구되는 도덕적 덕성의 기준에 영향을 미치는 중대한 변수이다. 도덕적 덕성은 사회 속의 인간과 인간 사이의 관계를 규정하는 가치이자 규범으로 기능하기 때문이다. 따라서 상이한 정체는 자신의 시민들에게 상이한 도덕적 덕성을 요구할 수 있다(Lindsay, 2000: 438; Frank, 2004: 93). 그리고 이러한 시민의 덕성은 좋은 사람의 덕성과는 유리되는 내용을 담을 수 있다. 극단적인 예로 나쁜 정체하에서 좋은 시민이 되기 위해서는 나쁜 사람이 되는 것을 요구받을 수도 있다. 자신의 정체 안에서 자신의 맡은 바 업무를 잘 수행하는 것이 무고한 타인에게 해를 끼치는 결과로 이어질 수 있기 때문이다.

정치 공동체의 안정과 발전을 위해서는 구성원들의 공동선에 대한 인식과 협력적 참여가 필수적으로 요구된다(Yack, 2006: 424). 다시 말해 정치 공동체는 다수의 좋은 시민을 필요로 한다. 하지만 정치 공동체 내 구성원 개인들의 공동선에 대한 관심과 노력은 현실 세계에서 제한적일 수 있다(P, 1261b & 1318b). 따라서 정치 공동체는 구성원들이 좋은 시민의 덕목을 갖추도록 만들어야 하는 과제를 보유한다. 아리스토텔레스는 그의 스승 플라톤처럼 덕성의 교육을 정치 공동체의 최우선적 과제로서 내세우기를 주저하지 않는다. 개인 덕성의 결여는 정치 공동체의 원활한 운영과 발전을 저해하는 중대 요인인 만큼 개인의 사적 영역의 이슈로만 남겨질 수 없으며, 따라서 개인 덕성의 진작은 국가가 주도하는 공적 이슈로 전환된다(Collins, 2004; Miller, 1995: 336ff). 물론 아리스토텔레스는 개인별 품성의 차이 때문에 국가 주도의 덕성 교육이 결코 쉽지 않은 과제임을 인식한다(NE, 1179b15).

아리스토텔레스는 인간의 삶을 향락적 삶, 정치적 삶, 관조적 삶의 세 가지로 구분한다(NE, 1095b14ff). 향락적 삶이 인간보다는 짐승에게 어울리며 행복에 대해 역기능적인 효과를 지닌다는 아리스토텔레스의 확신은 향락적 삶에 대한 단호한 거부로 나타난다. 명예나 덕을 추구하는 정치적 삶 역시 명예와 덕이 인간 삶의 궁극적 목적이 될 수는 없다는 점에서 이를 평가절하한다. 행복은 순수한 관조적 삶 속에서 구현될 수 있지만 인간이 관조적 삶을 보장받는 것은 쉽지 않을 것이다.[13] 정치의 역할이 공동체의 모든 구성원에게 관조적 삶을 제공할 수 있으리라 기대하는 것 또한 무리일 수 있다. 또한 모든 구성원이 관조적 삶을 영위하는 곳에서는 정치 공동체의 필요성 자체가 소멸될 수도 있다. 결국 아리스토텔레스는 현실 정치의 주 영역을 도덕적 덕을 행동으로 실천하는 정치적 삶의 영역과 개략적으로 일체화시킨다(Ross, 1980: xvi). 그리고 덕성 교육의 초점을 도덕적 덕성의 제고에 맞추게 된다.

아리스토텔레스에 따르면 덕성 교육의 성패는 덕에 호의적인 인간 품성(virtuous disposition)의 정립 여부에 의해 결정된다(NE, 1179b25). 아리스토텔레스는 지식이 자연스럽게 행동으로 귀결되지 않을 수 있음을 지적한다. 지식이 행동으로 연계되기 위해서는 지각된 행동의 토양이라고 할 수 있는 인간 품성의 정립을 필요로 한다. 올바른 품성이 갖춰지지 않았을 때 지식의 흡수는 난국에 처하게 된다. 덕에 호의적인 품성이란 유덕의 수행에서 기쁨을 느끼고 악덕의 수행에서 고통을 인지함을 의미한다. 이러한 품성의 사회적 만개는 좋은 정치의 구성 조건이자 다른 한편으로 결과이기도 하다. 덕성이 부재한 곳에서 정의가 구현되기 어렵지만 정의가 상실된 곳에서 덕

---

13) 아리스토텔레스는 관조적 삶을 정치적 삶보다도 우위에 놓지만 그 이유에 대해서는 상세한 설명을 하지 않는다. 관조적 삶과 정치적 삶 사이의 관계에 대한 논의는 너스바움(Nussbaum, 2000) 및 박성우(2005: 119)를 참조하라.

성이 개화되는 것 또한 쉽지 않기 때문이다. 아리스토텔레스는 인간 품성을 구성하는 요인들로 자연적 천성, 인간 이성 및 습관을 고려한다. 그는 자연적 천성은 덕과 관련하여 중립적일 뿐이며 이성과 습관이 유덕한 인간과 악덕한 인간을 가름하는 관건임을 강조한다(P, 1332b). 유덕한 인간 품성의 형성은 정치 공동체의 장기적이고도 체계적인 노력을 요구한다. 왜냐하면 인간 품성의 정립을 위해서는 긴 시간의 형성 과정이 요구되기 때문이다. 정치 공동체는 구성원들의 덕성 제고를 위해 교육을 통한 올바른 이성의 단련과 훈련을 통한 바람직한 습관의 정착이라는 양대 과제의 수행을 주문받는다.

좋은 시민은 정치 공동체의 존속과 발전을 위한 필수적 조건이다. 좋은 시민을 보유하지 못하는 정치 공동체는 존립의 불안정을 경험하지 않을 수 없다. 하지만 특정 정치 공동체가 좋은 시민들을 보유했다고 해서 그것이 반드시 좋은 사람들을 만들어내고 있음을 의미하지는 않는다. 그렇다면 정치 공동체는 좋은 사람들을 양성해내기 위해 어떠한 추가적 과제를 수행해야 하는가? 이러한 추가적 과제는 좋은 시민의 양성이라는 과제와 순응적 관계를 지속할 것인가? 다음 절은 좋은 사람의 양성과 좋은 시민의 양성이라는 두 가지 과제 사이에 존재할 수 있는 긴장의 요인들을 중심으로 정치 공동체의 가능성 및 한계를 논의한다.

4. '좋은 사람'과 '좋은 시민'의 긴장 관계

아리스토텔레스는 좋은 사람과 좋은 시민 간의 관계를 크게 다음의 두 가지로 특징짓는다(P, 1278b). 첫째, 어떤 국가에서는 좋은 사람과 좋은 시민의 덕목이 동일하지만 다른 국가들에서는 이들의 덕목이 상이할 수 있다. 통치자의 이익을 우선적 목적으로 내세우는 잘못된 정체에서 구성원들의 행복은 확보되기 힘들며, 따라서 이러한 정체는 좋은 사람의 존립에 역기능적일 것이다. 아울러 이 같은 체제가 요구하는 좋은 시민의 덕목 또한 좋은 사람의 덕목과는 유리될 수밖에 없을 것이다. 결국 좋은 사람과 좋은 시민의 덕목이 동일해지려면 좋은 정치 공동체가 형성되는 것이 전제 조건이라고 할 수 있다. 다시 말해 잘못된 정체에서는 좋은 사람과 좋은 시민의 덕목 기준이 상충할 수 있다. 좋은 사람의 덕목을 보편성의 토대 위에서 설정하는 아리스토텔레스의 입장을 고려할 때 정체의 특성에 따라 상대주의적 평가에 노정되는 것은 좋은 시민의 개념이 될 것이다.[14] 즉 좋은 시민이란 자신이 속한 정체에 대한 충성심을 가지고 해당 체제의 안정과 번영을 위해 자신에게 주어진 역할을 성실히 수행하는 사람으로 이해될 수 있다.[15] 문제는 현실 세계의 정체들의 특성과 지향점이 서로 다를 수 있는 만큼 하나의 체제 내의 좋은 시민이 다른 체제에서도 좋은 시민으로 기능하리라고 기대하기는 어렵다는 점이다. 군국주의적 정체가 자신의 시민들에게 요구하는 덕목은 민주주의적 정체가 요구하는 덕목과는 차이를 지닐 수 있다. 좋은 시민의 덕목이 이처럼 상대적 요소를 지닌다면 객관적 절대 기준의 요건을 지니는 좋은 사람과는 분명 긴장 관계에 놓일 수 있다.

---

14) 아리스토텔레스는 좋은 사람의 덕목을 그가 소속된 정체의 특성과는 무관하게 설정하고 있으며, 따라서 모든 정체에서 좋은 사람의 모습은 동일하다. 반면 좋은 시민은 그가 소속된 정체의 다양한 특성에 따라 다양한 모습으로 나타나게 될 것이다.
15) 프랭크는 시민의 성격은 시민이 속한 체제의 성격에 의존하며 따라서 시민의 핵심 요건을 소속된 "정체에 대한 공유감"으로 규정한다(Frank, 2004: 93). 유사한 맥락에서 로드는 좋은 시민의 최우선적 기능을 구성원들 사이의 "정치적 파트너십의 보존"으로 이해한다(Lord, 1987: 138).

둘째, 아리스토텔레스는 좋은 사람과 좋은 시민의 덕목이 동일한 국가라고 할지라도 좋은 사람의 자격 요건은 통치자의 역할을 수행하는 이들에게만 부과된다고 주장한다. 이 두 번째 조건은 좋은 시민에 대한 논의를 추가적으로 복잡하게 만드는 데 기여한다. 좋은 사람과 좋은 시민의 덕목이 동일한 국가에서는 상대적 기준에 의존하는 좋은 시민의 덕목이 절대적 기준에 종속되는 좋은 사람의 덕목에 수렴해야 할 것이다. 좋은 사람과 좋은 시민의 덕목이 일치할수록 좋은 정치 공동체임은 앞서 논의된 바 있다. 하지만 좋은 정치 공동체라고 할지라도 통치자의 역할을 수행하는 이는 구성원의 일부에 한정될 것이다. 이론적으로 구성원 모두가 같이 통치하고 같이 지배받는 이른바 자율적인 전체 집단지도체제라면 정치 공동체의 모든 이가 좋은 사람이자 좋은 시민의 요건을 충족할 수 있을 것이다. 이 같은 정체에서는 용기와 절제와 정의 등 좋은 사람의 덕목이 좋은 시민의 덕목과 일치할 수 있기 때문이다. 그러나 이러한 정치 체제를 현실 세계에서 상정하는 것은 비합리적이며, 특히 공동체 내의 다양한 역할 분담을 토대로 한 유기체적인 사회 구성 시각을 견지하는 아리스토텔레스의 입장에서 볼 때 통치라는 고도의 전문 영역을 모든 구성원에게 허용하기는 어려울 것이다.[16]

그렇다면 좋은 정체하에서 좋은 시민의 덕목 이상으로 통치자에게 요구되는 추가적 덕목은 무엇인가? 아리스토텔레스는 통치자와 피통치자가 동일한 자질과 역량을 요구받지는 않는다고 주장한다(P,

---

16) 만약 통치자의 역할을 수행하는 자만이 좋은 사람이 될 수 있다면 군주제나 귀족제의 경우 대다수의 피통치자들은 좋은 시민의 자격만을 필요로 하며, 좋은 사람과 좋은 시민의 조건들 사이의 긴장을 경험하는 이는 일인 혹은 소수 통치자들에 한정될 것이다. 다수의 통치를 지향하는 시민정과 민주정의 경우 이러한 긴장은 통치에 참여하는 시민들 모두에게 부과되며 따라서 좋은 사람과 좋은 시민 간의 긴장은 이들 정체에서 가장 현저하고 광범위할 수 있다.

1277a29). 이 때문에 이들에게 요구되는 덕성의 성격 또한 상이하다고 말한다. 즉 통치자는 좋은 사람의 덕성을 가져야 하는 반면 피통치자는 좋은 시민의 덕성으로도 충분하다는 것이다(P, 1333a11). 통치자가 좋은 시민의 덕성을 넘어서는 추가적 덕성을 왜 필요로 하는지에 대한 아리스토텔레스의 답변은 명확하지 않다. 단지 그의 논의로부터 개략적으로 추론할 수 있는 것은 좋은 정체를 만들고 이끌어나가는 것은 고도의 지적인 업무에 해당하며 따라서 이러한 업무를 수행하는 통치자는 높은 지성을 보유할 필요가 있다는 것이다(NE, Bk. VI).

하지만 통치자에게 요구되는 지성의 성격이 좋은 사람에게 요구되는 지성의 성격과 과연 정확히 일치하는 것인지는 여전히 설명되지 않은 부분이다. 아리스토텔레스는 통치술과 연관된 진중함(prudence)을 수반한 지혜는 관념적 지혜를 필요로 하고 관념적 지혜의 완성을 이끌지만 그럼에도 불구하고 관념적 지혜를 대체하지는 못한다고 언급한다. 또한 그는 좋은 사람을 만드는 교육 및 훈련이 좋은 통치자를 만드는 교육 및 훈련과 "일반적으로(generally)" 동일하다고 기술함으로써 이들 양자가 완벽히 일치하는 것은 아님을 암시한다(P, 1288b). 이는 통치자에게 요구되는 지혜와 좋은 사람에게 요구되는 지혜가 상호 연계성을 지니며 동일한 지적 정향성을 가질 수는 있으나 엄밀한 의미에서 양자가 완전히 동일하지는 않으며 후자의 지혜가 전자의 지혜보다 여전히 높은 위상을 점한다는 해석을 파생시킨다.

통치자와 좋은 사람의 자격 조건이 정확히 일치하지 않는다는 점은 아리스토텔레스의 연구자들을 가장 곤혹스럽게 하는 부분 중의 하나이다. 통치자는 좋은 사람의 자격 요건을 요구받지만 그렇다고 해서 좋은 사람이 반드시 통치자의 신분을 유지해야 할 필요는 없다. 아리스토텔레스는 좋은 사람에게 통치의 기회가 주어진다면 좋은 사람은 그 같은 기회를 기쁘게 수용하겠지만 설령 그러한 기회에서 배제된다고 할지라도 치명적인 행복의 상실을 초래하지 않는다는 견해를 피력한다. 이는 좋은 사람의 행복이 굳이 정치의 영역 내에서 구현될 필요가 없음을 의미하며, 이러한 논리는 정치 공동체의 구성원들이 행복의 완성을 위해 공동체 정치에 적극적으로 참여해야 할 필요성을 약화시킨다. 다시 말해 정치적 참여가 행복의 본질은 결코 아니며, 시민적 의무가 인간 삶의 당위적 부채는 아니라는 것이다(Lindsay, 2000: 437). 이 경우 인간을 정치적 삶을 영위해야 하는 동물로서 규정한 아리스토텔레스의 논리적 일관성이 손상 받지 않을 수 없다. 통치자와 좋은 사람의 자격을 둘러싼 논란은 정치적 삶과 관념적 삶 사이의 논쟁으로, 아리스토텔레스가 후자에 우선적 지위를 부여했음을 부인하기는 어려워 보인다.[17]

통치자를 시민으로부터 구분시키는 핵심 자질 중의 하나는 지혜이다. 아리스토텔레스는 지혜의 중요성에 대해 지속적으로 강조한다. 그럼에도 불구하고 그는 지혜를 피통치자에게까지 요구하는 것은 무리라는 현실론적 입장을 취한다. 반면 그는 좋은 시민으로서의 덕성은 통치자 및 피통치자 모두에게 필요한 요소로 규정짓는다. 즉 용기, 절제, 정의 등은 통치자와 피통치자에게 적용하는 수준과 내용

---

[17] 아리스토텔레스가 정치적 삶을 강조하면서도 결국은 관조적 삶의 우선적 지위를 인정한 것은 공적 삶을 과도하게 강조했던 당시 아테네의 분위기에 대한 반발이라는 주장이 있다. 또한 소수의 구성원들만이 통치자의 지위를 경험할 수밖에 없는 현실 정치 세계의 한계 때문에 통치자로 선택되지 못하는 이들의 행복 추구를 허용하기 위해 아리스토텔레스가 관조적 삶을 강조했다는 해석이 있다(e.g. Barker, 1959: 289-290). 아울러 아리스토텔레스가 아테네에서 시민권자가 아니라 외국인 영주권자의 지위로 살았다는 점이 정치적 삶의 가치를 최우선으로 내세우는 데 주저하게 만든 요인이었다는 주장도 있다(Mulgan, 1990: 203).

의 차이가 일부 존재한다고 할지라도 양자 모두에게 필요한 덕성이다. 그는 철학적 지혜를 갖춘 사람도 다른 이들과 어울려 사는 것을 선호하는 만큼 용기, 절제, 정의 등 도덕적 덕의 보유가 필요함을 지적한다(NE, 1178b5). 관조적 삶은 현실 세계를 뛰어넘는 현자의 삶을 지향하지만, 다른 한편으로 현실 속의 현자는 정치 공동체의 구성원이고, 따라서 정치적 삶에 필요한 도덕적 덕의 완비를 요구받는다(Lindsay, 2000: 447).

물론 아리스토텔레스는 관조적 삶의 예외적 상황을 열어둔다. 그는 관조적 삶의 주인공이 통상 철학적 지혜와 더불어 실천적 지혜를 필요로 한다고 주장하면서도 다른 한편으로 완전한 행복을 구가하는 관조적 삶은 신의 영역에 속하는 삶이며, 신의 영역 속에서 정의, 용기, 절제 등의 인간적 덕성은 의미가 없음을 주장한다(NE, 1178b10). 이는 행복이 순수한 관조만으로도 가능하며, 사회적 삶이라는 환경적 조건이 반드시 부과될 필요는 없다는 함의를 남긴다. 또한 그는 아낙사고라스(Anaxagoras) 및 탈레스(Thales)의 지식을 언급하며 실천적 지혜와는 무관한 철학적 지혜의 독자적 영역이 존재할 수 있음을 암시한다(NE, 1141b4). 따라서 아리스토텔레스의 관조적 삶의 주인공은 속세에서 벗어나 시민의 역할에 무관심한 채 지성의 추구에만 몰두할 수 있다. 아울러 관조적 삶의 주인공은 나쁜 정체에 순응하는 충성스런 시민의 역할을 거부할 수도 있을 것이다.

아리스토텔레스는 통치자와 피통치자 사이의 좋음에 대한 기준 역시도 차별화를 시도한다(P, 1260a1). 그는 통치자의 좋음은 그 성격상 이성적 속성을 보유한 데 반해 피통치자의 좋음은 비이성적 속성을 가진다고 평가한다(P, 1260a6). 정치 공동체의 구성원들이 이처럼 상이한 좋음의 속성을 보유하고 상이한 덕성을 요구받는다면 이들에 대한 덕성 교육 또한 차별화를 요구받을 것이다. 만약 좋은 사람과 좋은 시민을 만드는 덕성 교육이 상이하다면 정치 공동체는 이러한 교육을 양립시킬 수 있을 것인가?

좋은 사람의 주된 덕목인 지혜가 용기, 절제, 정의 등 좋은 시민의 덕목의 증진에 순기능적일 수는 있다. 지혜는 진정한 용기, 절제 및 정의의 덕목이 수반하는 의미의 이해와 덕목 실행의 의지 도출에 기여할 것이다. 반면에 도덕적 덕목들이 좋은 사람의 추가적 덕목인 지혜의 증진에 직접적으로 기여하는지의 여부는 불분명하다.[18] 좋은 시민을 양성하기 위한 도덕적 덕목의 교육은 좋은 사람을 양성하는 지적 덕목의 교육과 보완적 관계를 유지할 수 있을 것인가? 체제 순응적 성향을 완전히 회피하기 힘든 도덕적 덕목의 교육이 지혜의 창의성과 자율성을 제한하는 결과를 초래할 가능성은 없는가? 이러한 우려는 양자의 덕목을 배양하는 교육들이 서로 상충적은 아니라 할지라도 완벽히 일치하지는 않을 것이라는 사고에 근거한다. 덕성 교육과 관련된 추가적 의문들은 여기에서 멈추지 않는다. 개인의 선천적 자질에 의해 지대하게 영향 받는 지혜라는 덕목에 대해 국가의 덕성 교육이 과연 효율성을 지닐 수 있을지에 대한 회의적 시각도 존재할 수 있다. 아울러 상이한 지적 자질을 보유한 다양한 개인을 상대로 국가가 정책적으로 설정하는 덕성 교육의 수준 및 범위의 임의성 및 적절성에 대한 논란도 폭넓게 야기될 수 있다. 민주주의 사회의 교육이 반지식주의(anti-intellectualism)의 정향성을 지닌다는 비판은 후자의 논란 중의 하나를 반영한다.

모든 시민이 좋은 사람이 될 수 있는 것이 아니라면 좋은 사람의 양성과 좋은 시민의 양성 사이에서 국가의 목표는 어느 편에 더 치

---

18) 물론 도덕적 덕목들이 정치 공동체의 안정과 발전에 기여하고 이러한 정치 공동체가 지혜 신장에 순응적인 환경을 제공하는 우회적 방식의 기여를 생각할 수는 있을 것이다.

중해야 하는가? 아리스토텔레스에 따르면 좋은 정체하에서도 좋은 사람이 좋은 시민보다 더 행복한 삶을 영위하는 것은 분명하다. 따라서 좋은 정체는 좋은 사람의 수를 최대한 확대하고자 노력할 것이다. 그러나 좋은 정체하에서 모든 이가 좋은 사람으로 남을 수는 없다. 좋은 사람의 범위를 어느 수준에서 설정하는 정체가 가장 바람직할 것인가? 플라톤의 철인정치는 최상의 좋은 사람에게 통치의 역할을 부여하는 대신 최다수의 좋은 시민을 키우고 이를 통해 정치공동체 내 구성원들의 행복을 극대화하려는 정체로 평가될 수 있다. 플라톤의 철인정치의 역설적인 측면은—최소한 아리스토텔레스에게 있어서—좋은 사람의 수적 범위가 지극히 제한적일 수밖에 없다는 점이다. 최상의 지혜를 가지는 통치자의 자질은 결국 일인 혹은 매우 한정된 소수에게만 허용되기 때문이다. 아울러 아리스토텔레스는 플라톤의 철인정치가 수반하는 내재적 불안정성에 주목한다. 인간 본성의 불완전함은 철인정치를 전제정치라는 왜곡된 정체로 이탈시키는 위험성을 수반하기 때문이다(Newell, 198: 173).

만약 통치자의 자질이 좋은 사람의 자질과 일치한다면 좋은 사람의 수적 범위를 넓히는 가장 효율적 방안은 다수의 통치를 확보하는 것이다. 다수의 통치를 극대화하는 방안은 통치와 피통치 양자의 영역을 넘나드는 정치 순환 방식의 정치 공동체 구성을 꾀하는 것이다. 아테네 민주정은 이러한 구성의 현실적 방안이라고 할 수 있을 것이다. 다수의 통치의 이상적 조건은 치자와 피치자의 역할이 지속적으로 교환되는 만큼 이들 다수가 치자와 피치자 양자의 덕성을 보유하는 것이다. 즉 치자 및 피치자로서의 경험을 통해 다수는 상호 절제와 진중함의 덕을 배우며 개인들의 편협한 이기주의를 극복하게 된다(Lindsay, 1992: 115). 아테네 민주정이 이러한 이상적 조건을 충족하고 있는지에 대한 아리스토텔레스의 평가는 분명 부정적이다. 아테네 민주정은 모든 시민의 참여를 보장하는 평등(equality)의 가치와 최선의 역량을 보유한 이들을 선별하는 우수함(merit)의 가치 사이에 내재하는 긴장을 해소하는 데 분명 만족스러운 정체가 될 수는 없었다. 따라서 그의 관심의 초점은 아테네 민주정을 개선하는 대안적 정체의 모색에 놓여 있다.

다수의 통치의 문제점은 가장 작은 국가라고 할지라도 모든 다수가 순차적으로라도 통치자의 역할을 담당하기는 어렵다는 점이다. 설령 다수가 통치 역할을 부여받을 수 있는 통치 순환 구조라고 할지라도 이들 모두가 통치자로서의 자질을 확보하는 것 또한 힘들 것이다. 아리스토텔레스는 통치자로서의 지적 자질과 정치적 숙고(prudence) 역량을 제공하는 환경적 요소인 여가(leisure)의 중요성을 강조한다.[19] 하지만 여가는 현실적으로 제한된 범위의 시민들에게만 허용되지 않을 수 없다. 따라서 다수의 통치는 통치 역량을 지닌 덕성의 소유자를 충분히 수적으로 확보하기 어렵다는 문제점에 직면한다. 민주정의 한계는 다수의 통치가 통치 역량을 결여한 수적 다수의 통치로 변질될 위험성을 보유한다는 점이다.

민주정의 한계성을 극복하는 대안적인 다수의 정치로 아리스토텔레스는 시민정(polity)을 내세운다. 이상적 시민정은 통치 역량을 보유한 다수에 의한 정치의 구현이다. 이는 통치 역량을 결여한 시민

---

19) 아리스토텔레스에게 있어서 여가(leisure)는 단순히 휴식이나 여흥이 아니라 진리의 모색을 위한 인간 이성의 자유로운 발현을 가능하게 하는 환경을 의미한다. 따라서 여가는 통치자의 신중성과 지적 품성을 개발(cultivation of mind)시키기 위한 중요한 물질적 및 시간적 토대로 이해된다. 혹자는 여가의 의미를 일층 고양시켜서 삶의 궁극적 목적으로까지 규정하기도 한다(예를 들어 박성우, 2005: 125ff). 하지만 여가의 보유가 관조적 삶의 달성을 필연적으로 이끌어내지 않는 한 이러한 해석은 무리일 수 있다. 여가는 최선의 삶의 구성 요소이지 최선의 삶의 필연적 완성체는 아니다. 여가에 대한 논의는 바커의 주석(Aristotle, 1958: 323-324)을 참조하라.

을 통치의 역할에서 배제시키는 선별된 다수의 정치를 도모하는 것이다. 이들 선별된 다수가 과연 좋은 사람의 자격 조건을 충분히 만족시킬 수 있는지는 논란의 대상이다. 아리스토텔레스는 이 같은 논란을 회피한 채 부자와 빈자와의 계급적 견제와 균형을 모색하는 이른바 '혼합정치'의 형태로서 시민정의 현실적 특성을 규정한다. 통치 역량을 결여한 절제되지 않은 다수의 정치로 머무는 민주정을 극복하는 방안으로 아리스토텔레스가 제안하는 것은 다수 빈자의 편협한 이해와 의사 결정에 노출되지 않는 정체의 구성이다. 여기에서 아리스토텔레스는 부자 계급과 빈자 계급 간에 야기될 수 있는 갈등의 완충 요소로서 광범위한 중산층의 형성을 요구한다(P, 1295b-1297a). 광범위한 중산층은 다수 빈자의 질투(envy)와 소수 부자의 탐욕(greed) 사이의 중용점을 구성한다. 아리스토텔레스는 또한 계급 간의 갈등 및 권력의 투쟁에 쉽사리 노정되는 정치의 취약성을 극복하기 위한 차원에서 법의 역할과 입헌주의의 필요성을 추가적으로 제기한다(P, 1282b). 하지만 아리스토텔레스의 시민정이 통치자의 역량을 보유한 다수인의 정치를 보장할 수 있는지는 여전히 의구심을 남긴다. 아리스토텔레스는 시민정의 안정성은 모든 구성원이 찬성하기보다는 타 정체로의 변화에 이들이 한결같이 반대한다는 사실에서 비롯된다고 언급한다(P, 1294b). 과연 시민정이 투박한 다수 인민의 감성적 정치를 견제하면서도 소수 독재를 방지하는 균형적 정체로서 그 안정성을 효율적으로 유지할 수 있을지는 의문이다.[20]

다수 정치의 현실적 장점은 불완전한 인간성에서 비롯되는 정체

---

[20] 린제이는 아리스토텔레스가 다수의 정치의 우월성을 내세우면서도 정의감과 진중함이 없는 일반 다수의 고위 공직 담당에 비판적이었고 따라서 다수의 참여를 제한시키고자 하는 의도에서 소수와의 "정치적 혼합(political mixing)" 체제를 지향했다고 주장한다(Linsay, 1992: 107ff).

의 타락을 제한시키는 데 효율적이라는 점이다. 아리스토텔레스에게 있어서 타락한 다수 정치인 민주정은 구성원 전체의 이익을 지향하지는 않는다고 할지라도 최소한 다수 구성원의 이익을 도모하는 정체로 기능한다. 민주정은 일인이나 소수의 이익에만 몰두하는 전제정이나 과두정보다는 존립의 정당성 면에서 상대적 우위를 점하는 정체로 평가받는다. 즉 민주정은 최선(the best)의 정체와는 거리가 멀다고 할지라도 최소악(the least bad)의 정체로 자리매김된다(P, 1289b). 민주정에 대한 아리스토텔레스의 불신과 비판에도 불구하고 "자유인의 통치"를 구가하는 아테네 민주정에 대해서는 그가 미련을 가지고 있는 셈이다(Adkins, 1984: 30). 민주정과 과두정을 비교하면서 그는 소수의 부자들이 저지르는 잘못보다는 일반 대중이 저지르는 잘못이 정치질서에 덜 파괴적일 수 있음을 지적하며 전자를 옹호한다(P, 1297a). 또한 민주정에서는 통치자들 간의 내분 가능성이 낮기 때문에 민주정이 과두정보다 안정적인 정체임을 강조한다. 민주정이 치자와 피치자 간의 갈등 구도라는 문제를 안고 있다면 과두정은 소수의 치자들 사이의 권력 다툼이라는 추가적 문제를 보유하기 때문에 후자가 전자보다 열등한 정체라는 것이다(P, 1301a). 나아가서 그는 민주정이 다수의 동등한 사람들을 만들어내고 이들 동등한 사람들은 보다 많은 공통성을 보유하기 때문에 사회 내에 더 넓은 범위의 친애와 정의의 환경을 조성한다고 주장한다(NE, 1161b9).

정치 공동체 내의 모든 구성원을 좋은 사람이자 좋은 시민으로 만드는 과제의 현실 가능성에 대해 아리스토텔레스가 회의적이었음은 의심의 여지가 없다. 아리스토텔레스는 정치 공동체의 진정한 공동선은 정치적 우애(political friendship)라고 할 수 있는 구성원들 간의 화합(concord)으로부터 비롯되며 가장 바람직한 형태의 화합은 정치 공동체 내에서 최고의 선을 가진 이가 통치하기를 모든 구성원이 바

랄 때라고 언급한다(NE, 1167a34). 그러나 그는 이러한 화합이 현실적으로 구현되기는 어렵다는 점을 인정하며 철인 왕정의 가능성을 축소시킨다. 결국 그의 관심은 각기 소수와 다수의 좋은 사람들의 통치를 지향하는 귀족정과 시민정으로 집중된다. 아리스토텔레스는 다수의 지혜가 소수의 지혜보다 우위를 점한다는 주장을 피력한다. 이는 그가 "최상의" 좋은 사람보다는 "다수의" 좋은 사람들에 의한 정치를 택했음을 의미하는 것인가?

아리스토텔레스에게 있어서 최고의 선이란 지혜만으로 이루어지는 것은 아닐지라도 지혜를 필요로 한다(Collins, 2004: 58). 영혼의 진정한 건강과 행복을 부여하는 것은 지혜이며, 지혜야말로 도덕적 덕을 관장하는 궁극적 실체로 규정된다(NE, 1144a3). 인간을 최선의 상태로 가져다주는 것은 관조적 삶이다. 그러나 지혜와 지혜가 주는 관조적 삶의 획득은 너무나 과도한 목표가 아닐 수 없다(NE, 1177b27). 정치 공동체의 삶과 교육이 과연 다수의 지혜로운 좋은 사람을 만들어낼 수 있는 것인지에 대해 아리스토텔레스는 분명 정치 공동체의 가능성만큼이나 한계를 직시했을 수 있다. 그는 좋은 사람을 만드는 교육이 과연 정치의 영역에 속하는 것인지에 대해서 회의적인 시각을 표출하기도 한다. 결국 신의 국가가 아닌 이상 좋은 사람은 한정된 수로 남을 수밖에 없고 따라서 좋은 사람과 좋은 시민의 일치는 제한된 수의 구성원들에게만 허용될 것이다. 이는 시민정이 과연 현실적으로 실현 가능한지에 대한 의구심을 유발시킨다. 한편 시민정이 창출해낸 좋은 사람들이 모두 동일한 자질과 수준의 좋은 사람들일 수는 없다. 이는 좋은 사람의 수적 확대가 이루어지는 정체에서 최고의 지성들의 국가 내 역할은 제한될 수 있음을 의미한다. 즉 "최상의" 좋은 사람과 "다수의" 좋은 사람들 사이의 선택의 이슈는 아리스토텔레스의 논의에서 여전히 미해결의 과제로 남는다

(Waldron, 1995; Salkever, 2007).

아리스토텔레스는 인간의 행복을 위해 정치 공동체의 도움이 필요함을 역설한다. 그에게 있어서 정치 공동체는 개인적 덕성의 활성화를 위한 효율적 기제이자 궁극적으로 인간 행복의 증진을 도모하는 안정적이고 지속적인 해법이다. 아리스토텔레스는 인간 행복을 제고시키는 최선의 정치체제에 대해 고민한다. 하지만 그가 제시하는 최종적 해법이 무엇인지는 명확하지 않다. 아마도 입헌주의를 토대로 하고 광범위한 중산층을 보유한 귀족정이나 시민정을 지향했을 수 있다는 개략적 추정만이 가능할 뿐이다.[21] 하지만 그가 해법을 추구하는 과정에서 전달하는 메시지는 명료하다. 첫째, 좋은 사람이 부재하거나 혹은 설령 존재하더라도 통치의 임무에서 소외된 채 좋은 시민들만으로 이루어지는 정치는 결코 궁극적 성공을 기약할 수 없다. 좋은 사람에 의해 이끌리는 정치는 행복한 정치 공동체의 운영에 필수적 요건이다(P, 1277b25). 다시 말해 정치 공동체 내의 구성원들의 좋은 삶은 지혜가 있는 정치를 반드시 필요로 한다.

둘째, 바람직한 정치체제에 대한 논의는 인간성이 불완전하고 구성원들의 자질과 품성이 동질적이지 않다는 현실 세계에 대한 명확한 인식 위에서 이루어져야 한다. 최선의 정체를 설정하는 데는 정체의 현실적 달성 가능성과 더불어 정체의 부패 가능성 및 부패가 초래하는 고통과 비용에 대한 냉정한 평가가 함께하여야 한다. 다수의 정치의 강점은 후자의 요소에 대한 우호적 평가에 근거한다고 할 수 있다. 한편 비동질적인 구성원들의 존재는 좋은 사람과 좋은 시

---

[21] 야크는 아리스토텔레스의 본래 목표가 최종적 해법의 제시보다는 정치적 공동체가 직면하는 문제들의 특성과 요인을 밝히는 데 주력하고 있는 만큼 전자의 이슈에 몰입하여 아리스토텔레스를 해석하는 것은 과도한 추정을 야기할 뿐이라고 지적한다(Yack, 1993: 140ff).

민을 일치시키려는 정치 공동체의 의욕을 불가피하게 제약할 수 있으며, 좋은 사람과 좋은 시민을 양성하는 프로젝트들 사이의 긴장을 불러일으킬 수 있다.

셋째, 좋은 사람과 좋은 시민 간의 긴장을 최소화시키며 정치 공동체의 구성원들에게 최대한의 좋은 삶을 제공하는 정치체제의 구체적 모습을 설정하는 것은 어렵다고 할지라도 한 가지 기본적 구성 원칙은 아리스토텔레스의 논의에서 명확하게 부각된다. 그가 구상한 정치체제는 구성원들의 행복 추구가 상호 경쟁적이 아니라 상호 협력적인 과제가 되도록 이끌며, 따라서 구성원들이 행복의 포지티브섬(positive sum) 게임에 임하도록 만드는 것이다. 그리고 우선적으로 구성원들로 하여금 자신들이 상호 협력적인 과제에 참여하고 있음을 인지시키는 것이다. 결국 최선의 정체는 정치 공동체 내에서 상이한 특성 및 자질을 가진 구성원들의 상호 협력을 어떻게 효율적으로 이끌어내는가에 달려 있다는 것을 아리스토텔레스는 재확인시킨다(Smith, 1999: 633). 아울러 이러한 정체의 구현 여부는 인간의 주도적 노력(human initiatives)을 토대로 하지만, 다른 한편으로 자연이 부과한 인간 역량의 한계에 필연적으로 종속될 수밖에 없음을 각인시킨다(Swanson & Corbin, 2009: 12).

5. 결론

좋은 사람과 좋은 시민이란 주제를 둘러싼 아리스토텔레스의 논의에는 여러 불명확성과 복잡성이 내재한다. 그럼에도 불구하고 그가 제기하는 질문들과 제시된 해법들이 수반하는 지적 통찰력은 폭넓게 유효하다. 아리스토텔레스는 행복을 수반하는 좋은 삶의 운영을 위해 좋은 사람의 품성을 확보하는 것이 우선적 과제임을 명확히 한다. 좋은 사람의 품성은 신의 은총을 받은 특별한 소수를 제외하고는 개인의 독자적 노력으로보다는 정치 공동체의 구성을 통해 효율적으로 확보될 수 있다. 그런데 정치 공동체의 안정적 존속과 발전을 위해서는 좋은 시민의 역할이 필수불가결하다. 물론 좋은 시민이 좋은 사람을 필연적으로 만드는 것은 아니며, 좋은 사람이 반드시 좋은 시민을 구성하는 것은 아니다. 관조적 삶을 영위하는 좋은 사람은 좋은 시민의 역할을 거부하거나 외면할 수 있다. 왜냐하면 관조적 삶은 그 자체로 완전하고 자급자족적이어서 정치적 공동체의 존재를 필요로 하지 않기 때문이다. 이는 공공선을 위한 덕성과 개인의 독자적 행복을 위한 덕성의 동기가 반드시 일치하는 것은 아니라는 것을 의미한다. 또한 이는 최고의 선을 추구하는 사람은 공동체의 선을 위함과 동시에 자기 자신의 행복을 확보하기 위한 추가적 노력을 해야 한다는 것을 의미한다.

한편 좋은 시민이 부재한 환경에서 좋은 사람의 출현을 기대하기는 어려울 것이다. 좋은 시민은 좋은 사람의 존립을 위한 전제 조건이다. 좋은 시민이 만들어내는 정치 공동체 없이 좋은 사람의 품성을 확보하는 것은 쉽지 않기 때문이다. 아리스토텔레스의 구상은 우선적으로 좋은 시민을 육성하기 위해 용기, 절제 및 정의의 덕을 배양하는 데 집중된다. 지혜의 덕을 배양하기 위한 정치 공동체의 역할 또한 인정하지만 그 효율성에 대해서 그는 유보적 입장을 견지한다. 물론 아리스토텔레스가 말하는 이상적인 좋은 시민은 그가 소속된 정치 공동체에 단순 충성하는 것이 아니라 정치 공동체의 교육과 삶을 통해 꾸준히 좋은 사람이 되고자 노력하는 존재이다. 정치 공동체는 구성원들의 도덕적 덕성을 육성하고 이와 더불어 행복의 외부적 조건들을 구성원들에게 제공하는 데도 기여한다. 개인의 안전,

경제적 풍요, 안락한 삶의 제공 등은 효율적 정치 공동체의 핵심 과제이기도 하다.

정치 공동체가 자신의 구성원들에게 좋은 시민과 좋은 사람의 자질을 요구하는 것은 이것이 궁극적으로 구성원들의 행복을 증진시키기 때문이다. 결국 정치의 본질은 개인의 행복을 제고하는 것이고, 정치 공동체는 이성과 욕망의 복합체인 인간의 본원적 특성을 고려한 가장 효과적인 행복 증대의 기제로 기능한다. 이것이 바로 정치 공동체가 그 가능성을 부여받는 영역이다. 하지만 이러한 가능성의 이면에는 단지 제한된 수의 구성원만이 좋은 사람이 될 수 있다는 자체적 한계성이 내재한다. 좋은 사람과 좋은 시민의 긴장은 정치 공동체의 가능성만큼이나 한계에 대한 다면적인 숙고를 요청한다.

참고 문헌

김용찬, 2005, 「아리스토텔레스의 정치적 목적론에 대한 재고찰」, 『한국정치학회보』 39집 5호: 91-110.

박성우, 2005, 「행복(eudaimonia)의 정치: 아리스토텔레스의 『니코마코스 윤리학』과 『정치학』에 나타난 철학적 삶과 정치적 삶의 의미」, 『한국정치학회보』 39집 5호: 111-132.

Ackrill, J. L., 1980a, *Aristotle the Philosopher*, Oxford: Oxford University Press.

Ackrill, J. L., 1980b, "Aristotle on Eudaimonia", In A. O. Rorty ed., *Essays on Aristotle's Ethics*, Berkeley: University of California Press.

Adkins, A. W. H., 1984, "The Connection between Aristotle's Ethics and Politics", *Political Theory*, Vol. 12, No. 1: 29-49.

Annas, Julia, 1993, *The Morality of Happiness*, Oxford: Oxford University Press.

Aristotle, 1958, *The Politics of Aristotle*, ed. & trans. by E. Barker, Oxford: Oxford University Press.

Aristotle, 1980, *The Nicomachean Ethics*, trans. by D. Ross & rev. by J. L. Ackrill and J. O. Urmson, Oxford: Oxford University Press.

Aristotle, 1993, *Aristotle XVII: Metaphysics*, trans. by Hugh Tredennick. Cambridge, Massachusetts: Harvard University Press.

Barker, Ernest, 1959, *The Political Thought of Plato and Aristotle*, New York: Dover Publications.

Bartlett, Robert C., 2008, "Aristotle's Introduction to the Problem of Happiness: On Book I of the Nicomachean Ethics", *American Journal of Political Science*, Vol. 52, Issue 3: 677-687.

Collins, Susan D., 2004, "Moral Virtue and the Limits of the Political Community in Aristotle's Nicomachean Ethics", *American Journal of Political Science*, Vol. 48, No. 1: 47-61.

Cooper, John M., 1975, *Reason and Human Good in Aristotle*, Cambridge, Mass.: Harvard University Press.

Cooper, John M., 1998, "Eudaimonism, the Appeal to Nature, and 'Moral Duty' in Stoicism", In Stephen Engstrom & Jennifer Whiting eds., *Aristotle, Kant, and the Stoics: Rethinking Happiness and Duty*, Cambridge: Cambridge University Press.

Davis, Micahel, 1996, *The Politics of Philosophy: A Commentary on Aristotle's Politics*, Lanham, Mass.: Rowman and Littlefield.

Frank, Jill, 2005, "Aristotle on the Rule of Law and the Rule of Men", *International Studies Review*, Vol. 7, Issue 3: 508-512.

Hardie, William F. R., 1981, *Aristotle's Ethical Theory*, 2nd ed., Oxford: Oxford University Press.

Johnson, Curtis N., 1990, *Aristotle's Theory of the State*, New York: St. Martins.

Kraut, Richard, 2002, *Aristotle: Political Philosophy*, Oxford: Oxford University Press.

Lawrence, Gavin, 1993, "Aristotle and the Ideal Life", *Philosophical Review*, Vol. 102, No. 1: 1-34.

Lear, Gabriel R., 2004, *Happy Lives and the Highest Good: An Essay on Aristotle's Nicomachean Ethics*, Princeton: Princeton University Press.

Lindsay, Thomas K., 1992, "Aristotle's Qualified Defense of Democracy through 'Political Mixing'", *Journal of Politics*, Vol. 54, No. 1: 101-119.

Lindsay, Thomas K., 2000, "Aristotle's Appraisal of Manly Spirit: Political and Philosophic Implications", *American Journal of Political Science*, Vol. 44, No. 3: 433-448.

Lord, Carnes, 1987, "Aristotle", In L. Strauss & J. Cropsey eds., *History of Political Philosophy*, 3rd ed., Chicago: University of Chicago.

Miller, Fred D., 1995, *Nature, Justice and Rights in Aristotle's Politics*, Oxford: Oxford University Press.

Mulgan, Richard, 1990, "Aristotle and the Value of Political Participation", *Political Theory*, Vol. 18, No. 2: 195-215.

Newell, W. R., 1987, "Superlative Virtue: The Problem of Monarchy in Aristotle's 'Politics'", *Western Political Quarterly*, Vol. 40, No. 1: 159-178.

Nicoles, Mary P., 1992, *Citizens and Statesmen: A Study of Aristotle's Politics*, Savage, Maryland: Rowman & Littlefield.

Nussbaum, Martha C., 1986, *The Fragility of Goodness*, Cambridge: Cambridge University Press.

Nussbaum, Martha C., 2000, "Aristotle, Politics, and Human Capabilities", *Ethics*, Vol. 111, No. 1: 102-140.

Plato, 1945, *The Republic of Plato*, trans. by F. M Cornford, New York: Oxford University Press.

Rorty, Amelie O., 1974, "The Place of Pleasure in Aristotle's Ethics", *Mind*, Vol. 83, No. 332: 481-497.

Ross, D., 1980, "Introduction", In Aristotle, *The Nicomachean Ethics*, trans. by D. Ross & rev. by J. L. Ackrill and J. O. Urmson, Oxford: Oxford University

Press.

Salkever, Stephen, 2007, "Whose Prayer? The Best Regime of Book 7 and the Lessons of Aristotle's Politics", *Political Theory*, Vol. 35, No. 1: 29-46.

Smith, Thomas W., 1999, "Aristotle on the Conditions for and Limits of the Common Good", *American Political Science Review*, Vol. 93, No. 3: 625-636.

Strauss, Leo, 1978, *The City and Man*, Chicago: University of Chicago.

Swanson, Judith & David C. Corbin, 2009, *Aristotle's Politics: A Reader's Guide*, London: Continuum.

Taylor, C. C. W., 2008, *Pleasure, Mind and Soul*, Oxford: Clarendon Press.

Tessitore, Aristide, 1989, "A Political Reading of Aristotle's Treatment of Pleasure in the Nicomachean Ethics", *Political Theory*, Vol. 17, No. 2: 247-265.

Waldron, Jeremy, 1995, "The Wisdom of the Multitude: Some Reflections on Book 3, Chapter 11 of Aristotle's Politics", *Political Theory*, Vol. 23, No. 4: 563-584.

White, Nicholas, 1995, "Conflicting Parts of Happiness in Aristotle's Ethics", *Ethics*, Vol. 105, No. 2: 258-283.

Yack, Bernard, 2006, "Rhetoric and Public Reasoning: An Aristotelian Understanding of Political Deliberation", *Political Theory*, Vol. 34, No. 4: 417-438.

3장 종교적 좋은 삶과 정치적 좋은 삶:
아우구스티누스를 중심으로

박의경

1. 서론: 정치와 종교 그리고 좋은 삶

모든 사람이 행복해지기를 원한다는 것은 이성을 사용하는 모든 사람이 의심의 여지없이 가지고 있는 견해이다. 그러나 누가 행복하냐라든지 그들이 어떻게 그렇게 되었느냐는 등의 문제는 인간의 이해력이 연약함으로 말미암아 끝없고 열띤 논쟁을 불러일으키고 있다(『하나님의 도성』, 10.1: 478).

인간은 행복을 추구하고, 정치는 행복을 보장해주는 좋은 삶을 현실에서 달성하는 것을 그 목적으로 한다. 행복을 추구하는 인간에게 종교는 정신적 안정과 평화를 통해 행복과 좋은 삶이란 인간의 마음으로부터 출발하는 것임을 확인시킨다. 인간의 삶에서 가장 어렵고도 먼 길은 한 인간의 머리에서 가슴으로의 길이라는 어떤 노 신학자의 말처럼, 행복이 인간의 마음속에서부터 자리 잡아 현실에서 그 모습을 드러내게 되면서 인간은 비로소 행복을 느낀다.

현실에서 좋은 삶을 살아가고 있다는 만족감이 정치에서 얻을 수 있는 것이라면, 그 만족감의 근거나 토대가 되는 것이 바로 종교에서 출발하는 원리라고 볼 수 있다. 현실에서의 실정법이 제대로 된 것인지에 대한 확신이 그 법의 근거가 무엇인가에 대한 논의를 통해서 드러나게 되는 것과 마찬가지 논리라 하겠다. 종교를 통해 형성된 원칙에 대한 신념과 원리와 함께 좋은 상태의 기저를 다진 인간은 이제 정치를 통해 원리의 구체적 적용을 해나가면서 실생활에서의 편안함과 만족 그리고 안정을 확인한다. 이 과정을 통해서 드러나는 인간의 삶을 행복이라 할 수 있을 것이다.

정치가 현실에서의 행복의 조건을 드러내주는 것이라면, 종교는 그 드러나는 행복의 저변을 형성하는 근저를 구성한다. 현실과 그 현실을 받쳐주는 이론, 가슴과 그 가슴을 뛰게 하는 정신의 감동에서 정치적 좋은 삶과 종교적 좋은 삶의 연관성을 찾아볼 수 있다. 종교에서 제공하는 원칙과 원리는 인간에게 행동의 자유를 담보하고, 정치 현실에서 인간은 또다시 든든함과 만족을 통해 삶의 현장에서의 자존감을 지니게 된다. 간단히 말해서 종교는 인간의 자유를 인정하고, 정치는 인간의 자유 있음을 확인하게 되는 것이다. 이렇게 정치와 종교 양자는 상호작용을 하며 상승 발전하게 된다.

아우구스티누스는 종교적 좋은 삶을 통해서 정치사회의 평화와 안정을 이룩할 수 있다는 믿음을 가지고 있었다. 자신의 삶이 행복하다는, 좋은 삶을 살고 있다는 믿음이 없는 상태의 인간이 과연 행복할 수 있을지, 좋은 삶을 살고 있다고 할 수 있는지에 대한 생각을 정리해볼 필요가 있다. 아우구스티누스는 로마제국 말기에 외침을 받아 혼란한 상황에서 이에 대한 종교적 정리를 하면서, 인간이 목표로 삼아야 할 삶을 하나님의 도성과 지상의 도성 두 가지로 설정한다. 이 두 도성에 대한 이중적 목표 설정을 통해서, 이후 정치와 종교를 둘러싼 신학적 논쟁의 불씨를 제공하고 있다. 두 가지를 동시에 영위해나갈 수 있는 능력을 인간이 가지고 있지 않다는 사실에 대한 명확한 인지를 통해, 종교개혁으로 갈라진 종교를 정치와 재결합시킴과 동시에 사회와 국가를 종교화, 종교를 정치화시키려는 시도는 아우구스티누스로부터 아퀴나스, 캘빈으로 이어진다.

이 글에서는 좋은 삶이란 무엇인가에 대한 고대의 개념 정의에서 시작하여, 정치와 종교의 관계 설정을 통해서 인간의 삶이 어떻게 조율되고 설정되어 가는지 아우구스티누스를 중심으로 살펴볼 것이다. 사상과 생각이 인간의 머리에서 가슴까지 오는 시간과 거리에 대한 감각은 모든 인간에게 다르게 드러날 수 있지만, 가슴으로 느끼고 몸을 움직여 좋은 삶을 현실에서 작동시키기 위해서는 머리에서 원칙과 원리에 대한 인지부터 시작해야 하며, 동시에 가슴을 통한 현실의 작동이 역으로 원리를 따르는 머리에도 중대한 영향을 미친다는 사실에 대한 논증 작업이 이 글의 핵심적 내용이라 하겠다. 결국 정치와 종교는 서로의 존립을 위해서는 없어서는 안 될 것이며, 인간의 좋은 삶을 위해서도 절대적으로 필요한 것이라 할 수 있을 것이다.

2. 좋은 삶에 대한 고대의 사상

1) 좋은 삶의 의미

민주주의와 선거가 보편화된 현대 정치사회에서 모든 이의 정치적 목적은 좋은 삶이라고 할 수 있다. 좋은 삶을 아주 단순하게 풀어서 말하자면 '잘 먹고 잘 사는 것', 즉 행복이라 할 수 있을 것이다. 좋은 삶에 대한 개념을 철학적, 정치적 명제로 제시한 최초의 철학자는 소크라테스라고 할 수 있다. 소크라테스는 객관적으로 바람직한 이상적 좋은 삶이 존재한다는 믿음에서부터 출발한다. '좋은 삶'이 존재한다는 대명제의 존재와 함께 이를 규명하기 위한 삶이 바로 철학자 소크라테스의 삶이었다.

좋은 삶은 말 그대로 좋은 것이 아니던가? 그런데 좋은 삶을 말하던 철학자 소크라테스가 좋은 삶을 위해 삶의 기회를 거절하는 상황이 소크라테스의 『변론』에 잘 드러난다. '삶'보다는 '좋은'에 무게가 실려 있음을 잘 알 수 있는 내용이다. 소크라테스에게 있어 좋은 삶이란 "덕은 지식이고, 덕이 있는 자가 행복하다."라는 『국가』의 글에 잘 나타나지만, 과연 이런 말이 실체는 무엇이고, 어떤 의미를 가지고 있는지는 현실을 살아가는 실존적 인간만이 답할 수 있는 문제가 아닐까 한다. 좋은 삶의 철학자인 소크라테스의 정치적 죽음을 통해서 플라톤은 정치에서의 좋은 삶이 철학적으로 설명되고 실행될 수 있는 것인가에 대해 의문을 가지게 된다.

플라톤의 『국가』 해제에서 박종현은 이렇게 설명한다.

> 우주 및 자연이 아름답고 조화로운 질서 체제인 것은 스스로 좋은 상태, 즉 좋음(to agathon)을 실현하고 있기 때문이며, 인간의 행위와 기술도 '좋은 것'의 실현을 목표로 하고 있기는 마찬가지다. …… '좋은 상태'는 다름 아닌 '적도(適度: to metrion)'와 '균형'의 성질을 적중하는 방식으로 실현을 본다는 것이다. 진정한 기술도 바로 이 '적도 창출'에 있어서 성립한다고 보고 있다. …… 적도가 인간의 행위와 관련될 때, 이를 특히 중용(中庸: to meson)이라 일컫는다(박종현, 1997: 35).

좋은 것의 존재를 인정하고, 사람들이 좋은 것을 행하지 않는 것은 무지나 욕심 때문이라고 생각하면서, 좋은 삶을 설파하던 소크라테스가 정치적으로 죽음을 맞이하게 되지만, 정치학의 세계에서 소크라테스는 행복이라는 가치를 통해서 여전히 그 긴 호흡을 유지하고 있다. 인간의 구원을 위해 영생을 위한 삶을 설파하던 예수가 당시 유대 지성인들의 학문과 만나면서 죽음에 봉착하지만, 예수의 죽음은 이제 어느 누구도 죽음이라고 생각지 않는다. 죽음의 현장에 있던 미네르바의 올빼미는 이제 삶의 현장에서 화려한 불사조로 비상한 지 이미 오래이다. 좋은 삶이란 과연 어떠한 것이기에 이렇게 죽음을 통과하면서 그 실체를 드러내는지 알아볼 필요가 있다.

2) 덕과 지식 그리고 행복의 함수관계

좋은 삶이라는 명제는 소크라테스 이후 모든 철학자의 최종 목표로 자리 잡아왔다. 무엇이 좋은 삶이며, 좋은 삶을 이룩하기 위해서는 어떻게 해야 하는지, 무엇을 하고 무엇을 하지 말아야 하는지에 대한 도덕적이고 윤리적인 명제의 기본이 바로 여기서 출발한다. 좋은 삶을 사는 인간이 행복하다는 것은 굳이 논증이 필요 없는 내용일 것이다. 이후 행복은 모든 정치사상이 추구하는 목표가 되어왔다.
소크라테스는 기본적으로 인간의 행복이 물질에 있는 것이 아니라, 정신에 있다고 보고 있다. 인간 외부에 어떤 것들이 있어 그것들로 인하여 행복한 것이 아니라, 자신이 자신을 행복하다고 생각한다는 데 초점을 맞추고 있는 것이다. 그렇다면 인간이 자신을 행복하다고 생각하게 되는 계기가 무엇일까 하는 점이 논점으로 드러난다. 플라톤의 『국가』 제1권에 나타나는 소크라테스와 소피스트의 논쟁의 출발점이 바로 여기에 있다.

박종현에 따르면 "플라톤이 『국가』 편에서 좋음의 이데아에 대한 앎을 '가장 중요한 배움'이라 말한 것은, 그리고 그걸 장차 자신과 나라를 지혜롭게 다스릴 사람들이 반드시 배워야 할 것이라 말한 것은, 그것이 자연이 따르고 기술과 인간이 따르지 않을 수 없는 원리이기 때문이라 해서다."(박종현, 1997: 35)

플라톤의 『국가』에서 케팔로스가 재산이 있어 행복하고 편안하다는 화두를 던지면서 좋은 삶에 대한 소크라테스와 소피스트의 논쟁은 시작된다. 이에 대해 소크라테스는 좋은 것은 훌륭한 것의 원인이고 나쁜 것들의 원인은 아니라고 전제한다. 따라서 좋은 것은 언제나 좋은 것으로, 때에 따라 변하는 것은 좋은 것이 될 수 없다. 현재 내가 외적으로 가지고 있는 것을 근거로 좋은 삶과 행복을 논증할 수 없음을 대화체로 풀어내게 된다. 결과적으로 언제나 변하지 않는 절대적 진리의 존재를 제시하게 된다. 인간은 만물의 척도라는 말로 대표되는 소피스트의 상대 이론에 절대 이론으로 맞서게 된다. 좋은 것은 언제나 좋은 것이라야 좋은 것인 것처럼, 행복도 인간이 언제나 행복해야 행복하다고 할 수 있다는 것이다.[1]

가령 재산이 인간에게 행복을 주는 것 중의 하나라고 한다면, 재산은 언제나 인간에게 행복의 원인이 되어야 한다. 그러나 우리는 현실에서 재산으로 인해—가족 간 분쟁이 발생하는 등—행복하지 못한 상황이 전개되는 경우를 종종 보게 된다. 또 권력이 있어 행복하다고 한다면, 그 권력은 언제나 인간에게 행복의 원인으로 남아 있어야 하지만, 권력으로 인해 불행에 빠지는 경우도 역사에는 많이

---

1) 어느 한 곳이 아픈 환자에게 건강을 물었을 때, "아픈 데만 빼놓고 다 괜찮다."라는 말을 기대할 수 없음과 마찬가지이다. 자유나 행복도 그렇다. 사회의 자유와 행복을 진단할 때, 일부 집단을 빼놓을 수는 없다. 사회 구성원 모두가 자유롭거나 행복해야 그 사회를 자유로운 사회, 행복한 사회로 규정할 수 있다.

존재한다.

　소크라테스는 결론적으로 인간의 참된 행복이란 부나 권력, 또는 명성이 아니라 덕(virtue. 박종현의 번역에 따르면 "훌륭함(arete)")에 의해 달성될 수 있음을 역설한다. 소크라테스는 개별 인간들이 가지는 생각을 의견이라고 한다면, 그 의견의 근저에 기준이나 척도로 존재하는 앎(episteme)이 있으며, 이를 찾아내는 것이 좋음을 추구하는 인간으로서 당연한 작업이라고 생각하면서, 동시에 인간은 그 가능성을 가지고 있다고 확신한다. 그는 인간의 이성(logos)을 인간이 좋음의 원리를 찾아낼 수 있는 능력이라고 생각하고, 이를 통해서 인간은 가장 훌륭한 상태인 '덕 있는 인간'으로 드러날 수 있다고 주장한다(『국가』 335b-d).

　케팔로스로부터 시작하여 글라우콘, 폴레마르코스, 트라시마코스로 이어지는 논쟁을 통해서 소크라테스는 올바름(dikaion)은 훌륭함으로, 올바르지 못함은 나쁜 것으로 확인한다. 이어서 이 논의는 곧바로 올바르고 훌륭한 것은 유익한 것으로, 그렇지 않은 것은 유익하지 않은 것으로 진행되고, 유익한 것은 지식으로 지식이 있는 자는 지혜롭다는 것으로 이어진다. 결론적으로 올바른 사람은 훌륭하고 지혜롭되, 올바르지 못한 사람은 무지하고 못된 것으로 판명된다(『국가』 350c-d). 다시 말해서 좋은 것은 올바르고, 올바른 것은 훌륭하며, 훌륭한 자는 결국 지혜를 아는 자이고, 지혜를 아는 자는 궁극적으로 행복하다. 이것이 소크라테스가 생명을 걸고 지키려 했던 덕과 지식과 행복의 함수관계이다.

　올바른 사람이 언제나 사회에서 올바른 대우를 받는 것은 아니다. 그렇다면 덕은 지식이고, 지식을 가진 자는 행복하다는 명제는 어떻게 성립되는 것일까? 올바른 사람은 언제나 올바르기 때문에 설사 정당하게 대우받지 못한다고 해도 그는 정신적으로 충분히 자족하며 행복한 삶을 영위할 수 있다. 그리하여 올바른 사람은 정신적으로 완전하게 평화롭고 조화로운 세상에서 좋음을 충분히 경험하면서 행복하게 된다는 것이다. 이렇게 '지혜 있는 자는 행복하다.'는 것으로 요약되는 고대의 명제는 다음 시대로 이어져 죽음을 넘어선 불사조의 모습으로 화려하게 부활하게 된다.

3. 아우구스티누스의 좋은 삶: 행복과 평화

1) 신앙과 이성의 연합

고대 그리스의 사상과 문화는 로마로 이전하면서, 기독교와의 관계 설정이라는 문제에 봉착한다. 신앙과 이성, 신학과 철학의 관계 설정은 도시국가에서 제국으로 이행하는 당시 사회에서 매우 중요한 과제로 등장한다. 이성은 고대 그리스의 유산이고, 신앙은 당시 새롭게 등장하던 기독교 세력을 일컫는다.

팔레스타인 지방에서 시작된 기독교가 지중해로 전파되면서 헬레니즘 문화와 접하게 되는데, 헬레니즘은 그리스 문화와 동방 문화가 융합되어 형성된 보편주의 사조로서 당시 세계관을 지배하고 있었다. 헬레니즘 사상에 대해 당시 초기 기독교 사상가들은 찬성과 반대로 갈라지지만, 유스티누스로 대표되는 찬성 측 기독교 사상가들은 헬레니즘 문화의 보편주의적 사조에 기독교의 세계화적 속성을 접합시킨다. 이들은 헬레니즘 문화의 중요한 부분을 형성하는 플라톤 철학으로 자신들의 신앙을 체계화시키려는 작업을 하게 된다.

즉 그리스의 플라톤 철학은 이성 중심의 철학이고, 기독교 사상은 계시 진리를 말하지만, 이들은 이성을 통한 계시의 인식이 가능하다고 생각한 것이다. 다시 말해서 그리스적 철학을 이용하여 기독교 신앙을 설명하려는 시도를 하게 된 것이다. 실제로 플라톤의 이원론적 세계관은 하나님의 나라와 인간의 나라를 구분하는 기독교 세계관을 설명하는 데 매우 적절한 것이었다. 보편주의적 헬레니즘 문화의 세례를 받은 기독교는 로마의 국교가 되면서, 이제 유대의 종교라는 한계를 벗어나 세계의 종교가 된다.

초기 교부들은 계시된 진리를 신앙을 통해 이해하는 것이나, 자연적 진리를 이성을 통해 이해하는 것은 서로 다른 것이 아니라고 보았다. "알기 위해 믿고 믿어서 알게 된다."는 말에서 알 수 있는 것처럼, 믿는 것과 아는 것이 분리되어 있지 않다는 데 이들은 동의하고 있었다. 그리스적인 덕과 지식과 행복의 함수관계의 기본 구도가 기독교 사회에도 그대로 적용되게 된 것이다. 인간이 좋은 삶을 향유하려면 진리를 알아야 하고, 기독교 사회에서 진리는 신앙과 불가분의 관계에 놓여 있다. 이렇게 보면, 신앙을 가져야 진리를 알게 되고, 기독교 사회에서 진리는 곧 지식이며, 이를 알아야 덕 있는 삶을 살 수 있게 되고, 결론적으로 덕 있는 자는 좋은 삶을 영위하면서 행복하게 되는 것이다. 즉 진리를 향유하는 것이 행복이라는 말로 초기 기독교 교부 시대의 사상을 정리할 수 있겠다.

고대와 중세의 지성사적 가교를 형성하는 아우구스티누스도 이에 동의하고 있다. 이에 대해 신재식은 다음과 같이 설명한다. "아우구스티누스는 좁게는 하나님에 대한 논의에서, 넓게는 그의 신학 사유 전체까지 한번도 신앙과 이성을 두부 자르듯이 분명하게 구분한 적이 없다. 오히려 신앙과 이성은 또는 그리스도교 신학의 영역과 그리스 철학의 영역은 분리되는 것이 아니라 아주 긴밀하게 연결되어 있다고 여겼다. 모든 진리는 하나님의 진리이기 때문에 철학은 신학에 유용하다고 보았다."(신재식, 2008: 48)

아우구스티누스의 말을 직접 들어보자.

"믿음은 들음에서 나며 들음은 그리스도의 말씀으로 말미암았느니라."(롬: 10:17)고 하였다. 그렇다면 전하는 사람의 말을 전혀 이해하지 못하는 사람이 어떻게 그것을 믿을 수가 있겠는가? 그러나 다른 각도에서 보면 믿지 않으면 이해할 수가 없는 것들이 있기도 하다. 그렇지 않다면, 선지자는 "너희가 믿지 아니하면 깨닫지 못하리라."(사 7:9)는 말을 하지 않았을 것이다. 그러므로 깨달음은 우리가 믿는 것을 이해할 수 있도록 만들어준다. 그리고 믿음은 그 이해한 것이 확신에 이르도록 해준다. 따라서 오성 그 자체는 깨달음과 정비례하여 깨달은 것의 내용을 파악함에 도움을 주고 있다(『아우구스티누스 전집』 59; 가이슬러 편, 1994: 15-16에서 재인용).

어느 누가 생각하는 것이 믿는 것보다 우선한다는 것을 모르고 있겠는가? 사람은 먼저 그것이 믿어진다고 하는 생각을 하기 전에는 아무것도 믿지를 않는다. …… 그러므로 믿음 그 자체는 동의하면서 생각하는 것에 불과하다 …… 믿는 사람은 누구나 믿으면서 생각하고, 동시에 생각하면서 믿는다는 것을 인정한다(『성도의 예정에 대하여』 5; 가이슬러 편, 1994: 13-14에서 재인용).[2]

한마디로 아우구스티누스는 신앙과 이성을 상호 보완적인 것으로 이해하였다. 상호 보완 작용을 거쳐 하나로서 일체를 이룬다는 내용

---

2) 인간은 보이는 것보다 보고 싶은 것을 본다. 동일한 장면을 동시에 목격하고도 증언이 제각기 다를 수 있는 이유가 여기에 있다. 즉 감각에 앞서는 생각의 존재를 인정하지 않을 수 없다.

이 아우구스티누스의 신앙과 이성의 관계에 대한 설명이다.

> 신앙은 찾고, 이성은 발견을 한다(『삼위일체론』 15.2; 가이슬러 편, 1994: 22에서 재인용).

> 우리는 알기 위해서 믿는다. 왜냐하면 우리가 알고 난 다음에 믿으려 할 때에는, 알 수도 없고 믿을 수도 없기 때문이다(『요한 복음에 대하여』 27.9; 가이슬러 편, 1994: 18에서 재인용).

아우구스티누스의 이러한 사상은 신플라톤주의[3]의 영향을 받았다. 신플라톤주의는 젊은 시절의 아우구스티누스를 철학적으로 일깨운 키케로의 이상과 함께 지혜에 대한 사랑, 올바른 삶에 대한 열망, 그리고 정신적인 것의 추구의 중요성에 대한 인식을 아우구스티누스에게 심어주었다. 아우구스티누스는 청년 시절 키케로의 『호르텐시우스』[4]를 읽고 올바른 삶과 지혜를 추구하는 참된 철학에 대해 눈을 뜨게 된다. 쾌락만을 좇는 삶은 행복을 주지 못하고 절제되지 않는 자유는 자존심과 참된 우정을 파괴할 뿐이라는 스토아학파의

---

3) 신플라톤주의는 영혼과 신성의 중요성을 말하면서, 신적인 경지에 이르러 영감을 받을 때, 신 또는 최고선이라고 하는 일자(一者)를 보게 된다고 한다. 영혼이 갑작스럽게 받는 빛은 신의 임재를 의미한다. 오직 이 빛을 본 자만이 영혼이 찾던 것을 알게 된다. 이러한 빛을 받는 것이, 즉 지고의 존재에 의해 지고의 존재를 보는 것이 영혼을 지닌 자의 참된 목표이다(러셀, 1993: 420). 이러한 신플라톤주의의 빛과 진리, 최고선의 존재에 대한 내용과 그에 대한 영혼의 반응 등을 통해서 아우구스티누스는 신앙이 이성의 문을 여는 역할을 하고 있음을 인정하면서, 기독교로 사상적 귀의를 하게 된다.
4) 지혜와 철학의 중요성을 다룬 책으로 알려져 있으나, 현재 전하지 않는다. 아우구스티누스에게 철학과 지혜의 필요성과 중요성을 일깨워준 서적으로, 자신이 『고백록』에서 기술하고 있다.

사상을 통해서 진리와 지혜를 찾아가게 된다. 플라톤이 말했던 최고의 행복은 정신이 열등한 육체의 이미지에서 벗어나야 비로소 얻어지는 것이라고 신플라톤주의는 생각했다. "신플라톤주의는 신을 절대적이고 불변의 좋음이며, 모든 변화를 초월하여 존재하는 사물의 근원이라고 보았다."(신재식, 2008: 64)[5] 고대의 소크라테스가 존재한다고 확신했던 절대적 진리의 존재가 이들의 신 개념을 통해서 다시 살아나는 셈이다. 아우구스티누스도 이런 신 개념을 통해서 영원한 진리와 불변의 아름다움과 만나게 되는데, 바로 이 순간이 인간이 지고의 행복을 느끼게 되는 순간이라고 생각하였다.

소크라테스부터 형성된 덕과 지식 그리고 행복의 함수관계는 아우구스티누스 안에서도 여전히 살아 움직이고 있었다. 아우구스티누스의 사상적 목표는 참된 행복의 추구였다. 이를 위해서 그는 절대적 존재에 대한 지식을 추구하게 된다. 지식을 추구하는 목적은 그것을 통해 행복을 얻기 위함이었다. 참된 지식은 참된 행복을 위해 필수적인 것이었다. 참된 지식을 얻어야만 인간의 영혼은 안정을 얻고 행복해진다는 것이 아우구스티누스의 생각이었다. 따라서 아우구스티누스에게 있어서, 인간이 이성을 동원하여 지식을 추구한다는 것은 좋은 삶을 위해 당연하고도 필요한 작업이었다.

절대적 진리와 지식의 존재에 대한 확신이 있다고 해서, 모든 인간이 이에 이르는 것은 아니다. 참된 행복을 가진 자와 가지지 못한 자가 바로 이 지점에서 갈라지게 된다는 것이 신학자 아우구스티누스의 생각이다. 인간은 그 태생적 한계로 인해 좋음의 존재로부터 멀어지게 되고, 참된 진리와 지식을 점점 더 알지 못하게 된다는 것

---

5) 이렇게 신플라톤주의자 플로티누스를 끝이요 시작이라고 러셀은 규정한다. 즉 그리스주의자로서의 끝이요, 기독교주의자로서의 시작이라는 것이다(러셀, 1993: 430).

이다. 이렇게 해서 인간은 영혼과는 거리가 먼 육체적 삶을 영위하게 되고, 이는 좋은 삶이나 행복과는 동떨어진 삶이 되어버린다는 것이다. 여기서 길을 돌이키는 유일한 방법이 바로 신앙이다. 진정으로 진리를, 지혜를 알고자 한다면 믿어야 한다는 것을 아우구스티누스는 본인의 처절한 경험으로부터 토로하고 있다.[6]

참된 진리와 빛이 존재하는데, 거기로부터 멀리 떨어져 있으면 어두움 속에 있을 수밖에 없다는 것은 자명한 사실이다. 그 진리와 빛의 존재를 인정하는 방법은 바로 신앙, 믿음이라고 아우구스티누스는 역설한다. 인간의 이성만 가지고는 헛된 진리와 참된 진리를 구분하기 어렵다는 것은 이미 당대의 석학인 자신이 깊이 경험한 바 있었기 때문이다. 이러한 구분의 어려움은 참된 진리와 지혜를 말하는 그리스의 소크라테스와 유대의 예수가 당대의 지식인들의 손에 죽음을 당했다는 것을 보아도 잘 알 수 있다.

따라서 이성과 신앙이 연합한다는 것은 사실의 근저부터 이면까지 파악할 수 있는 능력을 가지게 됨을 의미하게 된다. 절대적 진리의 기반 위에서 상대적, 단편적으로 발생하는 사실을 보다 잘 파악하게 되리라는 것에 대해서는 긴 설명이 필요하지 않을 것이다. 재산이나 권력, 명예 등 세상에서 가치 있다고 생각되는 많은 것을 움켜쥔 채 허망함을 논하는 인간들이 존재하는 이유가 바로 여기에 있다. 진정한 행복과 좋은 삶이란 과연 무엇인가라는 기본적 질문으로 우리를 되돌아가게 하는 지점도 바로 여기다.

---

6) 자신의 회심 과정을 기록하면서, 아우구스티누스는 믿음의 우선성을 확신한다. 믿고 싶은 마음은 있으나 믿어지지 않아 고민하는 내용이 『고백록』 8권 12장에 잘 드러나 있다.

2) 현실에서의 좋은 삶과 행복

좋은 삶과 행복은 누구의 판단에 달려 있는 것일까? 판단의 근거는 무엇이고, 그 궁극적인 판단자는 누구인가? 판단할 수 있는 자가 인간 사회에 있는 것일까? 아우구스티누스의 입장에서, 종교적 좋은 삶의 판단 근거는 하나님을 아는 것이고, 궁극적인 판단자는 하나님이지만, 실재로 현실에서 드러나는 판단자는 바로 나라고 할 수 있다. 내가 하나님에 대해서 알고 있는지의 여부를 알 수 있는 자 역시 나뿐이기 때문이다. 여기에 세상과 분리될 수 없는 종교의 한계가 있다. 종교를 말할 때 반드시 정치를 말해야 하는 이유가 여기에 존재한다. 공기가 움직이는 것을 알고는 있으나 공기의 움직임은 공기가 아닌 나무나 다른 것들의 움직임을 통해서 유추하는 것처럼, 종교적 좋은 삶은 현실의 정치적 삶에서 그 모습이 드러나게 된다.

종교적 좋은 삶이 하나님을 아는 삶이라고 한다면, 정치적 좋은 삶은 지식을 아는 삶이다. 하나님을 아는 것이 바로 지식이라고 하면서, 아우구스티누스는 양자를 연결시킨다. 아우구스티누스는 좋은 삶의 조건인 참된 지식과 진리, 지혜가 무엇인가에 대한 명확한 답을 제공하면서 신앙이라는 구체적 길을 제시하고 있다.

종교가 추상이라면, 정치는 구체적 실체를 적시한다. 원리와 원칙이 있음은 현실에서 드러났을 때 비로소 알 수 있는 것이다. 내가 자유 있음은 자유롭게 행동할 때 세상에 드러나는 것이지, 자유 그 자체가 세상에 돌아다니는 것은 아니다. 결국 아우구스티누스가 말하듯이 '하나님을 아는 것이 좋음'의 실체이자, 참 진리요 지혜라고 했을 때, 그것이 그렇게 드러나는 것은 현실에서 작동해야 한다는 것이다. 인간이 행복을 추구하는데, 진정한 의미의 행복은 영혼의 조화와 평화이고, 그 조화와 평화가 현실 국가에서 그대로 드러나야 비로소 인간이 좋은 삶을 살고 행복함을 알 수 있다고 하겠다.

고대 그리스에서 좋은 사람으로 살기 위해서 좋은 사회가 있어야 한다는 논리와 마찬가지로, 아우구스티누스도 현실의 공동체에서 좋음이 드러날 수 있어야 한다고 주장한다. 여기에 아우구스티누스가 말한 두 개의 도성이 들어설 수 있는 틈새가 생긴다. 하나님의 도성과 지상의 도성은 플라톤의 이데아와 현실의 배치를 연상시킨다. 아우구스티누스의 입장에서 양자 간의 우선순위는 분명하다.

> 행복한 생활을 누리려면 바르게 살아야 하므로, 바른 생활은 이 모든 감정을 바르게 느끼며, 그릇된 생활은 그릇된 모양으로 느낀다. 그뿐 아니라 행복하고 영원한 생명은 바를 뿐 아니라 확고한 사랑과 기쁨을 알 것이지만, 두려움이나 고통은 전혀 없을 것이다. 우리가 이렇게 생각할 때에 하나님 나라 시민들이 현세의 순례의 길에서 어떤 생활을 할 것인가를 분명히 볼 수 있다. 그것은 육을 따르지 않고 영을 따르는 생활이며, 사람이 아니라 하나님을 따르는 생활이다. 또 그들이 목표로 삼는 영생의 상태에서 어떤 생활을 할 것인지도 우리는 볼 수 있다(『하나님의 도성』 14.9: 673).

또한 양자의 절대적 필요성과 상호 보완성도 분명하다.

> 행복한 사람만이 원하는 대로 살며 의인만이 행복하다. …… 얻지 못할 것은 원하지 않도록 자기를 억제하며, 얻을 수 있는 것만 원하도록 강제한 사람은 원하는 대로 산다고 인정할 수 없다. …… 자기의 생활을 사랑하는 사람만이 행복한 생활을 하고 있다. 또 행복한 생활을 사랑하며 가지고 있다면, 반드시 다른

모든 것보다 그것을 더 열렬히 사랑하게 될 것이다. 달리 사랑하는 것이 있다면, 그것은 행복한 생활을 위해서 사랑하기 때문이다. 그뿐 아니라, 행복한 생활을 충분히 사랑하지 않는 사람은 행복하지 않을 것이며, 자기의 행복한 생활을 충분히 사랑하는 사람은 그것이 영원하기를 바라지 않을 수 없다. 그러므로 영원한 생활만이 행복할 것이다(『하나님의 도성』 14.25: 694-695).

아우구스티누스는 하나님의 도성과 지상의 도성의 기원을 창조의 시기로 되돌린다. 이 두 도성은 영원히 존재하는데, 하나님을 사랑하는 자들이 하나님의 도성을, 자기를 더 사랑하는 자들이 지상의 도성을 형성한다. 사람들은 모두 이 두 도성 중 어느 하나만을 사랑하도록 되어 있다. 두 도성의 시민들이 이 세상에서는 섞여 있지만, 영원에 이를 때는 구별된다는 것이 아우구스티누스의 해석이다. 이렇게 볼 때 교회와 하나님은 동의어가 아님이 분명해진다. 하나님의 도성의 가치는 신앙과 질서, 자유, 좋음, 평화, 통일, 정의이지만, 인간의 도성의 가치는 죄, 맹목, 오류, 다툼과 혼돈이다. 전자에서는 좋음과 행복이 발견되지만, 후자에서는 그렇지 않다.

그래서 두 가지 사랑이 두 도시를 건설했다. 심지어 하나님까지도 멸시하는 사랑이 지상의 도성을 만들었고, 자기를 멸시하면서 하나님을 사랑하는 사랑이 하나님의 도성을 만들었다. 따라서 지상의 도성은 자체를 자랑하며 하나님의 도성은 주를 사랑한다(「고린도후서」 10:17). 지상의 도성은 사람들에게서 영광 받기를 원하고, 하나님의 도성은 우리의 양심을 보시는 하나님을 최대의 영광으로 여긴다. ……
그래서 지상 도성에서는 사람을 따라 사는 현인들이 자기들의 몸이나 마음이나 또는 그 쌍방에 유익한 것을 추구했고, 그 가운데서 하나님을 알 수 있었던 사람도 …… 교만에 지배되어 자기들의 지혜로 스스로 높다 하면서 "우둔하게 되어 썩어지지 아니하는 하나님의 영광을 썩어질 사람과 금수와 버러지 형상의 우상으로" 바꾸었다. ……
그러나 하나님의 도성에서는 사람의 유일한 지혜는 진정한 하나님을 바르게 경배하도록 인도하는 경건이며, …… "하나님이 만유의 주로서 믿음 안에 계시려"(「고린도전서」 15:28) 하는 이 목표를 상으로 받기를 기다리는 경건이다(『하나님의 도성』 14. 28: 698).

아우구스티누스는 이렇게 하나님의 도성과 지상의 도성이 다르다는 것을 인정하기는 하지만, 적대적인 것으로는 보지 않는다. 차이점과 동시에 두 도성 간의 연결 고리로서 두 도성의 공통 목표인 좋은 삶과 행복을 아우구스티누스는 역시 놓치지 않는다.

덕성을 즐기는 사람의 생활이 행복하다. 인간의 생활이 덕성을 위해서 본질적이 아닌 선들까지도 얼마간 또는 많이 즐길 수 있으면 그 생활은 더 행복하다고 하며, 신체와 영혼에 속한 선이 하나라도 없지 않으면 그 생활은 가장 행복하다고 한다. 생활과 덕성은 동일하지 않다. 모든 생활이 아니라 현명하게 조절된 생활만이 덕성이다(『하나님의 도성』 19.3: 923).

그런데 문제는 인간의 오류 가능성과 사회의 불완전성에서 발생한다. 아우구스티누스는 말한다. "여러 가지 덕성은 확실히 인생의 가장 훌륭하고 유용한 재산이지만, 바로 그 덕성들이 인생의 불행을 증명하며, 인생의 위험과 노고와 비애의 폭압에 대항해서 덕성이 주는 도움이 크면 클수록, 그것은 인생이 불행하다는 것을 더욱 뚜렷이 증명한다."(『하나님의 도성』 19.4: 928) 현실의 악으로 둘러싸여 있기에, 좋음을 제대로의 모습으로 즐길 수 없게 된다는 것이다. 악을 참아내어 참을 일이 없는 세상이 되었을 때, 인간은 비로소 진정한 행복을 얻을 수 있게 된다는 것이다.

그러므로 사도 바울은 사려심, 절제, 용기, 공의심이 없는 사람들이 아니라 진정한 경건으로 자기의 생활을 조절하는 사람들, 따라서 진정한 덕성을 지닌 사람들에 대해서 다음과 같이 말한다. "우리가 소망으로 구원을 얻었으면 보이는 소망이 소망이 아니니 보는 것을 누가 바라리요. 만일 우리가 보지 못하는 것을 바라면 참음으로 기다릴지니라."(『로마서』 8: 24-5) 그러므로 우리는 소망으로 구원을 받은 것 같이 소망으로 행복하게 된다. ……
우리가 내세에 받을 구원은 그 자체가 우리의 궁극적 행복일 것이다. 이 행복을 이 철학자들[아카데미학파]은 알지 못하기 때문에 믿지 않고 거부한다. 그리고 교만하고 거짓된 덕성을 기초로 삼아 금생에서의 행복을 조작하려고 노력한다(『하나님의 도성』 19.4: 929).

그러면 현세는 이러한 내세에 어떠한 역할을 할 수 있을까? 현실에서 교회는 국가와 어떠한 관계에 있는 것인가? 이에 대해 아우구스티누스의 대답은 확고하다. 내세에의 소망으로 사는 현세의 삶은 행복하다는 것이다. 믿음을 통해서 의인이 된 성도들은 하나님의 도성에는 좋음이 존재하며 그 궁극은 완전하고 영원한 평화임을 알진대, 거기에 존재하는 행복을 인정하지 않을 수 없다. 이를 전제로 했을 때, "그 내세를 위해서 현세를 이용하는 사람은 비록 실제는 아니고 소망으로만 가진 것이지만, 역시 이미 현세에서 행복을 누린다고 할 수 있다."(『하나님의 도성』 19.20: 948)

즉 사려 깊은 판단과 용기 있는 행동과 유덕한 절제와 공정한 처사를 실천할지라도, 확고한 영원과 완전한 평화 속에 하나님이 만유의 주로서 만유 안에 계시는(「고린도전서」 15:28) 종말을 목표로 삼지 않는다면, 그런 지혜는 진정한 지혜가 아니기 때문이다(『하나님의 도성』 19.20: 948).

진정한 지혜의 근원으로서의 하나님의 존재를 확신하는 아우구스티누스에게 국가는 사랑하는 것들에 대한 관심으로 공동의 유대를 기초로 결합된 이성적 존재들의 집단이었다. 국가는 인간의 외적 관계를 규제하는 도구에 불과하며, 국가의 목적은 악을 억제하고 선을 장려하며 인간의 죄의 세력을 꺾는 것이다. "정의를 결여한 왕국은 강도떼"(『하나님의 도성』 4.4: 226)라고 하면서, 아우구스티누스는 합법적인 정당한 국가와 비정상적 강도떼와 같은 인간 집단을 정의의 유무로 구분한다.[7] 아우구스티누스는 이것을 국가권력의 정당성의 한계라고 보았다. 여기서 아우구스티누스는 국가가 국가로서 성립하

---

7) 알렉산더대왕이 사로 잡힌 해적에게 왜 남을 괴롭히며 사느냐고 묻자 그는 이렇게 대답한다. "그것은 당신이 온 세상을 괴롭히는 의도와 같습니다. 단지 저는 작은 배를 가지고 그런 짓을 하므로 해적이라고 불리고, 당신은 큰 함대를 가지고 그런 짓을 하므로 황제라고 불리는 차이가 있을 뿐입니다."(『하나님의 도성』 4.4: 227)

기 위해서 필요한 것은 정의임을 강조면서, 동시에 현실의 모든 국가가 여기에 해당되는지는 정의의 유무(하나님과의 연합의 유무)를 확인해보아야 한다고 주장한다. 아우구스티누스의 설명에 따르면 정의는 하나님 안에 존재하는 것이므로 기독교적 진리는 국가 존재의 핵이라는 의미로 해석할 수 있다.

> 물론 이것이 아우구스티누스에게 있어서 국가가 비도덕적인 영역에 속해 있다는 것은 아니다. 오히려 반대로 같은 도덕 법칙이 개인에게와 마찬가지로 국가에도 적용된다는 것이다. 그가 지적하고자 하는 것은, 그리스도교적인 국가가 아니면 그 국가는 참다운 정의를 실현하지 않을 것이며 실제로 하나의 도덕 국가가 되지 못할 것이라는 것이다. 이를테면 인간을 선한 시민으로 만드는 것은 그리스도교라는 것이다. …… 제멋대로 하게 내버려두어지는 경우에 국가는 현세적인 사랑에 의해서 이끌어지지만, 그러나 국가는 보다 높은 원리, 즉 그리스도교에서 도출되지 않으면 안 되는 원리에 의해서 이끌어질 수 있다(코플스톤, 1993: 127-128).

이어서 그는 교회와 국가는 다 같이 하나님의 목적을 이루는 데 필요한 '두 검'이라며 양검론을 설파한다. 하나는 일시적이고 제한되어 있는 세속적 목적을 위해 물리력을 사용하지만, 다른 하나는 하나님의 도성을 위해 영적인 힘을 사용한다. 교회와 국가의 관계에 대해 아우구스티누스는 교회의 영적 권위가 앞서기는 하지만, 어디까지나 하나님이 부여한 역할을 성취하기 위해 기능상 서로 간에 균형과 평등을 이루어야 한다고 역설한다(호페커, 1992: 248-250). 아우구스티누스는 지상의 도성과 대비되는 하나님의 도성을 설정하면서 국가에서 신성을 박탈하기는 했지만, 국가는 "자유로운 인격과 도덕적인 목적을 추구하는 공동 노력을 바탕으로 사회질서의 이상을 실현하는 것"(코플스톤, 1993: 129)을 목적으로 해야 한다고 주장하였다.

아우구스티누스는 하나님의 도성의 시민과 지상의 도성인 국가의 시민이 공존하는 현실에서 그리스의 소크라테스와 마찬가지로 좋음(선)과 올바름(정의) 그리고 행복을 중요한 문제로 등장시킨다. 아우구스티누스에게 있어서 좋음의 근원은 하나님이다.

> 진실로 모든 피조물은 당신의 차고 넘치는 좋음으로부터 존재를 받아 가지게 되었으니 창조된 것은 다 좋은 것입니다(『고백록』 13.2.2: 464).

인간이 좋은 일을 행하려 할지라도 좋음의 근원과 연합하여 있지 않으면 좋은 일을 행할 수가 없음은 가지가 아무리 무성하고 싱싱해도, 본줄기와 분리되어 있으면 그 생명력을 부여받지 못해 죽고 마는 것과 마찬가지이다.

> 영혼은 선하게 살 때에 하나님으로부터 생명을 받는다. 하나님이 영혼 안에서 선을 행하시지 않으면 선한 생활을 할 수 없기 때문이다. 그러나 영혼이 몸 안에 있으면, 영혼이 하나님으로부터 생명을 얻든 얻지 못하든 간에 몸은 영혼에게서 생명을 얻는다(『하나님의 도성』 13.2: 620).

올바름(정의)의 근원도 아우구스티누스는 하나님에게서 발견한다. 따라서 지상의 국가가 하나님과 연합되어 있지 않으며 사회정의를 구현해내기 어렵다는 것이 그의 주장이다. 하나님의 축복이나 불행은 선인에게나 악인에게나 모두 공정하게 내려진다. "악인들을 징벌하기 위하여 하나님의 엄격함이 완화되듯이, 선인들을 소중히 하기 위하여 하나님의 자비가 그들을 감싼다."(『하나님의 도성』 1.8: 5) 정의가 없는 국가는 강도떼와 다를 바 없다는 것이 아우구스티누스의 생각이다. 그는 정의의 근원인 하나님을 알지 못하는 국가는 올바른 정의를 실현할 수 없다는 것을 강조하고 있다.

아우구스티누스의 행복이란 소망의 구원을 이루는 것이라고 이미 앞에서 언급한 바 있다. 행복하고 좋은 삶을 영위하고 싶다면 육신을 따르는 삶이 아니라 영을 따르는 삶을, 사람이 아니라 하나님을 좇는 삶을 살아야 한다면서 이렇게 주장한다. "당신을 섬기고 예배함은 당신으로 말미암아 내가 행복하게 되기 위함입니다. 내가 당신으로 말미암아 존재하게 되었으니 당신으로 말미암아 행복하게 됨은 당연한 일입니다."(『고백록』 13.1.1: 463) 그 행복의 출처로 아우구스티누스는 다음과 같이 답한다.

> 어디서 그 행복이 오느냐고 물으면, 하나님이 그 즐거움이라고 대답한다. 그 도성은 하나님 안에 있음으로써 그 형태를 가졌으며, 하나님을 봄으로써 그 광명을 얻으며, 하나님 안에 머무름으로써 그 기쁨을 얻는다(『하나님의 도성』 11.24: 565).

하나의 확실한 근원에서 출발하는 개념이 방향성을 가질 수 있다. 강력하고 든든한 토대의 존재가 인간의 자유를 말할 수 있게 한다. 아우구스티누스 역시 현실의 모든 개념이 가질 수 있는 상대주의적 담론의 위험성을 직시하고 있었다. 어떤 것도 존재하지 않고, 알 수 없고, 판단할 수 없게 되는 불가지론과 소피스트적 상대주의의 위협에 직면하여 아우구스티누스는 플라톤의 이데아론을 이어받아 절대적 이데아, 최고선의 존재를 인정하면서, 근원과 토대의 중요성을 제시하고 있다. 현실에서 덕이 필요하다면 그 덕이 올바른 것인지에 대한 검증 또한 필요한데, 절대선의 존재에 대한 믿음이 바로 그 출발점이라는 것이다.

진정한 종교적 경건 없이 진정한 덕성도 있을 수 없다. 진정한 덕성이란 그 근원적 좋음이 드러나야 하는 것이다. 덕과 지식, 행복의 근원으로서의 하나님의 존재를 인식하게 되면 이제 이를 현실에서 적용해야 하는 것은 당연한 순서이다. 종교적 경건이나 하나님의 좋음, 올바름에 대한 제대로 된 인식을 통해서 이제 현실의 정치는 갈등에서 조화로, 불균형에서 균형으로 자리 잡아 나가게 될 수 있다는 것이 아우구스티누스의 주장이다. 아우구스티누스의 하나님의 도성과 지상의 도성은 이렇게 상호 연관을 맺으면서 인간들에게 좋은 삶의 영역을 확장시키려 시도한다.

3) 행복의 궁극적 모습: 평화

신체의 평화는 그 부분들의 균형 있는 배치에 있으며, 비이성적 영혼의 평화는 욕구의 조화 있는 충족과 안정에 있으며, 이성적 영혼의 평화는 지식과 행동의 조화에 있다. 신체와 영혼의 평화는 영원한 법에 대해서 신앙으로 질서 있는 순종을 하는 데 있다. 사람과 사람 사이의 평화는 잘 정돈된 조화에 있다. 가정의 평화는 주관하는 자와 복종하는 자들 사이의 잘 정돈된 조화에 있다. 시민 생활에서의 평화는 시민 간의 일치에 있다. 하늘 도성의 평화는 완전한 질서와 조화로 하나님을 즐기며, 하나님 안에서 서로를 즐기는 데에 있다. 만유의 평화는 평온한 질서에 있다. 질서는 동등한 것과 동등하지 않은 것들을 각각 그 자리에 배치하는 것이다(『하나님의 도성』 19.13: 939).

좋은 삶이 행복하게 잘 사는 것을 의미하는 것이라면, 인류의 역사를 생각해볼 때 행복이란 또한 정치사적으로 평화를 의미하는 것임을 알 수 있다. 그런데 인류의 역사는 평화가 아니라 혼란과 갈등을 중심으로 기술되어 있다. 정치사나 외교사는 일종의 전쟁사 또는 투쟁사라고도 할 수 있을 정도이다. 이러한 갈등과 투쟁은 사실 한 개인의 삶에서부터 출발한다. 아우구스티누스는 "주님 안에서 안식을 발견하기까지 우리 마음은 평화를 누릴 수 없었다."(『고백록』 1.1.1: 45)는 내용으로 자신의 인생 고백을 시작한다. 아우구스티누스는 자신의 갈등에서 사회의 갈등으로, 나아가 전 우주적인 갈등으로 화두를 옮겨가며 갈등으로부터 조화와 균형을 이루어나갈 수 있는 방법을 모색한다.

아우구스티누스는 국가나 정치적 질서의 긍정적인 측면을 강조한다. 국가란 타락 이후 인간 사회에 질서를 형성하기 위해 하나님이 만든 제도라는 것이다. 타락한 사회의 타락한 인간성에 맞게 적절한 규제와 금기가 존재하는 이유가 바로 여기에 있다. 법과 제도라는 이름으로 정치사회에서 형성되는 것 그 자체가 바로 하나님의 은혜라는 것이 아우구스티누스의 생각이다.[8]

그런데 그 지상의 도성은 갈등과 전쟁으로 그 존재를 세상에 알리는 일이 다반사이다. 실제로 아우구스티누스가 『하나님의 도성』을 집필하게 된 계기도 전쟁이요, 책의 시작도 전쟁이다. 쇠락하고 있는 로마제국의 참담한 현실과 알라리크(Alaric)의 침공을 통해서 지상의

---

[8] 아우구스티누스가 모든 사람이 국가의 통치권에 복종해야 한다고 본 이유는 국가의 통치와 통제력이 없으면 인간 사회가 존속하지 못할 것으로 생각했기 때문이었다(김병태, 2008: 164).

도성의 현 실태를 보게 된 것이다. 로마제국의 위상에 걸맞지 않은 내부의 혼란과 사람들의 의심 속에서 지상의 도성의 불행인 전쟁을 목도하게 된 것이다. 그러나 또한 그 와중에서 지상의 도성과 동시에 존재하는 하나님의 도성도 발견하게 된다.

> 최근에 로마에 재앙이 닥쳤을 때 자행되었던 온갖 파괴, 학살, 약탈, 화재 및 고통은 일반적인 전쟁의 관행과 일치했다. 그렇지만 새로운 관습을 확립시킨 어떤 것, 즉 전체 국면을 변화시켰던 어떤 요소가 있었다. 만행을 저지르던 야만인들이 아주 유화적인 태도를 보이면서 대교회당들을 선택하여 자기들로부터 목숨을 건진 사람들로 가득 차도록 따로 남겨두었던 것이다. 그곳에 있는 사람들은 어느 누구도 난폭하게 다루어지지 않았고, 강제로 끌려가지도 않았다. 자비심 많은 적들은 많은 사람을 그곳으로 데리고 가서 자유를 얻게 하였다. 그곳에서는 심지어 잔인한 적군에 의해서조차도 포로로 잡혀가지 않게 되었다. 이런 행위는 그리스도의 이름과 그리스도교의 영향에서 그 원인을 찾아야 한다(『하나님의 도성』 1.7: 90).

전쟁 속에서 평화[9]의 가능성을 보고 있는 것이다. 아우구스티누스는 참된 사랑으로 평화를 이룩해야 한다고 강조한다. 그런데 지상의 도성 사람들은 이러한 참된 평화를 즐기지 못하고 조화와 균형, 질서로부터 분리되어 있는 것이다. 옳은 일을 한다면서도 옳은 것이 무엇인지 분별하지 못하는 지상의 도성에서 사람들은 평화를 원하

---

9) 그리스인들에게 평화란 질서와 결합의 상태를 의미하고, 로마인들에게는 전쟁이 없는 상태를 의미했다(Myers, 1927: 42).

지만 끊임없이 전쟁에 시달린다. 이러한 모순적 상황은 하나님의 도성의 질서에 따라오는 평화를 모르기 때문이라는 것이 아우구스티누스의 주장이다.

> 전쟁을 하는 사람들은 승리를 원할 뿐이며, 승리란 영광스러운 평화를 의미한다. 승리란 자기에게 반대하는 사람들을 굴복시키는 것에 불과하며 굴복시킬 때에 평화가 있기 때문이다. 그러므로 전쟁을 하는 것은, …… 평화를 원하기 때문이다. 따라서 전쟁으로써 얻으려는 목표는 평화임이 분명하다. …… 평화로운 생활을 전쟁으로 어지럽게 하는 사람들도 평화를 미워하는 것이 아니라, 자기 마음에 드는 평화를 원할 뿐이다(『하나님의 도성』 19.12: 936).

선을 원함에도 악을 행하고, 평화를 원하고 있음에도 전쟁을 할 수밖에 없다는 것이 지상의 도성의 현실이다 이렇게 지상의 도성이 바르게 서지 못하는 이유를 머튼(T. Merton)은 자애와 탐욕의 원리로 설명한다. 첫째, 탐욕으로는 참된 질서를 추구하지 못한다. 하나님을 궁극의 목표로 삼고 모든 것을 거기에 표준을 두고 질서를 잡아야 할 것이다. 둘째, 인간의 사랑은 나누면 작아지지만, 하나님의 사랑은 나누어 가질수록 증대되어간다는 의미에서 사랑으로 연합된 사회만이 참 평화를 가질 수가 있다(Merton, 1993: introduction).

즉 지상의 도성은 자기애에 가득 찬 시민사회 집단이다. 고대의 바빌론부터 로마를 거쳐 17세기 영국을 비롯한 제국주의 국가들에 이르기까지 지상의 도성은 갈등을 야기시키면서 전쟁을 통해서 자신의 영광만을 추구하고 지배권을 구축해왔다. 지상의 도성도 평화를 원하지만, 끊임없는 전쟁을 통해서 자멸하게 된 결과를 우리는 역사를 통해서 많이 알고 있다. 평화를 위해 전쟁을 한다는, 삶을 위해 죽음을 추구한다는 모순적 상황은 현실 정치에서도 잘 드러난다. 갈등을 끝내기 위한 많은 작업이 오히려 갈등을 조장하고 지속시키고 있음을 자주 보게 된다.

이에 대한 해결책은 전 절에서 이미 언급한 바와 같다. 좋음, 올바름, 행복의 근원인 하나님과의 연합을 회복하는 것과, 하나님의 도성과의 관계를 재정립하는 것이다. 다시 말해서 하나님의 좋음을 추구하고, 올바름을 실현하며, 하나님을 따르는 생활을 통해서 행복과 그 궁극적 결과인 평화를 달성할 수 있다고 보았다. 이를 위해서 아우구스티누스는 교회가 국가와 밀접한 관계를 형성해야 한다고 생각했다. 교회는 아우구스티누스가 말하는 하나님의 도성이 아니며, 세상에 존재하는 기관으로 대리자라고 할 수 있다. 지상에서 하늘로의 가교라고 볼 수도 있을 것이다.

아우구스티누스는 하나님의 도성의 시민들에게 있는 최고의 선을 평화라고 한다. 우선적으로 선의 회복을 통해서 평화를 회복해야 함을 시사하고 있다. 하나님의 도성에서의 평화는 완벽하게 평온한 상태를 의미한다. 최고선이 존재하는 하나님의 도성은 완전하기에 어떠한 악도 존재하지 않는 곳이며, 하나님의 도성의 시민들이 영원히 즐기는 곳이므로 가장 행복하다고 말할 수 있다. 영원한 평화와 행복에 대하여 아우구스티누스는 다음과 같이 역설한다.

> 그러나 우리의 모든 의가 향하며 유지되는 목표는 최고의 평화이며, 그 평화 상태에서 우리의 본성은 건전하게 죽지 않음과 썩지 않음을 즐기며 아무 죄악도 없으며, 우리 자신이나 외부로부터 오는 저항을 당하지 않을 것이므로 이미 없어진 죄악을 이성이 다스릴 필요가 없고, 하나님이 사람을 다스리며 영혼이 몸

을 다스리며, 그 다스림이 지극히 즐겁고 쉬워서 아무 속박도 받지 않게 된 생명의 행복한 상태에 적합할 것이다. 그리고 이 상태는 영원할 것이며 그 영원성을 우리는 확신하게 될 것이다. 이와 같이 행복한 이 평화와 평화로운 이 행복이 최고선일 것이다(『하나님의 도성』 19.27: 959).

아우구스티누스는 이와 같이 하나님의 도성의 평화의 완전성을 강조함과 동시에 지상의 도성이 가지는 가능성에도 주목한다. 아우구스티누스에게 지상의 도성, 현실의 인간 사회는 포기할 수 있는 대상이 아니었다. 하나님의 도성의 존재는 지상의 도성의 시민들에게 보여주는 일종의 행동 표준인 셈이다. 따라서 하나님은 인간들에게 현세적 평화에 적합한 것들을 배치해 놓았다는 것이 아우구스티누스의 설명이다.

금생에서 즐길 수 있는 건강과 안전과 인간관계, 그리고 이 평화를 유지하기 위해서 필요한 모든 것, 예컨대 우리의 외면적 감각에 적합한 빛과 밤과 공기와 우리에게 적합한 물, 그리고 신체를 유지하며 보호하며 치유하며 미화할 것들을 주셨다. …… 즉 이 죽을 인생의 평화에 적합한 이 모든 이점을 선용하는 사람들은 모두 더 좋고 더 풍성한 축복인 영생의 평화를, 그에 동반하는 영광과 영예, 하나님을 즐기며 하나님 안에서 서로를 즐기기에 합당한 영생을 받을 것이다(『하나님의 도성』 19.13: 940-941).

하나님의 도성의 평화가 영원한 평화라면, 지상의 도성에서의 평화는 지상적이고 제한적인 평화일 수 있다. 전자는 근본 원칙으로서,

후자의 제한성과 한시성을 연장하여 영원을 지향하게 만든다. 인간이 하나님의 도성에 가는 길에는 지상의 도성이 놓여 있다. 현실의 국가 사회를 통과해야 참된 행복과 평화에 이를 수 있다는 말이다. 따라서 하나님의 도성의 평화라는 원칙의 제시는 이성을 통해서 지식이나 지성과 행동의 조화를 현실에서 이루어내는 데 절대적으로 필요하다. 선, 덕, 지식, 정의 등 모든 것의 근본이 하나님에서 발견되기에, 이로부터 멀어지면 인간의 길은 왜곡될 수밖에 없다는 것이다. 어둠이란 빛으로부터 멀리 있음이요, 악이란 실체가 있는 것이 아니라 선으로부터 멀어진 상태라고 아우구스티누스는 주장하였다.[10]

그렇다면 지상에서 국가와 사회를 이루고 사는 인간은 어떻게 해야 하나님의 도성의 이 원리에 근접할 수 있는 것일까? 이에 대해 아우구스티누스는 근본과 원리에의 접근, 진리와의 연합을 제시하면서 구체적 실천 강령도 또한 제시한다. 그것은 하나님을 사랑하라는 것과 이웃을 사랑하라는 것이다(『하나님의 도성』 19.14: 941-942). 하나님은 좋음 그 자체이기에 이 말은 인간으로 하여금 진리를 사랑하라 함과 같다. 이웃에 대한 말은 사회에 대한 접근 태도를 지칭하고 있다. 조화로운 관계 형성을 통해 평화를 유지하며 살아갈 때, 인간은 행복하고 좋은 삶을 유지할 수 있다는 의미라고 하겠다.

4. 결론: 현실에서의 좋은 삶을 위하여

좋은 삶이란 인간이 행복하게 살아가는 것을 의미한다. 이 말은

---

10) 그러나 사람의 마음은 오류에 빠지기 쉬우므로 하나님의 지도를 받지 않으면 지식 추구가 올무가 될 수 있다(『하나님의 도성』 19. 14: 941). 그리고 이러한 악 개념을 통해서 아우구스티누스는 마니교의 이원론에서 벗어날 수 있었다.

다시 삶이 조화와 균형을 이루고 있음을 뜻하며, 궁극적으로 평화를 통해 완성된 형태로 드러나게 된다. 현세 인간의 두 가지 종류의 삶을 제시하면서, 아우구스티누스는 AD 5세기 이후 지금까지도 그 영향력을 발휘하고 있다. 좋은 삶의 논의에서 종교의 논의가 빠질 수 없음이 그 하나요, 법과 제도의 제정에서 원칙과 원리에 대한 논의가 있음이 또 다른 하나다. 그리스의 소크라테스가 공중에 띄워 놓았던 절대적 진리의 존재를 받아 아우구스티누스는 거기에 하나님이라는 형상을 투영시켜, 절대적 진리의 모습을 세상에 드러내주는 역할을 한다. 인간이 추구하는 모든 것의 대원칙으로서의 종교가 서게 된 셈이다.

이제 종교는 신앙으로서 정신적 가치를 추구하는 개인적 차원을 넘어서, 사회에서의 좋은 삶을 위해 법과 제도를 구상할 때 반드시 등장하는 원칙과 원리에 대한 논의의 기초를 인간의 이성을 통해서 제시하게 되었다. 아우구스티누스 이후 실정법 제정 시 언제나 그 근거로서 자연법이 논의되고, 그 자연법 논쟁은 근대 정치사상으로까지 이어지는 데서 이를 잘 알 수 있다.

아우구스티누스 이후 종교는 정치로 영향력 확대를 시도하기도 하였으나 마키아벨리, 루터, 캘빈으로 이어지는 근대의 작업을 통해서 종교는 정치와 분리되게 되었다. 종교가 지나치게 정치에 개입함으로써 발생한 부작용을 없애기 위해 마키아벨리는 정치에서 종교를, 루터는 종교에서 정치를 배제하고자 노력하게 된다. 이러한 작업을 통해 나름대로 원형의 모습을 회복한 종교에 캘빈은 다시 정치화 작업을 시도한다. 이는 기독교를 생활 종교로 다시 태어나게 한다. 기독교는 탈정치화, 재정치화 작업을 통해 조직이 정비되고, 이론이 정리된다. 구교와 신교 간의 갈등도 관용이 정착되면서 일단락되고, 이제 기독교라는 종교는 생활 속에 침투하면서, 정치권력적 차원에서 현실에서의 좋은 삶을 말하는 생활 종교로 자리 잡는다.

이렇게 종교가 운위되는 이유는 인간이 세상에 태어나면서부터 종교의 영향에서 벗어날 수 없기 때문이다. 정치가 인간의 삶을 말한다면, 종교 또한 인간의 삶을 말하는 데 없어서는 안 될 필수적인 요소이다. 종교는 정치와 그 추구하는 목표가 동일하다. 인간의 좋은 삶이 가능한 이상향의 건설이 바로 그것이다. 이렇게 목표는 동일하지만, 그 목표를 실현하기 위한 방법은 다르다. 정치가 법과 제도를 통해서 좋은 삶을 추구하는 것이라면, 종교는 각 개인의 종교적 실천과 법과 제도에 대한 토대를 제공하면서 좋은 삶을 이룩하고자 한다.

종교적 가치는 궁극적으로 마음의 평화를 추구하고, 정치적 가치는 현실에서 행복을 추구한다. 그런데 인간이 현실에서 행복하기 위해서 마음의 평화는 필수 조건이다. 현실 조건에 대한 평가에는 주관적 측면이 있음을 배제할 수 없기 때문에 마음의 평화가 없는 곳에 행복이 있을 수 없다. 따라서 종교적 가치를 통한 정치적 가치의 확립이 가지는 정치적 효과는 확실하다.

고대로부터 이어진 덕과 지식과 행복의 함수관계는 21세기에도 여전히 그 힘을 발휘하고 있다. 인간의 좋은 삶은 정치와 종교 양측의 지원을 모두 받아야 가능하다. 참된 지식과 참된 정의에 대한 인식이라는 기반이 있어야만 국내 정치의 상생도, 국제정치의 평화도 모두 가능할 것이다. 정치의 행위자는 인간이기에, 인간의 정신적, 영적 상태를 간과하고서 정치에서 좋은 삶을 논하기는 매우 어려워 보인다. 현재 나의 육체가 내가 그동안 먹은 음식으로 형성된 것이라면, 현재 나의 정신도 내가 그동안 (머리로) 먹은 지식으로 형성되어 있다. 좋은 생각이 있어야 좋은 삶이 있을 수 있음에 착안한다면, 신앙과 이성의 관계에 대한 설정도 가능할 것이다. 자유가 있음은 내가 자유롭게 행동할 때 비로소 알 수 있듯이, 신앙도, 지식도, 덕성도 사회에서의 행동을 통해서 드러나야 비로소 그 존재를 알 수 있고, 사회 변화를 위한 기제로 작동할 수 있는 것이다.

참고 문헌

『고백록』(아우구스티누스, 『성 어거스틴의 고백록』, 선한용 역, 대한기독교서회, 2003).
『국가』(플라톤, 『국가, 정체』, 박종현 역주, 서광사, 1997).
『하나님의 도성』(아우구스티누스, 조호연 외 역, 크리스챤다이제스트, 1998).
가이슬러, 노만 편, 1994, 『작품으로 살펴본 어거스틴 사상』, 박일민 역, 성광문화사.
김병태, 2008, 『평화의 신학자 성 어거스틴』, 한국학술정보.
김홍기, 2004, 『종교개혁사』, 지와 사랑.
러셀, B., 1993, 『서양철학사』 上, 최민홍 역, 집문당.
박종현, 1997, 「『국가』 해제」, 플라톤, 『국가, 정체』, 박종현 역주, 서광사.
신재식, 2008, 『신앙과 이성 사이에서: 아우구스티누스와 아퀴나스』, 김영사.
佐野勝也 편, 1993, 『어거스틴과 그의 사상』, 엄두섭 감수, 도서출판 은성.
코플스톤, 프레데릭, 1993, 『토마스 아퀴나스』, 강성위 역, 성바오로출판사.
코플스톤, 프레데릭, 1998, 『중세철학사』, 박영도 역, 서광사.
큉, 한스, 2002, 『그리스도교』, 이종한 역, 분도출판사.
호페커, 앤드류 외 편, 1992, 『기독교 세계관』(2권), 김원주 역, 생명의말씀사.
St. Augustine, 1986, *City of God*, trans. and introduced by John O'Meara, Penguin Books: London.
St. Augustine, 1961, *Confessions*, trans. and introduced by R. S. Pine-Coffin, Penguin Books: London.
Burt, Donald X., 1999, *Peace: Augustine through the Ages*, Grand Rapids: Edermans Publishing Co.
Copleston, F., 1962, *A History of Philosophy*, vol. II, The Newman Press:

Westminster, Maryland.

Figgis, John., 1963, *The Political Aspects of St. Augustine's City of God*, London: Peter Smith.

Merton, Thomas, trans. by Marcus Dods, 1993, *The City of God*, Canada: Random House.

Myers, John, 1927, *The Political Ideas of the Greeks*, New York: The Abingdon Press.

Plato, 1968, *The Republic of Plato*, trans. by Allan Bloom, New York: Basic Books, Inc.

4장 맹자의 인정론과 좋은 삶

안외순

1. 서론

정치사상사에서 '좋은 삶'과 정치의 관계에 대한 질문은 동서양을 막론하고 가장 고전적인 질문이다. 가장 오랜 질문의 역사를 지닌다는 점에서도 그렇고, 가장 근본적인 문제의식이라는 점에서도 그렇다. 그러면서도 동시에 가장 현실적인 질문이기도 하다. 좋은 삶에 대한 탐구와 실천적인 노력이 어떠하냐에 따라 정치 공동체의 목표와 체제의 성격이 진퇴를 반복해왔기 때문이다. 요컨대 '좋은 삶'에 대한 고민은 문명사적 문제의식과 함께 인류 지성사에서 가장 애호해온 근원적인 주제였다.

이 글은 고대 동아시아 사유 역사상 '좋은 삶'에 관한 고전적인 질문을 체계적으로 그리고 근본적으로, 나아가 집요하게 시도했던 사상가 중의 하나인 맹자(孟子, BC 385~303/302)[1]의 인식을 검토하는 것이 목적이다. 다시 말해서 왜 맹자가 좋은 삶이란 필연적으로 도덕적이고 윤리적인 삶일 수밖에 없다고 생각했는지, 왜 그것의 인간적 실천이 가능하다고 생각했는지, 그렇지만 그것이 가능성으로 머물지 않고 현실화되기 위해서는 반드시 정치 공동체의 어떤 노력이 수반되어야 한다고 보았는지를 검토할 것이다.

이를 위해 구체적으로는 고찰할 내용들은 다음과 같다. 2절에서는 좋은 삶에 대한 맹자의 추구는 지적 스승의 시도를 계승하면서 문제의 쟁점을 정치사회적인 것으로 전환시켜 당대의 공리주의의 폐해를 극복하고자 했던 것임을 고찰할 것이다. 3절에서는 '좋음[善]'의 개념과 '좋은 것들', 그리고 '인간적인 것'에 대해 본성론적이고 도덕론적으로 접근하는 맹자의 인식과 그 정당성을 살펴볼 것이다. 4절에서는 궁극적으로 '좋은 삶'의 현실적 실현은 인정(仁政)이라는 정치체제를 통해서 가능하다는 맹자의 주장을 검토할 것이다. 맹자는 이를 통해서만 세속적으로 좋다고 여기는 가치들은 물론 물질적 풍요로움을 향유하는 것도 가능하다고 했다. 그리고 이것이 맹자의 '도덕' 정치체제론의 실체임을 논증할 것이다. 이는 맹자의 왕도정치론(王道政治論)인 인정론(仁政論)의 내용을 '좋음'의 개념으로 재구성해보는 과정이 될 것이다.[2]

---

1) 본명 맹가(孟軻)인 맹자의 생몰 연대에 대해서는 여러 설이 있다. 그중에서도 BC 385~303/302경 설과 BC 372~282경 설이 가장 널리 인정되고 있다. 여기서는 신설(新說)에 해당하는 전자를 따른다. 맹자의 생몰 연대는 그의 주요 사상적 토대가 당대 주요 학파들에 대한 비판적 인식이라는 점에서 그의 사상을 이해하는 데 매우 중요하다. 생몰 연대와 관련한 자세한 설명은 샤오쿵취안(蕭公權, 1998: 145 각주 4)과 장현근(2006: 306 후주 11)을 참조하라.
2) 맹자의 정치사상과 관련된 기존 연구는 너무나 방대하기에 몇몇 연구 성과를 소개하는 것으로 대신하고자 한다. 안외순(2002a; 2002b), 윤대식(2002b; 2005), 유미림(2004), 장현근(2006: 1부), 이희주(2008) 등을 참조하라.

2. 지적 전통의 계보: '좋은 삶'과 '좋은 정치'

유가적 전통에서 '좋은 삶'의 대안을 새로이 제시함으로써 기존의 삶의 양식을 비판한 최초의 인물은 맹자가 열렬히 사모하고 존경했던 사숙(私淑) 스승 공자(孔子, BC 551~479)이다.

배우고 수시로 익히니, 또한 기쁘지[說=悅] 아니한가?
벗이 먼 곳에서 찾아오니, 또한 즐겁지[樂] 아니한가?
남이 알아주지 않아도 성내지 아니하니, 또한 군자(君子)가 아니겠는가?[3]

주지하듯이 위의 인용문은 공자의 어록이 담긴 『논어』의 첫 시작 부분이다. 여기서 우리는 공자가 제시하는 '좋은 삶'의 내용을 검토하기 전에 수반되는 전제에 주목할 필요가 있다. 그것은 첫째, 당시 (에도) '기쁘고' '즐거운' '군자'의 삶이 가치 있는 삶, 곧 '좋은 삶'으로 간주되었다는 사실이다. 둘째, 세 차례나 반복되는 '또한[亦]'이라는 공자의 강조로 보면 역으로 '기쁘고' '즐거운' '군자'의 삶이라는 것이 기존에 별도로 존재한다는 사실이다. 셋째, 그러나 공자 자신이 이와는 다른 새로운 '기쁘고' '즐거운' '군자'의 삶을 제시하고 있다는 사실이다.

먼저, "배우고 수시로 익히니, 또한 기쁘지 아니한가?"는 호학(好學)에서만큼은 누구에게도 뒤지지 않을 자신이 있다고 호언했던[4]

---

3) 『論語』「學而」: 學而時習之不亦說乎. 有朋自遠方來不亦樂乎. 人不知而不慍不亦君子乎.
4) 『論語』「公冶長」: 子曰 十室之邑 必有忠信如丘者焉, 不如丘之好學也. 子曰 十室之邑 必有忠信如丘者焉, 不如丘之好學也. 사실『논어』에 직간접적으로 묘사된

4장 맹자의 인정론과 좋은 삶 129

공자가 인간이 누리는 내면적 기쁨, 곧 희열(喜悅)이 그 어떤 것보다도 자기 성장을 위한 자기 계발 과정과 이를 통해 느끼는 자기만족에 있음을 지적하고 있다. 공자에게서 인간의 삶은 자기 성찰에서부터 시작하여 타자 세계를 배우는 데 이르기까지 평생토록 학습하는 과정 그 자체이다. 사실 인간의 학습 능력과 이를 기쁨으로 누릴 줄 아는 능력이야말로 모든 존재와 진리를 사랑하는 철학자의 자질이자 인류 문명의 원동력이다.[5] 둘째, "벗이 먼 곳에서 찾아오니, 또한 즐겁지 아니한가?"는 앞에서 말한 자기 성찰과 자기 계발의 내면적 노력의 결과를 타자로부터 인정받는 상황을 기꺼워하고 누리는 상황을 말한다. '벗'이란 자신을 알아주고 뜻을 함께하는 동지를 의미하고 '즐거움'이란 내면적 기쁨의 외면적 향유이다. 이것의 사회적 해석은 개인적인 자기 성찰과 자기 계발의 노력이 완전히 자신의 것으로 체득된 상태에서 사회적 인정과 그 대가를 정당하게 향유하는 상황을 말한다.[6] 요컨대 각자의 능력이 최선으로 발휘되고 그 사회적 몫을 정당하게 인정받는 상황이니 이것이야말로 충분히 즐길 수 있는 상황인 것이다. 그리하여 공자는 "[도를] 아는 것은 좋아하는 것만 못하며, 좋아하는 것은 즐기는 것만 못하다."[7]라고 했다. 셋째, "남이 알아주지 않아도 성내지 아니하니, 또한 군자가 아니겠는가."는 사회적으로 정당한 대우가 돌아오지 않더라도 진리를 포기하

  공자의 성품과 삶의 태도는, 맹자와 달리 매우 겸손하고 온화하고 진중한 성품이었다. 그렇기 때문에 평생토록 배우는 기쁨을 누릴 수 있었을 것이다.
5) 이 점에서 '배우고 수시로 익히니, 또한 기쁘지 아니한가?'라는 구절을 '유교 문명의 선언서'라고 한 배병삼 교수의 평가는 매우 의미심장하다고 하겠다(배병삼, 2005: 34). 이 책에서 배병삼 교수는 『논어』에 나타난 인간 공자가 얼마나 행복한 삶, 고로 좋은 삶을 치열하게 살았는지를 깊디깊은 애정으로 읽어내고 있다.
6) 『論語集註』「雍也」: 尹氏曰 知之者 知有此道也 好之者 好而未得也 樂之者 有所得而樂之也.
7) 『論語』「雍也」: 子曰 知之者 不如好之者 好之者 不如樂之者.

지 않고 자기완성의 길을 살아가는 삶을 말한다. 사실 엄격히 말해서 '유붕(有朋)'의 문제는 나에게 달린 문제가 아니라 타자에게 달린 문제이다. 따라서 그것은 운(運)의 영역으로 궁극적으로 내가 어찌할 수 있는 바가 아니다. 그러므로 각 개인은 각자가 할 수 있는 것을 최선을 다하는 것으로 그칠 수밖에 없다. 그런데 이것은 보통 사람으로서는 쉽게 실천할 수 있는 것이 아니다. 따라서 이 지점이 군자와 소인, 곧 자기완성을 추구하는 사람과 환경에 순응하는 보통사람과의 경계 지점인 것이다. 특히 지금까지 통상 정치인을 군자로 정의했던 것과 달리 공자는 도덕적 자기완성자, 사람다운 사람을 군자로 재정의하고 있는 것이다. 이러한 '내면적 희열', '자기와 같은 동류와의 즐거운 삶', '진리 추구를 포기하지 않는 군자적인 삶'은 사실 플라톤이 가장 완전한 인간으로 묘사했던 지혜를 사랑하는 자, 곧 철학자의 삶이기도 하다.[8] 어쨌든 이후 전개되는 『논어』 전편(全篇)의 내용은 이와 같이 공자 자신이 새롭게 제시한 '기쁘고' '즐거운' '군자'의 삶이 '좋은 삶'이고 그래서 '인간다운 삶'임을 논증하는 작업이다.[9]

맹자는 이러한 공자의 선언과 추구가 '옳은 것[正/義]'이었음을, 그리고 그 '옳은 것'이 곧 '좋은 것[善]'이었음을 이론적으로 체계화하고 심화시키는 데 자신의 전 생애를 바쳤다. 그는 공자 사후 100여 년 동안 증자(曾子), 자사(子思) 등을 통해 계승되어온 공자의 군자적인 삶의 전통을 수호하는 것을 자신의 사명으로 삼았던 것이다. 수

---

8) "지혜를 사랑하는 자[철학자]들은 …… 존재[본질]를 드러내 보여주는 배움을 사랑한다는 데 우리가 합의한 걸로 하세. …… 모든 존재를 사랑하기를 …… 자진해서 포기하는 일도 없다는 것에 대해서도 합의한 걸로 하세. …… 이에 더하여 …… 진리를 사랑함일세."(플라톤, 1997: 485b-c)
9) 행복한 삶과 관련된 유교 사상의 전반적인 검토는 김용남(1999), 이상임(2005), 박선목(2006), 권상우(2008), 조남욱(2007), 이상호(2007) 등을 참조하라.

호란 그냥 과거의 전통을 묵수한다고 해서 되는 것이 아니다. 특히 맹자가 살던 당시처럼 서로가 옳다고 생각하는 사회 구상과 전략이 난무하는 백가쟁명(百家爭鳴)의 시대에는 단순한 묵수는 의미가 없다. 전통의 수호는 최소한 이전의 업적보다 한 단계 진전한, 그것도 질적으로 진전한 것일 때 의미가 있다. 맹자는 자신의 사명이 여기에 있다고 자임했다. 맹자 역시 그의 위대한 스승의 전례를 좇아 '좋은 삶'에 대한 자신의 새로운 대안 선포로 저서를 시작한다. 물론 맹자는 공자가 추구했던 개개인의 좋은 삶을 공동체로서의 좋은 삶, 곧 좋은 정치의 추구로 전환했다.

> 양 혜왕: 어르신께서 천리를 멀다 않고 오셨으니 장차 우리나라 [吾國]에 이익([利])[10]이 있을 것 같습니다!
> 맹자: 왕께서는 하필이면 이(利)를 말씀하십니까? 인/의(仁/義 [사랑과정의])가 있을 뿐입니다. 왕께서 '어떻게 하면 우리나라에 이(利)할까?' 하시면 대부(大夫)들도 '어떻게 하면 우리 가(家)에 이할까?' 할 것이고, 사(士)·서인[人]들도 '어떻게 하면 나에게 이할까?' 하게 될 것입니다. 이렇게 상하(上下)가 서로 이를 다툰다면 국가는 위태로워질 것입니다. 만승지국(萬乘之國)의 군주를 시해하는 자는 필시 천승(千乘)의 제후가(諸侯家)요, 천승지국(千乘之國)의 군주를 시해하는 자는 필시 백승(百乘)의 대부가(大夫家)입니다. 이와 마찬가지로 만승지국이 천승지가(千乘之家)를 취하고, 천승지국이 백승지가(百乘之家)를 취하는 일도 흔

---

10) 『맹자』 영역(英譯)의 선구자이자 권위자인 제임스 레게(James Legge) 역시 '이(利)'를 'profit'으로 번역하였다(Legge, 1894; 中華民國64年: 125). 그가 청말(清末)의 시기에 이렇게 번역하였다는 것은 그의 번역에 참조할 수 있었던 주변의 인식들이 그러했다는 점에서 이러한 번역의 의미는 특히 유의미하다고 하겠다.

하디 흔한 일입니다. 이는 의(義)를 뒤로 하고 이(利)를 앞세워서 서로들 빼앗지 않으면 만족하지 못하기 때문입니다. 하지만 인(仁)하고서 자기 부모를 저버리는 자는 없고, 의(義)로우면서 자기 군주를 나중에 생각하는 자는 없습니다. 그러니 왕께서는 인과 의만을 말씀하셔야 합니다. 어찌 이를 말씀하십니까?[11]

저서의 처음에 대뜸 맹자는 자신의 출현으로 자국의 이익을 기대하는 양 혜왕[12]에게 그러한 목적 자체가 국가에 해가 되는 '나쁜 정치', 그것도 '매우 나쁜 정치'로서 군주 자신의 안전도 보장받지 못할 수 있다고 일갈하면서 일단 '인/의의 정치'가 '좋은 정치'의 대안임을 제시한다.[13]

우리는 맹자를 대할 때 '전국시대'를 시대적 배경으로 한다고 말하면서도 그의 사상을 이해할 때는 으레 이러한 시대적 배경을 무시하고 그를 비현실적인 도덕주의자로 매도하곤 한다. 그의 도덕주의는 철저한 현실적 배경에서 나온 대안이었다. 전국시대란 말 그대로

---

11) 『孟子』「梁惠王 上」: 王何必曰利 亦有仁義而已矣. 王曰 何以利吾國 大夫曰 何以利吾家 士庶人曰 何以利吾身 上下交征利而國危矣. 萬乘之國 弑其君者 必千乘之家 千乘之國 弑其君者 必百乘之家 萬取千焉 千取百焉 不爲不多矣. 苟爲後義而先利 不奪不饜. 未有仁而遺其親者也 未有義而後其君者也. 王亦曰仁義而已矣 何必曰利.
12) 양 혜왕은 실은 위(魏)나라의 군주로서 양(梁)은 위나라의 수도 대양(大梁)의 약칭이다. 따라서 이는 수도 명에서 붙인 일종의 별칭이라 하겠다.
13) 사실 위의 대화 자체만으로는 맹자가 자신의 주장을 펴기 위해 양 혜왕의 질문을 일방적으로 곡해하는 양상이라고 볼 수도 있다. 양 혜왕의 진실이나 의도가 확인되지도 않은 상황임을 감안하면 그는 다소 억울할 수도 있다. 액면 그대로만 받아들인다면 맹자가 자기 나라에 출현한 만큼 양 혜왕은 소박하게 그에 상응하는 이(利)를 기대하고 싶다는 의사를 표명했을 뿐인데 맹자가 서둘러 왕이 행한 질문 속의 이는 곧 '으레 그렇듯이' 공리(功利), 곧 물질적 이익일 것이라고 전제하고 있다고 볼 수도 있다. 그러나 이하에서 설명하듯이 이는 기우이다.

전쟁으로 점철된 사회다. 맹자에 의하면 "영토(領土) 때문에 인육(人肉)을 먹는 정치, 그리하여 죽어도 그 죄를 용서받지 못할 정치"(『孟子』「告子 下」)[14]가 행해지는 상황이었다. 양 혜왕 자신이 긴 전쟁을 치르고 있는 군주 중의 하나였다. 그러므로 그의 언급 속에 나오는 '이(利)'는 부국강병(富國强兵)을 지향하는 공리주의적(功利主義的)인 것[15] 이상의 의미는 아니었다.[16]

바로 이 지점에서 맹자는 끊임없는 전쟁으로 점철된 세상, 그리하여 정치의 존재 목적이어야 할 민생이 부국강병의 수단으로밖에 의미를 지니지 못하는 이런 '몹쓸 세상'이 초래된 본질적 원인에 주목하였다. 양 혜왕은 숭고한 평화의 목표가 아니라 안전, 부 그리고 힘이라는 국가의 솔직한 목표를 염두에 두고서 왜 "어떻게 하면 우리나라를 이(利)하게 할까?" 하였던 것이다. 이에 대해 맹자는 즉시 이러한 목표의 결과가 가져올 수 있는 역효과를 지적한다. 이러한 목표를 위하여 국가를 희생시키는 것이 양 혜왕에게 있어 정당한 일이라면, 그리고 국가의 목표라고 하는 것이 부와 명예와 같은 거래가 가능한 재물이라면, 대부들로부터 시작해 사(士)와 서민들에 이르는 각 집단들 역시 모두 자신들의 집단별 이익 추구 목표나 행위만을 목표로 삼더라도, 그리하여 그 결과가 심각한 사회 갈등의 연속이

---

14) 이런 진술은 『맹자』 곳곳에 산재해 있다.
15) 드 배리(T. de Bary)에 의하면, 이 대화에서 양 혜왕의 역할은 공리주의를 주창한 묵자(墨子, BC 479~438)의 대역이었다고 보았다(드 배리, 2001: 25).
16) 게다가 당시 '이(利)'라는 글자는 이미 상앙(商鞅)의 말들―"生則計利 死則慮名 [살아서는 이득을 계산하고 죽어서는 이름을 생각한다]." 혹은 "窮則生知而權利[궁하면 꾀가 생겨 이득을 저울질한다]."(『商君書』「算地」)―에서 확인되듯이 물질적 이익, 곧 공리(功利)의 의미로 통상 사용되고 있는 용어였다. 또한 상앙은 변방 진(秦)나라를 중화(中華)의 지배자로 만들었던 주역인데 그의 "변법 개혁(變法改革)의 본질은 전쟁을 위한 효율적 구조로 사회조직을 개편한 것이었다."(이삼성, 2009: 39)

더라도 이를 제지할 아무런 근거가 없게 된다. 묵자에게 있어서 사익(私益)과 정의의 차이는 개인적 이익인가 인류 전체의 이익인가에 달려 있다. 그러나 맹자의 경우 행동의 대상이 누구인지 혹은 무엇인지는 중요하지 않다. 행위의 동기가 물질적 이익에 있다면 그것은 그 자체로 인의라는 도덕적 동기와 모순 관계에 놓인다. 맹자에 의하면 묵자식의 인식은 도덕성의 기초를 이익의 추구에 둔 것으로 사람들로 하여금 보편적 이익을 특수적 이익들의 상위에 두도록 유도하는 하나의 환상에 불과할 뿐이다. 선한 사회를 가능하게 하는 것은 오직 결과를 고려하지 않고 "무엇이 올바른가(what is right)."라는 입장에서 행동하는 인류의 도덕 능력이다. 즉 맹자에 의하면 목적 그 자체로서의 인의에 따라 행동하는 인간의 능력을 전제로 하는 경우에 한해서만 좋은 사회적 결과들이 성취될 수 있는 것이다. 긴 안목으로 볼 때 좋은 사회를 만들 수 있는 것은 오직 사랑과 정의를 실천하고자 하는 강한 동기를 가질 때뿐이다(슈월츠, 1996: 366-367).

이상에서 본 양 혜왕과의 대화 내용과 성격을 보다 잘 이해하기 위해서는 『맹자』 뒷부분에 나오는 맹자와, 묵자의 제자 송경(宋牼)[17]과의 대화를 함께 이해할 필요가 있다. 맹자는 근본적으로 공리주의(功利主義)를 비판한다. 맹자가 묵가(墨家)를 비판했던 것은 주지하는 바의 겸애론(兼愛論)도 있지만 그것의 공리주의적 관점 때문이기도 하다.[18] 맹자는 초(楚)와 진(秦) 사이의 잔인한 전쟁을 막아야겠다

---

17) 벤자민 슈월츠의 『중국 고대사상의 세계』 번역본은 송경을 '송견'이라 하였다 (슈월츠, 1996: 365-366). 사실 외국인의 명칭은 어디까지나 가차(假借)한 것이라 어느 쪽이 딱히 옳다, 그르다고 말하기는 어렵다. 하지만 전통적으로 한국의 한학계에서는 '송경'으로 불러왔음을 알고 넘어갈 필요는 있을 것 같다. 아울러 여기 출현하는 송경은 『장자』에 '송병(宋鈃)'으로, 『한비자』에 '송영(宋榮)'으로 나오는 인물과 동일인이라고 간주되어온 것도 언급해두기로 한다.
18) 맹자의 묵가 비판은 흔히 겸애주의 쪽에 초점이 가 있지만 사실 묵가의 공리주

는 송경의 의도를 긍정적으로 수용한다. 그러나 그는 전쟁을 중지하도록 초왕과 진왕을 설득하려는 송경의 논리에 대해서는 격렬하게 반대한다. 즉 송경은 '이(利)'와 '불리(不利)'라는 입장에서 전쟁의 중지를 주장했지만 맹자는 그런 생각에서 전쟁을 반대한다면 군신/부모/형제가 서로를 약탈하는 상황을 막을 수 없다고 보았던 것이다. 나아가 맹자는 이와 달리 모든 정치 공동체가 궁극적으로 사랑과 정의라는 '인/의'의 가치를 추구할 때만 평화와 질서가 확보된다고 확신했던 것이다.[19] 즉 유가 신봉자인 맹자나 송경으로 대변되는 묵가는 전쟁을 반대하는 점에서는 같지만, 송경은 '전쟁이라고 하는 것은 국토를 황폐화시키고 백성들을 약화시켜서 결국에는 더 많은 손실을 초래한다.'는 식의 공리주의적 발상에서 출발한 데 반해 맹자는 국가의 목적 자체가 사랑과 정의의 추구, 곧 인/의의 추구여야 한다고 인식한다는 점에서 차이가 있는 것이다. 즉 맹자는 국가의 목적이 안전·부·야망·명예와 같은 것들에게 고착되어 있는 한, 보편적 이익 추구는 언제나 특수한 이익 추구로 변질되므로 국가의 목적 자체가 인/의라는 정치 도덕적 가치를 구현하는 데 복무해야 한다고 주장했다. 인의 동기를 상실한 이러한 결과적 인들은 일시적이고 표

의적 발상에 대한 비판이 더 중요할 수도 있다.
19) 『孟子』「告子 下」: 宋牼將至楚, 孟子遇於石丘, 曰, 先生將何之. 吾聞秦楚構兵, 我將見楚王說而罷之. 楚王不悅, 我將見秦王說而罷之. 二王我將有所遇焉. 曰軻也請無問其詳, 願聞其指. 說之將如何. 曰, 我將言其不利也. 曰 先生之志則大矣, 先生之號則不可. 先生以利說秦楚之王, 秦楚之王悅於利, 以罷三軍之師, 是三軍之士樂罷而悅於利也. 爲人臣者懷利以事其君, 爲人子者懷利以事其父, 爲人弟者懷利以事其兄, 是君臣父子 兄弟終去仁義, 懷利以相接, 然而不亡者, 未之有也. 先生以仁義說秦楚之王, 秦楚之王悅於仁義, 而罷三軍之師, 是三軍之士樂罷而悅於仁義也. 爲人臣者懷仁義以事其君, 爲人子者懷仁義以事其父, 爲人弟懷仁義以事其兄, 是君臣父子兄弟去利, 懷仁義以相接也, 然而不王者, 未之有也. 何必曰利.

면적일 가능성이 많고, 맹자가 가장 경계하였던 '인/의를 가장한 패도'로 나가기 십상인 것이다(슈월츠, 1996, 365-366 참조).[20]

그래서 『논어』의 시작이 '기쁘고', '즐거운', 그리고 '군자'다운 것을 새로이 정의하는 것으로 '좋음'의 가치를 새롭게 규정하였던 것처럼, 『맹자』의 시작 역시 어떤 가치보다 '사랑과 정의[인/의]'의 가치야말로 양 혜왕은 물론 모든 사람에게 '좋은 것'임을, 특히 '가족공동체나 국가 공동체에 좋은 것'임을 선포하고 있다고 하겠다. 그리고 이후에 전개되는 『맹자』 전체 또한 사실상 인/의가 인간에게 왜 좋은 삶을 제공하는지, 그것도 최고선의 삶을 제공하는지를 규명하는 과정이라고 하겠다.

3. 좋음의 개념과 '좋은 것들', 그리고 '인간적인 것'

인/의의 삶이 왜 좋은지, 인/의의 정치가 왜 좋은 삶에 필요한지를 살펴보기 위해서는 먼저 맹자가 좋음을 어떻게 정의하고 있는지 살펴보는 것이 순서일 것 같다. '상선약수[上善若水, 최고선은 물의 속성과 같다]'[21]라는 노자(老子)의 용례에서도 잘 증명되듯이 영어로 'good'에 해당될 '좋음'은 한자권에서는 '선(善)'으로 집약된다고 하겠다. 현재 '선'의 사전적인 의미는 '잘하다', '착하다', '유능하다', '선하다', '좋다' 등에서 파생된 여러 명사와 부사의 의미를 지니고 있다.

---

20) 한편 묵가의 공리주의적 성격에 대한 맹자의 맹렬한 비판 의식을 이해하는 데에는 송대 유학자 내에서의 공리주의자와 도덕주의자 간의 논쟁(이승환, 1998: 286-321)도 많은 참조가 된다.
21) 『老子』 8장. 해당 전체 문맥은 다음과 같다. 上善若水 水善利萬物而不爭處衆人之所惡 故幾於道. 居善地 心善淵 與善仁 言善信 正善治 事善能 動善時. 夫唯不爭 故無尤.

그리고 '잘하다' '잘하다', '착하다', '유능하다', '선하다'는 모두 '좋다'에 포섭되므로, 곧 '좋은 것들'이므로 이 글은 '선'의 최고의 의미를 '좋음'으로 사용할 것이다.
 그렇다면 맹자의 '선' 개념은 어떠한가?

　　욕구할 만한 것을 일러 선이라 한다.[22]

　맹자에 의하면 '욕구할 만한 것'이 '좋음[善]'인 것이다. 여기서 '욕(欲)'은 '좋아하다, 호감을 가지다, 마음에 들다, 애호하다, 사랑하다. 희망하다, 기대하다, 앙모하다, 우러르다' 등의 뜻을 지니고 있고, '가(可)'는 '~할 만하다, ~할 수 있다, ~해도 된다, ~해도 좋다', 곧 영어의 'can'이 지닌 가능, 허락, 자격 등의 뜻을 가지고 있다. 이를 종합하면 선에 대한 맹자의 정의는 사람들이 '욕구하는 것'이 아니라 사람이면 누구나 '가욕(可欲)', 곧 '욕구할 만한 것', '욕구해도 되는 것'이다.[23]
　그런데 이렇게 '욕구할 만한 것', '욕구해도 되는 것', 더 나아가 '욕구해야 하는 것', 곧 '좋은 것'은 어떻게 알 수 있는가? 맹자는 그것을 인간에게 존재하는 보편성에서 찾았다. 예컨대 신발이 서로 비슷한 것은 천하의 발 크기가 대부분 같기 때문이고, 사람의 입이라

---

22) 『孟子』「盡心 下」: 可欲之謂善.
23) 한편 순자(荀子, BC 298?~238?)는 선(善)에 대해 다음과 같이 정의하였다. "무릇 천지 고금에서 이른바 선(善)이란 이치에 맞고 평화롭게 다스려진 상태를 말한다. 이른바 악(惡)이라는 것은 한쪽으로 치우쳐 위험하고 도리에 어긋나 어지러운 상태를 말한다. 이것이 바로 선과 악의 구분점이다." 이어서 순자는 당시 사람들의 성품이 선하지 못하기 때문에 예악과 같은 제도적 장치가 필요하다고 주장했다. 이렇게 볼 때 순자의 선에 대한 정의는 적어도 여기서만큼은 맹자의 그것보다 협의의 의미라고 할 수 있다. '다스려진 상태, 편벽되지 않은 상태……' 등은 '좋음 그 자체'가 아니라 '좋은 것들 중의 하나'이기 때문이다.

면 누구나 맛있다고 여기는 맛이 있으며, 사람의 귀라면 누구나 훌륭하다고 여기는 소리가 있기 마련이고, 사람의 눈이라면 누구나 아름답다고 여기는 기준이 있다는 것이다. 이와 마찬가지로 사람의 마음 역시 본래적인 공통된 덕이 있다는 식이다.[24]

이와 같이 인간의 보편적 성향에서 '좋음'의 기준을 찾는 맹자는 그 '좋음[善]'과 흔히 '좋은 상태'인 '신(信)/미(美)/대(大)/성(聖)/신(神)'과의 관계에 대해 각각 아래와 같이 정의하였다.

> 좋아할 만한 것을 선이라 한다[可欲之謂善].
> [선이] 실제로 자기 속에 존재하는 것을 신이라 한다[有諸己之謂信].
> [선이] 자기 속에 가득 찬 것을 미라 한다[充實之謂美].
> [선이] 가득해서 찬란히 빛나는 것을 대라 한다[充實而有光輝之謂大].
> [선이] 위대하여 본래성을 회복한 것을 성이라 한다[大而化之之謂聖].
> [선이] 성스러워서 알 수 없는 것을 신이라 한다[聖而不可知之之謂神](『孟子』「盡心下」).[25]

그렇다면 관건은 맹자가 말하는 '좋아할 만한 것들'은 어떤 것들

---

24) 『孟子』「告子 上」: 故凡同類者 擧相似也 何獨至於人而疑之 聖人與我同類者. 故龍子曰 不知足而爲屨 我知其不爲蕢也. 屨之相似 天下之足同也. 口之於味 有同耆也. 易牙先極我口之所耆者也. 如使口之於味也, …… 惟耳亦然 …… 惟目亦然 …….
25) 사실 이 대목은 선인, 신인, 미인, 대인, 성인, 신인으로 나뉘는 좋은 사람의 유형을 설명하는 부분이다. 동시에 이것은 나의 이해처럼 각각의 개념 정의를 시도한 것으로 이해해도 무방하다.

이며, 최상의 좋은 것, 곧 '좋음 그 자체'는 무엇인가에 달렸다. 그런데 '인간에게 좋은 삶'은 '인간적인 것'과 무관할 수 없다. 곧 인간의 고유성 혹은 본성과 무관할 수 없다. 왜냐하면 소가 잘 먹는 것과 인간이 잘 먹는 것이 다르듯이, 소가 좋아하는 것과 인간이 좋아하는 것은 다르기 마련이다.[26] 그렇다면 '인간적인 것'이 곧 인간의 좋은 삶, 인간적인 삶을 규정하는 것이다. 따라서 인간의 좋은 삶을 규명하기 위해서는 필연적으로 '인간적인 것'을 규명해야 한다.

맹자에 의하면 인간이란 본성적으로 생리적 욕구도 가지고 있지만 도덕적 욕구도 지닌 존재이다. 그런데 맹자는 인간적 고유성은 도덕성 쪽에 있다고 주장한다.[27] 이하에서는 이에 대해서 간단히 살펴보기로 한다.

[1] 그러므로 '입은 맛에 대하여 같은 기호를 가지고 있고, 귀는 소리에 대하여 같은 청각을 가지고 있으며, 눈은 색깔에 대하여 같은 미감을 가지고 있다.'라고 하는 것이다.
[2] 그런데 마음만 오직 같이 좋아하는 바가 없겠는가? 마음이 함께 좋아하는 바는 무엇인가? 그것을 바로 이(理)라 하고 의(義)라 한다. ……
[3] 이(理)와 의(義)가 내 마음을 기쁘게 하는 것은 마치 맛있는 고기 요리가 내 입을 즐겁게 해주는 것과 같다([ ] 속 번호는 임의 분류, 부기).[28]

26) 『孟子』「告子 上」: 然則 犬之性猶牛之性 牛之性猶人之性與.
27) 맹자의 인간 본성론에 대한 논의는 그레이엄(Graham, 1986), 블룸(Bloom, 1997), 임헌규(2005) 등을 참조하라.
28) 『孟子』「告子 上」: [1] 故曰 口之於味也 有同耆焉 耳之於聲也 有同聽焉 目之於色也 有同美焉. [2] 至於心 獨無所同然乎 心之所同然者何也 謂理也 義也 …….
[3] 故理義之悅我心 猶芻豢之悅我口.

이와 같이 그는 인간이라면 누구나 좋아하는 보편적인 미각, 청각, 시각을 가지고 있다는 것을 인정하였다. 이와 마찬가지로 물론 그의 강조는 마음 역시 누구나 좋아하는 보편적인 경향이 있다는 것이었다. 그리고 이때 마음이 함께 좋아 하는 바, 곧 보편적인 마음의 욕구가 이치[理]이고 정의[義]라고 하였다. 곧 도덕인 것이다. 인간이라면 누구나 미각 등의 좋아하는 생리적 욕구가 보편적인 것처럼 이치나 정의와 같은 도덕적 욕구 역시 사람들이 보편적으로 좋아하는 욕구라는 것이다. 즉 생리적 욕구의 충족이 좋은 삶에 필요하듯이 도덕적 욕구의 충족 또한 반드시 좋은 삶에 필수적이다.

그런데 맹자에 의하면 인간의 생리적 욕구는 여타 동물들과 인간이 공유하는 점이지만 도덕적 욕구는 인간에게만 고유한 것이다. 그러므로 결국 '인간적인 것'의 고유성은 도덕적 욕구와 그 충족 행위에서 찾아진다. 따라서 인간 본성을 논할 때는 생리적 욕구보다는 도덕적 욕구가 더 중요해지는 것이다.

> [도덕성을] 제외하고 사람이 금수(禽獸)와 다른 점은 거의 드물다. 그런데 보통 사람들은 이 다른 점을 잊어버리고 군자는 이 다른 점을 지키는 자들이다.[29]

이와 같이 인간은 생물학적 욕구 충족 차원에 머무르지 않고 도덕적 욕구 충족 행위까지 구현할 때에 비로소 '인간다운 인간'이 된다.[30] 그리고 그렇기 때문에 그는 도덕적 욕구를 인간의 진정한 본성이라고 보았다.

---

29) 『孟子』「離婁 下」: 孟子曰 人之所以異於禽獸者 幾希 庶民去之 君子存之.
30) 바로 이런 점 때문에 '유가의 최고선은 감정적 즐거움(행복)과 도덕 본성의 실현이 결합된 형태'라는 평가도 있다(牟宗三, 1985: 174).

하지만 인간의 도덕적 본성과 그 충족의 욕구가 본성적으로 존재한다는 것을 인정한다고 해서 그 본성에 적합한 실천 능력 보유를 곧바로 인정하는 것은 아니다. 이는 별도의 과제이다. 인간으로 하여금 도덕적 본성을 실천하도록 하기 위하여 맹자는 두 가지 난계를 설정한다. 첫 단계는 인간의 마음이 도덕성을 지니고 있음을 증명하는 것이고, 다음 단계는 이것이 덕성의 체득으로 전화되는 방법을 알려주는 것이다.[31]

먼저 인간의 마음이 도덕적 본성을 지니고 있음을 증명하는 것 역시 두 가지 방법을 택하는 것 같다. 첫째는 측은지심(惻隱之心)을 경험론적으로 논증하는 방식이다. "사람들은 모두 남을 불쌍하게 여기는 마음[不忍人之心]을 가지고 있다.[32] …… '사람이라면 누구나 남을 불쌍하게 여기는 마음을 가지고 있다.'고 말하는 까닭은 어떤 사람이 갑자기 어린아이가 우물로 들어가려는 것을 보게 될 때 누구든 깜짝 놀라 측은한 마음을 가질 것이기 때문이다. 이것은 어린아이의 부모와 교분을 맺으려고 해서도 아니고, 향당과 붕우들에게 칭찬을 받으려는 것도 아니고, [외면했을 경우] 잔인하다는 오명이 듣기 싫어서 그런 것도 아니다."[33] 그리고 맹자는 불지불식간에 행해지는 선한 행위, 이른바 측은지심에서 발로되는 인(仁)의 본성을 인간이라면 누구나 가지고 있다는 예를 제 선왕을 통해 보여준다. 맹자는 제 선왕이 흔종(釁鐘)의 희생양으로 끌려가던 소를 불쌍하게 여긴 행위가 바로 측은지심임을 지적하고, 그가 이것을 스스로 실천했으면서

---

31) 맹자의 도덕철학에 대해서는 줄리앙(2004)을 참조하라.
32) 이 장구에 대한 주석사의 정치사상사적 함의를 연구한 논문으로는 김영민(2007)을 참조하라.
33) 『孟子』「公孫丑 上」: 孟子曰 人皆有不忍人之心. 先王有不忍人之心 斯有不忍人之政矣. …… 所以謂人皆有不忍人之心者 今人乍見孺子將入於井 皆有怵惕惻隱之心 非所以內交於孺子之父母也 非所以要譽於鄕黨朋友也 非惡其聲而然也.

도 다만 깨닫지 못하고 있을 뿐이라는 것을 알게 했던 것이다. 즉 맹자는 제 선왕의 경우를 통해[34] 인간이라면 누구나 선을 실천할 수 있는 도덕적 욕구는 물론 그 실천 능력까지도 본성적으로 가지고 있다는 것을 설명하고 있는 것이다.

인간이라면 누구나 선의 욕구와 실천 능력을 가지고 있다는 맹자의 또 다른 예는 인간의 동락지심(同樂之心), 곧 타인과 함께 즐기고자 하는 마음의 강조에서도 나타난다.[35]

> 맹자: 홀로 음악을 즐기는 것과 남들과 더불어 음악을 즐기는 것을 비교하면 어느 쪽이 더 즐겁습니까?
> 선왕: 남과 더불어 즐기는 쪽이 더 즐겁습니다.
> 맹자: 소수와 음악을 즐기는 것과 다수와 음악을 즐기는 것을 비교하면 어느 쪽이 더 즐겁습니까?
> 선왕: 다수와 더불어 즐기는 것이 더 즐겁습니다.[36]

맹자는 제 선왕으로 하여금 사람은 천성적으로 혼자 즐기기보다는 남들과 함께 즐길[同樂] 때 기쁨이 배가된다는 것을 확인하게 하였다. 요컨대 맹자는 인/의의 실천 가능성을 회의하는 제 선왕에게 제 선왕 자신이 가진 '타인과 더불어 즐기고자 하는 성향'을 확인시

---

34) 『孟子』「梁惠王 上」: 德何如則可以王矣 曰保民而王, 莫之能禦也. 曰 若寡人者, 可以保民乎哉 曰可. 何由知吾可也. 曰臣聞之胡齕 曰王坐於堂上 有牽牛而過堂下者 王見之 曰牛何之 對曰 將以釁鐘 王曰 舍之 吾不忍其觳觫 若無罪而就死地. …… 無傷也 是乃仁術也 見牛未見羊也 君子之於禽獸也 見其生 不忍見其死 聞其聲 不忍食其肉 是以君子遠庖廚也.
35) 이에 대해서는 기존 연구들에서 거의 주목하지 않았던 것 같다.
36) 『孟子』「梁惠王 下」: 曰獨樂樂 與人樂樂孰樂 曰不若與人 曰與少樂樂 與衆樂樂孰樂 曰不若與衆.

킴으로써 그것이 가능하다는 것을 보인 것이다.

이렇게 무엇인가 좋은 일은 혼자보다는 타인과, 또 소수보다는 다수와 더불어 할 때 인간은 더 기쁘다는 것을 확인시킨 다음 맹자는 이것이 제 선왕만의 성향이 아니라 인간의 보편적 성향임을 확인시킨다. "지금 왕께서 이곳에서 음악을 연주하시는데 백성들이 왕의 종소리, 북소리, 피리 소리, 젓대 소리를 듣고 모두 환하게 기뻐하는 낯빛으로 서로 '우리 왕께서 다행히 질병이 없으신가 보다. 음악을 연주하시는 것을 보니.'라고 말하는 것을 생각해보십시오. 지금 이곳에서 왕께서 사냥을 하시는데 백성들이 왕의 수레소리, 말굽소리를 듣고 깃대와 깃발의 아름다움을 보고는 모두 환하게 기뻐하는 낯빛으로 서로 '우리 왕께서 다행히 질병이 없으신가 보다. 사냥하시는 걸 보니.'라고 말하는 것을 생각해보십시오. 이것은 바로 백성과 더불어 즐기시기 때문입니다."[37]

이렇게 측은지심은 물론 예컨대 일종의 '동락지심' 역시 본성이라고 논증한 맹자는, 따라서 이런 성향이 없는 사람은 인간답지 못한 사람으로 간주하였다. 그리고 측은지심과 같은 선성(善性)은 네 가지 종류가 있다고 하였다. "이것으로 보건대 측은지심이 없으면 사람이 아니고, 수오지심(羞惡之心)이 없으면 사람이 아니고, 사양지심(辭讓之心)이 없으면 사람이 아니며, 시비지심(是非之心)이 없으면 사람이 아니다."[38] 그리고 그것은 각기 선한 덕성(비로소 인간으로 거듭나는!)으로 연결된다.

---

37) 『孟子』「梁惠王 下」: 今王鼓樂於此 百姓聞王鐘鼓之聲 管籥之音 擧欣欣然 有喜色而相告曰 吾王庶幾無疾病與 何以能鼓樂也 今王田獵於此 百姓聞王車馬之音 見羽旄之美 擧欣欣然有喜色而相告曰 吾王庶幾 無疾病與 何以能田獵也 此無他 與民同樂也.
38) 『孟子』「公孫丑 上」: 由是觀之 無惻隱之心 非人也 無羞惡之心 非人也 無辭讓之心 非人也 無是非之心 非人也.

"측은지심은 인(仁)의 단서요, 수오지심은 의(義)의 단서요, 사양지심은 예(禮)의 단서요, 시비지심은 지(智)의 단서이다. 인간이 이 사단(四端)을 가지고 있는 것은 사체(四體)를 가지고 있는 것과 같다."[39]
그런데 중요한 것은 인간이 이러한 착한 본성(혹은 단서[四端])을 자연적으로 지니고 있다고 해서 현실의 모든 인간이 선한 행위를 하는 것은 아니다. 그것은 실천의 문제이다. 사단, 본성을 실천하면 사덕(四德)을 체득한 인간다운 인간, 곧 군자가 되지만 그렇지 못하면 인간다운 인간이 아닌 것이다. 즉 "사단을 가지고 있으면서도 스스로 인의를 행할 수 없다고 말하는 자는 자신을 해치는[賊] 자요, 자기 군주가 인의를 행할 수 없다고 말하는 자는 군주를 해치는 자이다. 무릇 나[我]에게 있는 사단을 끝까지 확충할 줄 안다면 마치 불이 처음 타오르며 샘물이 처음 나오는 것과 같을 것이다. 만일 참으로 이것을 확충할 줄 안다면 족히 사해를 보호하겠지만 확충할 줄 모른다면 부모조차도 섬기기에 부족하다."[40]

그런데 생리적 욕구와 도덕적 욕구가 현실에서 서로 배치될 경우는 어찌 하는가? 양자가 모두 구비되는 것이 가장 좋은 상황이지만 그렇지 못한 상황에서는 어느 쪽이 더 기쁘고 즐거운가를 기준으로 따라야 한다.

> 부와 귀, 이것은 사람들이 모두 욕구하는 바이다. 그러나 도를 행하여 얻지 못한다면 부귀를 취하지 않는다. 빈과 천, 이것은

---

39) 『孟子』「公孫丑 上」: 惻隱之心 仁之端也 羞惡之心 義之端也 辭讓之心 禮之端也 是非之心 智之端也. 人之有是四端也 猶其有四體也.
40) 『孟子』「公孫丑 上」: 有是四端而自謂不能者 自賊者也 謂其君不能者 賊其君者也. 凡有四端於我者 知皆擴而充之矣 若火之始然 泉之始達 苟能充之 足以保四海 苟不充之 不足以事父母.

사람들이 모두 싫어하는 바이다. 그러나 도를 행하였는데도 벗어나지 못했다면 떠나지 아니한다. 군자가 인을 버리고 어찌 이름을 이루겠는가? 군자는 식사하는 사이에도 인을 떠나지 아니하고, 아주 순간적인 찰나에도 반드시 인을 떠나지 아니하고, 위험에 처한 순간에도 반드시 인을 떠나지 아니한다.[41]

위의 인용문에서 보듯이 당연히 도덕적 욕구 충족을 따라야 한다. 도덕적 욕구 쪽이 더 인간적이고 고유하며, 그것의 실현이 더 큰 기쁨을 가져다줄 것이기 때문이다. 또한 인간이 도덕성을 본성적으로 구비하고 있다고 해서 현실의 인간이 모두 이를 실천하는 것은 아니다. 본성과 실천은 별개이다. 본성의 발현, 곧 실천을 위해 맹자는 좋은 정치가 필요하다고 보았다. 곧 인정론을 전개하였다.

4. 인정론과 겸선(兼善)의 정치

이미 앞의 2절에서 언급했지만, 공자의 '좋은 삶'과 맹자의 '좋은 삶'은 그 강조점에 차이가 있다. 공자가 '좋은 삶'에 강조를 두고 있다면 맹자는 '좋은 정치'에 강조를 둔다. 맹자는 '좋은 삶'은 '좋은 정치'를 떠나 존재하기 어렵다는 점에 주목하고, 좋은 삶을 위해 좋은 정치를 이론적으로 체계화하는 데 평생을 바쳤다.[42]

---

41) 『論語』「里仁」: 子曰 富與貴 是人之所欲也 不以其道 得之 不處也 貧與賤 是人之所惡也 不以其道 得之 不去也. 君子 去仁 惡乎成名. 君子 無終食之間違仁 造次必於是 顚沛必於是.
42) 샤오쿵취안은 공자와 맹자의 명(命)에 대한 접근 방식을 언급하면서 전자는 개인적인 데 반해 후자는 정권 차원의 접근을 한다고 구분한 바 있다(蕭公權, 1998: 180).

이 절에서는 맹자가 양 혜왕에게 좋은 삶과 좋은 정치를 제시하면서 이(利)의 대안으로 제시하였던 '인/의의 정치', 곧 인정(仁政)을 중심으로 맹자가 생각하는 좋은 삶, 좋은 정치가 구체적으로 어떤 것이었는지를 살펴보기로 한다. 맹자에게 있어서 최고의 정치, 곧 왕도정치는 인정(politics by humaneness)[43]이다. 그것은 물질적 풍요 위에 도덕적 성숙이 갖추어진 정치 공동체이다. 즉 그는 인정을 '인민의 후회 없는 물질적 생활보장[養民]'에서 시작하여 '인민의 도덕화 혹은 윤리화[敎民]'로 완성된다고 보았다.

1) '좋은 정치'의 일차 수준: 양민

맹자는 탁월한 사람에게 해당되는 정치를 요구한 것이 아니고 보통 사람들이 선을 행할 수 있는 정치를 기획했다. 앞에서 말한 것처럼 인간의 도덕 생활이 본성에 근거한다고 해서 그것의 실천이 바로 담보되는 것은 아니기 때문이다. 본성은 어디까지나 본성일 뿐이다. 그것의 발현 혹은 활동은 인간 의지의 실천에 달린 것이다. 일반인의 경우 그 실천은 물질적 욕구 충족 후에 가능하다. 맹자는 좋은 삶은 인간의 생물적 본능을 충족한 후에 가능하다는 것을 줄기차게 역설하고 있다. 다시 강조하지만 물질적 욕구 충족은 '좋은 삶'을 누리는 데 가장 기본적인 정치의 수준이다. 곧 '양민(養民)'이 왕도정치[좋은 정치]의 시작'인 것이다.

백성들은 안정된 산업[恒産]이 없다면 안정된 마음[恒心]도 가지

---

43) 혹은 인정을 politics by selflessness(humanity, love, benevolence, virtue) 등으로 번역해도 될 것 같다.

지 못한다. 안정된 마음을 가지지 못하면 방벽사치(放辟奢侈)하지 않을 수 없기 때문에 종국에는 범죄를 저지르지 않을 수 없다. 그런데 죄를 저지르지 않을 수 없도록 만들어놓고 범죄를 저질렀다고 처벌한다면 이것은 그물을 놓아 백성들을 투옥시키는 짓이다.[44]

국가 질서를 보장하지 못하는 정치 공동체, 곧 안정된 직업을 제공하지 못하는 정치 공동체는 백성들로 하여금 범죄를 저지르도록 방조하는 공동체로 이미 국가가 아니다. 그런데 맹자가 말하는 양민의 수준, 곧 좋은 국가가 될 수 있는 물질적 수준은 최소한의 생계 보장이 아니라 '복지'를 제공하는 수준이다. "…… 살아 있는 사람을 봉양하고 죽은 사람을 장사 지냄에 후회가 없도록 하는 것이 왕도의 시작이다."[45] 이와 같이 맹자는 살아 있는 사람을 봉양하고 죽은 사람을 장사 지내는 데 후회 없도록 하는 수준이 되어야 '양민'이 이루어졌다고 보는 것이다. 인간 생활의 시공간은 '삶' 아니면 '죽음'이다. 인간은 삶의 시공간 아니면 죽음의 시공간, 그 둘 중 어느 하나에 속하기 마련이다. 또한 부모를 섬기기에 족한 수준은 '50살 먹은 이가 비단 옷을 입고, 70살 먹은 노인이 고기를 먹을 수 있는'[46] 정도는

---

44) 『孟子』「梁惠王 上」: 無恒産而有恒心者 惟士爲能 若民則無恒産 因無恒心 苟無恒心 放辟邪侈 無不爲已 及陷於罪然後 從而刑之 是罔民也 焉有仁人在位 罔民而可爲也.
45) 『孟子』「梁惠王 上」: 養生喪死無憾 王道之始也.
46) 『孟子』「梁惠王 上」: 五畝之宅, 樹之以桑, 五十者可以衣帛矣. 雞豚狗彘之畜, 無失其時, 七十者可以食肉矣. 百畝之田, 勿奪其時, 數口之家可以無飢矣. 謹庠序之教, 申之以孝悌之義, 頒白者不負戴於道路矣. 七十者衣帛食肉, 黎民不飢不寒, 然而不王者, 未之有也. 맹자는 『맹자』 첫 편인 「양혜왕 상」의 서두를 장식한 이 구절을 같은 편 말미에서 다시 반복하였다. 그러고도 모자라 마지막 편인 「진심하」에서 다시 반복하고 있다. 그만큼 '양민과 교민' 테제는 『맹자』의 핵심이라

148

되어야 한다.⁴⁷⁾ 그리고 처자식을 부양하는 데도 '아무리 흉년이라 할지라도 굶어 죽지 않고 추위에 떨지 않는' 수준 정도는 되어야 한다. 어쨌든 물질적인 면에서 최소한 인간의 후회가 남지 않을 만큼 충족되어야 '좋은 삶'이 시작 가능하다. 그리고 "백성의 산업을 제정할 적에는 반드시 우러러 부모를 섬기는 데 족하게 하고 아래로는 처자를 기르는 데 족하게 하며, 풍년에는 종신토록 배부르게 하고 아무리 흉년이 들더라도 최소한 죽을 지경까지는 이르지 않게 해야 한다." 왜냐하면 "그런 후에야 백성들을 선하게 만드는 것이 가능"(이상 『孟子』「梁惠王 上」)하기 때문이다. "백성들은 물이나 불이 없으면 살 수 없다. 그런데도 어두운 저녁에 남의 문을 두드리면서 물이나 불을 구하러 오는 자에게 그것을 주지 않는 이가 없는 것은 그것이 지극히 풍족하기 때문이다. 성인이 천하를 다스리게 되면 백성들로 하여금 콩이나 곡식을 물이나 불처럼 흔하게 만들 것이다. 콩이나 곡식이 물이나 불처럼 흔하다면 인(仁)하지 못한 백성들이 있겠는가?"⁴⁸⁾

2) '좋은 정치'의 최종 수준: 교민

맹자에 의하면 좋은 삶의 제2조건은, 곧 '좋은 정치'의 최종 목표는 교민(教民)을 통한 오륜(五倫)의 향유이다. 맹자에 의하면 선각자인 그리고 인/의를 체득한 선인(善人)이 아직 불선(不善)한 백성들을 선으로 인도하는 정치 환경을 만들어야 한다. "선왕들은 남을 불쌍

고 하겠다.
47) 그 이유는 "50세에는 비단옷이 아니면 따뜻하지 않고, 70세에는 고기가 아니면 배부르지 않기[五十非帛不煖 七十非肉不飽 不煖不飽]"(「盡心 上」) 때문이라고 한다.
48) 『孟子』「盡心 上」: 民非水火 不生活 昏暮 叩人之門戶 求水火 無弗與者 至足矣 聖人 治天下 使有菽粟 如水火 菽粟 如水火 而民 焉有不仁者乎.

하게 여기는 마음으로 남을 불쌍하게 여기는 정치를 행하셨다."⁴⁹⁾라는 맹자의 진술에서 보듯이, 최고선의 표상인 순(舜)은 바로 이 인/의의 실천에 탁월했던 표본으로 남을 불쌍하게 여기는 정치, 곧 인의의 정치를 행하였다. 맹자는 순임금에 대해 "만물의 존재 이치에 밝았고 인륜을 잘 살피셨다. 그것은 [자신에게 본유된] 내재적 인/의를 실천하신 것이지 자신에게 없는 외재적 인/의를 실천한 것이 아니었다."⁵⁰⁾라고 평가하였다. 그런데 남을 불쌍하게 여기는 마음의 발현은 양민으로 그쳐서는 안 된다. 진정으로 좋은 삶은 앞에서 살펴보았듯이 인간의 고유성인 도덕적 본성을 현실에서 구현하는 삶이다. 따라서 맹자에 의하면 국가는 정치를 통해 인간성을 회복하도록, 즉 선 자체를 구가할 수 있도록 도와주어야 하며, 이것이 국가의 최종 목적이다.

> 후직이 백성에게 농사짓는 법을 가르침으로써 오곡이 무르익어 백성을 기를 수 있게 되었다. 그런데 사람들이 [살아갈] 방도는 있게 되었지만 배부르고 따뜻해도 가르침을 받지 못해 금수에 가까운 상태가 되었다. 이리하여 성인[순]이 그것을 걱정하여 계(契)로 하여금 인륜을 가르치게 하였다. 부자유친, 군신유의, 부부유별, 장유유서, 붕우유신이 그것이다.⁵¹⁾

이른바 오륜론(五倫論)이다. 여기서 물질적 풍요만으로는 인간의

---

49) 『孟子』「公孫丑 上」: 先王有不忍人之心 斯有不忍人之政矣.
50) 『孟子』「離婁 下」: 舜明於庶物 察於人倫 由仁義行 非行仁義也.
51) 『孟子』「滕文公 上」: 后稷教民稼穡, 樹藝五穀, 五穀熟而民人育. 人之有道也, 飽食 煖衣 逸居而無敎, 則近於禽獸. 聖人有憂之, 使契爲司徒, 敎以人倫, 父子有親, 君臣有義, 夫婦有別, 長幼有序, 朋友有信.

삶이 동물과 구분되지 않고 반드시 인륜적 생활을 누려야 인간다운 생활을 한다는 맹자의 주장을 확인할 수 있다. 즉 맹자는 인간의 도덕적 본성을 인간의 관계적 존재성에 기인하는 것으로 보고 있는 것이다. 맹자는 인륜(인간 사이의 윤리성)의 중요성을 인간의 관계적 존재성에서 찾고 있다.

인간은 숙명적으로 고립적 존재일 수가 없다. 사람은 부모의 몸을 빌려서 태어나, 부모에게 의존하여 양육된다. 성장하여 부모와는 무관한 독자적인 세계를 형성한다는 것 역시 또 다른 관계망을 형성하는 것과 다름이 없다. 즉 인류 역사는 그 존재 자체가 가족이라는 1차적 관계망으로부터 시작하여 사회와 국가라는 2차적 관계망을 형성함으로써 가능했던 역사이다. 인간의 이러한 관계적 존재성을 통찰한 맹자는 그것을 적어도 인간인 이상 누구도 피해갈 수 없는 다섯 가지 관계망으로 압축하였다. 그것이 부-자, 군-신, 부-부, 장-유, 붕우 관계이다. 필연적으로 피할 수 없는 관계라면 행복한 삶의 관건은 조화로운 관계 유지에 달렸다. 이를 위해서 부자 관계에는 친(親)이, 군신 관계에는 의(義)가, 부부 관계에는 별(別)이, 장유 관계에는 서(序), 붕우 관계에는 신(信)이 필수적인 덕목이라고 맹자는 보았던 것이다.[52] 곧 맹자에게 있어서 인간의 행복은 인간이라면 누구도 부정할 수 없는 이 관계망을 조화롭게 유지함으로써 여기서 오는 상호 신뢰, 인정, 존중감을 향유하는 것이었다.[53]

---

52) 각각의 개별 윤리에 대한 구체적인 논의에 대해서는 안외순(2002: 191-192)을 참조하라.
53) 요컨대 『맹자』는 관계의 조화를 중시하는 공자의 사상을 인륜과 오륜이라는 개념으로 재탄생시키면서 체계화하였던 것이다. 오륜으로 대표된 인륜이란 글자 그대로 '사람[人]의 몫[倫, 차례/질서]'을 말한다. 사람의 '몫'이란 즉자적으로/고립적으로 확보되는 것이 아니다. 특정인의 '몫'은 필연적으로 타인과의 관계에서 주어지는 위상과 역할 속에서 상대적으로 규정된다. 요컨대 '관계 속에서의

그런데 이중에서도 가족 윤리와 국가 윤리는 나머지 윤리를 구성하는 1차적 윤리이다. 가족공동체와 국가 공동체는 나머지 관계 윤리의 근거이자 숙명적인 1차 집단적 존재이기 때문이다. 특히 가족 질서와 국가 질서가 없는 삶은 인간적 삶이 아닌 것이다.[54] 따라서 이러한 인간적 삶을 저해하는 어떠한 사상이나 학설도 비판받아야 하는 것이다. 이런 까닭에 맹자는 공리주의 비판에 이어 개인주의와 겸애주의에 대해서도 다소 과도할 정도로 비판하였던 것이다.

> 양주(楊朱)의 학설은 위아주의(爲我主義)이므로 무군(無君[정치공동체의 부정])이다. 묵적(墨翟)의 학설은 겸애주의(兼愛主義)이므로 무부(無父[가족공동체의 부정])이다. 그런데 무부무군의 상태는 금수 상태이다. …… 따라서 양주와 묵적의 도는 …… 짐승을 몰아다가 사람을 잡아먹게 하고, 나아가서는 사람끼리 서로를 잡아먹게 할 것이다.[55]

그 대신 맹자는 자신이 수호하고자 하는 유가는 개인과 국가 양자 모두를 훌륭하게 수호하는 중용의 사상이라고 확신하였다. '유부유군(有父有君)의 조화', 즉 가족 질서와 국가 질서의 조화를 추구하는 사상이야말로 인류에게 '좋은 삶'을 기약할 수 있다는 것이다. 물론 이 또한 공자의 "군주는 군주답고, 신하는 신하답고, 부모는 부모

개인의 역할에 따른 의무와 권리의 총체성'이 곧 개인의 정체성을 규정하는 것이다.
54) 이런 점 때문에 조선 시대에는 오륜 못지않게 이륜(二倫)의 이름으로 인간 윤리에 대한 논의가 많이 행해졌다.
55) 『孟子』「滕文公下」: 楊墨之道不息, 孔子之道不著, 是邪說誣民, 充塞仁義也. 仁義充塞, 則率獸食人, 人將相食.

답고, 자식은 자식다운"56) '정명사회론(正名社會論)'에 대한 오륜론의 화답이다.

3) 겸선의 유덕자 통치론

인정(仁政)을 위한 정치 주체론에서 유덕자 정치론(有德者政治論)을 펴는 맹자는 이를 '겸선(兼善)'의 논리에서 끌어왔다. 이는 인정이 곧 겸선의 정치라는 논리이기도 하다.

> 위대한 순(舜)은 이것[善言, 듣기를 좋아하는 것]보다 더 훌륭했다. 남과 더불어 선을 함께 하셨으니[兼善] 자신을 버리고 남을 따르셨고, 남에게서 선을 취하여 행하는 것을 좋아하셨다. 그리하여 밭갈고 곡식을 심으며 질그릇 굽고 고기 잡을 때나 천자가 되어서나 남의 선함을 취하지 않은 적이 없었다. 사람들 속에서 선한 이를 취하여 선을 행하는 것이 바로 남과 함께 선을 행하는 것이다. 그러므로 군자에게는 다른 이와 더불어 선을 행하는 것보다 더 중차대한 일은 없다.57)

여기서 선은 남의 훌륭한 미덕, 장점, 그리고 도덕적 선 등 다양한 의미를 내포하고 있다고 할 수 있다. 그리고 겸선은 관료를 등용할 때 오직 그 사람의 능력과 장점, 덕성만을 기준으로 발탁하는 것을 말한다. 그리고 발탁의 의미는 적어도 발탁되는 자의 장점이 최고

---

56) 『論語』, 「顏淵」: 君君臣臣 父父子子.
57) 『孟子』「公孫丑 上」: 大舜有大焉 善與人同 舍己從人 樂取於人 以爲善. 自耕稼陶漁 以至爲帝 無非取於人者. 取諸人以爲善 是與人爲善者也 故君子莫大乎與人爲善. 古之人 得志澤加於民 不得志修身見於世 窮則獨善其身 達則兼善天下.

통치자의 그것보다 낫다[좋다, 善]는 점을 인정한다는 것이기도 하고, 정책을 행할 때 최고 통치자가 자신이 최고 판단자라는 오만을 버리고 전문가의 말을 따르겠다는 것이기도 하다. 요컨대 맹자는 좋은 정치를 위한 정치 참여의 주체를 선정함에 있어서 신분이 아니라 '덕성으로 표현되는 능력'을 절대적 기준으로 삼는 것이 필수적이라고 보았던 것이다. "순은 밭 가는 농부였는데 [천자로] 발탁되었고, 부열(傅說)은 공사판에서 [재상으로] 발탁되었으며, 관이오(管夷吾)도 선비였는데 등용되었고, 손숙오(孫叔敖)는 바닷가에서 등용되었으며, 백리해(百里奚)는 저자 거리에서 등용되었다."(『孟子』「告子 下」)는 진술에서 보이는 역사적 실례들이 곧 겸선의 정치인 것이다.

훌륭한 덕을 지닌 자가 정치 세계에 진출하지 못하면 그가 지닌 선은 그 자신만 누리는 '독선(獨善)'으로 그치지만 그가 출사하여 그의 선을 국가 전체에 펼치면 국가가 '겸선 국가'가 되고, 그것을 천하 세상에 펼치면 천하가 겸선 천하가 되는 것이다. 그러므로 국가나 천하 전체가 누리는 좋은 삶을 위해서는 필히 유덕자, 곧 좋은 사람이 정치를 해야 한다. 그래야 본인도 행복하고 남도 행복하다.[58]

그런데 다른 곳에서 자신의 '세 가지 즐거움'을 말하는 대목에서는 이와 상반된 말을 하는 것처럼 보이기도 한다. 즉 맹자는 '군자삼락(君子三樂)'을 언급하는 대목에서 정치 참여가 자신의 즐거움과 무관한 것처럼 말한 바 있다.

> 군자는 세 가지 즐거움이 있으나 천하를 다스리는 것은 그 속에 들어가지 않는다. 부모가 모두 살아 있고 형제들이 무고한 것이

---

58) 『孟子』「公孫丑 上」: 古之人 得志澤加於民 不得志修身見於世 窮則獨善其身 達則兼善天下.

첫째 즐거움이다. 위로 하늘을 우러러 부끄러움이 없고 아래로 사람들을 굽어보아 부끄러움이 없는 것이 둘째 즐거움이다. 천하의 영재를 얻어 교육시키는 일이 셋째 즐거움이다. 군자는 이 세 가지 즐거움을 추구한다. 천하를 다스리는 일은 이 속에 들어가지 않는다.[59]

여기서 맹자는 자신의 즐거움은 가족의 안녕, 부끄러움 없는 사회생활, 후세에로의 문명 전승에 있지[60] '왕천하(王天下)' 곧 정치 참여에 있지 않다고 피력한다. 그러나 이 진술은 글자 그대로를 받아들이기보다는 이면의 맥락을 이해하거나 역설적 표현으로 독해해야 정확할 것 같다. 첫째, 이 진술은 맹자 사유 전체, 특히 겸선론 혹은 유덕자 통치론과 모순되기 때문이다. 둘째, 맹자는 다른 곳에서 겸선의 능력에 대한 강한 신뢰를 여러 번 역설한 적이 있는데, 이 진술은 그러한 사실과도 모순되기 때문이다. 셋째, 그럼에도 불구하고 맹자는 양괄식의 강조를 통해 두 번이나 이 진술을 특별히 강조하고 있다. 따라서 이로 볼 때 이 진술을 오히려 겸선하지 못한 현실을 체념하는 혹은 한탄하는 역설적 표현으로 이해하는 것이 옳을 듯하다.

---

59) 『孟子』「盡心 上」: 君子有三樂, 而王天下不與存焉, 父母俱存, 兄弟無故, 一樂也. 仰不愧於天, 俯不怍於親, 二樂也, 得天下英才而教育之, 三樂也. 君子有二樂, 而王天下不與存焉.
60) 이에 대해 머우쭝산(牟宗三)은 天倫, 修己, 文化의 행복이라고 보았다(牟宗三, 1985: 163~170).

5. 결론

지금까지 맹자는 왜 좋은 삶이란 필연적으로 도덕적이고 윤리적인 삶일 수밖에 없다고 생각했는지, 또 왜 그것의 인간적 실천이 가능하다고 생각했는지, 그렇지만 그것이 가능성으로 머물지 않고 현실화되기 위해서는 반드시 정치 공동체의 어떤 노력이 수반되어야 한다고 보았는지를 검토하였다. 2절에서는 좋은 삶에 대한 맹자의 추구는 공자의 추구를 계승한 작업이지만, 특히 맹자는 당대의 공리주의의 폐해를 극복하고자 했다는 것을 고찰하였다. 3절에서는 '좋음'의 개념과 '좋은 것들', 그리고 '인간적인 것'에 대해 본성론적이고 도덕론적으로 접근하는 맹자의 인식과 그 정당성을 살펴보았다. 맹자는 생물학적 욕구 충족 본능 역시 인간에게 본성적인 것이고 보편적인 것으로 정당화했다. 또한 맹자는 도덕적 욕구 역시 생물학적 욕구와 마찬가지로 인간에게 본성적인 것으로 보았다. 본성 차원에서 볼 때 인간의 좋은 삶은 바로 이 생물학적 본성과 도덕적 본성 모두를 충족시키는 것이었다. 4절에서는 궁극적으로 '좋은 삶'의 현실적 실현은 인정이라는 도덕 정치체제를 통해서 가능하다는 맹자의 주장을 검토하였다. 맹자는 이를 통해서만 세속적으로 좋다고 여기는 가치들은 물론 물질적 풍요로움을 향유하는 것도 가능하다고 보았다. 맹자에게 '좋은 삶'은 1) 지배자가 즐거움을 독점하는 삶이 아니라 백성과 함께하는 '여민동락(與民同樂)' 혹은 '여민해락(與民偕樂)'의 삶이고, 2) 이를 토대로 각자 구성원들의 사회적 몫이 상호 보장되는 '오륜'적 삶이었다. 그리고 이러한 좋은 삶의 실현을 위해, 맹자는 한편으로는 가능성 차원에서 '사단'으로 확인되는 '사덕'의 선한 인간 본성을 논하고, 다른 한편으로는 현실의 실천을 위해 '인정'이라는 정치적 장치를 고안하였다. 나아가 좋은 정치인 인정의 일차적 수준으로 양민론을, 최종적 수준으로 교민론을 제시하였다.

이러한 맹자의 헌신은 공자 학단들로 하여금 마침내 유가라는 사상적 범주를 탄생시킬 수 있도록 하였다. 그것은 특히 그리고 궁극적으로 당대에 좋은 삶이라고 간주되던 세 유형의 사조들, 곧 '패도주의(覇道主義)'로 지칭되던 공리주의는 물론 '위아주의'와 '겸애주의'의 폐단에 대한 맹자의 적극적인 비판에 힘입은 바 컸다.

아울러 이러한 맹자의 기여는 맹자가 죽은 지 1400여 년 뒤인 송대(宋代)와 조선의 지적 후예들에 의해 수기치인(修己治人)의 명제로 다시 탄생하였다. 불교와 도교에 밀려, 아니 정확히는 유자 자신들의 자포(自暴)와 자기(自棄)로 인해 정치 이념으로서의 역할을 못하고 있던 유교에서 12세기 송대 주자학자들은, 그리고 15세기 이래의 조선 주자학자들은 또다시 '좋은 삶'과 '좋은 정치'를 위한 위대한 텍스트를 재발견하였다. 요컨대 공자와 맹자의 성취가 변증법적이면서도 실천적으로 제시되어 있는 텍스트였다. 그 텍스트는 다음과 같이 시작되고 있었다.

> 대학(大學)의 길은
> 명덕(明德)을 밝히는 데 있고
> 백성(百姓)을 새롭게 하는 데 있으며
> 지선(至善)을 유지하도록 하는 데 있다.[61]

---

61) 『大學』「經1章」: 大學之道 在明明德 在新民 在止於至善.

참고 문헌

『孟子』

『孟子集註』

『老子』

『論語集註』

『大學』

『商君書』

『先秦諸子繫年』

『荀子』

『漢語大詞典 3』(漢語大詞典出版社, 1989. 03)

권상우, 2008, 「유가 '관계 맺음'에서 바라본 잘 삶」, 『동양철학연구』 53집.

김영민, 2007, 「맹자의 不忍人之心장에 담긴 정치사상」, 『정치사상연구』 13/29.

김용남, 1999, 「儒敎의 幸福觀」, 『東洋哲學硏究』 21집.

드 배리, 2001, 『다섯 단계의 대화로 본 동아시아문명』, 실천문학사.

박선목, 2006, 「삶의 질을 높이기 위한 동서양의 행복론」, 『인문논총』 제55집.

배병삼, 2005, 『논어, 사람의 길을 열다』, 사계절.

슈월츠, 벤자민, 1996[1985], 『중국 고대사상의 세계』, 나성 역, 살림.

蕭公權, 1998, 『중국정치사상사』, 최명/손문호 역, 서울대출판부.

안외순, 2002a, 「해제: 왕도정치—조화로운 공존의 정치」, 『맹자』, 안외순 역, 책세상.

안외순, 2002b, 「맹자의 왕도정치론에 나타난 정치리더십론」, 『유교리더십과 한국정치』, 백산서당.

유미림, 2004, 「지배의 정당성 관점에서 본 맹자의 정치사상」, 『한국정치학회보』(38/1).

劉澤華, 2002, 『중국정치사상사』(선진편, 上), 장현근 역, 동과서.

윤대식, 2002a, 「맹자의 인성관이 지닌 정치적 함의」, 『중국철학』 9.

윤대식, 2002b, 「『맹자』에서 정치적 인간의 역할」, 『중국철학』 10.

윤대식, 2005, 「맹자의 왕도주의에 내재한 정치적 의무의 기제」, 『한국정치학회보』(39/3).

이삼성, 2009, 『동아시아의 전쟁과 평화』(1권), 한길사.

이상임, 2005, 「쾌락과 도덕의 문제: 유가철학과 아리스토텔레스를 중심으로」, 『儒敎思想硏究』 23집.

이상호, 2007, 「유교의 悅學에 관한 연구」, 『東洋哲學硏究』 49집.

이승환, 1998, 『유가사상의 사회철학적 재조명』, 서울, 고려대학교출판부.

이희주, 2008, 「『맹자』에 나타난 통치자의 자질론」, 『동양정치사상사』(7/2).

임헌규, 2005, 「맹자-고자의 인성론 논쟁에 대한 재고찰」, 『범한철학』, 39.

장현근, 2006, 『맹자: 진정한 야당정치, 도덕국가를 향한 지침서』, 살림.

조남욱, 2007, 「유가에서 지향하는 '즐김[樂]의 경지'에 관한 연구」, 『유교사상연구』 28집.

줄리앙, 프랑수와, 2004, 『맹자와 계몽철학자의 대화: 도덕의 기초를 세우다』, 허경 역, 한울.

플라톤, 1997, 『국가-政體』, 박종현 역주, 서광사.

牟宗三, 1985, 『圓善論』, 臺北: 學生書局.

牟宗三, 1996, 『政道與治道』, 臺北: 學生書局.

Bloom, I., 1997, "Mencian Argument on Human Nature(*Jen-hsing*)", *Philosophy East and West* Vol. 44 No. 1, UH Press.

Graham, A. C., 1986, "The Background of the Mencius Theory of Human Nature", *Studies in Chinese Philosophy and Literature*, The Institute of East Asian Philosophies.

Legge, James, 1894, *The Works of Mencius*; 中華民國 64年, 台北: 金川出版社.

제2부

좋은 삶과 근대 정치사상

5장 마키아벨리에게 있어 좋은 삶과 정치

안정석

1. 문제의 제기: '좋은 삶'의 전통적 의미와 마키아벨리

레오 스트라우스(Strauss, 1953)는 '자연법(natural law)'을 따르는 삶을 '좋은 삶'이라고 정의한다. 그는 특히 좋은 삶의 원형으로서 고전철학이 제시하는 삶을 제시한다. 거기에서 '좋은 삶'이란 "인간존재의 자연적 질서에 순응하는 삶" 또는 "질서가 잘 잡힌 영혼 내지는 건강한 영혼으로부터 흘러나오는 삶"(Strauss, 1953: 127)을 의미한다. 스트라우스는 "좋은 삶의 일반적 성격을 획정하는 규칙들"을 자연법이라고 말한다(Strauss, 1953: 127).

자연권과 자연법사상의 역사로서의 정치철학사는 '좋음(the good)'의 이미지가 변조되어온 과정이다. 우리는 좋음의 이미지가 곧바로 정치적 삶과 직결되어 있다는 것을 알고 있다. 플라톤(『국가』)에게 있어서는 '좋음'이 그의 정치철학 전체에 있어 가장 핵심적인 문제이다. 그것은 소크라테스가 강조하는 네 가지 덕성(정의, 지혜, 용기 그리고 절제)의 원천으로서의 '선의 이데아(the idea of the good)'에서 잘 나타난다. 선함이 있을 때 정치적으로 중요한 결과를 초래하는 이런 여러 가지 덕성이 현실적 의미를 갖는다.

중세의 맥락에서는 『자유의지론』의 저자 성 아우구스티누스(354~430년)와 『신학대전』의 저자 성 아퀴나스(1225~1274년)가 있다. 이들은 5세기와 13세기라는 시점에서 지금의 우리에게 자연법이라는 좋은 삶과 정치를 생각하게 만드는 사상적 유산을 물려주었다. 그러나 이 자연법사상의 중세적 표현은 단연 아퀴나스의 것이 대표적이다. 아퀴나스는 스트라우스가 잘 지적하듯이 구체적이고 확실한 내용을 제시하지 못하고 "머뭇거리는 듯하고, 애매하기도 한"(Strauss, 1953: 163) 고전 철학의 자연법사상에다 아주 구체적이고 확실한 내용을 부여했다. 그는 자연법사상을 '이성'과 '신앙'의 결합으로 새롭게 해석해냈다. 이제 정치철학 또는 자연법사상은 애매성과 주저함이 없는 확실하고 구체적인 무엇이 된 것이다. 그러나 아퀴나스의 철학은, 그가 정치철학의 구체성을 제고했다는 측면에서의 공헌에도 불구하고, 성서적 진리와 하느님에 대한 '신앙'으로 인간의 자연적 '이성'을 인도해야 한다는 그의 신념에서 드러나듯이 자연법 이념을 반드시(원칙적으로 늘) 중시해야 하는 '정치가'의 세속적 '활동 범위(latitude)'를 위축시키는 문제를 일으켰다. 스트라우스는 근대 정치철학은 이에 대한 하나의 거대한 반발로 나타났다고 본다(Strauss, 1953: 164; Strauss, 1987: 143도 참조).

바로 여기에서 16세기의 마키아벨리가 등장한다. 그러나 마키아벨리는 중세의 아퀴나스적인 정치철학뿐만 아니라, 고대의 플라톤적인 '선의 이데아'의 실재성에 관한 주장도 역시 거부한다. 심지어 마키아벨리는 자신과 동시대의 르네상스 인문주의자들의 도덕적 관점 역시 부인하는 경향을 보인다.[1] 그에게 그런 철학들은 "단 한

번도 존재한 적이 단 한 번도 본적이 없는 국가를 상상한"(『군주론』 15장) 노력에 불과한 것이다. 그래서 그는 그런 철학들이 진실이라고 주장한 것들을 '상상적 진실(imaginary truth)'에 불과한 것으로 간주하고, 그런 진실을 사실상 믿지 않는다. 마키아벨리의 이런 태도는 그가 생각한 '좋은 삶'이란 의미에도 그대로 드러난다. 그러나 우선 이 마키아벨리란 인물과 고대, 중세의 '좋은 삶'과 정치를 간략히 개관한 다음에 그것을 고찰하기로 한다.

2. 마키아벨리라는 인물

스트라우스(1958)는 오랜 기간 마키아벨리를 연구한 뒤에 내놓은 그의 책 『마키아벨리(Thoughts on Machiavelli)』의 첫 페이지에서 마키아벨리를 세상 사람들에게 도덕적 악을 가르치는 '악의 선생(a teacher of evil)'이자 마키아벨리 자신이 '악인(an evil man)'이라고 논평한다. 그는 마키아벨리를 최악의 인물로 평가한다. 그러나 내가 보기에 이것은 그의 책을 읽는 독자들의 정치적, 도덕적 감성을 고려한 스트라우스의 일종의 교육적, 또는 전략적 (내지 정치적) '수사학'이라고 생각된다. 만약 마키아벨리가 무제한으로, 그리고 아무 이유 없이 만인에게 '악'을 가르친다면 우리는 그를 아예 읽지도 배우지도 말아야 할 것이다. 그리고 스트라우스 자신은 오랜 시간을 투자하여 그를 연구할 필요도 없었을 것이다. 이 세상에는 우리가 배울 만한 선을 가르치는 다른 선생들이 얼마든지 많이 있기 때문이다. 내가 보

---

1) 이 점을 박상섭(2002: 175-198)이 잘 설명하고 있다. 제르미노(Germino, 1996: 808 각주 29)와 안정석(2009: 2 각주 6)도 참조하라.

는 마키아벨리는 때때로 악을 가르치는 사람임을 부인하기 어렵지만, 그는 선량하고 순진한 사람들이 모르는 현실의 악한 측면을 우리에게 가르치고 있다는 점에서, 그들이 악한 세상의 공격적 행위를 극복하고 또 그런 악의 피해자가 되는 것을 방지함으로써 어떤 구원을 받을 가능성을 열어주고 있다고 생각한다. 이런 면에서 마키아벨리는 충분히 구원된다고 볼 수 있을 것이다. 따라서 이런 면을 고려하면 우리는 마키아벨리를 단순한 '악인'이 아니라 차라리 선량한 악인, 또는 악한 선인이라고 말하는 것이 더 정확할지도 모르겠다.[2]

실제로 마키아벨리라는 사상가는 철학보다는 현실 정치를 더 열심히 하고 싶어 했던 사람이었다. 그는 오늘날 "정치에 대하여 쓰인 가장 유명한 정치 저술"(Mansfield, 1996)이라는 평가를 받을 정도의 책인 『군주론』을 쓴 사람이지만 실제로 이런 활동보다는 현실 정치에 참여하여 자신의 직업적 경력을 유지하기를 더 선호했던 인물이었다. 실제로 그는 20대 말부터 43세까지 약 15년간 자신이 태어난 도시인 피렌체에서 공화국의 '제2서기'로서 자신이 하고 싶어 했던 정치적인 일에 복무했다. 만약 본인이 원하는 일을 하는 것이 본인이 '좋은 삶'을 살 수 있는 하나의 필요조건이라면, 마키아벨리는 정치적인 복무를 좋은 삶으로 생각했음 직하다. 그러나 그가 이런 삶을 계속 산다는 것은 그로서는 하나의 희망 사항이었을 뿐이었다. 불행하게도 그것은 현실이 되지 못했다. 그는 압도적인 재력을 행사하던 피렌체의 지도적 가문, 즉 메디치 가문이 불러들인 외세의 힘 앞에 모든 것을 잃었다. 1512년 스페인 군대가 피렌체로 침략해 들어왔을 때 자신이 봉직하던 피렌체공화국은 붕괴되었고 그는 그의

---

2) 『리비우스 논고』 1권의 서문에서 마키아벨리는 세상 사람들이 모르는 지식을 가르치는 것은 자신의 '자연적 욕구'라고 말한다. 이때의 마키아벨리는 선량한 사람의 모습 그 자체이다(Machiavelli, 1996: 5).

상관 피에로 소데리니와 함께 실각했다. 그러고 나서 그는 새로운 왕정의 지배자가 된 메디치 가문으로부터 음모의 혐의를 받고 투옥되어 고문도 당했으나 별다른 혐의가 없자 곧 풀려났다. 이제 마키아벨리에게는 우리가 볼 때 실존적으로 나쁜 삶만이 기다리고 있는 셈이었다.

글쓰기는 그에게 이런 기회가 없는 시간 동안의 일종의 '시간 보내기'였다. '철학'[3]은 그에게는 완전히 새로운 옷으로 등장하는 그 무엇이었지만 그는 철학 활동을 어쩔 수 없이 할 수밖에 없었다는 인상을 우리에게 준다. 그에게 있어서 철학은 선택 행위가 아니라 다른 대안이 없는 상황에서 거의 강제로 부과된 하나의 필수적인 활동이었던 것이다.[4] 그는 철학을 공직에서 추방된 이후에 불우하게 된 자신의 처지를 개선하기 위한 하나의 방편으로 여긴 흔적 역시 있다. 따라서 철학은 마키아벨리에게 있어서는 하나의 출세 수단일 뿐 그 자체로 큰 가치를 가지는 것은 아니다.

마키아벨리와 전통, 그리고 근대사상 일반과의 연관성을 이해하기 위해 우선 고전 정치철학과 마키아벨리 이후의 근대 정치철학을 개략적으로 이해할 필요가 있을 것이다. 이하에서 이 글은 마키아벨리 이전과 이후의 사상가들을 일별하기로 한다.

---

3) 나는 마키아벨리가 하나의 '철학'을 소유한 철학자라고 생각한다. 그러나 이런 시각을 부인하는 입장은 케임브리지학파(Berlin, 1972[1953]; Pocock, 1978: 105; Skinner, 1978; Pitkin, 1984; Viroli, 2000[1998]; Hulliung, 1983)에서 나타난다. 케임브리지학파는 마키아벨리에게는 이렇다 할 만한 철학이 없다고 주장한다. 그러나 스트라우스(Strauss, 1958: 294)는 이런 시각이 잘못되었다고 말한다. 이 점에 대하여는 안정석(2007: 106 각주 94)을 참조하라.
4) Cf. 물론 그가 공직에 있을 때 『군주론』을 집필하기 위한 준비를 한 증거가 문헌상으로 나타나기도 한다(『군주론』의 '헌정사'를 참조).

3. 고대와 중세의 정치철학자들이 본 '좋은 삶'

고전 철학자들은 소크라테스적인 '자연'을 발견하고 그것을 인간과 사회 및 정치에 응용하기 시작한 최초의 세대이다. 철학의 아버지로 일컬어지는 소크라테스는 자연만을 연구하고 그것을 인간과 정치에 응용하지 못한 자연철학자들을 '미친 사람들'이라고 본다. 좋은 삶이란 '자연'을 인간과 정치에 대한 하나의 기준으로 삼고 거기에 적용해야 한다는 것이다.

소크라테스와 그의 영향을 받은 사람들은 '자연'을 긍정적으로 간주한다. 그들은 자연이 사회 상태에 내재하는 것으로 보았다. 심지어 아무 이성도 없는 어린아이가 훌륭한 성인으로 성장하여 훌륭한 행위와 말을 하는 것을 그들은 자연의 산물이라고 한다. 이 자연은 따라서 인간과 사회의 '건강한' 상태를 지탱해주는 하나의 중요한 기준이다. 사회의 좋고 나쁨을 그들은 이런 기준에서 판단했다. 최선의 삶은 따라서 이 자연의 요소를 얼마나 내포하는가의 문제이다. 그들은 또한 좋고 자연적인 욕구의 위계가 이런 기준 위에 있다고 주장했다. 이런 위계에 따라서 사는 것이 '좋은 삶'을 담보한다는 것이다.

그들은 이런 관점을 정치의 영역으로 확대시켰다. 그리스철학자들은 주로 지배적인 위치에 있어야 하는 사람들이 누구인가 하는 관점에서 이 문제를 보았다. 이것이 그들의 '자연권(natural right)' 이론에 나타난다. 자연적으로 우수한 사람이 곧 지배자가 되어야 한다는 것이다. 또한 그들은 덕성에 따라, 즉 가장 자연적인 것을 따라 사는 것을 행복으로 간주했다. 이런 관점은 대표적으로 아리스토텔레스의 『니코마코스 윤리학』에서 나타난다.

고대 로마의 스토아학파, 특히 키케로(Cicero)는 이 자연권의 이론을 자연법이라는 관념으로 확대시켰다(Strauss, 1987: 140-141). 그들은 인간과 동물을 같은 수준에서 인식했다. 즉 모든 피조물은 동일한 법에 따른다고 가정했다. 따라서 모든 피조물의 선악은 모두 이 자연법의 이치에 따라 결정할 수 있는 문제가 되었다. 자연법의 논의는 중세에 와서 성 아우구스티누스와 성 아퀴나스에 의해 그 이론적 절정을 이루었다. 특히 아퀴나스는 『신학대전』에서 자연법 이론이 도달할 수 있는 하나의 최고의 경지를 성취했다고 평가된다.

4. 마키아벨리 이후의 철학자들에게 있어 '좋은 삶': 홉스, 로크, 루소, 맑스와 니체

마키아벨리로부터 철학적 영향을 받았지만 그 사실을 명시적으로 밝히지는 않았던 17세기 영국의 철학자 토마스 홉스는 근대적 맥락에서 '자연 상태(state of nature)'에 관한 논쟁을 처음으로 시작했다. 그는 고전 철학자들과는 달리 '자연'을 부정적으로 보았다. 그는 자연 상태에서의 인간의 삶은 "외롭고, 가난하고, 살벌하고, 야만적이고, 또 단명한다."고 관찰한다. 그는 정치적인 수준에서는 이 자연 상태를 한 국민 집단이 동일한 국민 중 다른 집단과 투쟁하고 싸우는 '내란'과 같은 불행한 사건과 동일한 것으로 보았다. 자연 상태는 인간의 다른 인간에 대한 투쟁으로도 나타난다. 아마 가장 개인적인 수준에서 이 자연 상태는 남편과 부인 간의 어리석은 투쟁의 이미지로도 나타날 것이다. 또 친구와 친구 간의 부질없는 투쟁으로도 나타나고, 직장에서 진급과 같은 이익을 둘러싸고 한 동료와 다른 동료 간의 투쟁과 질투, 폭로전으로도 나타난다. 홉스의 자연 상태는 이러한 이미지들로 구성된다.

따라서 홉스는 모두가 자연 상태를 극복하여 부질없고 무익한 투쟁 상태를 종식시킬 수 있는 '시민사회'로 가야 문명의 참된 혜택을 누리고 살 수 있다고 한다. 홉스에게 있어 자연적인 것은 곧 나쁜 삶의 대명사가 된 것이다. 인간의 '자연'은 파괴적인 것이다. 그는 자연 상태가 나쁜 이유로, 그것이 법도, 권위도, 질서도 없기 때문이라고 보았다. 따라서 이 상태는 "모든 사람이 모든 사람에 대하여 전쟁을 하는 상태"인 것이다. 모든 사람은 상대를 적대시하고 죽일 수 있는 능력과 그러한 권리를 똑같이 가지고 있다는 점에서 만인은 '평등'하다. 그리고 만인은 동일한 '자연권', 즉 동일한 생명을 보장할 권리, 또는 보장받을 권리가 있다. 만인은 이제 '비명횡사(violent death)'의 위험에 처해 있는 상황이다. 그래서 홉스는 만인이 '자기 보존(self-preservation)'을 추구할 권리와 이유에 있어 동일하다고 한다. 그는 이 권리에서 자연법을 도출한다. 즉 만인에게 적용되는, 만인이 동의하는 의무 조항을 도출하는 것이다. 그것은 이를테면 "네가 원하지 않는 것을 타인에게 강요하지 마라." 또는 "남들과 평화적으로 지내야 한다."는 조항들이다.

 홉스의 좋은 삶이란 기본적으로 이런 인식에서 이해할 수 있는 문제이다. 그에게 있어 좋은 삶이란 우선 "편한 삶(commodious life)"(Strauss, 1953: 189)이자, "무수한 요구를 실현할 수 있는 방도가 있다는 것"(Strauss, 1953: 280)을 의미한다. 또한 그것은 이성을 가지고 자연 상태의 '불편함(inconvenience)'을 인식하고 그 대책을 '사회계약'의 관념에서 추구하는 사람만이 가질 수 있는 무엇이다. 그는 인간의 올바른 추리 능력을 함양하는 것, 즉 정신적 '계몽'을 성취하는 것이 좋은 삶의 조건이 된다고 긍정적으로 판단한다. 그것이 좋은 삶을 보증한다는 것이다. 정치 지도자는 이성이 있는 한 자신에게 위임된 이런 역할을 잘 실행해야 한다는 것이 홉스의 기대이다. 그만큼 홉스에게 있어 좋은 정치와 좋은 삶은 인위적인 것이다. 지배자가 훌륭한 추리 능력이 없을 때 그는 사회계약의 정신을 이해하지 못하고, 결과적으로 나쁜 정치를 한다는 것이 홉스의 관찰이다.

로크는 홉스의 자연 상태에 관한 이론을 기본적으로 수용하지만 그것을 조금 완화하는 태도를 가지고 있었다. 그는 자연 상태가 홉스가 생각한 것처럼 완전히 부정적인 상태가 아니라 때로는 긍정적인 면도 있다고 관찰한다. 곧 로크에게 있어 자연 상태는 부정적인 면과 긍정적인 면의 두 요소를 다 가지고 있는 무엇이었다.

그는 홉스의 관찰과 해법을 보충하여 자연 상태의 인간은 자신만의 개인적인 노력, 즉 '노동'을 통하여 '재산'을 모은다고 주장한다. 이 재산을 모을 수 있는 권리는 자연 상태에도 존재했던 자연적 권리, 즉 '자연권'이라는 것이다. 그러나 때로는 타인이 자신의 재산을 앗아 가는 '불편함'(Locke, 1993: §13)이 존재하기 때문에 자연 상태의 권리의 유지와 그에 기반한 자연 상태의 평화는 쉽게 깨진다는 것이다. 따라서 그는 이 지점에서 '시민사회'를 가정하고 그것을 수립하기 위해 지도자 역시 그 당사자로 포함되는 만인간의 '사회계약'이 요구된다고 주장한다.

따라서 로크에게 있어 좋은 삶이란 남들로부터 방해받지 않고 자신의 재산을 온전하게 유지, 확대하며 사는 삶을 의미한다. 그것은 "재산을 소유하고 사용하는 것"(Strauss, 1953: 250)에 있다. 그래서 그는 현대자본주의적인 삶의 방식과 그 행복을 최초로 체계적으로 논의한 이론가로 불린다. 그에게 있어 좋은 정치란 이러한 개인들의 재산과 '자연권'으로서의 재산권을 보장하기 위해 존재하는 정치를 의미한다.

그러나 우리는 루소와 맑스에게서는 아주 다른 이야기를 듣는다. 이들은 재산의 사회적 성격을 강조한다. 재산이 '사회 속에서' 성취되는 것이라는 것이다. 이 점은 특히 맑스에 이르러 그 정점을 이룬다. 루소는 사회 전체의 의지, 곧 '일반의지(general will)'를 중시한다. 스트라우스는 이 일반의지가 곧 전통적으로 자연법이 정치제도적으로 요구하던 것이라고 주장한다(Strauss, 1953: 286 각주 56). 루소는 자연법을 '일반의지'로 대체했다는 것이다(Rousseau, 1978a: 169; 1978b). 루소에게서 '좋은 삶'이란 기본적으로 '자연'을 따르는 것을 의미한다. 이 점에서 그는 그리스와 로마의 고전 철학자들과 같은 견해를 가지고 있다고 하겠다. 그러나 그는 자연이 구체적으로 무엇을 의미하는가 하는 부분에 대해서는 그들과 다른 견해를 가지고 있었다. 그는 자연을 어떤 '감성적인(sentimental)' 것, 또는 '상상적인(imaginative)' 것으로 파악했다. 이 점에서 자연을 이성적이고 합리적인 무엇으로 간주한 고전 철학자들의 견해와 루소의 견해는 대조적이다.

그리고 한 발 더 나아가 루소는 동시대 근대 정치철학자들이 자연과 자연법에 대하여 가지고 있었던 생각에 대하여 거의 전면적인 도전을 시도했다. 이 점은 그의 『둘째 논고』(또는 『인간불평등기원론』)에서 잘 나타난다. 그는 그로티우스와 그의 영향을 받은 푸펜도르프의 자연법에 대한 주장을 비판한다(Rousseau, 1964: 94-95, 233 미주 15). 그들의 주장은 너무 추상적이며 구체적인 내용이 없으므로 보통 사람들은 그것을 이해하기 어렵다는 것이다(Rousseau, 1964: 94).

그리고 루소는 또한 홉스와 로크의 '자연 상태'에 관한 관점과 이해를 전면적으로 비판한다(Rousseau, 1964: 107-109). 루소는 홉스가 '자연인(natural man)'이 마치 합리적 계산과 판단의 능력인 '이성'을 가지고 있는 것처럼 주장하지만, 홉스의 주장은 '인간 본성'을 잘못 이해한 비현실적인 생각이라고 본다(Rousseau, 1964: 128-131). 루소는 로크의 '재산' 관념 역시 홉스처럼 사회 관념을 사회적인 속성들이 아무것도 없는 자연 상태에 잘못 적용한 것이라고 비판한다(Rousseau, 1964: 150-151). 루소의 이 비판은 아주 강력한 주장인 것처럼 들린다.

홉스와 로크는 자연 상태를 완전히 나쁜 것(홉스의 경우)이거나, 부분적으로만 나쁜 것(로크의 경우)이라고 보지만 루소는 자연 상태를 우리 인간이 되돌아갈 상태이고 우리 인간이 '긍정적 기준(positive standard)'으로 삼아야 할 상태라고 본다(Strauss, 1953: 282). 루소에게 있어 좋은 삶이란 "인간의 수준에서 가장 자연적인 삶에 가까운 것"(Strauss, 1953: 282)이다. 그것은 '순수한 자연으로의 복귀'이거나, 사회 속에서 '고독한 몽상가'의 삶을 살거나, 아니면 '일반의지'가 존재했고 실현되고 있었다고 그가 믿었던 정치체제, 즉 '고대 스파르타 정치체제'를 수립하는 것을 말한다(Bloom, 1987: 561-578).

무엇보다 루소는 사적인 수준에서의 좋은 삶으로는 첫째와 둘째 방안, 즉 순수한 자연으로의 복귀와 고독한 몽상가의 삶을 우리에게 권고한다. 그러나 루소는 정치적인 수준에서의 좋은 삶으로는 완전히 다른 방안을 권고한다. 바로 셋째 방안인 고대 스파르타의 정치체제를 권고하는 것이다(Rousseau, 1978a: 101-104). 루소는 스파르타의 정치체제가 좋은 정치를 실현했다고 보는데, 『에밀』 1권에서 두 시민의 예를 들면서 다른 곳에서는 찾기 어려운 시민의 모습을 이 스파르타의 체제가 보여준다고 말한다. 거기에서 루소는 자신이 애독하던 플루타르코스의 『영웅전』에 근거하여, 공직 선거에 패배한 한 남자 시민이 비록 자신은 패배했지만 자기보다 더 우수한 사람들이 많다는 점을 기뻐했다는 사례와, 전쟁에 나간 자식들의 안위보다 국가가 승전했는지 아니면 패전했는지를 먼저 물어보는 스파르타의 한 어머니의 일화를 인상적으로 소개하고 있다. 자기 자신의 사적인 이익이나 관심보다 공적인 것을 더 중요한 것으로 인식하는 이런 스파르타의 성인 남성과 어머니의 모습이 진정한 '시민'의 모습이라는 것이 루소의 주장이다(Rousseau, 1979: 40).

그러나 우리가 루소의 좋은 정치의 사례에서 직면할 수 있는 하나의 난점은 과연 이 체제가 정치철학과 같이 가는 체제인가 하는 것이다. 우리가 철학사를 통해 보는 것은 정치철학과 정치는 같이 가야 하고, 같이 가는 것이 원칙이다. 그리스의 아테네라는 도시는 이 점을 우리에게 명백하게 보여준다. 아테네는 정치철학자와 예술가, 시인, 그리고 투키디데스 같은 역사가를 배출한 도시였던—정치라는 것이 그런 인물들이 생각한 것과 함께하는 무엇이었던—반면에, 루소가 '일반의지'의 실현 장소라 본 스파르타는 적어도 지금의 우리에게 남겨준 지적, 정치적 유산이 거의 없는 도시였다. 과연 '좋은 삶'이 루소가 시사하듯이 정치철학이 존재하지 않는 곳에서 가능할까 하는 의문이 들지 않을 수 없다. 이것은 플라톤과, 그리스의 수백 개의 정체를 경험적으로 연구했던 아리스토텔레스의 방안과는 완전히 다르다. 따라서 정치가 정치철학과 분리되어서는 안 된다면, 루소의 셋째 관점은—우리에게 현실성 있는 방안으로 다가오기 위해서는—어떤 방식으로든 아테네적인 유산과 결합해야 할 것이다. 물론 정치가 정치철학과 분리될 수 있다면 우리는 루소의 셋째 방안을 심각하게 고려할 만하다.[5]

문제는 루소에게 있어서는 사적인 행복과 정치의 행복이 너무나 동떨어져 있다는 것이다. 스트라우스는 독일의 역사학파가 이 문제를 해결하기 위한 시도를 했다고 주장한다(Strauss, 1959: 51-55 참조). 루소의 정치철학은 비록 이 문제를 해결하지는 못했지만, 우선 문제를 제기한 것에서 그 의의를 찾아야 할 것으로 보인다.

맑스는 좋은 삶과 정치의 의미에 대한 루소적인 문제 틀을 발전시

---

5) 이것은 루소가 폴란드의 정체를 연구한 것(Rousseau, 1985)과 연관하여 더 추구할 수 있는 문제로 보인다. 루소의 이 연구는 특정한 정부 체제를 연구한 점에서 우리의 관심을 끈다. 그러나 이것은 지금 이 글의 과제는 물론 아니다.

킨 것으로 평가할 수 있지만, 루소보다 더 근본적인 자세를 취한다. 그는 헤겔적인 역사주의를 '유물론(materialism)'이란 틀에 주입한다. '좋은 삶'은 그에게 있어 '노동 소외'가 없는 상태로 나타난다. 즉 자신이 만든 물건에 대해 소유권(로크적 요소)을 갖고 보람을 느끼는 상태일 것이다. 그리고 좋은 정치란 노동의 착취가 없는 사회를 만드는 것이다. 사회주의사회나 공산주의 사회가 이런 좋은 정치의 대상이 되는 사회이다.

그러나 크랍시가 잘 지적하듯이 우리가 과연 물질을 분석하게 되면 인간과 정치의 모든 것을 알 수 있겠는가 하는 것이 맑스주의의 근본적인 문제로 보인다(Cropsey, 1987: 802). 맑스에 따르면 좋은 삶과 정치란 물질을 생산하는 주역, 즉 '노동자(proletariat class)'의 몫이다. 이 계급은 시민사회의 주인공이다. 따라서 맑스는 이 계급의 물질적 노동 가치를 일부 '착취'하는 자본가계급(bourgeoisie)을 정치적으로 배제[6]하여 공산사회를 만들어야 '인류의 대변자'[7]로 자신이 인식한 노동자의 행복한 삶을 구현할 수 있다고 보았다. 우리는 이 점이 '좋은 삶'의 개념을 정립하는 데 있어서 맑스의 지적 영향을 받고 있는 사람들이 제기하는 위협이라고 간주할 수 있을지도 모른다. 어떤 의미 있는 개념 정립을 위한 논의가 아예 배제되는 듯한 인상을 우리는 사실 지우기 어렵기 때문이다.

서양의 기독교, 헤겔의 역사주의, 맑스의 사회주의를 반대한 니체는 자본주의 역시 반대했다. 그에게 사회주의와 자본주의는 마치 동

---

6) 아마도 이것보다 좀 완화되고 약한 형태가 노무현 정권 시절에 진보 진영(또는 좌파 진영)이 보수 진영에 대하여 가지고 있었던 이른바 '극복'의 시선이 아닐까 생각된다. 전자는 후자를 대화나 타협의 대상이 아니라, '극복'의 대상으로 삼는 것 같다는 인상이 언론에 유포되었다.
7) 1917년 러시아혁명을 성공적으로 주도한 레닌은 노동자의 수와 비교하여 상층부 계급의 사람들을 '한 줌도 안 되는 무리들'이라고 보았다.

전의 양면처럼 사실상 같은 현상으로 비쳤다. 그는 이 모든 것을 반대하고, '귀족정치'를 주장했다. 그는 '권력의지'라는 '본능(instinct)'에 충실한 삶을 사는 것을 좋은 삶이라고 보았고, 이렇게 사는 사람을 덕성을 가진 사람이라고 주장한다. 이 덕성은 '자기 극복(self-overcoming)'의 과정을 겪은 사람을 의미한다. 그는 헤겔이(그리고 아마도 맑스도 역시 포함되는 것 같다) 역사와 정치의 주인공이라고 상정한 사람들(또는 세력들)을 자본주의 논리와 윤리를 맹목적으로 신봉하고 살아가는 사람들과 함께 '마지막 인간(last man)'이라고 폄하하고, 자기 극복을 통해 덕성을 갖춘 사람을 '초인(overman)'이라고 부른다(Nietzsche, 1978). 그는 전자의 사람들이 가지고 있는 도덕성을 '노예의 도덕(slave morality)'이라고 부르며 비하하는 시선을 가지고 대한다.

니체에게 있어 좋은 삶이란 헤겔과 맑스처럼 역사의 논리와 법칙을 따라 왜소하게 살아가는 삶도 아닐 것이고, 로크처럼 자본주의의 윤리와 논리를 따라 부지런히 물질적 '재산'만을 축적하는 삶도 아닐 것이다. 니체는 '고매한(noble)' 가치를 이해하고, '금발의 야수(blond beast)'[8]로서의 원초적 인간의 모습을 하고 살아가는 삶을 좋은 삶이라고 한다. 원초적 인간은 '주인의 도덕(master morality)'으로서의 도덕성을 가진 사람이다. 니체에게 있어서 좋은 삶은 이런 도덕성을 실현하고자 하는 사람의 삶의 모습으로 드러난다.

니체는 귀족들의 가치를 이해하는 귀족들이 주도하는 정치를 좋은 정치라고 보았다. 그리고 이 정치는 그가 기독교의 도덕성이라고 부른 '노예도덕'을 신봉하는 사람들을 배제하는 것을 원칙으로 한

---

[8] 홉스의 '최초의 인간(the first man)'이 아마 니체의 이런 유형의 인간과 비슷할 것이다(Hobbes, 1982).

다. 이와 동시에 그는 이 도덕성을 사회주의·공산주의를 주장하는 동시대의 사람들에게도 역시 적용하는 것 같다. 그의 좋은 정치란 약자를 편드는 정치가 아니라 강자를 편드는 정치를 의미하는 것 같다. 이것은 플라톤의 『국가』에 나오는 '트라키마코스'와 『고르기아스』에 나오는 '칼리클레스'라는 인물이 가장 고전적으로 나타낸 견해이다(Strauss, 1958: 10). 또한 이 관점은 그 외연을 더 확장하면 투키디데스의 『펠로폰네소스전쟁사』 5권에 나오는 '밀로스 섬'의 점령군, 즉 '아테네 장군들'의 주장에도 잘 나타난다(Strauss, 1958: 10).

이하에서 보겠지만 이 관점은 마키아벨리에게서도 약간 다른 방식으로 잘 나타나고 있다. 다만 여기에서 지적하고자 하는 점은 마키아벨리의 좋은 삶과 정치는 서구 정치철학의 전통에서 보면 앞에서 언급한 플라톤의 두 인물이 가장 고전적으로 잘 나타내고 있다는 것이다. 그리고 근대 후기의 맥락, 또는 현대적 맥락에서 보면 니체가 그것을 가장 잘 드러내고 있다는 것이다. 이 모든 인물의 공통점은 '자연법' 사상이 강조하는 것과 같은 선의 힘을 무제한으로 믿지 않는다는 것이다. 투키디데스의 아테네 장군들, 플라톤의 두 인물, 마키아벨리, 그리고 니체는 이 점에서 '좋은 삶'의 내용과 의미를 근본적으로 새로운 시각에서 보는 관점을 우리에게 제시하는 셈이다.

우리는 이하에서 마키아벨리에게 초점을 두고 정치철학사에서 그가 변형시키거나 계승한 전통적 정치철학에서의 좋은 삶과 정치의 의미에 관한 주장을 간단히 일별할 것이다. 그리고 그 뒤에 우리는 마키아벨리의 관점을 정치철학사적인 입장에서 평가할 것이다.

5. 마키아벨리에게 있어 '좋은 삶'과 정치의 의미: 하나의 변형(인간관, 철학과 행동, 덕성과 지성, 그리고 사적인 삶과 정치적인 삶)

마키아벨리는 고전 철학과 중세의 교부철학 그리고 그 자신 이후의 홉스, 로크, 루소와 같은 근대사상가들의 사이에 위치한다. 따라서 그의 위치는 고대와 근대의 사이에서 '좋은 삶'이란 이념이 어떻게 변화되어 나타나는지를 가늠할 수 있는 하나의 중요한 분수령이 된다고 하겠다.

우선 마키아벨리는 고전 철학과 중세철학을 거부한다. 심지어 그는 자신과 비슷한 시기의 르네상스 인문주의자들이 가진 사상과 철학과도 분리되는 면을 가지고 있다(Skinner, 1978). 그리고 그는 자기 이후의 근대사상가들에게 영감을 불어넣었다. 근대 정치철학의 초기에 등장한 홉스는 사실상 마키아벨리의 영향을 받았으면서도 마키아벨리를 언급하지 않고 자신의 주장을 개진했다. 그의 과제는 마키아벨리의 혁명적인 사상을 좀 완화하는 것이었다(Berns, 1987). 그리고 이런 자세는 홉스 이후의 로크와 루소, 그리고 맑스에 이르기까지 다양한 모습으로 지속된다. 이렇게 보면 우리는 마키아벨리를 고전 철학과 근대 철학의 중간에 서 있는 사람으로 볼 수 있는 것이다.

무엇보다 우리가 여기에서 지적할 수 있는 것은 그가 정치철학의 전통을 근원적인 차원에서 변형(또는 나름의 특이한 방식을 통해 계승)시켰다는 점일 것이다. 따라서 우리는 좋은 삶과 정치의 이념에서 보면 그가 근원적인 방식으로 전통적인 관념과 주장을 변형시켰다고 이해할 수 있다. 마키아벨리는 고전 정치철학과 기독교 사상이 강조하는 전통적인 의미에서의 좋은 삶의 모습을 추구했다고 보기 어렵다. 그는 그것을 추구하지 않았다. 단지 우리는 그에게서 전통적인 좋은 삶이 아주 다른 모습으로 변형되어 나타난다고 말할 수 있을 것이다.

그러면 우리는 어떻게 선한 삶의 모습을 마키아벨리에게서 찾아볼 수 있는가? 이것이 이 글의 초점이다. 이것은 그의 '새로운 모드와 오더(new modes and orders)'라는 이념에서 찾아야 할 문제다. 그에게도 좋음이라는 것이 분명히 있다. 그러나 그것은 전통 정치철학자들이 생각한 것과는 완전히 다르게 나타난다는 것이 문제의 핵심이다.

1) 인간관: 영혼에 있어 이성, 기개, 욕구(쾌락)의 부분

전통 철학자, 플라톤은 인간이 세 개의 부분으로 구성된 영혼(정신)을 가지고 있다고 보았다. 이성, 기개, 그리고 욕구의 부분이 그것이다. 그리고 그는 인간이 '정의'와 같은 도덕적 선을 행해야 한다는 도덕적 요청은 그것이 영혼을 보호하는 일이기 때문에 필요한 일이라고 보았다. 그는 인간의 도덕적 행위 속에서 행복의 요인을 찾았다. 도덕적 선은 곧 행복으로 연결된다는 것이다. 정의로운 행위를 할 때 인간이 행복해지듯이 그는 영혼 속의 기개의 부분은 이성의 통제를 받아야 한다고 주장하고, 그가 보통의 국민의 가장 큰 덕성으로 간주한 '절제심'은 '욕구'라는 영혼의 한 부분이 이성의 지도를 받을 때 비로소 미덕(덕성)이 된다고 보았다. 따라서 쾌락은 절제하고자 하는 이성적 판단과 동반할 때 비로소 미덕의 한 부분이 된다.

그리고 중세의 신학자 아퀴나스는 하느님에 대한 신앙심이 인간성의 한 요인이라고 한다. 이것은 고전 철학자들이 미덕으로 생각하지 않았던 새로운 종류의 미덕, 곧 기독교적 미덕이다. 그는 인간의 신앙심이 이성과 결합하여 좋은 삶을 구성한다는 입장을 나타낸다.

그러나 마키아벨리는 이런 인간관을 거부하는 경향을 보인다. 그에게 있어 인간은 신앙심이 가장 중요한 존재도 아니요, 욕구와 기개가 이성의 통제를 받아야 할 그런 존재도 아니다. 이제 인간의 모습은 마키아벨리에 의하여 새롭게 관찰되고 정의되기 시작한다. 그는 "인간은 어떻게 살아야 하는가."라는 관점보다 "인간은 실제로 어떻게 살아가는가."라는 관점이 '실제적인 진실(effectual truth)'에 이르는 지름길이라고 주장한다(『군주론』 15장). 따라서 그는 전자의 관점이 '실제적 진실'을 요구하는 험난한 세상살이에서 우리에게 그리 많이 필요하지도 않는 진실, 즉 그가 '상상적 진실(imaginary truth)'이라고 부르는 비생산적인 진실을 우리에게 준다고 보고, 이 관점과 '결별'을 선언한다.

2) 철학과 행동

이미 언급한 대로 마키아벨리는 전통적 의미의 철학을 수용하지 않는다. 그에게 전통 정치철학은 '실제로 존재한 적도 인간이 직접 본 적도 없는 국가'를 상상했던 '상상적 진실'에 불과하다. 플라톤의 이상 국가와 성 아우구스티누스의 '신의 도시(City of God)'는 아마 가장 대표적인 '상상적' 국가일 것이다(Germino, 1966: 808 각주 29). 마키아벨리가 인간을 플라톤적 '이성'의 측면보다 '기개'나 '욕구'의 측면에서 파악하려고 했던 것은 정치의 직접적인 진실은 이런 부분을 볼 때 파악할 수 있다는 그의 신념과 연결되어 있다.

따라서 마키아벨리에게 있어서는 철학보다 행동이 더 중요한 문제인 것이다. 맨스필드(Mansfield, 1996)는 이 부분과 연관하여 마키아벨리에게 있어 플라톤적인 영혼은 이제 이성이 주도하는 무엇이 아니고, 그리스적인 '기개(thymos)'를 의미하는 이태리어 '아니모(animo)'가 주도하는 무엇으로 나타난다고 논평한다. 마키아벨리에게 있어 철학은 육체적인 기능 또는 욕구적인 기능과 밀접히 관련된 무엇이다. 그에게 있어 철학은 '사변적인(speculative)' 칸트철학이나 중세의 스콜라철학자들이 말한 의미로서의 철학과는 근본적으로 그 성격이 다른 무엇이 되었다. 이제 철학은 그와 더불어 현실을 변화시키는 하나의 수단이 되었고, 하나의 '이데올로기'[9]가 되었다. 따라서 철학은 마키아벨리에게 있어 행동의 원리가 되었고 동시에 행동을 위한 구체적인 규칙들로 구성된 프로그램을 내포하는 무엇이 되었다.

3) 덕성과 지성

마키아벨리는 덕성을 의미하는 그리스어 '아레테(arete)'를 자신의 방식으로 '비르투(virtù)'로 표현한다. 이 '비르투'는 영어의 virtue란 말과 같은 의미이지만, 마키아벨리는 여기에서 도덕적 함의를 배제하는 경향을 보인다. 즉 이 '비르투'는 무제한으로 발휘되는 도덕적 덕성을 의미하는 것이 아니라 육체적 능력과 그가 말하는 '필요성(necessità)'을 잘 이해하고 그것을 잘 실행하는 능력을 의미하게 되었다. 이것은 전통 정치철학이 강조하는 도덕적 능력 속의 어떤 객관

---

[9] 우리는 로크의 철학과 맑스의 철학을 역시 마키아벨리의 철학과 같은 기능을 하는 것으로 이해할 수 있을 것이다. 즉 이들 모두는 현실을 변화시키는 기능을 하는 정신적 활동으로서의 철학을 한 사람들이다. 수도원에 가만히 앉아 사변적인 명상을 하는 수도사들이 선호할 만한 그런 성격의 철학을 마키아벨리는 거절하는 경향이 강하다. 그러나 유감스럽게도 마키아벨리 자신에게 새로운 성격의 철학을 내포하고 있던 그의 『군주론』은 우연인지 필연인지, '플라톤 철학'을 숭상하던 '메디치' 가문으로부터 거부되었다(부르크하르트, 2002: 267-281). 영국의 정치철학자 오크숏은 이러한 '이데올로기'로서의 정치철학을 거부한다. 그는 '이데올로기'를 통치의 '기술'과 '규칙'을 중시하는 '합리주의(rationalism)' 정신으로 본다. 그러나 그는 이런 이데올로기를 내포하는 철학들이 '실천(practice)'의 의미를 잘못 이해하고 있다고 주장한다. 그것이 '합리주의'에 대한 그의 비판을 구성한다(Oakeshott, 1991: 26-30 참조).

적인 능력을 의미하는 것이 아니다. 고전과 중세의 정치철학에서의 덕성은 궁극적으로 도덕성을 의미했지만, 마키아벨리에게 있어서 그것은 이제 궁극적인 도덕성을 상실하게 되었다. 덕성은 이제 군주(개인)가 여유가 있을 때에만 실행할 수 있는 무엇이 된 것이다.

마키아벨리는 흥미롭게도 위대한 인간의 순위를 매기고 있다. 이 작업에서 그는 '작가들(literary men)'처럼 지성적 활동을 하는 사람들을 '종교'의 창시자, '국가'의 창건자, 그리고 '군대'의 창건자의 순서대로 내려가는 위대성의 서열의 위계 구조에서 가장 낮은 위치에 자리매김하고 있다(Machiavelli, 1996: 31). 이것은 플라톤과 중세의 정치철학자들과 홉스 같은 근대 정치철학자들이 지성을 생각한 것과는 아주 판이하다. 마키아벨리 자신도 정치적 저술을 집필하는 지성적 활동을 한 사람이지만 실제로 그는 이런 활동을 가장 결정적인 의미에서 세상과 인간을 이끌어갈 정도로 가치 있는 일은 아니라고 본다.

어떤 의미에서 보면 마키아벨리는 자기 자신의 직업적 이익과 동떨어진 주장 내지 인식을 가지고 있다. 이런 입장은 『리비우스 논고』 3권에서 '군주'에게 의당 돌아가야 할 개인적 이익을 언급하는, 즉 군주를 위한(또는 군주에 대한) '개인적 충고(private counsel)'를 논하는 저술가로서는 어울리지 않는다. 그는 자신의 직업적 이익을 배반하고 있는 셈이다. 앞에서 논의했지만 마키아벨리는 사유보다는 행동을 더 중시한다. 따라서 이 관점에서 볼 때 그는 기본적으로 자신의 직업적 활동(저술)에 큰 의미를 부여하지는 않는 셈이다. 단지 그에게 있어 덕성과 지성은 어떤 의미 있는 행동을 하기 위한 수단적인 의미가 강하다 하겠다.

4) 사적인 삶과 정치적인 삶

마키아벨리는 사적인 삶과 공적인 삶, 즉 정치적인 삶은 서로가 완전히 구분되는 별개의 것으로 간주한다. 사적인 삶이 비록 정치적인 의미로 전환되지 않는 것은 아니겠지만 마키아벨리는 본질적으로 사적인 삶은 공적인 성격과 내용을 가지는 정치와는 별개의 것이라고 본다. 이 점은 플라톤과의 긍정적인 연관성을 느끼게 한다. 플라톤은 『국가』에서 소크라테스로 하여금 이 부분에 관한 견해를 표명하도록 하고 있다. 소크라테스는 거기에서 '도시[국가]'의 '정의'를 수립하기 위해 사적인 가정과 가족(여성과 아이를 포함한다)을 폐지해야 한다는 명제를 검토하고 있다. 물론 이 공산주의적 견해는 소크라테스 자신의 손에 의해 아주 '억압적인' 정치체제가 필연적으로 따른다는 이유에서 '부자연스럽고(unnatural)' 또한 '바람직하지 않은(undesirable)' 것으로 폐기 처분되지만(Strauss, 1987: 51), 여기에서 소크라테스와 플라톤은 적어도 공적인 것과 사적인 것 사이에는 건너기 어려운 간격이 있다는 사실을 분명히 한다.

마키아벨리도 플라톤과 같은 입장을 가지고 있다. 그는 친구에게 정치와 같은 심각한 일과 '연애'와 같은 사적인 즐거움은 커다란 간격이 있다는 것을 분명히 하고 있다. 재미있는 것은 마키아벨리가 자신이 사랑하는 연인에게는 완전히 복종한다는 이미지를 주고 있다는 점이다. 그는 연애 관계에 있는 연인에게 복종하는 것이 중요하다고 본 것처럼, 정치의 세계에서도 복종의 의미를 매우 중요하게 간주한다. 맨스필드가 잘 관찰하고 있듯이 마키아벨리에게 있어 정치의 세계는 곧 지배와 복종이 핵심이다. 그것은 마키아벨리에게 '두 가지 기질', 즉 '지배하고자 하는 기질'과 '지배로부터 벗어나고자 하는 기질'로 나타난다(『군주론』 9장; 『리비우스 논고』 1권 4장). 맨스필드는 마키아벨리의 이 관찰이 모든 사회와 시대를 통틀어 인간 세상의 가장 보편적인 정치의 문제를 관찰한 것이라고 논평한다.

6. 정치철학의 전통과 근대 정치철학의 창시자로서의 마키아벨리의 상대적 성격

이상의 논의를 통하여 마키아벨리와 그 이전 및 이후의 사상가들과의 상대적 특징에 주목하여 그들을 비교하면, 우리는 다음과 같은 표를 구성할 수 있을 것이다.

고전 정치철학	중세/기독교 정치철학민족주의	마키아벨리 정치철학	근대 정치철학
부정 → 정의	죄 → 회개	가벼운 일 ⇌ 심각한 일 (쾌락)　　(정치)	정념 ← 이성 ← 비이성

(Strauss, 1958: 46 참조)

고전 정치철학은 왼쪽에서 오른쪽으로 가면 좋은 삶이라는 점을 가르친다. 따라서 오른쪽에서 왼쪽으로 가면 당연히 나쁜 삶을 사는 것이다. 그리고 중세와 기독교가 가르치는 정치철학은 왼쪽의 삶을 나쁜 삶이라고 가르치고, 왼쪽에서 오른쪽으로 가야 좋은 삶이 기다린다고 가르친다. 그러나 마키아벨리 정치철학은 왼쪽과 오른쪽이 교차하면서 '왕복(alternation)'하는 것이 곧 좋은 삶이라고 본다(Strauss, 1958: 40, 289). 즉 즐거움으로서의 생활은 정치와 같은 '심각한 일(gravity)' 또는 '큰 일(cose grandi)'의 밑바탕이 된다는 것이다. 활력을 주는 요소라는 것이다. 또한 반대로 '심각한 일'은 즐거움의 요소에 의해 보상을 받는다는 것이다. 이것이 마키아벨리가 보는 좋은 삶의 관점이다. 문제는 왼쪽(즐거움의 요소)은 그 자체로 존립의 근거가 없다는 데 있다. 따라서 그것은 반드시 일이 있을 때는 그 일에 집중하여 문제를 해결하는 노력을 해야 한다. 즉 오른쪽(곧 정치 활동과 같은 공적인 일)에 일이 있을 때는 즐거움의 생활을 중단하고 오른쪽 일로 가야 한다는 것이다. 그러나 일을 한 뒤에는 왼쪽의 측면에서 그 일을 한 것에 대해 보상을 받는 것이 당연하다고 마키아벨리는 주장한다. 그래서 결국 마키아벨리가 보는 좋은 삶은 왼쪽의 측면과 오른쪽의 측면이 다 같이 '왕복하는(alternate)' 삶이다. 『피렌체의 역사』에서 마키아벨리는 피렌체를 한때 통치했던 '로렌초 메디치'가 이런 면에서 아주 훌륭한 삶을 산 지도자였다고 평가하고 있다(Machiavelli, 1988: 360-363).

　이 점에서 마키아벨리의 정치철학은 삶이 유기적인 관계를 유지한다는 의미에서 서로 분리되지 않고 연속적이고, 또 아주 상관적이다. 그러나 이에 비하여 고전 정치철학과 중세적, 기독교적 정치철학은 항상 인간은 정의롭지 못한 삶으로부터 탈피하여 정의로운 삶으로 향해야 한다는 삶의 원칙을 준수하거나, 아니면 모든 인간(지배자와 피치자 모두)은 죄 많은 생각과 행동을 중단하고 하느님 앞에서 '회개'를 통하여 하느님의 구원을 받아야 할 존재라고 주장한다. 이 구원을 받는 곳에 모든 인간의 좋은 삶이 있다는 것이다. 문제는 고전 정치철학과 기독교적 가르침은 마키아벨리와 달리 변증법적인 운동이 없다는 것이 특징이다. 인간 행동의 운동 방향이 한쪽(나쁜 쪽이라고 믿어진 쪽)에서 다른 쪽(좋은 쪽이라고 믿어진 쪽)으로 이동해야 한다는 것이다. 마키아벨리는 한쪽과 다른 쪽이 상호 교대로 이동하는 것이 가장 자연적이라고 생각했다. 따라서 이 논의를 통하여 우리는 마키아벨리가 인간의 도덕적 행위 영역을 아주 많이 확장시켰다고 평가할 수 있겠다.

또 이 표에서 우리는 마키아벨리 이후에 오는 근대 정치철학자들은—홉스처럼—인간의 이성이 '자기 보존'과 같은 정념(passion)을 위해 봉사한다는 관점을 보여준다는 것을 알 수 있다. 이 점은 로크의 경우도 마찬가지이고 루소 역시 그러하다. 그러나 그렇다고 하여 이들 근대 철학자들이 비이성이 이성보다 더 우월하다고 생각한 것은 결코 아니다. 만약 그들이 비이성이 이성보다 더 우월하다는 관점을 가지고 있었다면 우리는 그들의 철학적, 이성적 주장을 이성적으로 수용할 이유와 근거가 없을 것이다.

정념은 고전 철학자들이 보기에 좋은 삶을 이끌기에는 뭔가 부족하다. 이성이 부족한 것으로 보인다. 따라서 그것은 인간 영혼의 이성의 요소의 통제를 받아야 할 무엇이다(Plato, 1991). 그리고 중세와 기독교 철학은 열정이 반드시 하느님에 대한 신앙의 근거가 되는 요인도 아니다. 아퀴나스는 이성은 곧 신앙이라는 관점을 가지고 있다. 또 반대로 신앙은 합리적이기 때문에 신앙으로서의 가치가 있는 무엇이 된다. 그러나 이런 관점은 마키아벨리 이후에 근본적으로 변화한다. 이성과 정념, 이성과 감성은 서로 대립하기보다는 보완함으로써 그 역할과 위상을 새롭게 정립한다. 마키아벨리에겐 사실 선과 악의 대립이 존재하지 않는다. 그에게서 인간의 삶은 단지 '가벼운 일'과 '무거운 일' 사이의 '교대'의 현상으로 나타난다. 이것이 그가 본 '자연'의 모습이다. 그에게 좋은 삶과 정치는 이러한 자연의 모습을 반영한 것으로 나타난다.

7. 마키아벨리가 수정한 좋은 삶의 모습

자연권과 자연법이 요구하는 전통적인 선의 이념은 마키아벨리의 손에서 개혁된다. 그것은 전통적 선이 나쁘다는 것이 아니라 약하다는 것을 그가 발견하기 때문이다. 전통적 선의 내부에는 내재적으로 약한 점이 있다는 것이 그의 발견이다. 무엇이 약한가?

고전 철학, 중세철학, 그리고 르네상스 인문주의 정치철학과 같은 전통 사상은 "인간은 어떻게 살아야 한다."는 가르침 위에 서 있다. 그것은 도덕적 선에 대한 믿음이 확고하게 존재했기 때문이다. 그러나 마키아벨리는 이런 관점을 벗어나 "인간은 [실제로] 어떻게 살아가는가."하는 점을 중시해야 한다고 주장한다. 그것은 실제로 세상의 인간이 도덕적 선과 그 교훈만을 중시하고 실행하는 것이 아니라, 선 이외의 어떤 다른 기준으로도 살아가고 있다는 그의 관찰에 기인한다. 그는 "도덕적으로 악한 인간이 우글거리는 이 세상에서 매사에 항상 선을 직업적으로 추구하는 것은 몰락의 길에 이르는 것이다."라고 주장한다. 이것은 이 세상이 선한 인간들을 둘러싸고 그들의 이익을 도모하는 곳이 아니라 악한 인간들이 스스로의 이익을 도모하는 곳이라는 것이다. 여기에서 마키아벨리는 악한 인간이 많은 곳에서 선한 인간은 설 곳을 마련하기 어렵다는 주장을 하는 셈이다.

그래서 마키아벨리는 『군주론』 19장에서 모든 인간이 '부패한' 곳에서는 '선행으로'만 살 수 없고, 다른 사람과 같이 부패해야 생존할 수 있다고 말한다(마키아벨리, 2003[1994]: 136). 여기에서 보듯이 마키아벨리는 선을 선으로 인식하는 것이 아니라, 그것이 '생존'과 '안녕'을 담보하는 능력이 없는 한, 사실상의 악으로 인식한다. 이것이 그가 선을 개혁하고자 하는 이유이다. 따라서 마키아벨리에게 있어 좋은 삶이란 그 자체로 생명력이 있는 것이 아니라 항상 부패한 삶과 같은 악한 삶과의 연관성하에서 그 내용과 방식이 규정된다는 특성을 보여준다.

정치적인 차원에서 마키아벨리는 지도자의 행동과 대중의 행동이 다 같이 '정치적 삶(political life)'을 좋게도, 나쁘게도, 또는 안전하게도, 위태롭게도 만들 수 있다고 본다. 따라서 이하에서는 이러한 측면에서 그가 이 두 시민 집단을 어떻게 보았는지를 검토하기로 하겠다.

8. 마키아벨리에게 있어 '좋은 삶'의 정치적 조건: '좋은 삶'을 위태롭게 만드는 것과 가능하게 하는 것

1) 지도자의 차원

홉스의 지도자의 이미지와 마찬가지로 마키아벨리에게 있어 지도자는 고전 철학과 기독교가 상정하는 '정상적 상황'이 아니라, '비상적 상황'에서 자신의 방향을 잡는 사람의 이미지로 나타난다(Strauss, 1959: 47, 290).[10] 이것은 또 앞에서 말한 그의 '새로운 모디와 오르디니'의 이념에도 나타난다. 지도자는 선과 악을 다 이해할 수 있는 사람이어야 한다. 이것이 '선정(good politics)'을 담보한다.[11] 만약 지도자가 선만 배우고 악을 배울 기회가 없다면 마키아벨리는 자신의 '충고(counsel)'를 통하여 이런 지도자를 기꺼이 가르치고, 그의 지도력을 개혁하고자 한다. 이것이 그가 『군주론』 7장에서 체사레 보

---

10) 스트라우스는 1946년에 작성한 이 '서평'에서 '비상적 상황(emergency)' 또는 '극단적(extreme)' 상황을 홉스의 '자연 상태'와 사실상 같은 의미로 사용하고 있음을 볼 수 있다.
11) 김경희는 마키아벨리에게 있어 '선정'은 '군주', '귀족' 그리고 '인민'이 함께 공적인 연합 정치체를 만드는 것을 의미한다고 관찰한다(김경희, 2008: 58-61).

르자(Cesare Borgia)를 찬양하고 있는 이유이고, 『리비우스 논고』 3권 23장에서 고대 로마의 '가장 신중한 장군'이라고 그가 칭송하기를 마다하지 않는 카밀루스(Camillus) 장군(또는 미래의 카밀루스 같은 개인들)을 정치 능력의 면에서 개선시키기 위해 그의 문제점을 조목조목 따지고 분석하는 이유다. 이 점은 조금 뒤에서 다시 논의하겠다.

우리가 여기에서 주목하고자 하는 점은 마키아벨리가 주는 '충고'의 '사적인' 성격이다. 이것은 그가 '사적인 충고(private counsel)'라고 명명하는 것에서 잘 드러난다. 조금 놀랍게도 『리비우스 논고』를 쓴 공화주의자 마키아벨리는 모든 좋음은 사적인 교육과정을 통하여 습득된다는 점을 우리에게 가르치고 있다. 마키아벨리에게 있어 '좋음'이라는 아이디어는 공적인 것보다 다분히 사적인 무엇으로 나타난다.

『군주론』의 맥락에서 마키아벨리는 '군주'의 선을 말한다. 이것은 본질적으로 공공적인 차원의 문제가 아니라 '군주'의 개인적인 차원의 문제이다. 따라서 그것은 기독교나 고전 철학을 충실하게 믿는 '공공선(common good)'[12]의 신봉자로서의 선한 군주의 선한 삶을 말하는 것이 아니라 '군주'에게 선한 것이 정치적으로 무엇인가 하는

---

12) Cf. 『리비우스 논고』 1권의 'Preface' 섹션 1을 참조(Mansfield and Tarcov, 1996: 5). 여기의 '공공선'은 공동선 또는 공공적 이익이라는 뜻인 'common benefit'을 말한다. 그러나 『군주론』의 영역자 맨스필드는 마키아벨리의 이런 공익에 대한 태도 표시를 그리 진정성이 있는 것으로 믿지 않는다. 그는 "마키아벨리는 마키아벨리안이다."라고 주장한다(Mansfield, 1998: viii, ix 참조). 마키아벨리의 공공선에 대한 태도나 진정성에 관한 맨스필드의 견해는 마키아벨리가 니체와 비슷한 생각을 가지고 있었다는 것을 인식하게 한다. 니체(Nietzsche, 1966)는 "'공동선(common good)'이란 것이 어찌 있을 수 있나! 이 용어는 자기모순적이다. 공동적인 것은 무엇이든지 항상 가치가 거의 없다."라고 주장한다. 이와 관련하여 훌리웅은 마키아벨리의 『군주론』에는 '공동선' 현상이 없다고 관찰한다(Hulliung, 1983: 264 각주 109).

문제 틀에서 나타나는 문제이다. 이것은 18세기 '계몽주의자들(the Enlightenment)'의 눈에는 정치에 관한 '계몽'의 문제로 비칠 만한 것이다.

『리비우스 논고』의 맥락에서도 마키아벨리는 지도급 인물들(또는 미래의 지도급 인물들)에게 역시 이 사적인 충고를 주고 있는데 그는 사실 『군주론』의 서술 분량 전체보다 더 길게 이 부분을 서술하고 있다(『리비우스 논고』 3권). 이것은 공화정치가 사적인 이익의 토대 위에 서 있다는 마키아벨리 특유의 가정을 여실히 반영한다. 『리비우스 논고』 2권의 마지막 장(33장)에서 마키아벨리는 이 지도자가 의당 실현하고 싶어 하는, 또는 실현할 만한 이익의 사적인 성격을 언급하고 있다. 이 장의 제목은 "로마인은 어떻게 군대의 지휘관들에게 자유로운 과업을 주었는가."인데, 이 논의의 주인공은 파비우스 막시무스(Fabius Maximus) 장군이다. 그리고 마키아벨리가 전개하는 주장의 기본 취지는 지도자 개인의 이익은 국가의 이익이라는 것이다. 집정관 파비우스는 기원전 310년에 투스카니 지방으로 원정을 나갔는데, 정권 담당 세력인 '원로원'이 그에게 험준한 '키미나 숲'을 건너가라는 명령을 한 적이 없음에도 그는 독자적으로 판단하여 건너기로 했고, 그 이후에 전투에서 승리했다. 이것은 단독으로 한 일이었다. 그러나 원로원은 그의 판단과 행동을 존중했다(Livy, 1982: IX.35-36).

마키아벨리는 리비우스의 책에서 이 사례를 보고 원로원이 현명했다고 판단한다. 이것은 마키아벨리 자신의 '군주'에 대한 이해와 직결된 문제이다. '정의(옳음)에 대한 자연적 기초'가 없는 곳에서는 군주의 판단과 결정이 곧 법이라는 것이다. 전투 현장의 지휘관에게 모든 것을 위임한 로마 원로원의 방침은 곧 현장 지휘관의 개인 이익('영광')을 보장한다는 의미를 담고 있다(Machiavelli, 1996: 207). 마키아벨리의 관찰의 토대는 원로원은 현장 상황을 모른다는 점이다. 이런 상황에서는 어느 누구보다 현장 지휘관의 판단이 가장 중요하다는 것이 그의 관점이다.[13]

여기서 눈여겨볼 것은 『리비우스 논고』에서 마키아벨리가 지도자의 이익 문제를 논할 때 어떤 지도자를 골라 이익을 논하고 있는가 하는 것이다. 그는 도덕적으로 가장 선량한 고대 로마의 지도자들(자신이 '군주'로 부르는 사람들)만을 골라 그들의 문제에 대하여 분석적인 방식으로 자신의 견해와 충고를 제시한다. 예를 들면 『리비우스 논고』 3권 19장부터 23장까지는 지도자(지휘관)의 대중(병사들)에 대한 통치 방식을 다루는데, 마키아벨리는 많은 지도자 중에서 가장 전통적인 의미에서 가장 선량한 지휘관을 주로 다루고 있다는 점을 들 수 있다. 그는 『리비우스 논고』 3권 20장에서 지도자의 전통적 덕성과 그 효과('명예', '승리' 그리고 '명성')의 관계를 논한다.[14]

여기에서 그가 언급하는 장군들은 총 4명인데, 그는 카밀루스를 4개의 덕성('인간성', '자비로움', '성적 순결', '관대성')을 가진 장군으로 언급한다. 그리고 적조차도 관대하게 대함으로써 그들을 감복시켜 결국 로마 영토에서 쫓아낸 쾌거를 이룩한 파브리시우스(Fabricius)는 '관대성'의 덕성 한 가지만, 로마의 명장 스키피오(Scipio)는 '성적 순결'의 덕성 한 가지만, 그리고 키루스(Cyrus)[15]는 '인간성'과 '관대

---

13) 이 부분은 비단 지휘관(지도자)에게만 해당하는 이야기가 아니다. 대중의 이미지를 가지고 있는 전투 현장의 일반 '병사들'에게도 해당되는 이야기이다. 『리비우스 논고』 1권 43장에서 마키아벨리는 이 문제를 다룬다. 이 장의 제목은 다음과 같다. "자기 자신의 영광을 위하여 전투하는 이들은 선량하고 신의가 있는 병사들이다."(Machiavelli, 1996: 91)
14) 이곳의 논제는 『군주론』 15장의 논제를 우리에게 연상시킨다. "인간, 특히 군주가 찬양받거나 비난받는 이유에 관하여"라는 것이 그것이다. 본질적으로 이 논제는 지금 여기서 마키아벨리가 다루는 논제와 사실 같다.
15) '키루스'(기원전 559~529년 사이에 페르시아를 건국하고 지배한 왕)의 사례는 마키아

성'의 덕성 두 가지만 가진 장군으로 언급하고 있다. 따라서 우리는 마키아벨리가 언급하는 사람들 중에 다른 모든 사람을 제치고 '카밀루스'가 단연 도덕적 자질 면에서 가장 많은 덕목을 가진 가장 우수한 인물로 묘사되고 있다는 것을 알 수 있다.

이것은 마키아벨리가 그의 '새로운 모드와 오더'를 말함에 있어 무한히 악한 인간들이 아니라 전통적인 도덕관에서 볼 때 대단히 선량한 미래의 잠재적 지도자들을 자신이 직접 나서서 교육하겠다는 것을 의미한다. 즉 마키아벨리는 전통적으로 선량한 사람들만을 대상으로 하여 개혁을 시도한다는 것을 우리는 인식해야 하는 것이다. 이것이 "선량한 사람이든 악한 사람이든, 세상의 모든 사람이 다 마키아벨리가 권고하는 악한 방식을 배워, 악한 방식으로 세상을 살아야 성공한다."는 식의 마키아벨리 이해가 왜 올바른 이해가 아닌지를 잘 설명한다고 보인다.

앞에서 말했듯이 선량한 지도자에게 마키아벨리가 충고하는 것은 지도자는 '비상적' 상황에서 자신의 방향을 잡아야 한다는 것이다. 그것은 "이 세상에는 악인들이 우글거리기" 때문이다(『군주론』 15장).[16] 마키아벨리가 선량한 사람들에게만 이 충고를 주고 있다는 것은 그의 '새로운 모드와 오더'의 개념이 가진 핵심적 정신을 이해하고, 또 마키아벨리 자신의 인간 됨됨이를 이해하는 데 아주 중요한 부분이라고 이 글은 주장하고자 한다. 마키아벨리는 사실 아무에게나 '마키아벨리안적인' 충고를 하는 것이 아니라, 세상의 악인

벨리가 크세노폰의 『키루스의 교육(The Education of Cyrus)』을 읽고 선택한 사례이다(Mansfield and Tarcov, 1996: 262 각주 4 참조).
16) 『군주론』 17장에 나오는 마키아벨리의 인간관을 참조하라. "인간이란 은혜를 모르고, 변덕스러우며, 위선자인데다 기만에 능하며, 위험을 피하고, 이득에 눈이 어둡다."(마키아벨리, 2003[1994]: 117)

들로부터 선량한 사람들을 보호하기 위한 차원에서 악의 충고를 하는 것이다. 마키아벨리는 카르타고의 명장인 '한니발'의 '덕성'(『군주론』 17장)은 찬양하지만, 그의 인간성은 찬양하지 않는다. 그는 실제 『리비우스 논고』 3권 21장에서 한니발이 로마 원정에서 패퇴하게 되는 원인이었던 그의 '구역질나는' 인간성[17]을 비난하기까지 한다. 그의 그러한 인간성이 로마인들의 적개심에 불을 질렀던 것이다. 그러나 반면에 너무 인간성이 좋아 자신의 휘하 군인들이 '반란'(기원전 206년. Livy, 1970: XXVIII.24-29)을 일으킬 정도였던 스키피오를 그는 찬양하지 않는다(『군주론』 17장). 왜냐하면 그의 통치력이 로마를 당황하게 만들었기 때문이다. 단지 마키아벨리는 자신의 역할을 그런 인간성의 한계나 약점을 지적하는 것으로 한정한다(『리비우스 논고』 21장).

마키아벨리는 『리비우스 논고』 3권 19장부터 23장까지에서 '친절한 인간성'의 지도력과 '가혹성'의 지도력 중 어느 쪽이 더 공화정치를 위해 바람직한가 하는 문제를 논의하면서 '카밀루스'의 지도력에서 제기되는 문제를 고찰한다. '로마 최고의 신중한 장군' 카밀루스조차 '신전'을 짓기[18] 위한 자금 확보의 필요성 때문에 전쟁터에서 부하들의 것이 된 재산(즉 전쟁에서 약탈한 적의 재산)을 다시 빼앗는 '가혹한' 통치를 행하고, 천신만고 끝에 베이(Vei) 전투[19]에서의 승리로 우쭐해져 승전 '개선식'에서 신적인 존재라도 된 듯 지나친 자기

---

17) 마키아벨리는 한니발의 구역질나는 인간성의 예로 '신에 대한 불경', '신의를 저버리는 사람' 그리고 '잔인한' 것 등을 열거한다(Machiavelli, 1996: 264).
18) 원정을 나갈 무렵에 '아폴로' 신에게 '맹세'한 것이다(기원전 392년경. Livy, 1971: V.20).
19) 기원전 402년에 개전하여 기원전 392년에 로마의 승리로 끝났다(Livy, 1971: V.8, V.23).

과시 욕구[20]를 드러내는 바람에 시민들의 '의심'과 '미움'을 받아 몰락하기도 하지만, 마키아벨리는 원래 선량한 카밀루스가 어디에서 그리고 무엇 때문에 이런 정치적인 문제를 일으켰는지를 분석하고, 잠재적으로 카밀루스와 같은 실수를 할 수 있는 미래의 독자들(지도자들)은 그런 전철을 다시 밟지 않도록 자신의 충고를 하고 있는 것이다.

따라서 마키아벨리 본인은 악인에게도 충고를 한다기보다는 오직 세상의 가장 선량한 사람들에게만 충고를 하기를 원한다는 것이 나의 관찰이다.[21] 나는 이 점이 마키아벨리의 철학의 정신을 가장 잘 반영하는 부분의 하나라고 생각한다. 또한 이 점은 마키아벨리의 실제 인간성을 아주 잘 나타내는 부분이라고 생각한다. 곧 마키아벨리는 스트라우스가 지적한 대로 "악의 선생"(Strauss, 1958: 9)이긴 하지만 오직 일정 부류의 사람들(전통적 기준에서 볼 때 가장 선량한 사람들)에게서만 선생이 되기를 원했다고 나는 생각한다. 아마 이것이 "마키아벨리를 마키아벨리 자신이 보는 방식대로"(Strauss, 1958: 12 참조)[22] 보는 방식이지 않을까 생각한다. 다음으로 마키아벨리가 보는 좋은 삶과 정치를 위한 대중의 역할과 위상을 보기로 한다.

---

20) 카밀루스는 이 승전 개선식에서 '백마 4마리'가 끌고 가는 전차를 타고 로마 시내를 행진했는데, 이것은 공화정치의 평등주의 이념을 소중하게 신봉하던 당시 로마 시민들의 눈에 마치 자신이 '태양신'과 같은 신적인 존재임을 과시하는 것으로 인식되어 당연히 '미움'과 오해를 받게 되었다(『리비우스 논고』 3권 23장; Livy, 1971: V.22-23).
21) 물론 세상의 악인이 마키아벨리를 이용할 수도 있을 것이다. 그러나 마키아벨리는 적어도 자신의 충고가 그런 악인을 위한 일에 도움이 되어야 한다고 노골적으로 말하지는 않는다.
22) 이 방식은 지금 우리의 방식이 아니라 고전 정치철학의 관점에서 마키아벨리를 이해하는 방식을 말한다. 스트라우스는 그런 방식을 채용하고 있다.

2) 대중의 차원

설리반이 잘 설명하듯이 공화주의자 마키아벨리는 정치 지도자는 모름지기 대중을 정치의 핵심으로 안고 가야 한다고 주장하지만(『군주론』 9장과 『리비우스 논고』 1권 10장), 그렇다고 해서 대중의 환심을 사기 위해 지도자가 대중에게 어떤 근거 없는 기대나 환상을 가지도록 만드는 것은 일종의 도덕적, 정치적 죄악이라는 관점을 가지고 있다(Sullivan, 1996: 176-180 참조). 마키아벨리는 이 문제를 대중의 장점과 약점의 두 면에서 논의하고 있다

우선 마키아벨리는 대중이란 '본질의 포착(touching)'보다는 '시각(seeing)'으로 정치적 문제를 인식한다는 특징이 있다고 관찰한다(『군주론』 18장).[23] 이 점은 곧 지도자는 그들 대중이 '보는' 곳을 자신의 판단의 자료로 활용하여야 한다는 규범을 요청한다고 할 수 있다. 대중이 그들의 눈으로 직접 '보는' 것은 정치적으로 대단히 소중하다는 것이다. 이 논의는 대중은 대중의 정치적 몫이 있고, 지도자는 지도자의 정치적 몫이 있다는 점을 알려준다. 따라서 정치 공간에서 대중과 지도자는 각각의 정치적 기능을 마치 역할 분담을 하는 것처럼 해야 한다는 것이 여기에서 우리가 배울 수 있는 점이다.

마키아벨리는 또한 대중은 '잠재된 덕성(hidden virtue)'을 가지고 있어 '멀리 내다보는' 능력이 있다고 한다(『리비우스 논고』 1권 58장 3절). 좋은 정치는 이러한 대중의 능력을 자신의 능력으로 전환시켜

---

[23] 플라톤은 대중이 '의견(doxa)'이라는 인식 형태를 가지고 있는 반면에 철학적 교양을 갖춘 사람은 '이성'을 통한 '예지'의 능력을 가지고 있다고 보았다(Plato, 1991). 미국의 국부 중의 한 사람인 제임스 매디슨(James Madison)은 정치적인 것을 지도급 시민은 '추리 능력'으로 인식하고, 대중, 즉 보통 시민은 '느낌'의 능력으로 인식한다는 특징을 가지고 있다고 주장한다(Rosen, 2006: 234; 안정석, 2009: 97).

지도력으로 전환할 수 있는 능력을 요구하며, 그것이 대중이 선정에 공헌할 수 있는 부분이다는 것이 마키아벨리의 주장이다.

내가 보기에 마키아벨리가 대중에 대하여 가장 긍정적, 적극적으로 평가하고 있는 부분은 그가 대중의 질서 유지 기능을 논의하고 있을 때라고 생각한다. 앞에서 말했듯이 마키아벨리는 대중은 '시각'을 통하여 정치적인 사건이나 인물(지도자들)을 평가하는 습성이 있다고 본다(『군주론』 18장; Mansfield, 1998: 71). 대중은 정치적 창업자('신군주')가 훌륭한 질서를 수립하는 것을 경험하고 그것이 자신들에게 혜택을 주고 있다는 것을 자신들의 눈(시각)으로 보게 되면 그 창업 군주가 수립한 질서에 애착을 가지고 이 질서를 유지하려고 한다는 것이다. 이것이 대중이 가진 질서 유지의 기능이라고 마키아벨리는 본다. 이 기능은 군주들, 즉 정치 지도자들보다 확실히 대중이 더 뛰어나다는 것이 마키아벨리의 관찰이다. 이러한 사실은 대중이 매사를 눈으로 보고, 느끼는 시각상의 인지 수단을 통하여 지도자의 선정과 악정을 판단하는 능력을 가지고 있다는 것을 말한다. 이것은 공화주의자 마키아벨리에게 있어 '군주'의 질서 창조(건국)에 못지않게 중요한 기능이다.

그러나 마키아벨리는 동시에 대중의 약점을 말한다. 대중은 약점이 있으며, 그 약점으로 인하여 그들은 때때로 실수를 한다는 것이다. 그래서 그는 대중이 어떤 잘못된 기대나 환상을 가지게 만들지 않는다. 그렇게 되면 좋은 정치를 담보할 수 없기 때문이다. 이것이 아마 현대 민주주의자들 내지는 민중주의자들(populists)과 공화주의자 마키아벨리의 차이점일 것이다. 예컨대 마키아벨리는 고대 그리스의 '철학적' 역사가 투키디데스를 인용한다(Strauss, 1964: 139-145). 여기에서 초점은 고대 그리스의 아테네의 시민들이 스파르타와의 전쟁에서 약간 우세해진 상황을 너무 낙관하여 저지른 실수다

(Thucydides, 1972: Book Six).

마키아벨리는 아테네 시민들이 '시칠리아' 원정으로 얻는 물질적 유혹(이익)[24]으로 인하여 신중하지 못한 장군이자 지도자인 '알키비아데스'의 말을 따르는 실수를 한 반면에, 약간 유리하긴 하지만 아직도 스파르타와 전쟁을 하고 있는 상황에서 멀리 떨어진 다른 지역으로 원정 전쟁을 나가서는 안 된다고 주장한 신중한 장군이자 신앙적으로 경건한 지도자인 '니키아스'의 말을 경청하지 않았다는 점을 지적한다(Machiavelli, 1996: 255-256). 결국 이 원정은 비참한 실패로 끝났고(Thucydides, 1972: 72-86), 마키아벨리는 이 사례를 통해 아테네 대중이 스파르타와 전쟁 중에 경박하게도 자신들의 현실적 여건을 돌아보지도 않고 시칠리아에 대한 잘못된 희망을 가지고 감히 원정에 나섰다가 큰 변을 당했다는 것을 보여준다. 여기에서 마키아벨리가 주목하는 것은 대중이 평화 시에는 자신들이 '명성'을 가진 덕성스러운 지도자보다 더 우월하다고 착각한다는 것이다. 그리고 이것이 니키아스의 권고를 듣지 않는 결과를 낳았다는 것이다(Machiavelli, 1996: 255-256).

그리고 마키아벨리는 고대 로마 역사에서 대중이 한 실수를 지적하고 있다. 그것은 '수백 년 전의 과거로까지 소급해 올라가는' 로마의 토지개혁 문제(Machiavelli, 1996: 78-81)와 원로원과 호민관의 대책 없는 '방종적(licentious)' 대결 상태(Machiavelli, 1996: 85-89)에 의해 로마의 국내 정치가 '참주 정치(tyranny)'로 타락해가는 과정과 사례를

---

[24] 아테네의 젊은이들은 '관광'과 '경험' 삼아, 늙은이들은 '별다른 해로움'이 없는 일일 것 같아서, 그리고 일반 대중과 병사들은 이 원정에 참여함으로써 '급료'를 받을 수 있다는 희망으로 이 원정에 열광했다(Thucydides, 1972: 24). 스트라슬러가 편집한 영역본에는 이 당시의 아테네인들을 다음과 같이 묘사한다. "Everyone fell in love with the expedition"(Strassler, 1998: 375). 즉 사람들은 이성 상대를 성적으로 사랑하는 것과 같은 애정을 가지고 이 원정에 참여했다는 것이다.

이야기할 때 나온다. 여기에서 마키아벨리는 로마의 대중이 그라쿠스 형제의 문제 제기에 호응한 것은 좋았지만 로마를 한꺼번에 '뒤집는' 효과를 가져오는 토지개혁 문제에 대해서는 너무 과거로 돌아가는 방식을 선택함으로써 정치적으로 폭발물과 같은 것을 터트리고 말았다고 지적한다.

또한 로마의 대표적인 두 정치 세력인 귀족(원로원)과 대중(호민관) 사이의 정치적 대결은 서로가 상대방을 인정하지 않고 귀족은 '대중을 너무 심하게 압박'하려 하고, 대중은 '너무 심한 자유를 얻으려' 하다가 생긴 문제라는 것이다(Machiavelli, 1996: 88). 두 세력의 권력 쟁탈전은 결국 '아피우스 클라우디우스(Appius Claudius)' 같은 독재자 또는 '참주'의 등장을 가져왔다는 것이 마키아벨리의 관찰이다. 이것은 물론 대중만의 문제가 아니라 귀족 역시 일으킨 문제이긴 하지만, 대중의 문제 중의 하나임에는 분명하다.

마키아벨리는 『리비우스 논고』 1권 58장에서 고대 로마의 대중과 시라쿠사의 대중을 비교하고 있는데, 전자는 법률에 의해 잘 규제되고 법을 잘 준수했기 때문에 강력한 인물에게 '저항'할 필요성이 있을 때는 저항했고, 지도자에게 '복종'할 필요성이 있을 때는 복종했다고 한다(Machiavelli, 1996: 116-117). 그러나 후자는 법에 의해 규제되지 않은 상태에서 (무법적 행동으로) 어떤 '덕성'이 있는 사람 또는 지도자를 죽였다가 나중에는 다시 그것을 후회했다는 것을 언급한다. 여기에서 마키아벨리는 '법을 준수하지 않는(unshackled)' 대중의 판단과 행동의 양식에 문제가 있다는 것을 지적한다. 마키아벨리는 '알렉산더가 클리투스[25]와 다른 친구들을 처형한 후' '후회'하고 '혜

---

[25] 클리투스는 알렉산더의 심복 부하였지만 술에 취한 알렉산더의 언행을 비난하다가 그에게 살해되었다(Plutarch, 'Alexander'; Mansfield and Tarcov, 1996: 117 각주 8에서 재인용).

롯[26]이 마리암네를 처형한 후'에 '후회'했던 것처럼 시라쿠사의 대중 역시 이런 군주들과 동일한 실수를 했다는 것이다.

설리반은 마키아벨리가 대중을 정치의 중심으로 생각하지만 그들이 잘못된 생각을 하지 않도록 한다고 주장한다(Sullivan, 1996: 176-180). 곧 대중의 정당한 몫을 대중에게 준다는 것이 마키아벨리의 견해라는 것이다. 이것은 정당하지 않은 대중의 몫은 대중에게 약속하지도, 주지도 말아야 함을 의미하는 것이다. 마키아벨리는 『리비우스 논고』 1권 58장에서 대중의 정당한 몫은 정치체제의 '유지'에 있다고 분명히 말한다. 그것은 체제의 '건설(founding)'에 좋은 역할을 하는 엘리트의 기능과 대조적인 것으로써 오직 대중만이 가장 잘 할 수 있는 기능이라고 한다.

9. '좋은 삶'의 조건으로서의 좋은 정치 지도력

이상에서 살펴보았듯이 마키아벨리는 지도자에게는 지도자로서의 선과 그 기능이, 대중에게는 대중의 선량함과 그 기능이 있음을 가정한다. 마키아벨리는 좋은 삶을 유지하는 조건으로 대중의 역할과 같은 요소도 물론 중요하지만 이보다도 더 중요한 것은 좋은 지도력이라고 주장한다.[27] 마키아벨리는 『군주론』 3장과 『리비우스 논

---

26) 기원전 73~74년의 유대왕. 질투로 인해 아내 마리암네를 죽인다(마키아벨리, 2003: 249 각주 261).
27) 이 점이 마키아벨리의 영향을 받은 제임스 매디슨과 토마스 제퍼슨(Thomas Jefferson)의 차이점이다. 매디슨은 대중과 엘리트의 협력을 주장한다(안정석, 2009: 96). 그러나 다른 국부인 토머스 제퍼슨은 반대로 엘리트보다 대중의 역할을 더 강조한다(안정석, 2009: 98-101). 이 점에서 제퍼슨은 매디슨보다 훨씬 더 비마키아벨리적인 정치가이다.

고』 2권에서 이러한 좋은 지도력의 모습으로 고대 로마인들(실제로 로마 원로원)의 '신중성'을 제시한다. 원로원을 포함하여 로마인들은 눈앞의 현실만을 보고 거기에 급급한 대책을 내놓는 방식으로 정치를 한 것이 아니라 아직 경험하지도 않은 먼 미래의 일까지도 예측, 예견하여 미래의 문제점을 미리 파악하는 능력을 가지고 있었다는 것이다(『군주론』 3장). 마키아벨리는 이것이 로마인들의 '덕성(virtue)'이라고 주장한다. 마키아벨리의 취지는 선한 삶은 결국 원로원과 같은 최고 정치기구의 '신중성' 또는 신중한 지도력을 요구한다는 것이다. 이것은 정치 지도력이 없으면 어려운 일일 것이다.

　마키아벨리는 또한 신중성 이외에 지배의 '네체시타'를 말한다. 지배란 어떤 지도 능력을 대중에게 부과하는 것으로, 마키아벨리는 이것이 필요하다고 말한다. 마키아벨리 시대 피렌체의 승려 지도자 사보나롤라는 대중을 지도하는 능력을 발휘하지 못하여 정치적으로 몰락했고, 고대 로마의 개혁가 그라쿠스 형제[28] 역시 결정적인 시기에 자신들을 뜨겁게 지지하던 대중을 지도하지 못하여—대중은 무엇을 할지 몰라 그라쿠스 형제에게 필요한 지원을 하지 못하였다—비참하게 몰락했다는 것이다. '자신의 힘(즉 무장한 대중의 힘을 자신의 힘으로 활용할 수 있는 능력)'에 의존하는 지도자와 '타인의 힘'에 의존하는 지도자를 비교, 설명하고 있는 『군주론』 6장에서 마키아벨리는 '몰락한 예언자' '지롤라모 사보나롤라'를 묘사하면서 이렇게 말한다.

---

[28] '티베리우스 그라쿠스(Tiberius Gracchus)'와 '가이우스 그라쿠스(Gaius Gracchus)' 형제를 일컫는다. 둘 다 호민관이었고, 전자는 기원전 133년에, 후자는 기원전 121년에 원로원(Senate)에서 그들의 적들의 손에 의해 생명을 잃었다(Mansfield, 1998: 147).

무기를 든 예언자는 모두 성공한 반면 말뿐인 예언자는 실패했다. 이러한 결과는 대중이 변덕스럽기 때문에 일어난다. 즉 그들을 설득하기는 쉬우나 설득된 상태를 유지하기란 쉽지 않기 때문이다. 따라서 그들이 당신과 당신의 계획을 더 이상 믿지 않을 경우, 힘으로라도 그들이 믿게끔 강제할 수 있어야 한다(마키아벨리, 2003[1994]: 42).

'시민 군주국(civil principality)'을 논하는 『군주론』 9장에서 마키아벨리는 "누구든 대중을 기반으로 하여 건국을 하는 사람은 진흙 위에 건국하는 셈이다."라는 말을 진부한 것으로 간주하는 관점을 비판한다. 그의 주장의 취지는 국가를 새로이 세우는 사람은 '대중'의 기초 위에서 창업을 해야 한다는 것이다. 이것이 그의 공화주의 철학이다. 그러나 거기에도 먼저 충족되어야 할 어떤 조건이 있는데, 그게 바로 지도력이다. 그는 이 사례를 입증하기 위해 '대중'과 친하게 지내는 정치적 능력을 가지고 있었던 것으로 알려진 고대의 '그라쿠스 형제'에 대하여 이렇게 말한다. 그들은 "명령하는 방법을 몰랐다."는 것이다. 마키아벨리는 말한다.

[이 진부한 속담은] 대중의 지지를 얻어 권력을 장악한 일개 시민이 적들이나 관리들에 의해서 궁박한 처지에 몰린 상황에서 지지자들이 그를 구원하러 올 것이라고 상상할 때 [진실로] 인정된다. 그런 상황에 처하면 그는 로마의 그라쿠스 형제나 피렌체의 조르주 스칼리[29]가 당했던 것처럼 종종 자신이 속았음을 깨달

---

[29] 1378년에 피렌체에서 발생한 키옴피 반란(Ciompi rebellion)의 지도자. 그는 이 반란 이후에 3년간 피렌체를 지배했지만, 그 이후에 정적들의 손에 참수당했다 (Mansfield, 1998: 41 각주 4 참조). 마키아벨리는 이 인물을 『피렌체의 역사』(III권

을 것이다(마키아벨리, 2003[1994]: 72).

여기에서 마키아벨리가 말하고자 하는 것은 '스파르타의 군주 나비스[30]처럼' "대중을 기반으로 하여 권력을 장악한 군주가 대중에게 명령하는 법을 알고 대중에게 아주 따뜻한 마음을 가진 인물이라면 그는 역경에 처했을 때 당황하지 않고 다른 준비를 하는 것에 실패하지 않고, 또한 자신의 기개(spirits)와 자신의 제도(ordini)로 일반 국민의 사기를 유지하여 대중으로부터 결코 배신당하지(deceived) 않고, 자신의 권력의 기초를 아주 잘 닦았음을 발견할 것이다."(Mansfield, 1998: 41)라는 것이다. 고대 로마의 대중 지도자 '그라쿠스 형제'와 근대 피렌체의 대중 지도자 '스칼리'는 대중에게 '따뜻한 마음을 가진 사람'으로서의 품격을 유지하는 듯했으나, 결국 그것을 계속적으로 유지하지 못했고, 또 그들을 지지하는 대중에게 적절하게 정치적으로 '명령하는 방법(how to command)'을 몰랐다는 것이 마키아벨리의 관찰이다.

이 점을 좀 더 분명하게 인식하기 위해 우리는 마키아벨리의 영향을 받은[31] 미국의 건국의 아버지 중의 한 사람인 공화주의 정치인

18장 20절)에서 다시 언급한다.
30) 나비스는 기원전 205년에서 192년까지 스파르타를 지배했다. 그런데 조금 당황스러운 것은 마키아벨리는 나비스를 『리비우스 논고』(1권 10장과 40장)에서는 '군주'가 아니라, '참주(tyrant)'라고 표현하고 있다는 것이다(Mansfield, 1998: 41 각주 2 참조). 그리고 그것보다 더 당황스러운 것은 『리비우스 논고』 3권 6장에서는 나비스가 대중의 지지를 받고 있었음에도 불구하고 암살되었다는 것을 언급하고 있다는 것이다. 『군주론』과 『리비우스 논고』에서 마키아벨리는 같은 인물을 다른 각도에서 달리 말하고 있는 것이다. 이것은 우리가 마키아벨리의 정치 사상을 연구함에 있어서 '군주'와 '참주'의 의미상의 차이와 공통점을 찾아내는 작업이 필요함을 일깨워준다. 현재 이 작업을 하고 있는 나는 조만간 이 작업을 출간할 예정이다.
31) 나는 마키아벨리와 미국 건국의 아버지들 사이의 정신적 연관성에 대한 발견

알렉산더 해밀턴(Alexander Hamilton)을 일별할 필요가 있다. 그는 정치 지도자가 '지배의 필요성(governing necessity)'을 모르는 것을 정치적 '자유'의 가장 큰 적으로 간주했다(Walling, 2006: 264; 안정석, 2009: 103).[32] 여기에서 해밀턴이 자신의 논거로 삼는 것은 엘리트가 대중보다 인식능력에 있어서 상대적으로 우월하다는 것이다. 해밀턴의 이런 관찰은 앞에서도 말했듯이 대중이 '느낌'의 능력을 가지고 있는 것과는 달리 지도자(엘리트)는 '추리의 능력'을 가지고 있다는 것이다.

앞에서도 말했듯이 마키아벨리는 『군주론』 18장에서 지도자의 정치적인 것에 대한 간파 내지 본질 파악 능력으로 '포착'이라는 인식 능력을 말하고 있다. 이 능력은 평범한 대중이 정치적으로 인지하는 능력인 '시각'의 능력과는 구분되는 것이다. 『리비우스 논고』 1권 47장에서 마키아벨리는 남을 지도할 능력이 있는 인물은 일반적이고 '보편적인' 개념 현상에 대한 이해에 능숙하고, 보통의 대중은 '특수한' 사실, 즉 개별 사실에 대한 판단에 능숙하다고 본다. 이 장의 제목은 "[대중이란] 일반적인 것에는 잘 속을지 모르지만, 구체적인 것에는 잘 속지 않는다."(마키아벨리, 2003: 216)인데, 이 제목이 말하듯

에 있어서는 포칵(Pocock, 1975)의 공헌이 크다고 본다. 그는 이 연관성을 미국의 학계에 맨 먼저 인식시킨 학자이다. 이 점을 보기 위해서는 안정석(2009)을 참조할 수 있다.

32) 물론 여기에서 해밀턴의 이런 주장은 그와 논적의 입장에 있었던 토마스 제퍼슨의 입장과 대조적임을 지적해야 한다. 자유주의자였던 제퍼슨은 해밀턴과 달리 정치적 '자유'를 유지하기 위해 '대중의 감시(popular vigilance)'를 아주 많이 강조했다(안정석, 2009: 103). 그러나 이에 비해 해밀턴의 입장은 '정치가다운 책임(statesmanlike responsibility)'을 강조하는 것이었다(안정석, 2009: 103). 제퍼슨은 물론 정치 지도자의 지도력이 필요 없다고 주장한 적은 없지만, 아마도 해밀턴만큼 정치 지도자의 역할을 많이 강조하지는 않았다는 것을 논리적으로 쉽게 알 수 있다. 그는 지도자(정치 엘리트)에 대한 시민의 '감시'가 자유 보존에 있어 무엇보다 중요하다고 보았다(안정석, 2009: 103).

대중은 개별 사실은 잘 인식하지만 보편적 사실 또는 추상적인 개념은 잘 인식하지 못하므로—여기에서 이 두 그룹 간의 차이가 생긴다—지도자는 역량을 발휘하여 대중을 지도할 필요가 있다는 것을 알 수 있다. 이런 차이가 마키아벨리의 지적 영향을 받은 해밀턴이 강조하는 '지배의 필요성'에 대한 주장의 적실성을 높이는 부분으로 보인다.

10. 결론

이 글은 자연법과 자연권의 이론적 전통에서 출발하여 고대와 중세, 그리고 마키아벨리 이후의 근대사상을 일별하면서 좋은 삶과 정치의 문제를 마키아벨리에 집중하여 논의를 해보았다. 우리가 이미 논의했듯이 마키아벨리를 분기점으로 하여 서구의 정치철학에서 고대와 중세의 자연권과 자연법이 근원적으로 변화한다. 그것은 마키아벨리가 '자연적인 것'을 하나의 '운수'로 보기 시작한 것과 연관이 있다. 그는 '초자연적인 것'뿐만 아니라 '자연적인 것'에 대하여 '모르겠다'(Machiavelli, 1996: 114)라고 말함으로써 그것을 인식했다고 주장한 고전 정치철학자들과는 다른 입장을 보인다. 고전 철학은 좋은 삶과 정치의 형태에 있어서도 우리에게 '정의(justice)'와 '부정의(injustice)'라는 하나의 삶의 구조를 제시한다. 이 구조는 좋은 삶과 정치를 위해 모든 사람이 부정의한 삶에서 정의로운 삶으로 이행 또는 상승하기를 요구한다.

중세의 아퀴나스는 '신앙'을 위주로 하여 이성과 자연을 인식했다. 그리하여 그는 신앙의 기초 위에서 분명히 자연법적인 정치 체계를 제시할 수 있었다. 그러나 아퀴나스의 신앙과 이성의 결합은 기독교적인 좋은 삶과 정치(특히 교황 정치)의 이상을 구축할 수는 있었겠지만, 정치가의 '활동 범위'를 축소시켰다는 평가를 들을 수밖에 없었다. 그의 좋은 삶과 정치는 '죄'와 '회개'라는 구조를 가지고 있어, 모든 인간은 죄를 짓는 삶에서 벗어나 하느님 앞에 회개함으로써 좋은 삶, 행복한 삶을 살아야 한다고 가르친다. 고전 철학에서 부정의의 삶이 곧 나쁜 삶을 의미하듯이 아퀴나스적인 중세적 삶은 성경이 가르치는 양심에 어긋나는 죄를 짓는 삶을 나쁜 삶이라고 한다.

그러나 16세기라는 근대의 여명기에서 마키아벨리는 좋은 삶과 정치를 실현하기 위해서는 우선 조국인 피렌체의 사분오열과 부패, 외세의 이태리 분할, 그리고 교회가 행사하는 해롭고 무익한 지배권 등으로 상징되는 절망적인 상태로부터 벗어나야 한다고 보았다. 그의 정치 저술은 그런 판단의 표현이다. 그가『리비우스 논고』1권 11장에서 거론하는 '종교에 대한 새로운 해석'으로 그는 그러한 노력을 시작했다. 동시에 그는『군주론』15장에서 도덕적 선과 악에 대한 새로운 선언과 함께 전통적으로 악한 삶의 일부 또는 전체라고 간주했던 것에서 '악의 유익성'을 발견하려고 했다. 그것은『군주론』 8장에서는 정치적 '필요성'의 요구를 충족시키기 위한 이념으로 나타났고, '악을 잘 사용'해야 한다는 그의 이념으로 정형화되었다. 그는 전통 도덕상의 악을 선용한다는 이념과 함께, 전통 도덕상의 선 역시 선용해야 할 것으로 인식했다. 그의 이러한 인식은『리비우스 논고』1권 15장의 '잘 사용한 종교(well-used religion)' 또는『군주론』 17장의 '자비심(mercy)'에서 도덕적 선을 '잘못 사용하지 않'기와 같은 말을 쓰는 것에 잘 반영되어 있다.

그에게 이제 선은 선만도 아니고, 악은 악만도 아닌 무엇이 된 것이다. 선이 악이 될 수 있고, 또 반대로 악이 선이 될 수 있는 상황인 것이다. 이것이 스트라우스(Strauss, 1958)가 그의 사상을 '혁명적'이라고 부르는 이유이다. 그의 눈에 좋은 삶과 정치는 고대와 중세에 나타난 구조와는 다른 구조를 수립함으로써 가능한 무엇이 된 것이다. 그것이 이 글의 6절에서 내가 묘사해본 구조이다. 즉 마키아벨리는 '즐거운 생활(levity)'과 정치와 같은 공적이고 중요한 일, '심각한 일(gravity)'의 사이에서 우리 인간의 삶과 정치가 운영되고 있다고 보았던 것이다. 좋은 삶은 심각한 일과 즐거운 생활의 사이를 왕복하는 삶이라는 것이다. 마키아벨리는 『피렌체의 역사』에서 '로렌초 메디치'의 삶을 기록하면서 로렌초가 '쾌락적인 삶(voluptuous life)'과 '심각한 삶(grave life)'을 동시에 왕복하는 삶을 살았다고 말을 하면서 그의 삶을 찬양하는 어조로, 좋은 삶이라는 시각으로 묘사하고 있다(Machiavelli, 1988: 362). 스트라우스가 잘 지적하듯이 이런 삶의 구조는 전통적인 도덕적 선과 악의 구조를 완전히 또는 아주 많이 벗어난 새로운 삶의 구조이다(Strauss, 1958: 241). 비록 마키아벨리 자신이 '자연적인 것'은 '모른다'고 말했지만 그래도 그는 여전히 이 고전 정치철학자들과 중세 사상가들이 사용한 '자연'이라는 말을 사용하면서, 자연에 충실한 삶이 가장 좋은 삶이라고 보았다(Strauss, 1958: 285).

정치 이론가 마키아벨리에게 있어 좋은 삶은 좋은 정치를 가정하는 것이다. 그는 좋은 정치를 위해 군주정보다 공화정치를 선호했다. 그러나 그런 정치를 구현하기 위해 그는 시민의 도리와 지도자의 도리를 구분했다. 그리고 각자에게 맞는 정치적 기능과 도리를 주문했다. 지도자는 추리의 능력인 '포착'의 능력이 있고 국가를 건설(건국)하는 능력이 좋은 반면에, 일반 대중은 느낌을 동반하는 '시각'으로 정치 문제를 인식한다는 것이다. 그는 이런 기능에 기초하여, 소수의 지도자는 국가를 창건하고, 이 체제가 아주 만족스러운 체제로 느껴질 때 다수의 대중은 그것을 유지한다는 이론적 결론을 내놓았다. 그는 이런 역할 분담이 될 때 좋은 정치가 가능하고, 따라서 인간의 삶은 그가 '시민의 삶(civil life)'이라고 부른 좋은 삶이 될 것이라고 기대했던 것이다.

참고 문헌

김경희, 2008, 「마키아벨리의 선정론(buon governo) —『군주론』에 나타난 '건국' 과 '치국'의 정치학」, 『한국정치학회보』 제42집 제3호: 51-74.
마키아벨리, 니콜로, 2003, 『로마사 논고』, 강정인·안선재 역, 서울: 한길사.
마키아벨리, 니콜로, 2003[1994], 『군주론』, 강정인·문지영 역, 서울: 까치.
박상섭, 2002, 『국가와 폭력: 마키아벨리의 정치사상 연구』, 서울: 서울대학교 출판부.
부르크하르트, 야코프, 2002, 『이탈리아 르네상스의 문화』, 안인희 옮김, 서울: 푸른숲.
안정석, 2007, 「니콜로 마키아벨리의 공화주의 지도력: 도덕 혁명, 의무, 그리고 참주」, 부산대 대학원 정치외교학과 박사 학위논문.
안정석, 2009, 「미국 건국에 있어 마키아벨리적 요소에 대한 소고」, 『국제지역학논총』 제2집: 83-116.
Aristotle, 1984, *Nichomachean Ethics*, translation with Commentaries and Glossaries by Hippocrates G. Apostle, Grinnell, Iowa: The Peripatetic Press.
Augustine, 1953, *On Free Will*, tr. by John H. S. Burleigh, *The Library of Christian Classics* Vol 1: Augustine, Earlier Writings, Philadelphia: The Westminster Press.
Berlin, Isaiah, 1972[1953], "The Originality of Machiavelli", in *Studies on Machiavelli*, First Read at the British Political Science Association in 1953, Myron P. Gilmore ed., Florence: Sansoni, pp. 147-206.
Berns, Lawrence, 1987, "Thomas Hobbes", (in) Leo Strauss and Joseph Cropsey

eds., *History of Political Philosophy* 3rd ed., Chicago: University of Chicago Press, pp. 396-420.

Cropsey, Joseph, 1987, "Karl Marx", (in) Leo Strauss and Joseph Cropsey eds., *History of Political Philosophy* 3rd ed., Chicago: University of Chicago Press, pp. 802-828.

Germino, Dante, 1966, "Second Thoughts on Leo Strauss's Machiavelli", *Journal of Politics* 28(4): 794-817.

Hobbes, Thomas, 1982, *De Cive,* Westport, Conn.: Greenwood Press.

Hulliung, Mark, 1983, *Citizen Machiavelli*, Princeton, New Jersey: Princeton University Press.

Livy, 1970[1943], *Books XXVI-XXX*, tr. by Frank Gardner Moore, Cambridge, Massachusetts: Harvard University Press.

Livy, 1971[1960], *Books I-V*, tr. by Aubrey de Sellincourt with an Introduction by R. M. Ogilvie, New York: Penguin.

Livy, 1982, Books VI-X. tr. by Betty Radice with an Introduction by R. M. Ogilvie, New York: Penguin.

Locke, 1993, *Second Treaties of Government*, Vermont, USA: Everyman.

Machiavelli, Niccolo, 1988, *Florentine Histories*, translated by Laura F. Banfield and Harvey C. Mansfield, Jr., Princeton: Princeton University Press.

Machiavelli, Niccolo, 1996, *Discourses on Livy*, tr, by Harvey Mansfield and Nathan Tarcov, Chicago: The University of Chicago Press.

Machiavelli, Niccolo, 1998[1985], *The Prince*, tr. by Harvey Mansfield, Second edition, Chicago: The University of Chicago Press.

Mansfield, Harvey C., Jr., 1979, *Machiavelli's New Modes and Orders: A Study of the Discourses on Livy*, Ithaca: N.Y.: Cornell University Press.

Mansfield, Harvey C., Jr., 1996, *Machiavelli's Virtue*, Chicago: University of Chicago Press.

Mansfield, Harvey, 1998, tr. *The Prince*, by Niccolo Machiavelli, Second edition, Chicago: The University of Chicago Press.

Mansfield, Harvey and Nathan Tarcov, 1996, tr. *Discourses on Livy*, by Niccolo Machiavelli, Chicago: The University of Chicago Press.

Nietzsche, Friedrich, 1966, *Beyond Good and Evil: Prelude to a Philosophy of the Future*, tr. with Commentary by Walter Kaufmann, New York: Random House.

Nietzsche, Friedrich, 1978[1967], *Thus Spoke Zarathustra*, New York: Penguin Books.

Oakeshott, Michael, 1991, *Rationalism in Politics and Other Essays*, New and edition, Indianapolis: Liberty Press.

Pitkin, Hanna F., 1984, *Fortune Is A Woman: Gender and Politics in the Thought of Niccolo Machiavelli*, Berkeley: University of California Press.

Plato, 1991, *Republic*, Second edition, Translated With Notes, an Interpretive Essay, and a New Introduction by Allan Bloom, New York: Basic Books.

Pocock, J. G. A., 1975, *The Machiavellian Moment: Florentine Political Thought and the Atlantic Republican Tradition*, Princeton: Princeton University Press.

Pocock, J. G. A., 1978, "Machiavelli and Guicciardini: Ancients and Moderns", *Canadian Journal of Political and Social Theory* Vol. 2 No. 3(Fall): 93-109.

Rosen, Gary, 2006, "James Madison's Princes and Peoples", (in) P. Rahe ed., *Machiavelli's Liberal Republican Legacy*, New York: Cambridge University Press, pp. 229-253.

Rousseau, Jean Jacques, 1964, *The First and Second Discourses*, ed. by Roger Masters and tr. by Roger and Judith Masters, New York: St. Martin's Press.

Rousseau, Jean Jacques, 1978a, *On the Social Contract: with Geneva Manuscript and Political Economy*, ed. by Roger D. Masters and tr. by Judith Masters, New York: St. Martin Press.

Rousseau, Jean Jacques, 1978b, *Geneva Manuscript,* (in) *On the Social Contract: with Geneva Manuscript and Political Economy*, ed. by Roger D. Masters and tr. by Judith Masters, New York: St. Martin Press.

Rousseau, Jean Jacques, 1979, *Emile(or On Education)*, tr. with Introduction and

Notes by Allan Bloom, New York: Basic Books.

Rousseau, Jean Jacques, 1985, *The Government of Poland*, tr. by Willmoore Kendall, Indianapolis: Hackett Publishing Company.

Skinner, Quentin, 1978, *The Foundations of Modern Political Thought* Vol. 1, Cambridge: Cambridge University Press.

Strassler, Robert B., 1998, *The Landmark Thucydides: A Comprehensive Guide to The Peloponnesian War*, edited by Robert B. Strassler with an Introduction by Victor Davis Hanson, New York: Touchstone.

Strauss, Leo, 1959, "Review of Leonardo Olschki", *What Is Political Philosophy?: And Other Essays*, Chicago: The University of Chicago Press["Review of Leonardo Olschki", *Social Research* 13 No.1(March, 1946): 121-124].

Strauss, Leo, 1953, *Natural Right and History,* Chicago: The University of Chicago Press.

Strauss, Leo, 1958, *Thoughts on Machiavelli,* Glencoe, Ill.: Free Press.

Strauss, Leo, 1959, *What Is Political Philosophy?: And Other Essays,* Chicago: The University of Chicago Press.

Strauss, Leo, 1964, *City and Man,* Chicago: Chicago University Press.

Strauss, Leo, 1987, "Plato", (in) Leo Strauss and Joseph Cropsey eds., *History of Political Philosophy* 3rd ed., Chicago: University of Chicago Press, pp. 33-89.

Strauss, Leo, 1987b, "Niccolo Machiavelli", (in) Leo Strauss and Joseph Cropsey eds., *History of Political Philosophy* 3rd ed., *History of Political Philosophy,* Chicago: University of Chicago Press, pp. 296-317.

Sullivan, Vickie, 1996, *Machiavelli's Three Romes: Religion, Human Liberty, and Politics Reformed*, Dekalb: Northern Illinois University.

Thucydides, 1972[1954], *History of the Peloponnesian War*, New York: Penguin Books.

Thucydides, 1998, *The Landmark Thucydides: A Comprehensive Guide to the Peloponnesian War*, ed. by Robert B. Strassler with an introduction by Victor Davis Hanson, New York: Touchstone.

Viroli, Maurizio, 2000[Italian 1998], *Niccolo's Smile: A Biography of Machiavelli*, tr. by Anthony Shugaar, New York: Farrar, Straus and Giroux.

Walling, Karl Friedrich, 2006, "Was Hamilton a Machiavellian Statesman?" (in) P. Rahe ed., *Machiavelli's Liberal Republican Legacy*, New York: Cambridge University Press, pp. 254-278.

6장 비례 균형과 조화에 이르는 삶:
루소의 미학

오수웅

1. 서론

고대로부터 중세에 이르기까지 많은 사상가는 인간의 본성과 삶의 관계를 고려하여 좋은 삶과 질서를 구축하려 하였다. 그들은 좋은 삶과 질서의 토대를 인간 본성에 부여된 이성에 두고자 하였다. 자기애(self love)로부터 비롯되는 욕망과 감각의 오류 가능성으로부터 도덕적 악(나쁨)이 비롯된다고 보았기 때문이다. 17-18세기에 이르러 이런 입장은 자기애로부터 비롯되는 욕망을 중립적인 것으로 보고, 감각에 기초한 감성도 도덕적 선(좋음) 나아가 좋은 삶과 좋은 정치 질서의 토대가 될 수 있다는 입장으로부터 도전을 받았다.[1] 그러나 19세기 산업화에 의한 근대화가 진행되면서 이성은 좋은 삶과

---

1) 도덕감각학파로 불리기도 하는 이 입장에는 섀프츠베리(Shaftesbury), 맨더빌(Mandeville), 허치슨(Hutcheson), 흄(Hume) 등이 속한다(Turco, 1999: 79-101).

질서의 본성적 토대로서의 지위를 회복하였고, 20세기가 되자 근대화가 초래한 문제들에 대한 반성과 함께 탈근대 담론이 등장하면서 다시 감성의 중요성이 강조되었다. 이와 같이 좋은 삶과 질서의 본성적 토대로서 이성과 감성에 대한 저울질은 오늘날까지도 계속되고 있다.

인간의 삶은 삶에 필요한 제반 조건과 행위의 상호작용으로 구성된다. 행위는 삶의 제반 조건 속에서 인간관계와 사물 관계를 매개로 이루어지는 판단, 선택, 행동, 향유 등의 모든 활동을 포함하고, 그 모든 행위의 결과는 다시 삶의 물질적, 비물질적 제반 조건을 현재화한다. 삶의 제반 조건에 기초해서 삶의 좋음을 판단하는 것도 가능한 일이지만, 제반 조건을 좋게 변화시키는 것은 결국 인간의 행위라는 것을 고려할 때, 좋은 삶의 관념은 인간의 행위에 기초해서 파악하는 것이 바람직하다.

이런 점에서 좋은 삶의 관념은 인간의 행위가 인간관계의 좋음에 기여하는가를 묻는 도덕적 선과 분리될 수 없고, 인간의 행위가 전적으로 결과론적으로 규정되는 것은 아니라 하더라도 적어도 결과가 좋을 것이라는 예측을 포함해야 한다면, 그리고 감성에 의한 활동과 결과의 '예측 불가능성'과 '이해 불가능성'을 완전히 제거할 수 없다면, 역시 이성에 토대를 두어 정의하는 것이 바람직할 수 있다. 그러나 이성에 따른 행위와 결과가 항상 도덕적 선을 보장한다는 것은 아니다. 때로는 법을 위반하는 것이 도덕적으로 좋은 결과를 낳을 수 있고, 반대로 이성에 기초한 합리적인 행위가 도덕적으로 악한 결과를 낳을 수도 있기 때문이다. 또한 감성이 예측 불가능하고 이해 불가능한 측면이 있는 것은 사실이지만, 삶의 즐거움과 행복, 좋음과 아름다움을 느끼고 또 알 수 있게 해준다는 점에서 본성적 토대로서 일정한 역할을 할 수 있다는 것을 부정하기도 어렵다. 어쩌면 이성과 감성 중 어느 하나에만 기초해서 인간의 본성, 삶 그리고 정치 질서를 파악하는 것은 부분적 이해에 그치는 것으로, 인간과 사회에 대한 완전한 설명으로부터 멀어질 뿐만 아니라 그 자체를 왜곡하게 될지도 모른다. 인간으로부터 욕망과 감정을 제거할 수 없고, 이성에 대한 불신 역시 제거할 수 없다면, 남는 것은 감성과 이성 양자를 모두 고려한 접근일 것이다.

이 글은 장 자크 루소(Jean-Jacques Rousseau)의 저작에서[2] 좋은 삶과 질서에 관한 설명을 찾아보고자 한다. 탈근대 담론의 원류로서 거론되듯이, 루소는 이전의 이성 중심의 연구 경향을 비판하고 감성의 역할을 강조하면서도 동시에 이성에 의해 인도되는 양심을 도덕적 삶의 토대로 간주한다는 점에서, 그에게서 감성과 이성 양자에 기초한 설명을 기대할 수 있기 때문이다.

그런데 흔히 루소의 사상에 대해 비판적인 입장을 취하는 사람들은 그의 개인적이고 현실적인 삶과 사회적이고 당위적인 삶에 대한 그의 주장 사이에 불일치가 존재한다는 것을 지적한다. 이런 지적은 명시적이든 암묵적이든 좋은 삶에 대한 고전적 입장의 영향을 받았기 때문에 가능할 것이다. 고전적 입장은 이성에 따라 '좋음의 이데아'에 도달한 철학자가 보여주는 현실적 삶의 최선성을 토대로, 좋음의 관념이 개인적/사회적 그리고 현실적/당위적 차원에서의 삶에

---

[2] 이 글에서는 루소의 주요 저작을 다음과 같이 약칭하여 표기하기로 한다. 영어본 『학문 예술론』은 FD, 『인간불평등기원론』은 SD, 『사회계약론』은 SC, 『에밀』은 EM, 『극장에 관하여 달랑베르에게 보내는 편지』는 LDT, 『폴란드정부론』은 GP, 『코르시카 헌법 초안』은 MCC, 『정치경제론』은 PE, 『고백록』은 CON, 『고독한 산책자의 몽상』은 RSW, 『사회계약론 초고』는 MG, 『신엘로이즈』는 NH, 『루소, 장 자크를 심판하다: 대화』는 RD, 『영웅의 덕에 관하여』는 DH로 표기한다. 인용한 불어의 출처는 가네뱅과 레이몽이 편집한 *Oeuvres Complètes*, Vol. I-IV를 토대로 P권호, 페이지의 순으로 표기한다. 예를 들어 Vol. III의 352쪽의 경우, P3, 352로 표기한다.

일관되게 투영되어야 한다는 것을 전제하고 있으며, 이러한 차원의 삶에 참여하는 정도에 따라 삶의 좋음 또는 나쁨을 평가한다(Cooper, 1999: 1-2). 그러나 플라톤의 저술에서 드러나는 소크라테스적 삶에 대한 향수는 그의 현실적 삶에 대한 고려가 배제된 상태에서 가능했던 것일 수도 있다. 실제로 소크라테스의 가정생활이 행복했다고 할 수 있을까? 플라톤의 『국가(Republic)』에서 묘사되는 수호자 계급의 삶이 과연 행복했다 할 수 있을까? 모든 이가 철학자의 삶을 살아야 한다면, 이런 의미의 좋은 삶이 현실 속에서 과연 얼마나 실현될 수 있을까? 아마도 이와 같은 질문과 대답의 제거가 고전적 입장을 강화해줄 수 있었던 것인지도 모른다.

루소의 삶과 사상 속에서 나타나는 좋은 삶에 대한 관념은 일관될 것이라는 시각과 일관되지 않을 것이라는 시각 그리고 양자를 모두 고려한 시각에서의 접근이 가능할 것이다. 그러나 자신의 저술들은 모두 하나의 전체(the whole)를 이룬다는 루소의 주장을 고려해볼 때(RD, 211), 일단 그의 사상 속에서 나타나는 좋은 삶에 대한 관념은 일관될 것이라고 간주할 수 있다.[3] 좋은 삶에 대한 관념이 그의 개인

---

3) 루소의 사상을 연구하는 경향에는 두 가지 입장이 있는데, 하나는 행복을 중심으로 해석하고, 다른 하나는 정의(덕)를 중심으로 해석한다. 행복을 루소 사상의 목적으로 간주하는 행복론자들(eudaimonists)은 루소의 개인적 경험으로부터 행복의 의미를 유추하고 양자를 동등하게 취급한다. 정의를 중심으로 해석하는 도덕주의자들(proto-Kantian moralists)은 루소가 행복과 도덕성 사이에 존재하는 불일치를 인식했으며, 좋음과 나쁨을 판단해주는 덕 그 자체를 목적으로 간주했다고 해석한다(Cooper, 1999: 19-20; Melzer, 1980: 1018-1033). 행복을 느끼는 조건으로 욕망의 충족을 전제한다면 개인적 이익의 추구와 충족에 있어서 유용성은 행복을 평가하는 개념이 될 수 있고, 행복을 인식하는 조건으로 덕의 실현을 전제한다면 정의는 행복을 평가하는 기준이 될 수 있다. 그러나 루소가 『사회계약론』에서 유용성과 정의가 일치할 수 있음을 증명하겠다고 말한다는 점을 고려해본다면(SC, 46), 어느 하나의 입장에 치우칠 것이 아니라 종합적으로 접근해야만 행복과 보다 좋은 삶, 보다 좋은 정치에 대한 루소의 통찰이 이해될 수 있을 것이다.

적인 삶에 있어서 일관되게 나타나는지를 살펴봄으로써 그의 삶과 사상 사이의 일관성 여부를 판단하는 것은, 고전적 입장이 소크라테스의 사상을 다룰 때 소크라테스의 실제적 삶을 문제 삼지 않듯이, 별개의 문제로 다루어질 수도 있다는 것이다.

따라서 이 글에서는 루소의 삶과 사상의 일관성 여부는 살펴보지 않을 것이다. 단지 그의 저서들에 집중하여 삶의 구성 인자들과 그 관계들을 살펴봄으로써 그의 좋은 삶의 관념을 추론하는 데에 초점을 맞추고자 한다. 좋음의 관념(the idea of the good)은 필연적으로 참됨, 아름다움의 관념과 불가분의 관계를 가진다. 루소가 살았던 당시에는 미학에 대한 논의가 다시 부흥하던 시기였고, 루소 또한 아름다움, 참됨에 대해 논의했기 때문에, 이 두 관념을 살펴봄으로써 그의 좋음의 관념을 추론하는 것이 가능하다. 그리고 좋은 삶은 행복과 존재, 욕망과 능력, 즐거움과 고통 등의 관념들과 그 관계, 그리고 인간관계 속에서 결정되는 것이기 때문에, 좋은 삶의 관념을 살펴보기 위해서는 이성과 감성 외에도 이와 같은 구성 인자들을 고려해야 할 것이다. 즉 루소의 좋은 삶에 대한 관념은, 그의 아름다움과 참됨의 관념을 통해 추론된 좋음의 관념이 이러한 구성 인자들의 관계에서 어떻게 드러나는지 그리고 인간관계를 규율하는 정치 원리에 어떻게 반영되고 있는지를 확인함으로써 설명될 수 있다는 것이다. 이를 위해 2장에서 아름다움, 참됨의 관념과 그것을 알고 향유하는 능력으로서의 취향을 살펴보고, 3장에서는 욕망과 능력, 즐거움과 고통의 관계를 통해 사회적 존재의 참된 행복을 정의한다. 4장에서는 존재의 행복에 기여하는 취향의 도덕을 통해 사회적으로 확장되는 경로와 본성적 토대를 설명하고, 5장에서는 루소가 설명하는 네 가지 유형의 사회적 삶과 정치 질서의 예를 살펴봄으로써 그의 미학이 좋은 삶과 질서의 관념에 반영되었다는 것을 증명하고자 한다.

2. 미학과 취향

1) 17~18세기 미학과 루소

미학사로 볼 때, 17~18세기는 아리스토텔레스적 형식주의(The Rules or Formalism)[4]에 기초한 신고전주의와 이에 대항하는 낭만주의의 씨앗이 공존한 시기였다. 신고전주의가 이성에 기초하고 있다면, 낭만주의는 당시에 부활한 감성, 특히 취향[5]에 기초하고 있다고 할 수 있다. 고전주의는 자연에는 객관적이고 절대적인 진리가 존재하며, 그런 진리가 반영된 것을 아름다운 것이라고 간주하였다. 이들에게 있어 아름다움의 본질은 '비례 균형'과 '조화'로[6] 귀결되며, 인간

---

[4] 18세기 초반에도 드라마와 시의 '형식들'은 여전히 아리스토텔레스의 영향을 받고 있었다. 당시 형식주의가 행동과 드라마틱한 예의범절(propriety)의 통일체(unity)를 주장한 것과는 달리, 아리스토텔레스는 아무런 형식도 제시하지 않았다. 호레이스(Horace)가 보다 정확한 형식들(formulae)을 제시하기도 하였지만, 형식주의는 사실 이탈리아 르네상스와 프랑스 비평가들의 창조물이었다. 카스텔베르토(Castelvetro)가 1570년에 처음으로 세 가지 통일체에 대한 규칙들을 형식화했고, 이후 수백 년의 과정 속에서 이탈리아와 프랑스 비평가들은 드라마와 시의 거의 모든 관점에 규칙들(regulations)을 처방했다(Needham, 1952: 24, 222).

[5] 1700년에 이르기까지 영국에서 취향(taste)은 함양된 예술적인 감수성을 가리켰으며, 같은 의미를 지닌 이탈리아어 gusto와 프랑스어 goût의 영향을 받았다(Needham, 1952: 224). taste의 보다 자세한 의미에 대해서는 미학대계간행회(2007: 204-207)를 참조하라.

[6] 고전주의적 입장에서 아름다움은 진리의 반영이었으며, 이를 특징짓는 것으로는 통일성, 규칙성, 질서 그리고 균형 등을 들 수 있다(서익원, 1998: 405). 섀프츠베리는 진리의 반영으로서의 아름다움이라는 고전주의를 받아들이는 입장이지만 이를 알 수 있는 인간 본성의 토대를 이성만이 아니라 감각에도 두려 했다는 점에서 차이가 있다. 그리고 섀프츠베리는 상기한 아름다움의 본질들에 '조화'를 포함시킨다. "섀프츠베리의 이론은 실제로 자연적이고, 절대적이며, 보편적인 것의 부분이자 신성한 조화(divine harmony)를 만들기 위한 이성 그 자체의 승화를 포함하고 있다. 윤리는 자연에 결합되고 자연은 보편적인 조화(universal harmony)에 결합된다."(Crocker, 1963: 77)

은 이성에 의해서 이를 인식할 수 있고 재구성할 수 있다고 전제한다.[7] 그래서 도덕적 선과 악에 대한 경험 또한 이성에 의해서만 인지될 수 있다는 자연법 이론이 사회질서의 좋음과 나쁨을 평가하는 기준이 되었다.[8] 신고전주의는 이러한 고전주의를 계승한 것이라 할 수 있다.

반면에 감성에 대한 강조는 롱기누스(Longinus)의 『숭고함에 관하여(On the Sublime, Περί Ὕψους)』(AD. 1?)를 1674년에 부알로(Boileau)가 불어로 번역하여 소개하면서 힘을 얻기 시작했고, 드리덴(Driden), 아디종(Addison), 섀프츠베리 등 소위 취향 학파(School of Taste)로 불리는 입장을 형성하게 되었다. 이들은 그동안 철학이 지나치게 이성 또는 오성에 관심을 집중해왔고 인간의 본성과 정신을 결정짓는 사랑, 자부심, 분노 등과 같은 정념에 대한 연구를 게을리 해왔다고 비판하였다. 또한 이들은 최고로 공정하고 최상으로 좋은(supremely fair and sovereignly good) 자연에 대한 관심을 새롭게 환기시킴과 동시에 그러한 자연에 내재한 좋음의 법칙을 아름다움과 함께 유용성과 편리의 개념에 결부시키고, 인간은 이를 알 수 있는 감각을 가지고 있기 때문에, 이 감각에 기초해서도 인간관계의 질서가 좋은 질서가 될 수 있다는 도덕 감각론을 형성하였다. 특히 섀프츠베리는 좋은 행위와 좋은 삶 그리고 아름다운 행위와 아름다운 삶

---

7) 원래 미학(aesthetica)이라는 용어는 그리스어 aisthêtikos, aisthanesthaï에서 파생되었고, 이는 느끼다(to feel) 또는 지각하다(to perceive)로 영역된다(Woodward, 1991: 1).
8) 플라톤, 소요학파, 스토아학파, 에피쿠로스학파, 견유학파 등의 사상을 정리하여 로마에 소개한 키케로는 『의무론』에서 도덕적 선을 자연과 일치시키며 자연법을 준수하는 것으로 간주하고 이의 본성의 토대로서 이성을 강조하고 있다. 키케로의 『의무론』은 중세를 거쳐 근대에 이르러 상류층의 필독서이자 라틴어 교본으로 사용되었다는 점에서 근대의 사상가들에게 커다란 영향을 미친 것으로 간주할 수 있다(키케로, 1989: 66-114).

은 서로 호환될 수 있다고 전제하고 있으며, 참됨, 좋음, 아름다움을 인식하는 본성적 차원의 토대를 이성이 아니라 감성에 두려 하였다(Crocker, 1963: 75-89; Needham, 1952: 19-39, 164-167). 이들은 도덕 감각과 미적 감각이 서로 별개의 것이 아니라 서로 동일하며, 이것이 외적인 대상에 적용될 때는 취향이 되고, 인간의 행동과 성격, 성향과 같이 내면적인 것에 적용될 때는 도덕감이 되는 것으로 보았다(연희원, 2005: 33-42).

루소가 살았던 당시 프랑스에서 도덕감각 이론의 형성은 섀프츠베리로부터 커다란 영향을 받았다(Crocker, 1963: 77).[9] 비록 루소가 직접적으로 섀프츠베리의 이론을 언급하지는 않았다 하더라도, 취향과 도덕의 관계에 대한 그의 언급(LDT, 19)과 그가 자연을 그 자체로 좋음으로 간주한 것, 그리고 "디드로는 훌륭한 섀프츠베리의 해석자"(루소, 2008: 19)라고 평하기도 했다는 것을 고려해볼 때, 루소는 분명 당시의 미학과 취향 그리고 도덕에 대한 논의들에 대해 잘 알고 있었고, 이로부터 많은 영향을 받았다고 할 수 있다.[10]

루소가 취향과 도덕에 대해서는 언급하고 있지만 미학에 대해서는 언급하고 있지 않기 때문에 그에게 미학이란 것이 있는가라고 반

---

9) 섀프츠베리의 영향을 받은 프란시스 허치슨은 글래스고대학의 철학과 교수였으며, 아담 스미스, 흄의 도덕 이론은 허치슨의 영향을 받았다. 흄은 프랑스를 방문하여 프랑스 학자들과 교류를 가졌으며, 루소의 영국 망명을 도와주기도 하였다(Edmonds & Eidinow, 2007). 그러나 루소는 흄보다는 디드로 등 당시 프랑스 철학자들(Philosophes)의 논의로부터 보다 많은 영향을 받았다.
10) 영국 잡지 『스펙테이터(The Spectator)』에는 부알로(루소는 『에밀』에서 부알로를 언급하고 있다)와 같은, 문학과 예술을 포함한 폭넓은 분야의 당대의 유명한 사상가들의 글들이 실렸다(Needham, 1952: 14-15). 루소는 『에밀』에서 이 잡지를 언급한 바 있으며(EM, 450), 앨런 블룸에 따르면 『스펙테이터』는 루소가 좋아하는 책 중의 하나였다(EM, 494). 이런 점에서 루소는 당대에 활발하게 논의되고 있던 미학 이론, 도덕 이론 등에 대해서 잘 알고 있었다고 할 수 있다.

문할 수도 있다. 그러나 대체로 1750년의 알렉산더 바움가르텐(Alexander Gottlieb Baumgarten)의 저서, 『미학(Aesthetica)』을 미학의 출발점으로 삼고 있다는 것을 고려할 때(Woodward, 1991: 1), 루소가 미학에 관한 글을 남기지 않은 것은 그에게 미학의 관념이 없었다거나 그가 미학에 관심이 없었다는 것이 아니라, 아직 미학이 학문으로서 정립되지 않았기 때문에 미학이라고 지칭하지 않았을 뿐이라고 볼 수 있다. 루소가 『마을의 점쟁이』를 작곡하여 루이 14세 앞에서 공연하기도 했고, 『신엘로이즈』는 낭만주의 소설의 시조라는 평가도 있다는 것을 고려해볼 때, 오히려 루소는 미학 이론을 자신의 저작들 속에서 구현했다고 볼 수 있다.

2) 취향: 아름다움과 좋음을 아는 능력

루소의 미학은 근본적으로는 낭만주의가 아니라 신고전주의와 맥을 같이한다고 할 수 있다. 루소는 좋음과 아름다움을 동일한 것으로 간주하고 있으며, 그 자체로 좋음인 자연에는 '비례 균형'과 '조화'가 있다고 간주하기 때문이다. 그러나 루소는 신고전주의와는 달리, 이성뿐만이 아니라 감성에 의해서도 이러한 아름다움의 본질을 알 수 있다고 강조하고 있다는 점에서 섀프츠베리와 낭만주의에 연결된다. 이는 좋음과 아름다움 그리고 취향에 대해 그가 『신엘로이즈』에서 하고 있는 설명에서 확인할 수 있다.

> 나는 좋음이 활동 중인 아름다움일 뿐이며, 양자가 서로 밀접하게 관련되어 있고 양자 모두 잘 정리된 본성에 공통된 원천을 가지고 있다고 줄곧 생각했습니다. 이 생각으로부터 취향은 지혜와 같은 방식으로 완성되며, 덕의 매력들에 감동된 영혼은 모

든 다른 종류의 아름다운 것들을 같은 비율로서 역시 느낄 수 있게 됨에 틀림없다는 결과가 뒤따릅니다. 사람은 느끼는 연습을 해야 하듯이 보는 연습을 해야 합니다. …… 판단력의 작용이 멈추는 곳에서 취향의 작용이 시작됩니다. 그 취향을 어떻게 계발해야 할까요? 느끼는 것을 연습해야 하듯이 보는 것을 연습해야 하고, 감정에 의해 좋음을 판단해야 하듯이 주의 깊은 조사에 의해 아름다움을 판단하는 연습을 해야 합니다(NH, 59).[11]

이처럼 루소는 좋음을 활동 중인 아름다움으로 간주하고 있기 때문에 그에게 있어 아름다움을 알고 따르는 것은 곧 좋음을 얻는 것과 같게 된다. 그리고 좋음과 아름다움은 인간의 "잘 정리된 본성"으로부터 비롯되는 것으로 간주되기 때문에 아름다움을 아는 능력으로서의 취향은 "잘 정리된 본성"에 기초해야 하며, 좋음을 얻기 위해 함양해야 할 필수적 능력으로 간주되는 것이다. 취향이 지혜와 같은 방식으로 완성된다는 것은 취향이 진리에 기초해야 한다는 것을 의미하며, 역시 인간의 본성이 "잘 정리된 본성" 상태, 즉 덕을 함양한 상태에서 완성된다는 것을 의미한다. 그리고 진리를 얻고 덕을 함양하는 것에 비례하여 다른 종류의 아름다움을 알게 된다는 것은 '영혼이 완전해지는 정도'에 비례하여 다른 존재들과 그들의 관계에 대

---

11) 『신엘로이즈』 한국어판(루소, 2008: 410)을 참조했으나 부분적인 수정을 가했다. 특히 goût를 미적 감식력으로 번역하고 있는데—다른 곳에서는 심미안, 미적 감각, 내적 감각, 취미 등으로 번역하고 있기도 하지만—취향이라고 번역하는 것이 바람직하다고 생각한다. 미적 감식력 또는 심미안으로 번역하는 것은 goût가 능력임을 강조하는 것이고, 미적 감각 또는 내적 감각은 goût가 내포한 선호의 의미를 포함하지 못하며, 취미로 번역하는 것은 오늘날 대체로 취미를, 영어의 hobby처럼, 여가 시간에 하는 재미를 위한 활동 정도로 이해하고 있기 때문에 부적합하다고 판단했기 때문이다.

한 비례 균형과 조화를 알게 된다는 것을 뜻한다. 여기서 진리는 '그것은 무엇이다.'라고 단정할 수는 없지만 적어도 비례 균형과 조화의 관념을 담고 있으며 아름다움은 대상에 구현된 혹은 모방된 비례 균형과 조화라는 것을 알 수 있다.[12]

"잘 정리된 본성", '영혼이 완전해지는 정도'가 뜻하는 바를 이해하기 위해서는 인간 본성에 대한 루소의 설명을 살펴볼 필요가 있다. 루소는 인간 본성에는 자기애, 동정심, 이성이 있는데, 자기애와 동정심은 처음부터 완전하게 주어지지만 이성은 미약한 상태로 주어져 나중에 발달하는 능력으로 전제한다(SD, 132). 자기애와 동정심은 감각을 매개로 다른 존재와의 관계 속에서 드러나고, 이성은 자기애와 동점심이 드러나는 양상을 결정한다고 보았다. 인간이 그 존재의 완전함을 향하는지 아닌지는 감각과 이성을 어떻게 발달시키고 어떻게 사용하는가에 의해 결정된다는 시각이 반영된 것이다. 그래서 취향도 이성과의 상호작용 속에서 발달해가는 정도, 다시 말해 '영혼이 완전해지는 정도'에 비례하여 아름다움을 보다 잘 파악하게 된다는 것이다.

아름다움을 아는 능력으로 간주되는 취향에 대한 루소의 설명은 개인적(육체적) 차원과 사회적(도덕적) 차원의 두 가지 차원에서 이루어진다. 개인적(육체적) 차원의 취향에 대해, 루소는 "아이는 어른만큼 크지는 않다. 그는 어른의 강함도 이성도 가지고 있지 않다. 그러나 그는 어른만큼 혹은 거의 똑같이 보고 듣는다. 그의 미각(taste)은 비록 덜 섬세하다 해도 어른만큼 민감하다. …… 우리 안에서 형성

---

[12] "심지어 내 정신이 모두 활기에 차 있을 때에도, 나는 이 위대한 관계들의 조화(ensemble)를 파악할 수 없었을 것"(GP, 169)이라고 말하는 것에서, 루소가 존재의 관계에 진리 또는 아름다움의 본질로서의 '조화'라는 관념이 부여되어 있다고 전제하고 있다는 것을 알 수 있다.

되고 완전하게 되는 최초의 능력들은 이런 감각들이다. 그래서 이것들은 배양되어야만 하는 최초의 능력들"(EM, 132)이라고 말한다. 다시 말해 개인적(육체적) 차원의 취향은, 특히 음식에 있어서, 자기 자신의 복지(well-being)에 가장 좋은 것이 무엇인지를 알려주는 미각과도 같은 감각이라는 것이다.[13]

그러나 아이가 "자기를 오직 육체적인 존재로만 알고 있는 동안은 자기 자신을 사물과의 관계에서 파악"(EM, 214)하지만, 그가 성장하여 이성(sex)에 대한 필요가 발생하고 "자신을 도덕적 존재로 느끼기 시작하면 자기 자신을 인간들과의 관계 속에서 파악"(EM, 214)하게 된다. 이렇게 되면 자기 자신만을 위해서 작동하던 취향이 타인과의 관계 속에서 작동하게 되기 때문에, "취향은 많은 사람을 즐겁게 하거나 하지 않는 것이 무엇인지를 판단하는 능력"(EM, 340; 김용민, 2004: 239-241)이라는 사회적(도덕적) 차원의 확장된 의미를 획득하게 된다.

루소에 따르면, 개인적(육체적) 차원의 취향은 필요에 관계되기 때문에 육체의 모든 감각을 발달시키는 것으로 충분하다. 육체적인 것에 관계하는 것을 판단할 때 "취향은 필요하지 않고, 식욕(appetite)이면 충분"하다는 점에서 그렇다. 그러나 육체적인 것을 판단하는 "취향의 원칙은 [그것이 개인의 감각 작용이기 때문에] 절대적으로 설명될 수 없는 것처럼" 보이지만, 역시 도덕적인 것을 포함하고 있다고 보는 것이 중요하다. 루소는 우리의 삶의 제반 조건을 구성하는 모든 사물은 진리의 모방물이며, 인간이 이런 제반 조건을 구성하기 위

---

13) 이런 점에서 루소는 섀프츠베리의 '미적 무관심성'을 거부한다고 할 수 있다. 미적 감각은 1차적으로 자기 이익(self-interest)에 기초하고 있다고 보기 때문이다. 섀프츠베리의 미적 무관심성의 개념에 대해서는 미학대계간행회(2007: 217-220)를 참조하라.

해 진리를 모방할 때 뭔가 도덕적인 것을 혼합한다고 보기 때문이다(EM, 340).

　반면에 사회적(도덕적) 차원의 취향은 주로 도덕적인 것에 의해 결정된다. 사회적(도덕적) 차원의 "취향은 중립적이거나 기껏해야 오락으로서 관심을 가지는 것에만 발휘되는" 것이기 때문에, "어떻게 정해지는 것인지를 알 수 없고, 또 본능으로부터 분리되었기 때문에 매우 임의적"이며(EM, 340), 많은 사람을 즐겁게 하거나 하지 않는 것이 무엇인지를 알기 위해서는 타인의 취향을 고려해야 하기 때문이다. 이 과정에서 타인의 취향이 담고 있는, 사회에 만연된 아름다움, 좋음의 관념에 영향을 받게 된다.

　취향이 "지혜와 같은 방식으로 완성"된다는 것은 취향이 진리에 기초해야 한다는 것을 뜻하며, 이를 위해서는 타인의 취향이 담고 있는 아름다움, 좋음의 관념 중에서 진리에 기초한 것과 아닌 것을 인식하고 또 관찰하는 훈련이 요청된다. "주의 깊은 조사에 의해 아름다움을 판단하는 연습"이 필요하다는 것이다. 그래서 루소는 진리와 모방이 혼합된 사회가 필요하다고 말한다. "취향의 함양과 그 형태는 그가 살고 있는 사회에 달려 있고"(EM, 349), 사회의 "기후, 도덕, 정부, 제도"에 관계되는 지역의 규칙들과, "나이, 성별, 성격에 관계된 다른 규칙들"(EM, 340)에 의해 영향을 받는다. 이러한 많은 규칙, 아름다움의 관념과 모방된 대상들을 비교하고 그것들에 대해 자유롭게 의견을 개진하는 훈련을 해야만 감각과 이성이 상호작용을 통해 보다 완전해질 수 있으며, 참됨, 좋음, 아름다움을 아는 올바른 취향을 형성할 수 있게 된다.[14] 또한 그래야만 사회적(도덕적) 차원의

---

14) 루소는 "첫째, 많은 비교를 하기 위해서 우리는 사회에 살아야만 한다. 둘째, 우리는 오락과 게으름에 헌신하는 사회를 필요로 한다. 일에 헌신하는 사회는 쾌락이 아니라 이익에 의해서 규율되기 때문이다. 셋째, 우리는 불평등이 너무 심

취향이 부유함을 바탕으로 하는 개인적 사치나 허영심에만 기여하는 것으로 타락하지 않을 것이기 때문이다.

모든 종류의 아름다움을 느끼고 사랑하도록 에밀을 교육시키는 나의 근본적인 목적은 그의 애정과 취향을 아름다움에 고정시키고, 그의 자연적 욕구가 타락하지 않도록 하며 그리고 자신 가까이에서 찾아야 할 행복의 수단을 그의 부유함에서 찾지 않도록 하는 데에 있다. 나는 어디선가 취향을 단지 사소한 사물들에 관해 잘 아는 기술이라 했는데, 이것은 정말로 진실이다. 그러나 삶의 유쾌함은 사소한 사물들의 구성에 의존하고 있기 때문에 그러한 관심은 무관심과는 거리가 먼 것이다. [좋은 사물들이 가지고 있는] 모든 진리에 우리가 도달하는 만큼 좋은 사물들로 삶을 채우는 법을 배우는 것은 바로 그러한 관심을 통해서이다. 나는 여기서 영혼의 좋은 성향에 달려 있는 도덕적 좋음에 대해서 말하는 것이 아니라 단지 선입견과 의견들로부터 분리된, 감성과 진정한 직감적 즐거움에 관계되는 것에 대해서 말하는 것이다(EM, 344).

올바른 취향을 형성하려는 궁극적인 목적은 자신의 삶을 구성하는 사물들로부터 즐거움을 찾음으로써 행복한 삶을 살도록 하는 데에 있다. 인간의 삶은 분명 많은 사물로 채워지게 마련이며, 사회의 모든 관계 속에서 그러한 사물들을 확보하고 향유하는 과정 중에 놓여 있다. 이런 제반 조건의 풍요로움이 삶의 좋음에 일정 정도 기여

하지 않고, 의견의 독재가 제한되며, 허영심보다 직감적 즐거움이 지배하는 사회에 살아야 한다."(EM, 340)고 말하고 있다.

하는 것은 사실이나 우리의 행복을 전적으로 결정짓는 것은 아니다. 행복은 부유함과도 같은 제반 조건을 확보한 정도에 대한 평가가 아니라 우리 자신을 둘러싼 주변의 존재들과 그 관계적 행위 속에 있다는 것이다. 그럼에도 불구하고 사회에 만연된 아름다움, 좋음(혹은 행복)의 관념 중에서 부유함처럼 진리에 기초하지 않은 관념에 의해 취향이 경도된다면, "정신(l'Esprit)이 감각을 변질시켜"(SD, 148) 사회적(도덕적) 취향이 개인적(육체적) 취향과 일치하지 않게 되므로, 직감적 즐거움을 얻는 것과는 멀어지게 될 것이다. 그러나 우리의 삶을 구성하는 사물과 그 관계적 행위 자체에서 아름다움을 발견할 수 있다면, 두 가지 차원의 취향이 일치함으로써 직감적 즐거움(voluptuousness)을 얻을 수 있고 행복을 만끽할 수 있을 것이다. 그렇다면 루소에게 있어서 행복이란 과연 무엇이며, 즐거움, 이성, 감성과 어떠한 관계가 있을까?

3. 존재와 행복

1) 자연인의 행복: 자연적 좋음과 현존감

루소는 최초의 자연 상태의 인간은 독립된 채로 삶을 살지만 쉽게 행복에 도달하는 존재로 간주한다. 그가 쉽게 행복에 도달할 수 있는 것은 자연으로부터 부여받음과 동시에 자연에 내재한 법칙을 넘지 않는 욕망을, 역시 자연으로부터 부여받은 능력으로 충분히 충족시키는 '자연적 좋음'을 지녔기 때문이다.

자연은 처음에 인간을 가장 좋게 구성하였다. 자연은 직접적으로 인간에게 자기 보존에 필요한 욕망과 그 욕망을 만족시키기에 충분한 능력들을 주었다. 자연은 다른 능력들을 [그것이] 필요할 때 발달될 수 있도록 인간 영혼의 깊은 곳에 저장해두었다 (F.M, 80).

자연 상태의 인간이 가지는 자기 보존에 필요한 욕망은 그들이 단순한 정념만을 경험하기 때문에 자연적 필요를 넘지 않는다. 자연인에게는 "음식과 이성(female) 그리고 휴식이 그가 아는 유일한 좋음이며, 고통과 배고픔이 그가 두려워하는 유일한 악"(SD, 150)이기 때문이다. 그래서 자연인은 자연으로부터 부여받은 능력으로 음식, 휴식 그리고 이성(female)에 대한 욕망을 충분히 충족시킬 수 있었고,[15] 욕망이 충족되면 그의 영혼은 자신의 현존감(sentiment de son existence)을 느끼며 행복한 상태에 이르렀다.

루소에게 있어서 존재는 삶의 토대일 뿐만 아니라 삶의 목적이자 진실한 척도이기 때문에 삶의 질은 사람이 자신의 존재를 느끼는 정도와도 같다. 따라서 그에게 있어서 좋은 삶이란 존재의 좋음을 보다 충분히 느끼는 삶이 되도록 하는 데에 있다(Cooper, 20). "산다는 것은 숨 쉬는 것이 아니다. 활동하는 것이다. 모든 우리의 기관, 우리의 감각, 우리의 능력을 사용하는 것이고 우리에게 존재감을 주는 모든 것을 사용하는 것이다. 가장 많이 사는 사람은 가장 오래 사는 사람이 아니라 삶을 가장 많이 느끼는 사람"(EM, 42)이기 때문이다.

---

[15] 플라톤에게 있어서 인간의 기본적인 필요 또는 욕구는, 식욕(food), 성욕(sex), 음욕(drink)으로 간주되고 있지만, 루소는 음식, 휴식, 성욕을 인간의 기본적인 필요들로 간주하고 있다. 음식과 휴식이 자기 보전을 위한 1차적인 필요라고 한다면, 성욕은 자기 자신의 현재의 개체적 자기 보전에 직접적으로 관여하는 것이 아니라는 측면에서 그리고 1차적인 필요가 충족되지 않고서는 보장될 수 없다는 측면에서 2차적인 필요라고 할 수 있다(김용민, 2004: 75-76).

2) 사회인이 참된 행복에 이르는 길

『인간불평등기원론』에 따르면 독립된 채 존재하던 자연인들은 우연한 기회에 서로 만나서 교류하게 되고 점차 모여 살게 되면서 사회를 이루게 된다. 사회는 인간관계를 전제하고 있으며, 그 안에서 인간은 자신의 존재를 다른 존재에게로 확장시키는 경험을 하게 된다. 자기 존재의 사회적 확장은 자신의 현존감을 보다 크고 강하게 느낄 수 있게 함으로써 보다 행복한 삶을 살게 하는 데에 기여하게 된다. 그러나 이와 동시에 모든 능력 중에서 가장 빠르게 발달하는 상상력이 발현되기 시작하면서 인간의 욕망은 증폭되게 되고 자연적 필요의 정도를 넘어서게 된다. 자연적 필요의 정도를 넘어서게 되면 그것을 충족시킬 수 있는 능력 또한 넘어서게 되므로 인간은 점차 보다 많은 불행에 노출되게 된다.

> 모든 고통의 감정은 그로부터 벗어나려는 욕망과 분리되지 않는다. 모든 즐거움의 관념은 그것을 향유하려는 욕망과 분리되지 않는다. 모든 욕망은 결핍을 나타내고, 감각된 모든 결핍은 고통스럽다. 우리의 불행은 그래서 우리의 욕망과 능력 사이의 불균형에서 생겨난다. 능력을 욕망과 동등하게 하는 감각들이 부여된 존재는 절대적으로 행복한 존재일 것이다(EM, 80).

불행은 또한 그 자체로서 인간이 현존감을 느끼는 데에 기여한다고 할 수 있다. 고통도 또한 현존감을 느끼게 해줄 수 있기 때문이다. 그러나 이때의 현존감은 분명 존재의 즐거움에 기여하는 것은 아니다. 고통으로 인한 현존감은 자기 존재와 삶을 부인하도록 할 수 있기 때문이다. 따라서 루소가 "당신은 자신의 본질(constitution)에서 벗어난 존재가 어떤 참된 행복을 알 수 있다고 생각하는가? 커다란 좋음을 알기 위해서는 작은 나쁨을 알아야만 한다. 이것이 인간의 본성이다."(EM, 87)라고 말하는 것처럼, 고통을 알지 못하고서는 즐거움의 진정한 의미를 느낄 수 없다는 점에서, 불행은 행복에 긍정적인 역할을 하는 한에서만 받아들여질 수 있다. 루소가 "가장 행복한 사람은 가장 적은 고통을 받는 사람이다. 가장 불행한 사람은 가장 적은 즐거움을 느끼는 사람이다."(EM, 80)라고 말하는 것처럼 행복 또는 불행의 척도는 "즐거움과 고통 사이의 균형의 기능"(Cooper, 1999: 23)이라고 할 수 있기 때문이다.

일단 독립된 자연인이 아니라 인간관계 속의 인간이 되고 나면, 그 관계 속에서 욕망이 증가하는 것을 막을 수는 없다. 최초의 자연 상태에서 "일단 떠나온 뒤에는 결코 이 순수하고 평등한(innocence and equality) 시기로 돌아갈 수는 없기"(RD, 213) 때문이다. 또한 인간관계 속에서 욕망이 증가하는 것은 자신의 현존감을 보다 많이 느낄 수 있는 기회가 증가하는 것을 의미하므로 부정적으로만 간주할 수도 없다. 따라서 욕망의 충족을 통해 즐거움을 얻고 자신의 현존감을 느낌으로써 행복에 도달하려는 모든 행위는 결국 욕망의 크기와 종류 그리고 그것을 충족시키는 능력들과의 비례 균형의 문제로 귀착되게 된다.

이와 같이 볼 때, 인간의 영혼은 항상 이성과 감성의 상호작용 속에서 완전해져가는 과정에 있으며, 동시에 즐거움과 고통, 욕망과 능력의 지속적인 긴장 관계에 놓여 있다고 할 수 있다. 그리고 이러한 대구를 이루는 구성 인자들이 비례 균형을 이루고 전체적으로 조화를 이룰 때, 인간은 비로소 평화로운 행복의 상태를 경험하게 된다. 루소는 다음과 같이 말한다.

그렇다면 인간의 지혜 또는 참된 행복의 길은 어디에 있는가? 그것은 단순히 우리의 욕망을 줄이는 것에 있지 않다. 왜냐하면 만약 욕망이 우리의 능력 아래에 있다면, 우리 능력의 일부는 태만하게 되어, 우리는 우리의 완전한 상태(our whole being)를 향유하지 못하게 될 것이기 때문이다. 그것은 우리의 능력을 확장하는 데에 있는 것도 아니다. 왜냐하면 만약 능력들과 비례하여 우리의 욕망들이 보다 확장된다면, 우리는 그 결과로서 더욱 불행하게 될 것이기 때문이다. 그것은 능력을 넘어서는 욕망들의 초과분을 줄이고 힘과 의지를 완전한 평등 속에 있게 하는 데에 있다. 그때가, 모든 힘들이 활동함에도 불구하고 영혼이 평화로운 상태에 있고, 인간이 질서 지어지게 되는 유일한 때이다 (EM: 80).

이와 같이 참된 행복을 얻기 위한 루소의 처방은 욕망을 축소시키는 것도, 능력들을 향상시키는 것도 아니고, 능력이 그 자신의 완전한 상태를 향해 발달해가는 정도에 비례하여, 그 한계 내에 욕망을 묶어둠으로써 완전한 균형을 이루게 하는 것이다. 다시 말해 루소에게 있어서 참된 행복에 이르는 삶이란 욕망과 능력의 균형을 통해 즐거움과 고통이 균형을 이룸으로써 도달하게 되는 '존재의 즐거움 (enjoyment of existence)'을 가능한 한 많이 느끼는 삶이라 할 수 있다.

존재의 즐거움을 가능한 한 많이 느끼는 삶을 살기 위해서는 자연인처럼 개인적(육체적) 취향에 그치는 것으로는 부족하다. 인간의 완전한 상태로 나아가지 못할 것이기 때문이다. 또한 전적으로 사회적 (도덕적) 취향에 의해 개인적(육체적) 취향이 변질되어서도 안 된다. 직감적 즐거움으로부터 멀어지게 될 것이기 때문이다. 따라서 능력과 욕망이 균형 상태에 있어야 하듯이, 두 가지 취향 또한 일치하거나 비례 균형의 상태에 있게 해야 한다. 이를 위해서는 사회 상태에서 자신의 현존감의 크기와 그것을 느낄 기회를 증가시키는 사회적(도덕적) 취향이 확장되고 또 완전해지는 정도에 비례하여 개인적(육체적) 취향을 조정하는 것이 필요하다.

4. 취향의 도덕적 확장

　루소는 "인간의 상태는 그의 본성으로부터 파생되고 그의 노동, 그의 관계 그리고 그의 필요로부터 발생하는 즐거움을 가진다."(LDT, 16)라고 말한다. 그러나 즐거움의 원천이 어째서 네 가지인지, 각각으로부터 어떤 즐거움이 어떻게 비롯되는지에 대한 설명은 하지 않고 있다. 그 대답은 독자들에게 맡겨져 있다고 할 수 있으며, 다음과 같은 해석이 가능하다. 필요로부터 오는 즐거움은 생존을 위한 기본적 필요, 즉 음식, 휴식, 성욕의 충족으로부터 오는 것이며, 본성으로부터 오는 즐거움은 이성과 감성, 완전 가능성 등 본성에 내재된 능력들을 발달시키고 그 대상들과의 상호작용 속에서 얻게 되는 정신적 즐거움이라고 생각해볼 수 있다. 또한 노동으로부터 오는 즐거움은 노동 그 자체의 행위로부터 비롯되는 건강과 일종의 성취감에서 오는 즐거움이라고 생각해볼 수 있을 것이며, 관계로부터 오는 즐거움은 사랑, 우정과 같이 인간관계 속에서 느낄 수 있는 즐거움과 스토아학파의 아타락시아(Stoic's ataraxia, SD, 198)처럼, 사물과 존재 등 자연과 인간의 관계에 대한 깨달음에서 느낄 수 있는 즐거움이라고 생각해볼 수 있다.

　그런데 루소는 관계로부터 가장 커다란 즐거움을 얻을 수 있는 것으로 간주했다고 해석할 수 있다. 왜냐하면 『고백록』에서 사랑에 대한 그 자신의 감정 표현들과, "관조자의 감수성이 더 강할수록 인간은 자신에게 그 [거대한 자연의 조직 체계의] 조화가 불러일으키는 도취에 더 탐닉한다. 달콤하게 깊이 빠져드는 몽상은 이때 그의 오감을 사로잡는다. 그리하여 그는 자신과 하나가 된 느낌을 주는 그 거대한 자연의 조직 체계 속에서 달콤한 도취로 말미암아 넋을 잃는다."(루소, 2000: 144)라고 말하는 것을 고려해볼 때, 사회적(도덕적) 취향이 인간관계 속에서 아름다움을 알고 좋음에 도달하는 것을 가능하게 하는 능력이라는 것을 고려해볼 때, 그리고 독립된 자연인이 아니라 사회 상태의 사회인은 필요, 본성, 노동으로부터 오는 즐거움을 추구하는 활동들을 사회적 관계 속에서 할 수밖에 없다는 것을 고려해볼 때 이러한 해석이 가능하기 때문이다.

즐거움을 통해 행복한 삶을 살려는 인간의 욕망은 이러한 네 가지 원천들에 관계되는 사물이나 인간에 관심(interest)을 가지게 되고 이러한 관심 대상을 추구하려는 활동들을 자극하게 된다. 이러한 관심 대상들과 활동들은 자연 상태에 비해 사회 상태에서 더욱더 섬세하고도 다양하게 세분화된다. 그래서 루소는 "삶의 유쾌함은 사소한 사물들의 구성에 의존하고 있기 때문에 그러한 관심은 무관심과는 거리가 먼 것이다. [좋은 사물들이 가지고 있는] 모든 진리에 우리가 도달하는 만큼 좋은 사물들로 삶을 채우는 법을 배우는 것은 바로 그러한 관심을 통해서"(EM, 344; 김용민, 2004: 240-241)라고 말하는 것이며, 취향은 바로 그러한 대상과 활동의 형태를 특징짓게 된다는 것이다(각주 13 참조).

따라서 사물과 사물 관계에 있어서 모방과 진리를 구별하는 감각이자, 대다수의 사람을 즐겁게 해주는 것 혹은 그렇지 않는 것이 무엇인지를 판단하는 능력인 취향은 인간과 인간관계 속에서 무엇이 진리인지 또는 무엇이 모두에게 좋은 것인지를 구별하는 능력과도 같다고 할 수 있다. 발달의 정도는 다르다 하더라도, 인간은 모두 일정한 취향을 가지게 마련이며, 개인적(육체적) 차원의 취향들 간의 갈등 또는 충돌의 상황 속에서, 자신의 즐거움의 관심 대상과 대다수의 사람들을 즐겁게 해주는 관심 대상 사이의 비례 조정의 과정을 거치게 된다. 따라서 어떠한 비율에서 선택이 이루어지는가는 관심 대상을 추구하는 활동들의 인간관계적 좋음과 나쁨 또는 정의와 부정의에 영향을 미치게 된다. 이런 점에서 취향은 도덕과 불가분의 관계에 있게 된다.

> 나는 취향 또는 도덕(mœurs)을 다르게 말하지 않는다. 비록 각각은 서로 같지 않다고 하더라도, 이 양자는 공통의 기원을 가지고 있으며, 같은 순환을 겪기 때문이다. 이것은 좋은 취향과 좋은 도덕이 항상 동시에 나타난다는 것을 함축하는 것은 아니다. 이것은 명료화와 토론을 요구하는 하나의 평가이다. 그러나 취향의 특정한 상태가 항상 특정한 상태의 도덕을 말해준다는 것은 논쟁의 여지가 없는 것이다(LDT, 19).

취향이 도덕과 공통의 기원을 가진다는 것은, 도덕의 본질이 이성과 감성에 의해 영혼에 형성된 "관계 관념과 관계 감정"이므로(오수웅, 2009b 참조), 취향의 본질 또한 이러한 "관계 관념과 관계 감정"이라는 것을 뜻한다. 다만 도덕이 인간과 인간관계에 대하여 형성된 것이라면 취향은 주로 사물과 사물 관계에 대하여 형성된 것이라는 점에서 차이가 있다. 그리고 양자가 같은 순환을 겪는다는 것은 도덕이 사회 속에 외재화된 도덕들에 영향을 주고 동시에 영향을 받는 것처럼, 취향도 사회 속에서 타인들의 취향에 영향을 주고 동시에 영향을 받는 순환의 과정을 겪게 된다는 것을 뜻한다. 취향이 "지혜와 같은 방식으로 완성"되듯이 도덕도 이러한 과정을 거쳐 점차 완성되는 것이다. 이런 점에서 취향과 도덕은 지식과 불가분의 관계를 가진다.

취향이 좋든 나쁘든 간에 그 형태를 형성하는 것은 특히 양성 사이의 관계 속에서이다. 취향의 문화는 이런 관계들의 목적의 필연적인 결과이다. 그러나 손쉬운 즐거움이 기쁘게 하려는 욕망을 냉각시킬 때, 취향은 타락한다. 그리고 나는 이것이 어째서 좋은 취향이 좋은 도덕에 달려 있는가에 대한 또 다른 아주 명백한 증거라고 생각한다(EM, 341).

본능의 경향은 정해져 있지 않다. 한 이성은 다른 이성에게 이끌리게 된다. 그것은 자연의 움직임이다. 선택, 선호, 개인적인 애착은 지식, 선입견 그리고 습관의 작품이다. 우리가 사랑할 수 있도록 만드는 데에는 시간과 지식이 요구된다. 우리는 판단을 하고 난 후에야 비로소 사랑을 한다. 우리는 비교를 한 후에야 비로소 선호한다. 이런 판단들은 무의식적으로 이루어지지만 그럼에도 불구하고 진실한 것이다(EM, 214).

이처럼 사회적(도덕적) 차원의 취향은 특히 인간이 도덕 관계로 진입하는 시기에 양성 사이의 관계 속에서 형태가 만들어지는데, 그것은 사회적(도덕적) 차원의 취향이 포함하고 있는, 자신의 필요에 가장 좋은 것이 무엇인지를 알려주는 감각인 개인적(육체적) 차원의 취향이 자신에게 가장 좋은 이성이 누구인지를 알려주기 때문이다. 이 과정에서 이성에 대한 선택과 선호 그리고 애착은 참됨, 좋음, 아름다움에 대한 관념들과 감정들을 반영하게 마련이며, 지식과 선입견은 그러한 관념들과 감정들을 간접적으로 형성하게 하거나 또는 이미 직접적으로 형성된 "관계 관념과 관계 감정"을 변형시키는 데에 영향을 미치게 된다. 그래서 "관계 관념과 관계 감정"이 잘못된 의견에 이끌리게 되면, 취향은 물론 도덕들도 함께 타락하게 되기 때문에 좋은 취향과 좋은 도덕은 관계들에 대한 참된 지식을 반영해야만 한다.

참된 지식을 반영하기 위해서는 먼저 "관계 관념과 관계 감정"을 올바르게 형성해야 하는데 이를 위해서는 사물과 인간 그리고 양자가 관여하는 제반 관계들에 대해 이성과 감성이 올바르게 작동해야 한다. 올바른 이성과 올바른 감성은 이성과 감성이 제 역할을 다할 때에 가능한 것이며, 루소가 영혼의 강함 또는 활기를 덕으로 간주한다는 것을 고려해본다면 이는 곧 덕을 함양할 때 가능하게 된다는 것을 뜻한다. 루소에게 있어서 올바른 관념은 보다 큰 좋음이 무엇인지를 알려주는 올바른 이성에 의해서, 그리고 올바른 감정은 좋음을 추구하고 나쁨을 거부하는 마음이자 정의를 사랑하는 마음인 양심에 의해서 형성될 수 있다.[16]

앞에서 언급한 것처럼 "잘 정리된 본성"은 바로 이성과 감성이 덕을 함양함으로써 올바른 이성과 양심으로 나타날 때를 뜻하는 것

---

[16] 사물 관계 속에서 자신을 파악하던 인간이 도덕 관계로 진입하면서 최초로 자신의 현존감을 확장시키게 될 때, 이성에 대한 욕망과 그 관계는 가장 기본적이며 필수적이라 할 수 있다. 그러나 인간은 성욕의 결핍으로 도덕 관계로 진입하게 되지만, 그가 느끼는 최초의 감정은 사랑이 아니라 우정이다(EM, 220). 자신과 타인을 비교함으로써 먼저 '동료 의식'을 형성하게 되고(SD, 171-172), 성욕이 드러나는 시기에 특정한 대상을 선택하게 됨으로써 사랑의 감정이 생겨나기 때문이다. 그리고 정의를 사랑하는 마음인 양심은 자기애가 인간애로 나타나도록 도와준다는 점에서는 사랑과 같지만, 사랑이 특정 대상을 향하는 것과는 달리 양심은 보다 보편적인 대상들을 향하기 때문에 우정과 같은 것으로 간주할 수 있다. 정의의 기초로서 양심과 그 발생에 대해서는 김용민(2004)을 참조하라.

이며, 루소가 "우리는 활동적이고 생각하는 존재를 만들었다. 이제 남은 일은 그를 완성시키기 위해 사랑하고 느끼는 존재로 만드는 것—말하자면 감성에 의해서 이성을 완성시키는 일(EM, 203)"이라고 말하는 것을 고려해볼 때, 이성은 양심에 토대를 두어야 올바른 이성으로 나타날 수 있게 된다. 그리고 루소가 "처음에 우리의 제자는 감성밖에 가지고 있지 않았으나 지금은 관념을 가지고 있으며, 전에는 단지 느낄 수밖에 없었지만 지금은 판단을 한다. 왜냐하면 몇몇의 연속적이거나 동시적인 감성의 비교와 그것들에서 나오는 판단으로부터 내가 관념이라고 부르는 일종의 혼합 또는 복합 감성이 생겨나기 때문"(EM, 203)이라고 말하는 것을 고려해본다면, 올바른 이성과 양심은 결과적으로 둘이 아닌 하나의 관념이자 감정으로 결합된다고 간주할 수 있다.

따라서 좋은 취향과 좋은 도덕은 바로 이러한 "잘 정리된" 단일한 본성에 그 공통의 기원을 두고 "같은 순환을 겪"어야 함양될 수 있다. 그리고 올바른 이성과 양심은 도덕 관계 속에서 자기 존재의 사회적 확장을 통해 얻을 수 있는 현존감을 올바르고 강하게 느끼게 하는 데에 기여하므로 무엇보다도 먼저 갖추어져야 할 본성적 조건이라 할 수 있다. 이러한 본성적 조건을 충족시킨 좋은 취향이 도덕 관계 속에서 실현되는 것은 도덕적 비례 균형과 조화에 도달하려는 활동과도 같으며, 결과적으로 도덕적 좋음과 정의를 실현하는 데에 기여하게 된다.

5. 사회적 삶의 조건과 정치 원리

1) 사적인 삶과 공적인 삶의 비례 균형

존재의 사회적 확장을 통해 현존감을 증가시킴으로써 행복한 삶을 살려는 욕망은 각 개인의 내적 구성 인자와 그 관계의 균형을 타인과의 관계 속에서 고려하는 상황에 들어가게 한다. 다시 말해 개인의 개인적 삶과 사회적 삶의 균형은 타인의 두 가지 차원의 삶의 균형과의 관계 속에서 조화를 이루어야 하는 문제와 결부될 수밖에 없다는 것이다. 이때 좋은 취향과 좋은 도덕은 각 개인의 개인적 삶과 사회적 삶의 비례 균형과 조화를 추구하지만, 그렇지 않은 취향과 도덕이라면 불균형과 불화를 초래할 것이다. 불균형과 불화도 존재의 사회적 확장을 통해 현존감을 증가시키는 데에 기여한다고 할 수 있지만, 앞에서 언급한 것처럼 존재의 즐거움에 기여하는 한에서만 긍정적인 것으로 간주할 수 있다. 따라서 '작은 나쁨'으로서의 불균형과 불화는 결과적으로 '커다란 좋음'으로서의 비례 균형과 조화로 수렴되어야 한다.

루소에게 있어서 자기 존재를 사회적으로 확장하는 삶은 네 가지 유형으로 구분될 수 있다. 첫째는 농부의 삶, 둘째는 시민의 삶, 셋째는 철학자의 삶 그리고 넷째는 부르주아의 삶이다.[17] 루소는 이중에서 부르주아의 삶—그는 부르주아를 "행복한 노예들(happy slaves)"(FD, 5)이라고 말한다—이 표면적으로는 또는 당사자들에게는 행복한 삶일 수도 있겠지만 진정으로 행복하고 좋은 삶은 아니라고 간

---

17) 쿠퍼는 농부의 삶, 시민의 삶, 철학자의 삶의 세 가지로 구분하고 있으나, 나는 부르주아에 대한 루소의 비판을 고려하여, 부르주아 또한 사회적 존재의 한 유형으로 포함시켜야 바람직하다고 생각한다.

주한다. 루소가 보기에 이들은 좋음에 대한 잘못된 관념(perversity)을 추종함으로써 취향은 개인적 사치와 허영에 빠져 있고, 도덕은 덕을 반영하지 못한 채 선입견과도 같은 의견들을 반영하고 있어 타인들의 의견에 이끌려 사는 노예와도 같기 때문이다(오수웅, 2008 참조). 따라서 루소는 앞의 세 가지 사회적 존재의 삶을 좋은 삶으로 간주한다고 할 수 있다.

쿠퍼는, 자연적 좋음의 상태는 일단 떠나온 뒤에는 다시 되돌아가기는 어렵다는 점에서, 인간은 현실적으로 자연적 좋음을 부분적으로만 회복할 수 있다고 해석한다. 그리고 고전적 입장이 철학자의 삶을 강조하는 것과는 달리, 루소는 이 세 가지 존재 양식 중 어떤 것이든 자연적 좋음을 부분적으로 달성하는 데 기여할 것이며 행복한 삶을 살게 할 수 있을 것이라고 간주한다(Cooper, 1999: 18). 물론 이 세 가지 삶 중 어느 하나의 삶을 살더라도 부분적이나마 좋은 삶을 살 가능성은 충분하다. 그러나 『에밀』에서 루소가 "[에밀이] 미개인처럼 게으름뱅이가 되지 않으려면 농부처럼 일하고 철학자처럼 생각해야 한다."(EM, 202)라고 말하며, "사랑하는 에밀, 그렇게 달콤한 삶이 너로 하여금 고통스런 의무들을 싫어하게 하지는 마라. 로마인들이 농부에서 집정관으로 옮겨간 것을 기억하여라. 만약 군주 또는 정부가 네 조국에 대한 의무를 요청한다면, 네게 할당된 위치에서 시민의 명예로운 역할을 충실히 하기 위해서 모든 것을 놓아"야(EM, 474) 한다고 하는 것을 볼 때, 에밀의 삶은 소박한 농부이자 철학자이며 때로는 시민의 삶을 살 수 있는, 세 가지 사회적 존재의 삶이 하나의 존재 속에서 실현될 수 있는 가능성을 보여주고 있다.

농부와 철학자의 삶을 살 때에는 개인적 행복을 위해 사는 사적인 삶이지만, 시민의 삶을 살 때에는 국가 전체의 행복을 위해 살 것이 요구되는 공적인 삶이라 할 수 있다. 농부와 철학자에 비해, 시민은 보다 많은 사람을 사랑할 것이 요구되며, 동시에 보다 많은 사람으로부터 사랑을 받는다는 점에서, 존재의 사회적 확장을 가장 크게 이루는 셈이 된다. 대다수 사람을 즐겁게 하는 것이 무엇인지 아는 능력으로서의 사회적(도덕적) 차원의 취향은 바로 자신을 포함한 대다수 동료 시민을 즐겁게 하는 것이 무엇인지를 알게 함으로써 시민의 역할을 충실하게 하는 데에 기여한다. 또한 그것은 개인적으로 현존감을 가장 크게 느끼게 함과 동시에 농부이자 철학자의 사적인 삶과 시민의 공적인 삶의 균형과 조화를 이루게 한다는 점에서, 개인적 행복은 물론 공적인 행복도 담보할 수 있게 한다.

플라톤이 『국가』에서 수호자 계급의 삶을—개인적 행복의 문제는 무시하고—전적으로 공적인 삶 속에서의 행복만을 추구하도록 설계하고 이를 위해 이성의 역할을 강조했다면, 루소는 『에밀』에서 개인적 행복과 공적인 삶 속에서의 행복 중 어느 것도 간과하지 않고, 양자의 삶이 비례 균형과 조화를 이룰 수 있도록 설계하고 이를 위해 올바른 이성과 양심에 토대를 둔 취향을 강조하고 있다고 할 수 있다. 또한 플라톤이 항상 시민일 것을 요구하는 것과는 달리, 루소는 항상 시민일 것을 강요하지는 않는다. 평상시에는 사적인 삶 속에서 개인적 행복을 추구하며 살다가 시민일 것이 요구될 때에는 시민으로서의 공적인 행복에 참여하고 또 그것을 향유할 수 있으면 되는 것이다.

언뜻 보기에 이런 루소의 입장은 이원적, 모순적 혹은 정신분열적(Cooper, 1999: 21)인 것으로 간주될 수도 있다.[18] 루소는 『학문 예술

---

18) 이 외에도 루소의 사상을 해석할 때 루소가 서로 상반되는 인자들의 갈등 또는 모순을 지적하고 있다고 해석하거나 그의 사상에 논리적 모순이 있다는 입장들이 존재한다. 빌클리에 따르면 루소와 그의 계승자들은 프랜시스 베이컨, 토마스 홉스, 르네 데카르트와 같은 철학자들이 만든 근대 세계의 토대에 있는 결

론』, 『에밀』, 『나르시스 서문』에서 현학적인 철학자들에 대해 비판하고 있으며, 『영웅의 덕에 관하여』에서 영웅적인 삶을 살기 위해 영웅들이 가져야 할 덕은 무엇인가에 대한 당시의 일반적인 논의에 대해 비판한다(Rousseau, 1994). 그가 "관상학은 위대한 모습 속에서 드러나지 않으며 성격도 위대한 행동 속에서 드러나지 않는다. 자연이 드러나는 것은 사소한 것들 속에서"(EM, 241)라고 말하는 것처럼, 영웅의 덕은 역사서에 비춰진 것과는 달리 소박하고 인간적인 모습에서 발견될 수 있기 때문이다(EM, 237-241). 그럼에도 불구하고 루소는 『학문 예술론』에서 지적한 도덕의 타락에 대한 해법을 철학에서 찾고자 했으며(FD, 27), 『에밀』에서 에밀이 그가 속한 사회에서 다른 사람에 대한 애정과 양심에 따라 정의를 실천하는 모습은 평범한 시민이지만 영웅적인 모습과 다를 바 없고(EM, 251), 『고독한 산책자의 몽상』에 나타나는 루소의 삶은 철학자의 삶과도 같다.

이처럼 이원적 혹은 모순적으로 보이는 측면들로 말미암아 연구자들은 루소의 진정한 입장이 무엇인지에 대해 결정을 내리는 것을 주저한다. 그러나 서로 상반되는 구성 인자들 간의 비례 균형과 조화를 추구하려는 루소의 미학을 고려해본다면, 우리는 이러한 루소의 입장을 이원적, 모순적 혹은 정신분열적인 것이 아니라 오히려

픔을 노정시킨다. 첫째, 지식과 알 수 있음(intelligibility)에 대한 근대적 관념들(무엇보다 자연에 대한 학문의 근대적 토대들)과, 사유하고, 행동하고 목적을 가지는 인간에 대해 설명해야 하는 필요 사이의 갈등, 둘째, 개인적, 정치적으로 자치를 성취하는 것에 대한 근대적 강조와 어떤 신성하고 초월적인 질서에 속하기를 원하는 인간의 필요 사이의 긴장, 셋째, (대부분 이성이 정념에 대한 도구로서 기능하는) 어떤 결정된 목적 없이 행복을 발전적으로 추구한다는 인간의 삶에 대한 근대적 이해와 어떤 만족스런 완전함 또는 전체성에 대한 요구 사이의 불일치가 그것이다(Velkley, 2002: 2). 그러나 역시 비례 균형과 조화를 추구하는 루소의 미학을 이해하게 된다면, 소위 '모순'을 중심으로 해석하려는 입장들은 와해된다고 할 수 있다.

일원적이고 일관적인 것으로 이해할 수 있게 된다. 루소가 때로는 이성적인 철학자이나 감성에 따르는 인간이며, 때로는 현학적인 문명인이나 행복한 무지를 가진 자연인이며, 때로는 농부이지만 시민의 위대함을 보여주는 영웅을 묘사하는 것은 바로 개인적 삶과 사회적 삶에 있어서 구성 인자들을 비례 균형과 조화의 상태에 있게 함으로써 하나의 단일한 전체를 이루어가는 과정을 보여주려는 의도에서 기인한 것이다. 이러한 그의 의도가 시민 질서를 좋은 질서로 설계하기 위해 국가에 대해 논의하는 『사회계약론』에 반영되었을 것이라고 추측하는 것은 자연스러운 일이다.

2) 정치 원리의 토대: 미학

루소의 미학은 『사회계약론』에서 두 가지 방식으로 반영된다고 할 수 있다. 하나는 정치 원리로서 유용성과 정의의 관계에 대해서이고, 다른 하나는 정부의 구성에 있어서 각 부분들 간의 관계에 대해서이다. 먼저 정치 원리에 대해서 말하자면, 루소는 『사회계약론』을 다음과 같이 시작한다.

> 나는 인간을 있는 그대로의 인간으로 그리고 법을 있을 수 있는 법으로 간주하면서, 시민 질서에 있어서 통치의 합법적이고 신뢰할 만한 규칙이 가능한지 아닌지를 살펴보고자 한다. 나는 이 연구에서 권리가 허용하는 것과 이익이 규정하는 것을 화해시킴으로써 정의와 유용성이 일치하도록 항상 시도할 것이다 (SC, 46).

로저 매스터스(Roger D. Masters)는 이에 대해 "있는 그대로의 인간"

은 해법에 대한 제한들을 규정하는 '이익(interest)' 또는 '유용성'에 관계하는 반면에, "있을 수 있는 법"은 합법성을 허용하는—유일하게 허용하는—'권리'와 '정의'에 대한 고려에 의존하고 있으며, 이는 말하자면 권리와 정의를 자기 이해에 대한 요구와 조정하려고 시도하는 것이라고 해석한다. 그리고 그는 이를 정치 이론의 문제에 대한 루소의 이원적 인식(the duality of Rousseau's perception)이라고 간주한다(SC, 133). 그러나 루소의 미학을 고려할 경우, 우리는 이를 시민 질서를 이루는 구성 인자들과 그 관계에 있어서 비례 균형과 조화를 이루려는, 이원적이 아닌 일원적인 인식과 시도라고 해석할 수 있게 된다.

시민 질서의 구성 인자는 크게 인간과 법이라 할 수 있다. 세부적으로 인간은 사적 개인과 공적 개인으로 구별될 수 있고 이들의 삶의 구성 인자는 앞에서 설명했듯이, 이성과 감성, 욕망과 능력, 즐거움과 고통, 도덕과 취향, 아름다움·참됨·좋음의 관념 등으로 설명할 수 있다. 그리고 법의 구성 인자는 권리와 의무라 할 수 있다. "있는 그대로의 인간"은 사물에 대한 이익을 추구함으로써 행복을 얻으려는 사적 개인으로 전제되며, 추구하는 이익이 얼마만큼의 즐거움 내지는 행복을 가져다줄 것인가는 유용성의 문제로 귀착된다. 이익을 추구하려는 사적 개인의 개별 의지와 공적 개인의 일반의지와의 비례 균형과 조화의 문제는 인간관계에 있어서 사적 개인들이 각자의 능력을 실현할 때[19] 나타나는 상충 또는 갈등에 있어서 정의의 문제로 귀착된다. 그래서 "있는 그대로의 인간"과 "있을 수 있는 법"

---

19) 인간은 인간관계 속에서 자기 자신의 존재의 즐거움을 위해 자연권을 발현하게 된다. 자연권의 발현은 타인과의 갈등 및 충돌의 상황을 초래하고, 이 과정에서 정의에 대한 요구가 일어나게 된다. 자연권, 자연법의 개념과 관계에 대해서는 오수웅(2007)을 참조하라.

을 고려하는 것은 자신의 이익을 충족시키는 능력으로서의 권리와 타인의 권리 또한 침해하지 않아야 하는 의무가 비례 균형과 조화를 이루게 함으로써 정의가 구현되도록 하려는 것이다.

루소는 일반의지 안에 개별 의지가 조화되도록 함으로써 유용성의 문제를 해결하며, 일반의지에 따라 통치하게 함으로써 정의의 문제를 해결하고자 한다. 그리고 일반의지는 의견의 형태로 표현되는 사적 의지들의 합 속에서 남는 것과 모자라는 것(the pluses and the minuses)이 비례 균형 또는 조화에 도달하게 될 때 발견될 수 있다고 설명한다(SC, 61-64). 일반의지는 바로 비례 균형과 조화에 따라 정치체를 구상하려는 인민의 의지의 총화인 셈이다. 이런 루소의 시도는 표면적으로는 이원적인 것으로 볼 수도 있으나, 실제로는 권리와 정의, 이익과 유용성이라는 구성 인자들 간의 관계를 비례 균형과 조화의 관점에서 파악하려는, 일원적 인식의 결과라고 볼 수 있다.

그의 일원적 인식은 우주와 자연에 대한 이해에 기초하고 있다. 그에 따르면, 우주는 물질로 가득 차 있으며, 이런 물질들이 개별적인 존재들 속에 결합된 것이 물체(des corps, P4, 571; EM, 270)이다. 모든 물체에 있어서 운동은 전이적(communiqué) 운동과 자의적 혹은 자발적 운동 두 가지로 구분되고 전자의 원인은 외부에 후자의 원인은 내부에 있지만 이 모든 운동의 근본적인 원인은 의지이다. 루소는 "그래서 의지가 우주를 움직이고 자연에 생명을 준다고 믿으며(Je crois donc qu'une volonté meut l'univers et anime la nature)"(P4, 576; EM, 273), "세계는 하나의 강력하고 현명한 의지"(EM, 276), 즉 보편의지[20]에 의해

---

20) 루소는 보편의지를 신의 관념에 결합시킨다. "뜻이 있고 강한 이 존재, 그 자체로 능동적인 존재, 그것이 무엇이건, 우주를 움직이고 모든 사물에 질서를 부여하는 존재, 나는 신이라 부른다. 나는 이 이름에 내가 결집시킨 지성, 힘, 그리고 의지의 관념을 결합하고, 그 필연적인 결과인 좋음(bonté)의 관념을 결합"(P4,

지배된다고 전제한다. 보편의지는 모든 물체와 그 관계에 전체의 조화와 일치를 지향하는 질서를 부여한다(EM, 276). 그래서 루소는 "자연의 광경은 나에게 오직 비례 균형과 조화만을 보여준다(Le tableau de la nature ne m'offroit qu'harmonie et proportions)"(P4, 583; EM, 278)고 믿었고,[21] "조물주의 손을 떠날 때는 좋았으나 인간의 손에서 타락한다"(EM, 37)는 유명한 문구가 말해주듯이, 타락한 인간의 삶과 질서를 자연에 부여된 비례 균형과 조화에 부합하게 만들어야 한다고 주장하는 것이 가능했던 것이다.

정치 질서를 비례 균형과 조화에 부합하게 구상해야 한다는 루소의 의도는 ratio(rapport), proportion이라는 단어의 사용량에 의해서도 알 수 있다.[22] 그는 『사회계약론』에서 rapport라는 단어를 약 51회 사용하는데, 대부분 정부의 구성에 있어서 힘의 균형을 이야기하는 부분에 집중되고 있다. 예를 들면 다음과 같다.

581; EM, 277)시킨다. 나아가 정의의 관념 또한 신의 관념에 결합시킨다. "정의와 진리의 원천인 신, 너그럽고 좋은 당신을 확신하면서, 내 심장의 지고의 소원은 당신의 의지가 실현되는 것입니다. 나의 의지를 당신의 의지에 결합시키면서, 나는 당신이 하는 것을 하고 당신의 좋음 속에서 침묵합니다."(EM, 294) 패트릭에 따르면, 일반의지는 원래 정치 언어가 아니었으며 신의 의지를 말하는 종교적 언어였다(Riley, 1986: 4). 이렇게 본다면 루소의 일반의지를 신의 의지와 연계시켜 이해하는 것이 당연한 것처럼 보일 수도 있다. 그러나 루소는 일반의지와 보편의지가 일치할 수 있고 또 그래야만 할 것이지만, 그렇지 않을 가능성이 보다 크다는 것을 인식하고 있었기 때문에 일반의지를 정치 언어로 전환시킨 것이라고 해석하는 것이 바람직해 보인다.

21) "l'harmonie et l'accord du tout"(P4, 580)와 비교할 때, 비례 균형은 부분들 간의 관계에 부여된 질서로서 각 부분들이 각각에 부합하는 비례에 관여할 때 전체가 도달하는 상태라 할 수 있다. 따라서 비례 균형과 일치(l'accord du tout)를 동일한 의미로 간주할 수 있을 것이다.

22) 영역본에서는 rapport를 때로는 relation, relationship으로 번역하고 있다. 이 역시 관계에 있어서 비례 균형을 이루려는 루소의 노력을 반영하는 것으로 받아들일 수 있다.

단일 정부는 단일하다는 그 사실 자체에 의해서 최선의 정부이다. 그러나 행정 권력이 충분한 입법 권력에 의존하고 있지 않는다면, 즉 국민과 군주 사이보다 군주와 주권자 사이에 보다 큰 비율이 있다면, 비례에 있어서 이런 결점은 정부를 분할함으로써 보정해야 한다(SC, 91).

여기서 국민, 군주, 주권자는 국가를 구성하는 구성 인자로 간주할 수 있으며, 이 구성 인자들이 비례 균형과 조화를 이룸으로써 단일함(simplicity)을 지니게 된 정부를 좋은 정부로 간주하고 있다는 것을 알 수 있다. 여기서 정부를 분할함으로써 보정해야 한다는 것은 정부를 구성 인자들로 나누어서 전체적인 비례 균형과 조화의 상태에 있게 해야 한다는 의도에 따른 처방인 셈이다.

또 다른 예를 들면, 루소는 "첫째, 주권적 권위는 하나이고 유일하다. 그리고 파괴되지 않고서는 분할될 수 없다. 둘째 하나의 민족과도 같은 도시는 합법적으로 다른 도시의 신민이 될 수 없다. 왜냐하면 정치체의 본질은 복종과 자유의 조화에 있고 신민과 주권자라는 단어는 상관적으로 동일하고 그 의미는 하나의 단어, 시민에 결합되어 있기 때문"(SC, 100)이라고 말한다. 정치체의 본질을 구성하는 복종과 자유는 의무와 권리와 같으며, 이 양자가 조화를 이룰 때 바로 정치체의 본질이 달성된다는 것이다. 또한 국가의 객체로서 신민과 국가의 주체로서 주권자 각각은 정치체의 구성 인자들로서 이 양자가 비례 균형과 조화를 이루어 완전한 단일체로서의 시민으로 결합될 때 역시 정치체의 본질이 달성된다는 것을 뜻하는 것이다.

6. 결론

이상과 같이, 루소가 "좋음이 활동 중인 아름다움"이라고 말하고 아름다움의 구성 인자를 "비례 균형"과 "조화"로 파악하고 있다는 것을 고려할 때, 그에게 있어 좋음은 비례 균형과 조화가 실현되고 있는 상태를 가리킨다고 할 수 있으며, 동시에 참됨은 그런 좋음이 실현된 것을 가리킨다고 할 수 있다. 다시 말해 루소는 좋음과 참됨을 아름다움의 실현 여부로 설명하고 그에 기초하여 좋은 사람, 좋은 삶 그리고 좋은 질서를 구상하는 설명 체계(미학)를 보여주고 있다는 것이다. 이런 설명 체계에 따라 좋은 사람과 좋은 삶을 정의하면, 좋은 사람은 그의 본성에 부여된 이성, 감성 등과 같은 구성 인자들이 비례 균형과 조화에 이른 "잘 정리된 본성"의 상태에서 활동하는 사람이라 할 수 있고, 좋은 삶은 좋은 사람이 그를 둘러싼 삶의 제반 조건과 관계를 구성하는 구성 인자들 사이에 비례 균형과 조화가 실현되도록 하는 삶이라고 할 수 있다. 그런 삶을 사는 사람은 그의 행위에서 기인하는 직감적 즐거움을 통해 그 자신의 현존감을 최대한 많이 느낌으로써 참된 행복에 이르게 된다. 직감적 즐거움, 현존감 그리고 참된 행복을 행위로서 삶의 결과이자 목적이라고 한다면, 좋은 삶은 '비례 균형과 조화에 이르는 삶'이라고 요약할 수 있을 것이다.

비례 균형과 조화로서 아름다움을 아는 능력인 취향 또한 루소의 미학을 구성하는 인자의 하나이며, 좋은 삶을 살기 위해 반드시 올바르게 함양해야 할 능력의 하나라고 간주할 수 있다. 취향은 지혜와 같은 방식으로 완성되는 것이기 때문에, 참된 지식에 그 토대를 둘 때 비로소 올바르게 함양될 수 있다. 취향과 불가분의 관계를 가지는 도덕도 참된 지식에 기초해야 올바르게 함양될 수 있다. 취향이 주로 사물 관계에 대한 것이고 도덕이 인간관계에 대한 것이라면, 취향과 도덕은 우리의 삶을 구성하는 제반 조건과 관계에 아름다움, 좋음, 참됨을 반영할 수 있게 해줄 수 있고, 이를 올바르게 함양할 때, 참된 행복에 도달할 수 있게 해주는 구성 인자라 할 수 있다.

이러한 루소의 미학은 사회적 삶의 유형으로서 농부, 시민, 철학자, 부르주아의 삶과 정치 질서를 구상할 때 반영되고 있다. 전자의 세 가지 유형의 삶은 개인적(육체적) 차원의 취향과 사회적(도덕적) 차원의 취향이 일치할 수 있는, 또 그럼으로써 좋은 삶을 살 수 있는 삶, 더 나아가 한 개인의 삶 속에서 동시에 구현될 수 있는 삶으로 간주된다. 어쩌면 루소는 자신의 삶과 저작을 통해 미학을 실천하려 했는지도 모른다.

오늘날을 살고 있는 우리와 우리의 질서, 국가를 루소의 사상에 비춰볼 때, 우리는 과연 루소에게 무슨 말을 할 수 있을까? 부유함 속에서 행복을 찾으며, 남들이 보기에 행복해야 자신이 행복한 줄 착각하는 사람들, 취향과 도덕이 이미 타락해 있으며 더 많이 타락해 있을수록 역으로 좋은 사람이고 좋은 삶을 살 수 있다고 말하는 사람들, 모든 이가 법을 지킬 것을 바라면서도 자신만은 위법으로 이익을 얻고자 하는 사람들, 그래서 정치 원리는 실종되고 각종 범법과 편법이 난무하는 사회와 국가에 살고 있는 부르주아와도 같은 사람들에게 루소는 아마도 소크라테스처럼 '너 자신을 알라.'고, 먼저 인간이 되라고 말하고 싶어 하지 않았을까?

오늘날의 교육과 정치 환경에서라면, 루소의 미학을, 좋음의 관념을 현실의 삶 속에서 실천하는 사람을 발견하는 것은 이미 불가능한 일일지도 모른다. 진정한 철학자는 자신을 드러내는 법을 모르지만, 그의 영혼은 질서 있고 평화로운, '행복한 무지'의 상태에서 고독한 몽상을 즐기고 있을 것이기 때문이다. 아마도 이들이 침묵을 깨고 드러날 때 우리의 교육과 정치는 비로소 진정한 사회계약적 상황에 놓이게 될지도 모른다.

참고 문헌

강정인·김용민·황태연 엮음, 2007, 『서양 근대 정치사상사』, 서울: 책세상.

김용민, 2004, 『루소의 정치철학』, 고양: 인간사랑.

루소, 2000, 『고독한 산책자의 몽상』, 김중현 옮김, 서울: 한길사.

루소, 2008, 『신엘로이즈』, 서익원 옮김, 서울: 한길사.

미학대계간행회, 2007, 『미학의 역사』, 서울: 서울대학교출판부.

박호성 편역, 2009, 『루소 사상의 이해』, 고양: 인간사랑.

서익원, 1998, 「루소의 신엘로이즈에 나타난 자연과 미학」, 『한국프랑스학논집』 제25집.

연희원, 2005, 「샤프츠베리의 미적 무관심성―페미니즘 미학에서의 비판을 중심으로」, 『칸트연구』 제16권.

오수웅, 2007, 「루소에 있어서 인권 사상: 자연권과 자연법을 중심으로」, 『한국정치학회보』 41집 4호.

오수웅, 2008, 「루소의 시민사회와 인권 실현」, 『민주주의와 인권』 8권 3호.

오수웅, 2009a, 「취향 교육의 도덕 정치적 함의」, 『교육철학』 38집.

오수웅, 2009b, 「루소의 도덕과 법」, 『정치사상연구』 15권 2호.

키케로, 1989, 『키케로의 의무론』, 허승일 역, 파주: 서광사.

하우저, 아놀드, 『문학과 예술의 사회사』, 백낙청 역, 서울: 창작과비평사.

Althusser, Louis, 1972, *Politics and History: Montesquieu, Rousseau, Marx*, New York: Verso.

Brooks, Thom ed., 2005, *Rousseau and Law*, Hants: Ashgate Publishing Limited.

Cooper, Laurence D., 1999, *Rousseau, Nature and the Problem of the Good Life*, University Park: The Pennsylvania State University Press.

Crocker, Lester G., 1963, *Nature and Culture: Ethical Thought in the French Enlightenment*, Baltimore: The Johns Hopkins University Press.

Dent, N. J. H., 1992, *A Rousseau Dictionary*, Cambridge: Blackwell Publishers.

Edmonds, David & John Eidinow, 2007, *Rousseau's Dog*, New York: Harper Perennial.

Melzer, Arthur M., 1980, "Rousseau and the Problem of Bourgeois Society", *The American Political Science Review* Vol. 74 No. 4.

Needham, H. A., 1952, *Taste and Criticism in the Eighteenth Century*, London: George G. Harrap & Co. LTD.

Plato, 1968, *The Republic of Plato*, Trans. Allan Bloom, New York: Basic Books.

Plato, 1987, *Theaetetus, Sophist*, Translated by Harold North Fowler, Cambridge: Harvard University Press.

Riley, Patrick. 1986. *The General Will Before Rousseau: The Transformation of the Divine into the Civic,* New Jersey: Princeton University Press.

Rousseau, Jean Jacques, 1959-1969, *Oeuvres Complètes* Vol. I-IV, Edited by Bernard Gagnebein & Marcel Raymond, Paris: Gallimard, Bibliothèque de la Pléiade.

Rousseau, Jean Jacques, 1968, *La Nouvelle Héloïse: Julie, or The New Eloise*, Edited by Judith H. McDowell, University Park: The Pennsylvania State University Press.

Rousseau, Jean Jacques, 1968, *Politics and the Arts: Letter to M. D'Alembert on the Theatre*, Translated by Allan Bloom, Ithaca: Cornell University Press.

Rousseau, Jean Jacques, 1978, *On the Social Contract with Geneva Manuscript and Political Economy*, Edited by Roger D. Masters, New York: St. Martin's Press.

Rousseau, Jean Jacques, 1979, *Emile or On Education*, Translated by Allan Bloom, New York: Basic Books Inc.

Rousseau, Jean Jacques, 1986, *The First and Second Discourses and The Essay on the Origin of Language*, Edited by Victor Gourevitch, New York: Harper & Row.

Rousseau, Jean Jacques, 1990, *Rousseau, Judge of Jean-Jacques: Dialogues. The*

Collected Writings of Rousseau Vol. 1, Edited by Judith R. Bush, Christopher Kelly & Roger Masters, Hanover and London: University Press of New England.

Rousseau, Jean Jacques, 1994, "Discourse On The Virtue Most Necessary For A Hero," *The Collected Writings of Rousseau* Vol. 4, Roger Masters and Christopher Kelly ed., London: University Press of New England.

Rousseau, Jean Jacques, 2005, *The Plan for Perpetual Peace, on the Government on Poland, and Other Writings on History and Poltics. The Collected Writings of Rousseau,* Vol. 11, Edited by Christopher Kelly, NH: Dartmouth College Press.

Starobinski, Jean, 1988, *Jean-Jacques Rousseau: Transparency and Obstruction*, Chicago: The University of Chicago Press.

Turco, Luigi, 1999, "Sympathy and Moral sense:1725-1740", *British Journal for the History of Philosophy* Vol. 7 No. 1: 79-101.

Velkley, Richard L., 2002, *Being after Rousseau*, Chicago: The University of Chicago Press.

Woodward, Servanne, 1991, *Diderot and Rousseau's Contributions to Aesthetics*, New York: Peter Lang.

7장 헤겔이 생각한 '좋은 삶'의 질서와 '인정의 정치'

김동하

1. 문제 제기

현대 민주주의의 문제를 둘러싼 논의의 지형이 다문화주의를 비롯한 문화적·인종적·종교적·성적 소수자들의 권리 쪽으로 급격히 초점이 맞추어지면서 소위 '인정의 정치(Politik der Anerkennung)'가 현대 정치의 핵심 화두로 지속적인 주목을 받고 있다(Honneth, 1992; Habermas, 1993; Margalit, 1997; Taylor, 1993; Benhabib, 1998; Butler, 2001). '인정의 정치'는 이미 90년대를 전후하여 서구 사회의 화두가 되었고, 현대 서구 사회가 당면한 정치적 과제를 집약적으로 표현해주는 개념이라고 할 수 있다. '인정의 정치'가 주목을 받으면서 인정 개념은 개인의 자유에 관한 이념은 물론이고 사회적 소수자 그룹들의 권리 문제를 설명하는 분석 틀로서뿐만 아니라 현대사회의 병리적 현상을 종합적으로 진단하는 규범적 개념으로 자리 잡아가고 있다. 그런 점에서 현대의 인정 개념은 현대인들의 '좋은 삶'에 필요한 최소한의 규범적 내용을 담고 있다고 할 수 있다. 한국의 경우는 아직 이러한 인정의 정치가 담고 있는 내용들이 중심적인 사회적 이슈로 자리 잡고 있지는 못하지만 점차 사회의 중심적인 문제로 전이되어가고 있는 실정이다. 학문적으로 볼 때 국내에서도 이와 관련하여 경험적인 연구는 물론이고 철학적, 이론적 연구가 다수 이루어지고 있다.

최근까지의 논쟁을 중심으로 정리해보면 인정의 정치는 크게 세 가지 차원에서 이해할 수 있다. 첫째, 인정의 정치는 '존엄의 정치'를 의미한다(Margalit, 1997). 이것은 보편적 존재로서의 인간이 마땅히 서로 동등하게 누려야 하는 존엄성에 대한 인정을 의미한다. 이것은 학대나 고문, 폭력 등과 같이 극단적인 멸시와 굴욕의 상황에서 제기되는 규범적 요구라고 할 수 있다.

둘째, 인정의 정치는 '차이의 정치'를 의미한다. 이것은 '다문화주의'와 관련하여 제기되는 차이의 문제를 주제화한 '정체성의 정치' 등과 같이 지배적인 문화의 가치 표상 속에서 배제된 사회적 그룹이나 개인의 고유한 권리와 정체성에 대한 승인을 요구하는 정치이다(Taylor, 1993: 13-78). 이때 제기되는 인정의 내용은 크게 두 가지이다. 하나는 형식적 측면에서 소외된 개인이나 집단의 특수한 가치나 문화가 지배적인 것과 동등하게 존중되는 것이고 다른 하나는 집단적 정체성을 넘어 개인의 고유한 가치와 특별한 능력(Leistung)에 대한 인정을 통해 스스로에게 가치를 부여하는 보다 적극적인 차원의 인정 형태이다(Honneth, 1992).

셋째, 인정의 정치는 '돌봄의 정치'이다(Gilligan, 1982; Benjamin, 1994; Hankivsky, 2004; Held, 2006). 이것은 갓난아기와 어머니의 관계처럼 가치에 대한 평가조차도 받을 수 없는 무기력한 개인이나 집단에 대한 배려와 돌봄의 윤리를 인정의 형식으로 이해하는 것이다. 육아를 위한 사회적 복지 제도나 특별한 사회적 도움이 요구되는 장

애인이나 노인을 위한 사회적 장치에 대한 요구 같은 것이 이에 해당된다.

이 글의 목적은 '인정의 정치'를 통해 광범위하게 그러나 무비판적으로 사용되고 있는 인정 개념을 헤겔의 '인륜성(Sittlichkeit)' 개념에 대한 재구성을 통해 비판적으로 성찰하는 데 있다. 이를 통해 현대의 인정 이론이 제시하는 '좋은 삶'의 규범적 기준들과 구성 원리를 비판적으로 살펴보고 현대사회에도 여전히 유효한 '좋은 삶'의 규범적 내용과 조건을 해명하고자 한다. 현대의 인정 개념을 헤겔을 통해 성찰하고자 하는 이유는 인정에 관한 현대의 다양한 이론적 논의의 철학적 뿌리가 주로 헤겔의 인정 이론에 있기 때문이다(Habermas, 1968: 9-47; Siep, 1979; Wildt, 1982; Honneth, 1992; Kim Dong Ha, 2011). 특히 이 글은 무엇보다 현대 인정 이론의 기본적인 철학적 논리를 잘 대변하고 있는 호네트를 비판적 논쟁의 상대로 삼고자 한다. 현재 문성훈, 서도식, 이현재 등의 연구를 비롯하여 한국에 나와 있는 인정 이론에 관한 정치철학적 논의의 많은 부분이 호네트 논리의 연속선상에 있다는 점에서 호네트에 대한 비판적 성찰은 한국에 소개되고 있는 인정 이론을 비판적으로 이해하는 데 도움을 줄 것이다(문성훈, 2005; 2007; 서도식, 2009; 이현재, 2010).

헤겔은 자신의『법철학(Grundlinien der Philosophie des Rechts)』(=GPR, 1821)에서 '인륜성'을 "좋은 것(das lebendige Gute)"의 규범적 표상이며 개인의 자유에 관한 이념을 담고 있는 체계로 규정한다(GPR, §142). 따라서 헤겔에게 '좋은 삶'이 무엇이며 그것의 사회 정치적 조건이 무엇인지를 해명하는 문제는 헤겔이 정립하려 했던 인륜성의 구조와 자유의 이념을 해명하는 문제라고 할 수 있다. 헤겔이 자신의 정치철학을『인륜성의 체계(System der Sittlichkeit)』로 명명했던 것도 인륜성이란 개념이 헤겔 정치철학에서 지니는 의미를 말해준다.

헤겔의 정치철학을 어떻게 이해할 것인가를 둘러싼 논쟁도 결국은 좋은 삶의 형식인 인륜성의 구조를 어떻게 해석할 것인가의 문제로 귀결된다고 할 수 있다.

헤겔에게 있어 '좋은 삶'이란 근대의 파편화된 사회적 질서에도 불구하고 개인이 스스로를 자립적인 '개인'으로 정의하면서 자기를 이해하고 실현할 수 있는 삶을 의미한다. 특히 헤겔은 근대사회의 도래와 더불어 등장한 자본주의적 시장과 추상적 법질서가 낳는 부정적 기능에 주목하면서 이 양자의 폐해로부터 어떻게 개인이 자신의 자립성(Selbständigkeit)을 긍정적인 방식으로 유지하며 자기 이해와 자기실현에 이를 수 있는지를 고민하였다. 그래서 헤겔에게 '좋은 삶'에 대한 탐구의 문제는 파편화된 사회적 질서에도 불구하고 개인이 자유에 이를 수 있는 정치 공동체의 조건을 해명하는 문제로 귀결된다. 헤겔의 인륜성의 이념은 바로 이러한 개인의 자립성과 자기실현을 보장하는 사회 정치적 조건을 해명하기 위하여 발전된 이념이라고 할 수 있다.

헤겔의 인륜성 개념을 현대적으로 재해석하면서 주목받고 있는 대표적인 학자는 하버마스의 뒤를 이어 제3세대 프랑크푸르트학파의 대표자로 부각되고 있는 악셀 호네트(Axel Honneth)이다. 헤겔의 초기 저작인 『예나 실재철학(Jenaer Realphilosophie)』(1805/06)을 분석하고 있는 『인정투쟁(Kampf um Anerkennung)』(1992)이라는 저작에서 호네트는 헤겔의 인정 개념을 개인들 간의 '상호성'에 기초한 사회적 관계의 전형으로 이해하고 이 인정 개념을 통해 헤겔의 인륜성 개념을 재해석한다. 여기서 호네트는 인륜성을 개인의 자기실현에 꼭 필요한 상호주관적 조건들을 총칭하는 개념으로 이해한다(Honneth, 1992: 277). 구체적으로 말하자면 헤겔의 인륜성 개념을 "왜곡되지 않고 제한되지 않는 인정"(Honneth, 1992: 274)을 가능하게 하는 상호주관적 조건들을 설명하는 개념으로 보는 것이다. 호네트는 이 왜곡되지 않은 인정의 경험을 가능하게 하는 상호주관적 조건들을 개인의 자유롭고 좋은 삶을 가능하게 하는 조건으로 보았다. 이러한 인식은 나중에 헤겔『법철학』의 구상과 자신의 인정 이론 간의 친화성을 논증하려는 의도에서 쓰인『비규정성의 고통(Leiden an Unbestimmtheit)』(2001)이라는 저작에서도 동일하게 나타난다(Honneth, 2001: 15-16). 여기서 호네트는 인륜성을 개인의 자기실현을 보편적으로 보장하는 정의의 이론이자 사회적 병리 현상과 고통들을 진단하고 치유하는 개념으로 이해한다. 그러나 중요한 것은 이러한 인륜성을 "현대사회에서 개인의 도덕적 정체성을 형성하는 데 구성적인 상호 인정에 관한 규범적 이론"(Honneth, 2001: 14)으로 이해한다는 점이다.

여타의 인정 이론가들과 마찬가지로 호네트에 의해 대변되는 인정 이론의 기본 가정은 사회적 주체로서 개인의 긍정적인 자기 이해와 정체성의 형성은 '대칭적인(symmetrisch)' 상호성에 기초한 타자와의 인정 경험에 의존한다는 것이다(Honneth, 1992: 210). 여기서 대칭적인 상호성에 기초한 타자와의 인정 경험이란 무엇보다 서로가 동등한 권리를 가진 주체임을 상대로부터 확인받는 자기 이해의 과정을 의미한다. 현대의 다양한 사회 정치 이론에서 인정 개념을 무비판적으로 차용하는 이유는 바로 이 인정 개념이 담고 있는 '대칭성'과 '상호성(Reziprozität)'의 원리 때문이다. 이것은 국내의 인정 이론에 관한 논의에서도 예외가 아니다. 사실 동등한 개인들 간의 수평적인 상호작용을 통해 '정치적인 것'을 형성해간다는 이론적 전제가 지니는 규범성은 매력적일 수밖에 없다.

그러나 여기서 우리가 제기해야 하는 질문은 개인들 간의 대칭적인 상호성의 원리에 기초하여 재구성된 인정의 형식들이 긍정적인 자기 이해, 즉 '좋은 삶'의 필요충분조건이 될 수 있는가이다. 특히 호네트는 인정의 경험이 전개되는 주요한 사회적 공간으로 자본주의적 시장 질서를 전제하는데 과연 이기주의와 경쟁이 난무하는 자본주의적 시장 질서 안에서 개인이 긍정적인 자기 이해에 이르는 것이 단지 도덕적인 의무감을 가진 개인들의 상호작용의 원리로 충분한가 하는 것이다. 상호성의 원리에 기초한 인정의 규범적 내용이 사회의 병리 현상을 진단하고 '좋은 삶'을 구성하는 중요한 규범적 척도 중의 하나로 기능할 수는 있겠지만, 이 원리가 실질적으로 개인들이 스스로 자신을 자립적인 '개인'으로 이해하고 행동할 수 있는 객관적인 사회 정치적 조건을 충분히 설명하고 있는가에 대해서는 회의가 든다. 상호성의 원리가 담고 있는 현실적 매력 때문에 다수의 학자가 인정 개념을 무비판적으로 상호성의 원리와 등치시켜 이해하고 있는데, 과연 호네트의 주장처럼 상호성의 원리가 '인류성'을 구성하는 근본 원리인지, 나아가 인정 개념을 상호성의 원리와 등치시켜 이해하는 것이 바른 것인지 비판적으로 검토되어야 한다. 이러한 맥락에서 이 글은 헤겔의 인류성에 관한 이념을 상호성에 기초한 인정 개념으로 재구성하는 호네트식의 인류성 개념을 반대한다.

  이것의 논증을 위해 이 글은 우선 헤겔의 인간 개념에 대한 새로운 해석을 통해 근대적 개인에게 필요한 '좋은 삶'의 본질적 내용을 규명하고자 한다. 이를 통해 자본주의적인 시장 질서 안에서 근대적 개인들의 자기 이해와 자유를 옹호하기 위해서는 상호성의 원리 이외에 공동체의 이념이 필요함을 논증하고자 한다. 실제로 헤겔에게 있어 대칭적인 상호성에 기초한 인정의 원리는 인류성의 체계를 구성하는 부분 원리는 될 수 있지만 '정치적인 것'의 본질을 구성하는 유일한 원리가 아니다. 헤겔은 『예나 실재철학』에서 개인의 상호성에 기초한 사회 구성의 원리와 구분되는 다른 형태의 사회 구성 원리, 즉 '공동체성(Gemeinschaftlichkeit)'에 관한 이념을 발전시켰다. 이것은 개인들 간의 상호주관적 행위로 환원되지 않는 공동체 자체의 고유한 의미 구조에 기초한 사회 구성 원리로서 헤겔이 말하는 인륜성 혹은 정치적인 것의 본질을 구성하는 개념이다. 이 공동체성 개념은 초개인적인 공동체 자체의 정치적 기능을 강조한다는 점에서 호네트의 인정 이론적 인륜성 개념과 구분되는 다른 형태의 사회적 존재론을 보여준다. 이 글에서 공동체성이란 헌법과 같은 규범적인 정치제도가 대의(Representation)하는 '인민의 권력'과 정치 문화 간의 상호작용 속에서 형성되는 공동체의 권력을 의미한다.

　이러한 논의를 통해 이 글은 상호성의 원리와 공동체성의 이념을 조화롭게 결합시킨 사회 이론 모델을 헤겔 '인륜성' 개념의 재구성을 통해 제시하고자 한다. 이것은 호네트가 상호성의 원리에 기초하여 재해석한 헤겔의 인륜성 개념을 수정하고 대안적 모델을 제시하는 작업이 될 것이다. 헤겔은 그의 인륜성 개념을 전개시키면서 상호성의 원리에 기초한 사랑과 법의 이념을 발전시켰고 이러한 상호성의 원리를 보완할 수 있는 공동체의 원리와 관련해서는 공동체성이라는 콘셉트를 발전시켰다고 보는 것이다. 그러나 헤겔의 공동체성에 관한 이념은 헤겔 국가 개념의 형이상학적인 틀과 결합되어 있어 이를 개인의 자유 보장과 양립 가능한 방식으로 현대적으로 재구성하는 작업이 필요하다. 따라서 이 글은 헤겔이 전개한 인륜성의 이념을 상호성의 원리와 공동체성의 원리라는 두 개의 축을 중심으로 재구성하고 이를 통해 현대의 인정 이론가들이 말하는 '상호성의 원리'를 보완할 수 있는 '좋은 삶'의 공동체적 조건을 해명하고자 한다.

2. 헤겔의 인간 이해와 '좋은 삶': 고독한 내적 존재에게 좋은 삶이란 무엇인가?

헤겔이 인정 개념을 간헐적으로 언급한 저작은 여러 개가 있지만 인정 개념을 '인륜성'이라는 '체계(System)'를 구성하는 원리 중의 하나로 발전시킨 것은 『정신현상학』을 집필하기 직전인 1805/06년에 집필한 『예나 실재철학(Jenaer Realphilosophie)』에서이다.[1] 1967년 하버마스가 「노동과 상호작용」(Habermas, 1968: 9-47)이라는 논문에서 『예나 실재철학』을 새롭게 해석하면서 인정 개념을 소통과 관계론적 사회현상을 설명하는 틀로 제시한 이래로 헤겔의 이 저작은 현대 인정 이론의 이론적 모태가 되는 글로 평가받고 있으며 최근에 다시 불기 시작하는 헤겔 르네상스의 진원지가 되고 있는 저작이다.

그러나 헤겔 정신철학의 발전사 측면에서 볼 때 『예나 실재철학』의 중요성은 무엇보다 헤겔이 이 저작에서 처음으로 '정신(Geist)' 개념을 인륜성의 체계를 구성하는 방법론적인 원리로 삼아 인륜성의 구조를 해명했다는 데 있다. 하버마스는 이 『예나 실재철학』에 나타나는 정신 개념의 특징을 무엇보다 이 정신의 상호주관적 구조에서 찾고 인정 개념을 이 정신의 상호주관적 구조를 표현하는 개념으로 이해한다. 호네트가 인정 개념을 인륜성을 구성하는 원리로 보는 것도 이러한 맥락이다.

하버마스나 호네트의 논의와 달리 이 글에서 새롭게 주목하고자 하는 바는 바로 헤겔의 정신 개념 안에 녹아 있는 헤겔의 또 다른 인간 이해 방식, 즉 근대적 개인에 대한 이해 방식이다. '좋은 삶'의 형

---

1) 『예나 실재철학』은 헤겔 저작의 서로 다른 편집본(Hegel, 1974[1805/06]; 1987[1805/06])에서 인용하되, JR로 약칭하고 앞의 책과 뒤의 책의 쪽수를 /로 구분하여 표시한다.

식과 내용을 규정하기 위해서는 인간이 도대체 어떤 존재인지에 대한 이해가 선행되어야 한다. 인간이 어떤 존재인지 알 때 그 존재에게 좋은 것이 무엇인지 알 수 있기 때문이다. 이 글은 기존의 인정 이론적 시각에서 놓치고 있는 헤겔의 인간 이해 방식을 새롭게 해석함으로써 인정 이론이 놓치고 있는 '좋은 삶'의 형식과 내용을 보충하고자 한다. 이를 위해 이 글은 개인들의 상호주관적 관계로 환원되지 않는 근대적 개인의 독특한 내면성을 주제화하고자 한다. 그런 점에서 헤겔의 정신 개념을 통해 표현되는 근대적 개인의 고유한 특성에 대한 또 다른 이해는 좋은 삶의 조건을 규명하는 데 필수적이다.

헤겔에 의하면 정신은 구체적으로 "예지(Intelligenz)"와 "의지(Wille)"로 구성되는데 이 양자의 상호작용을 통하여 정신은 자기를 표현한다. '이론이성'의 초기 형태라고 할 수 있는 예지는 이성의 이론적이고 논리적인 실현 과정을 설명하는 개념이다. 의지 개념은 예지가 이론적으로 획득한 자유의 형식에 실천을 통해 내용을 채워가는 일종의 실천이성이라고 할 수 있다. 여기서 중요한 것은 이 '예지'와 '의지'가 각각 헤겔이 이해하는 인간에 대한 표상을 담고 있다는 점이다.

먼저 호네트와 같이 인간의 활동성을 강조하는 도덕철학적 입장에서 인정 이론을 전개하는 학자들은 주로 의지 개념에 주목한다. 헤겔에게 의지는 개인이 주체로서 객관적 세계와 관계를 맺는 실천적이고 활동적인 측면을 설명하는 개념이기 때문이다. 의지 개념이 설명하는 실천과 활동성의 핵심은 '자발성'이며 이에 기초한 동기 형태를 헤겔은 "추동력(Trieb)"이라고 부른다. 자발성에 기초한 도덕적 추동력은 헤겔에게 있어 인정 운동을 견인하는 주요한 계기 중의 하나이다(Wildt, 1982: 349). 의지의 주체는 이러한 자발적인 동기에 고무되어 "자기 자신을 투여하여 스스로를 대상화"(JR, 216/186)함으로써 활동한다. 이때의 대상화란 단순히 자신을 대상화시키는 것이 아니라 주체의 자기 이해 과정을 포괄하는 과정이다.

그러나 헤겔에 의하면 근대적 개인은 의지와 욕망의 주체로서 활동적이기도 하지만 동시에 양심의 주체로서 '절대적인 내적 존재'이다. 헤겔에 의하면 도덕적 추동력이 기계를 이용하는 노동의 과정을 거치면서 꾀(List)를 가지게 되고 이를 통해 정신은 겉으로 드러나지 않는 자신만의 고유한 내적인 세계를 구축하게 된다. 꾀를 통해 가지게 되는 정신의 이 내적인 세계가 바로 '지식(Wissen)'의 세계인데, 이 내적인 지식의 세계는 정신의 발전 과정에서 "예지" 개념을 통해 표상된다. 예지는 내면을 형성하며 직접 자기를 표현하지는 않지만 의지의 활동성을 간접적으로 추동하는 정신의 독특한 계기이다. 그런 점에서 예지를 통해 형성되는 이 내면성은 고립된 내면성이 아니라 사회적 실천의 구성적 계기로 작용한다(JR, 215). 예지는 일종의 '수동적 활동성'이라고 부를 만하다. 이 글의 논의와 관련하여 중요한 점은 개인의 내면성은 예지처럼 수동적이고 소극적이지만 사회적 실천을 유도하는 동기의 주요한 원천이 된다는 점이다.

헤겔에게 내적인 지식의 세계란 '인식(Erkennen)'과 관련하여 일어나는 인간의 내적 활동을 총칭하는 개념으로 인간의 내면성이 지니는 고유함을 설명하는 개념이다. 구약성경에서 하와가 선악과라는 '인식의 나무'를 따먹음으로써 하느님과 인간 사이에 보이지 않는 하나의 벽이 생기는데 그것이 바로 헤겔이 말하는 내면성의 세계이고 지식의 세계이다. 헤겔이 지식 개념을 통해서 말하고자 하는 바는 주체가 자기 이해에 이르는 과정은 단순히 외부의 객관적인 세계와 관계하는 활동적인 도덕적 추동력(≒의지)에 의해서가 아니라 도덕적 행위의 이성적인 측면을 간접적으로 고양시키는 정신의 또 다른 동기 구조인 '지식'(≒예지)에 의해 촉발된다는 것이다. 그런 점에서 내면성의 세계 혹은 내적인 지식의 세계는 인간의 외적인 활동의 이성적인 측면을 증진시키는 인지적이고 정서적인 동기의 원천이라고 할 수 있다. 실제로 헤겔은 "인정(Anerkennen)"이라는 실천적인 행위는 "인식(Erkennen)"이라는 지식 과정에서 나온다고 보았다(JR, 232/203). 이것은 사회적 실천에 있어서 개인의 내면성이 지니는 중요성을 보여준다. 물론 인식의 과정은 '투쟁'과 같은 사회적 실천의 영향을 받는 것이 사실이다. 그럼에도 불구하고 인식의 과정은 이 외적인 실천으로 환원되지 않는 영역을 포괄하고 있다는 것이 헤겔의 통찰이다.

이 지식 개념에 기초해서 헤겔은 근대적 개인을 자기 존재의 절대성을 지식의 형태로 자기 안에 가지고 있는 절대적인 "내적 존재"로 특징짓는다(JR, 267/239). 자신의 내적인 도덕적 세계를 모든 판단의 절대적 기준으로 삼음으로써 자기 외부의 모든 객관적 연관으로부터 자유로울 수 있는 특수한 존재라는 것이다. 그런 점에서 헤겔은 이 절대적 내적 존재를 '악'이라고 규정하기도 하는데 이 '악'의 문제 틀은 결국 정치 체계의 발전 과정에서 "자기에 대한 순수한 지식"(JR, 260/231)의 문제로 규정된다.

헤겔의 이 절대적 내적 존재는 정치적인 영역에의 실질적인 참여가 배제된 채 거대한 외적인 강제들에 내던져져 자기 스스로 자신의 존립을 꾸려나가야 하는 근대적 개인의 고독한 내면성을 주제화한 것이라고 할 수 있다. 『예나 실재철학』의 전체 전개 과정을 통해 헤겔이 보여주는 주요한 통찰은 소위 '악'으로 규정되기도 하는 인간의 내면성과 '지식'의 문제가 사회적 통일성 속에서 해소되지 못할 때, 그것은 근대사회에 나타나는 병리 현상의 주요한 원천이 될 수 있다는 것이다. 헤겔은 근대적 개인의 해소되지 않는 독특한 내면성의 문제를 근대사회가 직면한 근본 문제로 보고 있는 것이다. 헤겔에 의하면 이 근대적 개인의 내면성 혹은 지식의 세계는 개인들 간의 상호성의 원리로 해소될 수 없는 독특한 내면성이다. 그래서 이 내면성은 가족 간의 사랑이나 법적인 인정 등에 의해서도 해소되지 않는 독특한 공간이다.

따라서 헤겔에게 있어 좋은 삶과 인륜성의 구성 문제는 의지와 욕망의 주체인 활동적 존재로서의 인간과 고독한 내적 존재로서의 인간이라는 근대적 개인의 모순적인 이중적 측면과 관련하여 고찰되어야 한다. 전자와 관련하여 헤겔은 인정의 상호주관적 조건들을 해명하면서 개인들 간의 실천적인 활동성을 보장하는 사회적 조건을 논구하였고, 후자와 관련하여서는 고독한 내적 존재의 행위능력과 자기 이해를 고양시킬 수 있는 인정의 공동체적 조건을 해명하였다. 헤겔이 근대적 개인의 내적인 고독함을 통해 주목한 것은 개인들 간의 형식적인 상호주관적 관계로 채워지지 않는 개인의 내적인 자유와 개인의 행위능력에 관한 문제였다. 근대사회의 시작과 함께 형식적으로는 개인의 자유의 폭이 넓어졌지만 그 자유를 향유할 수 있는 공동의 행위능력은 거대한 외적 강제들의 틈바구니에서 훼손되거나 축소되어가고 있다는 것이 헤겔의 통찰이었다. 헤겔은 이러한 개인의 행위능력을 제고시킬 수 있는 공동체의 정치제도적·사회 문화적 층위를 모색했는데, 이것은 그의 '공동체성'에 대한 개념 속에서 구체화되었다.

이런 맥락에서 볼 때 호네트는 사회적 투쟁의 이념에 고취된 나머지 '자기 관계적인' 근대의 고독한 개인이 함축하고 있는 사회적 병리 현상의 지평을 주목하지 못하고 있다. 이것은 비단 호네트만의 문제가 아니라 대칭적인 상호성의 원리에 기초해서만 인정의 문제를 보려는 인정 이론가들 전체의 문제이기도 하다. 헤겔의 고독한 내적 존재로서의 인간에 대한 이해는 넘치는 활동성에도 불구하고

커져가는 현대인의 고독한 내면을 고려할 때 현대에도 여전히 유효하고 탁월한 인간 이해라고 할 수 있으며 이것이 이 글이 새롭게 주제화하고자 하는 헤겔의 해석의 내용이다.

3. '좋은 삶'의 상호주관적 조건: '사랑'과 '법'

헤겔은 가족, 시민사회, 국가(헌법)라는 세계의 인륜적 영역을 구분하고, 각각의 영역에 맞는 좋은 삶의 규범적 형식을 제시하고 있다. 우선 가족과 시민사회의 단계에서는 '사랑(Liebe)'과 '법(Recht)'이라는 인정의 형식을 통해서 개인이 자기 이해에 이를 수 있는 상호주관적 조건을 다루고 있다. 그러나 헤겔이 이 두 개의 인정 형식을 통해서 궁극적으로 보여주고자 하는 바는 이 두 개의 상호주관적 인정 형식으로도 채워지지 않는 고독한 내적 존재로서의 근대적 개인이 가지고 있는 내면성의 문제이다. 헤겔에게 자유란 단순한 외적 형식의 문제가 아니라 심리적인 차원을 포괄하는 개인 내면의 '지식' 문제를 포괄하는 것이다. 따라서 헤겔에게 좋은 삶이란 법적 인정이 보장하는 형식적 자유를 넘어 적극적인 자유의 내용을 포괄하는 것이라고 할 수 있다.

먼저 헤겔은 가족의 영역 안에서 성적인 주체들의 상호성 속에서 이루어지는 사랑을 통해 주객 관계에 기초한 노동의 문제 틀에는 결여되어 있던 자기 인식의 상호주관적 구조를 주제화하고 있다. 남성과 여성의 상호 관계에 기초한 사랑은 "타자 속에서 자신의 본질"(JR, 233/193)을 재발견하는 자기 이해의 특별한 형태이다. 노동이 '사물'과의 관계 속에서 자기 인식 혹은 자기 이해를 추구하는 형식이라면, 사랑은 자신과 다른 주체와의 관계 속에서 이루어지는 자기 이해의 가장 원초적 방식이다. 사랑을 통해서 획득하는 자기 자신에 대한 지식은 다름 아닌 자신을 '타자를 위한 존재'로 아는 것이며 이 지식을 통해서 대립하는 두 주체는 통일을 이룬다. 그러나 자기의 본질을 타자 속에서 찾는다는 것은 자기 중심이 부재한다는 의미이기 때문에 이 이타적인 주체는 사랑의 단계에서 아직 비자립적인 존재라고 할 수 있다. 사랑의 관계가 파국에 이를 때 극단적인 행위들이 나타나는 것은 바로 사랑이라는 지식이 가지고 있는 이 비자립적인 성격 때문이다. 그런 점에서 사랑은 '인륜성'의 가장 아름다운 모습을 원초적 형식으로 지니고 있지만, 이러한 인정은 법적 주체(Person)로서의 개인이 아니라 아직은 사회적으로 성숙하지 못한 "자연적 자아"(JR, 223 Anm. 2/193)에 대한 인정이라고 할 수 있다. 그래서 헤겔은 사랑을 자유롭고 독립적인 의지(freie Willen)를 가진 개인들 간의 인정 관계가 아닌 두 개의 서로 다른 '특성들'을 인식한 자연적 자아들의 인정 관계로 이해한다. 사랑의 주체인 개별 개인들이 각각 이타적 행위의 근거로서 자신을 경험한다는 점에서 인륜적인 모습을 갖추고 있지만 자립성이 결여된 개인들 간의 상호성에 기초한 사랑은 불완전한 통일이라는 것이다. 그래서 사랑의 관계는 인정투쟁으로 발전해나간다.

헤겔에게 가족이란 사랑과 결혼, 공동의 노동 그리고 가산과 자식이라는 세 가지 요소로 구성된 총체로서 "온전하고 자유로운 개체성"(JR, 226/196)이 형성되는 공간이다. 자유로운 개체성의 형성에 '사랑'이라는 인정 경험이 기여하는 바는 모든 사회적 관계의 기초를 이루는 정서적이고 감성적인 자기 정체성을 형성하는 데 있다. 사랑이라는 '정신적인' 인정은 공적인 삶에 필수적인 자기 신뢰를 형성하는 구성적 계기가 된다. 하나의 복합체인 가족 안의 사랑을 통해서 형성된 온전하고 자유로운 개체들이란 인정투쟁의 주체인 '대자적 존재'를 의미한다. 그런 점에서 인정투쟁의 과정은 가족 안의 사랑을 통해서 형성된 자립적인 개인 없이 생각할 수 없다.

헤겔이 사랑을 통한 자기 이해의 과정을 설명하는 과정에서 주목할 만한 것은 이 상호주관적인 인정 경험을 통해 여성적인 도덕을 주제화하고 있다는 점이다. 헤겔에 의하면 여성적인 욕망은 여성 자신의 만족이 아니라 남성적인 추동력(Trieb)을 일깨우고 충족시키는 특성이 있다. 여성적인 욕망은 단순히 "자기만족을 추구하는 존재가 아니라 타자 속에서 자신의 본질"을 찾는 특성이 있다는 것이다. 헤겔이 사랑의 본질을 '타자를 위한 존재'에서 찾았을 때 바로 이 여성적 도덕을 염두에 둔 것이다. 그런 점에서 대립하는 두 주체가 사랑이라는 통일성에 이를 수 있었던 것은 포용적인 여성적 도덕의 역할 때문이다. 여성적인 도덕은 사랑이라는 인정 형식에 보편성과 통합성을 증대시키는 역할을 한다. 결국 사랑이라는 인정 형식은 정서적인 관심과 배려를 통해서 행위자들의 현실적인 필요를 일깨워주고 그 행위자들의 행위능력과 통합성을 증대시켜주는 '여성적인 도덕'의 가능성을 보여준다. 이러한 여성적인 도덕은 남성적인 추동력 혹은 남성적인 도덕과는 구분되는 '예지'의 모습을 상기시킨다. 남성적인 도덕적 추동력이 서로 투쟁하고 경쟁하는 외적인 의지 관계들에 중요한 동기 형태라면, 여성적인 도덕 혹은 정서는 행위자들의 내적인 자기 관계에 구성적인 역할을 하는 것으로 주체의 내적인 성찰 능력과 관계한다. 사랑이라는 관계의 원초성과 불완전성을 논외로 하고 본다면, 사랑의 이 여성적 계기는 예지가 형성하는 독특한 내면성과 원리적으로 맞닿아 있다.

결국 인정의 한 형식으로서 가족 안의 사랑이 함축하고 있는 의미는 사회적 정체성과 구분되는 개인의 고유한 자연적 특성과 개체성에 대한 정서적인 인정 없이는 객관적인 사회 정치적 관계 안에서 이루어지는 인정의 형태들이 그 지속성을 보장할 수 없다는 것이다. 그런 점에서 가족 안에서의 사랑의 경험은 법적·인륜적 인정의 합리성과 지속성을 보장하는 기초적인 인정 형태라고 할 수 있다.[2] 그러나 자연적 관계에 기초한 사랑은 갈등이 내재된 사회의 문제 해결 양식으로는 부족하며, 사회적 연대의 원리로도 한계가 있다.

호네트도 인정의 형식으로서 사랑이 지니는 정서적 기능을 강조한다. 그러나 호네트의 문제는 사랑이라는 기초적인 인정 형식으로부터 '연대(Solidarität)'와 같은 비제도화된 사회적 도덕을 단계적으로 도출하는 데 있다. 호네트는 이 연대와 같은 고차원의 도덕을 사회적 갈등 해결을 위한 해답으로 본다. 그러나 문제는 사랑과 마찬가지로 '연대'와 같은 비제도화된 도덕 형식은 갈등이 내재된 사회의 분열을 해소하기에 충분한 계기를 자체 내에 포함하고 있지 않다는 것이다.

다음으로 헤겔은 첫 번째 장의 마지막 부분에서 인정의 문제를 '생사를 건 투쟁'의 관점에서 다루고 있는데, 이 인정 관계의 핵심은 법적인 주체로서의 "자기 자신에 대한 지식"(JR, 231/202)의 획득 문제이다. 여기서 주목해야 할 것은 법적 주체로서 자기 이해에 이르는 법적 인정의 과정은 단순히 상호성에 기초하여 상대를 평화롭게 긍정하는 과정이 아니라, 자신의 절대성을 자기 내면의 도덕적 지식 속에 직접적으로 소유하고 있는 근대적 개인의 '자기주장'의 과정이라는 것이다. 이것은 구체적으로 자기 판단의 절대적 기준을 자기

---

[2] 서구에서 보편화된 동거와 같이 오늘날은 가족이라는 제도적 형식 없이도 사회적으로 인정되는 다양한 사랑의 양식이 등장하고 있기 때문에 가족이라는 형식을 뺀 채 사랑만을 인정의 보편적 형식으로 주제화하기도 한다. 그러나 헤겔은 가족이라는 제도와 사랑을 결합시키고 있다. 현재 서구의 가장 중요한 사회정책 중의 하나가 가족 정책이 되어버린 현실을 감안하면 가족이라는 제도적 형식과 사랑을 분리하는 문제는 시대에 따라 항상 재해석될 여지가 있다.

내면에 지식의 형태로 가지고 있는 독립적인 개인이 자기 의지의 절대성을 주장하는 과정이다. 그런 점에서 법적 권리를 위한 인정투쟁은 '자기주장'과 '타자에 대한 긍정'이라는 두 가지 모순되는 경향이 공존하며 갈등하는 과정이다(Roth, 1989: 134). 이와 같이 인정의 과정은 서로 다른 주체가 자기 의지의 절대성을 주장하는 과정이기 때문에 그 특성상 '투쟁'의 과정일 수밖에 없다. 그런데 헤겔은 이 모순적인 인정투쟁의 결과 추상적인 인정체(das unmittelbare Anerkanntsein), 즉 법(Recht)이 형성된다고 말한다(JR, 233 Anm 1/204 Anm 4).

여기서 할 수 있는 질문은 자신의 절대성을 주장하는 개별 의지의 완고함에도 불구하고 인정투쟁이 어떻게 법적 인정이라는 긍정적인 사회적 관계로 발전할 수 있느냐 하는 것이다. 이 대목에서 헤겔은 '투쟁'이라는 개인들 간의 상호성에 기초한 행위와 구분되는 특별한 지식의 생성 과정, 즉 성찰적인 지식의 생성 과정을 주제화한다. 인정 운동은 단순히 상호주관인 사회적 투쟁의 과정이 아니라 성찰적인 지식의 형성 과정과 결합되어 있다는 것이다. "인식(Erkennen)이 인정(Anerkennen)이 되는 것이다."(JR, 232/203) 달리 말하자면 인정투쟁의 결과로 생기는 법적 인정의 성공은 단순히 각 주체가 자기주장의 극단에 이르러 양자가 상호 간에 양보를 함으로써 이루어지는 것이 아니라, 개별 주체가 자기 스스로와 관계하면서 만들어내는 성찰적인 지식의 생성 경로에 의존한다는 것이다. 따라서 긍정적인 성찰적 지식의 생성을 가능하게 하는 사회 정치적 조건은 성공적인 인정 경험의 핵심적 요소이자 좋은 삶의 조건이 된다. 헤겔은 긍정적인 자기 성찰적 지식을 가능하게 하는 사회 정치적 조건을 그의 '공동체성' 개념을 통해 주제화한다. 헤겔이 성찰적인 지식 생성 과정의 고유성을 주제화한 것은 고독한 내적 존재인 근대적 개인의 내면성과 맞닿아 있다. 그런 점에서 근대적 개인의 내면성, 성찰적 지식 그리고 공동체성은 서로 연속적인 관계 속에 있다. 호네트의 인정 이론적인 인륜성 개념은 이 세 가지 요소의 상관성을 간과한 채 상호주관적 관계만 주목하는 한계를 지니고 있다.

헤겔에게 공동체성은 개인의 성찰적인 지식의 형성을 위한 인지적이고 정서적인 조건이며 동시에 인정투쟁이 '법'이라는 긍정적인 사회적 관계로 발전할 수 있게 하는 매개 구조라고 할 수 있다. 헤겔에게 있어 이러한 지식의 발전과 실현은 종교적으로 매개된 정치·문화적 바탕 위에서 정치제도들이 국가의 영역에서 '인민의 권력'이라는 공동체의 규범적 가치들을 상징적으로 대의하는 과정에서 현실화된다. 이렇게 정치제도를 통해 현재화된 공동체성은 다원화된 사회 안에 최소적 의미에서 개인에게 공동의 행위와 의미 발견을 위한 가치 공간을 제공한다. '절대적 내적 존재'로서의 개인은 이러한 공동체의 '현실적인' 가치 안에서 자기 발견 혹은 자기 정체성의 공동체적 계기를 발견한다. 이것은 구체적으로 가치를 매개로 한 정치제도의 특수한 규범적 대의 기능을 통해 개인을 '공동체' 안에 포용하는 통합의 과정을 의미한다. 『예나 실재철학』에서 공동체성의 규범적 내용은 크게 두 가지로 구성된다. 하나는 "헌법(Konstitution)"(JR, 260/231)이라는 정치제도의 가치를 통해 표상되는 법적 체계의 합리적이고 객관적인 차원이고, 다른 하나는 공동체의 사회 문화적 가치가 지닌 정서적 차원이다.

헤겔에 의하면 인정투쟁의 과정은 본질적으로 단순히 '도덕적 추동력'만을 지닌 의지가 내적인 지식을 가진 "지적인 의지"(JR, 232/203)로 발전하는 과정이다. 여기서 중요한 것은 이 '지적인 의지'가 자기 자신에 대한 지식을 상호주관적 연관을 통해서 직접적으로 획득하는 것이 아니라 자신과의 순수한 관계 속에서 내적으로 성찰을 하면서 획득한다는 것이다. 자신과의 순수한 내적 관계를 전제하는 이 '성찰적 지식의 생성 과정'이 없이는 자기 자신에 대한 지식을 획득할 수 없다는 것이다. 그런 점에서 헤겔이 말하는 '지적인 의지'는 상호주관적 차원과 구분되는 독특한 지식 형성 과정을 전제한 개념이라고 할 수 있다. 이것은 인정이 '투쟁'이라는 상호주관적 과정과 자기 관계적인 성찰적 지식의 생성 과정을 동시에 포괄하는 복합적인 과정임을 보여준다. 그런 점에서 성공적인 인정의 가능성은 도덕적 추동력에 의해 동기화된 투쟁뿐만 아니라, 자아의 내면성과 관계하는 성찰적인 지식 생성 과정이 어떻게 진행되느냐에 달려 있다고 할 수 있다. 물론 성찰적 지식의 생성 과정은 상호주관적 관계의 원천인 투쟁의 과정을 배제하는 것이 아니다. 왜냐하면 지식은 순수하게 내적인 것이 아니라 대립하는 관계 속에서 얻게 되는 경험을 포함하는 것이기 때문이다. 그러나 성찰적 지식 생성 과정의 자기 관계적 측면은 투쟁의 경험으로 환원되지 않는, '내적으로 존재하는' 개인의 특별한 경험 영역을 보여준다. 파편화된 세계 속에서 모순적인 경향이 서로 충돌하는 인정투쟁의 과정을 긍정적인 사회적 관계로 변화시키는 의식의 전환은 호네트가 시도한 것처럼 단순히 상대에 대한 규범적 시각에 기초한 도덕적 이유로만 설명될 수 없다. 그것은 오히려 초월적인 경험까지도 포괄하는 성찰의 과정에서 생기는 개인의 독특한 내적인 지식 경험을 동시에 고려할 때 제대로 이해될 수 있다.

4. 좋은 삶의 공동체적 조건: 공동체의 권력과 공동체성

헤겔 정치철학의 가장 큰 매력 중의 하나는 근대적 개인의 왕성한 활동성 이면에 방치되고 있는 고독한 내면성을 주제화했다는 데 있다. 호네트를 비롯한 현대 도덕철학자들의 문제는 개인을 욕망과 활동의 주체로만 보고 이 개인의 내면성의 문제를 방기하고 있다는 데 있다. 그러나 헤겔에 의하면 상호주관적인 관계로 해소되지 않는 억압된 내면성은 근대사회에 나타나는 병리 현상의 주요한 원인 중의 하나이다. 따라서 헤겔은 근대적 개인의 성공적인 자기 이해와 좋은 삶은 사랑과 법이라는 상호주관적 인정 관계뿐만 아니라 개인의 내면성을 고양시키는 공동체의 사회 정치적 조건에 달려 있다고 보았다. 이를 위해 헤겔은 자신의 인륜성 개념의 근간을 이루는 '공동체성' 개념을 '헌법'으로 표상되는 규범적인 정치제도의 영역 안에서 발전시켰다. 헤겔의 공동체성에 관한 이념은 시장의 논리가 관철되는 시민사회와 구분되는 '정치적 국가'의 고유한 역할과 관계된 것으로, 정치 공동체 안에서 작동하는 '정치적인 것'의 고유한 기능을 설명하는 개념이라고 할 수 있다.

공동체성 개념이 사랑과 법적 인정같이 개인의 상호성에 기초한 사회 구성 원리와 다른 점은 그것이 공동체의 고유한 의미 구조에 정초된 사회 구성 원리라는 데 있다. 『예나 실재철학』에서 헤겔은 시민사회적 영역에서 헌법이라는 정치적 국가의 영역으로 이행하는 전(前) 단계에서 '강제력을 지닌 법(das gewalthabende Gesetz)'을 논한다. 여기서 그는 자본주의적 시장의 계약 모델을 비판하며 공동체의 고유한 의미 구조에 정초된 국가 형성을 위한 새로운 구성 원리를 주제화한다. 이 새로운 국가 구성 원리는 호네트가 인정 이론적 틀에서 전개한 사회 구성 원리와 온전히 구분되는 새로운 형태의 사회적 존재론을 보여준다. 그것은 다름 아닌 공동체의 정치제도가 '대의'하는 규범적 가치를 매개로 "개인의 내면적 자아를 자기 안에 포용하는"(JR, 245/217 Anm. 1) 통합의 원리로 구체화된다. 이것은 동시에 개인이 자신의 고유한 개체성과 존엄성을 공동체의 정치제도 안에서 발견하고 스스로에게 가치를 부여하는 통합의 과정이다. 이렇게 헤겔은 집단적 정체성과 구분되는 개인의 고유한 개체성과 존엄의 인정 문제를 정치제도의 차원에서 접근하고 있다.

이 글의 해석과는 달리 호네트는 이러한 개인의 '자기 가치 부여(Selbstschätzung)' 과정을 정치제도의 영역이 아니라 시장경제의 영역에서 이루어지는 연대와 능력(Leistung)의 관점에서 주제화하고 있다. 호네트의 국가에 대한 부정적 인식은 비판이론적 전통에서 유래한 것이다. 그러나 과연 세계화와 노동의 유연성 확대를 통해 많은 노동자의 사회적 지위를 위협하고 있는 시장경제의 영역이 '지속적으로' 개인의 사회적 가치와 능력을 인정하고 나아가 개인의 고유한 개체성과 존엄성을 유지할 수 있게 하는 사회적 공간인지에 대해서는 회의가 든다.

헤겔은 공동체성 개념이 담고 있는 독특한 정치적 성격을 해명하기 위해 개인과 법적 제도 사이에 발생하는 '비대칭적 경험 구조'를 주제화한다. 헤겔은 개인들 간의 상호주관적인 인정의 형식과는 별개로 법 제도의 발전 과정에서 필연적으로 개인이 법 제도와 직면하게 되는 비대칭적인 경험 안에서 정치적인 것, 즉 공동체성의 본질을 설명한다.

헤겔에 의하면 법의 본질은 강제성에 있다. 그래서 헤겔은 "범죄(Verbrechen)의 내적 원천은 법의 강제성에 있다."(JR, 243/215)고 지적한다. 인정투쟁의 결과로 생긴 법은 분명 개인의 자유를 실현하는 주요한 인정 형식이지만 법이라는 제도가 지니는 본래적 추상성 때문에 법은 개인에게 항상 억압의 기제로 작용할 수 있다는 것이다. 이것은 상호주관적 인정 형식의 하나인 형식적인 법이 개인의 내면성 혹은 내적인 자기 이해의 문제를 온전히 해결하지 못하고 있음을 보여준다. 그 결과로 생기는 것이 바로 '범죄'이다. 헤겔이 말하는 '범죄'는 기존하는 인정 형식에 도전하는 또 다른 형태의 인정투쟁이라는 점에서 '범죄'는 개인들이 자신들의 개인성과 권리를 실현하는 주요한 행위 양식이라고 할 수 있다. 그러나 이러한 범죄에 대하여 법 제도는 항상 '처벌'이라는 강제성을 통해 자신의 상처 입은 보편성을 복원한다. 여기서 강제성을 지닌 법과 개인은 원리적으로 볼 때 서로 화해할 수 없는 관계 속에 서게 된다. 법이 자신의 본질을 강제성으로 인식하는 한, 법 제도와 개인 사이의 비대칭적인 관계는 항상 부정적인 관계이다. 물론 헤겔은 '범죄'의 생산적 성격을 인정한다. 그러나 법의 추상성이 지니는 본래적 한계에 주목하면서 강제력을 지닌 법과 개인의 화해를 시도한다. 이것이 바로 '범죄'와 '사면(Begnadigung)'이라는 독특한 문제 틀을 통해 헤겔이 주제화한 내용으로 비대칭적인 관계 안에서 이루어지는 인정의 독특한 형식이다 (JR, 245-260/217-231).

'범죄'와 '처벌'의 문제 틀은 시민사회 단계에서 이루어지는 비대칭적 관계의 내용이라면, 범죄와 사면의 문제 틀은 시민사회 영역에서 '정치적' 국가의 영역인 '헌법'으로 이행하는 단계에서 나타나는 내용이다. 법 제도와 개인 사이의 비대칭적 관계를 분석하는 데 관건이 되는 것은 비대칭적인 관계에 있는 법적 주체로서의 개인이 어떻게 추상적인 법 제도의 부정적인 영향에도 불구하고 자신의 자기 이해에 이를 수 있는가이다.

'사면'은 '강제력을 지닌 법'이 '정치적 국가'의 단계인 헌법으로 이행하는 과정에서 하는 특수한 기능이다. 법학적인 맥락에서 보면 사면의 필연성은 형법의 경직성을 완화하고 보완하는 데 있지만, 헤겔에게 있어 사면은 그것을 넘어 정치적인 것과 공동체라는 층위의 독자성을 논증하기 위한 개념이다. 실제로 어떤 정치적 공동체 안에서 이루어지는 사면은 특정한 범죄자 개인을 향한 용서가 목적이 아니라 공동체 자체를 위해 정치적 공동체의 내적인 통합력을 증진시키는 것이다. 사면은 공동체의 가치를 현실화시키기 위한 정치제도의 상징적인 정치 행위이다.

헤겔은 '강제력을 지닌 법'이 '사면'이라는 정치적 행위를 하는 '정치제도'로 발전하는 과정을 다음과 같이 서술한다. "악[개인]을 자기 자신으로 인식하고" "그것을 용서하는" 것이다(JR, 260/231). 여기서 용서라는 것은 악 혹은 범죄라는 행위를 없었던 것으로 하는 '사면'을 의미한다. 헤겔에 의하면 사면 과정의 본질은 첫째, 개인에게 하나의 '강제(Zwang)'로만 인식되던 법이 "정신"으로 자기 변화를 한다는 데 있으며, 둘째, 이 변화된 법은 시민을 처벌의 대상이 아니라 자신과 동등한 "정신"으로 대한다는 데서 찾을 수 있다. 이것은 강제적인 법과 개인 사이의 부정적인 관계를 뒤집는 사회적 관계의 새로운 전환을 의미한다. 이 사면의 문제 틀 속에서 법 제도와 개인 사이의 부정적인 비대칭적 관계는 이제 긍정적인 관계로 변한다.

헤겔에게 있어 정치적 공동체의 '정신'이란 항상 헌법이라는 정치제도 안에 제도화된 규범적 '가치'를 의미한다. 헌법의 이 규범적 가치를 매개로 강제적인 법은 '정신'이 되고 시민을 '정신'으로 대하는 것이다. 따라서 법이 '정신'이 된다는 말은 '헌법'이라는 정치제도가 공동체의 기본 가치를 매개로 개인에게 공동의 행위 공간을 제공하고 이를 통해 개인을 규범적으로 통합하는 과정을 전제한 것이다. 이러한 과정을 통해 개인은 공동체의 가치 안에서 스스로 '개인'으로서 자신의 고유한 개성과 능력에 대한 인정을 경험하고, '자기 가치 부여'를 통해 자기 이해에 이르게 된다. 따라서 사면의 문제 틀은 단순히 의도적으로 법을 어긴 범죄자의 용서를 의미할 뿐 아니라 정치제도가 개인을 대하는 태도(orientation)의 변화를 의미한다. 개인과 정치제도 사이의 이러한 화해의 과정을 통해 헤겔은 정치제도와의 비대칭적 관계 속에서 이루어지는 인정의 문제를 주제화하고 이 속에서 이루어지는 개인의 독특한 자기 이해 과정을 설명하고 있다. 그런 점에서 헤겔에게 인정이란 호네트가 주장하듯이 단순히 상호성에 기초한 개인들 간의 대칭적 관계만을 의미하는 것이 아니라, 정치제도가 구현하는 고차원의 정치적 보편성 안에 개인을 포용하는 비대칭적 관계를 동시에 포괄하는 개념이라고 할 수 있다(김동하, 2009: 160).

그렇다면 어떻게 강제성을 본질로 하는 법이 '정신'이 되어 시민을 '정신'으로 대하는 태도의 변화가 일어날 수 있는가? 헤겔은 처벌이라는 강제성을 자신의 무기로 삼는 '법'이 '사면'이라는 고도의 정치적 행위를 하는 제도로 발전하는 과정을 독특한 관점에서 서술한다. 즉 제도의 발전 과정을 공동체의 내적 권력 증대와 이를 통한 시민들의 행위능력 증가의 관점에서 서술하는 것이다. 이것은 법이라는 제도의 성격 혹은 태도 변화를 권력 이론적 관점에서 이해하는 것으로 법의 성격 변화와 공동체의 내적인 권력 간에 존재하는 상관성을 주목하는 것이다. 이 공동체의 내적 권력은 상호주관적인 사회적 관계나 상호성의 원리로 설명되지 않는 공동체 자체의 고유한 층위에서 나오는 것이다. 이것은 제도의 발전을 단순히 인정투쟁을 통한 공적인 강제력의 외적 추가와 그것의 구체화라는 관점에서 서술하는 호네트의 헤겔 해석에서 놓치고 있는 부분이다. 이것은 역으로 말하면 호네트의 해석과 달리 헤겔은 시민들의 개인적 가치와 '능력'에 대한 인정 문제를 시장의 교환 체계가 아니라 '공동체의 권력'이라는 독특한 권력의 '현재화' 속에서 다루고 있음을 의미한다. 즉 개인이 스스로를 독립적인 '개인'으로 정의하고, 개인으로서 자신의 가치와 능력에 자긍심(Selbstwertfühl)을 갖는 동기의 원천은 시장의 교환관계 속에서 일어나는 개인들의 상호작용이 아니라 개인에게 자립성과 행위능력을 부여하는 '공동체의 권력'이라는 것이다.

헤겔에게 공동체의 권력은 개인의 상호작용으로 환원되지 않는 공동체 자체의 자기 관계 속에서 형성되는 집합적 권력으로 공동체의 구성원에게 행위능력을 부여하는 권력이다. 현대적 용어로 말하자면 헤겔은 공동체의 권력이 지닌 임파워먼트(empowerment)적 성격에 주목했다고 할 수 있다. 개인들의 단순한 상호작용으로 환원되지 않는 이러한 공동체의 권력은 파편화된 현대사회의 부정성 속에서 개인으로 하여금 자기실현과 '좋은 삶'을 가능하게 하는 동기의 원천이 될 수 있다. 여기서 공동체의 권력이란 정치제도 안에 규범적으로 제도화된 '인민의 살아 있는 권력'이 인륜적인 '대의' 과정 속에서 충분히 현재화됨으로써 기능하는 권력이다. 이것은 일차적으로는 헌법과 같이 공동체의 기본 가치를 매개로 기능하는 규범적인 정치제도의 권력 효과라고 할 수 있지만 여기에는 반드시 이 정치제도의 기본 가치에 부합하는 사회 문화적 가치 구조가 필요하다. 결국 사면의 문제 틀은 공동체의 내적 권력의 상승과 시민들의 행위능력의 증가라는 두 요소 간의 상관관계 속에서 이해될 수 있는 인정의 비대칭적 구조라고 할 수 있다.

헤겔이 사면 개념을 통해 정치제도의 상징적 기능을 주제화하면서 강조하는 공동체성의 또 다른 층위는 종교의 정치 문화적 차원이다. 헤겔은 사면 개념에 담긴 종교적 함의에 주목하면서 공동체 혹은 공동체성의 본질적인 층위의 하나로 종교를 지적한다. 이때 종교란 정치 문화라는 공적인 가치 체계를 구성하는 문화적 층위 중의 하나이다. 헤겔에 의하면 사면 개념은 단순한 정치제도의 행위가 아니라 기독교라는 종교의 보편적 가치가 반영된 정치제도의 행위이다. 이는 공동체의 인륜적 삶 속에 역사적으로 문화적으로 뿌리를 내린 종교의 보편적인 규범적 가치가 공동체성 혹은 공동체의 권력을 구성하는 핵심적인 기제로 이해되고 있음을 보여준다. 헤겔에게 종교로서 기독교의 현실적 의미는 그것이 근대적 국가의 기본 가치인 개인의 자유에 관한 이념을 구체적으로 구현하고 있다는 데 있다. 헌법과 같은 정치제도의 기본 가치와 상호 보완적인 보편적인 종교적 가치는 정치제도의 기본 가치를 구현하는 필요조건이다. 기독교의 종교적 원리와 내용은 이런 식으로 인륜성, 즉 제도화된 '살아 있는 인민의 권력'을 구성하고 현실화하는 장치로 기능한다. 그런 점에서 헤겔은 정치제도의 기본 가치와 이에 상응하는 보편적인 종교적 가치의 상보적인 관계 속에서 개인의 행위능력과 내면성을 고양시키는 공동체 권력의 현존을 보았던 것이다.

헤겔이 단순히 정치제도의 기능을 통해서만 공동체성의 문제를 다루지 않고 종교의 보충적 기능을 함께 고려한 것은 절대적 내적 존재로서의 근대적 개인의 특수성을 염두에 둔 것이라고 할 수 있다. 헤겔은 기독교라는 종교 안에서 절대적 내적 존재이자 양심의 주체인 근대적 개인의 자기 이해를 위한 보충적 조건을 본 것이다. 중요한 것은 헤겔이 이성적인 자기 이해의 문제를 상호성에 기초한 개인들 간의 상호작용보다는 공동체의 사회 문화적 지식 구조를 통해 주제화했다는 것이다. 시민들이 공유하는 공동의 가치 기반을 매개할 수 있는 종교 안에서 헤겔은 시민들이 자기 존엄의 가치를 부여하며 자기를 이해하고 스스로 자신을 '개인'으로 정의할 수 있는 보충적 조건을 보았던 것이다. 자신을 스스로 '개인'으로 정의한다는 것은 형식적인 법적 인정이 실질적으로 보장하지 못하는 개인의 고유한 개성과 능력을 발견하는 것을 의미한다. 사랑도 타자 속에서 자기 자신을 발견하는 인정 형식이라는 점에서 개인의 특수한 개성과 능력의 인정과 거리가 있다. 결국 헤겔은 정치 문화적 맥락 속에서 이루어지는 이 종교의 보충적 기능 속에서 좋은 삶의 또 다른 조건을 본 것이다.

결국 헤겔의 결론은 근대적 개인의 자기 이해와 좋은 삶을 위해서는 상호성의 원리에 기초한 사랑이나 동등한 법적 권리를 가진 주체로서의 인정 경험만으로는 부족하다는 것이다. 상호성의 원리는 공동체성, 즉 공동체 자체가 함축하고 있는 고유한 정치적 층위들로 보충되어야 한다. 헤겔에 의하면 공동체성이란 정치제도의 규범적 가치와 종교적 층위를 내재한 공동체의 사회 문화적 가치 간의 상호작용을 통해 형성되는 공동체의 내적 권력을 의미한다. 이 공동체 권력의 현재화는 무엇보다 인민의 권력을 대의하는 정치제도의 능력과 기능에 일차적으로 의존하지만 이 정치제도의 규범적 가치를 지지하는 정치 문화적 구조가 없이는 불가능하다. 공동체성의 현존 없이는 개인들 간의 상호성의 원리에 기초한 좋은 삶의 상호주관적 조건들은 온전한 자기 이해와 자기실현의 기초가 될 수 없다. 결국 헤겔은 공동체의 정치제도와 정치 문화를 구성하는 종교를 통해 현재화되는 공동체의 권력 속에서 근대의 고립되고 고독한 개인이 자신의 고유한 능력과 개성을 발견하고 스스로 자기 가치를 부여하며 긍정적으로 삶을 형상화할 수 있는 객관적 조건을 본 것이다.

5. "인륜성"의 두 가지 원리 — 상호성과 공동체성

호네트는 헤겔의 인륜성 개념을 인정의 원리를 통해 재해석하면서 사랑, 법 그리고 연대라는 좋은 삶의 상호주관적 조건을 제시하였다. 이 세 가지 상호주관적 조건은 공히 개인들 간의 상호성의 원리에 기초한 행위를 통해 형성되는 인정의 형식이다. 사랑은 가족의 영역에 해당하는 인정의 형식이고, 법적 인정은 동등한 법적 권리를 가진 주체로서의 인정을 의미하는 까닭에 시민사회에 관철되는 법치국가의 원칙이며, 연대는 자본주의적 시장경제 사회 안에서 이루어지는 개인의 고유한 능력(Leistung)에 대한 인정의 원칙이다(Honneth, 1992: 148-210, 205). 이 세 가시 인정 형식을 통해 개인은 각각 자기 신뢰(Selbstvertraun), 자기 존중(Selbstachtung) 그리고 자기 가치 부여(Selbstschätzung)라는 좋은 삶을 위한 심리적 전제 조건을 충족시킨다(Honneth, 1992: 211). 호네트는 이러한 인정의 형식과 심리적 전제 조건이 훼손되지 않는 삶을 좋은 삶으로 보았으며, 이 세 가지 인정 형식에 기초하여 헤겔의 인륜성 개념을 현대적으로 재구성하였다.

호네트의 인정 이론이 좋은 삶의 조건을 해명하는 것과 관련하여 지니는 장점은 개인의 자기 이해와 자기실현을 위한 심리적인 필요 조건을 충분히 설명하고 있다는 데 있다. 그러나 호네트의 인정 이론이 지니는 한계는 인정의 세 번째 형식에 대한 규정과 인륜성 개념의 모호성에 있다. 호네트에 의하면 사랑과 법 그리고 연대로 표상되는 인륜적 영역들의 체계인 인륜성에 대한 규정은 "형식적"이거나 "추상적"이어야 한다(Honneth, 1992: 277). 그 이유는 좋은 삶의 조건으로서 인륜성은 현대적 삶의 다양한 상과 양식을 포괄할 수 있어야 하기 때문이다. 그러나 다른 한편으로 호네트는 인륜성에 대한 규정의 빈약함을 피하기 위해서는 물질적인 내용을 포함하고 있어야 한다고 주장한다.[3] 그러나 어떻게 형식적이면서 물질적인 내용으로 채워진 인륜성이 가능할 수 있을까? 이렇게 호네트의 인정 이론적 인륜성 개념은 상호 모순되는 두 개의 요소가 서로 모호하게 결합된 채 흔들리고 있는 것이며, 미해결의 과제로 남겨져 있다.

---

[3] 호네트는 자신이 인정 이론적으로 재구성한 인륜성 개념이 칸트적 도덕 이론과 공동체주의적 윤리론의 중간적 입장에 있다고 평가하는데 이것은 자신의 인륜성 개념의 모호성을 다르게 표현한 것일 뿐이다(Honneth, 1992: 276).

다음으로 호네트의 인정 이론이 지니는 문제는 그가 연대 개념을 통해 주제화한 개인의 '능력(Leistung)' 개념이다. 연대란 개인화된 주체들이 대칭적인(수평적인) 사회적 관계 속에서 서로를 가치 있는 존재로 평가하는 메커니즘을 설명하기 위한 것이다. 호네트는 이러한 가치 평가의 척도로서 자본주의적 시장경제를 전제한 능력 개념을 제시한다. 이 능력 개념을 통해 집단화되지 않은 개인의 고유한 개성의 인정을 주제화한다. 그러나 인륜성의 세 번째 규범적 기준으로 제시한 연대와 능력이 전개되는 곳은 호네트에 의하면 시장의 논리가 관철되는 자본주의사회의 영역이다. 그러나 첨예한 시장의 논리가 전제된 자본주의사회가 과연 호네트가 상정하듯이 '지속적으로' 개인이 자신의 사회적 가치와 능력을 인정받고 자신의 고유한 개체성과 존엄성을 유지할 수 있는 사회적 공간인지에 대해서는 경험적으로 증명되지 않는다. 시장을 사회적 가치 평가를 분배하는 매개체로 이해하는 호네트의 이론적 전제는 현대의 비판이론적 전통이 자유주의에 심하게 경도되어 있음을 보여준다.

그렇다면 상호성의 원리에 기초한 호네트의 인륜성 개념이 지니는 이러한 한계를 어떻게 보완할 수 있을까? 이 글에서 새롭게 재구성한 헤겔의 공동체성 개념으로 보완된 인륜성 개념이 호네트의 인륜성 개념이 지니는 한계를 보완할 수 있는 이론적 대체물이 될 수 있다고 본다. 공동체성이란 정리하면 정치 공동체의 기본 가치를 규범적으로 표상하는 정치제도의 체계인 헌정 질서의 기본 가치와 공동체의 정치·사회 문화적 가치 체계 간의 상호작용에 의해 생산되는 공동체의 권력 효과를 말한다. 헤겔에 의하면 개인은 이러한 공동체의 권력 안에서 스스로를 자립적인 개인으로 정의하고 이를 통해 자기표현과 자기실현에 이를 수 있다는 점에서 공동체성을 시민들의 삶 속에 '대의'하고 현재화시키는 것은 좋은 삶의 핵심적 조건을 이룬다. 이를 통해 이 글이 주장하는 기본 테제는 헤겔의 인륜성 개념은 상호성의 원리와 공동체성의 원리가 서로 독립적으로 상호 보완하면서 작용하는 좋은 삶의 규범적 체계로 이해되어야 한다는 것이다. 이 양 원리에 기초한 규범적 내용들의 상보적인 작용이 결국 좋은 삶을 가능하게 하는 조건이 된다고 할 수 있다.

끝으로 호네트의 인륜성 개념과 비교해볼 때 이 글이 제시하는 인륜성 개념이 가질 수 있는 장점과 차이는 다음과 같이 정리할 수 있다.

첫째, 호네트가 인륜성 개념을 한편으로는 형식적인 개념으로 다른 한편으로는 물질적인 내용으로 채워져야 하는 개념으로 규정하면서 모호한 입장을 취했는데, 이 글에서 재구성한 인륜성 개념은 이러한 모호성을 피하면서 개인의 좋은 삶의 내용을 규정할 수 있다는 점이다. 다시 말하면 상호성의 원리에 기초한 사랑과 법적 인정의 문제는 인륜성의 형식적인 측면을 구성하고, 공동체성의 원리는 정치제도와 문화의 객관적인 규범성을 통해 형식적인 인정의 내용을 포괄적이긴 하지만 최소주의적 맥락에서 물질적 내용으로 보완하는 장점이 있다.

둘째, 이 글에서 재구성한 인륜성 개념의 특징은 시장이 아닌 정치제도의 영역에서 개인이 스스로를 고유한 가치를 지닌 '개인'으로 정의하며 '자기 가치 부여'하는 인정의 과정을 주제화하고 있다는 데 있다. 이것은 호네트가 자본주의적 시장경제의 영역에서 주제화한 개체의 고유한 능력(Leistung)의 인정이라는 개념이 지니는 문제점을 피하고 있다. 이 글의 헤겔 해석에 의하면 개인이 자신을 스스로 '개인'으로 정의할 수 있는 행위능력은 시장의 영역이 아니라 공동체의 객관적인 규범적 가치—헌법과 헌법적 가치에 합치하는 공동체의 정치 문화적 가치—를 통해 작동하는 공동체의 권력을 통해서 가능하다. 경험적으로 볼 때 호네트가 상정하는 것처럼 자본주의적 시장경제의 영역이 개인이 자신의 고유한 능력을 타자를 통해 지속적으로 인정받을 수 있는 사회적 공간인지는 의심스럽다.

셋째, 정치제도와 종교의 사회 문화적 층위, 그리고 공동체의 권력 등을 통해서 규정한 헤겔의 공동체성 이념이 지향하는 것은 시장의 불균등한 분배 구조로 인해 위협받을 수 있는 기본적인 삶의 조건의 보장이다. 시장의 교환관계를 통해서 얻는 재화는 개인들의 좋은 삶을 위한 물질적 전제 조건이다. 헤겔적 독해에 의하면 이러한 물질적 전제 조건을 단순히 개인들 간의 상호성에 기초한 도덕적 행위와 규범의 차원에만 맡길 수 없다. 헤겔의 공동체성 개념은 개인들이 형식적인 인정 관계에 맞게 자기를 구성해나가는 사회를 전제한다. 이러한 사회에서 시장의 경제적 권력은 전반적으로 사회의 복지에 기여하겠지만 그것의 예측할 수 없는 우연성들 때문에 개인들이 또한 희생될 수 있다. 이 글에서 제시한 공동체성 개념은 맑스가 말하듯이 보편성의 환상적인 형태일 뿐이라고 비판받을 수도 있다. 그러나 현대와 같이 다원화되고 분화된 사회에서 공동체성은 오히려 사회적 복지국가(Sozialstaat)의 이념적 기초로 작용할 수 있으며 나아가 시민들의 비판적인 정치 행위에 중요한 연계점을 제공할 것이다. 결국 헤겔은 공동체의 가치를 규범적으로 표현하는 정치제도와 이를 뒷받침하는 사회 문화적 구조 속에서 사회적 복지국가의 이념을 보았고 이러한 사회적 복지국가의 체계를 통해 시장의 불균등한 분배로 인해 위협받을 수 있는 삶의 조건을 보호하려 하였다고 할 수 있다. 낸시 프레이저는 1990년대 중반 미국에서 점증하는 소위 '정체성의 정치'가 물질적인 재분배의 문제를 정치적 이슈의 영역에서 추방하는 효과를 냈다고 비판한다. 같은 맥락에서 프레이저는 호네트의 인정 이론이 좋은 삶의 기초가 되는 경제적인 물질적 조건의 문제를 소홀히 했다고 비판하면서 인정과 재분배를 동시에 고려하는 정의론을 주장하였다(Fraser and Honneth, 2003: 18-56). 프레이저의 비판적 논점을 헤겔의 공동체성의 이념과 결합시켜 논증한다면, 공동체성 개념이 담고 있는 규범성은 시장의 부정적 기능을 최소적인 의미에서 규제하고 조정할 수 있는 물질적 기초를 제공한다고 할 수 있다.

참고 문헌

김동하, 2009, 「인정의 비대칭적 구조와 공동체성 그리고 종교: 헤겔의 통합이념을 통한 인정 이론의 재구성」, 『정치사상연구』 제15집 1호: 158-186.

문성훈, 2005, 「인정 개념의 네 가지 갈등 구조와 역동적 사회 발전」, 『사회와 철학』 제10호: 145-168.

문성훈, 2007, 「물화와 인정망각」, 『해석학 연구』 제20집: 279-316.

서도식, 2009, 「상호주관적 사물화 비판의 규범적 토대」, 『철학논총』 제56집 제2권: 435-460.

이현재, 2010, 「(여)성과 정치의 딜레마: 민주정치 개념의 인정 이론적 재구성」, 『한국여성철학』 제13권: 103-129.

Benhabib, Seyla, 1998, "Von der Politik der Identität zum sozialen Feminismus", *Geschlechterverhältnisse im Kontext politischer Transformationen*, Opladen: Westdeutscher Verlag.

Benjamin, Jessica, 1994, *Die Fesseln der Liebe: Psychoanalyse, Feminismus und das Problem der Macht*, Frankfurt/Main: Fischer.

Butler, Judith, 2001, *Psyche der Macht. Das Subjekt der Unterwerfung*, Frankfurt/M.: Suhrkamp.

Fraser, Nancy und Axel Honneth, 2003, *Umverteilung oder Anerkennung?*, Frankfurt/M.: Suhrkamp.

Gilligan, Carol, 1982, *In a Different Voice*, Cambridge: Harvard University Press.

Habermas, Jürgen, 1968, "Arbeit und Interaktion. Bemerkungen zu Hegels Jenenser Philosophie des Geistes", *Technik und Wissenschaft als Ideologie*, Frankfurt/M.: Suhrkamp.

Habermas, Jürgen, 1993, "Anerkennungskämpfe in demokratischen Rechtsstaat", *Multikulturalismus und die Politik der Anerkennung*, A. Gutmann, hrsg., Frankfurt/M.: Fisher.

Hankivsky, Olena, 2004, *Social Policy and the Ethic of Care*, Vancouver: UBC Press.

Hegel, G. W. F., 1974[1805/06], "Jenaer Realphilosophie. Die Vorlesungen von 1805/06 Philosophie des Geistes"(=JR), *Frühe politische Systeme*, G. Göhler, hrsg., Frankfurt/M., Berlin, Wien.

Hegel, G. W. F., 1986[1821], *Grundlinien der Philosophie des Rechts oder Naturrechts und Staatswissenschaft im Grundrisse*(=GPR), Eva Moldenhauer und Karl Markus Michel, hrsg., Frankfurt/M.: Suhrkamp.

Hegel, G. W. F., 1987[1805/06], *Jenaer Systementwürfe III*(=JR), R.-P. Horstmann, hrsg., Hamburg: Meiner.

Held, Virginia, 2006, *The Ethics of Care: Personal, Political, and Global*, New York: Oxford University Press.

Honneth, Axel, 1992, *Kampf um Anerkennung. Zur moralischen Grammatik sozialer Konflikte*, Frankfurt/M.: Suhrkamp.

Honneth, Axel, 2001, *Leiden an Unbestimmtheit*, Stuttgart: Reclam.

Kim Dong Ha, 2011, *Anerkennung und Integration: Zur Struktur der Sittlichkeit bei Hegel*, Würzburg: Königshausen & Neumann.

Margalit, Avishai, 1997, *Die Politik der Würde, Über die Achtung und Verachtung*, Berlin: Fest.

Roth, Klaus, 1989, *Freiheit und Institutionen in der politischen Philosophie Hegels*, Rheinfelden-Freiburg-Berlin: Schäuble.

Siep, Ludwig, 1979, *Anerkennung als Prinzip der praktischen Philosophie*,

Freiburg/München: Alber.

Taylor, Charles, 1993, "Die Politik der Anerkennung", *Multikulturalismus und die Politik der Anerkennung*, A. Gutmann, hrsg., Frankfurt/M.: Fisher.

Wildt, Andreas, 1982, *Autonomie und Anerkennung, Hegels Moralitätskritik im Lichte seiner Fichte-Rezeption*, Stuttgart: Klett-Cotta.

8장 조선 후기 실학자들의 눈에 비친 민중의 삶

신복룡

> 다산(茶山)이 몽테스키외나
> 루소에 미치지 못함이 있겠는가?
> 다만 저들은 시대를 만나 시용(施用)되었고,
> 다산은 그렇지 못했으니
> 나는 그를 슬퍼할 뿐이다.
> —이건방[1]

> 바위틈에 사는 기행(奇行)도 없이
> 오래 가난하면서
> 인의(仁義)를 말하기를 좋아하는 것은
> 부끄러운 행실이다.
> —사마천[2]

1. 서론

실학사상은 서구 문명에 대한 개안과, 민중의 자기 발견, 우주론과 세계관의 새로운 인식을 통한 지평의 확대, 그리고 그러한 결과로서의 탈중화사상 등, 한국 사상사에서 문명 진보를 촉진하는 의미는 매우 컸다. 그럼에도 실학은 당대와 그 직후에 그 중요성만큼 주목받지 못했다. 인쇄술이 발달하지 못했기에 보급률이 낮았고, 한자로 씌어졌기에 해득률이 낮았으며, 개혁의 목소리가 당대의 지배계급에게는 즐겁지 않게 들렸기에 저항을 받았다. 결과적으로 실학은 당대에 호소력이 낮았고, 그들이 주목받기까지는 상당한 기다림의 시간이 필요했다. 이와 관련하여, 학계의 보편적 논의는 아니지만 실학

---

[1] 『經世遺表』, 李建芳, 經世遺表 序.
[2] 『史記』 卷129 「貨殖列傳」: 無巖處奇士之行 而長貧賤 好語仁義 亦足羞也.

이라는 것의 실체에 대한 회의론도 만만치 않다. 그 대표적인 예가 김용옥(金容沃)일 것이다. 그는 이렇게 주장하고 있다.

…… 두 번째의 문제는 최한기(崔漢綺)의 학문을 과연 "실학"으로 규정할 수 있는가 하는 나의 집요한 질문과 관련된 것이다. 이 문제는 내가 『독기학설(讀氣學說)』(1990)이라는 책을 낸 후로 우리 사회의 보편화된 한 쟁점으로 부상하였다. 나의 학설은 "실학"이라는 개념의 근원적인 성립 불가능성을 논파하고 있다. …… 고유명사로서 실학을 운운하는 자들은 마치 조선 사상가들 자신이 스스로 "실학"이라는 기치 아래 자신들의 생각을 전개한 것처럼, 마치 실학이라는 운동이 동학(東學)이라는 종교 운동처럼 조선 후기 사상사를 지배하는 실체로서 엄존하고 있었던 것처럼 설교하는 것이다. 내가 부정하려는 것은 이러한 설교의 자기기만성(自己欺瞞性)과 후학에 미치는 오도의 가능성이다. 임진왜란 이후 조선왕조 사회에 민생의 이용후생(利用厚生)이란 실사구시(實事求是)를 추구하는 보다 실한 학문 성행이 있었다는 것을 부정할 필요는 없겠으나 이것은 결코 "실학"이라는 이름으로서 명료하게 자내적(自內的)으로 규정될 수는 없는 흐름이라는 것이다.

실학이라는 용어가 조선 유학자들의 저술 속에 나타나지 않은 것은 아니지만, 그것이 그들의 사상을 묶는 총체적 규합 개념(organizing concept)으로서 쓰인 적은 단 한 번도 없다. "실학"이란 어디까지나 20세기 한국 사학자들의 사학사(史學史, historiography) 속에서 등장한 규합 개념이며, 조선 유학자들 자신과는 아무런 상관이 없는 후대 역사학의 조어(coinage)일 뿐이라는 사실을 명백히 하자는 것이다. 이러한 나의 지적에 깔린 보다 깊은 의도는 실학이 마치 조선 사상사의 존재론적 실체(ontological entity)인 것처럼 기술함으로써 조선 역사의 근대성을 확보하고자 하는 검토되지 않은 연역적 전제의 정당성을 밝히자는 것이다. 실학을 조선 사상사의 고유한 개념으로 설정하는 대부분의 학자들의 뇌리 속에는 "실학=근대=반주자학"이라는 도식이 들어 있었다(김용옥, 2003: 59-60).

김용옥이 말하고자 하는 것은 실학이 존재하지 않았다는 것이 아니라, 당대에 실학의 개념이나 형상이 존재하지 않았다는 것으로서, 실학이 당대에 어떻게 실존했던가를 보여주는 좋은 사례가 될 것이다.

어떻든 실학이 학계의 주목을 받기 시작한 것은 1930년대 후반으로 보아야 할 것이다. 1936년 정약용(丁若鏞, 1762~1836) 사거(死去) 100주년 행사의 일환으로 정인보(鄭寅普)의 신조선사(新朝鮮社)와 최남선(崔南善)의 조선광문회(朝鮮光文會)가 정약용과 박지원(朴趾源, 1737~1805)의 저작을 발간하면서부터 실학의 정체가 학계에 드러나기 시작했다. 일제시대에 실학이 머리를 들기 시작한 것은, 인쇄 기술의 보급과 더불어, 일제 통치 아래서 자아 정체성을 추구하던 선각자들의 노력 때문이었다.

그러다가 1970년대에 들어오면서, 천관우(千寬宇)·이우성(李佑成) 등에 의해 본격적으로 실학이 부활하기 시작했는데, 이 당시의 사조는 개신 유학에 대한 지적 탐구심에 편승한 것이었다. 그 뒤 1980년대에 다시 실학의 붐이 일었는데 이는 식민지 사학과 식민지 근대화론에 대한 저항의 뜻을 품으면서 한국사 자체의 발전 논리를 탐구하여 자생적인 근대화 가능성을 확인하려는 작업의 일환이었다. 이렇게 조선 후기 사회에서 근대사회로의 이행 가능성을 확인하기 위한 일련의 연구 시각을 '내재적 발전론'이라고 부른다. '내재적 발전론'에서는 조선 후기 실학을 탈성리학으로 규정하고 근대사상의 맹아(萌芽)를 이룬 것으로 파악하였다. 그리하여 연구자들은 정치적으로는 민권 의식의 발아, 경제적으로는 농민들의 토지 소유의 가능성과 상품화폐경제로의 변화 가능성을 모색하고, 사회적으로는 신분제의 해체와 평등 사회로의 지향성 등을 강조했다(김기승, 2003: 5).

이 글에서는 전기 실학과 후기 실학에 차별성을 두었다. 전기 실학은 구조적 모순의 개혁을 통한 양민의 삶의 질에 관심을 둔 것과 달리, 후기 실학은 자연과학적 접근에 따른 이용후생에 관심을 두었다. 이런 점을 유념하면서, 홍대용(洪大容, 1731~1783)·정약용·최한기(崔漢綺, 1803~1879)[3]와 같은 후기 실학자의 사상 가운데서 사회과

---

3) 최한기가 후기 실학파인지 아니면 초기 개화파인지를 구별하기란 쉽지 않다. 최한기와 전기 개화파의 선구자인 박규수(朴珪壽)의 차이를 구분하기도 어렵다. 최한기가 후기 실학자인지 아니면 전기 개화파인지에 관한 학계의 합의는 아직 이뤄지지 않았다. 최한기를 최초로 발굴한 논저는 정진석·정성철·김창원 공저의 『조선철학사』(1960)였다. 그 뒤 박종홍(朴鍾鴻)은 이 『조선철학사』에서 받은 충격으로 '한국 철학사'를 새롭게 정립해야겠다는 뜻을 세우게 되었다(김용옥, 2003: 58~59).

그 이래로 금장태는 최한기를 후기 실학파의 최종 인물로 평가하였고(금장태, 1993: 279; 琴章泰, 1984: 416), 안외순도 같은 입장을 취했다(안외순, 2002: 364 각주 64). 최한기가 초기 개화파의 사상 형성에 영향을 끼친 중국의 개명 서적들, 이를테면 『해국도지(海國圖志)』와 『영환지략(瀛環志略)』을 개화파들에게 전달한 것은 사실이었다(『五洲衍文長箋散稿』). 이 같은 사실에 주목한 권오영은 그가 개화파로 분류되어야 한다고 주장한다(權五榮, 1999: 358~359).

다만 이 글의 입장은 최한기가 후기 실학파에 속한다는 것이다. 최한기를 후기 실학자로 보려는 것은 개화파가 안고 있던 보편적·민중적 개명 의지가 그의 사상에는 표현되지 않고 있기 때문이다. 그가 개화사상의 형성에 다소 기여한 것은 사실이지만 그것은 그가 의도하지 않은 후과(後果)일 뿐이다. 최한기는 독학했고, 자기의 이론을 보급하려고 힘쓰지 않았다. 그는 자기 사상의 대중성을 모색하지 않았다는 점에서 근대적 개념의 이데올로그(ideologue)는 아니며, 그 시대의 선구적 지식인일 뿐이다. 그는 은자(隱者)였다. 이 점이 그로 하여금 개화파가 아니라 후기 실학자로 남게 만든 까닭이다. 만약 최한기의 세계관이나 문명사에 역

학적 사유를 캐어보고자 한다.

2. 선정론

후기 실학자들이 한결같이 고민했던 문제는 아마도 민중적 삶의 질을 어떻게 향상시킬 수 있을까 하는 문제였을 것이다. 이와 관련하여 다음과 같이 한국철학회가 정리한 후기 실학의 성격을 음미해 볼 필요가 있다.

> (1) 후기 실학자들은 인간의 성리 도덕을 지향하는 가치 체계로부터 인간의 생활에 유용한 경제 물질을 지향하는 가치 체계로 전회(轉回)하고 있다. 그러므로 그들은 성리학자들이 지향했던 정덕(正德)·항심(恒心) 지향적인 가치관에서 이용·후생·항산(恒産) 지향적인 가치관을 수립하였다.

점을 두어 그를 개화파로 분류한다면, 실학자로서의 세계관을 표출하고 있는 그의 개신 유학적 사유를 실학이라는 범주에 묶어놓을 수 있는 명분이 없다.
이와 같이 최한기를 놓고 후기 실학파와 전기 개화파를 구분(획선)하는 요소는 민중에 대한 의식이었을 것이다. 그것은 그가 반드시 민중주의(populism)를 지지했어야 함을 뜻하는 것은 아니며, 민중의 의미에 관심을 두었음을 뜻하는 것이다. 그 시대의 어떤 사람이 설령 우민관에 사로잡혀 있었다 할지라도 민중적 계몽, 민중의 의식화, 대중적 지지 기반에 대한 인식들을 가졌다면 그는 개화파로 분류될 수 있다. 그러나 홀로 고민하고 자신의 학문적 온축(蘊蓄)의 전수를 고민하지 않았다면 그는 실학자이다. 최한기를 개화파로 볼 수 없는 또 다른 이유는, 그의 활동과 사유의 하한 연대를 아무리 늦춰 잡아도 개항 이후까지 연장되었다고 볼 수 없기 때문이다. 한국에서 근대의 시점에 대한 논쟁은 개항과 무관할 수가 없다. 이런 점에서 최한기는 실학자이다. 언제인가 후학들의 최한기 연구가 심화되면, 그를 후기 실학자에 넣기보다는 실학과 개화사상을 연결한 인물로서 독립된 장(章)에서 다루는 것이 바람직할 수도 있다.

(2) 후기 실학자들은 이념적인 것에서 현실적인 것으로, 추상적인 것에서 구체적인 것으로, 연역적인 사고에서 귀납적인 사고로, 사변적인 태도에서 경험적인 태도로 전회하는 경향이 있다.
(3) 후기 실학자들은 관료 지향적인 사고에서 비롯된 위민 지향적인 사고를 갖는 것이 특색이었다.
(4) 청조의 학술 및 서학의 전래·수용과 더불어 주자학의 보편 원리와 교조주의적인 틀에서 탈피하여 형이하적인 문제와 개체(個體)를 존중하는 사고를 지향하는 경향이 있었다.
(5) 후기 실학이 지향하는 논리는 실심(實心) → 실사(實事) → 실증(實證) → 실용(實用)의 체계로 전개되었으나, 유가 철학의 기본 논리로 볼 때, 경세 지향적인 사고는 배제되지 않았다(한국철학회, 1984: 23).

이 글의 핵심은 민생이 후기 실학자들의 주요 관심사였다는 것이다. 그들은 민중의 '삶'을 발견한 것이다. 그들은 물질을 통한 인간의 행복을 모색했다. 이를 이용후생이나 실사구시라고 표현할 수도 있다. 이를 정리해보면, 민생과 관련하여 실학자들은 다음과 같은 점에 주의를 기울였다.

첫째로, 실학자들은 방백 수령(方伯守令)의 자질에 관심을 두었다. 그들은 인사의 중요성을 잘 알고 있었다. 한 나라의 창업과 수성(守成)과 패망의 조짐은 이미 그 지배계급의 마음 씀에서 결정되어 일신과 가정과 마을과 국가에 나타난다는 것이다. 창업하는 사람은 남에게서 취하여 자기 몸을 닦고, 남을 미루어 가정을 제어하고, 마을 사람을 미루어 마을에 거처하고, 나라 사람을 미루어 나라를 다스린다. 수성하는 사람은 자기 몸을 닦고 가정으로써 가정을 제어하고 마을 사람으로 마을에 거처하고 나라 사람으로 나라를 다스린다. 패망하는 사람은 나라를 축소시켜 마을을 위하고 마을을 축소시켜 집을 위하고 집을 축소시켜 한 몸을 위하다가 마침내는 그 몸마저 잃게 된다(『推測錄』卷5 推氣測人理).

그러므로 백성을 가르쳐 어진 이를 뽑고, 일을 맡겨 성취를 책임 지우는 것이 정사(政事)의 조화로운 변화[運化]이다.[4] 사람을 쓰는 일의 잘잘못은 백성의 소리를 들어보면 자연 숨길 수 없다. 스스로 잘했다 하더라도 백성이 모두 잘못했다고 하면 스스로 잘했다고 하는 것은 쓸데없는 것이고, 스스로 잘못했다고 하더라도 백성들이 모두 잘했다고 하면 실제로는 잘못한 것이 아니다. 이 때문에 그 잘잘못은 백성에 따라 결정되는 것이지 내가 스스로 결정하는 데 달린 것은 아니다. 또 미진한 점이 있어 시비가 반반이면 마땅히 운화를 따라 결정할 것이요, 사람 숫자의 많고 적음이나 높고 낮음에 따라서 그 잘잘못을 결정해서는 안 된다.[5]

그렇다면 어떤 수령이 바람직한 인물일까? 수령 노릇을 잘하려는 자는 반드시 자애로워야 하고, 자애로워지려는 자는 반드시 청렴해야 하고, 청렴해지려는 자는 반드시 검약해야 한다. 절용(節用)은 수령의 으뜸 되는 임무이다(『牧民心書』卷1 律己六條 節用). 사람이 하고 싶어 하는 수많은 것 가운데서 오직 백성을 다스리고 백성을 편하게 하려는 욕심이 사람을 쓰는 준적(準的)이 되니 그 나머지 다른 욕심은 모두 사람을 쓰는 데 방해가 된다.[6] 번폐(煩弊)스러운 법령을 만들고 학정을 하게 되는 것은 다 경전 내용을 명확히 알지 못하기 때문이다. 그러므로 나라를 다스리는 데 중요한 문제는 무엇보다 수령이 경전을 아는 것이다(『經世遺表』卷10 地官修制 賦貢制 2).

---

4) 『人政』卷12 敎人門 5(학문과 정치의 차례): 民而選賢 委任而責成 政事之運化也.
5) 『人政』卷22 用人門 3: 착하고 착하지 않음은 백성에 의해 결정된다.
6) 『人政』卷20 用人門 1: 하고 싶은 것을 용인에서 실행한다.

자애로움은 잔혹하지 않음을 뜻하는 것이고, 이는 형정(刑政)에 잘 나타나고 있다. "옥사(獄司)는 그 체통이 지극히 무거운 것이기 때문에 검장(檢場)에서 공초를 받을 때는 본래 고문을 하는 법이 없는데, 오늘날의 관장(官長)은 법례(法例)에 통달하지 못하여 고문을 아무렇게나 하니 크게 잘못된 것"(『牧民心書』卷5 刑典六條 斷獄)이라고 그들은 개탄한다. 그러므로 이 세상의 어진 이를 뽑아 교화를 펴고 치안을 이루는 것이 천하의 즐거움이요, 세상의 어리석은 자를 기용하여 교화를 무너뜨리고 치안을 어지럽히는 것이 천하의 근심이다.[7]

기이한 점은 실학자들이 수령의 자질을 강조하면서도 오로지 청빈함만이 미덕이라고 생각하지는 않았다는 점이다. 최한기의 주장에 따르면 백성의 산업에 진력하는 것으로 자기의 산업을 삼는 사람은 백성의 산업을 통솔하는 일에 자신의 노력을 기울여야 한다. 그런데 이런 사람에게는 청렴결백[廉潔]하다든가 욕심이 있다든가 더럽다든가[貪黷] 하는 말을 강조할 필요가 없다. "청렴한 관리의 이로움은 의롭지 않은 것을 취하지 않는 데 있으나, 청렴은 지선(至善)에 그쳐야지 어찌 지나치게 청렴하여 도리어 쓸모 있는[有爲] 정치를 상하게 해서야 되겠는가?"[8] 최한기는 수령의 청렴을 강조하지 않은 것이 아니라, 청렴이 경제의 운화(運化)를 저해해서는 안 된다고 보았다. 그는 그 시대에 '직업으로서의 정치'(베버, 2005: *passim*)를 인식하고 있었다.

민생에 관한 후기 실학자들의 주장을 요약하면, 그것은 어진 정치[仁政]를 요구하고 있다. 그들은 멀리 공자(孔子)에 머리를 두고 맹자(孟子)의 뜻을 구현하고자 한다. 이런 점에서 볼 때 현실주의(realism)

---

7) 『人政』卷19 選人文 6: 세상의 우락(憂樂)이 선거에 달려 있다.
8) 『人政』卷22 用人門 3: 청렴하고 가난하다[廉貧]는 말은 하등인을 위해 생긴 말이다.

가 나타나고 있는 것은 사실이지만, 그들의 본질은 선진(先秦) 유학에 뿌리를 두고 있었다. 그들의 사상은 동양적 휴머니즘의 한 유형이었을 뿐이다.

둘째로, 후기 실학자들은 민중의 삶에서 재용(財用)에 몰두했다. 삶의 질이 전적으로 물질에 의해 결정되는 것은 아니지만, 물질의 풍요를 외면하는 행복은 존재하지 않는다. 이는 세상사를 유물론의 관점에서 보느냐 하는 문제와는 차원이 다른 것이다. 정치는 가치의 공정한 배분이며, 어떤 지배의 안정성은 생산 정책을 입안하는 자가 배분 정책을 입안하는 정도에 따라서 변한다(Lasswell and Kaplan, 1952: 263). 여기에서 가치의 상당 부분은 물질적인 것이다. 조선 시대 후기에 들어오면 왕조의 피로가 나타나고 그 증상으로 민중의 삶에서 곤고(困苦)함이 나타난다. 그것은 빈곤을 뜻한다. 이 점을 확실하게 인지하고 있었던 인물은 정조(正祖)였다. 그는 이렇게 현실을 진단하고 있다.

> 대저 총합(總合)하여 말한다면 당면한 지금의 폐해는 한 가지만이 아니다. 비유하건대 마치 큰 병이 든 사람의 진원(眞元)이 이미 허약하여 혈맥이 막혀버리고 혹이 불거지게 된 것과 같은 꼴이다. 기강이 문란해져 당폐(堂陛)가 존엄해지지 못하고, 언로(言路)가 막혀 강직한 말을 들을 수 없으며, 난역(亂逆)이 잇달아 생겨나 의리가 더욱 어두워졌다. 위태한 증상이 조석 사이에 박두해 있는 상황이 아닐 수 없는데도, 이번에 특별히 네 가지 조목[민산(民産)·인재(人材)·융정(戎政)·재용(財用)]을 들게 된 까닭은 진실로 방본(邦本)을 굳건하게 하지 않을 수 없어서이다. 근본이 굳건해지는 것은 민생에 있고, 민생들을 배양하는 것은 먹을 것에 달린 것인데, 먹을 것이 족해지면 교육해야 하고 이

미 교육하면 반드시 경계하여 보호해주고 협조하여 유익하게 해줄 것이니, 이것이 방가(邦家)를 보존하는 대본(大本)인 것이다. 아! 시험 삼아 오늘날의 국가 사세를 보건대, 경장(更張)한다고 해야 되지 않겠느냐? 구습(舊習)을 버리지 못하고 있다[因循]해야 되지 않겠느냐? 큰 집이 기울어지면 하나의 목재로는 지탱할 수 없는 것이고, 온갖 내[川]가 터지면 쪽배로는 막기 어려운 것이다(『正祖實錄』2년 6월 4일 大誥).

재용은 천하의 백성들이 살아가는 재료이다. 그러므로 재용에 어두우면 천하의 민산(民産)을 통제할 수 없고, 재용이 병들면 스스로 자신을 해치는 생각을 갖게 된다. "비록 무위(無爲)한 사람이라도 의식(衣食)을 참으로 면하기 어려운데 하물며 여러 사람을 상대하고 많은 일을 성취하며 멀고 가까운 곳을 두루 통하지 않을 수 없는 유위(有爲)한 삶이야 더 말할 것이 있겠는가?"(『人政』卷8 敎人門 1 財用)라고 최한기는 묻고 있다.

여기에서 그들이 말하는 재용이라 함은 국부(國富)의 문제를 뜻한다. 그들은 재용이 인생에 필수임을 인정한다(『人政』卷4 測人門 4 行事). "오늘날 국가의 가장 큰 병폐는 가난이다."(『北學議』外篇 丙午所懷) 그러므로 "먼저 부유하게 한 다음에 가르친다."[9]는 공자에게로 돌아가야 한다. "이용(利用)을 이룬 뒤에야 후생을 할 수 있고, 후생을 이룬 뒤에야 덕을 바르게 할 수 있다."(『經世遺表』卷4 天官修制 考績之法)고 그들은 주장한다. 후기 실학자들이 말하는 이용후생이라 함은 결국 현대적 개념의 재정학일 수도 있고, 경제학에 눈뜸이라고도 할 수 있다. 경제(economy)란 결국 가치의 극대화인데(Lasswell and

---

9) 『論語』「子路」: 旣富矣 又何可焉曰敎之.

Kaplan, 1952: 69), 후기 실학자들은 통치에 주력하던 전통적인 경세학(經世學)에 경제학의 개념을 도입한 무리들이었다.

셋째로, 후기 실학자들은 민중을 가렴(苛斂)으로부터 해방시키는 일의 구조적인 접근을 시도하고 있다. 이와 관련하여 최한기의 주장을 들어보면 민생이란 결국 지배계급의 결심 사항이라는 것이다. 그러므로 "만약 임금과 신하가 정교(政敎)의 도솔(導率)에 통달하지 못하고, 오직 사리와 사욕으로 멋대로 백성을 학대하여 이것이 습관이 되면, 간혹 훌륭한 사명(辭命)이 있더라도 위에서 상투적으로 말하는 힘없는 명령이리라. 아래에서는 이로 말미암아 그 본뜻을 바꾸어 백성을 핍박하는 간사한 짓을 하게 된다."(『人政』卷11 敎人門 4 統民과 制治)고 그는 주장한다.

그렇다면 학정이나 수탈은 어디에서 오는가? 그것은 일차적으로 토지제도와 조세 메커니즘을 통해서 이뤄진다. 조선 시대에는 고려의 토지제도를 지탱하던 과전(科田)과 그의 후신인 직전(職田)마저 소멸하면서 지주제가 더욱 확대되었다. 중종(中宗)·명종(明宗) 시대에 이르면 토지 사유화가 심화되어 양인 농민층의 많은 수가 전호(佃戶)로 전락하였고 소작제를 통한 수탈이 구체적 현실로 나타나기 시작했다(원재린, 2003: 88). 부재지주(不在地主)인 유한계급이 토지나 조세 메커니즘을 통하여 소작인을 착취하는 것은 문명 발전의 척도가 된다(Bock, 1979: 240). 선견지명이 있는 조언자나 정치가들은 백성을 만족시키는 것의 중요성을 강조할 수도 있다. 그러나 그들을 하나의 이익집단으로 볼 때, 그들은 자신의 필요와 이익의 관점에서 백성들의 필요를 고려하게 된다. 그러한 목적을 위해 지배계급이 배려해야 할 부분이 있었다.

(1) 농업 경제를 계속 유지해나가야 하고,

(2) 농민이 좌절하여 생산을 중단할 정도로 부역과 세금을 늘리지 말아야 하며,
(3) 인민 생활을 파괴할 정도로 안팎의 투쟁을 허용해서도 안 된다(Wittfogel, 1958: 126~127).

요컨대 후기 실학자들이 고민한 민생의 핵심은 '민산(民産)의 향상'에 있었다. 생각이 여기에까지 이른 실학자들은, 민산이 향상되지 못하는 이유가 구조적 모순에 있음을 깨닫고 제도 개혁을 통하여 민중적 아픔을 덜어주고자 하였다. 여기에서 구조적 모순이라 함은 조세와 토지제도의 모순을 뜻한다. 이런 점에서 그들은 아마도 한국의 역사에서 제도 개혁을 통한 민중적 삶의 복지와 후생을 최초로 고민한 무리들일 것이다.

3. 제도 개혁론

동양의 선정론이 지니는 최대의 약점은 인간론에 치중한 나머지 제도론이 빈약할 수 있다는 점이고, 또한 실학이 선정론에 치중한 것은 사실이라고 하더라도(김용옥, 2003: 71), 그들이 선정론에 매몰되어 제도론을 간과했다고 볼 수는 없다. 실학이 본디 실물의 학문이었고 현장의 학문이었기 때문에 그들은 결코 실무를 소홀히 생각하지 않았으며, 제도의 개혁을 통해 민생의 질을 높이는 데 많은 지면을 할애하고 있다. 그들이 본 사회 병리의 밑바닥에는 구조적 모순이 많았다.

제도에 관한 실학자들의 첫 번째 논의는, '군주란 과연 누구인가?' 라는 질문에서부터 시작한다. 군주란 "군중의 추대에 의해서 이루어

진 것이며, 그렇기 때문에 군중이 추대하지 않는다면 그 자리가 있을 수 없다."[10]고 그들은 주장한다. 이러한 논의가 곧장 현대적 개념의 인민주권설로 해석될 수는 없지만, 군주 신의설(君主神意說)이나 군주 세습설을 암묵적으로 부인하고 있다는 점에서 그 당시로서는 파격적이었고, 또 그만큼 위험할 수도 있었다.

사회를 보는 눈이라는 점에서 보면, 최한기는 사회유기체설을 주장하고 있는 듯이 보인다. 그의 논지에 따르면 "사람은 혼자서 삶을 영위할 수 없고 또 사람을 버리고서 세상을 경영하고 백성을 건질 수 없다. 반드시 사람과 사람이 서로 사귀고 화합해야 크고 작은 일을 이룰 수 있고, 세상 사람과 함께 지식과 견해를 합쳐야 우주의 사람 된 도리와 일을 밝힐 수 있다."[11] 이와 같은 최한기의 사회 인식은 혈연 중심 사회나 소공동체의 이기적 삶에 익숙한 무리들에게는 생소할 수 있는 이론으로서 다소 의외의 성격을 지니고 있다.

군주는 중의(衆意)에 따라서 추대된 통치권자이므로 민의를 중시해야 하는데, 그 가운데서도 가장 중요한 것이 곧 민의에 따라서 사람을 쓰는 것[用人]이다. 나라의 정교(政敎)는 용인이 마땅했는가로 그 성패와 치란이 결정되고, 용인의 규모와 법제를 통하여 그 국운의 길고 짧음을 알게 되니, 이것이 바로 사람을 다루는 일[人政]이 만사의 기본이 되는 까닭이다(『人政』凡例). 인생의 대도(大道)란 결국 사람을 쓰는 데 달려 있다. 천하의 모든 이는 그 크고 작음을 가리지 아니하고 사람을 쓰지 않으면 시행할 수도 없고 성취할 수도 없으니, 사람을 잘 쓰고 사람을 잘 부리는 사람이 가장 뛰어난 인재이고,

---

10) 『與猶堂全書』卷10 詩文集, 論, 湯論: 天子者 衆推之而成者也 夫衆推之而成 亦衆不推之而不成.
11) 『人政』卷1 測人序: 人不可獨處而營生 又不可捨人而經濟 必也人與人相接相和 可以成大小事務 與天下人合知合見 可以明宇宙人道事務.

운화를 밝혀 치안을 도모하는 사람이 그다음이고, 전례와 형률에 능한 사람이나 재화와 기용(器用)에 통달한 사람이 그다음이다.[12]

우선 현재의 용인 제도, 즉 현재 시행 중인 과거(科擧)의 방법으로는 천하의 인재를 모두 망라할 수 없다는 데 실학자들의 인식은 일치하고 있다. 역사에 나타난 성왕(聖王)은 덕망 있는 사람을 징빙(徵聘)하는 데 성공한 사람이다(『人政』 卷15 選人文 2 徵聘). 원근이나 귀천을 따지지 말고 재상이나 장군이 될 만한 인재를 찾아내어 그 자품(資稟)·식량(識量)·문견(聞見)의 통달에 대하여 우열을 비교해보면, 자연 취할 만한 인재가 있을 것이니, 그 인재가 장군이나 재상의 집안에서 났다 하여 일부러 버릴 것도 없지만 한미(寒微)한 집안에서 났다 하여 꺼릴 것도 없다.[13] 인사 제도는 산림에 묻혀 글을 읽어 훌륭한 지식을 가지고 거인(擧人)이 되기를 달게 여기지 않던 자에게도 반드시 추천[薦進]되는 길이 열리도록 하는 것이어야 하며, 그래야만 비로소 현인을 빠뜨리지 않게 될 것이라고 그들은 주장한다(『經世遺表』 卷15 春官修制 科擧之規 2 鄕試蒭言, 治選之額). 그러면서 차라리 과거 제도가 없었던 한 대(漢代)에 사과(四科)로써 뽑힌 인재들, 즉

(1) 덕행이 고결하고 지절(志節)이 청백한 사람
(2) 학문에 통달하여 행동이 단정하며 경서에 능통한 박사
(3) 법령을 분명히 알아 의심스러운 것을 판단하며 능히 문장과 의문을 살펴 어사(御使)에 합당한 재능을 지닌 사람
(4) 꿋꿋한 기상과 다양한 계략으로 일을 당하여서도 미혹하지 않고 총명한 판단을 내려 삼보(三輔[수도권의 삼대 요직])에 합당

---

12) 『人政』 卷24 用人門 5: 사람 쓰는 일이 모든 일 가운데서 가장 중요하다.
13) 『人政』 卷18 選人文 5: 인재를 구할 때 연고 있는 가문에만 집착해서는 안 된다.

한 사람[14]의 시대가 오히려 공의로웠다고 그들은 믿는다.

전기 실학자들이 고민하고 지적했듯이, 후기 실학자들도 과거의 폐단은 합격자의 양산에 있었음을 지적하고 있다. 즉 필요한 인원을 미리 산정하고 사람을 뽑는 것이 아니라, 일정한 수의 사람을 먼저 뽑아놓고, 그 숫자에 맞춰 자리를 배분하려 하니 비리가 발생한다는 것이다. 그러므로 그 방법의 앞뒤를 바꿔야 했다(『經世遺表』 卷15 春官修制 科擧之規 1). 그리고 당시에는 경과(慶科)·알성과(謁聖科)·별시(別試)·정시(庭試) 등 과거의 명목이 너무 많고 그에 따라서 제도가 매우 어지러웠다. 관원의 양산을 막으려면, 3년에 한 번씩 실시하는 과거 이외에는 다른 명칭의 과거를 실시하지 말아야 했다(『人政』 卷15 選人文 2 科擧). 명경과(明經科)는 빨리 없애야 할 것이요 그대로 두어서는 안 되었다. 무릇 과거 응시자는 20세부터 49세까지로 나이를 한정하고, 나이 50세가 찬 자는 그만두도록 해야 한다(『經世遺表』 卷15 春官修制 科擧之規 1). 이 세상에 남의 쓰임이 되기를 바라는 사람은 많으나 진실로 쓸 만한 사람은 지극히 적었다.[15]

그런데 용인에서 문제가 되는 것은 시부(詩賦)로써는 인재를 알아볼 수 없다는 데 있다. 용인의 근본은 사람에 있고, 선거의 근본은 교인(敎人)에 있고, 교인의 근본은 측인(測人)에 있으니, 능히 측인하지 못하면 교인할 수 없고, 교인하지 못하면 선인(選人)할 수 없고, 선인하지 못하면 용인할 수 없다. 이 네 부분은 서로 통하고 서로 인과관계를 이루어, 마치 봄이 가면 여름이 되고 가을이 가면 겨울이 되는

---

14) 『人政』 卷14 選人文 1: 과거로는 선거를 관장할 사람을 뽑기 어렵다.
15) 『人政』 卷21 用人門 2: 天地間求爲用之人甚多 而眞箇可用之人甚少.

것처럼 끊어짐이 있어서는 안 된다(『人政』凡例). 최한기가 고민했던 부분은, 시와 글을 잘 짓는 것만으로는 인재를 알아볼 수 없으니 경서를 읽히도록 해야 한다는 것이었다. 이 문제는 이미 정약용이 깊이 고민했던 점이다. 따라서 정약용은 과시(科試)의 과목을 다음과 같이 바꿔야 한다고 주장한다.

> 매양 한 식년 동안에 과거 응시자는 경서(經書) 두 가지와 역사 세 가지와 국사(國史) 한 가지를 배우며 식년을 기다려야 하는데, 자년(子年)의 시험에서 경서는 『시경』·『서경』이고, 역사서는 『사기』·『남사(南史)』·『요사(遼史)』·『금사(金史)』요, 국사는 김부식(金富軾)의 『삼국사』이다.
> 묘년(卯年)의 시험에서 경서는 『의례』·『주례』요, 역사서는 『한서』·『북사(北史)』·『원사(元史)』요, 국사 한 가지는 정인지(鄭麟趾)의 『고려사』이다.
> 오년(午年)의 시험에서 경서는 『주역』·『춘추』요, 역사서는 『후한서(後漢書)』·『당서(唐書)』·『명사(明史)』요, 국사는 『동국통감(東國通鑑)』이다.
> 유년(酉年)의 식(式)에서 경서는 『논어』·『맹자』요, 역사서는 『진서(晉書)』·『송사(宋史)』·『청회전(淸會典)』이요, 국사는 『국조보감(國朝寶鑑)』이다(『經世遺表』卷15 春官修制 科擧之規 1).

정약용이 제시한 과거제도의 시험 과목에는 미묘한 뜻이 담겨 있다. 명경과를 없애야 한다면서도 경서에 대한 의존도는 여전히 높다. 시험 과목에 역사서를 넣어야 한다는 주장이 색다르기는 하지만 중국사에 많은 비중을 두고 있는 것이 눈에 거슬린다. 그러면서도 이제까지 누구도 거론하지 않았던 문제, 즉 한국사에서 『삼국사기』,

『고려사』,『동국통감』,『국조보감』을 읽혀야 한다는 대목에서 그의 자주적 역사의식을 느낄 수 있다.

문사를 뽑는 데서 또 한 가지 주의할 사실은, 문관도 기마(騎馬)와 사술(射術)을 익혀야 한다는 것이다. 명나라 홍무(洪武) 연간에는 문과에서도 말타기와 활쏘기를 시험하는 제도를 시행했는데, 이것은 국가의 필수적인 법이었다. 말 위에서 활쏘기[騎芻]와 조총(鳥銃) 쏘기도 마땅히 함께 익혀야 했다. 일반 사람들은 반드시 불편하다고 할 것이나 두 번 활 쏘는 시험[試射]은 없을 수 없다(『經世遺表』卷15 春官修制 科擧之規 2). 그뿐만 아니라 무사의 선거도 또한 덕행으로 근본을 삼고, 지략으로 다음을 삼고, 기예로 끝을 삼아야 한다. 만일 효도하고, 우애하고, 화목함에 조금이라도 결함이 있는 자는 비록 지혜가 손무(孫武)와 오기(吳起)에 미치고 활 재주가 양유기(養由基)와 같다 하더라도 뽑을 수 없는 것이다(『經世遺表』卷15 夏官修制 武科). 무반에 대한 이와 같은 인식의 바탕에는 양란(兩亂)에 대한 회오(悔悟)의 성격이 엿보인다.

그러면 과거제도를 보완할 수 있는 측인의 방법은 어떤 것이 있을까? 후기 실학자들은 이 답을 고대 중국의 방법, 즉 동한(東漢) 시대의 선거(選擧: 천거)와 벽소(辟召)에서 찾고 있다. 여기에서 선거라 함은 향리에서 뽑은 사람들을 순차적으로 벼슬에 진출하게 하는 것이고, 벽소라 함은 재주가 높고 명망이 두터운 사람이 왕명으로 부름을 받아 차례를 건너뛰어 높은 지위에 오르게 하는 것이다. 그들은 이 두 가지 방법에 따라서 절반씩 등용하는 것이 바람직하다고 보았다(『人政』卷15 選人文 2 科擧;『人政』卷15 選人文 2 辟召). 이것은 결국 전기 실학자들이 주장했던 바와 같은 인사 추천 제도이다.

인사 추천 제도의 제안에 깔린 의도는, 학문의 우열이 치세의 준거가 될 수는 없다는 인식과 더불어, 시문(詩文)에 대한 불신을 나타내고, 과거제도가 안고 있는 비리를 드러내 보이려는 것이었다. 이와 관련하여 최한기는 다음과 같이 주장하고 있다.

> 학문을 한 사람이라고 해서 다 쓸 수 있는 것은 아니다. 거기에는 우선 식견과 도량이 넓으냐 좁으냐, 허망한 것이냐 실한 것이냐의 차이가 있고, 학습한 것이 크게 유용한 것이냐 적게 유용한 것이냐, 쓰임에 이로운 것이냐 해로운 것이냐의 구분이 있다. 이와 같이 등분이 있는 것을 모르고 단지 공맹(孔孟)을 배웠다는 것만 가지고 한결같이 모두 혼칭(混稱)하는데, 이것은 학문의 시종과 본말이 무엇인지를 모르는 데서 생기는 것이다.[16]

그런데 천거 제도라고 해서 모두가 훌륭한 법은 아니다. 왜냐하면 사람을 알아보는 안목[測人]이 한결같이 올바를 수는 없기 때문이다. 즉 국정의 치란(治亂)은 측인이 밝으냐 밝지 못하냐에 달려 있는데, 다음과 같은 경우가 밝지 못한 예에 속한다.

(1) 군주가 사람 보는 눈이 밝지 못한 탓으로 한두 사람 쓴 것이 스스로 벼슬을 구하고 스스로 벼슬을 탐하는 무리들이다.
(2) 보필하는 신하의 사람 보는 눈이 밝지 못하여 불러들여 쓰는 것이 모두 그 자신과 같은 무리들이다. 속된 선비는 속된 선비를 천거하고 아첨하는 선비는 아첨하는 자를 천거한다.
(3) 서료(庶僚)의 사람 보는 눈이 밝지 못하여, 뇌물의 많고 적음으로 높고 낮은 벼슬자리를 차지하고, 청탁의 경중으로 봉록과 벼슬을 진퇴하게 된다.

---

16) 『人政』卷20 用人門 1: 학문에는 쓸 수 있는 것과 쓸 수 없는 것이 있다.

(4) 온 조정 신하의 사람 보는 눈이 모두 혼탁하여 선인(善人)을 모해하고 잡류를 이끌어 진출시키며, 선왕의 성헌(成憲)을 빙자하여 사리를 도모하고 인도(人道)를 부끄럽게 여기는 것을 도리어 공론으로 삼는다(『人政』卷2 測人門 2).

그렇다면 인사 추천 제도가 안고 있는 이와 같은 비리를 피해 갈 수 있는 길은 무엇일까? 여기에는 두 가지 방법이 있다. 하나는 저 아래의 방백 수령, 즉 민중과 가장 가까이 있는 사람들을 추천받는 것이요(『牧民心書』卷2 吏典六條 擧賢), 다른 하나는 추천의 단계를 중첩되게 하여 소루함을 비켜 가는 방법이다. 어떤 사람이 인정(仁政)을 베풀 수 있는지 아닌지는 그와 가장 가까이 있는 백성들이 가장 잘 안다. 그러므로 그들의 의견을 중요시하면 천거에 실수가 없을 것이다. 백성들이 대궐에 달려와 그 유임을 빌면 이를 허락하여 민정(民情)에 따르는 것이니, 이것은 옛날의 권선(勸善)하는 큰 방법이었다(『牧民心書』卷6 解官六條 願留).

이와 같은 방법으로 인사를 추천할 경우에 남는 마지막 문제는, '무엇이 추천의 준거가 되어야 하는가?'이다. 이에 대하여 실학자들의 의견이 통일된 것은 아니지만 정약용은

> 선사(選士)의 교육은 첫째는 덕(德)이요, 둘째는 행(行)이요, 셋째는 도(道)요, 넷째는 예(藝)이다.
> 육덕(六德)의 조항은 지(知)·인(仁)·성(聖)·의(義)·충(忠)·화(和)이다.
> 육행(六行)의 조항은 효(孝)·우(友)·목(睦)·인(仁)·임(任)·휼(恤)이다.
> 육경(六經)의 조목은 『시(詩)』·『서(書)』·『예(禮)』·『악(樂)』·『역

(易)』·『춘추(春秋)』이다.

육례(六藝)의 조목은 예(禮)·악(樂)·사(射)·어(御)·서(書)·수(數)이다(『經世遺表』卷13 地官修制 教民之法).

라고 했고, 최한기는

(1) 큰 도시에서 성장할 것
(2) 식견과 도량이 통달할 것
(3) 경험이 광원(廣遠)할 것
(4) 치안의 학문을 연구할 것
(5) 나이가 노성(老成)할 것(『人政』卷19 選人文 6)

을 주장하고 있다. 정약용의 경우에는 그가 실학자라는 점을 감안한다면, 그 주장이 다소 사변적이고 추상적이어서 정통 유학으로 회귀하는 듯한 느낌을 준다. 최한기의 경우에는 정치의 속기(俗氣)가 보인다.

최한기로 대표되는 후기 실학자들이 고민했던 제도 개혁의 요점을 정리하면 다음과 같은 인식을 확인할 수 있다.

(1) 그들은 인사 추천 제도를 통하여 민선(民選)이라는 민주주의의 원리를 이해하고 있었는데, 이는 오늘날 간접민주주의의 유형으로 분류될 수 있다.
(2) 이른바 입법으로 불리는 정책 결정이 공회(公會)의 토론에 따라 이루어지며, 각 계급의 이익이 상호 견제와 균형을 이룸으로써 최고 통치자가 전횡(專橫)하지 못한다는 사실을 인식하고 있었다.

(3) 최고 통치자의 지위가 인민의 추대에 따라서 결정되는 것이 가능하다는 사실과 세습되더라도 능력 위주의 계승이 가능하다는 점을 알고 있었다(안외순, 1999: 61).

후기 실학의 제도 개혁론에서 두 번째로 거론해야 할 점은, 그들이 신분의 문제를 어떻게 이해하였는가 하는 점이다. 우선 후기 실학자들은 국가의 기본적인 신분제를 해체하려는 의지가 없었다. 이를테면 그들은 노예제를 해체할 뜻이 없었다. 그들은 오히려 양란을 거치면서 노예제가 해체되는 모습을 우려의 눈길로 바라보았다. 예컨대 정약용의 다음과 같은 노예 인식을 살펴볼 필요가 있다.

대개 노비법이 바뀐 이후로 민속이 크게 변하였는데, 이것은 국가에 이익이 안 되는 것이다. …… 만력(萬曆) 임진왜란 때 남방에서 의병을 일으킨 집은 모두 가동(家僮) 수백 명으로 대오를 편성할 수 있었으나, 가경(嘉慶) 임신[1812]의 서북 지방의 난리[西賊, 홍경래의 난] 때에는 고가(故家)·명족(名族)이 서로 일을 논의하였지만 한 집에서 한 사람의 가노(家奴)도 얻어내기가 어려웠다. 이 한 가지 사실로도 곧 그 대세가 온통 변한 것을 알 수 있을 것이다. …… 나라가 의지하는 바는 사족(士族)인데, 그 사족이 권세를 잃은 것이 이와 같다. 혹시 나라에 급한 일이 생겨 약한 백성[小民]들이 무리지어 난을 일으킨다면 누가 이를 능히 막을 것인가. 이로 보건대 노비의 법은 좋게 변한 것이 아니다
(『牧民心書』卷4 禮典六條 辨等).

실학자들은 민중과 사대부 사이에 존재하는 칸막이[境界]를 제거할 뜻이 없었다. 그들은 사회적 차별이 사회를 지탱시키는 힘이라고

생각했다. 이에 관해서는 정약용의 다음과 같은 인식을 들어볼 필요가 있다.

> 백성의 등급을 매기는 일[辨等]은 백성을 안정시키고 그 뜻을 정향(定向)시키는 핵심이다. 등위(等威)가 명확치 않아서 위계가 문란하면 백성들은 흐트러지고 기강이 없게 된다. 친족을 친애하는 것은 인(仁)이며, 존귀한 사람을 존귀하게 대우하는 것은 의(義)이며, 어른을 어른으로 모시는 것은 예(禮)이며, 어진 이를 어질게 대접하는 것은 지(知)이다. 무릇 등급을 매기는 정사는 오직 약한 백성들만 징계하는 것이 아니라, 중간층이 상층을 범하는 것도 역시 미워해야 할 것이다(『牧民心書』卷4 禮典六條 辨等).

이러한 질서의 유지를 위해서는 주민 통제가 필요한데, 그 가장 좋은 방법이 호적(戶籍) 제도이다. 『경국대전(經國大典)』에 따르면 3년마다 호적을 개정하여 본조(本曹)·한성부(漢城府)·본도(本道)·본읍(本邑)에 간직해야 한다(『經國大典』戶典 戶籍). 호적이란 것은 나라의 큰 정사(政事)이니, 지극히 엄정하고 지극히 정밀해야 백성의 부세(賦稅)를 바로잡을 수 있다(『牧民心書』卷3 戶典六條 戶籍). 이 호적 제도를 확대하여 오가작통(五家作統)과 십가작패(十家作牌)를 만들고, 이 법에 따라 새로운 규약을 더하여 시행하면 농간과 도적질의 여지가 없어질 것이라고 그들은 생각했다(『牧民心書』卷3 戶典六條 戶籍). 이러한 주민 통제의 기본 구상은 유민(流民)의 방지에 바탕을 두고 있었다. 이는 현대적 의미에서 거주 이전의 자유에 대한 제한이며, 농민을 농지에 묶어두기 위한 최선의 방법이었다. 그것은 '우리[籬, fence] 안의 삶'이었다. 이러한 구상은 홍대용의 경우에 더욱 가혹하게 나타나고 있다. 그는 이렇게 주장한다.

> 무릇 백성은 각각 농촌을 지키며 죽을 때까지 고향을 떠나지 않아야 한다. 만약 부득이한 일이 있을 때는 관에 보고하여 인가장을 받은 다음 본적지를 떠난다. 이사 간 곳에서는 즉시 관에 보고하여 입적하고 전토를 받는다. 관가에 보고하지 않고 제 마음대로 이사하는 자는, 벌을 준 다음 그가 살던 곳으로 되돌려 보낸다. 사찰(査察)하는 사람이 5리마다 행인을 검문한다(『湛軒書』內集 卷4 補遺 林下經綸 8b-9a).

> 사람이 태어나 8세가 되는 즉시, 그 이름을 팔뚝에 새긴다면 호패를 사용하지 않아도 간사한 백성이 그 이름을 숨길 수 없게 될 것이다. 무릇 도둑을 다스리려면 그 정상이 죽을죄에 이르지 않으면, 그의 이름을 왼쪽 뺨에 먹물을 새긴[刺字] 다음 방면한다. 그런 뒤에도 오히려 고치지 않으면, 다시 오른쪽 뺨에 먹물을 새기고 그래도 고치지 않으면 죽인다(『湛軒書』內集 卷4 補遺 林下經綸 9b).

실학자들은 백성들에게 문신과 낙인을 찍어야 한다고 생각했다. 이것은 서구 사회에서 동물에 낙인을 찍던 방법(stigma and maverick)과 같은 것이며, 고대 서구에서 노예에게 행했던 문신(文身), 중국에서 중범자의 얼굴에 낙인을 찍던 묵형(墨刑), 조선에서 실시되던 자형(刺刑)(『經國大典』刑典 囚禁)에 해당하는 것이다. 이것은 반인륜적인 발상이었다.

그뿐만 아니라 후기 실학자들은 우민(愚民)의 논리를 벗어나지 못했다. 정약용이 그의 저술을 『목민심서(牧民心書)』라고 정한 것은 의미심장하다. 그가 백성을 어떻게 인식했는지는 다음의 글에 잘 나타나고 있다.

백성이 전지(田地)로서 경계를 정하는 것은 양(羊)에게 우리[籬]가 있는 것과 같은데, 지금 많은 사람을 오고 가도록 그냥 두면, 짐승이 서로 쫓아다니는 것과 같게 된다. 백성을 새와 짐승이 서로 쫓아다니는 것과 같이 두는 것은 세상을 어지럽게 하는 근본이다. 그러나 이 방법을 8~9년 동안 시행하면 백성은 대략 고르게 되고, 10여 년만 시행하면 백성이 아주 고르게 될 것이다. 백성이 아주 고르게 된 다음에 호적을 만들어 그 집에 예속(隷屬)시키고 문권(文券)을 만들어 이사하는 것을 관리한다. 그리하여 한 백성이 오는 것을 받아들이는 데 제한을 두고 한 백성이 가는 것을 허가하는 데도 한절(限節)이 있도록 한다(『與猶堂全書』1/11 文集 論 田論 4).

목민(牧民)이란 말의 진정한 의미는 결코 애민이 아니었다. 목민은 '양을 친다[牧羊].'는 말에서와 같이 '백성을 채찍으로 친다(whipping the people).'는 뜻이다. 그것은 '소를 먹이고(feeding a cow)' '말을 몬다(driving a horse).'는 것과 같은 뜻 위에서 이해될 수 있다. 그러한 용어들은 기본적으로 동물에게나 쓰는 용어이다.[17] 그들에게는 치민(治民)하는 것이 목민하는 것이다. 정약용이 생각하기에 군자의 학(學)은 수신이 그 반이요 나머지 반은 목민이었다(『牧民心書』自序).

우민의 논리적 귀결은 백성과 더불어 정사를 논의할 수 없다는 데

---

17) 동양 사회에서 기독교의 성직자를 목사(牧師)라고 표기한 것도 신도를 양떼에 비유한 것이고, 지방관을 목사(牧使)라고 일컫는 것도 백성을 다스리고[治] 먹인다[養]는 뜻을 담고 있다.

이른다. 그러므로 "조정에서 큰 정치를 행하면서 먼저 일반 백성들과 꾀할 것은 아니다."[18] 이는 공자가 말한 "평민은 정치를 말하지 않는다[庶人不議]."(『論語』「季氏」)는 주장의 연속선 위에서 이해할 수 있다. "세상에는 백성들보다 더 어리석은 자가 없기 때문에 그들은 농사나 지을 수밖에 없다."[19] 따라서 그들을 가르쳐야 한다. "가르칠 수 없는 사람이 없고 가르칠 수 없는 일이 없으니, 오직 교육에 그 방법을 다하지 못함을 근심할 뿐이다."[20] 가르쳐서 쓴다면 버릴 사람이 거의 없지만, 가르치지 않고 쓴다면 흠 없는 사람을 얻기 어렵다(『人政』凡例). 그들에게 가르침이란 길들임(taming)이었다. 그것이 비단 실학자들만이 아니라 그 시대의 보편적 정서였다 하더라도, 실학자들은 이로 말미암은 비난에서 자유로울 수 없다.

그런데 후기 실학자들이 신분의 벽을 헐고자 하지 않았으면서도 서얼(庶孼)의 등용을 강변한 것은 기이한 일이다. 정약용은 이렇게 주장하고 있다.

> 예전에 우리 영종(英宗)대왕께서 서얼 출신의 벼슬길이 막혔음을 민망하게 여기어 선부(選部)에 명하니, 문예가 있는 성대중(成大中) 등 10명을 뽑아서 대간직(臺諫職)을 제수하였다. 얼마 뒤 재보(宰輔)의 반열에 승진시키고 하유(下諭)하기를 "하늘이 지극히 높으나 일찍이 하늘이라 부르지 않은 적이 없으며, 임금이 지극히 높으나 일찍이 임금이라 일컫지 않은 것이 없는데, 서얼이 그 부모를 부모라 하지 못하는 것은 무슨 연고인가?" 하셨다. 또 부모라 하는 것은 금할 수가 없다. 또 서얼 출신의 벼슬

---

18) 『經世遺表』卷7 地官修制 田制 9 井田議 1: 伏惟朝廷爲此大政 不宜先謀庶民.
19) 『牧民心書』卷3 戶典六條 勸農: 農者 民之利也 民所自力 莫愚者民 先王勸焉.
20) 『人政』卷13 敎人門 6: 가르쳐 열매를 맺는다.

길을 왜 막는 것인가(『與猶堂全書』1/11 文集 論 庶孼論).

후기 실학자들이 서얼을 옹호하고 변호[擁辯]한 것은, 그들 자신 가운데 서얼 출신이 많았기 때문일 수도 있고, 달리 보면 지식사회학적인 측면도 있다. 그들은 지식이 사회의 가장 큰 가치라 여겼고, 따라서 지식을 갖춘 사람이라면 비록 서얼 출신이라도 그 신분의 굴레에서 해방되어야 한다는 생각을 지니고 있었다.

그뿐만 아니라 그들은 연좌제(緣坐制)의 악습을 지탄하고 있다. "연좌제는 대개 삼족(三族)을 멸하는 법에서 나온 것인데, 다만 죽이지 않을 뿐이다. 당쟁의 화가 생긴 이래 이른바 역적이라는 것이 사실인 것도 있고 원통한 것도 있다. 원통한 것은 말할 것도 없지만, 비록 사실이라 하더라도 그 아버지와 그 아들과 그 형제들에게야 무슨 죄가 있는가?"(『牧民心書』卷5 刑典六條 恤)라고 그들은 묻고 있다. 아마도 그들이 연좌제에 대하여 이토록 저항했던 것은 그들이 누구보다도 당화(黨禍)를 많이 입었던 남인(南人)의 후손이라는 점과 무관하지 않을 것이다.

후기 실학자들의 민중주의 또는 애민 사상을 한마디로 긍정하기란 쉽지 않다. 그들이 민중들에게 연민을 가졌던 것은 사실이다. 그들은 부세(賦稅)의 형평을 주장했고(『經世遺表』卷10 地官修制 賦貢制 1 九賦論), '백성의 아픔[民瘼]'을 덜어줄 수 있는 방법이 무엇일까에 대하여 누구보다도 고민했다. 그러나 그들은 기본적으로 우민의 논리에서 벗어나지 못했고, 백성을 '벌레들처럼 꾸물거리는 인간들[蠢氓]'로 다루었다. 이런 점에서 볼 때 실학사상의 본질을 애민으로 보려는 종래의 역사학계나 철학계의 학설이나 주장은 사실과 많이 다르다. 한국 사상사는 그들의 애민적 가치를 과대평가했고, 사회과학은 역사학에서 저지른 그와 같은 오류를 비판 없이 받아들였다.

4. 토지와 생산성

다만 실학의 전·후기 사상뿐만 아니라 한국 정치사나 경제사에서 토지는 영원한 화두(話頭)이다. 실학자들은 토지의 소유·가치·분배·생산성에 끊임없이 몰두했고, 그런 점에서는 후기 실학의 경우도 예외가 아니었다. 왜 그들이 그토록 토지 문제에 집착했을까 하는 문제에 대한 대답은 그리 간단하지 않다. 농민에 대한 연민, 국부(國富)의 불안정에서 오는 사회적 동요에 대한 걱정, 또는 분배 정의에 대한 의지 등이 복합적으로 작용했을 수 있다.

후기 실학자 가운데서 토지에 관하여 가장 많이 고뇌한 학자는 정약용이었다. 그 점에서 그는 나머지 다른 후기 실학자와 다르다. 그의 호가 '귀농(歸農)'이었다는 사실은 암시하는 바가 있다. 그가 사대부 출신으로서 토지와 농민에 대하여 고민한 것은 우연한 일이 아니었다. 그는 지방관을 지낸 아버지 정재원(丁載遠)의 임지를 따라다니며 농촌의 피폐상을 목격했고, 호남의 곡창에서 유배 생활을 한 경험이 있기에 토지의 문제에 대하여 누구보다도 더 고뇌했다. 그래서 그의 글에는 농민에 대한 연민이 누구보다 깊게 나타난다.

토지 문제에 대한 후기 실학자들의 첫 번째 인식은 생산성을 높여야 한다는 것이었다. 민생 일용의 이용후생에 보탬이 되는 것이 실로 민업(民業)을 가르치고 민산(民産)을 안정시키는 방법[21]이라고 최한기는 생각했다. 민산을 중요시한 것은 정약용도 마찬가지이다. 그가 생각하기에 "백성을 부유하게 한 뒤에 교양하는 것이 옛날 법이었다."[22] 여기에서 한 가지 주의할 사실은 다산을 포함하여 후기 실

---

21) 『人政』卷21 用人門 2: 비천한 직업을 가진 사람 중에서 백성을 교화할 수 있는 길이 보인다.
22) 『經世遺表』卷8 地官修制 田制 12 井田議4: 旣富而敎古之道也.

학자들이 민본(民本)의 의지를 가졌던 것은 사실이지만, 농민을 귀하게 여기지는 않았다는 점이다. 여기에서 "귀하게 여기지 않았다." 함은 농민들을 중요하게 여기지 않았다는 뜻이 아니라, 그들의 사회적 신분이나 지위를 존귀하게 평가하지 않았음을 뜻한다.

정약용이 본 바에 따르면 농사가 다른 것보다 못한 점이 셋이 있는데, 그것은 높기는 선비보다 못하고, 이롭기는 장사보다 못하고, 편하기는 온갖 공장(工匠)보다 못하다(『與猶堂全書』 1/9 文集 疏 應旨論農政疏戊午在谷山). 농업이 이처럼 존귀한 직업은 아니지만, 농민은 국가의 존립을 위해서 가장 노력하는 무리임에는 틀림없다. 정약용의 설명에 따르면 백성의 직업에는 아홉 가지가 있으니 첫째는 선비[士]요, 둘째는 농업[農]이요, 셋째는 상업[商]이요, 넷째는 공업[工]이요, 다섯째는 초목을 다루는 직업[圃]이요, 여섯째는 조수(鳥獸)를 다루는 직업[牧]이요, 일곱째는 어물(澤物)을 다루는 직업[虞]이요, 여덟째는 포백(布帛)을 다루는 직업[嬪]이요, 아홉째는 심부름꾼[走]이다. 이들 가운데 어떤 직업을 가진 백성이 가장 힘을 쓰는가? 그것은 바로 농부이다(『經世遺表』 卷8 地官修制 田制 12 井田議 4). 정약용이 농부를 가리켜 "가장 힘쓰는 무리"라고 표현한 것은 가장 필요한 무리라는 뜻이지 존엄하다는 뜻은 아니었다.

정약용이 농업 생산성을 고민하면서 얻은 결론은 농업과 자연과학의 접목이었다. 근대의 과학적 개명 문화에 접촉하기 시작한 실학자들은 영농의 과학화를 구상했다. 이는 농기구의 과학화와 유통의 문제를 뜻하는 것이다. 농업의 과학화 가운데서 다산이 가장 주목한 것은 수리(水利)의 문제였다. 농사가 수고로운 것은 수리를 일으키지 못하기 때문이라고 그는 생각했다(『與猶堂全書』 1/9 文集 疏 應旨論農政疏戊午在谷山). 굳이 정약용의 설명을 듣지 않는다고 하더라도, 농경수력(水力) 사회인 동양에서 최고 지도자는 우(禹)임금과 같이 수리에 능통한 토목 전문가였다.[23] 그는 천수답에 의존하는 농업 구조가 당면하고 있는 생산성의 한계를 감지하고 있었다.

실학자들은 농업 생산성과 관련하여 유통의 문제를 또한 인지하고 있었다. 북학(北學)의 자연과학적 학습을 받은 그들은 운송의 문제가 농업 생산성에서 차지하는 비중을 잘 알고 있었는데, 그 선두에는 박제가(朴齊家)가 있었다. 그는 농기구 가운데서도 수레와 같은 운송 도구를 개발하는 일이 시급하며, 이것이 해결되지 않으면 혈맥이 통하지 못해 사람이 윤택해질 수 없는 것과 같은 결과가 나타난다고 충고하고 있다(『北學議』進北學議). 이러한 과학적 사고는 다산의 경우에 거중기(擧重機)와 같은 근대 기계문명에 눈뜨는 계기를 마련해주었다.

그런데 농업 생산성을 높이는 한 방법으로서 농업 인구를 늘리자는 다산의 구상은 독특하다. 그는 할 일 없는 선비를 농업에 투입하자고 제안하고 있다.

> 공장(工匠)은 기구로써 곡식을 바꾸고, 장수는 화물(貨物)로써 곡식을 바꾸는 것은 해로울 것이 없다. 그러나 선비 같은 자는 …… 가을에도 분배받을 것이 없으니 장차 어찌할 것인가. 아아! 내가 말한 여전(閭田)[24]하는 법은 바로 이런 경우를 위한 것

---

23) 수력 사회에 관한 자세한 논의는 비트포겔(Wittfogel, 1958: *passim*)을 참조할 것.
24) 여전은 여장(閭長)의 통솔 아래 한 여(閭: 이(里)의 1/6의 면적)의 농지를 30가구가 공동 경작함을 말한다. 여장이라는 가부장적 권위를 가진 농촌 지도자가 농경에 종사한 개개인의 노동량을 기록하였다가 가을이 되면 오곡의 수확물을 일한 날수에 비례하여 분배한다. 이 경우 국가에 바치는 세와 여장의 봉급을 먼저 제하고 그 나머지를 일역부(日役簿)에 의거하여 노동량에 따라 여민에게 분배한다. 여전제는 (1) 경자 유전(耕者有田), (2) 토지 공유, (3) 공동 경작, (4) 공동 수확, (5) 공동 분배를 기초로 하는 것으로서, 대토지 소유제나 중간 착취자를 없앰으로써 국가 재정과 농민의 생활을 넉넉하게 만든다고 정약용은 주장

이다. 대체 선비란 어떤 사람인가. 선비는 어찌하여 손발을 움직이지도 않으면서 땅에서 생산된 것을 삼키며 남의 힘으로 먹는가. 대체 선비가 놀고먹는 까닭으로 땅에서 나오는 이(利)가 다 개척되지 않는다. 놀아서는 곡식을 얻을 수 없음을 알게 되면 선비는 농사꾼으로 변할 것이다. 선비가 농사꾼으로 바뀌면 땅에서 나오는 이익도 개척되고, 풍속이 순후(淳厚)하여지고, 질서를 어지럽히는 백성이 없어질 것이다(『與猶堂全書』1/11 文集 論田論 5).

이러한 인식은 끝까지 선비의 우대에 대한 의지를 포기하지 않았던 전기 실학자 유형원(柳馨遠)의 생각[25]과는 많이 상치(相値)되는 것으로서, 보는 이에 따라서는 의식의 진보로 볼 수도 있다.

토지 문제에 관한 후기 실학자들의 두 번째 인식은 토지 집중을 막아야 한다는 것이었다. 토지의 겸병이나 집중화 현상은 구조적인 원인 때문에 나타나기도 했지만, 달리 보면 18세기에 들어오면서 나타난 경작 기술의 발달과도 무관하지 않았다. 곧 당시 농업 생산성의 확대 원인은 일차적으로 농업기술의 변화, 즉 부종법(付種法, 직파법)에서 이앙법(移秧法)으로의 이행에서 찾을 수 있다. 이앙법은 제초 작업에 필요한 노동력을 절감시키고 이모작을 가능하게 하는 한편 단위면적당 생산고를 증대시켜 광작(廣作)이라고 불리는 토지 겸병과 경작지 확대 현상을 낳았다. 그러나 이와 같은 광작 운동은 경작지를 얻지 못한 빈농층을 양산하였고, 농촌에서 밀려난 대량의 이농민들이 실업민으로 전락했다. 그뿐만 아니라 대토지 소유는 토지

하였다.
25) 이에 관한 자세한 논의는 신복룡(2011(하): 242-246)을 참조할 것.

수탈을 구조적으로 용이하게 만들었을 뿐 아니라 대형화시켰다(박현모, 2000: 3-4).

　대토지 소유가 문제 되는 이유는, 서양의 토지제도에서와 마찬가지로 동양의 토지제도에서도 지주와 관료가 중첩된다는 점에 있다. 동양 사회에서 관료적 지주들의 정치권력은 기본적으로 그 자신이나 현직에 있는 친척이 적극적으로 가담하는 절대주의 정부로부터 나왔다(Wittfogel, 1958: 299). 이러한 토지 겸병은 그만큼 토지와 권력의 유착(癒着) 가능성이 높음을 뜻하는 것이다.

　토지와 권력이 유착할 때, 농민은 투탁(投託, 형식적으로 명의를 지주에 넘겨줌으로써 보호를 받음)·기진(寄進, 지주에게 명의를 넘김)·은결(隱結, 토지를 숨김) 등의 형식으로 토지가 귀족·관료·토호 및 사원에 더욱 집중되도록 하였고, 따라서 국가에 대한 납세지를 더욱더 줄어들도록 만들었다(전석담, 1989: 56). 이런 점에서 사대부의 토지 점탈은 농업 생산성의 장애 요인이었다(『北學議』進北學議). 토지의 지배는 정권의 힘과 늘 떼려야 뗄 수 없는 연관성을 지니기 때문에 사대부는 토지와 권력의 유착에 유혹을 느낀다. 이는 서로에게 유혹적이고 상승적이다(全錫淡, 1990: 22). 또한 토지와 권력이 유착됨으로써, 수령의 직책 54조 가운데서 전정(田政)이 가장 어려운 것이 되었다(『牧民心書』卷2 戶典六條 田政).

　조선왕조의 성립이 근원적으로 토지 지배 관계의 내면적 계기를 그 추진력으로 삼고 있고, 초기의 전제 개혁은 토지 지배 관계의 질적 전환을 의도한 것이 아니라 이전과 같은 생산관계를 재편한 것에 지나지 않았다는 점에서 토지와 권력의 유착으로 이어졌다(全錫淡, 1990: 24). 따라서 토지 겸병은 정전제(丁田制)를 붕괴시키는 결과를 낳았고 결과적으로 토지국유제에 결정적인 타격을 주었다. 왜냐하면 국가의 재정은 무엇보다도 정전으로부터 직접 징수하는 조세

지대(地代)에 바탕을 두고 있었는데, 그 정전제가 붕괴됨으로써 국가 재정을 파멸에 빠뜨렸을 뿐만 아니라, 관료 및 토호에 의한 정전의 겸병·사유화는 광범한 농민층의 생산 및 생활 조건을 위협함으로써 농업 생산의 황폐와 사회적 혼란을 초래하였기 때문이다(진석담, 1989: 50).

그렇다면 이와 같은 토지의 겸병을 막는 방법은 무엇일까? 그것은 전기 실학자들이 이미 결론으로 제시했던 바와 같이 경자 유전(耕者有田)으로 제도를 바꾸는 것이다. 이 방법에 따르면 국가는 먼저 결혼한 모든 남자에게 전답 2결(結)을 준다(『湛軒書』內集 卷4 補遺 林下經綸 7a). 후기 실학자들은 전기 실학자들이 그랬던 것처럼 토지 거래 허가제에 가까운 제도를 주장하면서, 적어도 최소한으로 받은 2결의 토지 매매를 기본적으로 금지하는 것을 원칙으로 생각했다. 정약용은 어느 토지에 대하여 영구히 소유권을 인정하는 이른바 영업전(永業田)을 만들지 못하도록 하고, 토지를 전매(轉賣)하지 못하도록 할 것을 요구했다(『經世遺表』卷6 地官修制 田制 5 官田別考).

토지 문제와 관련하여 후기 실학자들이 고민한 세 번째 문제는 조세였다. 과중한 조세가 이농(離農)을 낳았다는 점에서 조세의 문제는 토지 겸병과 무관하지 않다는 것이 실학자들의 판단이었다. 실학자들은 세율은 소출의 1/9 또는 1/10이면 적절하다는 데 동의한다(『湛軒書』內集 卷4 補遺 林下經綸 7a). 정약용이 제시한 1/9의 세율에 대한 논거는 다음과 같다.

> 9분의 1세는 자연계[天地]의 방형 및 원형의 원리이다. 세액이 9분의 1보다 많으면 백성이 그것을 지출할 수 없으며, 9분의 1보다 적으면 국가에서도 그 경비를 지출할 수 없게 된다. 9분의 1 법을 실시하려면 반드시 벌판의 비옥한 땅에 경계를 그어

정전을 만들되, 그 방정하기가 곡척(曲尺)으로 잰 것과 같고 경(經)과 위(緯)가 바둑판과 같게 하여, 백성들에게 이를 분명히 보여주면서 말하기를 '9분의 1의 법칙이 이러하다.' 하고, 드디어 이 법칙으로써 기본을 삼아 다른 밭들도 통일시킬 것이다. 무릇 둥글지 못하게 생긴 것[圓者], 타원형으로 생긴 것[楕者], 삼각형으로 생긴 것[圭者], 구붓하게 꺾인 것[句者] 등까지 이에 기준하여 통일시킬 것인바, 이것이 정전을 만들려는 까닭이다
(『經世遺表』卷7 地官修制 田制 9 井田議 1).

당초에 1/9을 세율로 정해야 한다고 생각했던 정약용은 어떤 경우에는 1/10을 주장하는 융통성을 보이기도 한다. 그는 1/10의 세법을 시행하면 나라와 백성이 함께 부유해질 것이라고 주장했다. 그는 오직 큰 흉년이 들었을 때는 임시로 세조(稅租)를 빌려주었다가 풍년을 만나서는 빌려준 수량을 대조하여 갚도록 하면, 나라에는 일정한 수입이 있고 백성도 일정한 세공(稅貢)이 있어 모든 어지러움이 아울러 정리될 것이라고 보았다(『與猶堂全書』1/11 文集 論 田論 6).

그러나 1/9 또는 1/10을 전국적으로 일괄하여 실시할 수는 없다. 왜냐하면 각 토지의 비옥도와 수송의 편의에 따라서 소출이 엄청나게 다를 수 있기 때문이다. 따라서 정약용은 6진(鎭) 및 삼수(三水)·갑산(甲山)·장진(長津)·후주(厚州)·폐사군(廢四郡)·강변칠읍(江邊七邑) 등지는 1/20이나 1/30의 조세를 부과해야 하다고 보았다. 대체로 이 지방의 정전은 1/18의 세나 1/27의 세를 받아야 하고, 화전(火田)은 1/20의 세를 받아야 한다는 것이다. 만일 이와 같이 하여도 받은 액수가 오히려 현재보다 많을 경우에 정전은 1/36의 세를 받고 화전은 1/40의 세를 받아도 안 될 것이 없다. 당시의 실례를 보면, 비

록 대흉년이 든 해라도 섬의 백성들은 진휼(賑恤)을 받지 않았다. 그 까닭은 평시의 생활을 대개 고기잡이에 의존하였고 그해 농사를 믿지 않았기 때문이라고 한다(『經世遺表』卷8 地官修制 田制 12 井田議 4).

요컨대 조세에서 제일의 원칙은 가벼움(easy tax)이다. 이는 애덤 스미스(Adam Smith)를 비롯한 고전파경제학 이래의 일관된 주장이다(Mankiw, 2007: 229; Kennedy, 1987: 20). 조세가 가벼워야 토지가 개간되고 넓혀진다. 권농의 정사는 또한 농사만 권장할 것이 아니라 원예·목축·양잠·길쌈 등의 일도 권장하지 않으면 안 되었다(『牧民心書』卷3 戶典六條 勸農). 그런데 현실은 그렇지 않았다. 정약용은 "정부가 눈앞의 이익에 탐을 내어 많은 세를 징수하되 사전(私田)의 경우처럼 반작제[5 : 5]와 같이 하였으니 어찌 안타깝지 않은가?"(『經世遺表』卷6 地官修制 田制 5 官田別考)라고 개탄한다. 수리(水利) 사회라고 할 수 있는 동양의 농지 세율은 서양에 견주어 높았고, 세율이 5/10를 넘게 되면 그것은 이미 기아 지대(飢餓地代, hunger rent)가 되는 것이다.

지대를 둘러싸고 벌어지는 벼슬아치들의 비리는 또 다른 어려움이었다. 비리는 먼저 토지 조사[量田]로부터 시작된다. 즉 토지 면적의 계산이나 소출의 계산이 공의로움을 잃고 관리의 자의(恣意)에 따라 이뤄지는 경우가 셀 수 없이 많았다. 양전을 둘러싼 관리의 비리는 정약용의 글에 잘 나타나 있다.

> 백성들이 뇌물을 주지 않으면, 비록 해충의 피해[蟲災]와 서리[霜枯]로 쌀 한 알을 거두지 못하였더라도 면세를 받지 못하며, 만일 백성이 뇌물을 먹이기만 하면, 비록 이삭이 주렁주렁하고 꼬투리가 다닥다닥하여 백날 갈이 밭이 다 익었어도 재해지로 처분을 받을 수 있다. 기사[1809]와 갑술[1814]에는 일망무제

한 벌판으로 애초 이앙도 하지 못한 것들이 뇌물을 주지 않고도 재해지로 등록된 일이 있었다. 그러나 이것을 구실로 잘된 것을 함부로 재해지로 만든 것이 아마 곱절이나 되었을 것이니, 여기서 백성들이 이익을 본 것이 10이라면 나라의 손해는 20이나 되었으니 대개 어찌할 수 없는 지경에 이른 것이야말로 오늘의 전정(田政)이다(『經世遺表』卷7 地官修制 田制 8).

조세의 폐단으로서 백성들이 가장 견딜 수 없는 것은 환곡(還穀)과 대동법(大同法)의 폐단이었다. "환자[還上]는 사창(社倉)이 일변한 것이며, 백성의 뼈를 깎는 병폐가 되었으니 백성이 죽고 나라가 망함은 바로 눈앞에 닥친 일이며"(『牧民心書』卷3 戶典六條 穀簿 上)[26] "나라에서 손해만 볼 뿐이고 백성에게도 소득이 없다. 백성에게 소득이 없는 한 나라인들 어찌 손해가 없겠는가?"(『經世遺表』卷7 地官修制 田制 8)라고 정약용은 묻고 있다.

대동법은 본디 각지의 특산물을 쌀로 환산하여 바치는 제도로서, 광해군이 즉위한 해(1608)에 이원익(李元翼)이 선혜청(宣惠廳)을 설치하여 이를 실시할 것을 제의하였고, 먼저 경기도에서 시험적으로 실시하였다. 그 뒤 인조 원년(1623) 9월에 이원익이 3도에 대동청(大同廳)을 설치할 것을 제의하였으며, 낭청(郞廳) 4명을 배치하여 그 사무를 담당하게 하고 강원도에서 시험적으로 실시하였다(『經世遺表』卷11 地官修制 賦貢制 7 邦賦考). 그러다가 효종(孝宗) 2년(1651) 8월에 김육(金堉)의 제의로 호서(湖西)에서 확대 실시되었다. 대동법을 실시하던 초기에 나라에서 백성들에게 약속하기를 '모든 관청의 토색질은 일체 정지될 것이니 대동미 하나만 바치면 온 1년 편히 누워 있을

---

26) 이에 관한 자세한 논의는 신복룡(2011(하): 254)을 참조할 것.

수 있다.'라고 하였으나 관청의 토색질은 날로 심해졌다.

그러나 일련의 실학자들의 토지 개혁안은 현실적으로 조선 후기 사회에서 받아들여지지 않았다. 당시 토지 소유자들이 이런 개혁안에 선뜻 동의하지 않았기 때문이다. 기득권자와 도전 세력 사이에 갈등과 충돌이 일어나고 있었다. 이런 역사의 현장을 조정하는 것은 원래 정권 담당자의 몫이었다. 그런데 정치가들이 이러한 사태를 조정하지 못하자 사회문제가 표출되었고, 그것이 곧 민란의 형태로 역사에 나타나게 되었다(이범직, 2007: 351).

그렇다면 그러한 토지제도의 개선을 위한 방안은 무엇이었을까? 토지 및 조세 문제의 개혁 또는 경제 문제와 관련하여, 전기 실학사상에 견주어 후기 실학사상이 보여준 한층 발전한 면모로는, 화폐경제를 제도 개혁의 도구로 인식한 것을 꼽을 수 있다. 곧 전기 실학자들이 화폐경제를 폐해로 본 것과는 달리, 후기 실학자들은 상업자본의 시대가 오고 있음을 알았다. 이와 관련하여 정약용은 다음과 같은 논리를 펼치고 있다.

> 이익이 많기로는 장사꾼만 한 것이 없다. 만약 그들의 이익이 많은 데다가 명예까지 높아진다면 세상 사람들 가운데 어느 누가 농사를 지으려 하겠는가? 그러므로 옛날 어진 임금들은 농사를 소중히 여겼고 사농(士農)은 서로 통했는바 …… 상인[商賈]은 이익이 많기 때문에 세금도 자연 많은 것이다. 이는 옛날 어진 임금들의 법이니 상인이라 하여 반드시 억압하여 곤란케 하는 것도 잘된 일이 아닌 듯하다. 유무를 상통하도록 한 것은 우(禹)와 직(稷)이 실행한 것인데, 상인을 반드시 억제할 이유는 무엇인가? …… 나라의 온갖 경비를 오직 토지 조세[田租]에만 의존하여 농부들의 재산을 깎아내고, 그들의 고혈을 다 짜면서

많은 자본을 가진 거상에게는 털끝 하나 다치지 않게 해야만 왕도정치라고 할 수 있겠는가? 그들에게 손을 댈 바에는 세밀하게 따지고 계산하여 실정에 맞도록 하여야 할 것이다. 세밀하게 계산하는 일이 쑥스럽고, 알뜰하게 조사하는 수고를 꺼려 아무런 법도 세우지 않고 부세를 한정 없이 받는다면, 백성들에게 미치는 폐단은 하물며 어떠하겠는가(『經世遺表』卷10 地官修制 賦貢制 3 關市之賦)?

정약용은 부세의 미납(米納) 제도를 화폐납(貨幣納) 제도로 바꿀 것을 주장한다. 그의 판단에 따르면 쌀로 징수하는 것이 돈으로 징수하는 것만 못하다. 그러므로 본래 쌀로 징수하던 것도 마땅히 돈으로 징수하도록 고쳐야 할 것이다. 곡식은 백성의 농사에서 나오고 돈은 관가의 주조에서 나온다. 그래서 옛 사람들은 흔히 곡식으로 부과하는 것이 편하고 돈으로 부과하는 것은 불편하다고 했다. 그러나 돈은 액수를 속이기 어려우므로 일단 일정한 금액만 채워놓으면 트집을 잡을 도리가 없다. 돈으로 부과하게 되면 수송의 노력도 덜 들 것이다. 그리고 구리로 주조된 돈에 대해서는 조잡하다느니 하는 말을 할 수 없고, 일단 일정량이 채워진 돈꿰미에 대해서 부족하다느니 하는 말을 할 수 없다. 비록 돈을 마련하기가 곡식을 마련하기보다 힘들지만 백성의 이해(利害)는 서로 현격하게 다른 것이다(『牧民心書』卷3 戶典六條 平賦).

화폐는 미곡에 견주어 재화의 축적에 대한 느낌을 증대시킴으로써 생산성을 높이는 효과가 있다. 왜냐하면 화폐의 액면가로 산출될 수 있는 재산의 정도는 몇 석(石)으로 계산되는 미곡의 질량감이 주는 느낌보다 더 명료하게 실감될 수 있기 때문이다. 한국 경제사에서 화폐경제가 가지는 의미는 화폐경제가 배와 수레 등 교통 운

수 수단의 개량과 수공업 기술의 발전을 촉진시켰다는 점이다(정성철, 1989: 51). 그뿐만 아니라 화폐는 유통의 편리함과 유통 속도의 단축과 수치의 정확성을 제공한다. 화폐경제란 결국 화폐라는 도구를 통하여 물물교환을 계량화하는 것으로서 경제와 수학의 만남을 뜻하는데, 이의 가장 큰 공헌은 수치의 정확성의 촉진이었을 것이다. 베버의 논리에 따르면 화폐의 발견은 자본주의로 가는 길목이었다(Weber, 1958: 53). 이 주제와 관련된 '근대의 발견'이 곧 자본주의와 궤적을 함께하는 것이라고 한다면, 후기 실학자들의 화폐경제학은 한국 자본주의의 전사(前史)로서 의미를 갖는 것이었다.

5. 우주론

후기 실학이 이루어낸 가장 중요한 학문적 발전은 우주론적 지평을 연 데 있을 것이다. 지평은 일차적으로 지리학이며, 그것이 역사학과 만나면 강역학(疆域學)이 된다. 그런데 우리나라의 경우에는 침략을 당한 역사가 많았고, 강대국의 엄습이 많았기 때문에 강역의 왜곡과 축소 또한 많았다. 강역학이나 지정학의 축소는 민족 기상(氣像)의 축소이며 역사의 망실을 뜻한다. 실학자들이 주목한 것은 바로 이 부분이었다.

후기 실학자들이 지리학에 유념한 것은 그들 자신의 노력과 관심사 때문일 수도 있지만 그들의 교유와도 무관하지 않았다. 최한기는 평민 출신인 김정호(金正浩)나 서얼 계통인 이규경(李圭景)과 친교가 있었으며, 그들로부터 자료를 얻어 봄으로써 많은 영향을 받았다(윤사순, 1985; 권오영, 2005: 161). 이런 점에서 본다면 후기 실학자들은 서양에서 이룩한 지리상의 발견에 제일 먼저 노출된 사람들이었다.

『남양홍씨세보(南陽洪氏世譜)』와 홍대용의 집안에 전해지는 선조들의 묘지명을 살펴보면, 그의 집안에는 대대로 관상감(觀象監)과 관련한 벼슬을 지낸 사람이 많았다(김태준, 1987: 105).

후기 실학자들의 강역학에서 살펴볼 첫 번째 부분은 영토의 축소에 대한 반성이다. 그들은 "우리나라의 고대사는 터무니없고 저속하고 하나도 증거를 댈 수가 없는 것이며, 삼한(三韓)이 어느 곳에 있었는지도 모르면서 다른 사실을 오히려 어떻게 말하겠는가?"(『我邦疆域考』我邦疆域考 跋文)라고 묻는다. 그들은 더욱이 발해(渤海)의 역사가 망실되어가고 있다는 사실을 견딜 수 없었는데, 유득공(柳得恭)은 그의 『발해고』에서 김부식이 『삼국사기』를 편찬하면서 발해의 역사를 다루지 않은 것을 비난했다(『渤海考』序). 발해에 대한 그들의 인식에는 만주에 대한 실지 회복주의(失地回復主義, irredentism)의 의미가 담겨 있다.

실학자들은 강역학에 눈을 뜨면서 그 당시 자신들의 지평이 얼마나 옹색했는가를 인식하게 되는데, 이는 정약용의 다음과 같은 시에 잘 나타나 있다.

> 슬프다, 이 나라 백성들이여
> 자루 속에 갇힌 듯 궁벽하거니
> 삼면으로 바다가 에워쌌는데
> 북방에는 산맥이 누르고 있어
> 사지 삭신 언제나 펴지 못하니
> 기개와 뜻을 어찌 하면 채울 수 있나
> 성현은 만 리 밖에 멀리 있거니
> 뉘 능히 이 어둠을 밝혀주려나
> 고개를 들어 온 누리 쳐다보아도

보이는 것 없어 정신만 흐려
남의 것 모방하기 급급하여
흠은 미처 정밀히 못 따지는데
뭇 바보가 한 천치 치켜세우고
와자지껄 다 함께 받들게 하니
단군(檀君) 시대보다 못하구나
그때는 순박한 옛 풍속이라도 있었거늘[27]

정약용의 강역학은 발해사에 대한 관심으로 가득 차 있다. "발해는 본디 우리 강역이었음에도 송나라 태종(太宗) 때에 이르러 그 힘이 쇠미해지자 함흥(咸興) 북쪽은 여진(女眞)으로 들어갔다. 그 사이 300여 년 동안은 모두 발해 지역이었다. 그러나 우리나라 지리서에는 발해라는 말은 전혀 없고, 정인지의 『고려사』 지리지에 따르면 다만 함주(咸州)가 오랫동안 여진에게 점령되었다고 했으니 또한 소루하지 않은가?"(『我邦疆域考』 卷6 渤海考)라고 정약용은 묻고 있다.

실학자들은 왜 이렇게 실지 회복주의자들이 되었는가? 그들은 임진·병자의 양란을 거치면서 체득한 부국강병의 의식을 과거 역사에 투영하려 하였으며, 이에 따라 강역과 관방(關防)에 높은 관심을 보였다. 이러한 연구는 시간적으로는 단군조선(檀君朝鮮) 이후의 옛 영토에 대한 관심으로 나타났으며, 공간적으로는 함경도와 평안도뿐만 아니라 만주(滿洲) 일대에 대한 관심으로 나타났다. 이에 따라서 과거 고구려와 발해 등 북방 지역을 장악했던 국가에 대한 관심이 높아졌다(박인호, 2004: 60). 그들의 머릿속에는 고구려의 남진(南進)이

---

[27] 『與猶堂全書』 1 詩文集 1 詩集 述志二首: 嗟哉我邦人 辟如處囊中 三方繞圓海 北方縐高崧 四體常拳曲 氣志何由充 聖賢在萬里 誰能豁此蒙 擧頭望人間 見鮮情瞳矓 汲汲爲慕傚 未暇揀精工 衆愚捧一癡 哈令共崇 未若檀君世 質朴有古風.

회한(悔恨)으로 각인되어 있었다(『與猶堂全書』1/11 文集 論 高句麗論).

후기 실학자들의 지평 확대는 서양의 발견을 습득하는 데 그치지 않고 동양에서 자신들의 위상을 재발견했다는 데 더 큰 의미가 있다. 그들은 서구 문명을 통하여 지구 원형설(『湛軒書』內集 卷4 補遺 鑿山問答 19a;『大東水經』卷1, 淥水 1, 6), 만유인력설(『湛軒書』內集 卷4 補遺 鑿山問答 20b), 지구 자전설[28]을 알았다. 이러한 발견들이 지니는 첫 번째 의미는 그들의 입지에 대한 고민이 끝내는 중화주의로부터의 해방을 유도했다는 데 있다. 조선 후기 지식인들은 중원 지역을 돌아봄으로써 우리의 옛 영토에 대한 관심을 고조시켜왔다. 고대사에 대한 관심과 인식이 변화한 것은 전통적인 중화 관념과 그에 바탕을 둔 역사 서술로부터 탈피함으로써 가능해졌다(유미림, 2002: 311). 그들이 세계지도를 보고 천문을 살핌으로써 세계관을 넓힌 것은 베이컨(Bacon, 1980: 109)이 말한 이른바 '동굴의 우상(idola specus)'에서의 해방이라고 말할 수 있다.

후기 실학자들의 이러한 개안은 근대 자연과학의 도입과 무관하지 않다. 그들은 망원경을 들여옴으로써 천문학에 눈뜨는 계기를 갖게 된다. 천문학의 가치에 대하여 플라톤(Platon)은 이렇게 말하고 있다.

> 그럼 세 번째 학과로는 천문학을 드는 것이 어떨까? 자네의 생각으로는 그게 적당하지 않겠는가?
> 좋습니다. 저로서는 아무런 이의가 없습니다. 왜냐하면 달이나 해 또는 계절에 대해 남보다 민감하게 느낄 수 있다는 것은 농

---

28) 『湛軒書』內集 卷4 補遺 鑿山問答 19a-20b: 夫地者水土之質也 其體正圓 旋轉不休 淳浮空界 萬物得以依附於其面也 且地之不墜 自有其勢 不係於天 …… 且地之不墜 自有其勢 不係於天 …… 夫地塊旋轉一日一周.

사짓는 일이나 항해할 때 매우 긴요하게 도움이 될 뿐만 아니라 군대를 통솔하면서도 매우 도움이 될 수 있다고 생각합니다 (*Republic*, Book 7, §527).

동양에서 천문이란 말은 천체학(astronomy) 외에 점성학(astrology)과 우주론(cosmology), 그리고 재이론(災異論, disaster=not-astro)까지 망라한다(김일권, 2003: 329). 여기에서 사상사적으로 중요한 것은 우주론이다. 우주론은 중화주의적 '대롱 시각[管見]'으로부터 지평을 넓혀주는 의미가 있다. 우주나 은하와 같이 넓은 세계를 이해한 사람에게 소중화란 참으로 무의미한 것이었다.

이런 점에서 본다면 중화 질서의 붕괴는 실학과 함께 시작되었다고 볼 수 있다. 그들의 눈뜸은 중국이 세상의 중심임을 인정할 수 없게 만들었다. 조선의 실학자들이 세계지도와 함께 중국의 선교사들이 제작한 지구의(地球儀)를 보았을 때, 그들의 세계관에는 엄청난 변화가 일어나기 시작했다. 이러한 사고의 전환은 결국 중국이 중국(Central Country)이 아님을 깨닫게 해주었다. 마침내 실학자들이 깨달은 중국은 여느 국가와 마찬가지로 지구 위 한 조각의 땅일 뿐이었다.[29] "중국이 동방이라 하지만 지구의의 어느 쪽에서 보느냐에 따라서 동이 서가 되고 서가 동이 되는 것이며"[30] 가운데[正界]에 있을 수도 있고 변두리[倒界]에 있을 수도 있다.[31] 하늘에서 바라보면 안

---

29) 『星湖僿說類選』6/1上: "今中國者 過大地中一片土."
30) 『與猶堂全書』1/13 送韓敎理致應使燕序: 以餘觀之 其所謂中國者 吾不知其爲中 以所謂東國者 吾不知其爲東國也 夫以日在頂上爲午 以午之距日 出入其時各同 焉 則知吾所立 得東西之中矣 …… 夫旣得東西南北之中 則無所往而非中國 吾 覩所謂東國哉 夫旣無所往而非中國 吾觀所謂中國哉.
31) 『湛軒書』內集 卷4 補遺 毉山問答 21b: 中國之人 以中國爲正界 西洋爲倒界 西洋之人 以西洋爲正界 以中國爲倒界 其實戴天履地 隨界皆然 無橫無倒 均是正

과 밖이 따로 있는 것이 아니며 지구의나 지도의 중심에 놓으면 모두가 중심이라는 사실도 그들은 깨달았다. "해도 정중심이 될 수 없거늘 하물며 지구에 있어서랴!"(『湛軒書』內集 卷4 補遺 毉山問答 23a)

후기 실학자들이 중화 질서를 부인했다는 논리를 펼치면서 유념해야 할 사실은, 그들이 북학(北學)의 의미를 부인하지는 않았다는 점이다. "장차 학문을 하려고 한다면, 중국을 배우지 않고서 어떻게 할 것인가? 그러나 우리나라 선비들은 '지금 중국을 지배하는 자들은 오랑캐다. 그 학문을 배우기가 부끄럽다.'고 말한다. 그러면서 중국의 옛 제도까지도 더럽게 여긴다. …… 법이 좋고 제도가 아름다우면 아무리 오랑캐라 할지라도 그 가운데 치밀한 마음, 크고 원대한 제작물과 빛나는 문장은 아직도 삼대 이후 한·당·송·명의 고유한 옛 법으로 그대로 남아 있으니 말해 무엇 하겠는가? 우리가 그들에 견주어 나은 점은 정말 하나도 없다. 그런데 홀로 한 줌의 상투머리로 스스로 세상에서 가장 현자(賢者)인 체하며, '지금의 중국은 옛날의 중국이 아니다.'라고 한다."(『北學議』朴趾源의 序)

우주론적 지평의 확대를 통한 중화주의로부터의 해방에는 세 가지 의의가 있다. 하나는 중국이 천하의 중심은 아니며 그들도 오랑캐와 마찬가지라고 하는 사실의 발견이다.[32] 전통적인 한국인의 의식에 자리 잡고 있는 중국은 크고, 중심에 자리하고 있으며, 문명의 본산이었다. 그러나 원대한 허공에 견주면 지구는 미세한 티끌에 지나지 않으며, 중국은 지구에 견주면 10수분의 1에 지나지 않는다는 사실(『湛軒書』內集 卷4 補遺 毉山問答 26a)을 알았을 때, 이제 중국은 더 이상 우상이 아니었다. 여기에서 조선은 그 개체성과 독자성을

界 …… 西洋一域 慧術精詳 測量該番 地球之說 更無餘疑.
32) 『湛軒書』內集 卷4 補遺 毉山問答 36b: 虛字曰 華夷一也.

확인하게 된다.

또한 실학자들은 탈중화사상을 통하여 역설적이게도 청조를 다시 인식하기 시작했다. 즉 그들은 지금까지 자신들이 오랑캐[胡虜]로 멸시하였던 청조의 강희(康熙)·옹정(擁正)의 시대를 다시 인식하게 되었다. 당시 청나라는 정치적으로 장기 안정의 기반을 마련하는 한편 문화적으로도 여러 공리적 문물제도를 발전시키고 있었다. 따라서 조선왕조가 유일하게 외부 세계와 소통하는 통로로 이용하였던 조공의 연행(燕行) 사절의 눈에 비친 청조 지배 아래 중국은 지금까지 관념적으로 생각한 중국과는 엄청난 차이가 있었다. 이러한 시대 상황의 변천에 따라 후기 실학자들은 정통 주자학자의 소중화사상에 의문을 차츰 제기하면서 청조를 다시 보기에 이르렀다(류근호, 1984: 1056-1057). 그러나 북벌이라는 당시의 국가적 분위기와 정통 유학을 고수하려던 당시의 사조에서 조선의 소중화주의자들로서는 이를 인정하기가 매우 어려웠을 것이다.

탈중화사상이 가지는 세 번째 의미는 그것이 또 다른 차원에서 '자아의 해방'을 가져다주었다는 점이다(이상익, 2001: 129). 중국의 역사·문화·철학에 대한 한국인의 매몰의 시간은 의외로 길었고, 그 정도도 심각했다. 어떤 형태로든 그러한 매몰로부터 스스로를 발견하지 않는 한 한국인의 정체성은 순수할 수가 없었다. 그런 과정에서 그들은 실학이라는 거울로 자신이 중국과 다름을 감지했고, 그 시점이 바로 유교 사회에서 근대성의 탄생에 해당하는 시점이기도 하다.

새로운 우주론을 발견한 실학자들은 과학적 사고를 하게 되었다. 근대는 이성의 산물이며, 과학적 사고는 민중을 몽매(蒙昧)로부터 해방시키는 필수적 과정이었다. 이성은 과학의 발달과 궤를 같이하면서 자연의 신비를 벗기는 작업에 몰두하여왔다. 이제 자연은 더 이상 신비한 힘을 지닌 불가사의한 존재가 아니며, 그냥 물질로서 그 안에 그것을 지배하는 다른 어떤 힘을 전제하지 않은 채 인간에 의해 지배되어야 하는 존재로 바뀌었다(이동수, 2001: 9-10). 이러한 사고는 인간을 자연에 대한 두려움으로부터 해방시켜준다. 철학의 발전에서 왜 자연과학적 사고의 도입이 필요한가에 대해서는 콜링우드(R. G. Collingwood)의 다음과 같은 설명을 들어볼 필요가 있다.

> 철학이 무엇인가에 대하여 성찰하도록 하려면 자연과학이 먼저 일어나야 한다. 그러나 철학과 자연과학은 너무도 밀접한 관계를 맺고 있기 때문에 철학이 먼저 시작하지 않으면 자연과학이 더 이상 발전할 수가 없다. …… 그러므로 자연과학이 자연과학자의 전유물이 된다거나 철학이 철학자의 전유물이 될 수 없다. 자신의 연구에 관한 원리들을 성찰해보지 않은 사람은 그러한 원칙에 대한 성숙한 인간으로서의 태도를 성취하지 못했다. 자신의 과학을 철학화하지 못한 자연과학자는 이류의 인물이 되어 남의 것이나 모방하는 단순 고용의 학자에 지나지 않는다. 자신의 경험을 향유하지 못한 사람은 그것을 성찰할 수도 없다. 자연과학을 연구하고 체험하지 못한 철학자는 자신의 마음을 비우지 않고서는 자연과학을 철학화할 수 없다. 19세기 이전까지만 해도 탁월한 업적을 남긴 과학자들은 자신의 글을 입증할 때 적어도 얼마쯤 항상 자신의 과학을 철학화했다(Collingwood, 1978: 2-3).

이런 점에서 근대의 철학은 동서양을 가리지 않고 갈릴레오(Galilei Galileo)에서 벗어날 수가 없다. 그의 자연과학적 사고는 '어떻게 학문을 하는가(how to study)?'에 대한 대답으로서 지동설과 같은 용기와 끝없는 회의(懷疑, scepticism)와 학문에 대한 애정을 요구했다. 이런 점에서 볼 때 근대 철학은 자연과학적 사유에 그 기초를 두고 있으며, 같은 맥락에서 실학도 자연과학적 사유를 그 바탕에 깔고 있었다. 그들의 학문 밑바탕에는 수학(數學)의 사고가 존재했고,[33] 이로써 전통적인 사유였던 '자연과 더불어(man with(in) nature)'의 사고에서 '자연에 맞서는(man against nature)' 사고로 전환되었다.

6. 결론

이 장의 결론은 다음과 같다.

(1) 후기 실학사상은 한국적 계몽주의의 한 모델이었다. 그들이 공자로부터 자유로운 처지는 아니었지만,[34] 유학의 테두리 안에서 토지제도 등의 개혁을 추구했다. 이런 점에서 그들의 사상은 전기 실학파와 마찬가지로 개신 유학(주자학)으로 분류될 수 있을 것이다. 후기 실학자들 가운데서 특히 정약용의 논리는 계몽 군주인 정조의 통치 이념에 대한 정책 제시의 의미가 있다.

(2) 민중에 대한 후기 실학자들의 의식은 전적으로 근대적이라고 보기는 어렵다. 그들이 민중에 대한 연민을 가졌던 것을 부인할 수는 없지만, 그들은 민중을 어디까지나 '우리[離]' 안의 존재로 여기고, '양을 치는 심정'으로 민중을 바라보았다. 그들의 생각은 기본적으로 우민의 논리에 바탕을 두고 있었다. 이 점에서 종래의 인문학

---

33) 『人政』 卷17 選人文 4: 수학을 선거에 포함시켜야 한다.
34) 『牧民心書』 卷1 赴任六條 上官: 신임 수령은 그 이튿날 향교에 나아가 공자의 사당에 알현하고 이어 사직단(社稷壇)으로 가서 봉심(奉審)하되 오직 공손히 행할 것이다.

분야의 사상사는 실학의 애민적 요소를 과장했다. 그들이 백성의 복지를 고민한 것은 사실이지만 백성의 권리까지 유념할 정도로 진보적이지는 않았다(손문호, 1991: 33).

(3) 실학(realist science)이라는 그들에게 부여된 명칭에도 불구하고, 그들이 과연 사실주의적이었는가에 대해서는 논란의 여지가 있을 수 있다. "관리들이 자신의 녹봉을 절약하여 그 지방 백성들에게 돌아가게 하고, 자기 농토에서 수확한 것을 풀어 친척들을 도와준다면 원망이 없을 것이다."(『牧民心書』卷1 律己六條 樂施)라는 정약용의 권고는 이룰 수 없는 꿈을 꾸는 이상주의자의 벽을 느끼게 한다. 정약용이 구상한 그러한 국가상이 동양 역사에 실제로 존재했던 적은 없었다(김기승, 2003: 16). 최한기의 기학(氣學)은 사상사적으로는 위대했음에도 당대 현실에 끼친 영향력으로 따지자면 '풀잎 하나 움직일 바람'도 일으키지 못했다(임형택, 2001: 121-122). 이런 까닭으로 실학은 끝내 그 시대의 지배층으로부터 거부되었다. 그리고 그들의 꿈이 머리를 들기까지는 19세기의 민란과 갑오경장의 시대까지 기다려야만 했다.

(4) 실학자들에 대한 총체적 평가를 내린다면, 일부 학통이 있었던 것은 사실이지만 그들은 고독한 독학자들이었다. 예컨대 최한기의 선구자적 행로나 업적은 쇄국파 출신을 중시하는 당시의 정치사회적 분위기로 말미암아 당대 지식인들과 공유되지 못하고, 남산골의 개인 서재 양한정(養閑亭)에 고립된 채로 묻혀 있어야 했다. 그뿐만 아니라 최한기의 사상은 후학인 개화파에도 영향을 끼치지 못한 채 혼자만의 고독한 작업으로 그쳤다. 그것은 한국 지성사의 비극이자 한국 근대사의 비극이다(안외순, 2002: 364).

후기 실학자들이 그 당시로서는 선각자다운 생각을 지녔다고 할지라도 그 시대에 아무런 호소력이 없었고, 지금에 와서야 다 아는 일이고 모두 이뤄진 것이라면 그들은 다만 불우한 지식인이었을 뿐이다. 최한기를 비롯한 후기 실학자들의 사상이 아무리 위대했다 할지라도 그 시대에 들어주는 사람이 없었고, 그들이 세상에 알려진 것이 1960년대였다면 그들에 대한 평가는 달라질 수밖에 없다. 우리는 다만 그들을 통하여 그 시대를 읽을 수 있을 뿐이다.

참고 문헌

『經國大典』

『經世遺表』

『氣測體義』

『論語』

『湛軒書』

『大東水經』(평양: 과학원출판사, 1962)

『牧民心書』

『渤海考』

『北學議』

『史記』「貨殖列傳」

『星湖僿說類選』

『我邦疆域考』

『與猶堂全書』

『五洲衍文長箋散稿』(경사편 4, 경사잡류 2, 典籍雜說, "중국에서 새로 나온 기서(奇書)에 대한 변증설")

『人政』

『正祖實錄』(2년 6월 4일 임진, 民産·人材·戎政·財用에 관한 大誥)

『推測錄』

權五榮, 1999,『최한기의 학문과 사상연구』, 서울: 집문당.

권오영, 2005,「소통과 화합의 학문: 惠岡 崔漢綺의 氣學」,『제2회 세계한국학 대회 논문집(III), 화해와 협력시대의 한국학』, 한국학중앙연구원, 북경대학.

琴章泰, 1984,「惠崗 崔漢綺 철학의 근대적 성격」,『제3회 국제학술회의 논문집』, 서울: 한국정신문화연구원.

금장태, 1993,『韓國實學思想研究』, 서울: 집문당.

김기승, 2003,「다산 정약용의 국가 개혁 사상」,『한국 근·현대 국가 건설 사상과 자유주의: 1870-1910』, 한국정치사상학회 학술발표회(2003. 5).

김용옥, 2003,「測人에 나타난 惠岡의 생각」, 대동문화연구원 주최 崔漢綺 탄생 2백주년 기념 학술회의,『惠岡 氣學의 사상: 東西의 학적 만남을 통한 신경지』, 서울: 성균관대학교 600주년 기념관(2003. 11. 21).

김일권, 2003,「동양 천문의 범주와 그 세계관적인 역할: 고려와 조선의 하늘 이해를 덧붙여」,『제12회 한국학 국제학술회의: 전통문화와 21세기 한국』, 성남: 한국정신문화연구원.

김태준, 1987,『洪大容 評傳』, 서울: 民音社.

류근호, 1984,「조선조 중화사상의 성격과 의미」,『제3회 국제학술회의 논문집』, 서울: 한국정신문화연구원.

박인호, 2004,「전통 시대의 고구려·발해 인식」,『한국근대사와 고구려·발해 인식: 광복 59주년 학술심포지움』, 천안: 독립기념관 한국독립운동사연구소.

박현모, 2000,「辛亥通共의 정치성: 정조시대의 경장논쟁과 정조의 경제개혁」, 한국정치학회 2000년 추계학술회의 발표 논문, 서울: 외교안보연구원 (2000. 10): 20-21.

베버, M., 2005,『직업으로서의 정치』, 이상률 옮김, 서울: 문예출판사.

손문호, 1991,「유교국가주의와 그 대두 과정」, 김영국 외,『한국정치사상』, 서울: 박영사.

신복룡, 2011,『한국정치사상사』(상/하), 서울: 지식산업사.

안외순, 1999,「조선 유학자의 민주주의에 대한 인식: 崔漢綺의 정치사상을 중심으로」, 한국정치외교사학회 월례학술대회 발표 논문, 서울: 건국대학교 (1999. 5. 8).

안외순, 2002, 「혜강 최한기의 정치사상」, 이재석 외, 『한국정치사상사』, 서울: 집문당.

원재린, 2003, 「조선 전기 良賤制의 확립과 綱常名分論」, 『조선의 건국과 '經國大典 體制'의 형성』, 서울: 연세대학교 국학연구원.

유미림, 2002, 『조선후기의 정치사상』, 서울: 지식산업사.

윤사순, 1985, 「해제」, 최한기, 『기측체의(氣測體義)』 I, 서울: 민족문화추진회.

이동수, 2001, 「아도르노에 있어서 신화, 계몽 그리고 미메스적 화해」, 한국정치사상학회 연례학술대회 발표 논문, 서울: 서강대학교 다산관(2001. 6. 16).

이범직, 2007, 『이상과 열정, 조선역사』, 서울: 쿠북.

이상익, 2001, 「朱子學의 主客合一論과 그 解體」, 『정치사상연구』 4(2001년 봄).

임형택, 2001, 「개항기 유교지식인의 '근대' 대응 논리: 惠岡 崔漢綺의 氣學을 중심으로」, 『大東文化研究』 38, 서울: 성균관대학교.

전석담, 1989, 『민중조선사』, 서울: 범우문고.

全錫淡, 1990, 「朝鮮農民經濟史: 朝鮮 前期를 중심으로」, 全錫淡·朴克采 외, 『조선경제사탐구』, 서울: 범우사.

정성철, 1989, 『실학파의 철학 사상과 사회 정치적 견해』, 서울: 한마당.

정진석·정성철·김창원, 1960, 『조선철학사』, 평양: 사회과학원 역사연구소.

한국철학회, 1984, 『한국철학연구』(하), 서울: 동명사.

Bacon, F., 1980, *Novum Organon*, Chicago: Encyclopeadia Britanica, Inc.,

Bock, Philip K., 1979, *Modern Cultural Anthropology: An Introduction*, New York: Alfred A. Knopf.

Collingwood, R. G., 1978, *The Idea of Nature*, Oxford University Press.

Kennedy, Paul, 1987, *The Rise and Fall of the Great Powers: Economic Change and Military Conflicts from 1500 to 2000*, New York: Random House.

Lasswell, H. D. and Abraham Kaplan, 1952, *Power and Society: A Framework for Political Inquiry*, London: Routledge & Kegan Paul LTD.

Mankiw, N. Gregory, 2007, *Macroeconomics*, New York: Worth Publishers.

Plato, *Republic*.

Weber, Max, 1958, *The Protestant Ethic and the Spirit of Capitalism*, New York: Charles Scribner's Sons.

Wittfogel, Karl A., 1958, *Oriental Despotism*, New Haven: Yale University Press.

제3부

좋은 삶과
현대 정치사상

9장 니체의 위버멘쉬와 고귀한 삶 그리고 정치

최순영

1. 머리말

인간은 누구나 좋은 삶을 원한다. 그러나 좋은 삶의 내용에 대한 견해는 다양하다. 본고에서 나는 니체가 주장한 좋은 삶을 니체의 이상적 인간상인 위버멘쉬와 그의 고귀한 삶을 통해서 고찰하고자 한다. 그리고 니체의 위버멘쉬와 고귀한 삶의 정치적 의미에 대해서 논하고자 한다.[1] 니체는 힘에의 의지에 기초한 주권적 입법자인 개인의 관점에서, 자기에 대한 명령과 자발적 복종으로서의 자기 규율과 이에 마땅히 따라야 할 자기 복종으로서의 의무와 책임성을 강

---

[1] 《니체 전집》은 *Kritische Studienausgabe in 15 Bänden*을 사용하였다. 니체 저작은 다음과 같이 약어로 표시한다. 『반시대적 고찰』(UB), 『인간적인 너무나 인간적인』(MAM), 『그리스 국가』(GS), 『차라투스트라는 이렇게 말했다』(Z), 『즐거운 학문』(FW), 『선악의 저편』(JGB), 『도덕의 계보』(GM), 『우상의 황혼』(GD), 『안티크리스트』(AC), 『니체 유고』(N).

조한다. 따라서 권위와 위계(Rangordnung)에 대하여 부정적인 자유, 즉 사이비 자유에 기초한 자유주의를 비판한다. 그리고 니체는 정치적 평등에 기초한 민주주의와 사회주의를 인간과 문화의 왜소화를 초래하는 니힐리즘이라고 비판한다. 니체에 따르면 약자인 군숭들의 반동적, 부정적 힘에의 의지인 원한(Ressentiment)은 현실에서 불가피한 불평등과 특권을 부정하며, 정치적 평등을 주장한다. 그는 민주주의와 사회주의를 개념적 표현은 부재하지만 원한이라는 기독교적 관념이 숨겨져 있는 잠재적 기독교(das latente Christentum)로 비판한다. 민주주의와 사회주의를 반중세적, 반기독교적인 운동으로 보는 입장과 다르다는 점에서 니체의 잠재적 기독교 개념은 독특하다. 그리고 또한 니체는 도구적 본성을 갖고 냉정하고, 인간의 평가에서 유용성을 강조하여 파편화된 인간을 양산하는 공리주의를 노예적 가치라고 비판한다. 니체만큼 노골적으로 현대적 삶과 문화, 정치에 대해서 비판한 사람도 드물 것이다.

놀라운 일로 보일지 모르지만, 니체는 민주주의에 큰 반감을 가졌었다. 그 반감은 너무 커서 그를 반민주주의자라고 부를 수 있을 정도이다. 지금은 인류의 상식이라고까지 여겨지는 민주주의에 반대하고 비난하다니, 이게 가능한 일인가? 너무 뚱딴지같은 일이어서 어처구니없게 보일 정도의 일이 아닌가? 더구나 현대 및 탈현대 사상의 역사에서 아주 중요한 자리를 차지하는 니체가 민주주의에 반감을 가졌다니! 그리고 이 반감을 그의 저서에서 공공연히 혹은 노골적으로 노출시켰다니(김진석, 2008: 17)!

그러므로 니체가 주장하는 위버멘쉬와 고귀한 삶은 현대 정치와 좋은 삶에 대한 비판적 함의를 갖고 있다는 점에서 연구할 가치가 있다. 좋은 삶에 대한 철학적 주장들은 각각의 인간관을 기초로 한다. 인간존재의 특성을 알아야 그에게 무엇이 좋은 것인가를 알 수 있기 때문이다. 인간에게 불변적, 초월적 속성을 부여하는 모든 신학적, 형이상학적 인간관을 부정하고 힘에의 의지의 관점에서 인간을 바라보는 니체의 새로운 인간관에 대한 내용은 2절 '힘에의 의지의 관점에서 본 니체의 인간관: 자기 극복할 것인가? 아니면 몰락할 것인가?'에서 다룰 것이다. 니체는 인간을 불변의 본성을 가진 존재로 보지 않는다. 인간은 위버멘쉬로 상승할 수도 동물로 퇴락할 수도 있는 양자 사이의 심연에 걸친 다리로서 과정적 존재이다. 이러한 관점에서 니체는 고귀함을 향한 새로운 도전과 모험 대신 자기 보존과 쾌적한 삶을 특징으로 하는 현대적인 좋은 삶과 문화, 인간을 위버멘쉬의 대척점에 있는 천민, 종말인(der letzte Mensch) 개념을 통해 비판하고 있다.

> 너희들 고귀한(höheren) 인간들은 내게서 이것을 배워라. 시장에서는 아무도 고귀한 인간을 믿지 않는다는 것을. 그런데도 시장에서 이야기하려는가, 좋다! 천민(Pöbel)은 눈을 껌벅이며 말한다. "우리 모두는 동등하다." 너희들 고귀한 인간들— 천민은 눈을 껌벅인다. —고귀한 인간이란 없다. 우리 모두는 동등하다. 인간은 신 앞에서 인간일 뿐이며, 우리 모두는 동등하다(Z, 356).[2]

그리고 니체는 이에 대한 비판적 대안으로서 위버멘쉬적 고귀한

---

2) 천민, 종말인에 대해서는 강영계(2007: 228-240)를 참조하라.

삶을 주장한다. 이에 대해서는 3절 '니체의 현대적 삶과 자유민주주의 비판'에서 논할 것이다. 4절 '이상적 인간형으로서 위버멘쉬와 그 정치적 의미에 대한 비판적 평가'에서는 니체가 제시한 위버멘쉬적 고귀한 삶이 갖는 문화적, 정치적 의미에 대해서 살펴보고, 그가 제시한 대안의 장단점에 대한 나의 평가를 제시할 것이다.

니체의 현대적 좋은 삶과 정치, 문화에 대한 비판은 정치적 무관심의 팽배, 자율적 규율과 시민적 의무에 기초하지 않은 권리의 남용, 민주주의의 보편화와 이에 따른 민주주의의 구체적인 이데올로기성의 약화와 이에 따른 민주주의의 위기, 현대사회의 전체주의 경향, 아우라(Aura)의 상실을 초래한 기술 복제 시대를 넘어 멀티미디어 문화 상품화 시대의 개인성의 위기에 대한 반성적 사유의 단초를 제공한다.[3] 그러나 그가 제시한 대안에 대한 평가는 다양하다. 니체가 주장한 좋은 삶으로서 위버멘쉬의 고귀한 삶과 이에 대한 평가는 앞으로 보다 많은 토론과 논쟁이 요구되는 주제이다.

니체의 위버멘쉬는 이상적 인간형이 아니라 다른 관점에서 접근할 수 있다. 예를 들면 보이믈러(Bäumler)는 육체적 본능의 투쟁의 결과물로서 힘에의 의지의 관점에서 승리자의 귀족주의를 주장하고, 데트와일러(Detwiler)는 니체에게 해방의 대상은 소수자였다는 점에서 니체의 귀족주의를 주목하고 있다. 니체의 정치사상을 이상적 지배 질서의 수립, 근대적 질서와의 대결이라는 측면에서 고찰한 탁월한 연구자로는 오트만(Ottmann)이 있고, 이상적 지배 질서의 형성을

---

3) 아우라의 상실은 단지 예술, 문화뿐만 아니라 인간의 고유성의 상실, 즉 개인의 고유성의 상실과 깊이 연관되어 있다는 점에서 정치적 현상이기도 하다. 아우라의 상실의 문화적, 정치적 의미에 대해서는 발터 벤야민(2007: 202-204)을 참조하라. 벤야민의 이 저작은 그의 문학비평과 마찬가지로 정치적으로 독해되어야 한다고 나는 생각한다.

엘리트 교육과 위대한 정치의 관점에서 고찰한 연구자로는 폴린(Polin)을 들 수 있다. 그리고 매킨타이어(McIntyre)는 현실 정치(politics)와 정체(polity)의 구분에 따라 니체는 플라톤처럼 후자의 문제를 중심으로 문화의 차원에서 정치를 논하고 있다는 점에서 정신적 귀족주의를 강조한다(Bäumler, 1991; Detwiler, 1990; Polin, 1974: 27-44; McIntyre, 1992: 187-210 참조). 본고에서 나는 이상적 인간형이라는 관점에서 위버멘쉬에 접근하고자 한다. 이 관점은 민주주의적 가치와 보다 친화적이라는 면에서 강점을 갖는다. 즉 니체의 위버멘쉬를 이상적 지배자보다는 이상적 민주 시민의 교육이라는 관점에서 고찰하는 것이다. 이러한 접근법으로는 사손(Sassone, 1996: 511-524)의 연구를 들 수 있다.[4] 복잡하게 네트워크화된 현대 민주 사회에서 필요로 하는 지도자는 고대 그리스 입법자와 같은 탁월한 개인이 아니라 다양한 거버넌스와 소통하는 리더십을 행사하는 지도자이다. 이런 현실을 감안하면 니체의 위버멘쉬를 소수의 엘리트만을 위한 이상적 지도자상보다 민주 시민의 이상적 인간상으로 고찰하는 것이 보다 의의가 있을 것이다. 그러나 두 가지 해석 모두 이론적으로 가능하며, 그 나름의 의의를 가진다고 나는 판단한다. 니체가 『차라투스트라는 이렇게 말했다』의 부제를 '모두를 위한 그리고 그 누구도 위하지 않는 책(Ein Buch für Alle und Keinen)'이라고 붙인 이유도 아마 이 두 가지 가능성을 염두에 두었기 때문이 아닐까?

---

4) 반대로 니체 교육철학의 반민주성에 대한 연구는 빙햄(Bingham, 2001: 337-352)을 참조하라.

2. 힘에의 의지의 관점에서 본 니체의 인간관: 자기 극복할 것인가? 아니면 몰락할 것인가?

니체에 따르면 인간은 동물과 위버멘쉬 사이에서 줄타기하는 존재이며, 인간에겐 동물로 퇴행하든지 아니면 위버멘쉬로 상승하는 길만 있을 뿐이다. 정지는 고인 물이 썩듯 몰락을 뜻한다.[5] 인간은 완전한 존재가 아니라 불완전한 존재이다. 불완전하다는 것은 가능성, 또는 과정적 존재로서의 인간을 의미한다. 불완전함, 과정으로서의 인간은 선험적, 본질적 관점에서 이해될 수 없다. 불완전함, 과정으로서의 인간은 상승과 몰락의 반복적인 운동의 관점에서 이해된다. 따라서 인간으로서 존재한다는 것은 항상 미완의 상태를 암시한다. 위버멘쉬의 상태란 목적이 아니라 끝이 없는 과정이다(구분옥, 2007: 105).

> 사람은 동물과 위버멘쉬 사이를 잇는 밧줄— 심연 위에 걸쳐 있는 하나의 밧줄이다. 저 너머로 건너가는 것도 위험하고, 길을 가는 것도 위험하고, 뒤돌아보는 것도 위험하고, 벌벌 떨고 있는 것도 위험하며, 멈춰 서 있는 것도 위험하다. 사람에게 위대한 것이 있다면 그것은 그가 목적이 아니라 하나의 다리라는 것이다. 사람에게 사랑받아 마땅한 것이 있다면, 그것은 그가 하나의 상승(Übergang)이요 몰락(Untergang)이라는 것이다(Z, 16-17).

인간은 불변의 본질을 가진 존재도, 신의 모상을 지닌 존재도 아

---

5) Übermensch의 기존의 번역어인 '초인'은 니체의 의도와는 다르게 초월적인 인간으로 오해될 수 있다. 초인을 위버멘쉬로 변경하게 된 이유에 대해서는 니체전집간행위원회(2005: 204-207)와 니체(2000: 16-17)를 참조하라.

니며, 선험적 이성을 지닌 주체도 아니다. 인간은 늘 변화 과정에 있는 하나의 종일 뿐이다. 니체가 주장하는 위버멘쉬는 힘에의 의지의 관점에서 바라본 이상적 인간이며, 위버멘쉬 탄생의 필연성은 종전의 모든 형이상학적 가치의 몰락을 의미하는 신의 죽음을 전제로 한다. 니체는 말한다. 모든 신은 죽었다. 이제 우리는 위버멘쉬가 살기를 바란다(Z, 102). 차라투스트라는 산속에 머물며 여전히 인간을 경멸하고 신을 숭배하는 늙은 성자에게 자신은 인간을 사랑한다고 말하고 그의 만류를 뿌리치고 하산을 결행하며 다음과 같이 말한다. "숲속에 사는 이 늙은 성자는 신이 죽었다는 말을 아직도 듣지 못했단 말인가!"(Z, 14) 그리고 도시에 도착한 차라투스트라는 위버멘쉬를 군중에게 가르친다.

나 너희들에게 위버멘쉬를 가르치노라. 인간은 극복되어야 할 그 무엇이다. 너희들은 너희 자신을 극복하기 위해 무엇을 했는가? 지금까지 존재해온 모든 것은 그들 자신을 뛰어넘어 그들 이상의 것을 창조했다. 그런데도 너희들은 이 거대한 밀물을 맞이하여 썰물이 되기를 원하며 인간을 극복하기보다는 여전히 동물로 되돌아가려 하는가? 인간에게 원숭이는 무엇인가? 일종의 웃음거리 또는 일종의 고통스러운 부끄러움이 아닌가. 이와 같이 위버멘쉬에게는 사람이 그렇다. 일종의 웃음거리 또는 일종의 고통스러운 부끄러움(Z, 14).

그러나 니체의 인간관은 다윈의 인간관과는 다르다. 니체는 다윈의 적자생존 원칙이 외적 환경을 과대평가한다고 비판한다. 니체는 힘에의 의지의 관점에서 외적 환경에 형식을 부여하고, 그것을 사용, 착취하는 내부로부터 솟아나는 힘이 삶에 있어서 더 본질적인 것이라고 다윈을 비판한다. 삶은 외적 조건들에 대한 내적 조건들의 적응이 아니라, 내부로부터 외적인 것들을 예속시키고 동화하는 힘에의 의지이다(N, 1887: 295).[6] 내적 힘을 중시하는 힘에의 의지의 관점에서 보면 다윈의 인간 이해는 수동적이며, 외적 조건에 의존적인 적응성만을 강조한다는 점에서 힘에의 의지로서의 삶의 본질을 왜곡하는 것이다. 니체는 힘에의 의지의 관점에서 다윈주의의 수동성과 자기 보존을 적극성과 인간의 자기 극복으로 대치시킨다. 외적 환경에 대한 수동적 적응은 힘에의 의지에 기초한 자기 극복의, 상승의 길이 아니다. 그래서 차라투스트라는 적응성, 자기 보존이 아닌 창조적인 자기 극복을 하는 자로서 위버멘쉬를 사람들에게 가르친다.

> 날마다 열 번 너는 자신을 극복해야 한다. 이는 좋은 피로감을 주며, 영혼의 양귀비이다. 열 번 너는 다시금 자신과 화해해야 한다. 왜냐하면 극복은 쓴 것이며, 불화는 잠을 설치게 하기 때문이다(JGB, 32).

니체의 힘에의 의지를 자기 극복의 관점을 배제하고 타자와의 대결의 관점에서만 해석한다면 니체 철학을 자연과 타인에 대한 폭력을 정당화하는 단순한 비이성적인 파시즘 철학으로 오해할 수 있다.[7] 오히려 니체의 인간관은 광기 어린 인종주의적 파시스트보다

---

[6] 니체의 다윈주의에 대한 보다 자세한 비판은 『니체 유고』(N, 1986/87: 304-305 '다윈주의 반박')를 참조하라.
[7] 이러한 오해의 대표적 예가 게오르크 루카치(1996)의 『이성의 파괴 I』 제3장 「제국주의 시대의 비합리주의의 발기자, 니체」에서의 니체 해석이다. 한국니체학회 회원들이 번역한 《니체 전집》에서 니체의 'Wille zur Macht'를 '권력의지' 대신 '힘에의 의지'로 번역한 것은 이러한 오해를 피하기 위함이라 볼 수 있다(니체전

플라톤, 아리스토텔레스의 귀족주의를 연상시킨다.[8]

정체(polity)는 따라서 니체가 이 개념을 이해한 것처럼 문화의 실현이다. 즉 인간을 넘어 위버멘쉬의 이상, 고귀함, 신성한 삶, 스스로 추진되는 바퀴, 최초의 태동, 성스러운 긍정의 영역의 창조(『차라투스트라는 이렇게 말했다』의 '세 가지의 변형'). 니체가 위대한 정치라고 칭했던 인간사에서 가장 창조적인 힘에의 의지의 실현은 정치(politics)의 영역이 아닌 정체의 영역에서 실현된다. 플라톤과 니체 양자 모두 정체와 정치 구분에 의하여 국가의 권력정치의 상대화를 성취한다. 정치(국가와 국가의 법적 군사적 복합체)는 정체의 도구로서 부차적인 상태로 강등된다. 즉 정치는 문화라는 중요한 현실의 도구일 뿐이다(McIntyre, 1992: 191).

니체는 지금까지 인간 유형의 고양(Erhöhung)은 인간과 인간 사이의 서열, 가치 차별성을 신봉하며 어떤 의미에서 노예제를 필요로 하는 귀족 사회의 결과물이었으며, 앞으로도 그러할 것이라고 말한다. 그리고 구별의 파토스(Pathos der Distanz) 없이는 인간의 고양은 불가능하다고 주장한다(JGB, 205). 니체의 귀족주의가 강조하는 구별의 파토스와 위계는 현실의 사회적 계급을 의미하기보다 지배자와 피지배자의 구별된 기능의 수행을 강조한다. 이 점에서 구별의 파토스와 플라톤의 정의 개념은 유사하다.[9] 즉 플라톤의 정의와 니

집간행위원회, 2005: 206-207 참조). 루카치의 니체 해석에 대한 비판은 김정현(2006: 80-105)을 참조하라. "삶의 궁극적 목적은 자기 됨에 있다. 자기 됨이란 자기 극복인 동시에 자기 창조 작업이다."(구분옥, 2007: 100).

8) "19세기에 이르러 니체는 기독교의 겸손을 강력히 거부하고, 대신 아리스토텔레스의 '대범한 마음'을 옹호한다."(스티븐슨 헤이버먼, 2006: 186)
9) 플라톤의 정의 개념에 대해서는 플라톤(1997: 63 역주 22)을 참조하라.

체의 구별의 파토스의 관점에서 보면 근대적 평등은 정의롭지 못한 상태이다. 정치사회가 필연적으로 계급적 서열을 가질 수밖에 없다는 점을 인정한다면 니체의 주장은 가장 바람직한 사회적 서열을 논한 것으로 해석될 수 있다.[10] 그러나 니체의 귀족주의와 플라톤, 아리스토텔레스의 귀족주의의 차이점도 역시 주목해야 한다. 영원회귀하는 힘에의 의지로서의 세계는 플라톤, 아리스토텔레스의 목적론적 세계관과는 다르다. 후자는 절대적 진리를 객관적 세계에서 발견하고자 한다. 그래서 플라톤, 아리스토텔레스에게는 관조적, 철학적 삶이 최선의 삶이 된다. 플라톤은 시와 철학 간의 불화를 언급하며 전통적인 시에 의한 교육을 철학적 교육으로 전환시켜야 함을 강조한다. 그리고 교육의 최종 과정이 근본 원리(arche)를 인지하는 변증술이어야 함을 강조한다(『국가』, 607a-607d). 아리스토텔레스도 관조하는 삶을 최상의 삶으로 본다. 그리고 양자는 철학적 관조를 통한 신적인 불멸성의 추구를 강조한다.[11] 반면에 니체에게 세계는 끊임없이 생성과 소멸을 반복하는 영원회귀하는 힘에의 의지의 세계, 즉 디오니소스적 세계를 뜻한다(N, 1885: 610-611). 그러므로 니체에게 진리와 가치는 이성적 관조를 통해 객관세계에서 발견되는 것이 아닌 인간의 창조물이다. 니체는 이러한 사실의 망각이 형이상학의 역사임을 비판한다.

---

10) 서영조의 논문 「니체의 자유주의 비판」(1997)은 도덕 비판과 이상적 지배 질서의 견지에서 니체의 자유주의 비판을 이해하고 있다. 플라톤의 인간과 정치체제에 대한 유비와 니체의 양자의 관계에 대한 견해의 유사성과 차이에 대해서는 백승영(2009: 75-78)을 참조하라.
11) "신은 언제나 오직 하나의 단순한 쾌락을 즐긴다. 운동의 활동만이 아니라 무운동의 활동도 있는 터인데, 쾌락은 운동 속에서보다 오히려 정적 속에 더 많이 있으니 말이다. …… 변하기 쉬운 사람이 악한 사람인 것처럼, 변화하지 않을 수 없는 본성은 악한 본성이기 때문이다."(아리스토텔레스, 2006: 400)

나는 인간의 가장 아름다운 변명으로서, 우리가 실재적인 사물과 창작한 사물에 부여한 아름다움과 숭고함을, 인간의 소유와 생산물로서 인간에게로 반환할 것을 요구한다. 시인으로서 인간, 사유자로서 인간, 신으로서 인간, 사랑으로서 인간, 권력으로서 인간— 자신을 궁색하게 하고 자신을 비참하게 만들기 위해 사물에 부여한 인간의 왕과 같은 관대함이여! 인간이 감탄하고 숭배하던 그것이 인간의 창조물이라는 것을 자신에게 숨겼다는 것은 인간의 최고의 자기 상실이다(N, 1887/88: 41).

니체가 그리스철학에서 세계의 본질은 부동의 전체로서 일자(一者)이며 운동은 환상임을 주장한 파르메니데스의 영향을 받은 소크라테스, 플라톤, 아리스토텔레스의 전통을 비판하고 헤라클레이토스를 중시한 이유는 전자의 세계관은 신적이며 불변하는 객관적 진리를 외부 세계에서 찾기 때문이다.[12] 니체에게 세계는 객관적으로 절대적으로 존재하는 것이 아니라 끊임없는 생성이다. 이에 대응하는 인간의 행위는 끊임없는 해석일 뿐이다. 니체에게 현존하는 세계는 우리에 의해 해석된 것이다(N, 1884: 203). 그러므로 목적론적 세계관은 힘에의 의지에 기초한 창조성을 결여한 니힐리즘으로 비판된다. 니체는 플라톤의 이데아, 기독교의 하느님의 나라 같은 저승의 존재를 이승보다 높이 평가하는 세계관은 현실에 대한 증오에서 비롯되었다고 평가한다. 그리고 이를 삶의 쇠락을 의미하는 데카당스적 세계관으로 비판한다(N, 1887: 32; GD, 80-81). 차라투스트라가 대

---

[12] 니체의 플라톤의 『파르메니데스』에 대한 비평은 니체(2003: 192-200, 334-355)를 참조하라. "투쟁은 헤라클레이토스에게는 하나의 유희인데 파르메니데스에게는 증오의 표징입니다." 헤라클레이토스와 파르메니데스의 대립적인 입장에 대한 니체의 비평은 니체(2003: 346-350)를 참조하라.

지에 충실하라고 강조한 것은 유일한 이승의 삶에 충실하라는 의미이다(Z, 14-15). 반면 니체는 생성하는 세계를 강조하는 헤라클레이토스의 철학을 영원회귀하는 디오니소스적 세계관의 전형으로 평가한다. 목적론적 세계관은 진리를 외부 세계에서 찾기 때문에 니힐리즘의 문제에 직면하지 않지만, 니체의 디오니소스적 세계는 탈가치성을 특성으로 하며, 영원회귀하는 세계는 적극적 니힐리즘의 상태를 드러낸다(N, 1887/88: 35-36). 끊임없이 생성 몰락하는 세계에 대하여 새로운 가치 창조로써 끊임없이 자기를 극복해가는 것이 가치 정립자로서의 위버멘쉬의 모습이다. 진리와 가치의 문제를 인간의 영역, 특히 개인의 창조 활동으로 본다는 점에서 니체의 인간관은 칸트의 코페르니쿠스적 전환과 더불어 근대적이라 할 수 있다. 니체의 개인주의적 가치관은 또한 폴리스의 공공선 실현을 높이 평가하는 아리스토텔레스의 정치적 동물로서의 최고선 추구와 대별된다. 니체의 귀족주의는 미래지향적이며 또한 복고적이지 않다는 점에서 근대적 귀족주의로 명명되어야 한다.

> 오, 형제들이여. 나 너희들을 새로운 귀족으로 서품하여 귀족의 길을 가도록 명하노라. 너희들은 미래를 분만하는 자, 미래를 양육하는 자가 되어야 하며 씨 뿌리는 자가 되어야 한다(Z, 254).[13]

니체의 위버멘쉬의 창조성은 생성과 소멸을 반복하는 디오니소스적 세계를 끊임없이 해석, 창조하는 과정이다. 그러므로 위버멘쉬의 최대의 적은 힘에의 의지의 약화, 즉 피곤함이다. 힘에의 의지의

---

13) 니체의 미래지향적 귀족주의 정신은 과거의 가치로의 복귀가 아닌 새로운 가치 창조를 위한 도전을 의미한다. 니체는 미래의 귀족주의를 미지의 열린 바다를 항해하는 것으로 표현하고 있다(FW, 574 참조).

약화는 끊임없는 창조의 포기와 허구로서의 절대적, 보편적 세계로의 도피를 뜻하고 이는 니힐리즘으로 귀결되기 때문이다.[14] 선험성과 보편성을 부정하는 힘에의 의지의 고양에 기반한 위버멘쉬는 자신이 창조한 세계에 책임을 지며, 끊임없는 생성과 몰락을 거듭하는 영원회귀의 디오니소스적 세계를 긍정하는 주권적 개인(das souveraine Individuum) 또는 자율적이고 초관습적인 개인(das autonomeübersittliche Individuum)이라 할 수 있다.

인간은 풍습의 도덕과 사회적 강제라는 의복에 힘입어 실제로 예측할 수 있게 만들어졌다. 이에 반해 우리가 거대한 과정의 종점, 즉 나무가 마침내 그 열매를 무르익게 하고, 사회성과 풍속의 윤리가 무엇에 이르는 수단에 불과했다는 것이 마침내 드러나는 지점에 서서 본다면, 우리는 그 나무에서 가장 잘 익은 열매로 주권적 개인을 발견하게 될 것이다. 이는 오직 자기 자신과 동일한 개체이며, 풍습의 윤리에서 다시 벗어난 개체이고, 자율적이고 초윤리적인 개체이다. 왜냐하면 자율적과 윤리적은 서로 배타적이기 때문이다. 즉 간단히 말해 약속할 수 있는 자기 자신의 독립적인 오래된 의지를 지닌 인간이다(GM, 293).

3. 니체의 현대적 삶과 자유민주주의 비판

민주주의는 오늘날 보편적 가치가 되었다. 파시즘과 공산주의의

---

14) 위버멘쉬의 적으로서의 피곤함과 니체의 창조성의 특성에 대해서는 구분옥 (2007: 107-111)을 참조하라.

몰락은 민주주의의 보편적 가치를 더욱 격상시켰으며, 자유민주주의의 경제적 토대인 자유 시장 경제의 최종적 승리에 대한 후쿠야마의 선언은 그 정점을 이룬다(후쿠야마, 1992: 173). 오늘날 자기가 반민주주의자임을 자처하는 사람은 거의 없다. 만약 있다면 심리적 문제가 있는 극단주의자로 취급된다. 그러나 민주주의는 19세기까지만 하더라도 오늘날처럼 보편적 가치를 갖지 못했다. 오히려 민주주의가 정치사상사에서 긍정적으로 평가되기 시작한 것은 최근의 일이다. 민주주의의 의미가 보편화됨에 따라 민주주의의 의미는 불분명하게 되었고, 각자 다른 방식으로 민주주의를 해석하게 됨에 따라 민주주의는 보편적이면서도 동시에 가장 모호한 개념이 되었다. 따라서 민주주의의 이데올로기적 성격은 모호해졌다.

> 민주주의가 유연하게 확장되어 많은 신념과 관심을 포괄하게 되면서 민주주의라는 중요한 개념은 사람들의 관심을 끄는 하나의 표어로 변질되었다(브론너, 2005: 51).[15]

이데올로기적 성격이 모호해짐에 따라 민주주의의 비판적 능력이 약화되었다. 그러므로 현대 민주주의의 특성을 민주주의에 대한 다양한 이론의 전통 속에서 파악하고 현대 민주주의의 비판적 기능을 회복하는 것이 현대 정치사상가들의 중요한 과제라 할 수 있다. 그러므로 민주주의의 보편적 가치화는 자유민주주의의 최종적 승리로서 단순히 환호할 문제가 아니다. 오히려 브론너의 경우처럼 정치이데올로기로서 민주주의의 현대적 특성에 대한 재조명이 필요하다. 또는 마르쿠제의 『일차원적 인간』에서의 주장처럼 정치에서 길

---

15) 그 밖에도 브론너(2005: 41-53, 413-416)를 참조하라.

항 관계의 소멸은 전체주의적, 일차원적 사회화의 위험으로 인식되어야 한다. 마르쿠제는 공산주의의 몰락 이전에 이미 자유민주주의 사회의 전체주의적 경향을 비판한 반면 후쿠야마는 공산주의의 몰락 이후 자유민주주의의 최종적 승리를 환호하고 있다. 마르쿠제는 다원주의가 실은 전체주의를 위장하는 이데올로기로 전락하고 있음을 비판한다(마르쿠제, 2005: 73). 자유민주주의의 세계적 확산이 후쿠야마의 주장처럼 환호할 만한 일은 아니다. 인류는 아직 자유민주주의에 본질적으로 내재해 있는 갈등과 긴장을 해결하지 못했기 때문이다. 특히 2008년 미국발 금융 위기는 신자유주의의 한계를 여실히 드러내 보였다. 역사의 종말은 결코 달성되지 않았다.

현대 자유민주주의를 자유민주주의의 전통 속에서 이해하기 위해서 19세기에 살았던 니체의 자유주의에 대한 비판을 살펴보자.

> 반항은 노예의 고귀함이다. 너희들의 고귀함은 복종이 되게 하라. 너희들의 명령이 스스로 복종이 되게 하라. …… 생명체가 있는 곳에서 나는 늘 복종에 대한 이야기를 듣는다. 모든 생명체는 복종이다. 그리고 다음이 두 번째 듣는 것이다. 자신에게 복종하지 못하는 자에게는 명령이 주어진다는 것이고, 이것이 생명체의 형태이다. 그리고 다음이 내가 들은 세 번째이다. 명령은 복종보다 어렵다. 그것은 단지 명령하는 자가 복종하는 자의 짐을 지기 때문만도 아니고 그 짐이 그를 쉽게 짓눌러버리기 때문만도 아니다. 명령은 나에게 시도와 모험을 뜻한다. 그리고 항상 명령되는 곳에서는 생명체는 이를 감행한다(JGB, 59, 147).

노예의 특징은 자기 규율로서의 자기 입법과 이에 따르는 책임감의 부재이다. 노예적 자아는 위계적 질서의 부재를 특징으로 한다.

노예는 개인적 아나키즘에 빠져 있기 때문에 반항만 할 뿐 자기 입법에 따른 자기 규율과 의무감이 없다. 그들의 반항은 자신이 부여한 자기 규율에 대한 복종이 없는 반항을 위한 반항이다. 그들은 생명체에게 필수적인 위계적 질서를 결여한 무질서한 존재들이다. 주인의 행위는 능동적인 데 비해 노예적 행위는 반동적이다. 니체에게 자기 명령과 자기 복종을 결여한 절대화된 자유, 반항적인 자유는 생명체의 기본 구조인 질서에 위배되는 무질서의 상태를 뜻한다. 자유는 독립적인 가치가 아니라 자기 명령에 복종할 때 사후 발생되는 것이다. 자유 그 자체가 독립적이고 절대적인 가치를 가지고 있는 것은 아니다. 자유의 독립적인 가치화는 근대 자유주의의 등장과 함께 시작되었다. 근대 이전에는 플라톤에게는 정의의 수호, 키케로에게는 의무와 법률의 준수, 기독교에서는 하느님에 대한 순명이 자유의 전제였다. 그래서 자유는 독립적, 절대적 가치가 아니었다.

> 고대 세계에서는 정치적 이상으로서 개인 자유에 관한 의식적 논의가 거의 없었던 것으로 보인다. 로마 및 그리스인들의 법의식에서 개인의 권리라는 관념이 들어 있지 않았다는 점은 이미 콩도르세가 지적한 바 있다. 유대 사회 및 중국을 비롯하여 현재 알려진 모든 고대 사회에서 이 점은 마찬가지였다. 서양의 최근 역사를 보더라도, 개인의 자유를 이상으로 삼는 사조가 풍미하게 된 것은 으레 그렇다기보다는 예외에 속하는 일이다(벌린, 2006: 356)[16]

---

16) 같은 맥락에서 레오 스트라우스는 루소가 비록 고대 시민의 덕에 대해서 이야기하고 있지만 루소는 인간의 본질을 자유로 파악했기에 자유의 문제로부터 기인한 근대성의 문제를 해결할 수 없었다고 지적한다. 그러나 김용민은 루소가 부르주아사회의 절대적 자유의 절대적 타락을 비판하였지만, 그가 부르주

니체는 자기 복종, 자기 규율, 자율적 의무감으로부터 분리되어 설정된 자유주의의 자유를 아나키즘적인 사이비 자유로 비판하고 있다. 앞서 밝혔듯이 사이비 자유는 인간이라는 생명체의 구조와 모순된다.

다음으로 니체의 민주주의 비판을 살펴보자. 19세기 차티스트운동을 비롯한 보편, 평등, 비밀, 직접선거 확립을 위한 투쟁 과정에서 민주주의는 제한, 불평등, 투표자가 위협을 느끼는 공개선거의 폐지라는 목표의 완성과 이를 반대하는 보수적 자유주의에 대한 비판이었다.[17] 니체는 공공연히 민주주의를 격렬한 표현으로 비판하고 있다.

> 다른 신조를 가지고 있는 우리에게는 민주적 운동은 단지 정치조직의 타락 형태일 뿐 아니라 인간의 타락, 인간의 왜소화(Verkleinerung), 평균화, 가치의 하락을 의미한다(JGB, 126).

니체의 민주주의 비판은 제도적 차원을 넘어 정치문화적, 정치철학적 비판이라 할 수 있다. 니체는 민주주의의 정치적 평등주의에

아사회가 자유의 확장에 기여했다는 점을 인정했음을 강조한다. 그리고 루소의 목적은 부르주아사회에 존재하는 사람들에게 덕과 결합될 수 있는 절대적 자유가 존재할 수 있고 그것이 인간의 본성에 부합함을 보여주는 것이었다고 주장하며 스트라우스의 해석을 비판하고 있다(김용민, 2004: 86-87 참조).

17) "오늘날 미국과 영국 같은 나라에 사는 사람들은 정치적 민주주의에 익숙해져 있어서, 그것이 언제나 존재했던 것처럼 믿기 쉽다. 물론 이것은 사실이 아니다. 미국에서나 유럽 나라들에서나 보통선거권은 순조롭게 주어진 것이 아니다. 그것은 투쟁의 결과였다."(휴버먼, 2004: 237). 차티스트운동의 구체적 요구사항에 대해서는 휴버먼(2004: 238)을 참조하라. 니체가 살던 당시 미국과 프랑스를 제외한 나라에서는 남성 보통선거가 확립되지 않은 상태였다. 보통선거, 평등선거로서의 민주주의에 대한 적대감은 니체만 가진 것이 아니라 당시 유럽 지식인들에게는 일반적인 현상이었다. J. S. 밀도 평등선거에 반대하여 복수투표제를 지지했다(헬드, 1993: 108 참조).

반대하며 구별의 파토스를 강조한다. 그리고 민주주의의 하향 평균화 경향에 맞서 인간의 고양을 강조하며 인간의 고양은 귀족주의를 통해서 가능함을 역설한다.

> 모든 인간 유형의 고양은 지금까지 귀족적 사회의 작품이었다. 그리고 앞으로도 그럴 것이다. 인간 간의 긴 위계의 사다리와 가치 차이를 믿고 어떤 의미에서 노예제를 필요로 하는 그런 사회이다(JGB, 205).

정치적 평등에 기초한 민주주의가 보편화됨에 따라 현대인은 귀족주의에 대해서 일반적으로 적대감을 갖고 있다. 그래서 민주주의의 단점을 보완할 수 있는 귀족주의의 장점을 제대로 파악하지 못하는 경우가 많으며 현대 민주주의의 혼합정체적 특성을 파악하지 못하는 경우도 많다.[18]

그리스 민주주의는 현대 민주주의에 사상적으로 영향을 주었지 제도적으로는 큰 영향을 주지 못했다(달, 2008: 40). 예를 들면 대의민주주의는 19세기의 민주주의 운동의 결과에서 비롯된 것이 아니다. 대의제는 군주제, 귀족제 정부에 그 기원을 두고 있다. 1820년 제임스 밀은 대의 체계를 근대의 위대한 발견이라 하였다(달, 2008: 70-73). 보수적 자유주의와 대립하던 19세기의 급진적 민주주의는 대의민주주의를 비판하고 직접민주주의를 선호했다. 맑스가 그 예이다.

---

18) "로마인에서 영국인에 이르기까지 거대한 계획을 세우고 실천에 옮겨서 세계의 운명에 엄청난 영향을 미친 거의 모든 국민은 귀족 제도의 다스림을 받았다. …… 귀족 전체는 음모로 방향을 잊기에는 수가 너무 많고 생각 없이 격정에 모든 것을 내맡기기에는 그 수가 그리 많은 편이 아니다. 귀족들은 결코 사라져버릴 수 없는 확고하고 지혜가 쌓인 집단이다."(토크빌, 1997: 309-310)

오늘날 일반적으로 통용되는 정치체제로서 민주주의 체제는 정확히 말하자면 아테네식 민주주의가 아니라 귀족주의 정치 또는 과두적 금권정치와 민주정치의 혼합정체이다. 따라서 아테네 시민들이 우리 가운데 나타난다면 그들은 틀림없이 근대 민주주의는 민주주의가 아니라고 주장할 것이다(달, 2008: 53). 니체가 살았던 시대의 민주주의는 오늘날과 다르다. 19세기 말의 민주주의는 정치적 평등에 기초한 보통선거의 확산을 의미했다. 그러므로 민주주의가 함의하는 정치철학적, 문화적 문제점에 대한 니체의 비판과 그 문제점의 극복을 위한 대안으로서 귀족주의에 대한 니체의 옹호라는 관점에서 니체의 민주주의 비판을 인식해야 한다. 이런 전제하에서 그가 주장한 고양된 삶과 문화를 위한 노예제도의 필연성과 정치적 평등의 거부와 구별의 파토스를 기초로 한 귀족주의 옹호에 대해서 비판을 해야 한다.

현대의 민주주의가 혼합정체라면 귀족주의와 입헌 민주주의의 혼합이 과두적 금권정치와 포퓰리즘적 민주주의의 혼합보다 훨씬 바람직한 조합임은 분명하다. 현실적으로 가능하고 바람직한 정체로서 혼합정체에 대한 연구는 플라톤, 아리스토텔레스, 폴리비오스 마키아벨리, 몽테스키외, 밀 등과 같은 정치사상가들의 공통적인 학문적 관심사였다. 포퓰리즘적 민주주의와 과두정치의 대립은 아테네 민주주의의 치명적인 약점이었고, 문화적 영향력에 비해 아테네의 정치적 영향력이 매우 짧았던 이유였다. 반대로 폴리비오스의 주장처럼 혼합정체적 성격을 띠었던 로마의 경우 문화적 독창성은 그리스에 비해 떨어졌으나 정치체제는 오래 지속되었다.[19]

---

19) 아리스토텔레스, 폴리비오스, 키케로, 마키아벨리의 혼합정에 대한 역사적 고찰에 대해서는 김경희(2007: 113-139), 김덕수(2004: 54-63)를 참조하라.

이 점에서 우리는 민주주의와 귀족주의 모두를 경험했던 18~19세기 정치사상가들의 양자의 비교에 주목할 필요가 있다. 민주주의의 문화적 평균화, 왜소화 경향과 민주주의와 귀족주의의 비교는 니체 이전의 19세기 초반의 토크빌의 저작에서도 발견된다. 민주주의가 보편적 이데올로기가 되기 이전의 정치적 귀족주의의 요소가 잔존하던 시대를 살았고 자신도 귀족 출신인 토크빌의 민주주의와 귀족주의의 비교는 니체의 민주주의 비판과 귀족주의 옹호를 이해하는 데 큰 도움을 준다. 토크빌은 미국과 프랑스의 신문의 기본적인 차이를 논하면서 프랑스 신문은 시사 정치의 토론을 기본으로 하는 데 비해 미국의 신문은 사분의 삼이 광고로 채워지고 나머지는 정치 기사와 자질구레한 이야기들로 채워져서 격정적인 토론을 찾아보기 힘들다고 서술하고 있다(토크빌, 1997: 253). 그리고 토크빌은 '다수가 사상에 미치는 힘'이라는 절에서 민주공화정은 억압의 문제를 마음의 문제로 만듦으로써 신체는 자유스럽게 내버려두지만 영혼을 얽맨다고 서술하고 있다.[20] 이러한 근거에서 토크빌은 아메리카에 위대한 작가들이 없는 이유를 사상의 자유의 부재에서 찾고 있다(토크빌, 1997: 341-343).[21]

20) 군주제의 신체의 지배에서 민주공화제의 마음의 지배로의 변화에 대한 토크빌의 주장은 푸코를 연상시킨다. 푸코보다 100여 년 전에 이러한 경향을 짧은 미국 여행에서 읽어낸 20대 중반의 젊은 토크빌의 통찰력이 놀랍다.
21) 토크빌은 민주주의와 귀족주의의 모습을 다음과 같이 비교하고 있다. "역사에 영원불멸의 명성을 남기게 될 고상한 과업들을 치러낼 준비가 되어 있는 국민을 만들어내려고 하는가? 만일 이런 일을 사회가 지향할 주요한 목표라고 생각한다면 민주정치는 피해야 한다. 그 이유는 민주정치는 분명하게 그 목표로 당신을 인도해주지 않을 것이기 때문이다. …… 간단히 말해서 정부의 주요 목표가 국가 전체에 가능한 최대한 권력과 영광을 부여하는 것이 아니고 국가를 구성하는 개개인들에게 최대의 안락을 확보해주고 가능한 한 가난을 피하게 하는 것이라면, 위에 말한 것들이 당신의 바라는 바라면 사람들의 처지를 평등하게 만들고 민주제도를 수립해야 한다."(토크빌, 1997: 328-329)

니체에 따르면 정치적 평등을 가치로 하는 민주주의는 인간의 평균화 내지는 왜소화를 초래한다. 인간의 고양은 정치적 평등과는 대립되는 구별의 파토스에 의해서만 가능한 것이며, 이 사회는 인간 간의 위계와 가치 차이를 인정하는 귀족주의 사회이다. 니체는 민주주의 운동이 피할 수 없는 것이라고 인정하고 있다. 그러나 그것은 지연될 수 있는 것이라고 본다. 무리 본능, 무리의 가치 평가로 인해 인간은 유약해지고 선량해지고 편안해졌다고 니체는 민주주의를 비판한다(N, 1885: 456). 니체의 무리 본능, 무리의 가치 평가는 토크빌의 다수의 전제를 연상시킨다. 토크빌이 의미하는 것은 토론 후 다수의 이름으로 결정이 나면 토론은 소멸되며, 침묵이 지배하며 소수의 의견은 억압된다는 것이다.[22] 니체의 평등의 열정으로서의 민주주의에 대한 비판은 음악과 루소의 사상, 민주주의, 사회주의를 포괄하는 잠재적 기독교를 폭로, 개념화함으로써 확장된다. 잠재적 기독교의 위험성은 개념적 표현은 없지만 원한을 품고 있는 기독교적 이상이 숨어 있다는 점이라고 니체는 비판한다. 그리고 그는 잠재적 기독교에 대한 투쟁을 선언한다(N, 1887: 453-454).[23] 구별의 파토스를 증오하는 평등, 즉 민주주의는 무력한 무리의 뛰어난 자들에 대한 원한에 뿌리를 두고 있다고 니체는 비판하며 이를 도덕에서의 노예들의 반란으로 개념화하고 있다. "원한의 독이 든 눈은 고귀한 자, 강한 자, 지배자들의 도덕적 선을 변색시키고, 의미를 전복되게, 달리 보이게 했다."(GM, 274) 니체의 원한 개념은 니체의 정치관을 이해함에 있어서 매우 중요하다.

---

22) 물론 토크빌은 「다수의 폭정을 완화하는 요인」이라는 16장에서 다수의 전제를 막는 미국 민주주의의 장점에 대해서도 논하고 있다.
23) 잠재적 기독교와 그의 예에 대해서는 『니체 유고』(N, 1885/86: 148, 45)와 『선악의 저편』(JGB, 125)을 참조하라.

절대 권력은 대부분 부패한다. 액튼 경의 이 경구를 부정할 사람은 거의 없을 것이다. 니체의 도덕비판—약자의 마키아벨리즘이라고 칭해지는—의 독창성은 그 반대의 경우도 진실이라는 점이다. 절대 무능력도 대부분 부패한다(Ottmann, 1987: 314).[24]

위버멘쉬와 짐승 사이의 밧줄 위에 위치한 민주적 인간은 상승을 포기하고 안락함과 쾌락에 안주하고 만다. 그리고 이는 2절에서 밝혔듯이 몰락을 뜻한다. 니체가 의미하는 귀족주의는 정치적 평등에 따른 인간의 평준화에 천재성의 구현에 적합한 구별의 파토스를, 평화로운 삶과 안락함에의 안주에 모험과 도전을 통한 인간성의 고양을, 전반적 물질적 번영에 고귀한 행동과 힘에의 의지의 고양에 따른 영광스러움을 대치시킨다. 그리고 니체는 귀족주의를 옹호한다. 니체가 밝혔듯이 인간의 유형(Typus)은 그 단어에서 알 수 있듯이 구체적 사회계급을 지칭하는 것은 아니다. 그것은 인간의 성품, 인격을 포함한 유형이다. 니체가 생각하는 인간상이 귀족적 성격을 띠고 있는 것은 사실이지만 과거 귀족계급의 모습을 띠고 있는 것은 아니다. 그러므로 니체의 귀족주의는 복고적이지 않다. 니체가 구체적인 정치제도의 모델을 제시한 적은 없다. 중요한 점은 그의 귀족주의가 전혀 복고적이지 않으며 미래지향적이며 도전적이라는 점이다. 힘에의 의지에 기초한 창조성이 중시되는 이유가 여기에 있다.

---

[24] 니체의 반동적 힘에의 의지로서의 원한 개념은 노예의 정치적 특성을 이해하는 데 매우 중요한 개념이다. 니체의 반동적인 원한과 주인의 적극적, 능동적 힘에의 의지는 대조적이다. 니체의 원한 개념에 대해서는 『도덕의 계보』(GM, 270-277)와 오트만(Ottmann, 1987: 314-328)을 참조하라. 니체의 능동성과 반동성 개념에 대해서는 『니체 유고』(N, 1886/87: 209)를 참조하라.

사실 우리 철학자들과 자유정신들은 늙은 신이 죽었다는 소식을 새로운 새벽의 여명이 비치는 것처럼 느낀다. 드디어 우리에게 여명의 수평선이 다시금 자유롭게 열렸다. 비로소 우리의 위험을 향한 항해는 허락되었고, 지적 모험이 다시 허용되었다. 바다, 우리의 바다는 저기 다시 열렸다. 아마 이렇게 열린 바다는 결코 없었을 것이다(FW, 574).

니체가 바라보는 이상적 인간상은 자기 보존과 안일함, 쾌적함만을 추구하여 힘에의 의지가 쇠락함으로써 신의 죽음으로 표현되는 니힐리즘에 머무는 것이 아니라 힘에의 상승을 위한 도전과 극복을 시도함에 있다. 위버멘쉬를 인류 모두에게 해당되는 이상적 인간상으로 볼 수도 있지만 위버멘쉬를 소수의 입법가, 정치가, 철학적 현자로 해석할 수도 있다. 후자의 관점에서 볼 때 정치적 평등과 다수의 의사보다 구별의 파토스와 위계질서를 중시한 니체에게는 훌륭한 지배자의 자격을 지닌 새로운 귀족의 탄생이 중요한 것이다. 그러므로 '니체의 위버멘쉬와 같은 인간이 얼마나 되겠는가?'라는 질문은 어리석은 질문이 된다. 수를 중시하는 것은 아리스토텔레스가 민주주의의 특징으로 표현한 수와 평등을 전제한다. 앞서 말했듯이 니체가『차라투스트라는 이렇게 말했다』의 부제를 '모두를 위한 그리고 그 누구도 위하지 않는 책'이라 붙인 점은 이 점에서 의미심장하다.『차라투스트라는 이렇게 말했다』의 부제는 위버멘쉬를 민주시민의 이상적 인간형으로 보는 해석과 소수의 엘리트로 보는 해석, 이 양 해석 모두 이론적으로 가능함을 암시한다. 그리고 니체가 강조하는 새로운 인간 유형과 귀족적 위계질서는 도덕적, 문화적 차원의, 비정치적인 차원의 위계질서로 해석될 수 있다(이상엽, 2007: 144). 또는 니체의 새로운 인간 유형은 정신적 귀족주의로 해석될 수도 있다(백승영, 2009: 87-90; McIntyre, 1992: 192-200, 206-207). 그러나 플라톤의 인간 구조의 비유가 현실 정치체제와 유비 관계가 있듯이 니체의 문화적, 정신적 귀족주의가 현실적인 계급 정치의 옹호와 무관하지 않다는 점을 부인할 수는 없다. 정체와 정치는 다르지만 항상 밀접히 관련되어 있기 때문이다. 문화와 정신은 정치는 아니지만 결코 정치와 무관하지 않으며 양자는 정치적이다. 니체가 문화적, 정신적인 의미에서 귀족이라는 표현을 썼다는 것이 그것의 정치적 의미를 탈각시키는 것은 아니다. 문화는 항상 정치적이고 정치는 문화로서 표현되기 때문이다.

> 이제 문화는 단순히 눈에 보이는 문화 현상만 아니라 눈에 보이지 않는 구조 속의 엮임이라고 인식하는 학문인 문화정치학의 바탕 위에서 이해하는 것이 정치적 성격의 문화 현상을 확실하게 납득할 수 있는 방법이라는 것을 알게 되었다. …… 문화정치학은 문화의 정치적 성격, 즉 문화의 정치적 함의를 연구하고, 다른 한편으로는 정치의 문화적 성격, 즉 정치가 문화로서 기능하는 점을 탐구한다(전경옥, 2006: 47-49).

4. 이상적 인간형으로서 위버멘쉬와 그 정치적 의미에 대한 비판적 평가

위버멘쉬 탄생의 필연성은 모든 형이상학적 가치의 몰락을 의미하는 신의 죽음에서 비롯되었다. 니체의 주장처럼 모든 가치가 인간의 창조물이라면 신의 죽음은 동시에 인간의 죽음을 뜻한다. 신이 죽음으로써 인간도 죽었다. 그러므로 새로운 이상형으로서 인간상이 필요하다. 니체는 위버멘쉬를 인간의 죽음을 극복할 수 있는 이상적 인간으로 보았다. 위버멘쉬는 죽은 신에 필적할 수 있는 이상적인 존재이다.

> 인간은 비(非)동물이고(Unthier) 동물을 초월한 존재(Überthier)이다. 더 고양된 인간은 비(非)인간(Unmensch)이고, 위버멘쉬이다. 이렇게 둘은 결합되어 있다(N, 1887: 426).

생의 후기로 갈수록 니체는 초월적인 의미를 내포하는 위버멘쉬라는 표현보다 더 고양된 인간, 고귀한 인간, 위대한 인간, 최상의 인간, 보다 높은 종류의 인간, 보다 강한 종의 인간 등의 표현을 쓰고 있다. 위버멘쉬의 탈신비화(Entzauberung), 탈신격화(Entgöttlichung)가 이루어졌다. 플라이셔도 니체가 위버멘쉬 대신에 '더 고양된 인간'을 자신의 저서 후반부로 갈수록 일반적 표현으로 씀으로써 새로운 문제의식을 표현한다고 밝히고 있다(Fleischer, 1993: 147).[25] 니체는 힘에의 의지의 관점에서 긍정적, 적극적 힘에의 의지를 가진 강자와 반동적, 원한적 힘에의 의지를 가진 약자를 나누고 전자를 옹호하고 후자를 비판하고 있다. "근본적인 사실에 대한 오해: 도덕적으로 된다는 것과 인간 유형의 고양과 강화. 호모 나투라(Homo natura). 힘에의 의지."(N, 1885/86: 132) 그러나 초월적 의미와 도덕과 신을 제거한 후, 힘에의 의지에 기초한 호모 나투라에서 고양된 인간성과 덕을 논한다는 것은 모순적으로 보인다. 니체의 이상적 인간상으로서 더 고양된 인간은 윤리적인 것과 자연적인 것 사이의 해결하기 어려운

---

25) 위버멘쉬 대신에 등장하는 다양한 형태의 개념들에 대해서는 다음 참조(AC, 17; N, 1887: 426, 462; N, 1887/88: 191-192).

모순을 지닌다. 즉 자연적인 것이 강조될수록 정신적인 것, 윤리적인 것은 수축될 수밖에 없다. 슈바이처의 지적처럼 니체는 이 모순을 해결하지 못했다.

> 보다 높은 삶의 긍정은 세계의 긍정 안에서 자신을 파악할 때만 가능하다. 삶의 긍정이 자신과만 관계하고 영향을 미칠 때 그것은 결코 보다 높은 삶의 긍정이 아니라 단지 증가된(gesteigert) 삶의 긍정일 뿐이다. 이는 해로 없이 고정된 키에 의해 원을 빙빙 돌며 거친 바다를 미친 듯이 항해하는 배와 같다(Schweizer, 1960: 266).

물리적인 현상과 윤리적 현상은 다른 것이다. 니체에게 양자는 모순적으로 혼합되어 있으며, 후자는 전자에 의존한다는 점에서 독립적이라기보다 파생적이다. 윤리적 문제를 물리적 문제로 환원하는 힘에의 의지에 기초한 윤리학은 좌초될 수밖에 없다고 나는 판단한다.[26] 니체가 직면한 이러한 모순을 틸리히는 환원적 자연주의(reductive naturalism)라 비판하며, 아렌트는 전도된 플라톤주의라 비판한다(틸리히, 2004: 262-263; 아렌트, 2003: 360; 2004: 272 참조).[27] 비극적인 탈가치적인 세계에 긍정적 가치를 부여한다는 것은 불가능하거나 아니면 매우 어려운 일이다. 여기서 진리와 도덕이 의문시되고 문제화되는 니힐리즘의 도래는 도덕적 세계로부터 아리스토텔레스

---

26) 프로이트의 제자 중에서 니체의 영향을 가장 많이 받아 의지 치료를 발전시킨 오토 랑크는 니체는 가치 평가의 문제를 심리학 안으로 몰래 가지고 들어왔다고 비판하고 있다(김정현, 2009: 147-148 참조).
27) "나의 철학은 전도된(umgedrehter) 플라톤주의이다. 진정한 존재로부터 멀어질수록 그것은 더 순수하고 아름답다. 목표로서, 가상(Schein)으로서의 삶."(N, 1870/71: 199)

적 목적론이 추방되면서 야기된 것이라는 매킨타이어의 지적은 깊이 생각해볼 필요가 있다(매킨타이어, 1997: 180). 힘에의 의지를 통해서 쇼펜하우어의 의지 중심의 철학을 계승, 비판하면서 염세주의를 극복하고자 한 니체의 시도는 무척 어려운 과제이거나 아니면 불가능한 과제였다. 쇼펜하우어는 그가 바라본 의지의 맹목성과 비관적인 세계관에 맞게 염세주의를 주장했다. 니체는 삶을 살기 위해서는 거짓이 필요하다고 주장하고 있다(N, 1887/88: 193). 그렇지만 탈가치화된 비극적 세계에서 긍정적 가치를 창조하고 디오니소스적 세계관에 따라 산다는 것은 모순적인 생각이다.

> 삶의 긍정과 삶의 부정은 일정 한도 내에서는 윤리적이다. 그러나 극단으로 가면 이들은 탈윤리적으로 된다. 중국인들의 낙관주의적 사고와 인도인들의 비관주의적 사고가 유럽에서는 니체와 쇼펜하우어에게서 나타난다. 양자는 근본적으로 삶에의 의지를 일면적으로 사유했다. …… 이들은 삶의 부정과 삶의 긍정을 숙고함에 있어 탈윤리적인 것에 이르렀음을 증명한다. 왜냐하면 윤리적인 것은 삶의 부정에도 삶의 긍정에도 있지 않으며, 양자의 묘한 결합에 있기 때문이다(Schweizer, 1960: 267-268).

주관적 결단주의에 빠지기 쉬운 니체 철학의 이러한 자아 중심주의적 문제점은 삶의 긍정과 세계 긍정 사이에서만 발생하지 않고, 자기를 극복하는 인간으로서의 위버멘쉬, 자신에 대한 입법자로서의 위버멘쉬와 국가의 관계에서도 발생한다.[28] 그러므로 위버멘쉬

---

28) 자기 극복으로서의 위버멘쉬의 이상은 구별의 파토스와 사회계급과 관계된다. 이에 대해서는 최소인(2001: 165-176)을 참조하라.

는 이상적 인간으로서 제시될 수 있을지는 모르나 이상적 시민으로서 제시되기는 어렵다. 왜냐하면 위버멘쉬는 단지 자기 입법자일 뿐이며, 그는 다른 시민과의 관계 속에서 자신의 의지와 더불어 타자로부터 부과된 법에 복종하는 것과는 먼 존재이기 때문이다. 그는 법치의 바깥에 존재하는, 도시의 바깥에 존재하는 자이다.

> 진정한 철학자는 유토피아적이라기보다는 아토피아적(atopic)이다. 그는 시(市) 외에 있는, 사람들의 위에 있는, 그럼에도 불구하고 참된 국가를 위한 정초자이자, 입법자이다. …… 플라톤과 니체는 인간과 도시에 대한 심오한 경멸을 체현한다. 따라서 철학자와 도시 사이의 커다란 거리를 강조한다(McIntyre, 1992: 185).

또한 니체의 주권적 개인을 현대 민주 시민의 교육의 이상으로 적용할 때에는 이의 한계를 명백히 할 필요가 있다. 왜냐하면 앞서 밝혔듯이 니체의 주권적 개인에게 있어 자율적인 것과 관습적인 것은 상호 모순되기 때문이다. 니체의 위버멘쉬, 주권적 개인은 고독 속에 사는 단독자이며, 입법자일 뿐이다. 그는 자기 복종 외에는 어떤 외부적 권위도 인정하지 않는다. 그러므로 이상적 인간상으로서의 위버멘쉬와는 달리 이상적 시민상으로서의 위버멘쉬는 명백한 한계가 있다. 자기 복종과 법에의 복종은 차원이 다른 문제이기 때문이다. 니체의 위버멘쉬는 고대 그리스 도시국가의 전설적 입법자에는 적절할 수 있을 것이다.[29] 그러나 현대 법치국가의 입법과 법치 이념과

---

29) "자율적인 초관습적인 개인이라는 장구한 문명적 노력의 이 늦은 산물은—가장 광범위한 책임을 진 철학자와 마찬가지로—타고나면서 주인이며 계약들하고는 아무 상관도 없는 문명화 과정의 창시자인 태곳적의 국가 건립자와 기이하

는 맞지 않는다.

> 소수의 주인들이 내린 가치 질서가 아닌, 또는 한술 더 떠 훈육의 자연 질서가 아닌 어떤 법은 니체에게 주제가 아니다. 그렇기 때문에 그가 열망한 지배를 법형태적이라고 표현하는 것은 오도하기 쉬운 것이기도 하다(마르티, 2000: 140).

우선 니체의 자율적 개인들이 보이는 독립성 때문이다. 자율적인 개인인 위버멘쉬가 어떻게 자유로운 인간들의 정치적 공동체 속에 적절하게 편입될 수 있는지 알 수가 없다. 자율적 개인은 고독한 상태에 머물러 있다. 바닥 모를 심연들이 그와 다른 주권적 개인들을 갈라놓는 것 같다(마르티, 2000: 141). 그러므로 니체의 위버멘쉬를 현대적인 의미에서의 정치적 귀족주의로 해석하려는 것은 한계를 지닐 수밖에 없다. 정치적 측면에서 보면 아리스토텔레스의 정치적 동물로서의 시민과 니체의 고독한 위버멘쉬는 매우 다르다. 니체의 위버멘쉬는 니체가 존경한 헤라클레이토스처럼 반(反)폴리스적 인간이다. 그래서 나는 니체의 귀족주의를 근대적 귀족주의라 명명해야 함을 주장한 바 있다. 이러한 이유에서 마르티는 니체가 『도덕의 계보』에서 분석한 약속 이론을 정치 이론화하는 것의 어려움을(마르티, 2000: 142), 오트만은 니체의 자유정신과 해방을 위한 절대적 의지가 자율성을 허무주의로 흐르게 하고 있음을(Ottmann, 1987: 215), 그리고 매킨타이어는 니체의 위버멘쉬가 관계뿐만 아니라 활동들도 결여하고 있음을(매킨타이어, 1997: 377), 강용수는 니체의 주권성은 자율성이나 인류라는 통제 가능성보다 상위 개념이기 때문에 근본

게도 똑같다."(마르티, 2000: 141)

적으로 사회의 연대성을 불가능하게 하며 타인과의 약속(사회계약)이 아닌 자신과의 약속은 보편적인 강제력을 갖지 않으므로 자의적으로 파기 가능하다는 점에서 무정부주의적임을 지적하고 있다(강용수, 2003: 284-285). 계약론자들에게 사회계약의 정치적 주체로 개인이 중요한 개념이라면 니체에게는 힘에의 의지의 관점에서 약속을 지킬 수 있는 동물로서 인간의 탄생이 중요한 개념이다. 약속을 가능하게 하는 망각에서 기억으로의 이행 과정에는 힘 내지 폭력이 수반되며, 의식은 이러한 사회적 과정을 통해서 생성된다. 망각 대신 기억과 의식, 책임감, 채권-채무 관계, 양심의 가책의 탄생은 힘과 폭력의 행사와 불가분의 관계에 있다(GM, 291-337).

> 약속할 수 있는 동물을 기르는 것—이것이야말로 자연이 스스로 인간에게 부가한 바로 그 역설적인 과제 자체가 아닐까? 이것이야말로 인간에 관한 본래의 문제가 아닐까? …… 약속하는 인간이 그렇게 행동하듯이, 결국 그러한 방식으로 스스로의 미래를 보증할 수 있기 위해서, 인간 자신은 우선 스스로 자기 자신의 관념에 대해서조차도 예측할 수 있고 규칙적이며 필연적인 존재가 되었어야 하는 것이 아닌가(GM, 291-292)![30]

망각을 극복하고 약속을 할 수 있는 존재로서 인간의 탄생은 망각에 대한 처벌, 약속 불이행에 대한 처벌과 폭력 행사와 깊은 관련성을 갖는다. 『도덕의 계보』 2장 「죄(Schuld),[31] 양심의 가책, 그와 유사

---

30) "망각하는 동물이 약속을 할 수 있는, 해도 되는 동물로서 교육된다. 이것이 정치적 존재의 기원이다. 왜냐하면 약속해도 됨은 정치적 행위들의 영역을 열기 때문이다."(Gerhardt, 1992b: 144)
31) 독일어 Schuld는 죄라는 뜻과 빚이라는 뜻을 가지고 있다. 니체는 후자가 전자

한 것」에서 니체는 폭력 행사자와 폭력을 당하는 자를 채권자와 채무자 관계로 설명하고 있다. 이 점에서 백승영은 니체의 국가 탄생 과정에 대한 국가계보학을 힘경제적 계약론으로 설명하고 있다(백승영, 2009: 82-85). 기억의 발생과 약속 이행 능력은 정치적 행위의 가능성을 열었다. 그러나 기억과 약속 이행 능력이 정치적 행위와 정치적 계약의 성립과 등치될 수는 없다. 이 점에서 게하르트와 백승영의 주장은 기억의 발생과 약속 이행 능력을 매개 없이 정치적 행위로, 정치적 계약으로 비약시키는 오류를 범하고 있다. 마르티는 게하르트가 니체가 법형태적인 지배를 개인적 자기 규율을 통해서 정당화하는 방식, 즉 니체의 훈육-사고를 특징짓는 가부장적 간섭주의(Paternalismus)를 극복하지 못하고 있다고 비판한다(마르티, 2000: 139). 그러므로 니체는 자기 입법자로서 위버멘쉬의 탄생과 연관된 주체의 재구성은 내재의 윤리학이며(Ethik der Immanenz), 디오니소스적인 것에 아폴론적인 형식을 부여하는 미학적인 것이라는 비판(강용수, 2003: 284-285)과 정치를 미학화했다는 비판을 면하기 어렵다(정낙림, 2007: 292-293). 니체의 내재적 윤리학은 사회윤리를 결여하고 있어 정치 이론화하기에는 많은 한계를 지니고 있다.

니체의 정치적 사유와 씨름하는 사람은 해소하기 힘든 모순에 직면하게 된다. 그것은 인간들을 대상으로 전락시키는 문명화, 훈육의 필연적으로 잔혹한 과정과 그 과정의 목표, 즉 미성숙하게 만드는 관습의 윤리성으로부터 인간을 해방시키는 일 사이의 모순이다. 여기서 논의된 해석들을 비교할 때 니체의 약속 이념을 어떤 정치 이론을 근거 짓기 위해 이용하는 것이 얼마나

에 시간상 앞서는 개념임을 2장에서 제시하고 있다.

어려운 일인지 드러난다. 약속해도 되는 개인은 긴 역사 발전의 산물이다. 이러한 역사의 무게 아래에서 이 개인은 자신과 같은 이들과 계약을 맺는 그러한 주체로 결코 될 수 없는 것처럼 보인다. 의심할 나위 없이 우리는 니체가 수천 년 묵은 짐을 지적할 때 그의 현실감각을 인정할 수밖에 없다. 인간들은 정치적으로 행위하려고 할 때에도 그 짐을 여전히 지고 다니는 것이다. 그러나 그의 성찰은 정치적인 것의 '재획득'을 위한 오늘날의 노력에 있어서 요구되는 그러한 수준에 결코 이르지 못한다(마르티, 2000: 142).

5. 결론

많은 문제점에도 불구하고 니체 철학의 위대성은 문제를 가차 없이 진지하게 다루는 데 있지, 경박한 문제 해결에 있지 않다는 점 또한 잊지 말아야 할 것이다(매킨타이어, 1997: 173). 이러한 문제점에도 불구하고 니체의 현대적 삶과 정치에 대한 노골적 비판은 반성적 사유의 단초를 제공한다는 점에서 그 의의가 있다. 하지만 니체가 시도한 가치의 전도로서 평등의 원칙의 부정과 이의 구별의 원칙에 의한 대체, 귀족주의의 옹호와 노예제의 필연성은 거부되어야 한다고 본다. 정낙림은 니체의 민주주의 비판의 한계를 다음과 같이 지적하고 있다. 첫째, 니체가 민주주의의 외연을 너무 넓게 설정하여 민주주의와 사회주의에서의 평등권의 차이를 구분하지 못한 점. 오늘날 자유민주주의에서 경쟁의 심화는 역설적이게도 평등권을 위협할 정도라는 점에서 자유민주주의와 사회주의의 평등권이 다름에도 니체가 양자를 구분하지 않고 있다고 비판한다. 둘째, 역사 속에서 전개된 귀족주의는 니체가 말한 정신적, 이상적 귀족주의와는 달리 소수에의 권력의 집중, 부패를 초래했으며 사회적 약자의 권리를 옹호하는 데에 취약했다는 점에서 민주주의는 이러한 현실의 귀족주의의 문제를 해결하기 위한 지혜의 산물일 수 있다는 점. 셋째, 니체가 주장한 정치적 대안으로서 위대한 정치는 너무 추상적이며, 애매하고 소박하다는 점이다. 그리고 니체가 주장한 구별의 파토스를 체현하고 위계를 확립하는 정신적 귀족의 비현실성과 정치의 미학화를 비판하고 있다.[32]

또한 지적하고 싶은 문제점은 니체는 문화의 필연적 이중성을 이유로 구별의 파토스에 기반한 귀족주의와 노예제가 문화에 필수 불가결하다고 주장하고 있다는 점이다.

> 모든 인간 유형의 고양은 지금까지 귀족적 사회의 작품이었다. 그리고 앞으로도 그럴 것이다. 인간 간의 긴 위계의 사다리와 가치 차이를 믿고 어떤 의미에서 노예제를 필요로 하는 그런 사회이다(JGB, 205).

> 이제 우리는 그리스인들이 노동과 노예제에 관하여 발견한 것들을 정렬한 일반적인 개념을 만난다. 양자는 그들에게 필수 불가결한 치욕이고, 사람들은 그것들을 치욕으로 동시에, 필수 불가결한 것으로 느꼈다. …… 노예제는 문화의 본질에 속한다는

---

32) 그러나 정낙림은 니체가 민주주의자는 아니지만 구별의 파토스가 의미하는 경쟁과 복수적 가치에 대한 니체의 긍정은 공정한 경쟁과 개성의 존중을 매우 중요하게 생각하는 오늘날의 수정 민주주의 이념과 모순되지 않는다는 점에서 니체를 반민주주의자로 칭하는 것은 성급한 판단이 될 수 있다고 주장하고 있다(정낙림, 2007: 291-293).

잔인하게 들리는 진리를 우리는 이해해야만 한다(GS, 767).

그러나 니체는 그리스 문화를 과대 일반화하고 있다. 그리스적인 정치와 문화의 조건이란 결코 서양 문화의 일반적 조건도, 문화의 일반 조건도 아니다. 노동을 포함한 필연의 영역과 자유의 영역의 구성은 사회에 따라 다양할 수 있다. 양자가 반드시 귀족/노예라는 계급적 구분을 통하여 조직될 필연성은 없다. 여기에 니체의 구별의 파토스의 한계가 있다. 아테네의 경우 정치와 경제는 분리되어 있었다. 그러므로 정치경제(political economy)가 형용모순이다. 그러나 자본주의에서는 맑스의 경우처럼 정치경제는 가능하다. 맑스는 오히려 정치와 경제를 별개로 보는 자유주의자들의 관점을 비판하기 위해 정치경제학이라는 말을 썼다. 문화의 고양은 자유와 필연의 영역에 대한 아테네의 노예제적 사회 분업에서만 가능한 것은 아니다.[33]

니체는 시장의 확대가 자유주의 사회의 사회조직과 과거 기독교 사회의 사회조직을 어느 정도까지 다르게 변모시킬 수 있는지 맑스만큼 이해하지 못했다. 그리고 전통적 사회조직에서 관료제적 사회조직으로의 변화가 책임 있는 개인성의 문제에 갖는 함의를 베버만큼 이해하지 못했다. 니체는 복잡한 정치권력의 문제를 단순하고 분명한 주인과 노예의 관계라는 관점에서 이해하려 하였다. 따라서 니체는 복잡하고 미묘한 근대적 형태

---

33) "그러므로 고대인이 이해하기로는 경제에 관련된 다시 말해 개인 유지와 종족 보존에 관련된 것은 무엇이나 정의상 비정치적인 가정사이기 때문에, 정치경제라는 용어가 그 자체가 모순적이라는 사실을 우리가 깨닫기는 매우 어렵다." (아렌트, 2003: 81) 아테네의 정치와 경제의 관계에 대해서는 아렌트의 『인간의 조건』(2003: 80-90)을 참조하라.

의 정치권력이 근대사회에서 보다 직접적으로 개인의 일상적 경험을 형성한다는 사실을 간과하게 된다. 다시 말하자면 근대 사회에서 니힐리즘의 대두는 니체가 지적하는 바와 같이 쇠퇴하고 해체되는 문화에 의해서 야기되기도 하지만 그에 못지않게 경제적, 정치적 무능력에 의해서도 야기될 수도 있다(김용찬, 2001: 23).

그러므로 니체의 자유민주주의에 대한 비판을 문제점의 보완의 관점에서, 즉 제한적 관점에서 접근할 필요가 있다. 현실적으로는 혼합정체의 구성에서 니체의 민주주의 비판과 귀족주의 옹호는 의의를 가질 수 있다고 판단된다.

니체는 현대 국가가 문화의 도구가 아닌 돈벌이의 수단으로 전락하여 현대 문화가 타락하고 있음을 비판하고 있다(GS, 774). 토크빌 또한 미국 사회에 위대한 작가가 없는 이유를 민주주의적 문화의 특성에서 찾고 있음을 앞서 지적했다. 오늘날은 니체와 토크빌의 비판을 넘어 문화가 돈벌이의 수단이 된 시대이다. 이런 점에서 민주주의 문화가 하향 평균화, 왜소화, 저속화 경향을 갖고 있음을 일찍이 경고한 점은 니체의 공로라 할 수 있다. 그러므로 '모두를 위한 그리고 그 누구도 위하지 않는 책'『차라투스트라는 이렇게 말했다』를 민주 시민의 위버멘쉬적 덕성 함양을 위한 모두를 위한 책의 관점에서 민주주의와 접합시키는 것이 보다 바람직한 연구 방법이라고 본다. 니체는 현대적 삶과 현대적 삶을 생산, 유지하는 현대 문화, 현대 정치를 비판하며, 우리에게 다음과 같은 질문을 던지는 듯하다. 황금만능주의, 노동의 목적화와 결합된 성장 만능주의, 문화 상업주의에 물든 현대적 삶은 정말 좋은 삶인가, 좋은 문화인가, 그리고 이러한 것들을 정당화하고 있는 자유민주주의는 정말 좋은 정치체제인가?

니체는 모두의 자유와 행복이 결코 쉽게 올 수 있는 어떤 것이 아니라고 믿었다. 오히려 다수의 희생과 고통을 따라서 정신과 영혼의 고양이 이루어진다고 믿었다. 오늘날 우리는 실제로는 '모두의 자유와 행복'에서 아주 멀리 떨어져 있다. 어쩌면 그것은 영영 안 올지도 모른다. 그럼에도 불구하고 우리는 마치 그것이 당장 이루어져야 하는 것처럼, 혹은 이미 이루어진 것처럼 말하곤 한다. 이 엄청난 착각과 괴리 속에서, 니체의 말은 우리를 괴롭힌다. 그의 말이 우리에게 맞는 것도 아닌데도, 그 말은 우리에게 채찍질한다. 우리는 많은 것을 성취했다고 믿는다. 그런데 무엇을 성취한 것인가(김진석, 2008: 122)?

참고 문헌

강영계, 2007, 『니체와 문명비판』, 철학과현실사.
강용수, 2003, 「칸트에 대한 니체의 이해와 오해」, 한국칸트학회편, 『칸트와 문화철학』, 철학과현실사.
구분옥, 2007, 「니체의 자기 극복 교육: 위버멘쉬의 교육적 의미」, 『초등교육연구』 20(1): 95-118.
김경희, 2007, 「서구 민주공화주의의 기원과 전개: 아테네에서 르네상스에 이르는 민주와 공화의 변증법」, 『정신문화연구』 30권 1호: 113-139.
김덕수, 2004, 『그리스와 로마: 지중해의 라이벌』, 살림.
김용민, 2004, 『루소의 정치철학』, 인간사랑.
김용찬, 2001, 「니체철학의 정치적 의미」, 『한국정치학회보』 35집 1호: 7-24.
김정현, 2006, 『니체, 생명과 치유의 철학』, 책세상.
김정현, 2009, 「니체 사상과 오토 랑크의 심리학: 랑크의 니체수용을 중심으로」, 『니체연구』 16집: 131-160.

김진석, 2008, 『니체는 왜 민주주의에 반대했는가』, 개마고원.

니체, 프리드리히, 2000, 『니체 전집 13: 차라투스트라는 이렇게 말했다』, 정동호 옮김, 책세상.

니체, 프리드리히, 2003, 『니체 전집 1: 언어의 기원에 관하여』, 김기선 옮김, 책세상.

니체, 프리드리히, 2005, ≪니체 전집≫, 이진우 외 옮김, 책세상.

니체전집간행위원회, 2005, 『니체 읽기』, ≪니체 전집≫ 부록(비매품), 책세상.

달, 로버트, 2008, 『민주주의와 그 비판자들』, 조기제 옮김, 문학과지성사.

뢰비트, 칼, 1990, 『헤겔에서 니체에로』, 강학철 옮김, 민음사.

루카치, 게오르크, 1996, 『이성의 파괴 Ⅰ』, 변상출 옮김, 백의.

마르쿠제, 헤르베르트, 2005, 『일차원적 인간: 선진 산업사회의 이데올로기 연구』, 박병진 옮김, 한마음사.

마르티, 우르스, 2000, 「니체의 정치철학」, 성진기 외, 『니체 이해의 새로운 지평』, 철학과현실사.

매킨타이어, 알래스데어, 1997, 『덕의 상실』, 이진우 옮김, 문예출판사.

백승영, 2009, 「플라톤과 니체, 플라톤 대 니체」, 『니체연구』 16집: 67-97.

벌린, 이사야, 2006, 『자유론』, 박동천 옮김, 아카넷.

벤야민, 발터, 2007, 「기술복제 시대의 예술작품」, 『발터 벤야민의 문예이론』, 반성완 편역, 민음사.

브론너, 스티븐 에릭, 2005, 『현대 정치와 사상』, 유홍림 옮김, 인간사랑.

서영조, 1997, 「니체의 자유주의 비판: '군집동물화'로서의 자유주의」, 『한국정치학회보』 31집 4호: 28-47.

스티븐슨, 레슬리·데이비드 헤이버먼, 2006, 『인간의 본성에 관한 10가지 이론』, 박중서 옮김, 갈라파고스.

아렌트, 한나, 2003, 『인간의 조건』, 이진우 외 옮김, 한길사.

아렌트, 한나, 2004, 『정신의 삶』, 홍원표 옮김, 푸른숲.

아리스토텔레스, 2006, 『니코마코스 윤리학』, 최명관 옮김, 을유문화사.

애링턴, 로버트, 2003, 『서양 윤리학사』, 김성호 옮김, 서광사.

이상엽, 2007, 「니체의 이상적 인간상 연구」, 『니체연구』 11집: 121-145.
전경옥, 2006, 『문화와 정치』, 숙명여자대학교 출판국.
정낙림, 2007, 「니체의 민주주의 비판」, 『철학연구』 101집: 273-296.
최소인, 2001, 「니체와 칸트: 거리의 파토스와 사이의 로고스」, 한국칸트학회편, 『칸트와 현대유럽철학』, 철학과현실사.
토크빌, 알렉시스 드, 1997, 『미국의 민주주의 I』, 임효선·박지동 옮김, 한길사.
틸리히, 파울, 2004, 『19-20세기 프로테스탄트 사상사』, 송기득 옮김, 대한기독교서회.
플라톤, 1997, 『국가』, 박종현 역주, 서광사.
헬드, D., 1993, 『민주주의의 모델』, 이정식 옮김, 인간사랑.
후쿠야마, 프랜시스, 1992, 『역사의 종말』, 이상훈 옮김, 한마음사.
휴버먼, 리오, 2004, 『자본주의 역사 바로 알기』, 장상환 옮김, 책벌레.
Albertz, Jörg, hrsg., 1988, *Kant und Nietzsche - Vorspiel einer künftigen Weltauslegung?*, Hofheim: Freie Akademie.
Bäumler, Alfred, 1991, "Der Wille als Macht", in *100 Jahre Philosophische Nietzsche-Rezeption,* Alfredo Guzzoni, hrsg., Frankfurt am Main: Anton Hain Meisenheim Verlag.
Bingham, C., 2001, "What Friedrich Nietzsche cannot stand about Education: Toward a Pedagogy of Self-Reformulation", *Educational Theory* 51, No. 3: 337-352.
Detwiler, Bruce, 1990, *Nietzsche and the Politics of Aristocratic Radicalism,* Chicago and London: The University of Chicago Press.
Fleischer, Margot, 1993, *Der "Sinn der Erde" und die Entzauberung des Übermenschen: eine Auseinandersetzung mit Nietzsche,* Darmstadt: wissenschaftliche Buchgesellschaft.
Gerhardt, Volker, 1992a, *Friedrich Nietzsche,* München: Beck'sche Reihe.
Gerhardt, Volker, 1992b, "Das Tier, das versprechen darf. Mensch, Gesellschaft und Politik bei Nietzsche", in *Der Mensch - ein politisches Tier?,* O. Höffe, hrsg., Stuttgart: Philipp Reclamjun.

Heidegger, Martin, 1986, *Gesammtausgabe. Bd. 48, Nietzsche: der europäische Nihilismus,* Frankfurt am Main: Klostermann, Vittorio.

McIntyre, Alasdair, 1992, "Virtuosos of Contempt: an Investigation of Nietzsche's Political Philosophy through certain Platonic Ideas", *Nietzsche-Studien 21,* Berlin/New York: Walter de Gruyter, pp. 184-210.

Müller-Lauter, Wolfgang, 1971, *Nietzsche: seine Philosophie der Gegensätze und die Gegensätze seiner Philosophie,* Berlin/New York: Walter de Gruyter.

Nietzsche, Friedrich, 1988, *Kritische Studienausgabe in 15 Bänden*, G. Colli and M. Montinari, hrsg., München/Berlin/New York: dtv/ de Gruyter.

Ottmann, Henning, 1987, "Die Korruption der Ohnmacht. Phänomenologische Fruchtbarkeit und polemische Grenzen des Ressentimentbegriffs", *Philosophie und Politik bei Nietzsche,* Berlin/New York: Walter de Gruyter.

Polin, R., 1974, "Nietzsche und Staat oder die Politik eines Einsammen", *Nietzsche Werk und Wirkungen,* Hans Steffen, hrsg., S. 27-44.

Sassone, L. A., 1996, "Philosophy across the Curriculum: A Democratic Nietzschean Pedagogy", *Educational Theory* 46, No. 4: 511-524.

Schweizer, Albert, 1960, *Kultur und Ethik: Verfall und Wiederaufbau der Kultur,* München: Verlag C·H·Beck.

10장 정치적 자유주의에서 좋은 삶

정원섭

1. 서론

우리는 인생의 도정에서 다양한 길흉화복(吉凶禍福)을 마주하지만 특별한 이유가 없는 한 누구나 흉(凶)과 화(禍)를 피하고 길(吉)과 복(福)을 추구하고자 한다. 벤담의 어법을 빌리자면, 가능한 한 고통은 줄이면서도 쾌락은 증진하고자 하는 것이 우리 삶의 일반적 원리라고 할 수 있을 것이다. 구체적으로 말하자면 부유하고 평안하게 오래 살면서 남들에게 덕을 베풀며 아름답게 천명을 마치는 오복을 두루 누리며 사는 삶이 대부분이 추구하는 좋은 삶의 구체적 특징이라 할 수 있을 것이다.[1]

그러나 많은 경우 우리는 오복 중의 일부만을 겨우 누리거나 경우에 따라서는 오복 중 단 하나도 갖지 못하는 경우가 없지 않다. 특히

---

1) 『書經』「周書」'洪範': 五福, 一曰壽, 二曰富, 三曰康寧, 四曰攸好德, 五曰考從命.

자신의 노력에도 불구하고 끊임없이 불운을 만나는 경우 우리는 좋은 삶과 정반대되는 억울한 삶을 살게 된다. 우리가 사회제도를 만들어 다른 사람들과 어우러져 살고자 하는 일차적인 목표는 개인으로서는 회피할 수 없는 여러 불운에 대한 공동 대응 방안을 마련하기 위한 것이라 할 수 있다. 그런데 이때 사회가 어떤 원리에 기초하고 있느냐에 따라 그 사회로부터 혜택을 누리는 사람들이 있는가 하면 오히려 더욱 억울한 상황에 놓이는 사람들이 등장하게 된다. 사회적 존재일 수밖에 없는 인간에게 좋은 삶이란 정의로운 사회적 조건을 떠나 논의될 수는 없다.

주지하다시피 롤즈는 "사상 체계의 제1덕목을 진리라고 한다면 정의는 사회제도의 제1덕목"(『정의론』, 36)[2]이라고 갈파하면서 "민주주의 사회를 위한 가장 적합한 도덕적 기초를 마련"하고자(『정의론』, 27) "공정으로서 정의"라는 자신의 독특한 정의관을 개진하였다. 이러한 그의 입장은 그의 후기 저작에서 "정치적 자유주의"라는 이름으로 더욱 명시적으로 나타나고 있다.[3] 따라서 롤즈가 의미하는 이른바 "정치적 자유주의"의 특징을 서술하고 정치적 자유주의에서 좋은 삶에 대한 접근 방식을 비판적으로 고찰하는 것으로 이 글을 마무리하고자 한다.

---

2) 이 글에서 롤즈 저작의 원서는 다음과 같은 약칭을 사용하여 출전 표기를 한다. 『정의론』은 TJ(번역서는 『정의론』), 『정치적 자유주의』는 PL(번역서는 『정치적 자유주의』), 『만민법』은 LP, 『공정으로서의 정의』는 JFR.
3) 1996년에 롤즈는 본문에 대한 수정 없이 서문과 하버마스의 비판에 자신의 답변("Reply to Habermas", 1995)을 추가하여 『정치적 자유주의』의 개정판을 발간하였다.

2. "정치적" 자유주의

자유주의를 정의하고자 할 때 소위 자유주의자들 사이에서조차 이질적이고 심지어 모순되는 주장들을 볼 수 있을 정도로 그 유형과 내용이 워낙 다종 다기할 뿐만 아니라 자유주의 자체가 어떤 의미에서는 거듭 진화하고 있다는 점에서 자유주의를 정의하는 것 자체가 불가능에 가깝다(황경식, 2006: 20-27 참조). 그럼에도 불구하고 앞으로의 논의 전개를 위해 자유주의의 가장 근본적인 신념들을 다음과 같이 정리해볼 수 있을 것이다.

첫째, 정치 공동체에 있는 사람들은 자유로워야 한다는 신념이다. 물론 이때 자유의 의미는 콩스탕이 구분한 것처럼, 근대인의 자유, 국가권력으로부터 간섭받지 아니한다는 뜻에서 소극적인 자유를 의미할 수도 있으나, 반면 고대인의 자유, 즉 공동체의 명운과 관련된 주요 사안에 적극 참여한다는 의미에서 적극적인 자유를 의미할 수도 있다(Constant, 1819).

둘째, 정치 공동체에 있는 사람들은 평등하게 대우받아야 한다는 신념이다. 물론 여기서 평등 역시 순수 절차주의적 개념일 수도 있으며, 실질적인 경제적 평등을 의미할 수도 있다.

셋째, 국가의 역할은 정치 공동체 구성원들의 자유와 평등을 고양할 수 있는 그 정도만큼으로 엄격히 한정되어야 한다는 신념이다. 이를 부연하자면

(1) 국가는 민주주의 원리에 따라 조직될 때 그 시민들의 자유와 평등을 보장할 수 있는 최선의 가능성을 갖게 될 것이라는 점이다.

(2) 국가는 모든 시민을 위해 관용과 양심의 자유를 구현하는 정책들을 추구할 때에만 자유를 공고히 할 수 있다는 점이다.

(3) 국가는 개인들의 고유한 인생 계획, 즉 개인의 가치관에 간여하여서는 안 된다는 점이다.

넷째, 어떤 정치 공동체이건, 그 사회가 정당성을 확보하고자 한다면, 그 사회 내에 살고 있는 사람들에게 정당화되어야 한다는 신념이다.

다섯째, 자유주의국가의 통치 수단은 강제가 아니라 이성이어야 한다는 신념이다. 그 국가의 국민들이 어떠한 다른 종교적, 도덕적, 형이상학적 신념들을 가지고 있건 그들이 공론의 장에서 정치적 문제에 대한 담론을 전개할 경우 다함께 공유하고 있는 이성에 근거하여 서로를 대하여야 한다는 점이다(Hampton, 1994: 191-193).

이를 간단히 표현한다면 공동체에 대한 개인의 우선성, 도덕적 개인주의, 도덕적 자율성, 정치적 불간섭, 정치적 중립성으로 대별해 볼 수 있을 것이다(Talisse, 2005: 17-20). 롤즈의 자유주의 역시 이와 같은 신념을 대체로 공유한다. 그런데 롤즈는 자신의 정의관을 특별히 "정치적" 자유주의로 명명하면서 특히 포괄적 자유주의와 구분 짓고자 한다. 롤즈에 따르면 자유주의는 서구 기독교 종교개혁에서 기원한다. 희랍의 시민 종교와 달리 기독교는 진리에 대한 믿음을 통해 구원으로 인도하는 권위주의적이며 팽창주의적인 종교이다. 종교개혁 이후 한 사회 내에 다양한 종파가 등장하면서 이들 간의 공존을 모색하는 종교적 관용이 논쟁의 초점이 될 수밖에 없었다는 것이다 (PL, xxix-xxx).

롤즈의 정치적 자유주의 역시 바로 이런 맥락 위에 자리 잡고 있다. 그가 정치적 자유주의를 개진하면서 진단하는 현대 민주 사회의 특징은 합당한 다원주의의 사실이다(PL, 24). 합당한 다원주의의 사실이란 합당한 다양한 포괄적 교설이 존재하고 있으며, 이중 어떤 것도 시민 전체로부터 일반적으로 인정되지 못하며 장차 그럴 가능성이 거의 없다는 것이다(PL. xxxi).[4] 따라서 롤즈의 정치적 자유주의의 중심 문제는 다음과 같이 된다. "합당한 종교적, 철학적, 도덕적인 포괄적 교설들로 심각하게 분열되어 있는 자유롭고 평등한 시민들로 구성된 정의롭고 안정적인 사회가 상당 기간 존재하는 것이 어떻게 가능한가?"(PL, xxxii;『정치적 자유주의』, 4)

이 점에서 롤즈의 정치적 자유주의는 정치적 정의에 관한 것일 뿐, 좋은 삶(혹은 인생의 궁극적 가치)에 대해 구체적으로 말하는 포괄적 교설(comprehensive doctrine)이 아니다(PL, xxix).[5] "정치적" 자유주의는 다른 포괄적인 입장들과 비교해 말하자면 첫째, 특정한 주제, 즉 입헌민주주의 체제의 기본적 구조에 대한 정의관이며, 둘째, 어떤 포괄적인 (종교적, 철학적, 도덕적, 형이상학적) 교설에도 의존함이 없이 독자적이며(freestanding), 셋째, 민주주의 사회의 배경이 되는 공적인 정치 문화에 이미 암암리에 존재하고 있는 자유와 평등과 같은 기본적 발상들을 체계적으로 정식화하는 것이다(PL, 175).

따라서 롤즈의 정치적 자유주의는 이중 배제 전략을 택하고 있는 제한된 자유주의이다. 첫째 합당한 다원주의를 기정사실로 받아들인다는 점에서 합당하지 못한 포괄적 교설을 배제한다. "물론 사회에는 합당하지 않거나 비합리적인 그리고 심지어는 광신적인 포괄

---

[4] "the fact of reasonable pluralism"을 "합리적 다원주의의 사실"이라 해도 무방하겠지만 롤즈가 "reasonable"과 "rational"을 구분하여 사용하고 있기에 장동진의 번역에 따라 "합당한 다원주의의 사실"로 옮겼다.
[5] 포괄적 교설이란 인격적인 덕목과 성품의 이상들뿐만 아니라 인생에서 무엇이 가치 있는 것인가에 대한 입장들을 담고 있는, 우리 인생사의 전반적인 사안들을 인도하고자 하는 교설을 말한다. 또한 이러한 입장이 얼마나 정교하고 체계적으로 구성되어 있는가에 따라 부분적으로 포괄적인 교설과 완벽히 포괄적인 교설이 구분된다(PL, 175).

적 교설이 있을 수 있다. 이런 경우 문제는 바로 이러한 교설들을 봉쇄하여 이들로 하여금 사회의 화합과 정의를 파괴하지 못하도록 하는 것이다."(PL, xii) 여기서 어떤 교설을 합당하지 못한 것으로 규정할 것인가의 문제는 정치적 정의관의 견지에서 결정될 것이다. 두 번째 배제의 전략은 정치적 정의관의 주제와 연관되어 있다. 즉 "입헌민주주의의 기본적 구조"와 관련된 헌법의 핵심 내용과 기본적 정의와 관련된 문제를 제외한 그 밖의 문제는 정치적 자유주의의 논의의 대상에서 제외된다.

결국 롤즈의 "정치적" 자유주의란 그 정치사회 내에 암묵적으로 이미 존재하고 있는 자유와 평등과 같은 기본적 발상들을 체계적으로 정식화하여 입헌민주정체의 기본 구조에 대해 합당한 포괄적 교설들 간의 상호 중첩적 합의를 모색하고자 하는 제한된 정치적 정의관일 뿐, 좋은 삶 자체의 내용에 대한 직접적 내용을 포함하지는 않는다. 그런데 입헌민주정체의 기본 구조는 그 정치 공동체 내에서 살아가는 자유롭고 평등한 시민들의 삶의 바탕이 되는 조건이라는 점에서 좋은 삶에 대한 배경적 조건을 제시하는 것이라 할 수 있다.

3. 좋은 삶의 배경적 조건

롤즈의 정치적 자유주의에서 좋은 삶의 배경적 조건을 명시하는 것이 바로 정의의 두 원칙이다. 정의의 두 원칙은 주지하다시피 다음과 같이 정식화된다.

I. 평등한 자유의 원칙
각자는 평등한 기본권과 자유의 충분히 적절한 체계에 대해 동등한 권리 주장을 갖는바, 이 체계는 모두를 위한 동일한 체계와 양립 가능하며, 또한 이 체계에서는 평등한 정치적 자유들, 그리고 오로지 바로 그 자유들만이 그 가치를 보장받는다.

II. 차등의 원칙
사회 경제적 불평등들은 다음 두 가지 조건을 만족시켜야 한다. 첫째, 이러한 제반 불평등은 기회의 공정한 평등의 조건하에서 모두에게 개방되어 있는 직위와 직책에 결부되어 있어야 하며, 둘째, 이러한 불평등들은 사회의 최소 수혜 성원들의 최대 이익이 되어야만 한다(PL, 5-6).

첫 번째 정의의 원칙, 곧 평등한 정치적 자유의 원칙은 앞에서 말한 자유주의가 공유하는 첫 번째 신념과 부합하며, 두 번째 정의의 원칙, 곧 차등의 원칙은 자유주의가 공유하는 두 번째 신념과 합치한다. 여기서 한 가지 부언할 점은 차등의 원칙이 결과적으로 사회적 평등을 강화할 수 있을지언정, 평등 그 자체를 목적으로 하는 것이 아니라 정당화 가능한 불평등을 규정하고 있다는 점이다. 또한 제1원칙이 제2원칙에 우선한다는 점에서 롤즈의 정의론은 평등주의적이기는 하지만 근본적으로는 자유주의를 벗어나지 않는다.

여기서 롤즈는 제2원칙을 통해 어떤 삶을 살아가건 누구나 필요로 하게 될 좋은 것들, 즉 사회적 기본 가치들(social primary goods)을 분배하고자 한다. 사회적 기본 가치들은 자유롭고 평등한 인격들이 그들의 도덕적 능력들을 계발·발휘하기 위해 요구되는 배경적 조건들이자, 따라서 다양한 가치관을 실현할 수 있도록 하는 다목적적 수단들(all-purposive means)이다. 롤즈는 사회적 기본 가치들을 a) 기본적 권리들, b) 거주 이전의 자유와 직업 선택의 자유, c) 공직 선출권 및 피선거권, d) 소득과 부, e) 자존의 사회적 기초 등 다섯 가지로 제시한다. 이를 앞에서 본 오복과 비교해볼 때, 롤즈의 관심사는 직접적으로 좋은 삶의 이상을 제시하는 것이 아니라 좋은 삶의 배경적 조건을 제시하는 것이라는 점이 더욱 분명하게 드러난다.

더욱이 롤즈는 모든 자유주의적 정의관에서 채택하고 있는 정의의 원칙들을 통해 충족되어야 할 요건을 다음과 같이 구체적으로 적시한다.

① 상당한 수준의 기회의 평등, 특히 교육 분야. (만일 그렇지 못할 경우 공적 이성을 통해 이루어지는 사회적 담론에 사회의 각 부문이 제대로 참여할 수 없을 것이며 그 결과 사회 경제적 제반 정책에 기여할 수 없게 될 것이다.)

② 적정 수준의 소득과 부의 분배. 즉 모든 시민에게 그들이 자신들의 기본적 자유를 효과적으로 활용할 수 있기 위해 필요한 다목적적 수단들이 보장되어야 한다. (이 조건이 충족되지 않을 경우, 소득과 부를 가진 사람들은 그렇지 못한 사람들을 지배하게 될 것이며 그에 따라 자신들의 입맛대로 정치권력을 농단하게 될 것이다.)

③ 최종 호소를 할 수 있는 수단의 담지자로서 사회. (장기적 시각에서 안정적인 직업에 대한 희망이 없을 경우 시민들은 자신들이 사회에 단지 사로잡혀 있다고 생각하게 될 것이고 그 결과 시민들의 자존감뿐만 아니라 사회의 건실한 구성원이라는 의식 자체가 훼손될 것이다.)

④ 모든 시민에 대한 기본적 의료의 보장.

⑤ 공적인 선거 자금 조달과 주요 정책에 관한 정보에의 접근 보장(LP, 50).

4. 정치적 자유주의와 경제체제

1) 재산 소유 민주주의 사회[6]

롤즈의 정의론이 어떤 경제체제와 잘 부합할 수 있는가의 문제는 철학자들뿐만 아니라 정치학자들, 사회학자들, 나아가 경제학자들까지 이 논쟁에 가세하면서 현재까지도 격렬한 논쟁의 대상이 되고 있다. 많은 학자가 롤즈의 정의론을 현대 서구 복지국가 자본주의에 대한 철학적 옹호론으로 이해했다. 그 결과 그의 정의론은 흔히 "평등주의라는 상표를 단 복지국가 자본주의에 대한 철학적 옹호론 (a philosophical apologia for an egalitarian brand of welfare state capitalism)" (Wolff, 1977: 195)[7]으로 이해되기도 한다. 그러나 다른 일군의 학자들은 롤즈의 정의론과 부합할 수 있는 정치경제체제는 고전적인 맑스주의에서 말하는 자본주의와는 전혀 다른 체제라는 주장을 펴고 있다.[8] 그러나 롤즈는 자신의 정의론과 부합할 수 있는 체제들의 목

---

6) 이 외에도 다수의 학자가 롤즈의 정의론이 복지국가 자본주의를 옹호한다고 이해하고 있다. 예를 들자면 라이언(Allan Ryan), 부캐넌(Allen Buchanan), 것만(Amy Gutmann), 배리(Brian Barry), 클락(Barry Clark), 진티스(Herbert Gintis), 페이트만(Carole Pateman), 다니엘스(Norman Daniels) 등. 또한 국내 학자로는 김태길 교수 역시 조심스럽게 이런 입장을 개진하고 있다(김태길, 1990: 202-203).
7) 재산 소유 민주주의라는 개념은 원래 경제학자 미드(J. E. Meade)로부터 롤즈가 빌려 온 개념이다(Meade, 1993: 21-81). 미드는 자본주의에 대한 대안이 될 수 있는 체제를 다음 네 가지로 제시한다. i) 노동조합국가(A Trade Union State), ii) 복지국가(A Welfare State), iii) 재산 소유 국가(A Property-Owning Democracy), iv) 사회주의국가(A Socialist State). 이중 미드는 iii)과 iv)만이 자본주의에 대한 대안이 될 수 있다는 입장을 개진한다. 롤즈의 재산 소유 민주주의국가는 상당 부분 미드의 것과 대동소이하다. 그러나 주목할 만한 한 가지 주요한 차이점이라면, 미드의 경우 사회적 평등을 이루기 위해 우생학적 사회정책조차 옹호하지만 롤즈는 우생학에 대해 반대한다는 점이다.
8) 예를 들면 디쿠아트로(Arthur DiQuattro), 크라우스(Richard Krouse)와 맥퍼슨(Mi-

록에서 복지국가 자본주의를 분명히 배척한 후, 양립 가능한 체제로 재산 소유 민주주의와 자유주의적(민주주의적) 사회주의를 제시하고, 전자를 구체적으로 예시하고 있다(JFR, 135-178).

(1) 기본적인 제도들

롤즈는 자본주의의 대안으로 재산 소유 민주주의를 제시하면서 그 기본적인 사회적 제도들에 대해 다음과 같이 윤곽을 제시한다.

① 정치적 자유들의 공정한 가치를 보장하는 장치들
② 교육 및 훈련에서 기회의 공정한 평등을 실현하기 위한 장치들
③ 모든 이를 위한 기본적 수준의 보건 의료(JFR, 135-138)

나아가 롤즈는 두 가지 조건을 강조한다. 즉 1) 경쟁적 시장 체제, 2) 시장의 불완전성을 보완하고 나아가 분배적 정의의 관건이 되는 배경적 제도들을 보존하기 위한 적정 수준의 국가 개입(TJ, 270-274). 요컨대 재산 소유 민주주의의 기본적 제도들은 위에서 지적한 i), ii), iii) 그리고 경쟁적인 시장 체제 및 적정 수준의 국가 개입으로 이루어져 있다고 할 수 있을 것이다.

(2) 평등한 정치적 자유의 공정한 가치

롤즈는 복지국가 자본주의가 정치적 자유들의 공정한 가치를 제대로 실현하지 못한다고 비판한다. 그러나 그 역시 바로 이 점에서 좌파들의 비판의 과녁이 된다. 즉 좌파 비판가들에 따르면 자유주의 국가에서 평등한 자유란 형식적일 뿐이며, 배경적 제도들에서의 심각한 불평등들로 말미암아 부와 권력을 가진 소수가 정치적 삶을 통

chael MacPherson).

제하고 만다는 것이다. 이러한 비판에 직면하여 롤즈는 제1원칙에 오직 평등한 정치적 자유들만이 그 공정한 가치를 보장받는다는 단서 조항을 포함시킨다(PL, 5-6; JFR, 123; JFR, 142-144).

여기서 우리는 정치적 자유의 공정한 가치를 공고히 하기 위한 제도적인 방안으로 두 가지 길을 모색해볼 수 있을 것이다. 즉 1) 경제 및 사회의 저변에 있는 불평등들의 영향을 국가로부터 단절시키는 길, 2) 이러한 불평등들을 제거하는 길(JFR, 123).

첫째 대안과 관련해, 핵심적인 것은 정당 및 정치 과정이 사적인 요구들(private demands)로부터 자율성을 확보하도록 하는 길이다. 롤즈 역시 현실 정치에서 선거 공영제와 선거 자금 기부 제한을 제안하는 등 이러한 대안을 수용한다. 그러나 배경적 제도들에서의 불평등들을 제거하지 않은 채, 이들이 정치 과정에 미치는 영향을 단절시키는 것은 실패할 수밖에 없다. 왜냐하면 심각한 경제적 불평등들은 국가가 활용할 수 있는 정책들의 범위에 상당한 정도의 구조적 제약을 부과하기 때문이다. 결국 정치적 자유의 공정한 가치 보장이라는 단서 조항은, 정치 과정을 제반 불평등과 단절시키고자 한다면, 적어도 저변에 놓인 가장 심각한 불평등들을 제거할 것을 요구하게 된다.

두 번째 방안으로 우리는 롤즈 체계에서 부를 평등화하는 수단으로 차등 원칙을 생각해볼 수 있다. 차등 원칙이 담고 있는 평등주의적 함축들은 정치적으로나 경제적으로 강력한 제약 조건들을 부과할 것이다. 그러나 차등 원칙은 "우리가 행운으로부터 더욱 많은 이득을 보고자 한다면, 우리의 천부적 재능이 우리보다 적게 가진 이들의 이익에 기여하는 방식으로, 즉 사회적으로 유용한 방식으로 작동하도록 훈련하고 교육해야만 한다는 것"을 말한다(JFR, 132). 결국 차등 원칙은 정의로운 불평등을 정당화하고자 하는 것이지, 더 많이 가진 자의 부를 더 적게 가진 자들에게 평등하게 분배하고자 하는 것은 아니다.

롤즈는 재산 소유를 평등하게 하는 핵심적인 제도적 방안으로 1) 증여 및 상속에 대한 누진과세(JFR, 132), 2) 다양한 종류의 교육 및 훈련 기회의 평등을 진작시키는 공공 정책을 제시한다. 교육 기회의 평등을 실현하고자 하는 공공 정책은 시민들이 소득 획득 능력을 갖추도록 하는 적극적인 정책이라 할 수 있다. 그러나 가정의 자율성이 존중되는 한, 나아가 특히 개인의 소득 획득 능력에 결정적인 영향을 미치는 고등교육의 경우 그 비용이 엄청나다는 점을 고려한다면, 교육 기회의 실질적 평등을 실현하는 것은 항상 불완전할 수밖에 없을 것이다.[9] 이에 비해 증여 및 상속의 경우, 누가 어느 정도를 받게 되는가는 대부분 우연에 의해 결정되며 도덕적 관점에서 볼 때 임의적인 것(arbitrary)이다. 그렇기 때문에 배경적 정의를 훼손할 정도의 불평등을 야기할 수 있는 증여 및 상속에 대한 누진과세가 요구된다. 바로 누진과세에 대한 이러한 이해에서 롤즈의 정의론은 공리주의에 기반하고 있는 복지국가 자본주의와 결별한다.

---

9) 미드는 재산의 다과에 따라 출산 자녀의 수를 제한하는 유전공학적 정책을 적극적으로 제안한다. 즉 부유한 사람들이 다수의 자녀를 출산하고 가난한 사람들이 소수의 자녀를 출산할 경우, 형제간의 결혼이 금지된다면 결혼 과정은 부의 평등화에 기여한다는 것이다. 또한 개인이 타고나는 능력 역시 부모로부터 반반씩 물려받는다면 세대가 이어질수록 인간의 선천적 능력이 평등화되는 경향을 보인다는 것이다. 이를 두고 미드는 차등적 출산을 통한 "중간으로의 퇴행(regression towards the mean)"이라고 명명한다. 그러나 롤즈는 재산을 평등화하는 방안으로 이러한 유전공학적 정책을 수용하지는 않는다. 왜냐하면 유전공학적 정책들은 제1원칙에서 요구되는 자유 우선성의 원칙을 침해하기 때문이다.
내가 보건대 미드의 재산 소유 민주주의에서는 유전공학 정책이 재산을 평등화하는 데 있어서 핵심적인 방안이 된다. 따라서 롤즈가 미드의 유전공학 정책을 거부한다면, 롤즈는 소득 획득 능력을 실질적으로 평등하게 향상시키기 위해서 교육 기회의 실질적 평등을 더욱 강조해야만 한다(Meade, 1993: 47-48).

(3) 재산 소유 민주주의와 복지국가 자본주의

사실 "현대의 어떤 산업국가도 자연적 우연들이나 사회적 우연들이 그 사회 구성원들의 인생 전망을 전적으로 결정하도록 허용하지는 않는다는 점에서 모두 복지국가이다."(Gutmann, 1988: 3) 이런 의미에서 본다면, 롤즈의 재산 소유 민주주의 역시 복지국가로 명명될 수 있다. 또한 롤즈의 재산 소유 민주주의와 복지국가 자본주의는 다 같이 생산수단에 대한 사적인 소유를 허용한다는 점에서 상당히 유사하다.[10]

그러나 복지국가 자본주의는 소수가 생산수단을 거의 독점하는 것을 처음부터 허용한다. 복지국가 자본주의는 최종 상태에 이르러(at the final state) 각자의 총소득(불로소득과 근로소득 모두)을 산정하고, 이 소득에 대한 누진과세를 통해 빈자들을 지원하는 복지 기금을 마련하고자 하는 재분배 정책을 사후에(ex post) 택한다. 그러나 재산 소유 민주주의에서 취하는 누진세제는 빈자들을 위한 보조금을 마련하기 위한 것이 아니다. 이것은 제반 정치적 자유의 공정한 가치와 기회의 공정한 평등에 역행하는 부의 과도한 축적을 막고자 하는 것일 뿐이다. 따라서 재산 소유 민주주의국가에서 누진세는, 그 성원들 간의 협동의 초기 조건을 만족시키고자 하는 것으로서, 증여 및 상속 등 협동의 공정한 조건을 위협할 수 있는 불로소득으로 엄격히 한정된다.

결국 재산 소유 민주주의에서는 협동의 최초의 상황을 공정히 하기 위해 사전(ex ante) 누진과세가 있을 뿐, 노동소득에 대한 사후(ex post) 과세는 전혀 없다.[11] 즉 재산 소유 민주주의는 그 배경적 제도

---

10) 롤즈는 이 양자 간의 차이점을 제대로 다루지 못한 것이 『정의론』의 심각한 결함이라고 인정한다(JFR, 140; 『정의론』, 22).
11) 누진과세에 대한 롤즈의 이러한 입장 역시 미드로부터 연원한다. 미드는 상

들을 통해 처음부터 재산과 자본의 소유를 분산시키는 방향으로, 다시 말해 사회의 소수 집단이 경제 및 정치를 장악하는 것을 처음부터 막는 방식으로 작동하는 것이다. 나아가 이렇게 함으로써 재산 소유 민주주의 체제에서는 복지국가 자본주의에서와는 달리 누진세제가 노동 유인(incentive)에 미치는 부정적 영향을 최소화하고자 한다. 이것은 재산 소유 민주주의 사회의 최소 수혜자들이 복지국가 자본주의에서처럼 시혜나 연민의 대상이 아니라, 호혜성(reciprocity)의 원칙에 따라 다른 시민들과 상호 이익을 공유하는 자유롭고 평등한 시민으로 간주될 수 있는 이론적 밑받침이 될 수 있다.

2) 민주적(자유주의적) 사회주의

롤즈가 옹호하고자 하는 민주적 사회주의는 재산 소유 민주주의 체제와 마찬가지로 모두 경쟁 시장 체제를 수용한다. 즉 두 체제 모두 생산자 시장과 소비자 시장에 있는 기업들이 시장가격을 두고 서로 경쟁한다는 점에서는 일치한다. 그러나 민주적 사회주의에서는 자본주의적 기업이 금지되며, 오직 노동자가 통제하는 "협동체(cooperatives)"만이 서로 경쟁한다. 이러한 협동체들에 속해 있는 노동자들은 생산수단과 관련해, 이용권[12]과 수익권[13]을 갖지만, 생산수단에

속 및 증여에 대한 누진과세의 구체적인 네 가지 방법을 제안하고 있다(Meade, 1993: 53-54). 이에 대한 상론은 이 글의 범위를 벗어나는 것으로 보이며, 논자는 다만 이러한 누진과세를 현실화할 수 있는 방안이 있다는 점을 더 이상의 논의 없이 전제하고자 한다. 또 한 가지 첨가할 점은 롤즈는 소득에 대한 일체의 사후 과세를 거부하지만 소비세는 인정하고 있다. 이 점은 사회의 효율성을 고려한 결과로 보인다.

12) the right to use, 즉 노동자들이 노동관계, 노동조건, 임금격차, 경영 책임 등의 본성을 결정하는 권리.
13) the right to income, 즉 기업의 이윤에 대한 권리.

대한 완전한 소유권(full ownership)[14]을 갖지 못한다. 따라서 노동자들이 생산수단에 대한 자신들의 이용권 및 수익권을 외부인들에게 파는 것은 금지된다. 만일 노동자들이 이러한 권리들을 갖는다면, 자본주의적 기업들이 출현할 것이며, 이러한 기업들이 출현할 경우, 정치적 자유들의 공정한 가치를 보장하기 위해 그 배경적 제도들에서 불평등을 제거하고자 한 사회주의적 노력들이 수포로 돌아갈 수밖에 없기 때문이다(Shapiro, 1995: 65).

롤즈의 정의론이 재산 소유 민주주의보다 오히려 민주적 사회주의를 더욱 지지한다는 논변은 시장경제체제의 공통된 특징(기업들 간의 경쟁, 경영진의 필요성, 기업가 정신의 발휘 등)이 아니라 재산 소유 민주주의와 민주적 사회주의를 구분하는 특징(자본가로서의 자본가의 존재 유무, 즉 생산수단에 대한 사유재산권의 허용 여부)에서 일차적으로 그 논거들을 발견해야만 한다. 따라서 이 두 체제 간의 비교 우위 문제는 생산수단에 대한 사적 소유가 정치적 자유의 공정한 가치를 실현하기 위해 요구되는 사회적 기본 가치를 평등하게 하는 과정에서 어떤 영향을 미치는가의 문제로 귀결된다.

롤즈의 정의론이 민주적 사회주의를 더욱 지지한다는 표준적인 논변은 자존의 사회적 기초에 대한 롤즈의 언급들(PL, 38-320; TJ, 178-183, 543-546)과 자본주의에 대한 사회주의자들의 일반적 비판[15]이 결합된 형태로 나타난다. 즉 롤즈는 자유롭고 평등한 인격으로서 시민들이 그들의 도덕적 능력들을 계발하고 발휘하는 데 있어서 자존

---

14) 오노레(A. M. Honore)는 "소유를 성숙된 법체계에서 인정하는 어떤 대상에 대한 가능한 최대의 이익(the greatest possible interest in a thing)"으로 규정하면서, 재산권을 단일한 권리가 아니라 권리의 다발로 정의한다(Honore, 1961: 107-110).
15) 즉 자본주의적 노동 현장에는 자본가와 노동자들이 각자의 노동과 기업 전체의 생산과정을 통제하는 정도에서 의미심장한 차이가 있다는 점에서 심각한 불평등이 존재한다(Doppelt, 1981: 267).

이 무엇보다도 가장 중요한 사회적 기본 가치라는 점에서 그 사회적 기초들이 평등해야 한다고 주장한다. 그러나 자본주의적 경제체제에서 노동자와 자본가 간의 현저한 불평등은 결국 자존의 사회적 기초를 붕괴시키는 결과를 초래할 수밖에 없다는 것이다. 따라서 자존의 사회적 기초들을 평등하게 하기 위한 해결책은, 자본가와 노동자 간의 본질적인 불평등을 없애는 것, 즉 생산수단에 대한 사유재산권을 권리의 목록에서 배제하는 민주적 사회주의를 지지할 수밖에 없다는 것이다.

그러나 롤즈의 정의론이 생산수단에 대한 사적인 소유권을 부정할 수밖에 없다는 주장은 무엇보다도 그의 정의론의 틀을 과도하게 벗어나고 있다. 롤즈에 따르면 "[재산권에 대해] 더 이상으로 진전된 어떤 입장[16]도 두 가지 도덕적 능력의 계발과 실현에 필요한 기본적 가치로 간주될 수 없다."(PL, 298) 이 점은 맑스주의적 정의론과 비교해 롤즈 정의론이 갖는 한 가지 주요한 특징이다. 롤즈는 개인적 재산에 대한 권리(the right to personal property)와 생산수단에 대한 사유재산권(private ownership over means of production)을 구분한 후, 전자를 인격의 자유와 통합성(integrity)에 속하는 기본권으로 상정하지만 후자의 권리를 정의의 원칙에 의해 요구되는 기본권[17]으로 간주하지

---

16) 롤즈의 정의론을 자본주의적인 것으로 이해하고자 하는 입장에서는 기본권의 목록에 생산수단에 대한 사유재산권을 반드시 추가하고자 한다(Daniel Shapiro). 반면 사회주의적인 것으로 이해하고자 하는 입장에서는 사회적으로 소유된 생산수단에 참여하고 통제하는 권리를 기본권으로 이해하고자 한다(Michael Walzer).
17) 롤즈 체계에서 기본권은 정치적 토론의 대상에서 제외되는 권리들을 의미한다. 즉 기본권은 정의의 두 원칙을 구체적으로 현실화하는 과정에서 재론될 수 있는 성격의 권리들이 아니라 반드시 구현되어야만 하는 권리들이다. 그렇기에 롤즈의 이론을 (사회주의 체제이건 자본주의 체제이건) 특정 체제와 연관시키려는 강한 논변들은 모두 기본권들의 목록에 생산수단에 대한 사유재산권이나

는 않는다.

롤즈는 "정의의 두 원칙의 내용을 예시하기 위해, 재산 소유 민주주의와 민주적 사회주의 사이에서 결정을 해야 할 필요는 없다. 어느 체제에서건, …… 정의의 두 원칙이 실현될 수 있다."(JFR, 140)[18]고 주장한다. 즉 롤즈는 두 체제 간의 선택의 문제를 정의론 자체의 귀결에 의해서가 아니라 해당 사회의 역사적·정치적 전통, 곧 정치사회학에 의해 결정될 문제로 간주한다. 이 점은 경제체제의 선택 문제가 기본권들에 의해 결정되지 않는다는 주장으로, 체제 중립성을 표방하는 현대 철학적 자유주의의 핵심적인 주장이라고 할 수 있다.

둘째, 자존의 사회적 기초를 평등하게 하는 일과 생산수단에 대한 사적인 소유를 금지하는 것은 상호 필요조건도 충분조건도 아니다. 물론 생산수단에 대한 사유재산권은 이를 소유하지 못한 자들을 배제하며 따라서 경제적인 불평등으로 나타난다. 그러나 생산수단에 대한 사유재산권을 부정함으로써 곧장 자존의 사회적 기초들에서의 평등을 보장할 수는 없다. 또한 어떤 형태의 재산이건 과도한 재산의 집중은 자존의 사회적 평등을 훼손할 것이다. 따라서 롤즈의 정의론이 재산 소유 민주주의보다 민주적 사회주의를 더욱 지지해야만 한다는 논변은 생산수단에 대한 모든 시민의 평등한 접근권(access rights)이 자존의 사회적 기초를 실질적으로 평등하게 하는 결과를 낳을 수 있다는 점을 의혹의 여지없이 제시해야만 한다. 이것은 체제를 선택하는 과정이 결국 역사적 전통이나 경험과학적 자료

평등한 접근권을 삽입하고자 하면서 체제 중립성에 대한 롤즈의 입장을 못마땅하게 여긴다.
18) 롤즈는 정의의 제1원칙이 사유재산에 대한 권리(a right to private property)를 포함하고 있으나, 이 권리는 생산적 자산에 대한 사적인 소유권(the right of private property in productive assets)과는 다르다는 점을 분명히 한다(JFR, §32.5).

들에 상당한 정도로 의존할 수밖에 없다는 점을 보여주는 것이다.

3) 롤즈 경제체제의 특성

롤즈의 재산 소유 민주주의와 민주적 사회주의의 가장 큰 차이점은 생산수단에 대한 사유재산권을 허용하는 것이다. 따라서 "재산 소유 민주주의"에서 "재산"이란, 민주적 사회주의와 대비되는 한에서는, 곧 생산수단을 의미한다. 그러나 재산 소유 민주주의 체제가 곧바로 자본주의 체제를 말하는 것은 아니다. 왜냐하면 롤즈는 한 경제체제 내에서조차도 생산수단(혹은 생산적 자산)에 대한 다양한 소유 형태를 허용하고 있기 때문이다. 즉 롤즈는 사회주의적 소유 형태의 기업들이 재산 소유 민주주의 체제 내에서 자본주의적 기업들과 공존할 수 있는 가능성뿐만 아니라 심지어 사회주의적 기업들이 자본주의적 소유관계를 모두 대체할 수 있는 가능성까지 열어둔다.[19]

우리는 여기서 다양한 형태의 재산 소유 민주주의 체제를 그려볼 수 있을 것이다. 만일 시장경제 원리만으로도 배경적 정의가 유지되고 정치적 자유의 공정한 가치들이 실현될 수 있는 역사적 전통을 가진 사회라면 생산수단에 대한 광범위한 사유재산권을 허용하는 것이 바람직할 것이다. 물론 생산수단에 대한 사유재산권이 인정되는 정도는 해당 사회에 어떤 역사적·문화적 전통이 얼마나 굳건히 자리하고 있는가에 따라 결정될 것이다. 나아가 이러한 전통이 거의 형성되어 있지 못한 사회에서는 생산수단에 대한 사유재산권이 엄격히 제한되어야만 할 것이다. 이런 의미에서 본다면, 롤즈의 민주적

---

[19] 이 점에서 롤즈는 존 스튜어트 밀(J. S. Mill)로부터 많은 시사를 얻는다. 롤즈는 재산 소유 민주주의 체제에서 밀의 '노동자 통제 기업들(worker-managed firms)'이 공존하며 경쟁하는 길을 열어둔다(JFR, 143; Mill, 1848, Bk. IV, Ch.7).

사회주의는 시장경제 원리로는 전혀 운영될 수 없는 극단적인 사회에서 요구될 수밖에 없는 재산 소유 민주주의의 한계 사례(marginal case)로 볼 수 있을 것이다.[20]

또한 롤즈는 현대 민주주의의 특징으로 합당하기는 하지만 서로 양립 불가능하기까지 한 다양한 가치관이 존재한다는 점을 강조한다. 이러한 다양성하에서 사회적 협동을 위한 유일한 공정한 기초는 다양한 가치관이 (정의의 한계 내에서) 번성하도록 하는 것이다(PL, 303-304, 308). 특히 롤즈가 현대 민주주의의 영속적인 특징을 합당한 다원주의에서 찾고 있다는 점에서, 현대사회의 역사적·문화적 전통에 의거하여 경제체제를 결정하고자 한다면, 더욱 광범위한 권리들을 허용할 수 있는 체제, 즉 자연 자원과 생산수단에 대한 사유재산권을 허용하는 재산 소유 민주주의가 민주적 사회주의에 비해 선호되어야 할 것이다.

또한 롤즈는 이러한 다원주의의 사실에서 정치적 정의관에 대한 중첩적 합의를 도출하고자 한다. 즉 정치적 정의관은 허용 가능한 일반적이고 포괄적인 입장들 간의 공통의 근거를 발견해야 한다. 여기서 가장 중요한 것은, 중첩적 합의가 정치적 입장이어야 함을 요구한다는 점이다. 즉 정치적 정의관에 대한 이러한 중첩적 합의가 실현되는 과정에서 국가가 특정한 포괄적인 교설들을 의도적으로 조장하거나 선호하는 것이 금지되어야 한다. 따라서 우리는 중첩적 합의와 관련해서도, 사회주의적 기업들까지 허용할 수 있는 재산 소유 민주주의가 우위에 있다고 할 수 있다.

이를 통해 볼 수 있듯이 재산 소유 민주주의는 사회주의적 협동체

---

20) 물론 시민들의 자발적 동의에 의해 자본주의적 소유관계가 완전히 철폐되면서 민주적 사회주의가 이상으로 희망될 수도 있다. 이것은 재산 소유 민주주의의 이상적인 한계 사례(ideal marginal case)라 할 수 있을 것이다.

들까지 허용하고 또한 이러한 협동체들이 번성하도록 고무할 수 있는 체제라고 할 수 있다. 따라서 나는 재산 소유 민주주의를 단순히 시장 자본주의의 한 형태가 아니라 시장 사회주의적 요소들을 포괄하고 있는 "혼합" 체제로 보고자 한다. 또한 복지국가 자본주의와의 비교를 통해 본 것처럼 재산 소유 민주주의 체제는 사회 성원들 간의 호혜성을 구체화하면서 복지와 평등의 요구를 조화시키고자 한다는 점에서 "개선된" 혼합 체제라고 명명하는 것이 더욱 바람직할 것이다.

5. 공동선으로서 좋은 정치적 사회

지금까지 논의를 정리하자면, 롤즈의 정치적 자유주의는 합당한 다양한 포괄적 교설의 다원주의를 불가피한 사실로 수용하면서 시민들에게 삶의 다목적적 수단인 사회적 기본 가치들을 보장하는 것을 통해 그들이 좋음에 대한 각자의 (상이한) 이상에 따라 좋은 삶을 추구할 수 있도록 배경적 조건을 보장하는 것이라 할 수 있을 것이다. 그렇다면 롤즈의 정치적 자유주의는 정치적 공동체 구성원 전체가 공유할 만한 "좋은 삶"에 대한 논의를 포기하는가? 롤즈에게 있어서 정치 사회란 개인이 자신의 사적인 이익을 추구하기 위한 수단에 불과한 것인가?

롤즈는 이 질문에 대해 여기서 말하는 이상이 특정한 포괄적 교설에 기반하여 통합된 정치사회를 의미하는 것이라면, 정치적 자유주의는 정치 공동체라는 이상을 실제로 포기한다고 답한다(『정치적 자유주의』, 248). 왜냐하면 이런 발상은 합당한 다원주의라는 사실에 비추어 배제될 수밖에 없으며, 민주 제도의 자유와 관용이라는 제한 조건에서 볼 때 정치적 가능성이 될 수 없기 때문이다. 이와 달리 롤즈는 질서 정연한 사회가 사적인 사회가 될 수 없는 이유를 다음과 같이 지적한다. 첫째, 질서 정연한 사회는 그 사회의 모든 사람이 동일한 정의의 원칙(들)을 받아들이고 공적으로 지지한다는 사실을 모든 사람이 공지하고 있다는 점. 둘째, 사회의 기본 구조가 그 원칙을 충족시킨다는 사실이 공지되어 있거나 합당한 근거에서 인정된다는 점. 셋째, 시민들은 정상적이며 실효성 있는 정의감에 따라 행동한다는 점이다.

결국 질서 정연한 사회의 시민들은 좋음에 대한 단 하나의 포괄적 교설을 인정하는 것은 아니지만, 동일한 정치적 정의관을 공유하고 있다는 것이다. 다시 말해 시민들은 포괄적 교설에 입각한 것이 아니라 정치적 정의관에 입각한 다양한 목적을 공유할 뿐만 아니라 이에 준거하여 심지어는 자신이 장차 되고자 하는 인간형을 표명하기까지 한다는 것이다. 정치적 정의관을 공유하는 질서 정연한 사회 자체가 시민들이 공유하는 좋음이 된다는 점이다.

참고 문헌

김태길, 1990, 『변혁시대의 사회철학』, 철학과현실사.
정원섭, 2008, 『롤즈의 공적 이성과 입헌 민주주의』, 철학과현실사.
정원섭, 2013, 「자유주의 정치철학과 복지: 롤즈의 재산소유 민주주의를 중심으로」, 『통일인문학논총』, 56집.
황경식, 2006, 『자유주의는 진화하는가: 열린 자유주의를 위하여』, 철학과현실사.
Constant, Benjamin, 1819, "De la liberte des Anciens comparee a celle des modernes".

Doppelt, G., 1981, "Rawls System on Justice: A Critique from the Left," *Nous*. Vol. 15, No. 3.

Gutmann, Amy, 1988, *Democracy and the Welfare State,* Princeton, New Jersey: Princeton University Press.

Hampton, Jean, 1994, "The Common Faith of Liberalism", *Pacific Philosophical Quarterly* 75.

Honore, M., 1961, "Ownership", *Oxford Essays in Jurisprudence: A Collected Work*, ed. A. Guest, Oxford University Press.

Meade, J. E., 1993, "Efficiency, Equality and the Ownership of Property", *Liberty, Equality and Efficiency*, The Macmillan Press Ltd.

Mill, J. S., 1848, *Principles of Political Economy*, London: John W. Parker.

Rawls, John, 1993, *Political Liberalism*, New York: Columbia University Press[존 롤즈, 『정치적 자유주의』, 장동진 옮김, 동명사, 1998].

Rawls, John, 1999[1971], *A Theory of Justice,* Cambridge: The Belknap Press of Harvard University Press[존 롤즈, 『정의론』, 황경식 옮김, 이학사, 2003].

Rawls, John, 1971, *Justice as Fairness: A Restatement*, Cambridge: The Belknap Press of Harvard University Press.

Rawls, John, 1999, *The Law of Peoples,* Cambridge: Harvard University Press[존 롤즈, 『만민법』, 장동진 옮김, 이끌리오, 2000].

Shapiro, Daniel, 1995, "Why Rawlsian Liberals Should Support Free Market Capitalism?", *The Journal of Political Philosophical* vol. 3. no. 1, March 1995.

Talisse, Robert B., 2005, *Democracy After Liberalism: Pragmatism and Deliberative Politics*, New York and London: Routledge.

Wolff, Robert Paul, 1977, *Understanding Rawls: A Reconstruction and Critique of "A Theory of Justice"*, Princeton, N. J.: Princeton University Press.

11장 킴리카의 자율성과 문화

설한

1. 서론

'문화'는 오랫동안 전통적인 주류 자유주의의 범위 밖에 존재해온 이슈였다.[1] 자유주의의 핵심 가정의 하나는 무엇보다도 먼저 우리는 자유롭고, 합리적이며, 평등한 개인이라는 것이며, 따라서 그러한 인간 자체로서 대우되어야 한다는 것이다. 한편 문화는 우리 삶의 모든 측면에 광범위한 영향을 미침으로써 우리를 독특한 문화의 구성원으로 특징짓는다. 그럼에도 이러한 문화의 파급성은 인간으로서 우리 모두가 공유하는 보편적 특성에 편향적으로 집착하는 자유주의에 의해 대체로 무시되어왔다. 이는 역으로 자유주의가 지향해온 평등한 존엄성의 정치는 최근 강조되고 있는 '차이의 정치(the

---

[1] 여기서 말하는 '문화'란 특정한 지역에서 오랜 시간에 걸쳐 지속되어왔고, 공동의 언어, 가치 및 신앙 체계 그리고 역사에 입각한 하나의 포괄적인 삶의 양식을 의미한다.

politics of difference)'에 취약할 수밖에 없다는 것을 의미한다. 추상적인 도덕적 특성에 근거한 인정(認定)은 사회집단들 간의 차이와 그 구성원들의 정체성을 구성하는 특정한 문화를 무시할 수밖에 없기 때문이다.

그러나 자유주의의 이러한 지배적 경향은 그동안 다양한 소수 문화의 보호를 위해 다문화주의를 옹호하는 일부 자유주의자들에 의해 도전을 받아왔다. 이들 중 특히 킴리카(Kymlicka)는 자유주의적인 입장에서 다문화주의를 가장 정교하고 체계적으로 다루어온 대표적인 이론가이다.[2] 킴리카를 비롯한 일부 다문화 자유주의자들은 자유주의의 이러한 새 국면을 맞아 문화의 중요성을 인정함과 동시에 다문화주의는 자율성에 대한 주류 자유주의의 강조와 모순되지 않을 뿐 아니라, 사실은 그러한 강조의 필연적인 결과라고 주장한다(Kymlicka, 1995: 75).

킴리카에게 있어서 자유주의는 좋은 삶의 관점에서 정당화될 수 있으며, 좋은 삶은 개인의 자율성에 기초를 둔 특정한 삶의 개념이다. 하지만 자유만으로는 삶을 가치 있게 하는 것에 대한 우리의 믿음을 발전시키기에 충분하지 않다는 것을 그는 강조한다. 자율성은 문화적인 전제 조건을 또한 필요로 한다는 것이다. 즉 자유는 우리를 조건 짓는 사회적 콘텍스트와 무관하게 행사될 수 없으며, 개인은 자신에게 의미 있는 선택의 옵션을 제공하는 문화 내에서 살지 않으면 가치에 대한 자신의 믿음을 발전시킬 수 없고 자신의 삶의 방식을 선택할 수도 없다는 것이다. 요컨대 진정한 자유를 결정짓는 조건은 바로 문화라는 것이다.

---

2) 자유주의적인 입장에서 다문화주의를 이론화하는 대표적인 예로는 킴리카(Kymlicka, 1989; 1995; 2001), 라즈(Raz, 1994), 스피너(Spinner, 1994), 스피너-할렙(Spinner-Halev, 2001)을 참조하라.

이러한 기본적인 인식을 바탕으로 킴리카는 자유주의와 다문화주의의 결합을 시도함으로써 지금까지 경시되어온 다문화주의의 이슈에 대한 자유주의자들의 관심을 촉발시켰다. 그러나 그의 이러한 시도는 자유주의의 발전에 기여한 것 못지않게 많은 문제점을 노출하고 있다. 이 글의 기본적인 입장은 차이의 인정을 규범적으로 정당화하고자 하는 킴리카의 논리는 그 설득력에 있어 취약점을 드러내고 있으며, 특히 그가 시도하는 자유주의와 다문화주의의 결합에는 소수집단에 대해 일관되지 못한 다문화적 제언으로 이어질 수도 있는 모순적인 요소들이 있다는 것이다. 따라서 이 글의 목적은 킴리카가 소수 문화의 인정을 정당화하는 방식에 이의를 제기하고, 그가 시도하는 자유주의와 다문화주의의 개념적 결합에 수반되는 추론단계를 분석함으로써 그러한 모순의 근본 원인을 밝히는 것이다.

다음 절에서는 이러한 목적을 달성하기 위한 선행 단계로서 킴리카의 자유주의적 다원주의 이론에 대한 간략한 개요를 제시한다. 이어지는 절에서는 앞에서 언급한 문제의 근원으로 킴리카의 도덕적 일원주의 논리와 자유 개념에 대한 그의 용법을 분석할 것이다. 전자와 관련해서는 단순히 개인의 자율성 원칙에 근거하여 소수집단의 권리를 정당화하고자 하는 킴리카의 논리는 일종의 도덕적 일원주의로 귀착된다는 것을, 그리고 문화를 비롯한 사회적 어태치먼트(attachments)에 대한 존중이 개인의 자율성에 대한 존중으로 환원되어서는 안 되며, 그 자체가 집단 구성원의 행복에 중요한 것으로 인정되어야 한다는 것을 주장할 것이다. 그리고 후자와 관련해서는 자유주의와 다문화주의를 연결하는 핵심 개념인 자유의 개념에는 적어도 두 가지의 서로 다른 의미가 내포되어 있음에도 불구하고 자유주의적 다문화주의의 구성에서 킴리카는 오직 하나의 의미만을 인식하는 것이 바로 문제의 근원이라고 주장할 것이다.

2. 킴리카의 자유주의적 다원주의

1) 좋은 삶, 자율성, 그리고 문화

킴리카에 의하면 중요한 도덕 개념과 좋은 삶의 이상이 다양하게 존재하는 현대사회에서 특정 도덕 개념과 이상에 대한 합의는 불가능하다. 하지만 그는 정의(justice)의 원칙이 서로 대립되는 윤리적 견해들 사이에서 중립적인 방법으로 도출되고, 다양한 도덕 개념 간의 중재 역할을 떠맡는 데 있어서 정당화될 수 있다는 롤즈(Rawls)의 주장을 받아들이는 데는 주저한다. 오히려 그는 자유주의가 하나의 이상적인 선(善)을 전제로 한다는 것을 받아들이고 가치 있는 좋은 삶의 관점에 자유주의를 입각시킴으로써, 이것을 자유주의의 우월성으로 전환시키고자 한다(설한, 2000: 408).

킴리카의 자유주의적 다원주의 이론은 자유주의의 근본원리에 대한 하나의 설명을 그 출발점으로 삼는다(Kymlicka, 1989: 9-20; 1995: 80-82). 이 근본원리는 좋은 삶, 즉 살아볼 가치가 있는 삶을 영위하는 것에 대해 사람들이 가지고 있는 관심이다. 킴리카에 의하면 좋은 삶은 일정한 구조적 특징을 가지고 있다. 이 특징에 근거하여 그는 개인의 자율성이 갖는 도덕적 중요성을 강조한다.

좋은 삶의 첫 번째 특성은 그것이 내부로부터, 즉 가치와 의미에 관한 자기 자신의 개념과 믿음에 따라 영위된다는 것이다. 사람들은 자신이 선택한 삶의 방식이 갖는 가치에 관해 잘못 생각할 수 있으며, 심지어는 후회하거나 부끄러워하며 그 삶을 되돌아볼 수도 있을 것이다. 그렇다고 해서 이것이 어떤 삶을 영위해야 할지를 다른 이들이 결정해주기를 바란다는 것은 물론 아니다. 어떠한 삶도 스스로가 지지하고 승인하지 않는 가치에 따라 영위된다면 더 나아질 수 없다는 것이다. 따라서 설령 좋은 삶에 대한 객관적인 기준이 존재할지라도 이 기준을 강요하는 것은 아무런 의미도 지닐 수 없다는 것이다.

좋은 삶의 두 번째 특성은 진정으로 가치 있는 것이 무엇인지를, 즉 의미 있는 삶이 무엇으로 이루어지는지를 결정하는 데 있어서 인간은 오류를 범하기 쉽다는 사실로부터 나온다. 말하자면 우리는 우리의 목적을 재평가할 수 있어야 한다는 것이다. 우리는 우리의 삶을 일정한 방향으로 이끄는 가치와 믿음을 재고하고, 우리의 문화가 우리에게 제공하는 모든 정보와 실례(實例), 그리고 주장에 비추어 그 가치와 믿음을 바꾸는 데 있어서 자유로워야 한다는 것이다. 이것은 자유주의자들이 교육의 중요성, 표현의 자유, 출판의 자유, 예술의 자유 등을 강조하는 이유를 말해준다. 오직 이렇게 해서만이 우리는 삶에 있어서 가치 있는 소중한 것이 무엇인지 그리고 이것을 어떻게 이룰 수 있는지를 결정할 수 있다는 것이다.

킴리카는 비록 우리가 좋은 삶의 영위에 본질적인 관심을 가지고 있을지라도, 좋은 삶을 영위하는 것과 좋은 삶이라고 현재 믿는 것을 영위하는 것 사이에는 종종 차이가 있다는 것을 인정한다. 도덕적 이상과 선에 관해 인간이 갖는 불확실성으로 인해 좋은 삶을 구성하는 것에 대한 믿음에 있어서 우리는 오류를 범할 수 있다. 따라서 선에 대한 우리의 개념이나 가치에 대한 우리의 믿음은 단순한 믿음으로서만 간주되어야 한다는 것이다(Kymlicka, 1988: 186). 그러나 좋은 삶의 영위에 대한 우리의 근본적인 관심, 그리고 단순한 믿음과 진정한 가치 사이의 구분은 자유주의자들을 다른 이들과 구별하는 조건으로서 충분하지 못하다. 왜냐하면 여기에는 외부로부터의 강압적인 힘이 스며들 여지가 있기 때문이다. 그리하여 킴리카는 어떠한 삶도 개인이 승인하지 않는 가치에 따라 외부로부터 주도됨으로써는 더 나아질 수 없다고 주장한다.[3] 즉 많은 객관적인 가치는 개인의 욕망과 이해에 따라 추상적으로 규정될 수 없으며, 이러한 가치를 실현시키고 좋은 삶을 영위하기 위해서는 개인이 그 가치와 삶에 내적으로 주관적인 참여를 해야 한다는 것이다.

이 제약 조건은 다시 선 혹은 좋은 삶에 대한 개인의 인식을 수정할 자유가 개개인들에게 보장되어야 한다는 것을 의미한다. 왜냐하면 선에 대한 이해는 삶의 과정 속에서 발전·변화될 수 있기 때문이며, 개인은 외부로부터 강요된 임의적이거나 하찮은 이유로 인해 가치를 승인할 수 있기 때문이다. 따라서 하나의 가치를 내적으로 인정하는 것은 언제나 거부 혹은 수정의 진정한 가능성을 전제로 하며, 이것은 개인의 진정한 자유에 기반한 비판적 반성이나 합리적인 숙고의 결과여야 한다.

좋은 삶의 구조적인 이 두 조건, 즉 내부로부터 영위되는 삶과 그 삶을 재평가할 수 있는 가능성은 개인의 자율성이 갖는 중요성을 함축한다. 킴리카에 의하면 자율성은 그것이 좋은 삶의 필수적인 전제조건이기 때문에 도덕적으로 의미 있고 소중한 것이지, 선택의 자유가 본질적으로 가치 있는 것이기 때문은 아니다. 그러므로 일부 이론가들처럼 개인의 자율성 자체가 킴리카의 이론에서 최고 가치라고 주장하는 것은 다소 잘못된 이해에서 비롯된 것이라 할 수 있다.[4]

---

3) 여기에서 킴리카는 신앙심이 부족하나 기도라는 외적 행위를 반복하는 사람의 예를 든다. 신에 대한 기도는 가치 있는 행위일 수 있다. 이 경우 기도하는 사람은 기도가 가치 있는 일이라는 것을 스스로 믿어야 한다. 그러나 신에 대한 기도가 시간 낭비라고 생각하는 사람을 강제로 교회로 가게 해 기도라는 물리적 행위를 하게끔 한다고 해서 그 사람의 삶을 더 낫게 할 수는 없다는 것이다(Kymlicka, 1989: 12; 1995: 204). 따라서 가치 있는 삶은 내부로부터 영위되는 삶이어야지, 사람들로 하여금 그들이 내부로 받아들이지 않는 가치에 따라 살게끔 강요하는 것은 잘못인 것이다.
4) 대표적인 예가 레오메(Denise Réaume)이다. 그녀에 의하면 "킴리카의 설명에서는,

하지만 그럼에도 불구하고 킴리카에 의하면 개인의 자율성은 다른 모든 도덕적 요건이 환원될 수 있는 유일한 도덕 기준으로서의 위상을 갖는다. 따라서 이 이론은 도덕적 일원론(moral monism)이라 부를 수 있다. 여기에서 말하는 도덕적 일원론이란 도덕 세계를 단일의 원칙이나 범주, 혹은 기본적인 논거의 견지에서 해석하고자 하는 이론적 시도를 의미한다(Taylor, 1992: 76-77 참조).[5]

이런 정황에서의 자율성이란 도덕적·법적 의미에서 모든 시민에게 적용되는 하나의 권리, 즉 사회적으로 수용되는 자기 결정에 대한 권리로서 이해되어야 한다. 가장 최소한의 의미에서 이 원칙은 국가나 조직체 혹은 다른 사람들에 의해 방해받지 않고 자신의 삶을 형성할 수 있는 권리를 나타낸다. 이러한 '자율성' 개념은 '존중

개인이 자신의 삶을 계획하는 것은 그것이 단지 보다 가치 있는 어떤 목적을 고취하기 때문이 아니라 오히려 그 자체가 본질적으로 선(善)하기 때문에 가치 있는 것이다. 자신의 삶을 스스로 계획하는 것은 어떠한 다른 목적에 대한 기여로부터 그 가치를 얻는 것이 아니라 오히려 …… 스스로 방향을 정한 자발적인 삶은 그 자체가 본질적으로 좋은 삶"이라는 것이다(Réaume, 2000: 246). 킴리카에 의하면 자기 주도성 혹은 개인의 자율성은 그 자체가 하나의 목적이 아니라 오히려 자유주의의 최고 가치, 즉 좋은 삶의 영위에 필수적인 하나의 조건이라는 사실을 레오메는 무시한다. 킴리카는 이에 대해 다음과 같이 분명히 말하고 있다. "자유주의자들은 자유가 이 세상에서 가장 가치 있는 것이기 때문에 자유 자체를 위하여 우리 삶의 목표를 선택할 수 있는 자유를 가져야 한다고 말하는 것이 아니다. 오히려 우리의 삶에 있어서 가장 중요한 것은 우리의 삶의 목적과 임무이며, 우리가 자유롭게 이러한 목적과 임무를 수정하고 거부할 수 있어야 하는 이유는 이것들이 너무나도 중요하기 때문이다. …… 그렇다면 선택의 자유는 자유 자체를 위해서가 아니라, 그 자체로서 소중히 평가되는 삶의 방식과 실천을 추구하기 위한 하나의 전제 조건으로서 추구되는 것이다."(Kymlicka, 1989: 48)

5) 따라서 여기에서 말하는 도덕적 일원론은 파렉(Bhikhu Parekh)이 논하는 일원론과는 다른 개념이다. 파렉의 도덕적 일원론은 오직 하나의 삶의 방식만이 완전히 인간적이거나 참된, 혹은 최고의 삶의 방식이며 다른 모든 삶의 방식은 그것에 미치지 못하는 한 결함이 있다는 견해를 의미한다. 따라서 킴리카는 이러한 종류의 도덕적 일원론으로 인해 비판받을 필요는 없다(Parekh, 2000: 16-49).

(respect)'의 개념과 결부시켜 생각할 수 있다. 누군가를 자율적인 개인으로 존중한다는 것은 일정한 결정을 그 개인 자신에게 일임하고, 강압이나 조작을 통해 이러한 결정을 통제하려는 시도를 억제하는 것을 함축한다(Hill, 1991: 43-51). 따라서 보다 적극적으로 해석하자면 자율성에 대한 존중은 정치적·사회적 권리와 같이 자율성의 행사를 가능하게 만드는 권리들 또한 포함할 수 있을 것이다.

차이의 정치를 옹호하는 킴리카의 핵심 주장은 평등한 개인의 자율성이 갖는 중요성에 대한 이와 같은 자유주의적 확신으로부터 나온다. 그에 의하면, 평등한 자율성을 획득하기 위해서 시민들은 시민적, 사회적, 정치적 권리뿐만 아니라 문화적 콘텍스트도 역시 필요로 한다. 왜냐하면 사람들이 자신에게 유용한 옵션들을 깨닫고 의미 있는 방식으로 이 옵션들을 평가할 수 있게 되는 것은 오직 문화적 콘텍스트로 인한 것이기 때문이다. 따라서 문화적 배태성(背胎性)은 진정한 자유의 필수적인 전제 조건이다. 이렇게 하여 킴리카에게 있어서 평등한 자율성에 대한 확신은 논리적으로 모든 시민을 위해 바로 이러한 선택의 문화적 콘텍스트를 보호해야 한다는 주장으로 이어지게 된다.

킴리카는 그의 이론 속에서 이 자율성의 원칙으로부터 4가지의 핵심적인 개념적 구분을 도출해낸다. 첫 번째 구분은 선택과 환경의 구분이다(Kymlicka, 1989: 38ff). 개인의 자율성에 대한 인정은 개인의 책임성에 대한 기대를 내포하고 있다. 따라서 개인이 스스로 선택한 결과로 초래되는 사회적 불평등은 보상될 수 없다. 그러나 개인의 선택에 선행하는, 따라서 책임이 따르지 않는 사회적 불평등은 정의롭지 못한 불이익이 된다.

이 개념적 차이를 기반으로 하여 킴리카는 두 번째와 세 번째 구분을 만들어낸다. 두 번째는 개인의 선택의 결과이며 따라서 보호될 수 없는 문화의 특성(character of a culture)과 언어 및 사회제도에 기초를 둔 사회적 문화(societal culture) 사이의 구분이다.[6] 이 사회적 문화는 선택의 콘텍스트로서 간주되며, 이러한 이유로 인해 소수자 권리에 대한 자유주의 정치의 적합한 대상이 된다. 세 번째 구분은 민족적 소수자들(national minorities)과 종족적 소수자들(ethnic minorities) 간의 개념적 차이로서 이것 역시 선택과 환경 간 구분의 결과로서 생겨난다. 비록 이 구분은 모든 종류의 문화적 소수자들을 망라하지는 못하지만 킴리카의 연구에서는 아주 중요한 부분을 이루고 있다(Kymlicka and Norman, 2000: 18; Kymlicka, 1997: 73-74).

킴리카에게 있어 종족 집단은 자발적인 이민자들을 말한다.[7] 이 소수자들은 자발적으로 자기 나라를 떠나 이미 존재하고 있는 다른 사회의 일원이 되기를 선택하였기 때문에 이들이 자치의 권리를 요구하는 것은 정당화되기 어렵다. 이민은 원칙적으로 공식 언어나 기본적인 법과 같은 그 사회 체계로의 통합(integration)에 대한 기대를 당연히 수반한다. 하지만 그렇다고 해서 자발적인 이민자들이 해당 사회에 동화(assimilation)되어야 한다는 것은 아니다. 킴리카에 의하면 통합이 의미하는 것은 자발적 이민자들의 문화적 정체성의 여러

---

6) 킴리카에 의하면 '사회적 문화'란 "공·사 영역을 망라하여 사회, 교육, 종교, 오락, 경제생활을 포함한 인간 활동의 전 영역에 걸쳐 의미 있는 삶의 방식을 그 구성원들에게 제공하는 문화이다. 이 문화는 영토적으로 집중되어 있고, 공유된 언어에 기반하는 경향이 있다."(Kymlicka, 1989: 166; 1995: 76)
7) 종족은 문맥에 따라 인종, 민족 등과 교차적으로 다양하게 사용된다. 일반적으로 종족은 문화적 구성 내지 문화적으로 구축된 경계라는 점에서 생물학적인 특성을 중시하는 인종과는 구분되지만, 인종 역시 문화적인 요소와 결합해 있다는 점에서 양자 사이의 구분이 모호해지는 경우가 있다. 나아가 종족과 민족 역시 인종적 특징과 문화적 특징에 따라 범주가 정해진다는 점에서 그 구분이 명확하지 않지만 민족은 근대국가의 국민 형성과 연결된 개념이라는 점에서 종족과 구분될 수 있다(김광억, 2005: 19-21).

측면이 순전히 사적인 영역을 벗어나더라도 그들이 자신들의 문화적 정체성을 표현하는 것이 허용되어야 한다는 것이다. 이와 관련하여 그는 다종족적 권리(polyethnic rights)를 주장한다(Kymlicka, 1995: 30-33; 2001: 51).

반면 소수민족은 전적으로 다른 유형의 소수자이며 다른 종류의 다문화 사회를 구성한다. 소수민족은 식민화 혹은 제국주의 세력에 의한 합병의 결과로서 비자발적으로 발생한다. 만약 이 경우 지배적인 다수가 통합을 요구한다면 이것은 원칙적으로 정의롭지 못한 것이다. 이 민족적 소수자들은 자유의지로 지배적인 다수 문화의 일원이 될 것을 선택하지 않았으므로 이따금 어떠한 유형의 자치와 영토 주권을 쟁취하기 위해 애쓴다. 이처럼 법적·정치적 인정에 대한 보다 강력한 요구는 소수 종족의 요구와는 그 종류에 있어서 차이가 있으며, 따라서 그에 맞게 고려되어야 한다고 킴리카는 말한다.[8]

마지막으로, 킴리카는 자율성의 원칙에 근거하여 '내부 제재(internal restrictions)'와 '외부로부터의 보호(external protections)'를 구분한다. '내부 제재'는 "자기 집단의 구성원들을 상대로 하는 권리"로서 "내부의 이견—즉 전통적 관행이나 관습을 준수하지 않으려는 개별 구성원들의 결정—이 초래할 수 있는 불안정적 효과로부터 집단을 보호하기 위해 의도된다." 따라서 내부 제재는 하나의 사회집단이 집단 특수적인 일정한 수단들에 대한 권리를 요구하는 것으로, 이는 그 집단 구성원들의 근본적인 시민적·정치적 권리를 침해한다. 한편 '외부로부터의 보호'는 상대적으로 보다 큰 사회를 상대로 한 요구로서, 소수집단이 보다 큰 사회의 정치적 또는 경제적 결정의 영

---

8) 킴리카는 이 요구를 자치권(self-government rights)으로서 논하고 있다(Kymlicka, 1995: 27ff).

향으로부터 자기 집단의 정체성 보호를 위한 권리를 주장하는 것이다. '내부 제재'는 개인의 자율성을 침해하기 때문에 킴리카는 이것을 거부하는 반면, '외부로부터의 보호'는 자율성을 위한 문화적 조건들을 보호하기 때문에 이 유형의 집단 권리는 옹호한다(Kymlicka, 1995: 35).

2) 킴리카의 자유주의적 다문화주의

킴리카에 의하면, 명백한 자유주의적 입장에서의 다문화주의에 대한 정당화는 문화의 번성이 개인의 자유를 위한 필수적 전제 조건이라는 가정에 근거하고 있다. 선택의 자유는 의미 있는 선택의 대상들이 있다는 것을 전제로 한다. 그리고 의미 있는 선택은 우리가 깊이 내재되어 있는 특정한 문화적 콘텍스트를 배경으로 해서만이 이루어질 수 있다. 달리 말하자면, 자유는 반복된 가르침과 습관화를 통해 우리가 공동의 어휘와 표현 양식 및 수단을 지니는 '사회적 문화' 내에서만 의미 있게 행사될 수 있다.

사회적 문화는 자유주의에서 그 자체로서가 아니라, 단지 그것이 그 구성원들의 자율성 행사를 가능케 하는 조건을 제공하기 때문에 존중되는 것이다(Kymlicka, 1995: 83). 개인이 자유를 행사하는 데 있어서 사회적 문화가 지니는 중요성에 대한 이러한 인정은 다문화주의에 대한 자유주의의 지지를 결정적으로 정당화시켜주는 것으로 간주된다. 그 이유는 이러한 인정이 어떤 이유에서든 자유주의 사회에 살고 있는 소수 문화의 구성원들이 직면하는 어려운 상황을 드러내주기 때문이다. 소수 문화의 구성원들은 그들 자신의 사회적 문화를 박탈당한다. 하지만 그들은 주류 사회의 자유주의 문화에 쉽게 접근할 수 없다. 왜냐하면 "지배 문화의 세부적인 사항들은 그 복잡성과 심오함으로 인해 분명한 학습이나 완전하고 명확한 표현을 허용하지 않기" 때문이다(Raz, 1994: 177). 이런 상황에서 문화적 소수자들이 자율성을 행사하기에 유리한 조건을 보장하기 위해서는 그들 자신의 사회적 문화가 유지될 수 있도록 다문화적 조치들이 취해져야 한다. 따라서 개인의 자율성을 옹호하는 자유주의는 필연적으로 다문화주의를 지지할 수밖에 없다.

킴리카에 의하면 소수집단의 구성원들이 지배적인 자유주의 사회에서 그들의 사회적 문화를 유지하게끔 하기 위해서는 자유주의적 다문화주의는 소수 문화에 다양한 집단 차별적(group-differentiated) 권리를 부여할 필요가 있다. 앞에서 언급한 바와 같이, 킴리카는 서구에서의 문화적 다양성을 광의의 두 범주, 즉 '민족적 소수자'와 '이민자 종족 집단'으로 구분한다. 소수민족은 영토 기반을 가지고 있고, 하나의 사회적 문화를 공유하고 있으며, 공동의 민족적 동질감을 가지고 있다. 그러나 다양한 이유로, 대부분은 자신들의 의지에 반(反)하여 이질적인 주류 문화로 병합된 사람들의 집단이다. 일반적으로 그들은 다양한 형태의 자치를 통해 그들의 독특한 문화를 계속 존속시키기를 열망한다. 한편 이민자들은 자발적으로 자유 사회로 온 이들로서 대개는 독자적인 자치 국가의 수립을 원치 않는다.[9] 그들은 그들의 문화적 정체성에 대한 보다 큰 인정을 원할 수도 있지만, 원칙적으로는 더 큰 전체사회로의 통합에 반대하지 않는다.

각 집단에게 적절한 집단 차별적 권리는 이에 상응해서 차이가 난다. 킴리카는 소수민족의 경우 더 큰 사회의 간섭으로부터 그들을 보호해줄 강력한 자치권을 정당하게 누릴 수 있다고 주장한다. 그

---

[9] 킴리카의 자유주의적 다문화주의에 대한 비판과 이에 대한 킴리카의 대응에 관해서는 킴리카(Kymlicka, 1997), 영(Young, 1997)을 참조하라.

들은 별개의 사회적 문화를 지닌 독자적인 단일 정치체를 형성하고, 중앙정부가 반환을 요구할 수 없는 "법적 권리의 문제로서 통치권"을 누릴 수 있어야 한다는 것이다(Kymlicka, 1995: 167). 다른 한편으로, 킴리카는 이민자 종족 집단들에게는 보다 큰 경제적·정치적 콘텍스트에 완전히 참여하는 것이 허용됨과 동시에 그들이 문화적 특수성과 자부심을 표현할 수 있게끔 '다종족적 권리'가 인정되어야 한다고 주장한다. 이러한 권리는 그들에게 소수계 우대 정책(affirmative action) 프로그램, 입법부나 정부 자문 기구에서 일정한 수의 의석 할당, 이민 집단의 역사적·문화적 기여를 보다 많이 인정하는 공립학교의 역사 및 문예 커리큘럼의 개정, 이민자들의 종교적 휴일 수용, 반인종주의적 교육 프로그램, 종족학 연구를 위한 기금 조달, 그들의 자녀를 위한 이중언어 교육 프로그램 등을 누릴 수 있는 자격을 부여하게 된다. 하지만 이러한 권리의 본래 목적은 이 집단들에게 보다 공정한 조건들을 제공함으로써 이들이 보다 큰 사회로 통합되는 것을 돕는 것이다.[10]

그러나 문화적 소수집단을 자유주의 사회에 적응시키는 데는 한계가 있다. 킴리카는 민족적 소수집단에 대해서는 지배적인 주류 사회에 의한 간섭을 배제하는 강력한 집단 자율성을 옹호한다. 하지만 킴리카를 비롯한 여타 자유주의적 다문화주의자들은 문화적 소수자들의 동화를 추구하는 전통적인 자유주의 노선을 좇아서 그들이 다문화주의를 옹호할지라도 그것이 모든 문화의 가치를 승인하는 것은 아니라는 입장을 분명히 한다. 자유주의적인 관점에서 볼 때 어떤 소수 문화는 분명 반(反)자유주의적이거나 열등하다(Raz, 1994:

---

10) 다종족적 권리에 관해서는 킴리카(Kymlicka, 2001: 163-165; 1995: 31)를, 그리고 이민자들에 대한 보다 구체적인 설명으로는 킴리카(Kymlicka, 1995: 31; 2001: 160-161)를 참조하라.

185). 이들에게 있어서 문화적 소수자들을 위한 다문화적 권리는 그 권리가 "개인의 자유 혹은 자율성에 대한 존중과 조화를 이루는 한"에 있어서만 승인되어야 한다(Kymlicka, 1995: 75; Spinner, 1994: 62). 따라서 특히 이주해 온 문화적 소수집단과 관련하여 많은 자유주의적 다문화주의자는 집단 차별적 권리가 이러한 집단의 개별 구성원들의 자율성을 억제하는 데 사용되지 않게끔 하기 위해 지배적인 자유주의 사회가 집단 차별적 권리를 부여하는 데 있어서 선별적일 수 있다는 데 동의하는 것으로 생각된다.[11] 바꿔 말하면 자유주의적 다문화주의의 기본적인 입장은 열등하거나 억압적인 이민자 소수 문화의 경우 '자유주의화'는 이것이 점진적으로 행해진다면 전적으로 불합리한 강요가 아니라는 것이다(Raz, 1994: 182-184; Kymlicka, 1995: 75-77, 94-95; 2002: 168). 그렇다면 비록 '관용'이 하나의 핵심적인 자유주의 가치로 간주될지라도, "자유주의적 관용을 특징짓는 것은 바로 자율성에 대한 그것의 헌신"이라 할 수 있다(Kymlicka, 1995: 158).[12]

이러한 킴리카의 견해는 수많은 비판을 야기하였다. 이 비판들은 대충 네 가지 유형으로 분류될 수 있다. 무엇보다 먼저 제기되는 비판은 킴리카의 이론이 본질주의적이라는 것이다. 이 비판의 취지는 그의 '사회적 문화' 개념이 너무 단일적일 뿐 아니라 민족 혹은 종족 집단과 문화 사이의 중요한 차이를 무시한다는 것이다(Kenny, 2004:

---

11) 킴리카에 의하면 다문화적 권리는 지배적인 주류 사회에 의한 간섭으로부터 소수 문화 집단을 '외부로부터 보호'하는 목적으로만 사용되어야지 그들 집단 자체의 구성원들에 대한 '내부 제재'의 목적으로 사용되어서는 안 된다. 물론 구성원들에 대한 내부 제재는 가끔 묵과될 수 있다. 하지만 외부의 침입으로부터 그 집단을 보호하기 위한 노력의 "어쩔 수 없는 부산물"로서만 묵과될 수 있을 뿐이다(Kymlicka, 1995: 44).
12) 다문화주의의 자유주의적 제약에 대한 논의는 킴리카(Kymlicka, 1995: 94-5; 2002: 352), 라즈(Raz, 1994: 183-184)를 참조하라.

26; Parekh, 1997: 54-62; Barry, 2001: 308). 두 번째는 킴리카가 나누는 소수민족과 소수 종족의 구분에 대한 비판이다. 일부 이론가들에 의하면 이 구분은 지나치게 이분법적이라 중요한 여타 범주의 소수자들을 무시하고 있다는 것이다(Parekh, 2000: 103; Young, 1997: 48-53; Shachar, 2001: 26). 그리고 세 번째로는 다문화 이론이 우리로 하여금 인정(認定)과 문화적 정체성보다 훨씬 더 중요한 이슈들을 외면하게 한다는 비판을 들 수 있다. 대표적으로 배리(Barry)와 같은 이는 우리가 관심을 더 기울여야 하는 것은 특수한 정체성이나 차이의 인정을 요구하는, 따라서 도덕적으로 논란의 여지가 있는 주장들보다는 인종·민족적 차별과 같은 문제들, 혹은 불평등한 자원의 분배와 관련된 문제들이라고 주장한다(Barry, 2001).[13] 마지막으로 네 번째 유형의 비판은 소수자 권리에 대한 도덕적 정당화가 지니는 도구적 특성과 관계가 있다. 소수집단이든 다수집단이든 이들의 사회적 문화는 단순히 도구적인 이유로 보호되어서는 안 되며, 오히려 이 특정한 문화가 그 사회집단에 대해 가지는 진정한 의미와 중요성에 근거해 보호되어야 한다는 것이다(Levy, 2002; Réaume, 2000; Taylor, 1994; Margalit and Halbertal, 1994). 다음에서는 이 네 번째 비판을 중심으로 킴리카 이론의 문제점을 비판적으로 고찰해볼 것이다.

---

[13] 다른 이들 역시 보다 일반적인 표현으로 동일한 문제점을 지적하고 있다(Appiah, 1997: 30-36; Rorty, 1998; 장의관, 2008: 147 참조). 이러한 딜레마를 극복하기 위한 시도로는 프레이저와 호네트(Fraser and Honneth, 2003), 설한(2005)을 참조하라.

3. 자유주의적 다문화주의의 난제

킴리카를 비롯한 자유주의적 다문화주의자들이 비(非)자유주의적 문화는 그 구성원들에게 억압적일 수 있으며 개인의 자유를 도모하기에는 부적절하다고 생각하는 한, 문화적 소수자들을 위한 그들의 다문화주의적 권고와 관련해 쉽지 않은 문제점이 야기된다. 비자유주의적인 소수 문화의 궁극적인 자유주의화가 전통적인 자유주의 입장과 일치하는 정당한 목적이라는 것이 실제 그들의 견해라면, 광범위한 집단 차별적 권리를 옹호하는 다문화주의를 그들이 선택하는 이유는 무엇인가?

앞에서 언급한 바와 같이, 킴리카는 이민자들과는 달리 민족적 소수집단은 비록 그들이 비자유주의적이라 할지라도 주권을 지닌 타 국가와 같이 대우되어야 하며 간섭받지 않아야 한다고 생각한다. 따라서 민족적 소수자들에게 자유주의 원리를 강요하는 것은 "일종의 침략 행위이거나 온정적 식민주의"라는 것이다. 만약 어떤 민족적 소수자들이 그들의 비자유주의적인 문화를 위해 자유주의를 거부하기로 결정한다면 자유주의적 다수는 "그들이 다른 나라에서 비자유주의적인 법 아래에서 살아야 하는 것과 마찬가지로 이 비자유주의적인 문화와 더불어 사는 것을 배우는 것" 외에는 선택의 여지가 없다(Kymlicka, 1995: 167). 하지만 소수민족의 강력한 자치권에 대한 이와 같은 옹호는 특히 그러한 소수민족의 사회적 문화가 비자유주의적인 경우 자유주의의 기본 입장과 일치되지 않는 것으로 생각된다. 만약 스스로 선택할 수 있는 개인의 권리가 핵심적인 자유주의적 가치라면, 그리고 자유주의적 다문화주의자들이 소수 문화가 자유주의 원리에 의해 통제되는 한에서만 그 문화의 번성을 찬성한다면, 구성원들의 선택의 자유를 존중하지 않는 문화는 당연히 부당하다. 따라서 그들이 비록 소수민족이라 하더라도 그러한 문화는 용인되어서는 안 된다고 주장하는 것이 합리적인 것으로 생각된다(Kymlicka, 1995: 153, 168).[14]

하지만 킴리카는 대부분의 경우 공적으로 인정되지는 않을지라도 민족적 소수자들은 그런대로 자치가 잘 이루어지는 영토 기반을 가지고 있다고 주장함으로써 소수민족의 집단 자율성을 옹호할 것이며, 따라서 지배적인 사회에 의한 간섭은 침략 행위 혹은 온정적 식민주의와 다름없다고 이어 주장할 것이다. 바꿔 말하면 중앙정부는 "연방의 하위 단위체가 소유한 권력을 회수할 수 없다. 왜냐하면 그 권력은 애당초 중앙정부의 소유가 결코 아니었기 때문"이다(Kymlicka, 2001: 95). 이 주장은 예를 들어 비교적 잘 정착된 캐나다와 스위스의 연방제에는 해당될 수 있을 것이다. 그러나 여타 서구 자유주의 국가 내에 식민화되어 있는 대부분 소수민족의 경우 그 역사가 어떠했든 그들 민족의 현 위상은 아주 불안정하며 중앙정부에 의해 좌우된다.[15] 그러므로 자유주의자들은 아무런 모순 없이 당연하게 다음과 같은 질문을 던질 수 있을 것이다. 무엇보다도 민족적 소수자들에게 그러한 다문화적 권리를 부여하는 것은 바로 지배적인 자유주의 사회이다. 그렇다면 민족적 소수집단이 그 구성원들에게 내부 제재를 가하는 극단적인 상황에서 지배적인 자유주의 사회가 그러한 다문화적 권리를 철회할 수 있는 특권을 왜 포기해야 하는가?

한편 이민자들에 대한 다종족적 권리의 옹호 역시 킴리카를 곤혹스럽게 만든다. 오늘날 대부분의 이민자 집단은 비자유주의적인 제3세계로부터 온다. 그리고 킴리카의 다종족적 권리는 바로 이러한

---

14) 이러한 견해는 심의 민주주의자인 것만(Gutmann, 2003: ch. 2)에 의해서도 명백하게 지지되고 있다.
15) 대표적인 예로 미국의 원주민인 아메리카 인디언을 들 수 있을 것이다.

집단들을 위해 의도된 것이다. 그러나 대부분의 종족적 소수자들은 "기본적인 자유주의 원리를 공유한다."는 킴리카의 경솔한 가정(Kymlicka, 2002: 339; 1995: 153)과는 반대로, 많은 비(非)서구 이민자 집단의 사회적 문화는 자유주의를 옹호하지 않는다. 다시 말해 그들은 오직 자신의 개인적 판단에 의거해 가치와 삶의 계획을 선택할 수 있는 개인의 절대적 권리를 지지하지 않는다. 실제로 오늘날 이민자 집단의 많은 사회적 문화는 그러한 개인주의적인 자율성의 관념을 억제한다. 왜냐하면 그들의 사회적 문화를 구성하는 가치들은 "선조에 대한 충성의 문제로서 소중히 간직하고 후대에 물려주어야 하는 조상의 유산"(Parekh, 1997: 59)으로 흔히 간주되는바, 개인주의적인 자율성의 관념은 이 가치들에 대한 비판적인 조사를 수반하기 때문이다. 바꿔 말하면, 이러한 문화들은 뿌리 깊이 비자유주의적인 것으로 킴리카가 명백하게 거부하는 자아에 대한 공동체주의적인 견해를 흔히 옹호한다(Kymlicka, 1995: 163).

이것이 의미하는 바는, 비자유주의적인 이민자 집단이 그들의 자녀들에게 비자유주의적인 그들 모국의 사회적 문화와 언어를 교육시키게 하기 위해 지배적인 자유주의 사회가 공립학교에 정부 기금을 제공함으로써 그들의 공동체주의적인 이상을 보존하게끔 해야 하는 이유가 분명하지 않다는 것이다. 킴리카의 다종족적 권리에 포함되는 것으로 소수 문화의 가치를 널리 알리기 위한 종족 연구 프로그램에 대한 공적 자금의 제공과 공립학교에서의 역사와 문예 교육과정의 개정은 자유주의적인 관점에서 볼 때는 소멸되는 것이 더 나은 문화를 영속시키는 것이다. 왜냐하면 그 소수 문화는 자유주의와 상충되는 것으로 킴리카가 주장하는 공동체주의적인 이상을 신봉하기 때문이다. 만약 자유주의적 다문화주의가 이민자 집단이 개인의 자유라는 자유주의적 이상을 따르는 한에서만 그들의 다문화적 권리를 승인한다면, 그리고 오늘날 대부분의 이민자 소수 문화가 그 구성원들에게 내부 제재를 가함으로써 비자유주의적이라면(Kymlicka, 1999a: 32), 왜 다양한 다종족적 권리를 부여함으로써 그들 문화가 보급되고 번성하는 것을 내버려둬야 하는가?

사실 이러한 자유주의적 직관과 가장 일치하는 다문화주의 모델로는 스피너(Spinner)가 제안하는 소위 "다원적 통합(pluralistic integration)" 모델을 들 수가 있다.[16] 이 모델은 자유주의 원리를 사회조직의 통합화 원리로 받아들이고, 자유주의 사회의 시민들이 "자유주의와 양립할 수 있는 종족적 관행만을 수용하는 것을 배울 것"을 요구한다. 이 모델에서는 불가해한 관행을 지닌 문화가 자유주의와 양립할 수 있는지의 여부를 판단하는 권한은 물론 자유주의 국가 자체에 있다. 그리고 "비록 자유주의 정치공동체에 의해 완전히 이해되지 않더라도 자유주의 원리를 위반하는 관행은 억제 혹은 금지되어야 한다." 이런 여건하에서는 당연히 종족적 결속력이 약화될 것이 예상된다. 그리고 자유주의 사회는 "문화적으로 다원적인 사회가 되기 위해 노력하기보다는" 자신의 분명한 자유주의적 정치 구조를 유지하는 다원적 통합을 이루기 위해 노력해야 한다(Spinner, 1994: 62, 72, 175).[17] 그렇다면 다원적으로 통합된 사회는 궁극적으로 진정한 문화적 다양성과는 양립할 수 없는 것으로 생각된다. 대신 그것은 마치

---

16) 사실 이민자 다문화주의에 관해 이야기할 때 킴리카는 스피너의 다원적 통합에 동의한다(Kymlicka, 2001: 168 참조). 하지만 흥미롭게도 스피너-할렙(Spinner-Halev, 2001)은 민족적 소수자들에게만큼은 아주 광범위한 집단 자율성을 옹호한다.

17) 스피너는 킴리카의 다종족적 권리에 속하는 이중언어 교육 혹은 학교 교과과정의 개정 등과 같은 다문화적 권리를 제공할 필요성이 있다고 생각하지 않는다(Spinner, 1994: 175-177). 따라서 스피너의 다원적으로 통합된 사회는 다원적 통합에 대한 킴리카의 지지에도 불구하고 그의 다종족적 국가와는 다소 차이가 있다.

전통적인 자유주의적 동화주의의 수정된 한 형태처럼 보인다(Parekh, 1997: 60). 만약 이러한 다원적 통합 모델이 자유주의와 가장 일치하는 다문화 사회의 비전이라면 왜 킴리카는 이와 같은 진정한 자유주의적 경로에서 벗어났을까? 이 글에서는 킴리카가 그의 자유주의적 다문화주의를 구축하는 방법과 관련하여 서로 연계된 두 가지 문제점의 측면에서 그 이유를 찾아보고자 한다. 첫 번째 문제점은 킴리카 이론이 '다른 것' 혹은 타자성에 대한 존중을 자율성에 대한 존중으로 환원시키고 있다는 것이며, 두 번째 문제점은 그의 이론에 있어서 자유주의와 다문화주의의 결합에 필수적인 가교 역할을 하는 '자유'의 개념을 킴리카가 모호하게 사용하고 있다는 것이다.

4. 사회적 어태치먼트(social attachments)와 개인의 자율성

첫 번째 문제점은 킴리카가 문화적 결연(結緣)을 자율성을 위한 조건으로 격하시키며 그렇게 함으로써 의미 관계를 기능적 관계로 변형시키고 있다는 것이다. 이것은 킴리카가 사회적 어태치먼트를 도덕 영역으로 끌어들이는 데 있어서 그 토대가 되는 도구적 근거에 대한 이의 제기라 할 수 있다.[18] 이러한 도구주의적 접근에서는 사회적 어태치먼트 자체가 사회집단의 구성원들에게 실제적으로 중요한 가치와 관련성을 지닌다는 것이 확인될 수 없다. 사회적 소속감은

---

18) 여기서 의미하는 사회적 어태치먼트란 사회집단들 사이의 차이와 그 구성원들의 정체성을 구성하는 것으로, 그 특징은 사람들이 스스로를 그리고 서로를 언어나 문화처럼 공유하고 있는 선(善)이나 가치를 기초로 한 사회집단의 부분으로 생각한다는 것이다. 물론 이러한 부속성은 개인적인 선택이나 사적인 성취의 직접적인 결과가 아니다.

반성과 선택을 위한 하나의 조건으로서 단순히 경험되지 않는다. 소수집단은 그들의 옵션을 명백히 할 수 있는 익숙한 매체를 확보하기 위해서라기보다 오히려 독특한 전통이나 특정한 문화 집단으로부터 의미를 도출하고 그것에의 소속감을 획득하기 때문에 인정투쟁에 전념하게 된다. 그들에게 먼 과거로까지 거슬러 올라가는 전통은 그 무엇과도 대체할 수 없으며 고유의 중요성을 지니는 것으로 단순히 다른 어떤 것을 달성하기 위한 도구가 아니다. 따라서 사회적 어태치먼트에 대한 존중을 개인의 자율성에 대한 존중으로 축소시키는 것은 내재적인 관점에서 볼 때 그것의 의미를 올바르게 평가하지 못하는 것이다(Margalit and Halbertal, 1994: 505 참조).

이러한 종류의 비판에 대한 킴리카의 반론은 문화가 그 구성원들에게 본질적인 가치를 가질 수 있다는 견해를 자기 이론은 결코 배제하지 않는다는 것이다. 그러나 킴리카가 차이의 존중을 도덕적으로 정당화하는 논거에서는 이러한 그의 주장을 증명해주는 인식을 찾아볼 수 없다. 그가 언급하고 있듯이 그의 자유주의 이론에서 "정치권력과 정치적 자원에 대한 권리를 요구하는 근거가 되는 것은 문화의 본질적인 가치가 아니라 도구적인 가치"인 것이다(Kymlicka, 1997: 83).[19] 그러므로 킴리카에게는 좋은 삶의 전제 조건인 개인의

---

19) 킴리카는 가치 다원주의를 인정할 수 없거나 아니면 인정하고 싶지 않기 때문에 그의 글은 도구적 환원주의의 예로 많이 채워져 있다. 예를 들어 그에 의하면 "정의(justice)는 본질적인 가치이며 국가의 가장 기본적인 의무이다. 반면 시민적 덕(civic virtue)은 단지 도구적인 가치이다. 사실 시민적 덕의 쇠퇴에 관심을 가져야 하는 주된 이유는 시간이 흐름에 따라 이 덕이 정의를 보장하는 국가의 능력을 손상시킬 수 있기 때문이다." 따라서 그는 불의(不義)의 제거보다 시민적 덕의 고취를 더 우선시한다면 그것은 심각한 잘못이라 말하고 있다(Kymlicka, 1999b: 126). 그러나 이 글의 입장에서 볼 때 시민적 덕을 오직 국가가 정의를 보장하기 위한 하나의 수단으로만 이해하는 것은 마찬가지로 심각한 잘못으로 생각된다.

평등한 자유가 여전히 유일한 도덕적 평가 기준이다. 따라서 민족적, 문화적 혹은 종족적 어태치먼트는 이 자유를 위한 필요조건의 견지에서 소수자 권리를 정당화하는 데 포함될 수 있을 뿐이다. 일정한 문화나 집단과의 사회적 결연 자체가 가치 있다는 것을 많은 사람이 경험을 통해 알고, 결과적으로 그것을 좋은 삶의 한 부분으로 보다 직접적으로 인식한다는 사실은 순전히 자유주의적인 정당화에 있어서는 실제로 중요한 것이 아니다.

이처럼 한쪽으로 치우친 정당화를 보다 역설적으로 만드는 것은, 대부분의 사람에게 언어나 문화에의 어태치먼트가 어떻게 그렇게 강할 수 있는지를 킴리카 스스로가 의아하게 여긴다는 사실이다 (Kymlicka, 1995: 87). 심지어 그는 이것이 자유주의 문화의 광범위한 특징이라고 언급하고 있다(Kymlicka, 1995: 88). 그러나 사람들이 그들의 사회·문화적 결연에 부여하는 중요성을 비록 그가 인정한다 하더라도, 차이에 대한 공식적인 존중을 도덕적으로 정당화할 때 그는 이러한 사회적 어태치먼트 자체의 중요성을 언급하고 싶어 하지 않는다. 따라서 차이의 정치에 대한 그의 정당화는 문화적 소속을 자율성을 위한 하나의 조건으로 축소시키고 있음이 분명하다. 물론 킴리카는 사람들이 특정 문화와의 유대에 일반적으로 부여하는 중요성을 인정한다. 그러나 이 어태치먼트의 도덕적 중요성은 여전히 파생적인 중요성이다. 왜냐하면 개인의 자율성은 오직 문화적 콘텍스트에 대해 친숙함과 일체감을 가짐으로써만 가능하기 때문이다. 그러므로 사회적 어태치먼트의 도덕적 중요성은 자율성이 갖는 도덕적 중요성으로부터 연역되어 나오며, 따라서 사회적 어태치먼트는 결국 자율성을 위한 하나의 조건일 뿐이다. 그렇다면 그 논리적 귀결은 문화적 유대 자체는 보호되지 않는다는 것이다. 원칙적으로 하나의 도구는 특정한 목적을 달성하기 위해 있을 수 있는 수많은 방법 중 단지 하나일 뿐이다. 만약 궁극적 목적인 자율성과 상충되지 않으면서 보다 효율적이거나 효과적인 다른 수단이 나타난다면, 당연히 이 수단의 사용이 허용된다(Réaume, 2000: 255-256 참조).

이러한 논거에서 본다면 킴리카의 도덕적 일원론은 어쩌면 직관에 반(反)하는 결과를 가져올 수도 있다. 만약 개인의 자율성이 실제로 공공 정책을 도덕적으로 평가하는 데 있어서 유일한 기준이라면, 소수집단의 신속한 동화가 도덕적으로 무슨 문제가 있는가? 사람들이 자신의 문화에 소속되어 있다는 것 그리고 킴리카(Kymlicka, 1995: 87)가 구체적으로 보여주고 있듯이 출생으로 인해 소속된 사회의 문화적 규범을 학습하는 일차적 사회화는 쉬이 포기될 수 없다는 것은 어떤 방식으로든 극복될 수 있는 단순한 실천상의 반대일 뿐이다.

결국 킴리카의 이론은 스스로가 인정하고 옹호하는 방법론상의 요구와 상충되고 있다. 그는 우리가 숙고를 거쳐 가지는 확실한 신념과 사려 깊은 직관을 도덕 이론이나 정치철학 이론의 성공을 판단하는 척도로 칭하고 있다(Kymlicka, 2002: 6). 그 스스로 정확히 인정하는 바와 같이 하나의 정치 이론에 대한 최선의 방어는 사람들이 숙고를 통해서 자신의 삶의 가치를 이해하는 방법에 호소하는 것이다(Kymlicka, 1989: 50). 앞에서 살펴본 대로 그의 출발점은 좋은 삶의 형식적인 구조이다. 심지어 그는 인간의 주체성과 동기(動機)의 본질에 대한 심리학적 혹은 현상학적 접근의 중요성까지도 인정한다(Kymlicka, 1989: 70). 그럼에도 불구하고 소수자 권리에 대한 그의 정당화는 이 방법론적인 요건을 만족시키지 못하고 있다. 만약 우리가 그의 이론적 출발점인 좋은 삶으로 되돌아간다면 우리는 이것을 보다 분명히 밝힐 수 있다.

자신의 삶을 스스로가 인정하는 일정한 가치를 지향해 영위하는 것만이 좋은 삶의 유일한 조건은 아니다. 좋은 삶의 또 다른 조건은 존중이 가져다주는 소속감, 즉 한 구성원으로서 받아들여진다는 의식이다. 이것은 자율성의 한 조건으로 환원될 수 없다. 우리 대부분에게 있어 소속감이 아무리 무조건적이고 자연스럽게 획득되는 것일지라도 이 소속감은 단지 우리의 옵션을 평가하기 위한 하나의 조건으로서가 아니라 그 자체로서 우리의 행복에 중요한 것으로 체험된다. 사회적으로 받아들여지고 소속되어 있다는 의식은 거의 무조건적인 인정(認定)의 안전장치를 의미한다. 사회적 어태치먼트는 개인적인 장점이나 성과에 의존하는 것이 아니기 때문에 이러한 유형의 인정은 집단의 구성원에게는 무조건적인 것에 준한다.[20] 그러므로 소속 의식은 평가에 필연적으로 수반되는 위험, 즉 배척될 수 있는 위험, 부정적인 평가의 위험 등에 의해 위협을 받지 않는다. 비록 소속에 대한 논급은 이탈의 가능성이 항시 있다는 것을 함축하지만, 그렇다고 이것이 암묵적인 사회적 수용과 문화적 소속 의식이 많은 사람의 행복에 중요하다는 사실을 없애지는 못한다. 이것이 바로 사회적 수용과 문화적 소속이 단순히 '좋은 삶을 위한 하나의 조건'으로서가 아니라 그 자체가 좋은 삶의 기본이 되는 한 요소로서 인정되어야 하는 이유이다.

5. 자유 개념의 모호성

두 번째 문제점은 킴리카가 사용하고 있는 '자유'의 개념이 서로 모순적인 다의성을 지니고 있다는 것이다. 킴리카에게 있어서 자유

---

[20] 사회적 어태치먼트의 이러한 측면에 대해서는 마갈릿(Margalit, 1996: 139-140)의 '포괄적 집단(encompassing groups)'에 관한 설명을 참조하라.

주의와 다문화주의의 철학적인 결합은 이 결합의 중개 기능을 하는 자유의 개념에 의존하고 있다. 자유주의의 핵심 가치는 자신의 엄정한 판단에 근거해서만 목적을 선택할 수 있는 개인의 자유이다. 이러한 의미의 자유를 '자유주의적 자율성'이라고 부를 수 있으며, 이것이 바로 킴리카가 명백하게 지지하는 자유의 개념이다. 다른 한편으로, 그는 문화가 구성원들에 의한 자유의 행사에 이바지하기 때문에 문화를 존중한다고 분명히 말하고 있다. 실제로 문화는 구성원들이 자유를 행사하는 데 공헌한다. 하지만 문화가 구성원들이 의미 있는 선택을 할 수 있는 하나의 콘텍스트를 제공한다는 의미에서만 그러하다. 킴리카의 주장이 일관성을 지니기 위해서는 자유의 개념이 개인과 문화라는 양 맥락에서 한결같아야 한다. 하지만 그의 논의에서 문화와 관련된 자유의 의미는 자유주의적 자율성과 같은 의미가 아니기 때문에 그의 자유주의적 다문화주의는 일관성이 떨어지는 것으로 생각된다. 킴리카는 명백히 다른 자유의 이 두 가지 의미를 구분하여 인식하지 못함으로써 자유주의적 다문화주의를 구축함에 있어서 자신도 모르게 자유의 개념을 혼용하고 있는 것이다.

1) 자유주의적 자율성

킴리카가 옹호하는 자율성의 개념은 부당한 외부의 영향 없이 자신의 판단에 따라 어떠한 선이나 가치라도 선택할 수 있는 자유를 의미한다. 이 개념은 앞에서 언급한 바와 같이 좋은 삶을 영위하기 위한 두 가지 선결 조건을 내포한다. 자유주의가 하나의 사유 방식일 뿐 아니라 하나의 우월한 정치체제인 이유는 각 개인들에게 자신의 삶을 영위하는 방법을 선택할 아주 광범위한 자유를 부여함으로써 그들이 좋은 삶을 영위할 수 있는 기회를 최대한 확대해주기 때문이다. 특히 자유주의는 사람들이 좋은 삶의 개념을 선택할 수 있게끔, 그리고 그 결정을 재고하고, 필요하다면 새롭고 보다 나은 것으로 생각되는 삶의 계획을 채택할 수 있게끔 한다(Kymlicka, 1995: 81).

여기에서 전제되는 기본 가정은 "현재의 목적이 언제까지나 충실히 전념할 가치가 있는 것은 아니기 때문에 그것의 수정은 가능하며 때로는 바람직하다는 것이다."(Kymlicka, 1995: 82). 다시 말해 우리는 이미 채택된 특정한 가치와 목적으로부터 우리 자신을 분리시킬 수 있을 뿐 아니라, 만약 그 가치와 목적이 외부로부터 부당하게 강요되었음이 드러난다면 그것을 기꺼이 비판적으로 재검토하고, 언제라도 수정하거나 거부할 수 있어야 한다는 것이다. 그렇다면 그 비판적 재고는 얼마나 광범위하고 철저해야 하는가? 킴리카는 "그 어떤 것도 우리에게 미리 정해진 것은 없다."고 단호하게 말하고 있다. 이것이 의미하는 바는 원칙적으로 어떤 가치나 목적도 개인의 비판적 조사와 수정 및 거부로부터 면제되지 않는다는 것이다(Kymlicka, 2002: 221-224). 이 설명에서 우리는 무엇보다도 자유주의적 자율성의 중요한 특징 두 가지를 확인할 수 있다. 첫째, 자유주의적 자율성은 개인주의적이라는 것이며, 둘째는 가족과 공동체로부터 물려받은 가치와 목적에 대한 광범위하고 철저한 조사와 검토를 정당하다고 인정한다는 것이다. 특히 이 두 번째 특징은 우연성을 초월하고자 하는 전통적인 자유주의의 염원을 함축하고 있다.[21]

첫 번째 특징, 즉 자유주의적 자율성이 개인주의적이라 하는 것은 반드시 그것이 자기중심적이거나 이기적이라는 것을 의미하는 것

---

21) 일부 자유주의자들(Christman, 2001: 188-190)은 계승된 목적에 대한 지나치게 엄격한 검사를 옹호한다는 이유로 킴리카를 비판하는 반면, 월드런(Waldron 2005: 315-316) 같은 자유주의자는 킴리카와 유사하게 엄격한 자기반성을 찬성하고 있다.

은 아니다. 그것은 단지 목적과 가치에 대해 심사숙고하고 그 내용을 정하는 이는 개인이기 때문에 자유주의 원리의 도덕적 범위 내에서는 목적과 가치의 채택에 있어서 그 개인이 최종 결정권을 가져야 한다는 것을 의미할 뿐이다. 이것은 두 가지 의미에서 그러하다. 첫 번째 의미는 목적과 가치를 채택하는 그 판단 과정은 원칙적으로 행위 주체의 통제하에 있는 사적이고 개인적인 과정이어야 한다는 것이다. 물론 실제 삶에 있어서 행위자들은 공동체나 다양한 타인의 영향을 받을 수 있다. 그럼에도 불구하고 자유주의에서 자신의 목적과 가치의 선택에 이르는 반성과 심사숙고 과정에 대한 권리를 가지며 책임을 져야 하는 이는 궁극적으로는 개인 자신이다.

자유주의적 자율성이 개인에게 최종적인 권한을 부여한다는 것이 갖는 또 다른 의미는 선택된 목적의 내용과 관련된다. 자유주의적 자율성은 자유주의 도덕원리에 충실해야 한다는 것 외에는 개인의 가치나 목적과 관련해 어떠한 실질적 조건도 개인에게 강요하지 않는다는 것이다. 개인이 자유주의적인 의미에서 도덕적인 한, 그리고 완전한 소극적 의무(negative duty)를 따르는 한, 자유주의적 자율성은 선택된 목적이 공동체적 혹은 관계적 가치를 포함할 것을 요구하지 않는다. 이것은 자유주의적 행위자가 실생활에서 그러한 가치를 종종 반영한다는 것을 부인하는 것이 아니다. 물론 자유주의는 개인들이 공동체나 관계 지향적인 삶의 계획을 선택하는 것을 허용한다. 그러나 여기에서의 요지는 자유주의적 자율성은 사회적으로 정향된 그러한 가치들이 전혀 없는 삶의 방식과 이상적으로 양립할 수 있다는 것이다. 따라서 혼자만의 격리된 생활을 추구하기로 결정하는 사람은 그의 일차적인 도덕적 의무가 자유주의 도덕원리에 따라 소극적 의무를 수행하는 것이기 때문에 자유주의적인 의미에서 자율적일 수 있다. 이 의무를 다하는 한 그는 어떤 것이든 자신의 삶의 방식과 계획을 자유롭게 선택할 수 있다.

한편 킴리카가 옹호하는 자유주의적 자율성의 두 번째 특징은 가치와 목적 그리고 삶의 계획에 대한 광범위하고도 철저한 조사를 필요로 한다는 것이다. 물론 이 조사는 그러한 가치와 목적에 대한 근본적인 수정이나 배제로 이어질 수도 있다. 이것은 자유주의에 동의하는 이들은 실생활에서 그러한 면밀한 방식으로 그들의 가치와 목적을 항상 철저히 검토해야 한다는 것이 아니다. 하지만 자유주의는 그들이 자신의 가치와 목적에 대해 엄밀하고 광범위한 비판적 조사를 할 수 있다는 것을 가정할 뿐 아니라 더욱이 그러한 조사를 완전한 자율성을 위한 전제 조건으로서 요구한다. 필수적으로 요구되는 그 조사는 가치와 목적의 수적인 측면에서뿐만 아니라 더 중요하게는 조사 범위의 측면에서도 또한 광범위해야 한다. 다시 말해 우리는 있을 수 있는 수정이나 거부를 위해 상대적으로 사소한 가치나 계획뿐 아니라 우리의 정체성과 자아를 구성하는 것으로 간주되는 가치와 목적들도 철저히 조사해야 한다는 것이다. 킴리카의 경우 어떠한 가치나 목적도 자아를 구성한다고 인정하지 않기 때문에 이것은 오히려 잘된 일이라 할 수 있다. 킴리카에 의하면 "어떠한 특정 임무도 사회에 의해 우리에게 정해져 있지 않으며, 특정한 어떤 행위도 개인의 판단과 있을 수 있는 거부의 대상에서 제외될 수 있는 특권을 지니고 있지 않다."(Kymlicka, 2002: 223-224)

하지만 가치와 목적의 수정과 거부를 가능케 하는 광범위한 조사에 대한 이러한 지지가 "자유 자체를 위한 자유"의 옹호로 이해되어서는 안 된다고 킴리카는 경고한다. 물론 그는 우리가 스스로를 "무연고적인(unencumbered)" 자아로 인식할 수 없다는 것을, 그리고 가치판단을 함에 있어서 어떠한 것을 하나의 소여(所與), 즉 주어진 것으로 간주해야 한다는 것을 인정한다. 그럼에도 불구하고 그는 우리가 "그 어떤 특정 사회적 실천으로부터도 우리 자신을 분리시킬 수 있는" 능력을 가지고 있을 뿐 아니라, 또한 다른 방도로서 외부에서 취할 수 있는 다양한 연고적(emcumbered) 자아를 공정하고 합리적으로 평가할 수 있는 중립적 입장으로 물러설 수 있는 능력도 가지고 있다고 주장한다. 사실 실제적인 심사숙고는 "하나의 잠재적인 연고적 자아(encumbered potential self)를 그러한 다른 자아와 비교"하는 과정을 내포한다. 우리는 이미 주어져 있는 것들(givens)을 가지고 이러한 심사숙고 과정에 착수해야 하지만, 특정한 어떤 잠재적 자아나 목적도 자아와 함께 주어진 당연한 것으로 간주할 필요는 없다. 요컨대 우리는 연고되어 있을 수도 있다. 그러나 분명한 것은 우리는 이 연고성에 의해 구속되지 않는다는 것이다(Kymlicka, 2002: 223-225).

하지만 킴리카가 말하는 이러한 제한 조건은 특별히 대단한 것으로 생각되지 않는다. 마치 우리에게 그 어떠한 것도 정해져 있지 않은 것처럼 주어진 다양한 것으로써 우리 자신을 상상할 수 있다는 것에 대한 킴리카의 강조는 실제에 있어서 분명 자유 자체를 위한 자유를 옹호하는 것과 그렇게 많이 다르지 않다. 어떤 식으로든 하나의 소여가 전혀 구속력을 갖지 못하는 자아는 무연고적인 자아나 다름없을 것이다. 그의 자유주의적 자율성이 자유를 위한 자유와 마찬가지든 아니든, 적어도 한 가지는 분명하다. 킴리카가 의도하는 것처럼 자유주의적인 의미에서 자율적이기 위해서는 행위자가 우리의 가치와 목적 대부분이 그러하듯 외부로부터 물려받은 모든 가치나 목적에 대하여 엄밀하고 광범위한 비판적 자기 조사에 기꺼이 종사해야 한다는 것이다. 이 과정에서 그의 가치와 목적이 아무리 깊이 뿌리박혀 있을지라도 그는 이것을 조사해야 하며, 주저하지 않고 그것을 수정하거나 거부할 수 있어야 한다. 이렇게 함으로써 자유주의적인 행위자는 문화적 한계를 포함하여 환경의 우연성을 초월할 수 있다는 것이다.

2) 일반적인 평가 능력으로서의 자유

그러나 킴리카가 문화의 가치를 논할 때, 자유의 개념은 그 자신도 인식하지 못하는 사이에 달라진다. 그것은 더 이상 앞에서 상술한 자유주의적 자율성이 아니라, 단지 의미 있는 여러 옵션 중에서 선택을 하는 능력만을 의미할 뿐이다. 킴리카(Kymlicka, 1995: 83)에 의하면, 사람들은 오직 사회적 문화를 접함으로써만이 일련의 의미 있는 옵션을 가질 수 있기 때문에 자유주의적 다문화주의에 있어서 문화는 중요하다. 여기에 대해서는 전적으로 동의할 수 있다. 하지만 구성원들이 특정한 하나의 사회적 문화에 적응하면, 그들은 그 문화 내에서 유용한 여러 옵션과 잠재적인 연고적 자아들 중에서 의미 있는 선택을 가능케 하는 특수한 문화적 관점 혹은 준거 기준을 지니게 된다. 따라서 문화는 의미 있는 선택의 범위를 제한하는 기능도 역시 하게 된다(Rosa, 1996: 41).

하나의 문화 속에 내재되어 있고 문화적으로 특수한 의미의 지평에 의해 한정된다는 것은 문화가 한편으로는 구성원들에게 의미 있는 옵션들을 제공하면서도 동시에 그들의 옵션을 제한하기도 한다는 것이다. 자유주의적인 의미에서 자율적이라는 것은 사람들이 주어진 어떠한 소여로부터도 자신을 분리할 수 있으며, 문화를 포함한 그들의 우연적인 상황적 제약 너머로 옵션을 확장할 수 있다는 것을 뜻한다. 만약 그렇다면, 문화는 구성원들의 자유주의적 자율의 능력을 심각하게 감소시킨다. 하지만 문화가 옵션을 제한하는 것과 마찬가지로, 구성원들로 하여금 문화적 콘텍스트 내에서 의미 있는 선택을 가능케 한다는 사실은 결코 사소한 의미를 지니는 것이 아니다. 사실 이러한 제한된 의미의 자유를 행사할 수 있다는 것은 행위주체로서의 인간이 가지는 독특한 특징이라 생각할 수 있다. 문화에 의해 제한되는 이러한 의미의 자유는 이 자유가 자유주의 문화보다 더 광범위한 여러 문화와 양립 가능하기 때문에 일반적인 평가 능력이라 부를 수 있을 것이다.

이 일반적인 능력은 인간이 다른 모든 가치보다 우월한 것으로 생각하는 특정한 근본 가치나 이상을 받아들이고, 이 가치에 따라 일관된 방식으로 삶의 목적이나 계획에 관해 질적 선택을 하는 능력으로 규정될 수 있다.[22] 이 가치는 다른 모든 가치의 평가와 판단에 있어서 2차적인 정당화의 기준으로 작용하는 최고의 가치 혹은 선(善)이다. 그러나 이것은 초월적이고 보편적인 가치가 아니라, 오히려 끊임없이 발전하면서 일정한 장소에서 지속적으로 이어져온 특정한 사회적 문화 속에서 유통되는 문화적 가치이다. 이러한 문화적 가치의 예로는 서구 문화에서는 개인의 자유, 기회균등, 양도할 수 없는 개인의 권리 등을 들 수 있을 것이며, 보다 전통적이고 비자유주의적인 문화에서는 공동선, 사회 통합, 자연숭배 등을 들 수 있을 것이다.

문화적 가치는 그 자체로는 아주 일반적이고 추상적인 가치나 이상이다. 따라서 이것이 개인의 최고선으로 채택되기 위해서는, 다시 말해 그것을 받아들이는 이들에게 실질적인 지침으로서의 역할을 하기 위해서는 특정한 해석과의 결합이 필요하다. 물론 하나의 문화

---

22) 이 가치는 테일러(Taylor)의 용어로 "hyper good"이라 할 수 있다(Taylor, 1992: 63). 일반적인 평가 능력에 관한 여기에서의 설명은 '강한 의미의 가치 평가(strong evaluation)'에 대한 테일러의 논의에 바탕을 두고 있다(Taylor, 1985: ch. 1 참조).

속에서도 다양한 해석이 가능할 것이다. 그러나 이러한 모든 해석은 문화적으로 특수한 의미의 지평에 기초를 둔 특수한 언어로 표현되기 때문에 문화적으로 특수할 것이다. 이처럼 특정한 방식으로 해석된 최고선이 우리 삶을 구성하고 우리의 존재를 규정짓는다. 따라서 문화적으로 특수하게 해석된 최고선 속에 새겨져 있는 우리의 문화가 우리의 정체성을 구성한다. 그렇다면 문화란 우리가 선택을 할 때 마음대로 덜 수 있는 불필요한 짐과 같은 것이 아니다.

하지만 정체성의 문화적 차원은 문화 내부인들의 정체성 속에 깊이 새겨져 있는 획일적인 문화적 본질에 입각한 것은 결코 아니다. 다양한 문화의 영향으로 인해 문화는 어쩔 수 없이 혼성적일 수밖에 없으며, 그 유형은 고유한 전통과 다른 문화와의 상호작용 방식에 따라 지역마다 다양할 것이다. 특수한 지역성과 으레 연관되는 이 독특한 혼성적 문화는 그 구성원들에 의해 그들의 독특한 사회적 문화로 간주된다. 또한 문화는 다양하고 잠재적으로 서로 대립적인 문화적 가치들뿐 아니라 그 가치들에 대한 수많은 해석을 내포하기 때문에 복잡하다. 결과적으로 구성원들은 서로 다른 문화적 가치와 해석을 채택하기 때문에 이에 따라 그들의 문화적 정체성 형태도 다양할 것이다.

문화와 최고선 간의 이러한 밀접한 관계에 대한 고찰을 통해 우리는 자유주의적 자율성과 일반적인 평가 능력의 차이점을 명백히 알 수 있다. 특정한 문화적 가치를 개인의 최고선으로 받아들이고, 일관된 방식으로 그 가치에 따라 질적 선택을 하는 능력으로서의 일반적인 평가 능력은 자유주의적 자율성을 특징짓는 두 측면, 즉 개인주의와 목적 및 가치에 대한 광범위하고 철저한 비판적 조사의 요구라는 두 측면에서 자유주의적 자율성과는 차별성을 보여준다.

첫째, 서구 문화를 제외한 대부분의 문화에서는 행위자가 심사숙고의 과정을 수행하는 데 있어서든 아니면 그의 가치와 목적의 내용에 있어서든 일반적인 평가 능력은 개인의 최종 권위에 그 근거를 두지 않는다. 수많은 비서구 문화의 문화적 가치들은 공동체 지향적이며 구성원들로 하여금 그러한 가치들을 고취시키는 공동체 조직과 실천 관행에 적극적으로 참여할 것을 권장한다. 이러한 집단적인 심사숙고 과정 속에서 공동체와 다른 이들은 구성원들의 개인적인 목적과 가치의 형성 및 채택에 있어 중요한 역할을 한다. 하지만 다른 이들로부터의 이러한 외적인 영향이 반드시 강제적인 것은 아니다. 왜냐하면 구성원들이 그것을 자발적으로 추구하고 받아들일 수 있기 때문이다. 또한 구성원들이 그들의 최고선으로 채택하는 문화적 가치들은 공동체적이고 관계적인 존재의 행복을 증진시키는 데 이바지하기 때문에 그 구성원들 자신의 목적과 가치의 내용도 일반적으로 공동체적이고 관계적이다.

둘째, 광범위한 비판적 자기반성은 일반적인 평가 능력의 요건이 아니다. 자유주의적 자율성은 최고선을 포함한 목적과 가치에 대해 광범위한 비판적 반성과 심의를 필수적으로 요구하며, 이를 통해 우리의 특수 문화에 의해 우리의 자유에 가해지는 한계를 극복할 것을 촉구한다. 반면에 일반적인 평가 능력에서 가장 중요한 것은 이 능력이 갖는 가치판단의 측면으로서 이는 행위자로 하여금 그가 다른 어떤 가치보다도 절대 우월한 것으로 간주하는 일정한 최고의 문화적 선에 헌신할 것을 요구한다. 이 헌신이 이루어지는 순간, 특정한 방식으로 해석된 최고선은 일반적으로 확고한 근본 가치로서의 위상을 지니게 되며 광범위한 비판적 검사로부터 면제된다. 따라서 최고선 자체가 문화적으로 특수한 방식으로 해석되는 문화적 가치이기 때문에 이 능력은 특수한 문화적 지평에 의해 명백히 제한된다고 할 수 있다.

하지만 그렇다고 해서 이 능력을 행사하는 행위자들이 그들의 최고선이나 해석의 다양한 측면에 관해 어떠한 반성이나 심사숙고도 하지 않는다는 것은 아니다. 심사숙고 능력은 사실 독특하게 인간적인 능력이며 인간은 시간과 장소에 구애받지 않고 그러한 능력을 행사해오고 있다. 이 말은 인간의 반성과 심사숙고가 자유주의적 자율성에 의해 요구되는 광범위한 비판적 조사에서만 이루어지는 것은 아니라는 의미이다. 개인의 최고선은 문화적으로 특수한 해석에 수반되는 문화적 가치이기 때문에 이 최고선에 동의하는 이들은 그들이 채택한 해석에 대해 비교적 확실한 견해를 가져야 하며, 그 해석의 다양한 함의를 숙고해야 한다. 또한 행위자들이 최고선과 일치하는 방식으로 평가하고, 계획하고, 행동하고자 노력할 때에도 어떠한 자기 성찰과 심사숙고는 분명 필요하다. 보다 공동체적인 환경에서는 행위자들이 그들이 신뢰하고 존경하는 다른 이들과 함께 이 가치에 관하여 반성하거나 심사숙고할 것이다.

물론 어떤 자유주의자들은 이 일반적인 능력에 있어서는 광범위한 비판적 조사가 상대적으로 중시되지 않는다는 사실을 우려할 수도 있을 것이다. 이들은 자유주의적 자율성이 요구하는 비판적 자기반성은 행위자들이 특히 비자유주의적 문화 속에 만연해 있는 비도덕적인 문화적 가치들에 동조하는 것을 막기 위해 필요하다고 생각하기 때문이다. 그러나 이러한 우려는 사실에 근거하기보다는 비자유주의적인 문화적 가치에 대한 부당한 부정적 고정관념에 흔히 근거하고 있다. 제3세계에서 유래하는 대부분의 비자유주의적 문화적 가치들은 적절히 이해된다면 일반적으로 존경할 만한 도덕적 가치들로서 타인과의 관계와 관련해 일정한 기본적인 도덕적 지시를 수반한다(Herr, 2006: 319-320). 하지만 자유주의 문화에서든 비자유주의 문화에서든 존경할 만한 도덕적 가치가 아닌 문화적 가치가 존재한

다는 것은 부인할 수 없다.[23]

보통의 분별 능력과 정상적인 정서를 지닌 행위자들은 일반적으로 확신에 찬 도덕관념을 지니고 있다. 그러나 그들의 최고선이나 가치에 대한 해석이 함축하는 내용에 문제가 있다는 것을 인식할 때 그들은 정서적, 심리적 동요를 일으킬 수 있을 것이다. 따라서 비도덕적인 행동이 직접 수반되거나 아니면 자신의 최고선과 해석에 더 이상 만족을 느끼지 못하는 경우 행위자들은 그들의 최고선과 해석에 관한 보다 깊은 반성과 광범위한 심사숙고를 필요로 하게 된다. 이 과정은 최고선과 해석의 다양한 수정뿐 아니라 경우에 따라서는 교체로 이어질 수도 있다.[24] 자유주의자들은 이것을 문화적 초월을 예증해주는 좋은 예로서 간주할 것이며, 자유주의적 자율성의 행사에 있어서 바람직한 최종 상태로 단정할 것이다. 하지만 일반적인 능력을 행사함에 있어서, 행위자들은 그들이 절대적으로 헌신할 수 있는 최고선과 해석을 찾고자 하기 때문에 이런 경우는 발생할 수도 혹은 발생하지 않을 수도 있는 단지 부수적인 사건일 뿐이다. 또한 이 경우 이전의 최고선과 해석을 대체하는 새로운 최고선과 해석 역시 여전히 문화적으로 특수하기 때문에 문화적 초월을 상징하지 않는다. 요컨대 문화적 초월은 자유주의의 신화라 할 수 있을 것이다.

---

23) 하나의 좋은 예로서 제2차 세계대전 시 일부 독일인들이 신봉한 게르만족의 순수성을 들 수 있다. 그 외에도 심지어는 존경할 만한 문화적 가치조차도 모순되거나 왜곡된, 혹은 명백하게 비도덕적인 해석과 결합되어 그 가치의 신봉자를 비도덕적인 길로 이끌 수 있을 것이다. '신에 대한 공경'이 '이교도들을 강제로 개종시키거나 이 세상에서 제거할 것'을 요구하는 해석과 결합되는 것이 그러한 예이다.
24) 이와 유사한 논의로는 테일러(Taylor, 1985: 39-40; 1992: 35-38, 64-65)를 참조하라.

6. 결론

킴리카에게 있어서 개인의 자율성은 그 자체가 좋은 삶의 한 요소이며 또한 다른 실질적인 가치의 추구를 위해 필수적이기 때문에 가치 있는 것으로 인식된다. 하지만 사실은 이러한 모든 가치보다 이 자율성에 우선성이 주어져 있다. 그러나 선택의 가치가 있는 옵션인지 아닌지의 판단 기준을 선택 행위 그 자체에 가치가 주어져 있는 개념으로부터 도출할 수는 없다. 따라서 킴리카는 자율적인 선택에 선행하는 또 하나의 객관적인 가치 개념을 필요로 할 것이다. 다시 말해 킴리카는 자율성의 가치를 좋은 삶에 대한 그 역할로부터 도출하나 동시에 자율성을 문화 속에서 구현되는 다른 모든 가치의 평가 기준이 되는 하나의 근본적인 최고선으로 취급한다. 하지만 개인의 자율성이 유일한 도덕적 기준일 수는 없다. 사회적 어태치먼트에 대한 존중은 개인의 자유가 아무리 중요하다 할지라도 이 가치에 대한 존중으로 환원될 수 없다. 차이에 대한 진정한 인정은 서로에게 환원됨이 없이 개인과 자유 그리고 사회적 어태치먼트의 모든 차원을 인정해야 한다. 오직 이렇게 해야만이 인간의 조건을 정당하게 다루는 것이 가능할 것이다. 킴리카의 경우, 자율적 인간이라는 유일한 이상, 이 추상적인 개념으로부터 그의 이론을 이끌어낸다는 것은 그 자체가 칸트적인 자유주의에 대해 공동체주의자들이 제기하는 깊은 문제점을 그대로 안고 있다는 것을 의미한다.

문화적 존재로서의 인간은 일반적인 평가 능력을 행사하는 한에서 자유롭다. 그러나 이러한 의미에서 자유롭다는 것은 자유주의적인 의미에서 자율적인 것은 아니다. 자신의 모든 목적과 가치를 면밀히 조사하고 그렇게 함으로써 자신의 문화를 초월하는 것은 대부분 인간에게는 실현될 수 없을 뿐 아니라, 더욱 중요하게는 도덕적 행위자에게는 불필요하다는 것이다. 그렇다면 자유주의적 자율성의 위상에 관한 문제가 발생한다. 자유주의적 자율성은 어쨌든 일반적인 능력 너머의 것인가? 자유주의 문화의 구성원들이 자유주의적 자율성을 행사함으로써 그들의 문화적 배태성을 초월하는 것이 정말로 가능한가?

이 의문들에 대한 이 글의 대답은 부정적이다. 자유주의적 자율성은 일반적인 능력의 한 종류일 뿐이다. 일반적인 평가 능력과 마찬가지로 자유주의적 자율성의 행사는 명시적이든, 묵시적이든 특정한 방식으로 해석된 특정한 문화적 가치를 최고의 선으로 받아들이고 그것에 따라 질적 선택을 하는 것에 기초를 두고 있다.[25] 자유주의적 자율성으로 해석되는 개인의 자유라는 핵심적 가치의 관점에서 본다면 시민적 평등, 기회균등, 양도할 수 없는 개인의 권리와 같은 다른 자유주의적 가치들은 이 핵심 가치를 보호하기 위한 수단으로서 파생되어 나온다. 이러한 가치들이 자유주의 사회의 수많은 구성원에 의해 그들의 개인적인 최고선으로 옹립되는 일련의 문화적 가치를 형성한다. 자유주의적 자율성이 갖는 최고선으로서의 근본 위상에 대한 증거는 다음과 같은 패러독스에서 찾아볼 수 있다. 만약 자유주의적 자율성이 모든 종류의 목적과 가치에 대해 면밀하고 엄정한 조사를 요구한다면 자유주의적 자율성 자체도 역시 그러한 절차에 따라야 한다. 그러나 자유주의자들은 그것을 원치 않을 것이다. 왜냐하면 그럴 경우 그들이 자유주의적 자율성에 부여한 가장 근원적인 가치로서의 위상이 훼손될 수 있기 때문이다. 자유주의자들이 자유주의적 자율성을 엄격한 조사의 대상에서 벗어나 있는 최

---

25) 이 최고의 선은 자유주의적 자율성의 능력을 가지고 그 능력을 행사하는 것으로 해석되는 개인의 자유라는 자유주의적 가치이다.

고의 보편적인 이상으로 지지하는 한, 자유주의적 자율성은 그들의 최고선으로서의 자격을 지닌다.

이처럼 일반적인 능력의 한 종류에 지나지 않을지라도 자유주의적 자율성은 자기모순적인 특징으로 인해 일반적인 능력과는 개념적으로 구분된다. 자유주의적 자율성은 그 자체가 하나의 문화적 가치이지만 그 옹호자로 하여금 문화적 한계를 포함한 우연적인 외부의 제약을 초월할 수 있게 하는 비판적인 자기반성을 지지한다. 이것은 자기모순적이며, 따라서 실행이 불가능하다. 그렇다면 자유주의 이론가들을 비롯하여 자유주의 사회의 많은 구성원은 왜 그것을 실행 가능한 하나의 이상으로서 옹호하는가? 그 이유는 자유주의적 자율성에 대한 옹호는 그것이 이념적인 것만큼이나 자유주의 사회의 공적 문화에 확실히 구축되어 있으며, 문화적으로 견고히 확립되어 있는 모든 이데올로기의 경우와 마찬가지로 그 옹호자들을 호도하여 실행 가능한 것이라 믿게 하기 때문이다. 자유주의 사회에서 자유주의적 자율성을 그들의 최고선으로 받아들이는 이들 대부분은 그렇게 믿는다. 왜냐하면 그들의 합리적이고 비판적인 판단이 자유주의적 자율성이 실행 가능하거나 다른 문화적 가치보다 우수하다는 것을 입증했기 때문이 아니라, 오히려 그들이 자유주의적 자율성의 근본 가치를 인정하는 공동의 자유주의적 공적 제도에 참여하는 과정 속에서 그것을 익숙하고 매력적인 것으로 인식하기 때문이다(Cohen, 1998: 189-90). 물론 이것의 반대 측면은 자유주의 사회에 문화적으로 적응하지 못하는 사람들은 자유주의적 자율성을 익숙하고 매력적인 것으로 생각하지 않을 것이란 사실이다. 그렇다면 자유주의적 자율성을 지지하고 그에 따라 살아가고자 하는 것은 문화적 초월을 예증해주는 것이 아니라, 오히려 그 레토릭에도 불구하고 자유주의 문화 속에 문화적으로 구속되어 있다는 것을 예시해준다. 현대 자유주의 문화를 제외한 대부분의 문화에 있어서 일반적인 가치판단 능력의 버팀목 역할을 하는 최고의 선들은 자유주의적 자율성과 양립할 수 없다. 따라서 자유주의와 다문화주의의 결합을 위한 킴리카의 시도가 성공하기 위해 필수적이라 할 수 있는 '자유주의적 자율성'과 '문화에 의해 가능한 선택의 자유' 사이의 등치는 비논리적이며 결국 겉으로만 그럴듯한 것임이 드러난다.

참고 문헌

김광억, 2005, 「종족(Ethnicity)의 현대적 발명과 실천」, 김광억 외, 『종족과 민족: 그 단일과 보편의 신화를 넘어서』, 서울: 아카넷.

설한, 2005, 「재분배의 정치와 인정(認定)의 정치」, 『한국과 국제정치』 49호, 21권 2호.

설한, 2000, 「자유주의, 공동체, 그리고 문화: 킴리카(Kymlicka)의 정치적 자유주의 비판」, 『한국과 국제정치』 16권 2호.

장의관, 2008, 「소유적 문화집단주의와 무인정의 정치?: 다문화주의의 비판적 고찰」, 『한국정치학회보』 42집 4호.

Appiah, Kwame Anthony, 1997, "The Multicultural Misunderstanding", *The New York Review of Books* 44(15).

Barry, Brian, 2001, *Culture and Equality: An Egalitarian Critique of Multiculturalism,* Cambridge: Polity.

Christman, John, 2001, "Liberalism, Autonomy, and Self-Transformation". *Social Theory and Practice* 27.

Cohen, Joshua, 1998, "Democracy and Liberty", *Deliberative Democracy,* ed. Jon Elster. New York: Cambridge University Press.

Fraser, Nancy and Axel Honneth, 2003, *Redistribution or Recognition? A Political-Philosophical Exchange,* London: Verso.

Gutmann, Amy, 2003, *Identity in Democracy,* Princeton, NJ: Princeton University Press.

Herr, Ranjoo Seodu, 2006, "In Defense of Non-liberal Nationalism", *Political Theory* 34.

Hill, Thomas, 1991, "The Importance of Autonomy", in Thomas Hill, *Autonomy and Self-Respect,* Cambridge: Cambridge University Press.

Kenny, Michael, 2004, *The Politics of Identity: Liberal Political Theory and the Dilemmas of Difference,* Cambridge: Polity.

Kymlicka, Will and Wayne Norman, 2000, "Citizenship in Culturally Diverse Societies: Issues, Contexts, Concepts", in Will Kymlicka and Wayne Norman (eds), *Citizenship in Diverse Societies,* Oxford: Oxford University Press.

Kymlicka, Will, 1988, "Rawls on Teleology and Deontology", *Philosophy and Public Affairs* 17 (3).

Kymlicka, Will, 1989, *Liberalism, Community, and Culture,* Oxford: Clarendon Press.

Kymlicka, Will, 1995, *Multicultural Citizenship: A Liberal Theory of Minority Rights,* Oxford: Clarendon Press.

Kymlicka, Will, 1997, "Do We Need a Liberal Theory of Minority Rights? Reply to Carens, Young, Parekh and Forst", *Constellations* 4(1).

Kymlicka, Will, 1999a, "Liberal Complacencies", *Is Multiculturalism Bad for Women?* ed. Joshua Cohen, Matthew Howard, and Martha Nussbaum, Princeton, NJ: Princeton University Press.

Kymlicka, Will, 1999b, "Comments on Shachar and Spinner-Halev: an Update from the Multiculturalism Wars", in Christian Joppke and Steven Lukes (eds), *Multicultural Questions,* Oxford: Oxford University Press.

Kymlicka, Will, 2001, *Politics in the Vernacular: Nationalism, Multinationalism, and Citizenship,* New York: Oxford University Press.

Kymlicka, Will, 2002, *Contemporary Political Philosophy: An Introduction,* 2nd ed. Oxford: Oxford University Press.

Levy, Neil, 2002, "The Intrinsic Value of Cultures", *Philosophy in the Contemporary World* 9(2).

Margalit, Avishai and Moshe Halbertal, 1994, "Liberalism and the Right to Culture", *Social Research* 61(3).

Margalit, Avishai, 1996, *The Decent Society*, Cambridge, MA: Harvard University Press.

Parekh, Bhikhu, 1997, "Dilemmas of a Multicultural Theory of Citizenship", *Constellations* 4(1).

Parekh, Bhikhu, 2000, *Rethinking Multiculturalism: Cultural Diversity and Political Theory*, New York: Palgrave.

Raz, Joseph, 1994, "Multiculturalism: A Liberal Perspective", *Ethics in the Public Domain: Essays in the Morality of Law and Politics*, New York: Clarendon Press.

Réaume, Denise, 2000, "Official-Language Rights: Intrinsic Value and the Protection of Difference", in Will Kymlicka and Wayne Norman (eds), *Citizenship in Diverse Societies*.

Rorty, Richard, 1998, *Achieving Our Country: Leftist Thought in Twentieth-Century America*, Cambridge, MA: Harvard University Press.

Rosa, Hartmut, 1996, "Cultural Relativism and Social Criticism from a Taylorian Perspective", *Constellations* 3(1).

Shachar, Ayelet, 2001, *Multicultural Jurisdictions: Cultural Differences and Women's Rights*, Cambridge: Cambridge University Press.

Spinner, Jeff, 1994, *The Boundaries of Citizenship: Race, Ethnicity, and Nationality in the Liberal State*, Baltimore, MD: Johns Hopkins University Press.

Spinner-Halev, Jeff, 2001, "Feminism, Multiculturalism, Oppression, and the State", *Ethics* 112.

Taylor, Charles, 1985, *Human Agency and Language: Philosophical Papers 1*, Cambridge: Cambridge University Press.

Taylor, Charles, 1992, *Sources of the Self: The Making of the Modern Identity*,

Cambridge, MA: Harvard University Press.

Taylor, Charles, 1994, "The Politics of Recognition", in A. Gutmann ed., *Multiculturalism: Examining the Politics of Recognition*. Princeton, NJ: Princeton University Press.

Waldron, Jeremy, 2005, "Moral Autonomy and Personal Autonomy", *Autonomy and the Challenges to Liberalism: New Essays*, ed. John Christman and Joel Anderson, Cambridge: Cambridge University Press.

Young, Iris Marion, 1997, "A Multicultural Continuum: A Critique of Will Kymlicka's Ethnic-Nation Dichotomy", *Constellations* 4(1).

12장 현대 정치와 실존 양식

김주성

17세기에 입헌 자유주의가 태동하였다. 입헌 자유주의는 공화주의와 자유주의가 결합된 근대 정치제도이다. 입헌 자유주의는 19세기 말부터 민주주의와 결합되어 현대 정치제도로 발전했다. 고대 아테네인들은 민주정치에서 정치적인 실존을 누렸다. 현대인들은 현대 정치에서 어떤 실존을 누리고 있을까?

1. 민주주의와 정치적 실존

먼저 실존과 자유의 관계부터 정립해보자. 실존(Existenz)은 완전자로서의 "신(神)" "밖에(Ex-)" "섬(sistere)"을 뜻한다. 따라서 Existenz는 사물과 같이 그 본질이 한 번 정해지면 더 이상 변할 수 없는 "존재 양식"을 뜻하는 것이 아니라, 자신의 존재를 자기 스스로 만들어 갈 수 있는 자유의 한 형태로서 "존재 가능"을 뜻하고 있다.[1] 존재

"가능"의 자유는 삶을 설계할 수 있는 자유를 말하고, 이는 종국적으로 죽음을 선택하는 자유까지 내포한다.

삶의 끝으로서 또는 삶을 완결시키는 것으로서 죽음은 실존적 삶의 한 부분이다. 죽음을 무릅쓸 수 없다면 본질적으로 삶을 완성할 수 없다는 실존의 비밀이 여기에 숨겨져 있다. 그래서 고대 세계에서는 어디에서나 죽음을 무릅쓰는 사람들만이 지배자가 되었고 정치를 할 수 있었다. 당시에 전쟁터에서 죽음을 무릅쓰지 못하고 생명을 지킨 사람들은 전쟁 포로가 되어 노예로 전락했다. 고대 아테네에서도 죽음을 무릅쓸 수 있는 사람들만이 자유인으로서 시민권을 향유하였다. 그렇지 못한 사람들은 부인들처럼 시민권을 온전히 못 누리거나, 노예처럼 아예 못 누렸다.

죽음을 무릅쓰라는 실존의 요청은 죽음을 회피하라는 생존의 요청과 다르다. 죽음을 무릅쓰기에 실존은 자유의 양식(a mode of liberty)인 셈이고, 죽음을 회피하기에 생존은 필요의 양식(a mode of necessity)인 셈이다. 인간 실존이란 이렇게 언제나 삶과 죽음의 경계에서 치열한 선택을 해나가는 삶의 양식인 것이다. 실존적 인간은 스스로 자신의 가능성을 끊임없이 설계하고 기획하면서, 되고자 하고 또 될 수 있는 자신의 장래 모습으로부터 자신의 현재 모습을 문제 삼는 존재인 것이다.

실존이란 어떤 삶의 상태를 이르는 것이 아니다. 예를 들어 옛날부터 삶의 목표로 삼아왔던 좋은 삶(a good life)이란 실존적인 삶의 양식이 아니다. 그것은 여러 가치 있는 요소로 구성된 삶이다. 철학 유파에 따라 달리 설정되었지만, 대체로 거론되었던 것들은 충만한

---

1) Existenz를 "존재 양식"으로 보는 하이데거와 달리 "인간 자유의 한 형태"로 본 사람은 야스퍼스이다(서유경, 2002: 74 참조).

덕성, 건강, 부귀, 행운 또는 행복 등이었다. 고대 그리스에서는 좋은 삶의 구성 요소로 선택의 자유가 전제되었다. 선택의 자유가 없는 노예의 삶은 아무리 아늑한 것이라 하더라도 좋은 삶일 수 없다고 자각했기 때문이다. 좋은 삶의 구성 요소들은 모두 선택될 만한 가치 있는 것들이었다. 덕성, 건강, 부귀 등은 모두 선택될 만한 가치를 가지고 있는 것들이다(Aristotle, 1985).

그런데 좋은 삶은 비선택적인 구성 요소도 가지고 있었다. 그것은 바로 행운이었다. 우리의 의지와는 상관없지만, 행운이 따르면 하는 일이 잘되니까 쉽사리 좋은 삶을 누릴 수 있다. 좋은 삶을 말할 때는 이렇게 비선택적인 요소까지 포함한 다양한 구성 요소의 삶을 일컫는다. 그렇지만 실존의 구성 요소로는 선택할 수 있는 자유 이외에는 다른 어떤 것도 설정될 수 없다. 자유롭게 선택해가는 삶이기에 실존적인 삶은 좋은 삶으로 귀착될지 아니면 나쁜 삶으로 귀착될지 아직은 알 수 없는 현재진행형의 삶의 양식이다.

실존이 이렇게 자유의 한 형태라면, 사회적으로 지지되는 자유의 내용은 그 사회 구성원의 실존 양식을 나타낼 것이다. 따라서 민주 사회의 정치적 실존 양식은 고대 아테네의 자유로운 정치 생활양식을 살펴보면 알 수 있을 것이다. 고대 아테네는 인류 최초로 시민들이 정치적 자유를 누린 곳이었다. 시민들이 자유롭게 집합적인 정치 결정을 했던 곳은 인류 역사상 아테네 이전에는 어디에도 없었다.[2] 고대 아테네는 진실로 인간의 실존을 실현하는 정치(politics)를 최초로 발명했던 곳이다.

간단하게 아테네의 정치 생활상을 살펴보자. 아테네의 인구는

---

[2] 로버트 달(Robert Dahl)은 역사시대 이전의 부족사회에서 원시적인 민주주의의 형태가 존재했을 개연성이 있다고 본다(달, 2006: 26~27 참조). 그러나 역사시대 이전의 생활양식에 대해서는 어디까지나 추정일 뿐이다.

30만 명 정도로 추산되고 있다. 이 가운데 자유 시민은 3만 명에서 5만 명으로 추정되는데, 이들이 아테네 정치의 주권자들이었다. 이들은 아크로폴리스의 남서쪽에 있는 프닉스라는 작은 언덕에서 1년에 40번 가량 열리는 민회에 참석하여 전쟁 선포 여부와 국내 정책을 직접 결정하였다. 민회장은 반지름 40m의 반원형으로 넓이는 2,400m²(726평)였다. 이곳에 최대 6,000명이 모여 공동체의 운명을 좌우하는 정치 결정을 하였던 것이다(변정심, 1999: 35).

자유 시민들은 아크로폴리스 북서쪽에 있는 아고라의 인민 법정에서 배심원으로서 재판을 담당하기도 했고, 평의회 위원으로서 민회 운영을 주관하기도 했고, 행정관으로 위촉되어 아테네의 일반 행정을 담당하기도 했다. 이들은 모두 추첨으로 선출되었다. 추첨으로 선출되었기 때문에 이들은 일반 시민들과 존재 동일성을 가지고 있었다. 아테네에서는 일반 시민들이 집합적인 삶을 규정하는 정치 활동을 했다.

당시에는 집단 생존을 위해서 끊임없이 전쟁을 했으므로 죽음을 무릅쓰고 전투에 참가할 수 있는 용기가 시민 덕목 가운데 가장 중요했다. 그래서 목숨을 버릴 용기가 있는 성인 남성들만이 시민권을 향유하였다. 그들만이 정치에 참여할 수 있었다. 부인들이나 노예 또는 외국인들은 시민권을 누릴 수 없었다. 부인들은 가정에서 육아를 담당했으며, 노예들은 생산 활동을 담당했다.

아테네에서는 공공 영역(公共領域, the public realm)과 사사 영역(私事領域, the private realm)이 엄격하게 구분되었다. 공공 영역은 자유 시민들이 모여서 자신들의 운명을 결정하는 정치 영역이었고, 사사 영역은 종족 생존과 개체 생존을 확보하고자 부인과 노예가 육아 활동과 생산 활동을 하는 경제 영역이었다.[3] 공공 영역이 자유 시민들이 집합적으로 스스로를 지배하는 자유의 영역(the realm of freedom)이었다면, 사사 영역은 가장이 부인과 노예를 전제적으로 지배하는 필요의 영역(the realm of necessity)이었다. 자유의 영역이었기에 공공 영역은 실존의 영역이었고, 필요의 영역이었기에 사사 영역은 생존의 영역이었다.

이처럼 아테네의 실존 양식은 자유로운 정치 활동으로 실존을 확보하는 정치적 실존의 생활양식이었다.[4] 아리스토텔레스의 zōon politikon(정치적인 동물, political animal)과 zōon logon ekhon(말할 수 있는 동물, a living being capable of speech)이라는 명제들이 이를 잘 나타내 주고 있다. zōon politikon의 명제가 나타내는 바는 인간이란 정치 영역에서 자신의 본질을 실현할 수 있는 존재라는 것이다. zōon logon ekhon의 명제는 인간이란 언어로 자신을 표현할 수 있는 존재라는 것이다. 두 명제를 종합한다면, 언어로 자유롭게 표현된 정치 의사들이 결집되어 공동체가 운영될 때 인간의 본질이 실현된다는 것이다.

정치적 실존 양식은 이처럼 집합적으로나 개인적으로 자기 지배의 자유(freedom as self-government)로 구성되었다. 아테네의 정치적 자유란 개인적으로나 집합적으로 삶을 설계하고 운명을 결정하는 자기 지배의 자유였던 것이다. 이러한 자유는 콩스탕이 '고대인의 자유'로 부르기도 했지만, 이사야 벌린(Isaiah Berlin)이 상세히 개념화한 적극적 자유로 더 잘 알려져 있다. 적극적 자유의 개념을 분석하면서 정치적 실존의 내용과 한계를 밝혀보자.

적극적 자유는 자신의 주인이 되기를 바라는 개개인의 실존적 소

---

3) economy는 oikonomía에서, oikonomía는 oikonómos에서 왔다. oikonómos는 oîkos(house)와 nómos(managing)가 합성된 말로 집안 살림(house management)을 나타내는 말이다.
4) '아테네 또는 민주주의의 정치적 실존 양식'을 민주적 실존 양식이라고도 부를 것이다.

원에 뿌리를 두고 있다. 아테네에서 자유 시민은 지배자였고 주권자였다. 그는 사사 영역에 들어가서는 가족과 노예를 전제적으로 지배하는 주인이었고, 공공 영역에 나와서는 스스로를 민주적으로 지배하는 주권자였다.

적극적 자유를 실천하려면 자아를 분리하지 않을 수 없다. 자기 지배를 목표로 삼는 적극적 자유는 '나는 나 자신의 주인이다.'라는 명제로 정리될 수 있다. 이 명제에서 나는 주인인 '나'와 지배받는 '나 자신'으로 분리된다. 여기서 주인인 '나'는 나의 "진정한" 또는 "이상적인" 또는 "자율적" 자아, 그리고 내가 "최선의 상태"에 있을 때의 고급 자아 등으로 간주된다. 물론 지배받는 '나 자신'은 "비합리적 충동"에 이끌리는, "경험적"이고 "타율적"인 나의 자아, 그리고 아직 조야한 상태에 있는 나의 저급 자아 등으로 간주된다(벌린, 2006: 361-362).

자기 지배의 명제는 이렇게 자아를 분리함으로써 개인의 내부 세계에서 자아 성숙을 추동하지만, 정치사회와 같은 외부 세계에서는 문명 성숙을 추동하기도 하고 때로는 자의적 지배를 강화하기도 한다. 왜냐하면 자기 지배의 명제란 궁극적으로 인간인 내가 인간인 나를 지배하는 인치(人治) 명제이기 때문이다. 인치 제도에서는 지배자가 걸출할 때는 대단한 성과를 내지만, 그렇지 못할 때는 형편없는 성과를 내기도 한다.

아테네의 정치적 실존 양식은 인류 문명 가운데 가장 창조적이고 역동적인 문명을 창조해냈다. 현대의 우리는 아마도 아테네의 문명에 가장 큰 빚을 지고 있는지도 모른다. 아테네의 정치적 실존 양식은 170여 년 만에 역사에서 사라지고 말았다. 2300여 년이 지나서 입헌 자유주의의 실존 양식이 확보된 뒤에야 고대의 정치적 실존 양식이 일부 부활되었다.

아테네의 정치적 실존 양식이 오래가지 못했던 까닭을 살펴보자. 앞서 지적했듯 자기 지배의 명제는 자아 분리의 명제를 함축한다. 자아 분리의 명제는 정치사회적으로 계급 지배 및 다수의 횡포를 불러올 수 있고, 궁극적으로 개인의 자아 영역을 파괴할 수 있다. 내면적인 자아 분리의 명제는 외면적인 계급 분리의 현상을 뒷받침하기 때문이다.

수많은 전쟁을 치러야 했던 당시에는 전투에서 죽음을 무릅쓸 용기를 가진 사람들이 지배계급이 되었고 그렇지 못한 사람들은 피지배계급으로 분리되었다. 죽음을 무릅쓸 용기를 가진 성인 남성들은 지배계급이 되어 자유롭게 정치 활동을 하면서 실존을 구가할 수 있었고, 그런 용기를 낼 수 없었던 여성과 노예들은 피지배계급이 되어 생존의 필요 영역에서 경제활동을 담당하게 되었다. 아테네의 정치적 실존 양식은 계급 기반을 가졌던 것이다.

자아 분리의 명제는 자칫 다수와 소수를 분리하고, 자의적인 다수의 횡포를 부추기기도 한다. 시민들이 이성적일 때는 건강한 토론이 진행되어 충동적인 견해보다 현명한 견해가 다수의 지지를 받는다. 그러나 그렇지 못할 때는 현란한 수사법이 판을 치고 현명한 견해보다 충동적인 견해가 다수의 지지를 얻게 된다. 위대한 지도자였던 페리클레스가 죽자 아테네의 공공 영역은 데마고그들의 충동적인 연설장으로 바뀌었다. 현명한 견해보다 충동적인 견해가 다수의 지지를 받게 되었다. 자의적인 다수가 횡포를 부리기 시작하자 아테네는 급속히 쇠퇴하고 말았다.

다수의 지배 양식은 궁극적으로 내밀한 개인 영역을 보호할 수 없다. 그 영역이 무참히 파괴된 대표적인 사건이 BC 399년에 있었던 소크라테스의 사형 판결이다. 소크라테스는 청년을 부패시켰다는 이유와 나라에서 인정하는 신을 섬기지 않고 다이몬이라는 다른 신을 신봉하였다는 이유로 고소당했다. 그는 500인 인민 재판정의 1차 평결에서 280 대 220으로 유죄판결을 받고, 2차 평결에서 360 대 140으로 사형 판결을 받는다(플라톤, 2003: 169-177). 서구 역사상 가장 애석한 재판으로서 지금도『소크라테스의 변론』을 읽으면 안타까운 심정이 솟구친다.

여기서 지적하고 싶은 바는 신앙의 자유와 같은 양심의 영역이 아테네의 정치적 실존 양식에서 파괴될 수 있다는 애처로운 사실이다. 고급 자아가 저급 자아를 지배하는 적극적 자유의 실존 양식은 본질적으로 개인의 내밀한 영역을 인정하지 않는다. 저급한 자아가 숨어 있는 내밀한 양심의 영역은 고급 자아의 감시를 받아야 하기 때문이다. 이는 최근 인민민주주의국가에서 자아비판으로 개인의 내밀한 영역을 파괴하던 참혹한 경험을 떠올리게 한다. 개인의 내밀한 영역은 입헌 자유주의가 확립되고 나서야 불가침의 영역으로 확립되었다.

아테네가 패망하자 자기 지배의 이상은 정치사회에서 후퇴하여 내면의 성채로 은둔하기 시작하였다. 적극적 자유의 이상은 이제 금욕주의자, 정적(靜寂)주의자 및 스토아주의자의 내면세계에 자리 잡고 정치사회적 의미를 상실했다. 밀라노의 주교 암브로시우스는 이렇게 말한다. "현명한 사람은 설령 노예라고 해도 자유롭다. 이로부터 바보는 통치자의 자리에 있더라도 노예 상태라는 결론이 나온다."(벌린, 2006: 368에서 재인용) 자기 지배의 이상은 오직 내면의 세계에서 이루어지므로 외부 세계에서는 전혀 자기 지배의 증거를 찾을 수 없게 된 것이다. 고대 세계가 이렇게 끝나자 정치적 실존은 발랄했던 생명력을 완전히 잃고 내면의 성채로 숨어들어가 종교적 실존으로 탈바꿈하였다. 이것이 바로 내면의 성채에 천국을 건설하려 했던 중세의 시작이었다.

2. 입헌 자유주의와 사회적 실존

근대의 시민사회는 고대에 볼 수 없었던 새로운 사회구성체이다. 근대의 시민사회는 고대 아테네의 사사 영역이 사회화된 것이다. 그렇지만 시민사회는 고대의 사사 영역처럼 전제적 지배가 이루어지는 영역이 아니다. 그렇다고 고대의 공공 영역처럼 정치 생활을 하는 영역도 아니다. 고대의 사사 영역에서와 달리 시민사회에서는 자유롭게 경제생활이 이루어진다. 고대 아테네에서는 자유가 공공 영역에 부여되었지만, 근대사회에서는 자유가 사사 영역인 시민사회에 부여되었다. 사사 영역이 오히려 실존 영역이 된 것이다. 이제 시민들은 시민사회의 경제생활에서 실존을 구가할 수 있게 되었다. 이러한 실존 양식은 고대의 정치적 실존과 구별하여 사회적 실존으로 이를 수 있다.[5]

고대의 사사 영역이 어떻게 사회화되었는가 살펴보자. 고대의 사사 영역은 종족 생존 문제와 개체 생존 문제를 해결하는 필요의 영역이었다. 생존 활동은 가정에서 가사 노동으로 이루어졌다. 가사 활동은 크게 두 가지인데, 하나는 종족 생존 활동이고 다른 하나는 개체 생존 활동이다. 종족 생존 활동은 여성이 담당하였는데, 그것은 앞서 보았듯 산아와 육아이다. 개체 생존 활동은 가난한 시민일 경우 자기 자신이, 부유한 시민일 경우 자기의 노예가 담당했는데, 그것은 앞서 살펴보았듯 생산 활동이었다. 근대에 들어와 생산 활동은 가정의 울타리를 넘어서 사회화되었다. 자본주의사회가 도래한 것이다.

---

5) 사회적 실존 양식은 소극적 자유의 실존 양식이므로 앞으로 자유주의적 실존 양식으로도 불릴 것이다.

근대사회의 초기에 생산 활동이 사회화되기 시작하였다. 18세기 중엽의 산업혁명으로 생산 활동의 사회화는 급속하게 진척되었고, 현대의 세계화 시대에 들어와서는 전 세계로 확산되고 있다. 최근에는 산아 및 육아 활동도 사회화되기 시작하였다. 가장 내밀한 산아 문제까지도 대리모란 제도로 시장에서 거래되고 대행되는 지경에 와 있다. 그렇지만 전체적으로 보면 산아 및 육아의 본질적인 문제는 여전히 가정의 영역에 굳건히 자리 잡고 있다.

현대의 사회구성체는 이렇게 정치사회, 시민사회 및 가정이란 3영역으로 나뉘어 있다.[6] 이 가운데 시민사회의 영역에서 일어나는 생산 활동을 우리는 경제(economy)라고 부른다. 경제란 앞서 살폈듯이 집안 살림(oikonómos)이란 그리스 말에서 온 것이다.[7] 그런데 집안 살림(oikonómos)이 경제(economy)로 불리기 시작하면서 본래 의미가 변질되었다. 우선 개체 보존의 생산 활동과 종족 보존의 산육아 활동으로 이루어졌던 집안 살림(oikonómos)은 이제 개체 보존의 생산 활동을 주로 하는 경제(economy)가 되었다. 나아가 집안에서 이루어지던 개개인의 생산 활동(oikonómos)은 이제 집 바깥에서 이루어지는 집합적인 사회 활동(economy)이 되었다. 이런 현상을 더욱 뚜

---

6) '시민사회(civilis societas)'는 키케로가 처음 쓰기 시작했는데, 이 용어는 칸트에 이르기까지 '국가(civitas)'와 같은 의미로 사용되었다. 시민(cives)만이 국가의 구성원이 될 수 있었기에 시민의 사회는 당연히 국가로 이해되었던 것이다. 이러한 그리스-로마 전통의 국가관은 헤겔에 들어와 처음으로 바뀌었다고 한다. 헤겔은 시민사회(civil society)가 국가(polis, political society)와 다르다고 인식했다는 것이다. 헤겔은 '시민사회는 …… 가족과 국가 사이에 등장하는 분기점'이라고 했다. 헤겔은 시민사회를 특수성과 보편성을 매개하는 것이라고 이해했다고 한다(백종현, 2008: 100-103).
7) 집안 살림을 뜻하는 economy가 우리에게 넘어와서는 경세제민(經世濟民)을 뜻하는 거창한 용어인 경제(經濟)로 번역된 것은 신기한 일이다. 그래서 그런지 우리의 경제에 대한 관념은 서구인들의 economy에 대한 관념과는 다른 것 같다.

렷하게 나타내기 위해서 정치경제(political economy) 또는 국가 경제(national economy)란 말이 생겨나기도 하였다.

가사 노동의 사회화는 여성과 노예로 하여금 가정의 울타리를 박차고 자유로운 사회로 나오게 만들었다. 가정의 생산 활동이 사회화되자 농노의 종속적 지위에 묶여 있던 남성들이 시장으로 흡수되어 사회적 인격을 획득하였다. 점점 여성의 가사 노동도 사회화되어가자 여성들도 시장으로 흡수되어 사회적 인격을 획득하였다. 고대에 종속적인 지위에 있던 사람들이 모두 사회의 기초단위인 자유로운 개인(individual)이 된 것이다.

시민사회에서 자유로운 경제활동을 하려면 타인의 간섭이 없어야 한다. 고대의 경제활동은 앞에서 말했듯이 노예와 부인이 맡았는데, 자유 시민인 가장의 전제적 지배 아래 집안에서 수행되었다. 그러나 근대의 경제활동은 누구의 간섭도 받지 않고 시민들이 자유롭게 사회에서 수행하게 되었다. 이들이 누린 간섭받지 않을 자유(freedom as non-interference)는 콩스탕이 '근대인의 자유'로 부르기도 했지만, 이사야 벌린이 이름붙인 '소극적 자유'로 더 잘 알려져 있다.

소극적 자유는 다른 사람의 간섭 없이 스스로 할 수 있는 일을 할 수 있도록 방임되어야 할 행위 영역, 또는 스스로 될 수 있는 존재가 될 수 있도록 방임되어야 할 삶의 영역을 말한다(벌린, 2006: 344-359). 타인이 간섭할 수 없는 내밀한 공간으로서 소극적 자유는 자아를 분리시키지 않는다. 그곳에는 고급 자아든 저급 자아든, 이성적인 자아든 충동적인 자아든 불문하고 모든 자아가 자유의 주체가 된다. 따라서 소극적 자유에는 실수의 자유도 포함된다. 자기 고유의 행동 영역에서 저지른 일은 그것이 실수였다 하더라도 본인의 책임일 뿐 타인이 관심가질 사항이 아니다.

소극적 자유는 정치적 권리가 아니라 자연적 권리(natural rights)로 선언되었다. 따라서 정치사회에서 부여할 수도 박탈할 수도 없는 전 정치적 권리(pre-political rights)로 선언된 셈이다. 근대 초기에는 자연적 권리에 생명, 자유, 재산 또는 행복추구권을 포함시키곤 하였다. 여기서 자유는 종교의 자유를 중심으로 한 양심의 자유를 말한다. 이것들은 모두 소극적 자유의 내용을 구성한다. 소극적 자유는 정치활동을 할 수 있는 정치적 권리였던 적극적 자유와는 전혀 논리적 연관이 없다. 소극적/적극적이라는 대조적인 표현법 때문에 두 개념이 논리적 연관이 있을 듯이 보이지만 전혀 그렇지 않다. 이사야 벌린도 인정하듯이 두 개념은 서로 다른 관심과 상이한 문제의식에서 형성된 것이다(벌린, 2006: 343-344, 357, 359, 361).[8]

더욱이 소극적 자유와 적극적 자유는 정면으로 부딪칠 수밖에 없다. 앞서 살폈듯 고급 자아가 저급 자아를 지배해야 하는 적극적 자유의 개념은, 저급 자아도 자유의 주체로 삼고 있는 소극적 자유를 용납할 수 없다. 사실상 근대 역사에서 적극적 자유를 추구하는 민주주의자와 소극적 자유를 추구하는 자유주의자는 충돌하기 일쑤였다.

그러기에 처음에 자유주의는 논리적 친화성이 없는 민주주의와 연합할 수 없었다. 자유주의는 친화성이 있는 공화주의와 연합하여 입헌 자유주의의 정치체제를 창출하였다. 몽테스키외의 말처럼 군

---

8) 이사야 벌린은 「자유의 두 개념」이란 논문에서 '적극적 자유'와 '소극적 자유'를 상세하게 개념화시켰다. 그런데 이사야 벌린은 이 분류법이 안고 있는 오해의 소지를 깨닫고 있었다. 오해의 소지가 크다면 이 분류법은 성공적이라고 볼 수 없다. 정치학의 개념 분류법 가운데 최악의 것이 바로 적극적 자유와 소극적 자유의 분류법과 출처가 불분명한 간접민주주의와 직접민주주의의 분류법이다. 이런 분류 개념들은 오해의 소지가 있을 뿐만 아니라, 언어적 착시 현상까지 심어주고 있다. 우리의 언어 현실에서는 소극적인 것보다 어쩐지 적극적인 것이 나아 보이고, 간접적인 것보다 어쩐지 직접적인 것이 나아 보이기 때문이다.

주제의 옷을 입은 입헌 공화국이었던 영국과 명실공히 입헌 공화국으로 건국되었던 미국은 바로 입헌 자유주의의 종주국들이다. 그들을 민주주의의 원조 국가로 보는 것은 크나큰 잘못인 것이다.[9]

입헌 자유주의는 근대 정치의 선두 주자로 떠올라 근대의 정치 문명을 선도하였다. 경제 발전을 추진하면서 입헌 자유주의는 점차 정치 외연을 넓혔고, 그 결과 보통선거권이 확립되면서 자유민주주의로 발전하였다. 현대의 자유민주주의는 자유주의와 민주주의가 연합한 정치체제가 아니라 입헌 자유주의가 민주주의와 연합한 정치체제인 셈이다.

자유주의가 공화주의와 연합할 수밖에 없었던 까닭을 밝혀보자. 소극적 자유가 태생적으로 정치와 무관한 자연권이라 할지라도 정치사회에서 보호받지 못하면 누구도 이를 안심하고 누릴 수 없다. 적극적 자유의 민주적 실존 양식은 소극적 자유의 사회적 실존 양식을 지켜주지 않는다. 소크라테스의 사형 평결이 보여주듯이 개인의 내

---

9) 토크빌은 『미국의 민주주의』라는 역저에서 미국이 민주국가로 건국된 듯한 인상을 주고 있다. 그러나 『미국의 민주주의』라는 책의 원제목이 Democracy in America라는 것을 유의해보면 첫인상이 그릇되었다는 것을 알 수 있다. 원제목이 의미하는 바는 "미국에서 실행되고 있는 민주주의"이다. 당시에 민주주의는 2,000명가량의 인구를 가진 town에서 이루어졌다. town은 new england 지역의 정치 최소 단위였다. town에서 이루어진 민주주의는 소위 townmeeting democracy라고 불린다. town의 상부 조직들은 domocracy로 운영되지 않았다. 메디슨이 분명히 했듯이 그것은 공화주의(republic)로 운영되었던 것이다. 에이브러햄 링컨은 게티스버그 연설에서 '국민의, 국민에 의한, 국민을 위한 정부'라는 유명한 민주주의의 정치 원리를 설파한 것으로 여겨지고 있다. 그렇지만 그 연설문에는 democracy라는 단어가 단 한 번도 나오지 않는다. 링컨이 democracy란 용어를 쓸 때는 반드시 democracy in republic이라는 어구 단위로 썼다. 토크빌이나 링컨도 메디슨과 같이 democracy와 republic을 구별하여 썼고, 당시 미국의 정치제도는 democracy가 아니라 republic이라고 인식했던 것이다. 그들이 말하는 democracy는 아테네와 같이 작은 규모의 정치사회에서나 이루어질 수 있는 직접민주주의를 의미했다.

밀한 자유 공간을 민주적 실존 양식은 궁극적으로는 보장할 수 없다.

내밀한 자유 공간으로서 소극적 자유는 민주적 지배 체제에서는 존립할 수 없다. 하지만 법적 지배 체제에서는 존립 가능하다. 법은 민주적 지배처럼 인치적(人治的) 자의성을 갖고 있지도 않고, 무한한 지배를 추구하지도 않기 때문이다. 법의 지배는 자의적 지배를 배격하고 명시된 한계 내에서 공평무사한 지배를 구현한다. 따라서 소극적 자유가 법의 보장을 받으면, 누구나 안정적으로 사회적 실존을 누릴 수 있게 된다.

법의 지배를 자유의 한 형태로 이해하는 것이 공화적 실존 양식이다. 키케로는 말한다. "자유는 …… 우리에게 정의로운 주인이 있을 때 존재하는 것이 아니라 결코 아무도 없을 때에 존재하는 것입니다."(키케로, 2007: 187) 공화적 실존 양식은 인치(人治)를 거부한다는 것이다. "국가는 인민의 것입니다. …… 인민은 법과 공공 이익을 인정하고 동의한 사람들의 모임입니다."(키케로, 2007: 130)[10] 공화적 실존 양식은 법과 공공 이익을 추구하는 삶이라는 것이다.

루소도 같은 취지로 말한다. "자유로운 인민은 복종은 하지만 예종하지 않으며, 지도자는 두지만 주인은 두지 않는다. 자유로운 인민은 오직 법에만 복종하며, 타인에게 예종하도록 강제될 수 없는데, 이것은 법의 힘 때문이다."(비롤리, 2006: 17에서 재인용) 이처럼 루소도 공화적 실존을 준법 실천과 공익 추구에서 찾고 있다.

공화적 실존 양식은 준법 실천과 공익 실현의 삶으로서, 자의적 지배 양식과는 정면으로 부딪친다. 이런 전통을 좇아서 최근 페팃은 공화적 자유를 "비지배의 자유(liberty as non-domination)"로 정의한다. 여기서 비지배란 타인의 자의적 지배가 부재하는 상태를 뜻한다. 공

10) 김창성의 번역문이 어색해 보여서 다른 번역문을 참조해서 수정했다.

화적 자유는 소극적 자유와 부재(absence)의 개념을 공유하고 적극적 자유와 지배(mastery) 개념을 공유한다. 소극적 자유는 간섭의 "부재"를, 적극적 자유는 자기 "지배"를 뜻하기 때문이다. 따라서 공화적 자유는 소극적 자유와 적극적 자유의 사이에 존재하게 된다(Pettit, 1999: 19-20).

자의적 지배를 할 수 있는 권력의 범주에는 정치권력뿐만 아니라 경제 권력도 포함된다. 공화적 실존 양식은 경제 권력의 자의성을 제거하기 위해서 분배 구조의 극단적인 양극화를 배격한다. 이에 대한 루소의 말은 유명하다. 공화국이라는 이름에 걸맞은 나라에서는 어느 누구도 자신을 팔아버려야 할 정도로 가난해서는 안 되며, 어느 누구도 사적인 혜택을 미끼로 다른 시민들의 굴종을 사버릴 정도로 부유해서도 안 된다는 것이다.

이와 같은 공화적 실존 양식과 사회적 실존 양식이 결합되어 근대에 입헌 자유적 실존 양식이 완성되었다. 입헌 자유적 실존은 이중적인 실존 양식이다. 내밀한 자기 영역과 경제생활의 영역에서 개인적 실존을 확보하고 법과 공익의 정치 영역에서 정치적 실존을 누리는 것이다. 법과 공익의 정치 영역에서 누리는 정치적 실존은 민주주의의 정치적 실존과 다르다. 그래서 이를 공화적 실존으로 불렀던 것이다. 입헌 자유적 실존 영역을 좀 더 자세히 살펴보자.

먼저 입헌 자유적 실존의 정치 영역부터 살펴보자. 근대에 들어와 자의적 지배를 극복하기 위해서 대의제와 삼권분립 및 법의 지배가 확립되었다. 대표가 정책을 결정하고 시민은 대표를 뽑는 공화주의 전통이 대의제로 구축되었고, 권력의 자의성을 통제하기 위해서 분립된 권력이 서로 견제와 균형을 이루게 했으며, 자유의 한 형태로 법의 지배를 확립하였다. 그리고 헌법에 기본권 조항을 초헌법 사항으로 존치시킴으로써 기본권 보장이 법의 목적이 되었고 공공 이익의 핵심이 되었다.

입헌 자유적 실존의 사회 영역은 근대사회에서 활성화된 공공 영역으로 대표된다. 이 영역은 하버마스가 말하는 공공 영역(the public sphere)인데 아테네의 민주적 공공 영역과 크게 다르다. 고대의 민주적 공공 영역은 국가에 속해 있었는데, 입헌 자유적 공공 영역은 시민사회에 속해 있다. 이 영역은 사회적 실존이 추구되는 시민사회에서 공화주의적 관심이 자리 잡은 곳이다. 사회적 실존과 공화적 실존이 융합된 사회 영역으로서 정치체제와 시민 생활을 소통시키는 곳이기도 하다. 고대의 공공 영역은 정책 결정 기능을 가지고 있었지만, 이곳은 소통 기능이 주된 곳이다.

입헌 자유적 실존의 경제 영역은 물론 시민사회의 가장 큰 영역이다. 기업 활동과 노동 활동이 주로 이루어지는 곳이다. 초기 자본의 축적 과정에서 경제적인 삶은 막스 베버가 잘 보여주었듯이 철저히 금욕적인 실존의 삶이었다(베버, 2006). 이렇게 사회의 경제 영역은 개인의 내밀한 영역과 실존적으로 결합되어 있었다. 경제적 활동과 개인적 실존이 서로 결합되었던 것이다. 따라서 경제활동을 단순히 생존 활동으로만 치부해왔던 종래의 인식은 바뀌어야 한다. 초기의 부르주아가 경제활동 속에서 종교적 구원의 징후를 발견하려던 것처럼, 현대인들은 경제활동 속에서 자신의 실존을 확인하려 하고 있기 때문이다.

이렇게 창출된 입헌 자유적 실존의 조건은 무엇인가? 고대의 민주적 실존의 조건은 죽음을 무릅쓸 용기와 가정의 소유였다. 전투에서는 죽음을 무릅쓸 수 있을 만큼 자기를 지배하고, 평상시에는 집에서 여성과 노예를 지배할 수 있어야 했다. 이제 이러한 지배 능력의 조건은 사라지고, 재산 소유의 조건이 새롭게 등장하였다. 입헌 자유적 실존 양식에서는 일정한 재산을 소유한 사람들에게만 선거권을 부여했던 것이다.

1679년에 영국에서 선거 개혁 법안이 제출되었는데, 가옥 소유자와 200파운드를 보수로 받는 사람만 투표할 수 있다는 조항이 제안되었다. 이 조항의 목적은 왕으로부터 독립적일 수 있을 만큼의 충분한 자산을 가지고 있고, 따라서 왕이 꾀하는 부패한 일에 영향을 덜 받을 만한 사람에게만 투표권을 부여하기 위한 것이었다(마넹, 2007: 129).

1787년 미국의 필라델피아 제헌의회에서 투표권의 재산 조건이 거론되었다. 거론했던 이유는 재산이 없는 사람은 부자들에 의해 부패하기 쉽고, 그들의 도구로 전락할 수 있기 때문이었다. 물론 이 조건은 채택되지는 않았는데, 그 까닭은 연방헌법의 비준에 혹시 악영향을 끼칠까봐 주의 헌법 사항으로 위임했기 때문이다. 당시에 주의 헌법에는 서로 다른 재산 조항들이 있었다. 급진적인 펜실베니아의 주 헌법은 투표권을 성인 납세 자유인으로 확대하여 소무역상, 독립 장인, 기계공도 투표할 수 있었다. 보수적인 버지니아의 주 헌법에서는 투표권이 부동산 소유자들에게 국한되어 있어서 독립 장인과 기계공이 제외되었다(Pole, 1969: 206, 272, 295).

1789년 프랑스의 제헌의회는 광범위한 참정권을 제정했지만, 오늘날의 기준으로 보면 제한적인 것이었다. "능동적 시민"의 자격을 얻기 위해서는 3일치에 해당하는 임금을 직접세로 지불해야만 했다. 게다가 여성, 노예, 극빈자, 유랑민 및 수도승은 투표를 할 수 없었는데, 그 이유는 자신만의 정치적 의지를 가지기에는 그들의 처지가 다른 사람들에게 너무 의존적이라는 것이었다(마넹, 2007: 130-131).

이렇게 영국, 미국, 프랑스에서는 선거권에 모두 납세 조건 및 재산 조건을 붙였다. 그 까닭은 국민대표를 뽑는 선거에서는 권력의 압력이나 돈 공세에 굴복하지 않고 자기 양심에 따른 정치적 실존을 잃지 않을 사람에게 투표권을 부여하려 했기 때문이다. 일정한 소득이나 재산은 입헌 자유적 실존의 방파제이기도 했던 셈이다.

일정한 소득이나 재산은 경제 중심의 시민사회에서 사회적 실존을 확보한 사람의 징표이다. 사회적 실존은 앞서 살폈듯 소극적 자유를 누리는 삶이고, 구체적으로는 자연권의 내용을 이루는 생명, 자유, 재산 및 행복을 추구하는 삶이다. 여기서 거론된 자유는 물론 양심의 자유를 말한다. 사회적 실존 양식에서는 이런 가치들이 서로 연계되어 있다. 생명이 없으면 자유를 누릴 수 없고, 생명이 있더라도 자유가 없으면 행복을 추구할 수 없듯이 말이다. 따라서 앞서 살폈듯 재산이 없으면 양심의 자유를 온전하게 확보할 수 없을 것으로 상정하는 것은 당연했다.

사회적 실존을 획득하지 못하면 정치적 실존을 확보할 수 없다는 입헌 자유주의의 명제는 지금도 여전히 유효하다. 이런 명제를 저버렸던 인민민주주의국가에서는 인민들의 실존이 무참히 파괴되었다. 시민사회가 전혀 발달하지 못한 북한과 같은 결손 사회에서는 인민들이 사회적 실존을 전혀 확보할 수 없고, 바로 그렇기 때문에 정치적 실존은 꿈도 꿀 수 없다는 사실은 이제 두말할 필요도 없을 정도로 잘 알려져 있다.

3. 현대 정치와 정치사회적 실존

자본주의가 성숙하면서 가사 활동의 사회화는 급진전되었고, 이에 따라 선거의 재산 조건과 성(性)차별이 사라졌다. 선두 주자 영국에서는 1928년에 보통선거제가 실시되었고, 미국에서는 흑백 문제가 해결되는 1960년대에 들어와서 실질적인 보통선거가 완성되었다. 선진국으로서는 맨 마지막으로 스위스가 1971년에야 여성이 참여하는 보통선거제를 실시했다. 입헌 자유주의가 단계적으로 정치 외연을 확대하여 마침내 현대 정치제도로 발전되었던 것이다.

정치 외연의 확대 과정은 실존 조건의 변화 과정과 맞물려 있다. 앞서 보았듯 고대의 실존 조건이 가정의 소유였다면, 근대의 실존 조건은 재산의 소유였다. 가정 소유의 조건이었을 때 정치적 실존은 엄격한 계급 지배 구조에 기초했고, 재산 소유의 조건이었을 때 정치적 실존은 불평등한 분배 구조에 기초했다. 현대인의 실존 조건은 이제 점차 직장 소유의 조건으로 이동하고 있다. 현대에 가장 주목받는 경제 통계치는 실업률이고 정치의 목표는 직장을 늘리는 것으로 보일 정도다.

20세기에 들어와 여성들도 대대적으로 사회에 진출하였다. 이에 따라 시민사회는 이제 명실공히 남녀노소를 불문하고 대부분 직장을 다니는 대중사회로 탈바꿈되었다. 더욱이 21세기의 세계화 시대에 들어서자 이제는 직장을 찾아 국경을 넘나들고 있다. 국적을 불문하고 적임자가 있으면 불러들이는 기업 풍토가 확대되고 있으며, 공공 기관에서 조차도 타국적의 전문가를 채용하는 데 주저하지 않는다.[11] 현대인의 실존 조건으로서 재산보다 직장이 더 중요해지고 있다고 보아도 무리가 아닐 것이다.

이러한 사회 배경을 안고 현대의 정치제도가 완성되었다. 현대의 정치제도는 자유민주주의라고 불리기도 하고 그냥 민주주의라고 불리기도 한다. 이런 이름들은 우리를 오도하기 쉽다. 자유민주주의라

---

11) 일례로 우리나라 기상청은 2009년 8월 20일에 기상선진화추진위원장으로 미국 오클라호마대학교의 석좌교수였던 켄 클로포드 박사를 임용하였다. 전문계약직 공무원으로 채용된 클로포드 박사는 2013년 2월 20일까지 3년 반 동안 근무했다.

고 부르면, 자유주의와 민주주의가 복합된 것으로 여기게 된다. 앞서 살펴보았지만 자유주의적 실존과 민주주의적 실존은 양립하기 어렵다. 그러니까 자유민주주의라는 용어는 형용모순에 빠진 것처럼 보인다. 사실상 현대의 정치제도는 입헌 자유주의가 민주주의와 결합된 것이고, 더 자세하게는 공화주의를 매개로 자유주의와 민주주의가 결합된 것이다. 그러니까 현대의 정치제도를 그냥 민주주의라고 부르면 더 큰 오해가 생긴다.

자유주의, 공화주의 및 민주주의가 복합된 현대 정치제도가 지지하는 실존 양식은 삼중적인 실존 양식이다. 내밀한 자기 영역과 경제생활의 영역에서 개인적 실존을 확보하고, 법과 공익의 정치 영역이나 시민사회의 공론장에서 공화주의의 정치적 실존을 누리고, 선거나 국민투표, 발안 및 소환의 정치 활동에서 민주주의의 정치적 실존을 누리는 것이다. 삼중적인 만큼 현대인의 실존 양식은 변화무쌍하고 역동적이다. 왜냐하면 세 가지의 실존이 현대인의 실존 양식 속에서 서로 중심에 서려고 하기 때문이다.

이와 마찬가지로 현대의 정치도 과거 어느 때보다도 역동적이 되었다. 왜냐하면 복합된 자유주의, 공화주의 및 민주주의가 서로 중심에 서고자 상호 견제하기 때문이다. 따라서 사회적 실존 조건의 변화에 따라 세 이념의 균형점은 이동을 계속해왔으며, 최근에도 균형점의 이동은 계속되고 있다. 보통선거의 실시로 완성된 대의 민주주의에 직접민주주의의 정치 기제가 도입되었고, 최근에는 공론 민주주의가 확대되고 또한 참여 민주주의를 도입하자는 목소리도 커지고 있다.[12]

12) 공론 민주주의라는 용어는 2009년 6월 8일에 사단법인 '시대정신'에서 주최한 "민주주의란 무엇인가"라는 세미나에서 발표한「공론 민주주의의 가능성」이란 논문에서 내가 처음 도입한 용어이다. 공론 민주주의는 심의 민주주의를 대치

세 이념이 어떻게 균형 잡고 있느냐에 따라 각국의 정치 상황은 다르고, 각 국민의 실존 양식에도 차이가 난다. 그렇지만 현대인의 정치사회적 실존 양식은 입헌 자유적 실존과 민주적 실존의 정합 가능 범위 내에서 결정되고 있다. 현대인의 정치사회적 실존 양식을 드러내려면 입헌 자유적 실존과 민주적 실존의 결합 양식을 살펴야 한다. 그것은 공화주의와 민주주의의 결합 양식과 자유주의와 민주주의의 결합 양식으로 구성된다. 입헌주의와 자유주의는 이미 입헌 자유적 실존으로 결합되었기에 여기서 거론할 필요가 없다. 이들을 순차적으로 살펴보자.

공화주의와 민주주의의 결합 양식은 세 가지의 모습을 보여준다. 첫째, 공화적 실존은 확대되고 민주적 실존은 통제된다. 둘째, 대표의 성격은 이중성을 띠게 된다. 셋째, 시민사회에 존재하던 공공 영역은 공론 민주주의로 확대되고 있다.

먼저 확대된 공화적 실존의 모습과 통제된 민주적 실존의 모습을 보자. 입헌 자유적 실존 양식 속에서 공화적 실존은 일정 부분 제한되었다. 공화적 실존의 조건은 자의적 지배를 배제하는 것인데, 입헌 자유적 실존 양식은 이것을 완전히 배제하지 못했다. 입헌 자유주의에서는 가난 때문에 양심을 팔만한 사람들에게는 선거권을 주지 않았던 것이다. 선거권을 얻지 못한 사람들은 가난이 강제하는 자의적 지배에서 벗어나지 못한 꼴이다. 이제 대중 복지사회가 도래하고 보통선거제가 확립되면서 가난의 자의적 지배는 극복되고 있다.

입헌 자유주의와 만나면서 민주적 실존 양식은 세 겹으로 제한되었다. 우선 공화적 실존이 확대됨으로써 민주적 실존 양식의 계급성

한 용어이다. 심의 민주주의는 공화주의적 관심과 민주주의적 관심이 결합된 정치 기제이다. 심의 민주주의의 자세한 내용에 대해서는 나의 글(김주성, 2008)을 참조하라.

은 완전히 극복되었다. 고대 민주 사회의 계급성은 본질적으로 적극적 자유의 자아 분리에서 기인하는데, 확대된 공화적 실존에 밀려 사라지게 된 것이다.

민주적 실존 양식이 가지고 있는 다수의 횡포 가능성도 극복되었다. 모든 권력은 법을 통해서 행사되어야 했기 때문이다. 공화적 실존 양식을 훼손할 수 없도록 민주적 실존이 통제된 것이다. 공화적 실존은 준법과 공공 정신으로 실현된다. 따라서 헌정의 위기 상황이 아니면 민주적 실존은 공화적 실존 양식을 훼손할 수 없다.

마지막으로 민주적 실존 양식은 개인 영역을 침범할 수 없게 되었다. 민주적 실존은 헌법에 보장된 기본권을 존중하지 않으면 안 되었다. 민주적 실존 양식은 자유주의가 주장하는 자연권을 직접적으로 허용하지 않았다. 그것은 공화주의가 주장하는 법의 지배를 받아들였기 때문에 기본권을 존중하게 되었다. 이제 소크라테스의 비극이 현대사회에서 공공연히 되풀이 될 수는 없다.

보통선거로 뽑힌 대표는 이중적 성격을 갖게 되었다. 전통적으로 공화주의에서는 선거를 통해 엘리트를 대표로 뽑았고, 민주주의에서는 추첨을 통해 일반인을 대표로 뽑았다. 선거(election)는 엘리트(elite)와 어원이 같다. 엘리트 대표는 수탁자(trustee)로서 독립성을 가지고 소신 있게 정치를 할 수 있고, 일반인 대표는 대리인(delegate)으로서 전적으로 선거인들의 뜻에 따라 정치를 해야 한다. 그런데 보통선거는 민주적 성격과 공화적 성격을 함께 가지고 있다. 마넹은 이렇게 말한다. "선거에 대한 근본적인 사실은 선거가 동시에 그리고 확고하게 평등주의적이고 불평등주의적이며, 귀족주의적이고 민주주의적이라는 것이다."(마넹, 2007: 188) 보통선거에는 누구나 참여하므로 평등주의적이고 민주주의적이지만, 보통선거로 엘리트가 뽑히므로 불평등주의적이며 귀족주의적이라는 것이다.

보통선거가 이렇게 이중성격을 가지므로 뽑힌 대표도 수탁자이면서 동시에 대리인이라는 이중성격을 지니게 되었다. 이제 대표는 자신이 내건 공약을 반드시 지켜야 하는 것도 아니지만, 그렇다고 전혀 무시할 수도 없다. 선거구민의 뜻을 언제나 따라야 하는 것도 아니지만, 그렇다고 전적으로 거스를 수도 없다. 왜냐하면 다음 선거에서 선거구민의 심판을 받아야 하기 때문이다. 공약을 전혀 안 지키거나 선거구민의 뜻을 너무 무시하면, 다음 선거에서 재선될 수 없다. 따라서 대표는 모호한 위치에 서 있다. 대표의 이중성이나 모호성은 현대 정치의 역동성을 키우는 원천이기도 하다.

셋째로, 시민사회의 공공 영역이 최근에는 공론 민주주의로 확대되고 있다. 공론 민주주의는 국민의 다양한 정치 의사를 공론장에서 여과하여 정책 결정에 반영하는 새로운 정치 기제이다. 공공선에 대한 공화주의적인 관심과 정치 참여에 대한 민주주의적이 관심이 융합된 정치 기제인 것이다. 국민의 정치 의사를 실현하려는 민주주의는 국민이 감정적이거나 정보에 어두울 때 공공선을 실현하지 못하는 단점이 있다. 공론 과정을 거치면 이러한 단점을 보완할 수 있다. 공론 과정에서 풍부한 정보를 얻고 이성적으로 정치 의사를 검토할 수 있기 때문이다. 따라서 공론 과정을 거친 국민의 정치 의사는 수준 높은 정치 의사로 재탄생된다. 공론화된 정치 의사가 정책 결정에 반영되면 공공선의 실현 가능성이 높아질 것은 두말할 필요도 없다.

공론 민주주의가 최근에 대두된 까닭은 현대의 정당 민주주의가 위기에 빠져들었기 때문이다. 최근의 정당들은 너무나 파당적 대결주의에 빠져 있어 의안 심의를 심도 있게 하지 못한다. 그들은 당론을 관철시키고자 대화보다는 투표를, 심의보다는 투쟁을 일삼는다. 그러기에 이른바 '대표의 실패'가 거론되고 이를 극복하기 위해서 공론 민주주의가 대두되었다.

공론 민주주의는 대의 민주주의를 대체하는 것이 아니라 보완하는 것이다. 대의 민주주의에서는 선거로 뽑힌 국민대표들이 시민사회와 정치체제를 매개한다. 다원화된 현대사회에서는 국민대표의 매개 역할에 한계가 있기 마련이다. 소수의 국민대표들이 다원 사회의 복잡다기한 이해관계를 모두 파악하기도 어렵고 적절하게 판단하기도 어렵다. 현대에는 시민사회의 자기 조직 능력이 성장했으므로 정책 결정 과정에 이러한 시민사회의 의견이 표명될 수 있도록 하는 것이다.
　이제 대척점에 있던 자유주의와 민주주의가 어떻게 결합하고 있는지 살펴보자. 대립되던 자유주의와 민주주의가 만날 수 있는 까닭은, 앞서 보았듯이, 민주적 실존 양식이 공화적 실존 양식에 의해서 여러 겹으로 통제되었기 때문이다. 이제 민주주의가 개인의 영역을 파괴할 가능성은 거의 없어졌다. 공화주의로 매개되었기 때문에 자유주의와 민주주의는 서로 보완관계로 접어들었다. 현대 민주주의는 표현의 자유와 같은 자유주의적 실존 양식 덕분에 확대되었으며, 자유주의적인 실존은 민주주의의 지지를 받아 현대의 실존 양식 속에서 더욱 확고한 위치를 차지하게 되었다.
　현대 민주주의는 자유주의적 실존을 회복하면서 확대되었다. 예를 들어 권위주의 시대의 민주화 세력들은 가장 시급한 목표로서 기본권과 같은 자유주의적 가치를 회복하려고 하였다. 언론 출판의 자유와 같은 자유주의적 가치가 먼저 회복되지 않으면, 민주 운동이 숨 쉴 수 없었기 때문이다. 이처럼 현대에는 자유화가 민주화에 선행한다. 민주화를 추동하는 것은 자유화이기 때문이다.
　또한 자유주의적인 실존은 민주주의의 지지를 받아 더욱 확고한 가치로 자리 잡는다. 예를 들어 최근에는 자유주의의 가치가 얼마나 보장되고 있느냐를 민주화의 척도로 사용하기도 한다. 프리덤하우스(Freedom House)에서 발표하는 시민적 자유(civil liberties)의 척도가 민주정치의 발전 척도로 사용되고 있다. 시민적 자유는 인권과 같은 자유주의적인 가치이다. 이와 같은 자유주의적 가치의 등급이 낮아지면 민주주의가 후퇴했다고 주장되기도 한다(임혁백, 2009: 187-188).

그런데 이러한 결합 양식이 확고부동한 것은 아니다. 자유주의와 민주주의는 공화주의를 사이에 두고 경쟁 관계에 있기 때문이다. 최근에 자유화의 욕구와 민주화의 욕구가 부딪치면서 현대인의 실존 양식은 긴장 국면에 접어들었다. 이와 같은 징후를 보여주는 대표적인 사건을 예시해보자.

2008년에 일어났던 미국산 쇠고기 수입 반대 촛불 시위는 자유화의 욕구와 민주화의 욕구가 부딪쳐 일어난 사건이었다. 한미 FTA 협정안은 무역자유화의 욕구로 마련된 것이다. 그러나 FTA 협정안의 쇠고기 수입 조건을 즉시 바꾸고자하는 민주화의 욕구가 촛불로 타올랐다. 국민 모두의 요구처럼 울려 퍼졌던 쇠고기 수입 반대의 목소리는 국가 운영을 일시 마비시킬 정도였다.

이처럼 자유화의 욕구와 민주화의 욕구는 팽팽한 긴장을 연출하기도 한다. 긴장 국면에 접어들면 현대인의 실존 양식은 새로운 균형점을 찾아 이동해가지 않을 수 없다. 새로운 균형점을 찾는 과정에서는 정치제도의 실존적 가치가 재점검되고 재정립될 것이다. 예를 들어 시위에서 마스크 착용을 허용할 것인가의 문제를 보자.

민주주의적 실존의 관점에서는 마스크의 착용을 허용해야 하느냐 말아야 하느냐의 문제에 궁극적으로 관심이 없다. 민주주의적 관심은 국민 모두가 그것을 원하느냐 아니냐에 집중되기 때문이다. 국민이 원한다면 일률적으로 허용해야 하고, 원하지 않으면 일률적으로 금지해야 한다. 그렇지만 자유주의적 실존의 관점에서는 마스크를 착용하는 것이 표현의 자유에 포함되는가 안 되는가가 관건이다.

마스크 착용이 우리의 내밀한 실존을 확충할 수 있는가를 묻는 것이다. 국민투표로 결정할 것이 아니라면, 마스크 허용 문제는 민주주의적 실존의 관점에서보다는 자유주의적 실존의 관점에서 검토되어야 한다.

현대인의 실존 양식이 큰 탈 없이 새로운 균형점을 찾으려면, 전통적인 공화주의적 실존 양식의 매개 기능이 제 역할을 해야 한다. 자유화의 욕구와 민주화의 욕구가 자아내는 긴장 국면은 공화적 실존의 매개 역할이 없으면 해소될 수 없기 때문이다. 이런 때에 공화적 실존 양식을 폄하하는 사태는 우려를 자아낸다. 행정수도이전특별법의 위헌 판결 사건을 재음미해보자.

2004년 10월에 행정수도이전특별법이 헌법재판소에서 위헌 판결되자 '사법 쿠데타'라고 몰아붙이는 정치 세력도 있었다. 쿠데타란 정부를 불법적으로 장악하는 것을 말하는 것이다. 헌법재판관이 위헌 판결로 정부를 장악할 수 있는 것도 아닌데, 사법 쿠데타라고 몰아간 것은 형용모순이 아닐 수 없다. 헌법재판소는 공화주의적 실존 양식의 대표적인 공공 기관이다. 이런 기관이 폄하되는 것은 위험한 일이다.

현대 한국의 실존 양식은 세계 어느 곳의 것보다 역동적이다. 현대 한국의 실존 양식이 어떤 균형점에서 안정을 찾을 것인지는 우리뿐만 아니라 세계인의 초미의 관심사가 되었다.

참고 문헌

김주성, 2008, 「심의민주주의인가, 참여민주주의인가?」, 『한국정치학회보』 42(4): 5~32.

달, 로버트, 2006,『민주주의』, 김왕식 외 옮김, 동명사.

마넹, 버나드, 2007,『선거는 민주적인가』, 곽준혁 옮김, 후마니타스.

백종현, 2008,「헤겔의 '시민사회'론」,『철학사상』30: 95~129.

벌린, 이사야, 2006,『이사야 벌린의 자유론』, 박동천 옮김, 아카넷.

베버, 막스, 2006,『프로테스탄트 윤리와 자본주의 정신』, 김상희 풀어씀, 풀빛.

변정심, 1999,「기원전 5세기 아테네의 프닉스 민회장」,『서양고대사연구』7: 23~42.

비롤리, 모리치오, 2006,『공화주의』, 김경희 외 옮김, 인간사랑.

서유경, 2002,「아렌트 정치적 실존주의의 이론적 연원을 찾아서」,『한국정치학회보』36(3): 71~89.

아리스토텔레스, 2006,『니코마스 윤리학』, 이창우 외 옮김, 이제이북스.

임혁백, 2009,「한국 민주주의, 어디에 와 있으며 어디로 가고 있는가?」,『시대정신』44: 177~204.

키케로, 2007,『국가론』, 김창성 옮김, 한길사.

토크빌, 알렉시스 드, 2006,『미국의 민주주의 I, II』, 임효선 외 옮김, 한길사.

플라톤, 2003,『에우티프론』,『소크라테스의 변론』,『크리톤』,『파이돈』, 박종현 역주, 서광사.

Aristotle, 1985, *Nichomachean Ethics,* translated by Erence Irwin, Indianapolis: Hackett Publishing Company.

Pettit, Philip, 1999, *Republicanism: A Theory of Freedom and Government,* Oxford: Oxford University Press.

Pole, J. R., 1969, *Political Representation in England and the Origins of the American Republic,* Berkeley: University of California Press.

Tocqueville, Alexis de, 1969, *Democracy in America,* translated by George Lawrence, New York: Anchor Books.

제4부   **좋은 삶과
좋은 정치**

13장 좋은 삶과 정치:
좋은 삶을 누리는 정치적 주체는 누구인가?

김용민

1. 서론

인간은 행복을 추구한다. 행복을 보장해주는 삶이 좋은 삶이며, 정치의 목적은 좋은 삶을 현실의 정치 공동체 안에서 실현하는 데 놓여 있다. 현세에서의 좋은 삶을 추구하는 정치는 내세에서의 좋은 삶을 추구하는 종교와는 다르다. 좋은 삶은 자기 혼자만 잘 사는 그런 이기적 삶이 아니라, 동료 시민들과 더불어 잘 사는 협동적 삶을 의미한다. 더불어 잘 산다는 것은 다름 아닌 공동선(Common good)이며, 정의(Justice)는 바로 공동선을 실현하는 으뜸가는 덕이며 원칙이다. 정치는 정의에 입각해서 같은 국가에 사는 시민에게 좋음과 행복을 보장하는 것을 목적으로 삼는다.

정의를 실천하는 것이 정치(권력)의 몫이라면, 정의가 무엇인지를 알려주는 것은 철학(지혜)의 몫이라고 할 수 있다. 철학자들은 인간의 본성, 행복, 좋은 삶, 공동선, 정의, 국가, 시민 등등의 관념이 무엇인가에 대해 끊임없이 탐구해왔고, 각자 나름대로 이것에 대한 대답을 제시해왔다. 그러므로 철학의 도움과 안내 없이는, 정치는 그 목적조차 설정할 수 없다. 무엇이 정의이고, 행복이고, 공동선인지 모르는데, 정치가 독자적으로 그 나아갈 방향을 결정할 수 있겠는가? 플라톤의 『국가』, 루소의 『사회계약론』, 롤즈의 『정의론』이 그러했듯이, 철학은 정치를 지도해왔고, 또 지도를 해야 할 당위성이 존재한다. 철학의 지도가 없는 정치는 흔히 망망대해에서 방향타를 잃은 배로 비유된다. 좋은 삶은 우리가 현재 누리고 있는 기존의 삶을 의미하기보다는 우리가 도달해야 할 보다 나은 삶, 바람직한 미래의 삶을 의미하기 때문에 이에 대한 성찰은 철학의 도움을 더욱 필요로 한다.

좋은 삶에 관한 논의는 전통적으로 정치체제와 교육과 연관되어 진행되어왔다. 좋은 삶을 보장하는 정치제도가 필요하고, 좋은 삶을 영위하는 주체인 시민을 교육시켜야 할 필요성이 있기 때문이었다. 플라톤은 『국가』 8, 9권에서 시민의 성격 및 시민이 누리는 삶의 방법이 모두 정치체제의 유형에 따라 결정되고 있음을 잘 보여주고 있다. 루소 역시 정치체제가 시민의 성격 형성이나 삶에 있어서 가장 중요한 요인임을 다음과 같이 주장하고 있다. "나는 모든 것이 정치에 뿌리를 내리고 있음을 보았고 어떤 것이 시도되든 간에, 사람들의 성격은 그들이 속한 정부의 성격이 만들어놓은 바로 그 이상의 것이 아니라는 것을 보아왔다."(Rousseau 1953: 377) 여기서 정치체제의 유형이나 정부의 성격은 그 체제가 추구하고 있는 정치적 덕목에 따라 규정된다. 교육은 이러한 정치적 덕목에 맞춰 시민을 형성함으로써 주어진 체제를 유지하고 삶의 방법을 보존하는 데 기여하게 된다. 그러므로 시민의 좋은 삶을 위해서는 무엇보다도 먼저 정치적 덕목이 정당하고 올바를 것이 요구된다. 앞에서 언급된 플라톤, 루소, 롤즈의 철학 등에 잘 나타나 있듯이, 전통적으로 철학은 이러한 덕목들을 제시해왔다.

좋은 삶과 정치의 관계는 너무 근본적이고 포괄적인 주제이긴 하지만, 우리가 "좋은 삶을 누리고 있는 정치적 주체가 과연 누구인가?"라는 문제에 초점을 맞춰 논의의 폭을 줄인다면, 좋은 삶에 대한 하나의 관점을 마련할 수 있을 것이라고 생각된다. 누가 좋은 삶을 누리는 정치적 주체인가에 대한 논의는 시대에 따라 변화해왔다. 고대 그리스 철학자들은 지혜를 갖춘 이상적인 통치자가 좋은 삶을 누릴 수 있다고 보았다. 플라톤은 『국가』에서 "철인 왕(philosopher king)"을, 『정치가』에서 "정치가(statesman)"를, 『법률』에서 "입법자(law giver)"를 이상적인 통치자의 유형으로 제시하고 있으며, 크세노폰은 『키루스의 교육』에서 "키루스 왕(King Cyrus)"을, 그리고 아리스토텔레스는 『정치학』에서 "좋은 사람(good man)"을 좋은 삶을 누리는 주체로 각각 제시하고 있다. 헬레니즘 시대(323~31 BC)의 끝 무렵에 살았던 로마 공화국의 키케로는 『이상적인 웅변가에 관하여』에서 철학적 지식을 갖춘 "웅변가(orator)"를 좋은 삶을 누리는 새로운 통치자의 유형으로 제시하고 있다.

시민이 좋은 삶을 향유해야 하는 주체로서 확실하게 부각된 것은 아리스토텔레스에 의해서였다. 그는 정치의 목적은 공동체에 사는 시민에게 최고의 좋음을 부여하는 데 있다는 것을 분명히 했다. 그는 시민에 대한 가장 고전적인 정의를 내리고 있는데, 시민은 "심의와 결정이 요구되는 관직에 참여할 자격이 있는 사람"으로 정의된다(*Politics*, 1275b20). 다시 말해 시민은 민회나 재판에 참여해서 정치적, 혹은 사법적 사안에 관해 심의하고 결정을 내릴 수 있는 권리를 갖는 사람이다. 시민은 폴리스에서 "참여(participation)"와 "심의(deliberation)"를 통해 스스로 좋은 삶을 설계하며, 또한 이러한 참여와 심의의 과정에서 행복을 느낀다. 25세기 전에 아리스토텔레스가 강조하고 있는 참여와 심의라는 시민적 기능을 현대의 심의 민주주의나 절차적 민주주의가 좋은 삶의 구현을 위해서 아직도 실천해야 하는 목표로 삼고 있는 것은 심히 놀라운 일이 아닐 수 없다.

아리스토텔레스 사후, 헬레니즘 시대의 도래와 더불어 좋은 삶의 주체는 더 이상 통치자도 시민도 아니게 되었다. 알렉산더대왕이 이룩한 대제국의 지배하에 놓인 그리스의 도시국가들은 더 이상 자신들의 정치적 이상인 자유와 독립을 추구할 수 없게 되었으며, 정치적 주권을 상실한 그리스인들은 자신들이 더 이상 주체적으로 참여할 수 없게 된 외부의 정치 세계에서 벗어나서 자신의 내면세계에서 평화와 행복을 찾으려고 하였다. 그리스인들은 추상적인 진리나 이론의 문제보다는 현실적인 행복의 문제에 관심을 더 많이 가지게 되었으며, 철학은 이러한 시대의 요구에 따라 인간의 욕구, 쾌락, 행복 등을 충족시켜주는 방법과 고통을 치유하는 방법을 제공하는 수단적 학문으로 변질되었다. 스토아학파와 에피쿠로스학파는 시대적 요구에 부응하는 철학으로 새롭게 부상하였으며, "덕이 곧 행복" 또는 "쾌락이 곧 행복"이라는 윤리 원칙을 내세워 개인주의적이고 비정치적인 삶을 좋은 삶의 모델로 제시하였다. 이 모델은 시민이 정치에 참여하고 정사를 심의하는 것이 거부될 때, 시민이 부차적인 혹은 부정적인 좋은 삶으로 어떤 대안을 추구하는지를 잘 보여주고 있다.

개인주의적 윤리 원칙이 성행하던 헬레니즘 시대에 로마 공화국의 키케로는 시민을 좋은 삶의 주체로 다시 정립하고자 했다. 정치적 독립을 상실한 그리스인들과는 달리 정치적 독립을 유지해온 로마 시민들은 "정치에 참여하고 정사를 심의할 수 있는 권리"를 지녔는데, 키케로는 "모든 인간은 이성의 법이고 정의의 법인 하나의 자연법에 지배되므로 모든 인간은 도덕적으로 평등한 동료 시민으로 존재하게 된다."는 자연법적인 논리로 시민의 평등한 권리를 옹호하고 정당화했다(De Legibus, I. 23). 이제 시민들은 자연법을 통해서 평등해졌고, 자신들의 정치적 권리를 자연법이라는 최상의 법을 가지고 보장할 수 있게 되었다. 키케로가 새롭게 규정하고 있는 시민은 도덕적으로 평등하며 자연법에 근거해서 권리를 보장받는다는 점에서, 불평등한 인간관에 근거하고 자연법적인 보장이 결여된 아리스토텔레스의 고전적 시민보다는 진일보한 존재로 나타나고 있다. 그러나 키케로가 주장하고 있는 시민의 도덕적 평등은 그 실천성이 결여된 선언적 규정에 불과하다는 점에서, 법 앞에서의 만인의 평등을 보다 실질적으로 주장한 근대의 법적 평등관과 차이점을 보인다.

중세에 들어서 종교적 삶이 좋은 삶으로 여겨졌으나, 정치가 종교의 구속에서 벗어나 자율적 성격을 띠게 된 근대에 들어서서는 자주적 시민의 등장과 함께 시민적 삶이 좋은 삶의 유형으로 새롭게 부각되었다. 근대적 시민은 계약을 통해 국가를 만들 정도로 자유롭다는 면에서, 국가의 행복이 개인의 행복보다 우선한다는 목적론에 맞춰서 자유의 제한을 받아들여야 했던 고대적 시민과는 달랐다. 사회계약론은 자연권 이론을 통하여 시민을 자유롭고 평등한 존재로 선언하였으며, 나아가서 국가를 설립할 수 있는 정치적 권리를 지닌 시민이 정치에 참여하고 정사를 심의할 수 있는 권리를 지니고 있음을 천명하였다. 물론 이러한 시민의 권리가 실질적으로 실현되기까지에는 수 세기의 경험과 역사가 필요하였지만 말이다.

근대 정치철학자들은 다양한 시민 유형을 좋은 삶을 향유할 수 있는 주체로서 제시했다. 마키아벨리는 종교와 도덕의 구속에서 해방된 공화주의적 시민을, 홉스는 자신들이 창조한 리바이어던의 명령을 따르는 신민을, 로크는 자유와 소유를 향유하는 신사를, 스피노자는 신에 대한 지적 사랑을 통해 자유와 덕을 겸비한 시민을, 몽테스키외는 미덕과 이익의 조화를 추구하는 상업 공화국의 시민을, 루소는 일반의지에 복종하는 자연인이며 동시에 시민인 에밀을, 칸트는 윤리 공화국에서 선의지와 정언명법을 따르는 도덕적 시민을, 헤겔은 절대정신을 구현하고 있는 국가의 명령을 따르는 애국 시민을, 벤담과 밀 등의 공리주의자들은 쾌락과 효용의 극대화를 추구하는 공리주의적 시민을, 맑스는 소외된 노동에서 해방된 노동자를 좋은 삶을 누리는 주체로 각각 제시하고 있다. 니체는 사적 세계에 매몰되어 사적 향락에 도취된 최후의 인간 군상, 즉 근대 시민 집단을 비판하면서 권력에의 의지를 지닌 초윤리적이며 무도덕적인 초인을 좋은 삶을 누릴 수 있는 새로운 주체로 제시하고 있다.

현대에 이르러 민주주의는 보편적인 제도와 가치로 정착되었고, 현대의 시민은 정치 참여와 심의의 권리를 완전하게는 아니지만 어느 정도 충분히 보장받게 되었다. 이제 좋은 삶의 관건은 어떤 정치적 이념에 근거해서 시민의 정치 참여와 심의 기능을 보다 완전하게 확장시킬 수 있을 것인가에 놓이게 되었다. 자유주의, 공동체주의, 공화주의라는 세 가지 현대의 경쟁적 정치적 이념은 각각 개인적 자유, 도덕적 선, 공공선을 중요한 가치로 내세우면서 이러한 가치가 실현된 삶이 좋은 삶이라고 주장한다. 이 세 가지 가치 중에 어떤 가치에 우선성을 부여하는가에 따라 개인의 좋은 삶의 모습은 다르게 되겠지만, 이 세 가지 가치가 양립 불가능하지 않다는 사실에서 우리는 현대의 좋은 삶이 보다 넓은 포용성을 지니면서 보다 다양하게 발전할 가능성을 갖고 있다고 말할 수 있다.

위에서 간단하게 살펴본 바와 같이, 좋은 삶을 누리는 정치적 주체는 시대에 따라서 또한 개개 철학자의 관점에 따라서 다양한 유형의 통치자나 시민의 모습으로 제시되어왔음을 알 수 있다. 서론에 나타난 관점을 기반으로 하여 아래에서는 좋은 삶을 누리는 정치적 주체가 고대, 근대, 현대라는 시대별로 어떤 구체적 모습을 띠고 나타나고 있는지 살펴보고(2~4장), 결론으로 심의적 시민을 현대의 바람직한 좋은 시민의 유형으로 제시한다.

2. 고대의 좋은 삶

1) 철학적 삶과 정치적 삶

플라톤은 지혜에 근거한 철학적 삶이 가장 좋고 행복한 삶이라고 말한다. 동굴의 우화가 잘 말해주듯이 동굴에서 나와 태양에 비유되고 있는 좋음의 이데아를 깨달은 철학자가 지고의 즐거움을 누린다는 것이다. 그러나 플라톤은 지혜라는 덕만을 가지고 행복한 삶을 누릴 수 없다는 일반적인 주장을 전개한다. 플라톤은 행복하기 위해서는 덕은 물론 다양한 좋은 사물이 필요함을 주장하며, 행복에 필요한 요소를 다음과 같이 열거한다. ① 부, ② 건강, 아름다움, 기타 신체적 장점, ③ 좋은 가문 출신, 권력과 명예의 지위, ④ 절제, 정의, 용기, ⑤ 지혜, ⑥ 행운(*Euthydemos*, 279a1-c8). 아리스토텔레스 역시 유사한 요소들을 제시하고 있는데, 그는 행복하기 위해서는 첫째 영혼의 훌륭함인 덕목, 둘째, 신체의 덕인 건강, 셋째, 외부의 재화로서 물질적인 풍요, 명예, 친구와 가족 간의 우애 등의 요소를 갖추어야 한다고 주장한다. 그는 이러한 요소들이 행복에 필요한 자족성(self-sufficiency)과 안전(security)을 일반적으로 확보해준다고 설명하고 있다.

아리스토텔레스는 가치 있는 인간의 삶을 쾌락을 추구하는 삶, 정치적 삶, 철학적 혹은 관조적 삶의 세 종류로 나눈다(*Nicomachean Ethics*, 1975b14-19). 이중에서 아리스토텔레스가 최고의 삶이라고 주장하는 것은 철학적 삶 혹은 관조적 삶이다. 아리스토텔레스는 관조는 이론적 이성의 활동이며, 정치는 실천적 이성의 활동이라고 설명하면서, 이론적 이성은 실천적 이성보다 우월하기 때문에 정치적 삶보다는 철학적 삶이 최고의 삶이라고 주장한다(박성우, 2005 참조).

고대 정치철학에서 논의되었던 이상적인 통치자의 유형을 비교해 보면 철학적 삶과 정치적 삶 중에서 어떤 삶이 보다 좋고 최상의 삶인가에 대한 평가가 철학자마다 다름을 확인할 수 있다. 플라톤은 철학적 삶이 최고의 삶이라고 보고 있지만, 크세노폰이나 키케로는 정치적 삶이 최고의 삶이라고 보고 있다. 통치가의 유형은 다섯 가지로 분류해볼 수 있는데, 플라톤이 제시한 철인 왕, 정치가, 입법자, 크세노폰이 제시한 키루스 왕, 그리고 키케로가 제시한 웅변가가 바로 그 다섯 유형이라고 할 수 있다. 철인 왕은 철학자로서 "좋음의 이데아"를 깨닫고 그 진리를 동굴에서 실천하는 통치자이다. 철인 왕이 얼마나 행복한가는 그가 참주보다 무려 729배의 즐거움을 누리는 사람이라는 데에서 유추할 수 있다. 그는 지혜의 사다리의 맨 위에 있기 때문에 그가 누리는 행복은 최상의 것이다. 플라톤의 정치가는 "측정의 기술(art of measurement)"에 근거한 지배의 기술을 아는 사람이다. 직물을 짜는 사람이 씨줄과 날줄을 결합하여 튼튼한 직물을 짜듯이 정치가는 강건함과 부드러움을 결합하여 건전한 영혼을 만드는 역할을 수행한다. 정치가가 행사하는 지배의 기술은 좋음의 이데아에 근거한 철학보다는 낮고 법률보다는 우월하기 때문에 플라톤 철학에 있어서 정치가의 삶은 철학자의 삶보다는 열등한 것으로 평가된다. 『법률』에 나오는 입법자는 좋은 법을 만들기 위해, 우선 "신(God)"이 존재한다는 것과 신의 뜻을 알아야 하며 영혼의 본질과 습관을 알아야 하며 영혼을 잘 돌보기 위하여 정치의 기술을 알아야 한다. 신을 아는 입법자의 지혜는 좋음의 이데아를 아는 철학자의 지혜와 다름이 없다고 할 수 있다. 즉 철학자와 입법자는 동전의 양면과 같은 관계라고 할 수 있다.

크세노폰은 플라톤의 철인 왕에 대비되는 통치자로 키루스 왕을 제시한다(김용민, 2000 참조). 키루스 왕은 배우기를 좋아하지만 좋음의 이데아를 깨달은 철학자는 아니며, 철인 왕처럼 정의를 통해 정치를 하기보다는 어느 정도 "계산된 우정(calculated friendship)"을 통해 정치를 한다. 이런 점을 고려한다면 키루스 왕은 플라톤의 철인 왕보다는 측정의 기술을 갖춘 정치가에 가까운 통치자 유형이라고 할 수 있다. 키루스 왕은 정의로운 삶을 좋은 삶으로 보기보다는 시민 상호 간에 이득과 우정의 증가를 가져오는 삶을 좋은 삶으로 여긴다. 그가 세운 페르시아제국은 플라톤의 이상 국가처럼 재산과 처자식이 공유되고, 검소하고 절제된 생활이 요구되는 나라가 아니라, 시민들과 귀족들이 많은 재산과 부를 사적으로 소유하도록 장려되는 사치스러운 나라이며, 능력에 따라 효율적인 분배가 이루어지는 나라로 나타난다.

"로마인 플라톤(a Roman Plato)"이라고 칭해지는 키케로는 플라톤의 철인 왕에 대비되는 통치자로 이상적 웅변가를 제시한다.[1] 이상

---

[1] 키케로 역시, 플라톤과 마찬가지로, 철학과 권력의 결합을 이상적인 것으로 생각한다. 그러나 이 결합이 불가능할 경우, 그는 정치적 삶을 선택하는 것이 철학적 삶을 선택하는 것보다 낫다고 말한다. "조상 대대로의 제도와 철학적 앎을 모두 획득할 수 있었던 의지와 능력을 가진 사람은 내가 생각하기로 찬사를 받을 수 있는 모든 것을 행한 사람이다. 그러나 만일 배움의 길이나 혹은 다른 길을 택해야 할 필요가 있다면, 학습과 배움에 전념하는 고요한 삶의 패턴이 더욱 축복받은 것처럼 보일지라도, 정치적 삶이 더욱 찬탄 받을 만하고 더욱 영광스러운 것이다."(De Re Publica, III. 5) 키케로는 철인 왕이 역사적으로 구현된 사례로 팔레룸의 데메트리우스(Demetrius of Phalerum)와 자기 자신을 들고 있다(De Legibus, III.

적 웅변가는 철학을 알고 있을 뿐 아니라 그 지혜를 효과적으로 전달할 수 있는 수사학의 기술도 지니고 있는 사람으로, 현실적인 정치의 장인 민회, 원로원, 법정에서 귀족이나 대중을 대상으로 설득 활동을 벌이는 정치가이다. 키케로의 웅변가는 우선적으로 자신의 웅변술을 도덕적인 목적에 사용해야 하지만, 그는 웅변술을 이용하여 반드시 사악한 대중을 선한 대중으로 만들어야 할 도덕적 임무를 지니지 않으며, 정치적으로 필요하다면 주저함이 없이 청중을 조작할 수도 있다(May & Wisse, 2001: 12).

위에서 살펴본 바와 같이 플라톤과 아리스토텔레스는 철학적 삶을 최고의 삶으로 보고 있고, 크세노폰과 키케로는 정치적 삶을 최고의 삶으로 보고 있다. 이 두 가지 삶 중에서 어떤 삶이 인간의 탁월성과 위대성을 더욱 잘 드러내고 있는가에 관해서는 논란의 여지가 많지만, 이 두 가지 삶이 인간이 추구할 수 있는 좋은 삶의 최고의 형태들을 보여주고 있다는 점에는 논란의 여지가 없다고 하겠다.

2) 시민의 좋은 삶: 좋은 사람(a good man)과 좋은 시민(a good citizen)

아리스토텔레스는 통치자가 누릴 수 있는 삶으로서 철학적 삶이나 정치적 삶이 고귀하다는 것을 인정했지만, 그가 관심을 가졌던 것은 일반 시민의 삶이었고 이들의 시민적 행복이었다. 그는 시민을 정치에 참여하여 심의를 담당하는 권리를 지닌 자유민으로 정의했다. 정치 참여의 기준은 정치체제의 유형에 따라 달라서, 귀족정에는

14 참조). 데메트리우스(기원전 350년경~283년 이후)는 소요학파 철학자로 아리스토텔레스의 제자인 테오프라스투스(Theophrastus)의 제자이다. 마케도니아의 왕인 카산더(Cassander)를 대신해서 아테네를 10년간(기원전 317~307) 통치했다.

귀족만이 과두정에는 부자만이 정치에 참여할 수 있지만, 아리스토텔레스가 폴리티(Polity)를 이상적인 정치체로 제시하고 있다는 점에서 그가 내린 시민에 관한 정의는 민주정체를 구성하는 시민 일반을 향한 것임을 알 수 있다. 그는 "좋은 시민"과 "좋은 사람"을 구별하고 있는데, 좋은 사람은 합법적 체제에 존재하는 합법적 통치자로, 좋은 시민은 체제의 합법성과 상관없이 체제가 요구하는 "정치적 덕(political virtue)"을 따르는 사람으로 나타난다(*Politics*, 1276b15-1277b34).[2]

아리스토텔레스는 정치체제를 합법적인 좋은 형태와 비합법적인 나쁜 형태라는 분류 기준을 가지고 왕정/참주정, 귀족정/과두정, 혼합정/민주정의 6가지 종류로 나누고 있다. 좋은 시민은 그 정치체제가 좋던 나쁘든 상관없이 그 체제가 규정한 법을 따르는 시민이다. 어떤 체제이든지 체제 유지를 위해서는 좋은 시민을 필요로 한다. 체제에 따라 시민에게 요구되는 정치적 덕은 다르게 나타나기 때문에 좋은 시민이 지녀야 할 덕목은 상대적이며 다양한 모습을 띠게 된다. 좋은 시민은 모든 체제에 존재하지만, 좋은 사람은 우선적으로 좋은 체제에 존재하고, 피지배자인 시민의 지위에 있는 것이 아니라 지배자의 지위에 있는 사람이다. 왕정의 왕, 귀족정의 귀족들이 바로 좋은 사람인 것이다. 좋은 사람은 실천적인 지혜를 갖고 있기 때문에 상대적인 정치적 덕이 아닌 절대적인 "도덕적 덕(moral virtue)"을 지니며, 이런 점에서 철인 왕과 유사한 통치가라고 할 수 있다.

폴리티에 있어서 시민은 정치에 참여하기도 하고 지배받기도 하기 때문에, 어떤 시민도 계속해서 통치자의 지위에 머무를 수 없다. 따라서 좋은 시민은 존재할 수 있으나 좋은 사람은 존재할 수 없다

---

[2] 여기서 정치적 덕은 체제에 따라 상대적으로 규정된다는 점에서, 합법적인 체제에서 요구되는 절대적인 성격을 지닌 "도덕적 덕(moral virtue)"과 구별된다.

는 문제가 생길 수 있다. 아리스토텔레스는 좋은 사람은 좋은 시민과 마찬가지로 정의, 절제, 용기의 덕목을 가지고 있으나, 좋은 사람은 통치에 필요한 "실천적 지혜(practical wisdom)"를 갖고 있는 데 비해, 좋은 시민은 "올바른 의견(true opinion)"을 갖고 있다는 점에 차이가 있다고 설명한다. 폴리티에 존재하는 좋은 사람은, 그가 통치자의 지위에 있든지 없든지에 상관없이, 실천적 지혜를 갖고 있다는 점에서 좋은 사람으로 규정되며, 이 사람은 지혜의 측면에서 왕정이나 귀족정에 존재하는 좋은 사람과 다를 바가 없게 된다.

아리스토텔레스가 제시한 좋은 사람과 좋은 시민의 구별을 통해, 우리는 시민의 심의 기능을 강조하는 현대의 절차적 민주주의가 나아갈 방향에 관해 언급할 수 있다. 그것은 바로 올바른 의견을 실천적 지혜로 전환하는 과정이 되어야 한다. 고대의 방법이 변증법(dialectics)이었다고 한다면, 현대의 방법은 소통(communication)이라고 할 수 있을 것이다.

3) 정치 참여와 심의가 배제된 사적인 시민의 삶

헬레니즘 시대의 도래는 좋은 삶에 대한 개념을 완전히 바꾸어놓았다. 마케도니아 제국에 종속되어 정치적 주권을 상실한 아테네에서는 더 이상 시민에게 정치 참여의 기회가 제공되지 않았다. 제국의 신민이 된 아테네의 철학자들은 정치적인 영역에서 좋은 삶을 찾을 수 없게 되었다. 그 대신에 그들은 완전히 개인적이고 사적인 영역에서 좋은 삶을 찾으려고 했다. 스토아학파와 에피쿠로스학파의 등장은 개인의 안심입명만을 바라는 헬레니즘 시대의 욕구를 잘 반영하고 있다. 에피쿠로스학파는 정치 참여는 위험한 일이라고 주장하며 은둔의 삶(live unnoticed)에서 행복을 추구할 것을 강조했다. 스토아학파는 정치제도와 교육제도의 개혁을 통해 좋은 삶을 추구하려 했던 플라톤과 달리, 개인적 차원에서 도덕성의 완성을 통하여 좋은 삶을 추구하려 했다. 제논(Zeno of Citium)의 다음과 같은 주장은 그가 얼마나 도덕성에 매진하고 있는지를 잘 보여주고 있다. "사회나 교육의 제도와 구조에 대해 생각하기보다는 도덕적 덕성과 이것의 획득에 대해 더 많이 생각하라."(Algra et als., 2005: 758)

헬레니즘 시대의 끝 무렵에 살았던 키케로(106~43 BC)는 좋은 삶에 대하여 아카데미학파, 소요학파, 스토아학파, 에피쿠로스학파의 관점을 종합 정리할 수 있는 입장에 있었다.[3] 키케로는 시민의 정치 참여가 기본적으로 인정되는 로마 공화국에 살았기 때문에 정치 참여에 부정적 견해를 갖고 있는 에피쿠로스학파를 우선적으로 배격했다. "쾌락이 행복이다."라는 에피쿠로스의 명제는 "행복한 사람은 현명한 사람이고 현명한 사람은 쾌락이라는 감각에 의존해서 좋음과 나쁨을 판단하지 않는다."라는 논리로 거부된다.

키케로는 아카데미학파와 소요학파가 행복에 대해 유사한 관점을 지니고 있다는 판단 아래 소요학파의 주장에 초점을 맞추어 좋은 삶의 모습을 논하고 있다. 소요학파는 덕, 건강, 재산을 모두 갖추었을 때 사람은 최상의 행복을 누릴 수 있다고 주장하고 있으며, 덕만 갖춰지면 건강이나 재산이 결여될 경우에도 비록 "최상으로 행복한 삶(the happiest life)"은 누릴 수 없을지언정 "일상적으로 행복한 삶(happy life)"은 누릴 수 있다고 주장한다. 키케로는 소요학파의 행복 이론을 비판하는데, 왜냐하면 행복은 행복 그 자체로 충분한 것이기에 행복에는 최상의 행복이니 일상적 행복이니 하는 "정도의 차"가 있을 수 없다고 보기 때문이다.

---

3) 이에 관해서는 키케로의 『최고선과 최고악』, 『투스쿨룸의 대화』를 참조하라.

스토아학파는 "오직 덕만이 행복이다."라고 주장하고 있는데, 이 주장에 따르면 완전한 덕을 갖춘 사람만이 행복할 뿐으로 조금이라도 완전하지 못한 덕, 즉 불완전한 덕을 지닌 사람은 결코 행복할 수 없게 된다. 그러므로 스토아학파에 있어서 덕은 정도의 문제가 아니라, 완전한 덕과 불완전한 덕 중의 하나를 선택하는 문제로 귀착된다. 키케로는 이러한 스토아학파의 주장은 인간 본성에 관한 잘못된 이해에서 나오는 것으로 비판한다. 그에 따르면 인간이 영혼의 덕을 추구하는 것은 자연적이지만, 소요학파가 주장하듯이 덕 이외에 육체의 좋음과 물질적 좋음을 추구하는 것도 자연적이라는 것이다. 신아카데미학파에 속하는 키케로는 스토아학파의 윤리 이론을 비판하기도 하지만, "덕이 부족하거나 불완전한 경우 고통을 극복할 수 없고, 이 고통 때문에 행복해질 수 없다."는 논거를 받아들여, 오로지 덕을 통해 고통을 극복하고 행복을 얻을 수 있다는 스토아학파의 주장에 궁극적으로 동조하고 있다. 키케로에 있어 좋은 삶은 덕의 삶으로 나타난다.

3. 근대의 좋은 삶

1) 자유와 소유를 지향하는 좋은 삶

근대는 어떤 권위에 의해서도 억압되지 않는 개인, 즉 독립성, 창조성, 능동성, 적극성, 자유분방함 등의 성격을 지닌 개인의 등장으로 특징지어진다. 이제 개인은 윤리적이고 도덕적인 속박에서 벗어나 욕망과 열정을 아무런 제한 없이 발산할 수 있는 자유와 기회를 획득하게 되었다. 정치는 종교의 구속에서 벗어나 독립적이고 자율적인 영역이 되었고, 개인은 세속화된 정치의 장에 새로운 시민으로 등장하게 되었다. 마키아벨리는 좋은 삶이 공화주의의 부활을 통해 가능하다는 것을 보여주려 하였다. 또한 홉스, 로크, 루소로 대변되는 사회계약론자들은 자유로운 개인들을 기초로 하여 그들에게 좋은 삶을 보장할 수 있는 국가를 설계하고자 했다. 시민의 정치 참여와 심의 기능에 관해 초점을 맞추어본다면, 시민의 정치적 독립성을 확립하려는 홉스와 로크는 시민의 정치 참여에는 긍정적이나 시민의 심의 기능의 제고에는 소극적이었다. 이에 비해 루소는 정치 참여의 중요성을 강조했을 뿐만 아니라, 일반의지의 형성을 위해서 시민의 심의 기능을 강화할 필요성을 강조했다. 루소에게 있어서 자기입법과 자치를 가능하게 하는 자율성의 원리는 공화국에서 심의를 심화시키고 확장시키는 결과를 산출한다.

마키아벨리는 공화주의의 주요 가치로 자유, 공동선, 덕, 명예, 영광 등을 꼽고 있다. 그에게 있어서 덕(virtù)은 그 자체가 목적이 아니라 공화주의의 핵심적 가치인 자유를 실현하기 위한 수단으로 존재하며(Honohan, 2002: 45), 자유는 공동선의 증진에 기여할 때 그 진정한 의미를 지니게 된다. 공동선은 개인의 이익에 우선하며, 개인의 소유는 공동선에 의해서 제한된다. 공화국은 사회경제적 평등을 확보하기 위해서 재분배 정책을 선호하기보다는 현저한 부를 제한하는 정책을 선호하는데, 시민의 좋은 삶은 개별적인 소유의 확대에서 찾아지기보다는 공동의 자유의 확대에서 찾아진다.

홉스에 따르면 자연 상태의 인간들은 생존을 위해, 다시 말해 죽음의 공포를 회피할 목적으로 각자의 동의를 통해 자신들의 생존을 보장해줄 국가를 인위적으로 만들게 된다. 시민들은 국가가 지닌 막강한 공동 권력의 보호 아래 생존은 물론 번영을 추구할 수 있게 된다. 자연 상태에서 인간의 삶은 고독하고, 야만적이고, 더럽고, 가난하고, 짧았지만, 이와는 대조적으로 사회 상태에서 인간은 노동과 근면의 대가를 보장하는 사유재산제도가 있음으로 해서 문명의 삶을 누릴 수 있게 된다. 홉스의 시민은 주권자의 명령에 복종해야 하는 신민으로 존재한다는 면에서 자유에 제한이 가해지긴 하지만, 이러한 자유의 제한이 그가 소유의 확대를 꾀하는 데 커다란 장애가 되지는 않는다.

로크가 『시민통치론』에서 설계한 국가에서 시민은 자유와 소유를 무한하게 추구하는 주체로 나타난다. 홉스와 마찬가지로 로크에게 있어서도 자유는 인간의 생존에 필수적이고 또한 밀접하게 결부되어 있으며, 자유는 이성과 함께 사용되어야 가장 효과적으로 생존에 기여할 수 있는 것으로 주장된다. 로크는 자유를 자연적 자유와 사회적 자유의 두 가지로 분류하고 있는데, 사람들이 자연적 자유를 포기하고 시민사회의 구속이라고 말해지는 사회적 자유를 추구하는 이유는 사회적 자유 속에서 재산을 안전하게 향유할 수 있으며, 그럼으로써 편안하고 안정되고 평화스러운 삶을 영위할 수 있고, 또한 공동체에 속하지 않는 자들에 대항하여 좀 더 많은 안전을 확보할 수 있기 때문이라고 설명한다. 로크는 개인에게 있어 독립성의 근간이 되는 사회적 자유와 재산권을 타인이 침해할 수 없는 시민의 권리로 확고하게 보장하고 있다. 로크적인 시민이 과연 어떤 모습을 띠게 될지에 대해서 타르코브(Nathan Tarcov)는 다음과 같이 말한다.

> 정치 이론과는 별도로 다른 곳에서 다루어지고 있지만 로크가 옹호하고 있는 신사 교육(the gentleman's education)은 그가 주장한 정치 이론을 지지하고 있다. 그 교육은 사업가(men of business and affairs)를 형성한다. 사업가는 신체적으로 잘 단련되어 있으며 용감하고, 필요하다면 군인도 될 수 있다. 그러나 보다 중요

한 것은, 그들은 자신의 재산과, 한 걸음 더 나아가 자신의 사업에 자발적으로 관심을 가지려 하며 또한 사업에 관계할 능력을 지니고 있고, 활동적이며, 공적인 일을 많이 알고 있다는 것이다. …… 그들은 사유재산에 주의를 기울임으로써 공공 이익을 촉진할 수 있도록 교육되어 있으며 다른 한편으로는 정부 활동을 경계심을 가지고 관찰하고 있다(Tarcov, 1993: 5).

로크가 바랐던 인간 유형으로서의 신사는 다름 아닌 부르주아인데, 그는 사유재산의 형성에 근본적인 관심을 가지고 있으며, 정부 활동을 의심의 눈초리로 쳐다보긴 하지만 공공 이익의 증진에도 노력하고 있는 것으로 나타난다. 그에게 있어 공적인 일은 사적인 일에 비해 부차적인 위상을 차지하고 있으며, 정부 활동은 심의의 대상이라기보다는 관찰의 대상이 되고 있을 뿐이다.

2) 자율성을 확대하는 좋은 삶

스피노자, 루소, 칸트는 자유를 소유를 위한 수단이 아니라 도덕성의 완성을 위한 수단으로 보았다. 이러한 자유는 자율성(autonomy)의 개념으로 나타나고 있다. 스피노자에게 있어 개인의 자유는 홉스와 로크에게 있어서처럼 억압의 부재라는 소극적 자유가 아니라 오히려 모든 개인이 지향하는 최고 목표로서의 자율성을 의미한다. 스피노자는 신에 대한 사랑과 신에 대한 지식을 통해서 개인은 자유를 획득하고 자기 자신을 완전하게 할 수 있는 것으로 본다.

루소는 개인은 '자기 자신의 주인', 다시 말해 자유의 지배자가 되어야 한다는 의미에서 자율성을 강조하고 있다. 루소는 자유를 세 가지로 나누는데, 자연적 자유, 시민적 혹은 정치적 자유, 도덕적 혹은 철학적 자유가 그것이다. 루소에게 있어서 자유는 소극적인 의미에서는 남의 간섭을 받지 않고 남에게 의존하지 않는 독립성을 의미하지만, 적극적인 의미에서는 자신이 자기에게 부여한 법을 따르는 자기 입법을 의미한다. 자연적 자유는 독립성을 지향하지만, 시민적 자유와 도덕적 자유는 자율성을 지향한다. 시민적 자유는 일반의지를 따를 때 실현되며, 도덕적 자유는 "양심과 이성(conscience and reason)"에 의하여 쓰인 "자연과 질서의 영원한 법"을 따를 때 실현된다. 에밀은 최대한도로 자율성을 누리도록 교육된 "자연인이자 시민"인 새로운 유형의 민주적 인간이다.

자율성을 상실한 가장 대표적인 삶이 부르주아의 삶이다. 부르주아는 자연인도 시민도 아니며, 그는 항상 자기 자신과의 모순 속에 빠져 있다. 부르주아는 타인의 의견이나 판단에 의해 규정된 자신의 모습에 대해 무척 신경을 쓰고 있으며, 항상 가면을 쓰고 사회에 나타난다. 자신의 존재성이 항상 타인에 의해 규정되는 한, 그는 자연인이 지닌 독립성을 잃게 되며, 의존성이 심화될 뿐만 아니라 분열된 존재감을 지니게 된다. 그는 항상 본질과 외양이 분리된 형태의 삶을 살아가며, 그는 궁극적으로 아무것도 아닌 존재가 된다(김용민, 2004: 280-281).

칸트는 루소가 말하고 있는 "양심과 이성"에 의하여 써진 "자연과 질서의 영원한 법"을 이성에만 근거한 정언명법으로 대체한다. 선의지는 정언명법을 따르는데, 이때 자율성이 생성되며 이것은 인간 최고의 덕목으로 자리 잡게 된다. 칸트에게 있어서 자유는 개인 스스로 자기 행위의 목적을 의도할 수 있는 능력을 의미한다. 개인이 어떤 행위를 결정함에 있어서 자연적 과정이나 경험적 조건과 같은 외부적 원인의 지배를 받는다면, 이 개인의 행위는 자율적인 행위가 될 수 없다. 개인은 인과성의 지배를 받지 않는 이성에만 근거해서 목적 자체로의 행위를 선택해야만 진정으로 자율성을 획득하게 된다. 칸트는 이러한 자율성 없이 도덕성은 성립될 수 없다고 말한다.

헤겔은 개인의 이성에 근거한 칸트의 자율성의 개념을 부분적으로 받아들이고 있으나, 개인의 이성은 더 나아가 보편적 원리를 이성적으로 구현하고 있는 국가의 정신에 종속되어야 완전한 자율성을 획득할 수 있다고 주장한다. 다시 말해 국가의 절대적인 도덕적 권위에 개인적 도덕성이나 양심이 종속되어야 한다는 것이다. 칸트의 자율성 개념이 지닌 문제를 해결하려던 헤겔은 아이러니하게도 타율성을 옹호하는 입장에 빠져들게 된다. 국가는 개인의 생명, 재산, 행복의 보호와 증진을 목적으로 삼는 것이 아니라, 최고의 권리로 절대화된 국가의 자유를 가지고 개인의 자유를 멋대로 유린할 수 있게 된다.

3) 초인적 개인의 좋은 삶

루소가 부르주아사회에서 인간이 타락되었다고 주장하듯이, 니체 역시 자기 시대의 문화가 인간을 노예로 만들었다고 주장했다. 타락의 문제에 대한 해법으로 루소는 일반의지에 근거한 자율성을 칸트는 선의지에 근거한 자율성을 제시하였는데, 니체는 이 해법은 근본적인 해결책이 아니라 단지 도덕적인 미봉책에 불과하다고 비판하였다. 니체는 자율성을 지닌 인간의 도래를 초인적 개인 혹은 주권적 개인의 등장을 준비하는 예비 단계로 파악했으며 이를 긍정적으로 보았다. 니체는 자율적 인간의 도래를 최종적인 윤리적 해결책이 아니라, 오히려 독특하고 자기 책임성에의 의지를 담지한 귀족적인 주권적 개인을 위한 예비적인 계기로 보아야 한다고 주장한다(Ansell-Pearson, 1996: 140). 니체는 보편적이고 도덕적인 일반의지나 선의지의 존재를 의심하면서, 권력에의 의지를 지닌 초윤리적이며 무도덕적인 초인의 등장을 문화 타락에 대한 해법으로 제시하고 있다.

니체는 도덕성이나 도덕적인 것을, 그 타당성이나 적용성에 있어서 보편적인 것이라고 주장되는 법에 의거해서 정의하려는 어떠한 시도에 대해서도 상당히 미심쩍어 하는데, 왜냐하면 바로 이것은 타인들에 대한 부정과 그들이 지닌 차이점에 대한 부정을 통해 자기 자신의 정체성에 대한 긍정에 도달하는 노예도덕을 보여주는 완전한 사례라고 생각하기 때문이다. 니체는 창조적인 윤리적, 정치적 삶은 개인들이 단순히 자신들의 법을 보편적인 것으로 일반화시킴으로써 가능한 것이 아니라고 주장한다.

4. 현대의 좋은 삶

현대사회에서 좋은 삶에 관한 담론은 자유주의, 공동체주의, 공화주의라는 정치 이념을 중심으로 행해지고 있다. 자유주의자인 롤즈와 하버마스는 자율적인 시민의 심의 혹은 토의가 보장되는 민주적 절차를 만들어 정의를 실현할 것을 주장한다. 공동체주의자인 매킨타이어, 테일러, 왈쩌, 샌델 등의 학자는 공동체의 덕목을 내세워 자유주의가 조장한 지나친 개인주의의 병폐를 시정할 것을 주장한다. 공화주의자인 비롤리, 페팃 등의 학자는 시민들이 정치에 적극적으로 참여해서 공공선이 담보되는 법과 제도를 만들어, 자유주의자들의 형식적인 자유를 뛰어 넘는 "비지배 자유(feedom as non-domination)"와 같은 실질적 자유를 실천에 옮겨야만 시민의 좋은 삶이 실현될 수 있다고 주장한다.

롤즈의 『정의론』에 의해 촉발된 이런 담론은 좋은 삶의 다양한 가능성을 보여주고 있다. 자유주의는 개인의 자유를 중심적 가치로 여기고 있으며 공동체주의는 사회적 덕을, 그리고 공화주의는 공공선을 중심적 가치로 여기고 있다. 한 국가에서 자유가 극단적으로 추구되어 개인들이 모래알처럼 존재하게 될 때, 이들을 묶을 수 있는 공통의 가치가 없다면 이 국가는 와해될 수밖에 없다. 공동체주의자는 이런 위험성을 자유주의 이론에서 발견했고 또 현실에서 경험했기 때문에 그 해결책으로 공동체주의를 제시하고 있다. 그러나 공동체주의가 특정한 도덕적 선을 내세워 개인의 자유를 억압하게 되면 집단주의나 전체주의로 흐를 위험성이 존재한다. 1980년대가 자유주의-공동체주의 논쟁으로 점철되었다면, 1990년대 이후는 자유주의-공화주의 논쟁이 대세를 이루었다고 할 수 있다.

자유주의나 공화주의나 그 으뜸가는 덕목을 정의라고 규정하고 자유의 실현을 정의 실현의 중요한 요소로 보는 데는 일치하지만, 그 자유의 내용은 상당히 다르게 나타나고 있다. 자유주의적 자유는 억압의 부재라는 소극적 자유의 성격을 띠는데 반해서, 공화주의적 자유는 비지배 자유의 실현이라는 적극적 자유의 성격을 띠고 있다. 자유주의자들은 "힘의 행사 또는 위압적인 힘의 위협만이 개인적 자유를 제한하는 유일한 속박"이라고 믿는데, 공화주의자들은 이들 자유주의자들보다 더 철저하게 개인에 대한 속박을 줄이고자 하며, 이러한 이유 때문에 예속에서 기인하는 속박에 대해 적극적으로 맞서게 된다고 비롤리는 지적하고 있다(비롤리, 2006: 132). 공화주의는 시민이 정치 참여를 통해서 비지배 자유를 실질적으로 실현할 수 있는 법과 제도를 만들 것을 요구하고 있다. 공화주의와 대조적으로 자유주의는, 첫째, 시민들의 정치 참여를 강조하지 않으며, 둘째, 비지배 자유보다는 소극적 자유에 만족하며, 셋째, 법을 시민의 권리를 보호하고 보장하는 강력한 수단으로 보는 것이 아니라 시민의 권리를 국가의 억압으로부터 보장하는 수단으로 인식하고 있다.

하버마스는 자유주의나 공화주의 모두 시민에게 좋은 삶을 보장하지 못한다고 주장하면서 그 대안으로 절차적 민주주의 또는 심의 민주주의를 제시하고 있다. 하버마스에 따르면 자유주의에 있어서 시민들의 지위는 그들이 국가와 다른 시민에 대하여 갖는 소극적 권리와 자유에 의해서 규정되며, 자유주의적 정치과정은 시민들의 심의 없이 단순히 투표를 통해 시민들의 선호를 밝히는 과정으로 존재한다. 공화주의에 있어 시민들의 지위와 정치적 권리는 그들이 사적 개인으로서 주장할 수 있는 소극적 자유에 의해 규정된다기보다는 정치적 참여와 의사소통의 권리를 포함하는 적극적 자유에 의해 규정된다. 이러한 정치적 권리는 외적 강제로부터 자유를 보장하는 것이 아니라 공동의 실천에 참여할 수 있는 가능성을 보장한다. 이에 따라 공론장과 의회에서의 정치적 의사 형성은 상호 이해를 지향하는 공적 의사소통에 내재하는 원리와 구조를 기반으로 한다. 하버마스는 자유주의 모델은 다소간 현실적이지만 규범적 내용이 약하고, 공화주의 모델은 민주주의에 대한 열망은 강하지만, 너무 윤리적이고 이상적이라고 비판하면서 절차적 민주주의 모델을 제시한다. 하버마스에 따르면 이 모델은 절차에 따른 심의를 통해 자유주의적 공정성과 공화주의적 의사 형성의 요소를 성공적으로 결합시키고 있다(유홍림, 2003: 194-199).

그러나 하버마스의 절차주의적 모델은 제4의 모델이라고 할 수 있는 쟁투적 민주주의 모델(agonistic model of democracy)에 의해 "문화적이고 윤리적인 삶의 힘"을 고려하지 않고 있다는 비판을 받고 있다. 쟁투적 모델은 민주주의를 윤리적이고 문화적인 문제에 관해 끊임없이 쟁론을 하는 것으로 받아들이고 있다(Benhabib, 1996: 9). 하버마스의 절차주의적 모델이 토론을 통해 하나의 결론, 하나의 공동선을 도출하는 것을 낙관적으로 기대하고 있다면, 사람들이 합당하게 동의하지 않을 수 있음을 인정하는 "상호 정당화의 범주(the criterion of mutual justifiability)"는 공동선에 관해 경쟁적인 정의들을 산출한다. 경쟁적인 정의들 간의 갈등은 필요한 경우, 위협이나 폭력의 사용과 같은 비협동적 방법을 통해서나, 소통을 통한 심의적 협상(deliberative negotiation)을 통해서 해결될 수 있는데, 심의적 협상은 절차적 민주주의의 외연을 넓히는 데 공헌할 수 있다(Mansbridge et als., 2010: 68-70).

5. 결어

"좋은 삶과 정치"라는 커다란 주제를 "누가 좋은 삶을 누리는 정치적 주체인가."라는 작은 주제로 좁혀 놓고 시작한 이 글은 좋은 삶의 주체가 고전적 통치자 → 아리스토텔레스적인 고전적 시민 → 헬레니즘 시대의 비정치적 현자 또는 에피쿠로스주의적 쾌락주의자 → 키케로적인 로마 시민 → 중세적 종교인 → 근대적인 자유주의적 시민 → 현대적 자유주의, 공동체주의, 공화주의의 시민 → 절차적 민주주의의 시민의 순으로 변화해왔음을 보여주었다. 역사의 흐름에 따라 주체는 바뀌어왔지만 그들이 추구했던 좋은 삶의 내용은 서로 단절된 것이 아니었다. 예를 들어 현대의 공동체주의자들은 그들이 추구하는 이상적 삶의 모델을 아리스토텔레스적인 고전적 시민의 좋은 삶에서 찾고 있으며, 현대의 공화주의자는 그 모델을 키케로적인 시민의 좋은 삶에서 찾고 있다. 에피쿠로스가 추구했던 쾌락의 삶은 근대의 자유와 소유 지향의 삶, 공리주의적 삶과 연관되며, 스토아학파가 추구했던 덕의 삶은 근대에 자율성을 통해 도덕성을 성취하려 했던 스피노자, 루소, 칸트 등이 추구했던 삶과 연관된다.

아리스토텔레스는 좋은 삶의 주체는 시민이어야 하고 정치의 목적은 시민의 행복을 보장하는 데 놓여 있다고 말함으로써 정치를 그리고 정치학을 최고선의 지위에 올려놓았다. 시민은 참여와 심의를 통해서 좋은 삶을 추구해야 한다는 아리스토텔레스의 명제는 25세기가 지난 오늘날 절차적 심의 민주주의 모델에도 그대로 적용되고 있다. 25세기 동안 유효한 명제라면 이것은 보편적 진리임에 틀림없다. 이 보편적 진리를 실천할 수 있는 정교한 정치제도를 만들고 제도에 걸맞게 시민을 교육시키는 것이 미래 정치학의 과제라 할 것이다. 그러나 이 과제는 본질적으로 새로운 것은 아니다. 왜냐하면 이것이 여태까지 정치학이 당면했던 항구적인 과제였기 때문이다.

현대에 사는 우리는 좋은 삶의 다양한 형태를 철학적 유산으로 넘겨받고 있다는 면에서 상당히 풍부한 정치적 자산을 가졌다고 할 수 있다. 우리가 이러한 정치적 자산을 민주주의의 제도적 과정 속에서 참여를 활성화하고 심의를 풍부하게 하는 데 십분 활용한다면, 우리는 좋은 삶, 행복한 삶에 성큼 가까이 다가갈 수 있을 것이다.

참고 문헌

강정인, 김용민, 황태연 엮음, 2007, 『서양 근대 정치사상사』, 서울: 책세상.
김용민, 2000, 「정치에 있어서 정의와 우정: 플라톤과 크세노폰」, 『한국정치학회보』 34-3.
김용민, 2004, 『루소의 정치철학』, 일산: 인간사랑.
김용민, 2008, 「키케로에 있어서 수사학과 정치」, 『한국정치연구』 17-1.
박성우, 2005, 「행복(eudaimonia)의 정치: 아리스토텔레스의 『니코마코스 윤리학』과 『정치학』에 나타난 철학적 삶과 정치적 삶의 의미」, 『한국정치학회보』 39-5.

비롤리, 2006, 『공화주의』, 김경희 · 김동규 옮김, 일산: 인간사랑.

유홍림, 2003, 『현대 정치사상 연구』, 일산: 인간사랑.

한국정치학회 편, 2008, 『정치학 이해의 길잡이: 제1권 정치사상』, 서울: 법문사.

De Re Publica & De Legibus(Cicero, 1970, Translated by Clinton W. Keys, Cambridge, Mass.: Harvard University Press).

Euthydemus(Plato, 1990, Translated by W. R. M. Lamb, Cambridge, Mass.: Harvard University Press).

Nicomachean Ethics(Aristotle, 1985, Translated by Terence Irwin, Indianapolis: Hackett Publishing Company).

Politics(Aristotle, 1988, Edited by Stephen Everson, Cambridge: Cambridge University Press).

Algra Keimpe, Jonathan Barnes, Jaap Mansfeld and Malcolm Schofield eds., 2005, *Hellenistic Philosophy*, Cambridge: Cambridge University Press.

Ansell-Pearson, Keith, 1996, *Nietzsche contra Rousseau*, Cambridge: Cambridge University Press.

Behhabib, Seyla ed., 1996, *Democracy and Difference*, Princeton: Princeton University Press.

Habermas, Jürgen, 1996, "Three Normative Models of Democracy", Seyla Behhabib, ed., *Democracy and Difference*, Princeton: Princeton University Press.

Honohan, Iseult, 2002, *Civic Republicanism*, London and New York: Routledge.

Irwin, Terence, 1995, *Plato's Ethics*, Oxford: Oxford University Press.

Mansbridge, Jane, et als., 2010, "The Place of Self-Interest and the Role of Power in Deliberative Democracy", *The Journal of Political Philosophy* Vol. 18 No. 1: 64-100.

May, James M. & Jacob Wisse, 2001, *Cicero's On the Ideal Orator*, Oxford: Oxford University Press.

Rousseau, Jean-Jacques, 1953, *The Confessions*, Translated by J. M. Cohen, London: Penguins Classics.

Tarcov, Nathan, 1993, *Locke's Education For Liberty*, Chicago: The University of Chicago Press.

14장 좋은 일에 관여하는 삶과 정치학

김병욱

1. '삶'과 '정치학 메타이론'

　삶에 관한 의미 있는 질문은 주로 죽음과 고통 속에서 배어나온다. 죽음과 고통에서 배어나오지 않거나 죽음과 고통에 관한 질문이 빠져 있는 삶에 관한 질문은 별 의미 없이 공허한 경우가 대부분이다. 함께 살아가는 삶의 터전에서 누군가가 그리고 무엇인가가 삶이 급속하게 고갈되어가고 있고 억울하게 고통과 죽음으로 내몰리고 있다고 한다면 이것이야말로 정치학이 다뤄야 할 중요한 문제이며, 제아무리 좋게 보인다고 하더라도 '죽음과 고통의 최소화가 없는 삶과 행복만의 최대화'는 거짓이요 비현실적이다.
　'삶'을 단지 인간의 삶만이 아니라 모든 자연의 '생명 활동'이라고 할 때, 다음과 같이 질문하지 않을 수 없다. 자연과 인간의 생명 활동에서 최근 현격하게 가중되고 있는 고통의 문제는 과연 어디에서 연원하는 것이고, 이러한 생명 활동에 대한 인간의 지배 문제는 근원적으로 어디에서부터 연원하는 것인가. 이러한 생명 활동에서 인간이 있어야 할 위치는 어디며, 인간이 꿈꿀 수 있고 인간이 관여할 수 있는 일은 과연 어떤 일인가. 정치의 가능성이라고도 할 수 있을 이 일의 가능성을 어디서부터 어떻게 탐지해갈 수 있을 것인가.

이러한 질문에 정직하게 응답하는 것이 무엇보다도 중요한 정치학의 제일 과제임에도 불구하고, 기존 정치학 방법론과 그것을 뒷받침하고 있는 기존 정치학 메타이론의 결함으로 인해서 정치학이 이러한 과제를 제대로 수행해내는 것이 불가능하다는 점이 이 글의 주장이다. 우선 이 점을 분명하게 밝혀두기 위해 이 글은 근현대 정치학 방법론을 메타이론적으로 검토해보려고 한다.

정치학의 중심 과제가 '현실 직시'에 있다면, 정치의 중심 과제는 '현실 개선'에 있다. 현실 직시의 요체가 '문제 진단'에 있다면, 현실 개선의 요체는 '문제 해결'에 있다. 현실에서 문제가 생길 때, 제때에 해결하는 것이 현실 개선에 보탬이 된다. 그러나 문제 해결의 때도 중요하지만, 문제 진단의 깊이도 중요하다. 부차적이고 사소한 문제거나 문제 아닌 문제를 해결하느라 힘을 탕진한 나머지 정작 심각하고 중대한 문제를 제대로 진단조차 하지 못하는 경우도 있다.

좌파 정치학과 정치 그리고 우파 정치학과 정치, 이들 양자 사이에 가로놓인 방법론적 대립과 충돌 문제는 냉전 시기만이 아니라 오늘날까지 한국, 유럽, 남미 등지에서 중대한 문제로 받아들여지고 있다. 유럽의 신좌파나 포스트구조주의 등 현대 정치학 방법론의 대부분은 어떤 형태로든 이 문제를 해결해보려는 다양한 시도이다. 기든스(Anthony Giddens)처럼 '좌파와 우파를 넘어서' 이들을 통합해보려는 시도들이나 혹은 바스카(Roy Bhaskar)처럼 '실증주의와 해석학, 이것저것 모두(both-and)' 통합해보려는 야심 찬 시도들 또한 적지 않게 있어왔다.

그러나 이들이 공통적으로 가정하거나 전제하고 있는 메타이론과 그 결함을 분명하게 적시해놓고 보면, 이들 문제 진단의 대부분이 기존 정치학 메타이론의 불가피한 함정으로부터 자유롭지 못한 상태에서 이뤄진 것이라는 점을 확인할 수 있다. 예컨대 기든스는 좌파와 우파 사이의 "기본적인 이론적 딜레마"를 네 가지로 제시하면서, 그 가운데 '사회구조'와 '인간 행위'의 관계에서 발생하는 딜레마를 자신의 구조화 이론으로 풀어보려고 시도한다.[1] 그러나 기존 메타이론의 결함을 찾아내고 그 함정으로부터 벗어나서 보면, 기든스가 제시하는 문제보다 지금 여기의 현실에서 발생하고 있는 훨씬 심각하고 중대한 문제를 비로소 제대로 진단할 수 있는 가능성을 열어갈 수 있다.

한국의 현실 직시와 제대로 된 문제 진단을 위해서 그리고 이 시대에 우리가 함께 꿈꿀 수 있는 '좋은 생명 활동'을 위해서 이 글은 기존 정치학 방법론이 가정하거나 전제하고 있는 메타이론을 검토하고 그 결함을 찾아내 보완하면서 새로운 메타이론의 가능성을 모색한다. 정치학의 기존 메타이론은 그 속에 공통적으로 '지배와 피지배의 틀'이라는 치명적인 결함을 뿌리 깊게 내장하고 있으며, 이러한 결함으로 인해 현실 직시와 문제 진단을 제대로 하지 못하도록 가로막을 수 있다는 점이 이 글의 주된 논점이다.

메타이론의 이러한 결함 때문에 기존 정치학 방법론 역시 현실에서 오로지 '지배와 피지배의 관계'만을 부각시키며, 소위 해방 목적을 갖는다고 하지만 문제 진단(질문)에 따른 문제 처방(응답)도 또 다

---

[1] 기든스(2009: 100-107)가 제시하는 딜레마는, 첫째, 사회구조와 인간 행위, 둘째, 사회 내 조화와 갈등, 셋째, 젠더의 차이와 (계급, 문화와 같은) 사회 내 다른 차이, 넷째, 근대사회의 기원, 성격, 변화 등에 관한 비맑스주의적 인식과 맑스주의적 인식, 이들 각각의 관계에 관한 딜레마다.

른 지배를 불러올 수밖에 없도록 이미 메타이론적으로 틀(운명) 지어져 있다. 다시 말해서 지금까지 근현대 정치학은 중세의 신과 교회에 의한 혹은 자연과 인간에 의한 '피지배의 삶으로부터 해방된 삶'을 '좋은 삶'으로 공통적으로 제시해왔다고 할 수 있다. 하지만 결국 '해방된 삶으로서의 좋은 삶'을 위한 다양한 처방인 근현대 정치학의 여러 방법론이 메타이론적으로 이미 또 다른 지배를 불러올 수밖에 없도록 틀 지어져 있다는 것이다.

이러한 논점은 한국 정치학의 정립에 관한 담론 안에서도 함께 논의될 수 있다. 다만 한국 정치학을 제대로 정립하는 일은 한국의 현실 직시와 문제 진단을 제대로 해내느냐가 관건이며, 이 일은 기존 메타이론의 결함을 보완하거나 그것을 포괄할 수 있는 새로운 대안을 모색하는 일을 병행하지 않고서는 결코 성공적으로 이뤄낼 수 없다는 데에 이 글의 강조점이 놓여 있다.[2]

이 글에서 다룰 기존 정치학 방법론의 범위는 근현대 정치학 방법론이다. 대표적으로 실증주의의 경험적 양적 방법론, 해석학이나 현상학의 관념론적 질적 방법론, 이 두 방법론을 통합하려는 비판적 실재론의 방법론 등의 우파 정치학 방법론, 그리고 사회구성체론의 유물론적 방법론으로 대표되는 좌파 정치학 방법론 등이다.

이 글에서 사용하는 방법론(methodology) 개념은 방법 및 이론으로 구성되고, 그 방법 및 이론에 관한 학문 또는 학문적 논의도 의미한

---

[2] 한국 정치학의 주체성 혹은 정체성에 관한 담론은 한국 정치학계에서 이미 1960년대부터 계속되어왔다. 1967년, 1978년, 1979년 연이은 『한국정치학회보』의 주제가 그것을 잘 반영한다. 그리고 문승익이 1975년 『국제정치논총』에 「자아 준거적 정치학: 그 모색을 위한 제안」을 발표한 이후, 한국에서 '자아 준거적 정치학'은 곧 한국 정치학의 주체성이나 정체성에 관한 담론의 대명사로 사용되어왔다. 최근까지 진행되어온 "현대 한국 정치학의 정체성 담론"을 강정인과 정승현(2010)은 역사적으로 고찰해두고 있다.

다. 방법(method) 개념을 '자료 수집 및 경험적 분석의 방법'[3]에만 국한하여 사용하지 않으며, 이론(theory)과 이론화(theorization)를 '방법'과 함께 "방법론의 중요한 부분으로 취급"하겠다.[4]

이 글에서는 정치 이론(political theory) 개념을 '공적 질문(문제 진단)'에 대한 '공적 응답(문제 처방)'을 제시하는 과정이라는 의미로 사용하겠다.[5] 이때 '공적(公的)'이라는 개념은 몇 가지 의미가 있지만, 우선 문제 진단 및 문제 처방의 깊이와 관련된 것으로, '부차적이고 사소한'이라는 의미의 '사적(私的)'이라는 개념과 대비하여 '보다 심각하고 중대한'이라는 의미로 사용하겠다. 그리고 '정치학 방법론의 메타이론' 개념이나, 그것을 줄여놓은 '정치학 메타이론(metatheory of politics)' 개념을 '정치학과 정치학 방법론을 가능하게 하는 기본 가

---

[3] 이는 가설, 이론, 이론에 따른 설명 등을 입증할 증거, 자료, 정보, 사실 등을 조사하고 인식하는 기법과 절차라는 의미의 방법 개념이다. 칠코트(1999: 28)는 방법 개념을 "연구에 이용되고 이론을 분석, 검증, 평가하는 데 필요한 기술과 도구들을 포함하는 절차나 과정을 의미한다."고 규정한다.

[4] 이론과 방법론을 분리해서 다뤄온 기존 관행과 달리 이론과 이론화를 방법과 함께 "방법론의 중요한 부분으로 취급"하는 입장은 베르트 다네마르크(2005: 192)를 참조 바란다. 이 글에서 방법론 개념에 이처럼 넓은 의미를 부여하는 것은 정치학 방법론의 기존 메타이론의 결함을 적시하고 또한 그것을 치유해보려는 이 글의 기획과 맞닿아 있다. 칠코트(1999: 28)는 방법론 개념을 "이론을 검증하고 연구를 지도하며, 현실의 문제에 대한 해결책을 모색하는 데 이용되는 다양한 방법과 절차, 실용 개념, 법칙으로 구성된다."고 규정한다. 칠코트처럼 이렇게 방법론의 의미를 단순히 이론 검증을 위한 절차 정도로 한정시키는 "방법론의 이론 종속성"에 관한 비판과 한국 정치학계가 "방법론의 신화를 타파"할 때 비로소 자아준거적 정치학의 구축이 가능하다는 주장은 김웅진(1993: 2010)을 참조 바란다.

[5] 이 과정은 '정치 공동체적 가치와 그 가치를 정치 공동체 안에서 실현하는 방식을 어떤 방법에 따라 이해하고 설명하는 과정'이기도 하다. 문승익(1999: 94)은 정치 이론을 '실증적 정치 이론'과 '규범적 정치 이론'으로 구분하면서, 정치 이론 개념을 "일반화된 질문에 대한 일반화된 대답을 제시하는 학문적 활동 및 그 소산을 의미한다."고 규정한다. 칠코트(1999: 28)는 정치 이론 개념을 "체계적으로 관련된 일반화들의 집합"이라고 의미 규정한다. 칠코트(1999: 29)나 기든스(2009: 80-82)는 연구 과정에서 "문제 선택" 과정이나 "연구 질문 정의" 과정을 중시한다.

정과 전제에 관한 이론'이라는 의미로 사용하겠다.[6]

정치학의 기존 메타이론을 존재론과 공간관, 인식론과 변화-운동관, 가치론과 방법관 등의 세 가지 측면으로 분석해볼 수 있다.[7] 이 글의 주요 논점을 보다 자세히 설명하기 위한 세부 논점은 다음 세 가지다.

첫째, 정치학의 기존 메타이론은 제2절에서 다루는 존재론과 공간관 측면에서 보면 '요소론'이고, 제3절에서 다루는 인식론과 변화-운동관 측면에서 보면 '환원론'이며, 제4절에서 다루는 가치론과 방법관 측면에서 보면 '상대론'이라는 점이다.

둘째, 이하 각 절에서 다루겠지만, 이상 세 측면의 기존 메타이론 속에 공통적으로 '지배와 피지배의 틀'이라고 하는 치명적인 결함이 뿌리 깊게 내장되어 있다는 점이다. 이상 세 측면을 근거로 정치학 방법론의 기존 메타이론을 '인간 자아 준거적 메타이론'이라고 규정할 것이다.

셋째, 이하 각 절에서 다루겠지만, 이상 세 측면의 기존 메타이론의 결함을 보완하거나 그 메타이론을 포괄할 수 있는 새로운 대안을 신중하게 모색해야 할 필요성을 강조할 것이며, 그 새로운 대안 마련을 위한 실마리로 '일[事]' 개념을 중심으로 하는 '일 자체 준거적 메타이론'을 제안할 것이다.

위와 같은 몇 가지 논점을 바탕으로 이 시대에 우리가 함께 꿈꿀 수 있는 인간과 자연 온 누리의 '좋은 생명 활동'은 '좋은 일에 관여하는 삶'이며, 특히 이러한 생명 활동은 지배하는 일이 아닌, '지탱하

---

[6] 베르트 다네마르크(2005: 196)에게 "메타이론은 과학의 기본 가정들과 전제 조건들에 관한 이론"이라는 의미로 사용된다.
[7] 비판적 실재론이 말하는 "메타이론은 존재론적이고 인식론적 쟁점"(다네마르크, 2005: 17)만을 다룬다.

는 일에 관여하는 삶'이라는 점을 밝혀보려고 한다.[8] 이것은 '지배와 피지배의 틀'이라는 기존 정치학 메타이론의 치명적인 결함으로 인해서 지금까지 근현대 정치학이 자연과 인간의 생명 활동에 대한 인간의 지배 문제 등에 제대로 접근조차 할 수 없었던 것과 비교될 수 있을 것이다. 아울러 이것을 통해 생명 활동의 현실을 보다 포괄적으로 직시할 수 있는 '현실' 개념의 새로운 지평을 확인할 수 있을 것이다.

2. '인간이 존재하는 시공간'과 '일이 되어가는 질서'

다음 두 가지를 확인하고자 한다. 첫째, 존재론과 공간관 측면에서 봤을 때, 정치학의 기존 메타이론은 요소론의 모습을 보여주고 있고, 이러한 요소론적 기존 메타이론 속에 '지배와 피지배의 틀'이 깊이 내장되어 있다는 점이다. 둘째, 현실을 '일이 되어가는 질서'라는 측면에서 보면 현실을 단순히 '인간이 존재하는 시공간'이라는 측면에서 보는 것보다 더욱 포괄적으로 직시할 수 있다는 점이다.

1) 인간 자아 준거적 메타이론의 '존재론'

존재론(ontology)에 관한 철학적 전통은 탈레스나 아낙시만드로스로 이어지는 고대 자연철학의 전통, 플라톤과 아우구스티누스로 이

---

8) 좀 더 자세히 말해서 지배의 과정과 지탱의 과정은 (사람이 관여하는) 일이 되어가는 질서의 변화 과정에서 생겨나는 동시적 과정이며, '좋은 일에 관여하는 삶'은 그 가운데 지배의 과정에 관여하는 삶이 아니라 지탱의 과정에 관여하는 삶이라는 점을 밝혀보려고 한다.

어지는 고중세철학의 전통, 데카르트 이후 근현대 철학의 전통, 이 세 가지로 크게 구분할 수 있다.[9] 이 글에서 다루는 존재론은 세 번째 전통인 근현대 철학의 전통에 따르는 존재론이다. 이는 '존재자(존재하는 것, 있는 것)'를 그것의 아르케(arche)나 로고스(logos)나 우시아(ousia) 등으로 다뤘던 형이상학적 전통과 확연히 구별된다.[10]

존재론의 이 세 번째 전통을 잇는 근현대 정치학은 존재자 개념을 인간이나 집단 등의 연구(관찰 혹은 분석)하는 '주체(subject)'와 국가나 계급 등의 연구되는 '대상(object)'이라는 뜻으로 사용한다. 그리고 존재론의 이 세 번째 전통으로부터 말미암은 것이지만 근현대 정치학 역시, 개체든 전체든, 어떤 존재자를 그보다 작은 요소들로 이루어져 있다고 본다.

예컨대 인간을 '정신'과 '육체'라고 하는 요소들로 이루어져 있다고 본다든가, 인간 사회를 헤겔처럼 '국가'와 '사회'라고 하는 요소들로 이루어져 있다고 본다든가,[11] 세계를 '인간'과 '환경'이라는 요소들로 이루어져 있다고 보는 경향이 그것이다. 어떤 존재자가 그보다 작은 몇 개의 요소들로 이루어져 있다고 보는 이런 가정을 '요소론'이라는 이름으로 표현할 수 있을 것이다.[12] 존재론 측면에서 봤

---

9) 에티엔느 질송(1992)은 '존재'를 어떻게 규정하느냐에 따라 '존재론'의 전통을 다섯 가지로 구분한다.
10) 소광희(1988)는 근현대 철학의 전통에 따르는 존재론이 갖는 반(反)형이상학적인 경향을 잘 적시해주고 있다. 그러나 넓게 보면 존재론은 형이상학의 한 분야, 형이상학 가운데 하나다.
11) 인간 사회가 이처럼 어떤 요소들로 이루어져 있다고 보는 예는 근현대 정치학 학파의 숫자만큼이나 많다. 그 대표적인 예는 맑스류의 '상부구조'와 '하부구조', 하버마스류의 '국가영역'과 '공론 영역'과 '사회 영역', 슈미터 등 코포라티스트들의 '국가'와 '자본'과 '노동', 바스카(Bhaskar, 1978: 56) 등 비판적 실재론자들의 '경험적(empirical) 영역'과 '현실적(actual) 영역'과 '실재적(real) 영역' 등이다.
12) 마틴데일(Martindale, 1965: 144)은 "축소될 수 있는 가장 작은 단위로 유기적 세

을 때, 정치학의 기존 메타이론은 이렇게 요소론의 모습을 보여주고 있다.

정치학의 기존 메타이론은 존재론 측면에서 요소론의 모습을 보여주면서 다음 세 가지 특징을 보여준다. 첫째, 어떤 '있는 것'(존재자)의 시공간적 경계 역시 이미 일정하게 결정되어 '있다(be)'고 한다. 둘째, 그 '있는 것'의 경계 안의 모든 것은 같은 것'이다(be)'라고 동일화한다. 셋째, 그 '있는 것'의 경계 안과 밖은 서로 다른 것'이다(be)'라고 일반화한다. 이들의 공통된 특징은 어떤 '있는 것'의 안과 밖을 나누는 '기존 경계'를 기준으로 하여 '같음'과 '다름', '있음'과 '임' 등이 획일적으로 결정되고 지배된다는 점이다.

현실을 직시하기 위해 흔히 사용하는 방법이 연구 대상들 사이에 나타나는 '유사성'과 '차이성'을 비교하는 방법이다. 실증주의의 경험적 양적 방법론은 비교 연구 대상들이 서로 동질적이라고 주장하는 반면, 해석학이나 현상학의 관념론적 질적 방법론은 비교 연구 대상들이 서로 동질적이지 않다고 주장한다. 두 연구 방법 모두 비교를 통해 연구 대상을 보고자 하지만 그 비교하는 방법과 목표가 다르다. 그래서 그 둘을 통합해보려는 시도는 적절하지 않다면서 "비교 방법의 방법론적 정체성"(안재흥, 2008: 342-345)을 문제 삼기도 한다.

(1) 그러나 여기서 주의 깊게 봐야 할 점은 그 두 비교 방법 모두 연구 대상들 가운데 하나의 대상, 즉 그 하나의 존재자 경계 안의 모든 것만큼은 '같다'고 가정하고 그 경계 안과 밖은 서로 '다르다'고 가정한다는 점이다.

계를 인식하려는 습관"(칠코트, 1999: 232 재인용)이라고 하면서, 위와 같은 경향의 방법론을 요소론(elementarism)이라는 이름으로 표현한다. 윤노빈(2003: 63-67)도 세계를 "요소적인 것, 구성적 입자 또는 원소"로 해부해서 보는 관점을 '요소론적 세계관'이라는 이름으로 표현한다.

'동질적이다'라는 주장과 '동질적이지 않다'라는 주장은, 연구 대상인 여러 개체적 대상이 서로 동질적이라거나 동질적이지 않다는 것이지, 어느 한 개체적 대상에 관한 것이 아니다. 더구나 동질적이라고 해서 그 여러 개체적 대상이 서로 같다는 것은 아니다. 그 여러 개체적 대상이 서로 다를 수밖에 없는—개방적이든 폐쇄적이든—시공간적 '경계'가 그들 사이에 이미 놓여 있다고 보기 때문이다.

유물론적 방법론도, 그 계급 개념이나 구조 개념이 그렇듯이, 이와 같이 어떤 경계를 기준으로 어떤 연구 대상의 '안과 밖', 그리고 그 연구 대상의 안과 밖 사이에 서로 '같음과 다름'이 결정된다고 본다. 이를테면 일정한 계급의 경계를 기준으로 해서 홍길동은 그 계급 안에 속하든가 속하지 못하든가 결정된다. 만일에 그가 그 계급에 속하게 된다면, 그는 그 계급에 속한 다른 사람들과 계급적으로 같다고 결정된다. 반면에 그는 그 계급에 속하지 못한 다른 사람들과는 계급적으로 다르다고 결정된다.

이러한 가정을 하게 된 것은 정치학의 기존 메타이론이 근대 특유의 '인간 자아'에 준거하고 있기 때문인 것으로 보인다. 기존 메타이론은 인간 자아의 '피부의 경계'를 기준으로 자아와 타인을 구별하는 근대 특유의 인간 자아에 준거하고 있다. 어떤 한 인간의 '피부의 경계'를 기준으로 하여, 그 인간 안의 육체 요소와 정신 요소 간의 내적 관계의 강도는 그와 타인 간의 외적 관계의 강도보다 훨씬 강할 것이라는 가정이 '인간 자아의 경계'에 관한 가정이다. 기존 메타이론의 '연구 대상의 경계'에 관한 가정은 이러한 '인간 자아의 경계'에 관한 가정에 준거하고 있다.[13]

---

13) 체계이론은 이러한 가정을 '경계의 가정(assumption of boundary)'이라고 한다(이용필, 1995: 30).

이처럼 근대 특유의 인간 자아에 준거하는 기존 메타이론을 '인간 자아 준거적 메타이론'이라고 할 수 있을 것이다. 이 메타이론은, '피부의 경계'를 기준으로 자아 내적인 '같음'과 자아와 타인 사이의 외적인 '다름'이 구별되듯이, 어떤 연구 대상의 시공간적 경계를 기준으로 그것의 '안과 밖', 그리고 그것의 안과 밖 사이에 서로 '같음과 다름'이 획일적으로 결정되고 지배된다고 가정한다. 이렇게 기존 메타이론에는 '지배와 피지배의 틀'이 내장되어 있다.

(2) 기존 정치학 방법론과 그 메타이론은 연구 대상에 관한 지식(앎)에 도달하는 것을 목표로 설정하고 있다는 점에서 공통적이다. 그것이 '객관적 지식'이든, '주관적 지식'이든, 아니면 주객관 '통합적 지식'이든, 어쨌든 연구 대상에 관한 지식에 도달하는 것을 목표로 한다. 달리 말해서 연구 대상인 어떤 존재자(있는 것)의 이름을 A라고 하고, 그 존재자의 성격이나 의미를 B라고 할 때, A는 B'이다'(A 'is' B)라는 동일률 형식의 명제로 나타낼 수 있는 '의미 규정적 지식'에 도달하는 것이 그 목표인 것으로 가정한다.

이러한 가정 속에도 '지배와 피지배의 틀'이 깊이 뿌리박혀 있다. A는 그 존재자의 이름(명목)일 뿐이다. B는, 그것이 객관적이든 주관적이든 통합적이든, 그 존재자에 관한 인간의 앎일 뿐이다. 그럼에도 A든 B든 그것을 곧 그 존재자 '임(이다)'이라고 간주한다면, 그것은 분명히 그 존재자의 '임(존재)'에 대한 A와 B의 지배를 뜻하기 때문이다.

그럼에도 이러한 가정을 하게 된 것은 근대 유럽어가 '임(being)'과 '있음(being)'을 언표로나마 구별하지 못하는 것과 직결되어 있는 것으로 보인다. 예컨대 A는 B'이다'(A 'is' B)라고 할 때, A는 있는 것의 이름이라면 'is'는 '이다(임, 존재)'다. A가 여기 '있다'(A 'is' here)라고 할 때, A는 있는 것의 이름이라면 'is'는 '있다(있음, 존재)'다. 이렇게 'being'

의 번역어 '존재'는 '임[是, being]'과 '있음[有, being]', 이 두 가지를 포괄하는 개념이다.

물론 하이데거(1998)는, 그의 현존재(Dasein) 개념에서 보여주듯이, '있는 것'과 '있음'을 구별한다. 그러나 그에게도 '있음'과 '임'을 구별하는 문제는 여전히 해결되지 않은 채로 남아 있다. '있는 것(존재자)'과 '있음(존재)'을 구별하는 문제는 '있음(존재)'과 '임(존재)'을 구별하는 문제와 전혀 다른 문제이기 때문이다.

있음과 임을 구별하는 문제는 그 사이에 '있을 수 있는' 다양한 그 무엇과 '일 수 있는' 다양한 그 무엇에 관한 자세한 구별을 요하는 문제를 동반한다. 예컨대 무엇으로 '있음'과 무엇답게 '있음', 무엇'임'과 무엇'다움', 무엇으로 '되어감'과 무엇답게 '되어감' 등의 구별 문제가 그것이다.

있음과 임을 언표로도 구별하지 못하는 기존 메타이론은 그 사이에 얼마든지 '있을 수 있고' '일 수 있는' 이와 같은 다양한 존재 양상을 알게 모르게 누락시켜놓게 된다. 예컨대 국가가 국가답게 있는 경우도 있지만, 국가가 있으나 국가답지 못하게 있기도 한다. 그러나 기존 메타이론에 입각하여 국가와 같은 연구 대상을 보게 되면 바로 이 후자와 같은—예컨대 국가가 있으나 국가답지 못하게 있다든가, 국가답게 되어가고 있다든가, 국가답지 못하게 되어가고 있다든가 등등—여러 존재 양상은 전혀 포착될 수가 없다.

따라서 A는 B'이다'(A 'is' B)라고 할 때, 한편으로 어떤 존재자의 이름일 뿐인 A에 의한 그 존재자의 '존재(임)'에 대한 지배, 다른 한편으로 그 존재자에 관한 인간의 앎일 뿐인 B에 의한 그 존재자의 '존재(임)'에 대한 지배, 기존 메타이론은 그 지배들을 방관하거나 심지어 조장한다고 할 수 있다.

(3) 국가나 계급과 같은 정치학의 연구 대상인 어떤 존재자는 일정한 공간을 차지하게 마련이라서, 일단 그것이 차지하는 공간이 있

고, 그것을 둘러싼 보다 큰 공간이 있으며, 그리고 그것을 구성하는 보다 작은 공간들이 있다고 정치학의 기존 메타이론은 가정한다. 공간관에서도 기존 메타이론은 이렇게 요소론의 모습을 보여준다. 이러한 요소론적 공간관에 따르면 모든 것이 변화하거나 유동한다고 하더라도 일정한 '공간의 경계' 안에서 변화하거나 유동한다는 점에서 그 공간의 경계만큼은 매우 실체적이라고 가정된다.

요소론적 공간관에 따르면 그 공간의 경계는 매우 실체적이라고 가정되기 때문에, 작은 공간은 그 공간을 담고 있는 더욱 큰 공간을 필요로 하게 되고, 그렇게 한이 없게 된다. 반대도 마찬가지다. 큰 공간은 그 공간을 이루고 있는 더욱 작은 공간들을 필요로 하게 되고, 그렇게 한이 없게 된다.[14] 그러기에 작은 공간의 변화를 살펴보기 위해서 보다 큰 공간의 변화를 살펴보는 것이 선행 조건이 되든가, 큰 공간의 변화를 살펴보기 위해서 보다 작은 공간의 변화를 살펴보는 것이 선행 조건이 되든가, 아니면 큰 공간과 작은 공간이 상호 조건이거나 상호작용한다고 보는 방법 외에 달리 뾰족한 수가 없다.

예컨대 좌파 정치학 방법론은 개체의 변화를 위한 선행 조건으로 전체 사회구조의 변화를 거론하지만, 결국 세계 혁명과 같은 더욱 큰 공간의 변화를 필요하게 된다. '밖으로의 편향성'으로부터 자유롭지 못한 것이다. 반대로 우파 정치학 방법론도 전체의 변화를 위한 선행 조건으로 개체의 변화를 거론하지만, 개인의식의 변화와 같은 더욱 작은 개체 공간의 변화를 선행 조건으로 요청하게 된다. '안으로의 편향성'으로부터 자유롭지 못한 것이다.

현대 정치학 방법론의 대부분은 이러한 두 편향성으로부터 어떻

---

14) 아리스토텔레스도 『자연학』에서 인용했듯이, 제논에 따르면 "공간이 실체라면 이 실체를 담고 있는 공간이 또 필요하게 되고, 그렇게 한이 없게 된다."

게든 벗어나보려는 시도들이라고 할 수 있다. 그러나 이러한 시도들이 전혀 새롭지 못한 까닭은 이들의 공간관이 여전히 기존 메타이론의 낡은 결함을 그대로 갖고 있기 때문이다.

2) 일 자체 준거적 메타이론의 '질서론'

물론 이러한 기존 메타이론을 지금까지 아무런 의심 없이 받아들여온 현실에는 그럴 만한 역사적 배경이 있을 수 있다. 그리고 그 배경에는 무엇보다도 '개체적 개인'과 '전체적 사회' 사이의 분명한 경계 구분의 필요성, 그리고 '권리와 의무의 경계가 뚜렷한 개인의 삶'을 실현하고 '주권과 영토의 경계가 분명한 국가'를 건설하려고 했던 근대 서유럽인들의 노력이 놓여 있으리라는 점을 어렵지 않게 추적할 수 있다.

그러나 기존 메타이론의 결함을 그대로 둔 채로 여전히 '인간이 존재하는 시공간'이라는 측면에서 오늘의 현실을 보다 보면 부차적이고 사소한 문제에 얽매인 나머지 정작 현실의 중대한 문제를 제대로 진단조차 하지 못하는 수가 있다.[15] 예컨대 '인간 행위'와 '사회구조', '개체'와 '전체', '개체의 현실'과 '전체의 현실', 이들 사이에 어느 것을 선행 조건으로 볼 것이냐 아니면 그 둘이 상호작용한다고 볼 것이냐 하는 문제를 심각한 '이론적 딜레마'로 삼을 수도 있다(기든스, 2009: 100-107).

근대 로크, 헤겔, 맑스 등의 노동 개념에서부터 현대 스키너, 파슨

---

15) 미국 정치학계의 최근 방법론 논쟁을 분석하면서, "정치학이 왜 현실 문제 해결에 무력해지고, 대중들로부터 흥미를 잃어가고 있는가라는 문제는 한국의 정치학계도 똑같이 고민해야 할 사안"이라는 김남국(2005: 243)의 지적은 이와 같은 오늘날 정치학의 문제점을 잘 표현해주고 있다.

스 등의 행동 개념에 이르기까지, 기존의 대표적인 노동 개념과 행동 개념 역시 이러한 이론적 딜레마로부터 자유롭지 못하다.[16] 그렇지만 이런 문제는[17] 기존 메타이론의 요소론적인 존재론과 공간관에 따르는 이론적 함정이기도 하다. 이론적 딜레마와 현실적 딜레마가 서로 다를 때, 길을 양보해야 할 것은 이론이지 현실이 아니다.

그럼에도 이론은 현실에 양보하지 않고, 주로 질서 유지의 이름으로 현실의 파괴를 요구하기도 한다. 불교 체제나 유교 체제가 흥하기도 하고 바로 그와 동일한 불교 체제나 유교 체제로 망하기도 했던 우리의 과거 정치사를 돌이켜볼 때, 정치학 방법론의 이론적 딜레마가 보다 포괄적인 메타이론으로 승화되지 못할 경우 정치학과 정치의 방법 논쟁은 반대편이 죽어야 비로소 끝나는 마치 종교전쟁과도 같은 막다른 길로 이내 치달을 수 있음을 얼마큼 확인할 수 있다.[18]

[16] 로크(1996)의 노동 개념은 '자연에다 자신의 것을 보태는 개인의 신체 활동'이다. 이는 '노동이 가치를 만들어낸다.'는 이후 노동가치설로 자리 잡게 된다. 헤겔의 노동 개념(임석진, 1990)은 '정신노동의 관리 아래 주객일치의 주체화 활동'이라는 의미에서의 '인간 정신의 자기외화 활동'이다. 맑스(1999: 233)의 노동 개념은 "사용가치를 생산하기 위한 합목적적 활동이며, 인간의 욕망을 충족시키기 위한 자연물의 취득(활동)"이라는 의미에서의 '역사적 물질 운동'이다. 스키너(1982)의 행동 개념은 '자극과 보상에 대한 반응'이다. 파슨스(Parsons, 1968)의 행동 개념은 '인간의 외부적 구속과 내부적 자유의 조합의 산물'이다.

[17] 뒤르케임처럼 사회를 상호 연관된 전체로 보면서 그것을 개인들이나 그들의 행위보다 상위에 있다고 보는 전체론(holism), 베버처럼 사회를 개인과 그들의 행동으로 구성되는 것으로 보는 요소론(elementarism), 비판적 실재론처럼 개체가 없으면 전체도 없다는 의미에서 개체가 전체보다 선행한다고 보는 발현론(emergentism), 맑스주의처럼 구조적 전체가 개체에 선행한다고 보는 구조론(structuralism), 기든스처럼 개체와 전체 둘 다 본질적이며 상호 의존적이라고 보는 유기체론(organicism) 등에서 공통적으로 제기하는 문제다.

[18] 최근 현실주의 국제정치 이론의 방법 논쟁의 중심에 있던 사람(Peter D. Feaver)이 자신들의 논쟁을 "불필요한 종교전쟁"(양준희, 2009)이라고 한 것은 얼핏 보기에 매우 희학적인 표현이다. 그러나 유불 논쟁이나 사칠 논쟁 등의 종교전쟁과도 같은 방법 논쟁이 정치 현실에서 무엇을 의미하는지를 역사적으로 확인해

그러나 현실을 일이 되어가는 질서라는 측면에서 보면 기존의 이론적 함정으로부터 벗어날 수 있고, 현실의 보다 심각하고 중대한 문제가 더욱 잘 드러나 보일 수 있으며, 기존 메타이론의 결함을 얼마큼 보완할 수도 있다. 『춘추좌씨전』에서 정나라 대부 자산(子産)은 "정치란 농사일과 같다[政如農功]."고 한다. 정치하는 일[政事]을 농사짓는 일[農事]에 비유한 것이다. 그러나 단순한 비유를 넘어서서 농사짓는 일에 준거해서 정치하는 일을 볼 수 있다.

(1) 농사짓는 일에서 가장 분명한 일 한 가지는 농사란 참[眞] 씨앗을 뿌리고 올바로 정성스럽게 가꿔서 얼마큼의 열매(實)를 거두는 일이라는 것이다. 참 씨앗을 뿌리지 않고서 정성으로 가꾼다고 해서 열매를 거둘 리 없다. 반대로 참 씨앗을 뿌리고서도 올바로 정성스럽게 가꾸지 않는다면 이 또한 열매를 거둘 리 없다. 진(眞)하고서야 실(實)하는 일은 농사짓는 일의 뚜렷한 모습이자, '사람이 관여하는 일[人事]'의 중요한 모습이다.

첫째, 농사짓는 일의 시공간적 경계는 이미 일정하게 결정되어 '있다(be)'고 가정할 수 없다. 농사짓는 일의 방식 및 과정에 따라서 농사짓는 일의 경계는 변화하면서 달리 형성된다. 예컨대 벼농사의 경우 농사짓는 일의 방식 및 과정에 따라서 '벼가 자라나는 경향(일이 되어가는 경향, 力)', '벼가 자라나는 정도(일이 되어가는 정도, 時)', '벼가 자라나는 범위(일이 되어가는 범위, 圈)' 등이 달라진다. 올바로 정성스럽게 가꾸지 않는다면, 벼가 자라나는 경향이 숙어들거나 자라나는 정도가 짧거나 자라나는 범위가 줄어들어서 아예 그 일 자체가 사라지기도 한다.

둘째, 농사짓는 일에 따르는 여러 일이 같은 일 '이다(be)'라고 가

온 우리로서는 그 표현이 단순히 희학적인 것만으로 받아들여지지 않는다.

정할 수 없다. 하나의 같은 벼농사 일이라고는 하지만 현실적으로는 수많은 여러 다른 일이 진행된다. 예컨대 논갈이하는 일, 물 대는 일, 모내기하는 일, 병충해 예방하는 일, 잡초를 뽑아주고 가꾸는 일, 수확하고 저장하는 일 등등 하나의 벼농사 일을 여러 일로 나누어-분산(分散)하고 다시 이 '여러 다른 일'을 모아-취합(聚合)하여 서로 일으켜 세워 성립해가는 '하나의 같은 일'이 벼농사 일이다.

셋째, 어떤 하나의 농사짓는 일과 다른 농사짓는 일은 서로 다른 일'이다(be)'라고 가정할 수 없다. 예컨대 논농사 일과 밭농사 일이 서로 다른 일이라고만은 할 수 없다. 논농사 일과 밭농사 일은 서로 다른 일이면서도 같은 일이고, 같은 일이면서도 다른 일이다. 가령 논갈이하는 일이나 밭갈이하는 일은 각각 논농사 일과 밭농사 일이라는 점에서 '다른 일'이면서도 둘 다 '땅갈이 하는 일'이라는 점에서 '같은 일'이다. 논갈이하는 일과 밭갈이하는 일은 둘 다 같은 농기계─트렉터 등의─를 사용한다는 점에서 '같은 일'이면서도, 이 일에 관여하는 농사짓는 일과 농기계 만드는 일은 서로 '다른 일'이다.

농사짓는 일과 비료 만드는 일, 그리고 농기계 만드는 일과 철 만드는 일 등도 서로 다르면서도 같고 같으면서도 다르다. 그리고 그 각각의 일 안에서도 수많은 일이 서로 다르면서도 같고 같으면서도 다르다. 이와 같이 '일의 분산과 취합 양상'에는 한이 없다. 그러나 '사람이 관여(關與)하는 일'의 분산과 취합의 양상에는 그 경향, 정도, 범위에서 한계가 있다. 그 한계의 구체적 표현이 국가다.[19] 유한

---

19) 이렇게 일 자체 준거적으로 봤을 때, 국가의 존재 양상은 그 구성원들이 관여하는 일의 끊임없는 분산과 취합의 양상이라고 할 수 있다. 일의 분산과 취합의 양상으로서 '국가의 질서'는 (1) "(생존만을 위해) 같은 곳에 거주하는 사람들의 단순한 공동체"가 드러내는 '집합 양상'에서부터 (2) "상호 간에 부당 행위를 방지하고 교역을 촉진하기 위해 존재하는" 공동체가 드러내는 '조합 양상'과 (3) "그 구성원의 가족들과 씨족들이 훌륭하게 살 수 있게 해주기 위한 공동체"

14장 좋은 일에 관여하는 삶과 정치학 517

하나마 사람이 관여하는 이러한 '일의 분산과 취합 양상'이 곧 '일의 존재 양상'이며, '일이 되어가는 질서'이다.[20]

(2) 마치 일 년을 춘추, 춘하추동, 12달, 365일 등의 여러 과정으로 나눠볼 수 있듯이, 농사짓는 일 역시 여러 과정으로 나눠볼 수 있다. 일 년의 변화하는 과정을 더욱 잘 들여다보기 위해 일 년을 여러 과정으로 나눠보듯이, 농사짓는 일을 여러 과정으로 나눠보는 것도 농사짓는 일의 변화하는 과정을 더욱 잘 들여다보고 잘 농사짓기 위해서다. 이처럼 하나의 벼농사 일을 여러 일로 나누어-분산하는 과정에 올바른 방식이 개입할 수도 있고 올바르지 못한 방식이 개입할 수도 있다.

논갈이하는 일, 물 대는 일, 모내기하는 일, 잡초를 뽑아주고 가꾸는 일, 수확하고 저장하거나 출하하는 일 등의, 벼농사 일 가운데 사람이 관여하는 일을 몇 가지 작은 일들로 나누어-분할(分割)하는 것은 사람과 무관한 방식으로 나누어-분할하는 것도 아니고 혹은 사람이 임의적인 방식으로 나누어-분할하는 것도 아니다. 벼농사 일에서 때(일이 되어가는 정도)에 알맞은 방식 및 선행 과정은 후행 과정을 '지탱(支撑)'해주지만 결코 '지배(支配)'하지 않는다. 그렇더라도 후행 과정이 때에 알맞지 않으면 그 선행 과정의 경향을 지배하여 숙어들게 하거나 심지어 그 일을 완전히 뒤바꿔놓아 그해 농사짓는

가 드러내는 '결합 양상' 등이 있다. 사람이 관여하는 일이기에 온전히 결합 양상만을 드러낼 순 없다. 집합 양상과 조합 양상을 함께 드러낸다. 그래서 그 다른 양상들 사이의 결합과 그 결합 비율이 중요하게 된다. 이런 점에서 사람이 관여하는 일의 한계의 표현이 곧 국가라고 할 수 있다(『정치학』, 1280b23-1281a에서 인용).

20) '일이 되어가는 질서'에서 '질서'는 '존재 양상'을 뜻하고, '존재 양상'은 사람이 관여하는 일의 분산과 취합 양상을 뜻한다. 양상(樣相)은 '모습'을 뜻한다. 그 가운데 '취합 양상(모으는 모습)'에는 '집합 양상(모아-묶는 모습)', '조합 양상(모아-엮는 모습)', '결합 양상(모아-맺는 모습)', 이렇게 세 유형의 양상이 있다.

모든 과정을 망쳐놓기도 한다.

(3) 농사짓는 일에서 당면하게 되거나 당면할 것으로 예상되는 심각하고 중대한 문제는 주로 농사짓는 일이 되어가는 '방식' 혹은 '과정' 그 각각에서 혹은 '방식 및 과정' 그 둘 모두에서 생겨날 수 있다. 그럼에도 벼농사 일에서 '여러 다른 작은 일'(개체적 일들) 사이에, 혹은 '농사일'(개체적 일)과 '사회구조'(전체적 일) 사이에 어느 일이 선행 조건이 된다고 볼 것이냐 아니면 이들이 상호작용한다고 볼 것이냐, 이런 문제만을 심각한 '이론적 딜레마'로 삼는다면 참으로 우스꽝스러울 것이다.

게다가 농사짓는 방식 및 과정과 거기서 생겨나는 문제를 떠나서, 농사일의 열매의 양을 어떻게 얼마나 늘릴 것이냐 하는 '성장'의 문제와 농사일에서 수확한 열매를 얼마나 어떻게 나눌 것이냐 하는 '분배'의 문제, 혹은 농사일의 열매를 철저히 상품으로만 간주함으로써 발생하는 일련의 '생산-교환-소비'의 과정에서의 문제, 혹은 노동을 인간 피부의 경계에 옹기종기 몰려 있는 아주 미시적인 인간의 활동만으로 간주하는 데서 생겨나는 제반 문제, 특히 농사일에 관여하는 사람들(자본가와 노동자) 사이의 '지배'와 '피지배'의 문제, 주로 이런 문제만을 강조하며 이런 문제에만 몰두한다면, 그 일의 귀결이 어찌 될 것인지는 누구나 쉽게 예상할 수 있을 것이다.

농사짓는 일의 예에서 보듯이, '일이 되어가는 방식 및 과정'을 직시하고 개선하는 일은 '일에 관여하는 사람들 사이의 관계'를 검토하는 일을 포괄하면서도 그것을 넘어서는 보다 근원적인 측면을 담고 있다.

3. '인간이 획득하는 인식'과 '일이 되어가는 과정'

다음 두 가지를 확인하고자 한다. 첫째, 인식론과 변화-운동관 측면에서 봤을 때, 정치학의 기존 메타이론은 환원론의 모습을 보여주고 있고, 이러한 환원론적 기존 메타이론 속에도 '지배와 피지배의 틀'이 깊이 내장되어 있다는 점이다. 둘째, 현실을 '일이 되어가는 과정'이라는 측면에서 보면 현실을 단순히 '인간이 획득하는 인식'의 대상이라는 측면에서 보는 것보다 더욱 포괄적으로 직시할 수 있다는 점이다.

1) 인간 자아 준거적 메타이론의 '인식론'

인식론(epistemology) 측면에서 봤을 때, 정치학의 기존 메타이론은 다음 세 가지 분야의 주요 가정으로 구분될 수 있다. 첫째, '인식 주체'에 관한 가정, 둘째, '인식 대상'에 관한 가정, 셋째, 인식 주체와 인식 대상 사이의 '인식 작용'에 관한 가정 등이다.[21] 이 가운데 첫째와 둘째는 존재론의 가정과 중첩된다. 이런 연유에서 기존 메타이론의 인식론은 존재론에 그 근거를 두게 된다.

기존 메타이론에서 인식 개념은 '인간 존재자인 인식 주체가 인식 대상에 관한 지식에 이르는 작용'이다. 이러한 인식은 인간 존재자의 일정한 경계, 즉 인간 '피부의 경계' 안과 밖 사이에 일어나는 작용을 뜻한다. 인간이 앎에 이르는 작용이 곧 인간의 인식이라는 점에서 인식론에 관한 기존 메타이론도 '인간 자아 준거적 메타이론'

---

21) 비판적 실재론은 인식론의 가정을 "지식의 성질에 관한 가정, 지식을 어떻게 획득하는가에 대한 가정, 그리고 '알고 있다는 것을 어떻게 알 수 있는가.'에 대한 가정" 등으로 구분한다(다네마르크, 2005: 40).

이라고 할 수 있을 것이다. 이러한 '인식' 혹은 '인식 작용' 개념에 담긴 가정은 크게 다음 세 가지다.

첫째, 데카르트 등의 대륙 합리론으로 대변되듯이, 인식은 인간 피부의 경계 안으로부터 밖으로의 능동적, 선천적 투사 과정이라고 하는 소위 '구성' 과정이라는 가정이다. 이러한 합리론의 인식론 전통에 따르고 있는 해석학이나 현상학의 관념론적 질적 방법론은 인식 대상에 대한 인식이 '이론 의존적'일 수밖에 없고 따라서 인식 대상에 관한 지식은 여러 주관적 편견으로 물들어 있기 마련이라고 가정한다.

둘째, 로크 등의 영국 경험론으로 대변되듯이, 인식은 인간 피부의 경계 밖으로부터 안으로의 수동적, 후천적 유입 과정이라고 하는 소위 '경험' 과정이라는 가정이다. 이러한 경험론의 인식론 전통에 따르고 있는 유물론적 방법론과 실증주의의 경험적 양적 방법론은 인식 대상에 관한 객관적 지식이 경험을 통해 가능하다고 가정한다.

셋째, 이상의 둘을 종합하려고 했던 칸트의 인식론으로 대변되듯이, 인식은 인간 피부의 경계 안팎으로 능동적 구성과 수동적 경험을 종합하는 '이성에 의해 구성된 경험'의 상호작용 과정이라는 가정이다. 이러한 인식론의 전통을 따르고 있는 비판적 실재론의 방법론은 인식 대상인 "실재(reality)에 대한 개념들이 '이론 의존적'이라고 가정한다면", "실재의 성질을 확인하고자 할 때 출발점으로 삼아야 할 '합리적 고정점'"을 과학에서 찾아 실천적으로 연구해갈 수밖에 없다고 가정한다(다네마르크, 2005: 40-41).

이러한 인식론적 가정이 내포하고 있는 보다 근원적인 가정과 전제는 다음 세 가지다. 첫째, '피부의 경계'라고 하는 일정한 시공간적 경계를 갖고 있는 존재자로서 '주어(주체)'를 일단 전제한다는 점이다. 둘째, 그 주어의 내부에서 어떤 작용 과정이 시작되는 능동태적인 작용 과정과 그 외부로부터 어떤 작용 과정이 주어에 미치는 수동태적인 작용 과정을 구분한다는 점이다. 셋째, 능동태적인 작용 과정이란 그 주어의 기존 경계 '안(내부)'의 미래 목적에 의해 지배되는 현재의 능동태적인 작용 과정이며, 수동태적인 작용 과정이란 그 주어의 기존 경계 '밖(외부)'의 과거 원인에 의해 지배되는 현재의 수동태적인 작용 과정이라는 점이다.

이러한 인식론적 메타이론의 공통된 특징은 일정한 시공간적 경계를 갖고 있는 존재자로서 '주체(주어)'를 전제하고, 능동태적인 것과 수동태적인 것 모두 현재가 아닌 별도의 미래 목적이나 과거 원인에 봉사하게 되어 있는 수단적인 인식과 그 작용 과정으로 환원시켜놓는다는 데에 있다. 요컨대 기존 인식론적 메타이론에 의하면 현재진행 중인 인간의 모든 인식과 그 작용 과정은 한편으로 능동태적인 미래 목적으로 환원되거나 다른 한편으로 수동태적인 과거 원인으로 환원되고 만다. 이러한 특징을 갖는 인식론을 '환원론적 인식론'이라고 할 수 있을 것이다.

(1) 이와 같은 정치학의 기존 메타이론의 환원론적 인식론에서는 수동태적인 과거 원인이나 능동태적인 미래 목적으로 환원시켜놓을 수 없는 현재진행의 인식과 그 작용 과정은 전적으로 누락된다. 이는 인간의 인식에서 과거 원인이나 미래 목적에 의해 지배되지 않는 순수한 현재진행의 인식은 없다고 가정하는 것과 같다. 인식만이 아니라 인간의 제반 활동도 마찬가지다.

수동태적 활동이든 능동태적 활동이든 인간 활동에 관한 기존 메타이론에는 현재진행의 활동이 빠져 있다. 현재의 수동태적인 활동은 주어 외부적인 과거 원인에 의해 지배되는 활동이며, 현재의 능동태적인 활동은 주어 내부적인 미래 목적에 의해 지배되는 활동이다. 이는 인간의 활동에서 과거 원인이나 미래 목적에 의해 지배되지 않는 순수한 현재진행의 활동은 없다고 가정하는 것과 같다.

게다가 그 인식과 활동을 보는 위치의 차이를 제거하면, 자동사처럼 그것으로 끝나버리고 마는 일방적 인식과 활동이라는 점에서나, 아니면 타동사처럼 다른 무엇으로 향하는 일방적 인식과 활동이라는 점에서, 인간의 인식과 활동은 모두 '일방 지배적인' 인식과 활동이다. 이는 인간의 인식과 활동에서 일방 지배적인 방식에 의한 것이 아닌 순수한 인식과 활동 또는 그 무엇에 의해서도 지배받지 않는 순수한 인식과 활동은 없다고 가정하는 것과 같다.

기존 메타이론의 환원론적인 인식론 속에도 이처럼 '지배와 피지배의 틀'이 깊게 내장되어 있다. 그럼에도 이러한 가정을 하게 된 것은 무엇보다 우선 기존 메타이론의 환원론적 인식론이 기존 메타이론의 요소론적 존재론에 근거를 두고 있기 때문인 것으로 보인다. 예컨대 인간 존재자인 '인식 주체'에 관한 가정과 인식하고자 하는 '인식 대상'에 관한 가정 등은 존재자에 관한 기존 메타이론의 가정에 그 근거를 두고 있기 마련이고, 그 결과 앞서 검토한 존재론적 메타이론의 결함을 인식론적 메타이론 역시 그대로 떠안고 있는 것이다.

(2) 기존 인식론적 메타이론의 가정에는 인식 주체와 인식 대상 사이의 '인식 작용'에 관한 가정이 있다. 그런데 이 '인식 작용'에 관한 가정도 환원론적이고 그 안에 '지배와 피지배의 틀'을 깊숙이 내장하고 있다.

기존 인식론적 메타이론이 이러한 결함을 갖게 된 것은 근현대 언어가 단순히 '능동태(active voice)'와 '수동태(passive voice)'만을 유지하고 있고 '중간태(middle voice)'를 잃어버렸기 때문인 것으로 보인다. 오늘날 구술과 문자는 물론이고, 사유와 삶에서도, 나아가서 우리 자신이 관여하는 일에서도 중간태를 찾아보기 힘들다.

인식에서 수동태적인 작용 과정이나 능동태적인 작용 과정은, 그

작용 과정의 방향만 다를 뿐이지, 결국 인식 주체가 인식 대상에 관한 인식을 통해 지식을 획득(소유)하는 것을 목표로 하는 작용 과정이다. 인식 대상에 관한 지식의 소유는―A는 B'이다'(A 'is' B)라는 동일률 형식의 명제로 나타낼 수 있는― 인식 대상의 '존재'(임)에 대한 지배를 뜻한다.

중간태는 이러한 수동태나 능동태적인 작용 과정과 다른 작용 과정을 표현한다. 예컨대 고대 헬라어(코이네)의 경우에, 첫째, 주어(주체)가 명확하지 않은 채 일어나는 작용 과정이라든가, 둘째, 수련이나 수도처럼 아무도 없이 주어 홀로 하는 작용 과정이라든가, 셋째, 주어 홀로 하거나 주어에서 나온 작용 과정이 마치 부메랑처럼 다시 주어에게로 되돌아오는 작용 과정 등을 표현한다.[22] 이러한 작용 과정은 수동태나 능동태적인 작용 과정과 다음과 같은 점에서 전혀 다르다.

중간태는 A는 B'이다'(A 'is' B)라고 할 때, 어떤 존재자의 이름일 뿐인 A에 의해서 그 존재자의 '존재(임)'를 지배하지 않고, 오히려 거꾸로 그 존재자의 '존재(임)'에 비추어 낡은 이름을 버리고 새로운 이름을 찾아가는 작용 과정을 표현한다. 또한 중간태는 그 존재자에 관한 인간의 지식일 뿐인 B에 의해서도 그 존재자의 '존재(임)'를 지배하려 하지 않고, 오히려 낡고 고착화된 B를 버리고 그 존재자의 '존재(임)'를 찾아 더욱 가까이 다가가는 작용 과정을 표현한다.

요컨대 중간태는, 결국 그 존재자의 '존재(임)'를 지배하고 마는 수동태나 능동태적인 작용 과정과 달리, 붙잡고 있던 낡은 이름(A)을 버리고 낡고 고착화된 지식(B)을 버리는, 소위 끊임없는 '자기부정'을 통해서 그 존재자의 '존재(임)'를 찾아 가까이 다가가, 그 존재자의 '존재

---

22) 중간태에 관해서는 수잔 케머(2003)와 이화남(2001)을 참조 바란다.

(임)'와 그 존재자의 현실을 더욱 포괄적으로 보게 됨으로써 점점 더 온전하게 되어가는 작용 과정을 표현한다.[23]

이러한 중간태는 오늘날 한국어의 경우 '자기 스스로 되어간다.' '자기 절로 말한다.' '일이 저절로 된다.' '일이 제대로 된다.' 등에서 '스스로', '절로', '저절로', '제대로' 등의 부사로 그 흔적을 남겨두고 있다. 영어의 경우에는 '이 책은 잘 팔린다(This book sells well).'에서 '잘(well)'과 같은 부사라든가 '자기 자신(oneself)'처럼 재귀용법의 대명사(재귀대명사)로 그 흔적을 가까스로 남겨두고 있을 뿐이다.

(3) 정치학 연구 대상의 변화-운동에 관한 기존 메타이론은, 첫째, 내인론처럼 연구 대상 안에 변화-운동의 원인이 있다고 가정하거나, 둘째, 외인론처럼 연구 대상 밖에 변화-운동의 원인이 있다고 가정하거나, 셋째, 내외양인론처럼 연구 대상의 안과 밖 모두에 변화-운동의 원인이 있다고 가정한다.[24]

이렇게 가정하고 있다는 것은 변화-운동관에 관한 메타이론 역시, 환원론적 인식론에서 가정했던 것과 똑같이 정치학 연구 대상의 변화-운동은 결국 능동태적 변화-운동과 수동태적 변화-운동 가운데 어느 하나의 변화-운동이든가 아니면 그 둘 모두의 변화-운동이

---

23) 기든스(2009: 103)가 말하는 '구조의 이중성'은, 능동태나 수동태의 작용 과정으로 환원할 수 없는 이러한 과정을 생략한 채로, 인간 행위가 사회구조를 공유한 결과를 상정하기 때문에 그 공유 과정을 오직 '가정'으로만 남겨두게 된 것이다. 비판적 실재론(다네마르크, 2005: 106-116)의 '기저적 층위들의 결합 과정을 통한 발현(emergence)' 역시, 이러한 중간태적 과정을 생략한 채로, 곧바로 결합 과정과 발현 과정을 상정하기 때문에 방법론적으로 매우 중요하기 짝이 없는 그 발현 과정을 단지 '가정'으로만 남겨두게 된 것이다.
24) 변화 개념과 운동 개념을 아직 함께 사용하지만 구분해야 할 개념이다. 『자연학』에서 아리스토텔레스는 운동(kinesis)과 변화(metavole)를 구분하고, 『주역(周易)』은 역(易)을 변(變)과 화(化)로 구분한다. 앞으로 중간태적 작용 과정을 이 글에서 규명한 것보다 더욱 자세히 규명해간다면, 변화의 여러 과정과 그 각 과정을 지칭하는 개념들도 그 본래적 의미를 되찾을 수 있을 것이다.

라고 가정하고 있다는 것을 뜻한다. 이런 연유로 변화-운동에 관한 기존 메타이론도 환원론적이고, 그 안에 '지배와 피지배의 틀'을 깊이 내장하고 있는 것이 된다.

그럼에도 이러한 가정을 하게 된 것은, 지금까지 검토한 몇 가지 외에, '시간(time)'에 관한 기존 메타이론도 요소론적이고 환원론적이기 때문인 것으로 보인다. 시간에 관한 기존 정치학 방법론은, 첫째, 실증주의나 유물론처럼 인간의 의식과 무관하게 실재한다는 '객관적 시간'을 강조하거나, 둘째, 해석학이나 현상학처럼 인간 의식 안에만 있다는 '주관적 시간'을 강조하거나, 셋째, 이 양자를 통합하려는 비판적 실재론처럼 인간의 이성에 의해 경험을 구성하는 선험적 범주로서 '범주적 시간'을 강조한다.

이러한 시간관은, 첫째, 정치학의 연구 대상은 어디까지나 '시간 속에 있는 것'이라고 가정하고, 둘째, 시간은 '과거-현재-미래'라고 하는 시종적(始終的)으로 이어지는 '일련의 시점들(시계열)'이라고 가정하며, 셋째, 이러한 일련의 시점들 속에서 연구 대상은 변화-운동한다고 가정한다.

이러한 가정의 공통점은, 첫째, 어느 시간이든 그것을 둘러싼 보다 큰 시간이 있으며 그것을 구성하는 보다 작은 시간들이 있다고 가정한다는 점에서 요소론적이다. 둘째, 현재라는 시점은 과거와 미래의 틈바구니에 끼어 있으면서—헤겔의 표현을 빌리자면—'이미 없고 아직 없는' 시점, 끊임없이 과거와 미래로 환원되어버리고 마는 시점이라고 가정한다는 점에서 환원론적이다. 이러한 '시종적 시간관'에 관한 기존 메타이론 역시 앞서 검토한 요소론과 환원론의 결함을 그대로 떠안고 있는 것이다.

2) 일 자체 준거적 메타이론의 '과정론'

근대사회의 기원, 성격, 변화 등에 관한 비맑스주의적 인식과 맑스주의적 인식 사이의 차이, 갈등, 충돌 등의 문제를 "기본적인 이론적 딜레마"로 삼을 수 있다(기든스, 2009: 100-107). 이와 유사하게 한국에서 근대사의 기점, 근대국가 건설의 시점, 사회의 성격, 그 성격의 변화에 미친 영향 등에 관한 좌우파 인식 사이의 차이, 갈등, 충돌 등의 문제를 이론적 딜레마로 삼을 수 있다.

그러나 이러한 문제 진단의 대부분은 기존 메타이론에 따르는 불가피한 함정일 수 있다. 기존 메타이론의 결함을 보완하는 것만으로도 이러한 문제보다 더욱 근원적인 문제가 드러나 보일 수 있다. 현실을 '일이 되어가는 과정'이라는 측면에서 보면, 단순히 '인간이 획득하는 인식'의 대상이라는 측면에서 보는 것보다, 현실의 더욱 심각하고 중대한 문제가 잘 드러나 보일 수 있으며, 기존 메타이론의 결함을 얼마큼 보완할 수도 있다.

(1) 벼농사 일은 '전체적인 벼농사 일'과 '개체적인 벼농사 일'을 분할하거나, 혹은 일단의 벼들을 '한 무더기의 벼 집단'으로 구성하여 '다른 무더기의 벼 집단'과 분할하여, 그것들 사이에 서로 적대적 전선을 펼쳐가면서 진행하는 일이 아니다. 벼농사 일은 그 안팎으로 수많은 분할선과 분할 과정을 수반하면서 진행된다.

예컨대 벼농사 일을 여러 과정으로 나누어-분할하여 그 가운데 제때에(때에 알맞게, 적시에 혹은 적기에), 그리고 논을 여러 자리로 나누어-분할하여 그 가운데 알맞은 간격으로 논갈이하는 방식 및 과정에는 수많은 분할선과 분할 과정이 수반된다. 제때 제자리에다, 모를 여러 포기로 나누어-분할하여 알맞은 수의 모를 모내기하는 방식 및 과정에도 수많은 분할선과 분할 과정이 수반된다. 적기에 알맞은 높이로 논둑을 나누어-분할하여 논에 물을 대거나 빼내는 방식 및 과정에도 수많은 분할선과 분할 과정이 수반된다. 그밖에 농기계 만드는 일, 비료 만드는 일 등과 같이, 벼농사 일에 관여하는 다른 일까지 확장해가면, 사람이 관여하는 일은 그 일의 안팎으로 수많은 분할선과 분할 과정을 수반한다.

사람이 관여하는 일에 끊임없이 수반되는 수많은 분할선과 분할 과정은 사람과 무관하게 수동적이고 인과 제약적인 방식으로 나누어-분할하는 것도 아니고, 사람이 맘대로 능동적이고 임의적인 방식으로 나누어-분할하는 것도 아니다. 나누어-분할하는 일에 올바른 방식이 개입할 수도 있고 올바르지 못한 방식이 개입할 수도 있다. 올바른 방식과 과정은 그 선후 과정을 '지탱'하기 쉽지만, 올바르지 못한 방식과 과정은 그 선후 과정을 '지배'하기 쉽다.[25] 이는 일의 분산과 취합의 양상 가운데 '분산 과정'이다.[26]

---

25) '분산 과정(나누는 과정)'에는 '분할 과정(나누어-떼는 과정)', '교류 과정(나누어-주고받는 과정)', '교제 과정(나누어-사귀는 과정)' 등의 세 유형의 과정이 있다. 올바른 방식과 과정은 그 선후 과정을 지탱하기 쉽지만, 올바르지 못한 방식과 과정은 그 선후 과정을 지배하기 쉽다. 올바른 방식으로 나누어-분할하는 과정은 그 앞뒤 다른 과정과 나누어-교류하도록 지탱하기 쉽다. 그러나 올바르지 못한 방식으로 나누어-분할하는 과정은 그 앞뒤 다른 과정과 나누어-교류하지 못하게 지배하기 쉽다. 올바른 방식으로 나누어-교류하는 과정은 그 앞뒤 다른 과정과 나누어-교제하도록 지탱하기 쉽다. 그러나 올바르지 못한 방식으로 나누어-교류하는 과정은 그 앞뒤 다른 과정과 나누어-교제하기 어렵다. (1) 강제적으로 '같은 일'로 모아져 '다른 일'과 나누어-분할되어 있을 뿐, 일들 사이에 올바른 교류나 교제가 없는 일들은 단순한 '집합 양상'을 드러낸다. (2) 올바른 방식으로 나누어-분할하면서 서로 교류가 있으나 교제가 쉽지 않은 일들은 '조합 양상'을 드러낸다. (3) 올바른 방식으로 나누어-분할하고 서로 올바른 교류와 교제가 활발한 일들은 '결합 양상'을 드러낸다.
26) 플라톤의 '나눔(diairesis)'과 '모음(synagōgē)'에 관해서는 김태경(2000)을 참조 바란다. 메텍시스(methexis), 코이노니아(koinonia), 파루시아(parousia) 등의 플라톤의 참여 개념을 결합 이론의 틀로 삼아보려는 시도는 박종현(1987)을 참조 바란다.

(2) 그렇다면 올바른 방식이란 어떤 방식이고 또 어떻게 해야 나누어-분할하는 일에 올바른 방식이 개입할 수 있겠는가. 사람이 어쩔 수 없이 몇 알의 볍씨를 뿌려놓고 마지못해 수동적인 방식으로만 농사짓는다고 해서 열매를 잘 거둘 리 없다. 그 반대도 마찬가지다. 사람이 맘대로 볍씨를 뿌리고 빨리 자라라고 싹을 잡아 위로 올려가며 농사짓는다고 해서 열매를 잘 거둘 리 없다. 이처럼 수동태나 능동태적인 작용 과정은 벼농사 일의 '존재(임)'를 지배하고 만다.

그러나 중간태적인 작용 과정은 농사짓는 일에 끊임없이 수반되는 수많은 분할선과 분할 과정에서 올바른 방식이 개입하도록 하는 과정이다. 벼농사 일에 참여하는 사람이 과도하게 수동적이어서도 안 되지만 지나치게 능동적이어서도 안 된다. 벼농사 일의 나누어-분할하는 일에서 올바른 방식이 개입하도록 하기 위해선 벼농사에 관한 낡고 고착화된 지식을 끊임없이 버려가면서, 늘 벼농사 일의 '존재(임)'를 찾아 벼농사 일의 제 모습에 더욱 가까이 다가가야 한다. 벼농사 일의 '제 모습대로(제대로)' 하는 방식이 올바른 방식이기 때문이다. 올바른 방식은 우선 사람이 관여하는 일의 '제 모습대로 나누어-분산하는 방식', 즉 '제 모습대로 나눔의 방식'이다.[27]

(3) 농사짓는 일이 잘 되지 않을 때, 문제 진단을 잘 해서 해결해가야 한다. 문제의 원인을 내인, 외인, 내외양인 중에 하나일 것이라고 생각하고 그 원인을 추적해볼 수 있다. 그러나 이러한 문제 진단은 단순히 농부 탓이나 씨앗 탓(내인), 혹은 날씨 탓이나 영농자금지원 등의 사회구조 탓(외인), 혹은 그 둘 탓(내외양인)으로 문제를 축소시켜버리기 십상이다. 오히려 이러한 문제 진단은 농사짓는 일에 수반

---

27) 이러한 중간태적 작용 과정의 흔적이 가장 깊게 배어 있는 고대사상적 개념은 고대 불교의 '업(業)' 개념, 『중용』의 '신독(愼獨)' 개념, 고대 그리스의 '참여(methexis)' 개념 등이다.

되는 수많은 분할선과 분할 과정에 생겨나는 중대한 문제를 보지 못하게 하고 은폐시켜버릴 수 있다.

씨앗의 상태가 그리 좋지 않고 궂은 날씨에 영농자금지원마저 빈약한 극히 제한된 현실에서나마, 농사짓는 일의 방식 및 과정 그 자체는 결코 과거나 미래로 환원시킬 수 없는, 바로 지금 시작해서 묵묵히 해야 할 현재진행의 중간태적인 일이 대부분이다. 현재진행의 중간태적인 일로 농사짓는다고 할 때, 현재라는 시점은 '이미 없고 아직 없는' 시점, 끊임없이 과거와 미래로 환원되어버리고 마는 시점이 아니다.

현재라는 시점은 잘못투성이고 문제투성이인 현재까지의 낡은 방식을 당장 내려놓는 종착점이자, 늘 선환적(旋環的)으로 다시금 농사 일의 제 모습에 더욱 가까이 다가가 곧장 '제 모습대로' 일하기 시작하는 시작점이다. 『대학』에서 말하듯이 '모든 일에는 끝과 시작이 있다[事有終始].' 이러한 '종시적 시간관'에 따르면 어떤 일의 현재는 그 일의 낡은 방식을 당장 끝낼 수 있는 종점이자 올바른 방식으로 곧장 시작할 수 있는 기점이자 기원이다.

그럼에도 근래 새로운 기법으로 해온 벼농사 일의 기원, 그 벼농사 일의 성격에 관한 규정적 지식의 획득, 그리고 그 기원과 지식에 관한 이웃 두 농부의 인식의 차이, 갈등, 충돌 등의 문제를 농사짓는 일에서 당면하는 가장 "기본적인 이론적 딜레마"로 삼고서, 그 딜레마가 해결될 때까지 농사짓는 일을 우파처럼 대충 타협하고 중재해 가며 하거나 아니면 좌파처럼 과도기적으로 하거나 전폐하다시피 한다면 참 희극적이고도 비극적인 일일 것이다.

4. '인간이 인식하는 가치'와 '일이 되어가는 방식'

다음 두 가지를 확인하고자 한다. 첫째, 가치론과 방법관 측면에서 봤을 때, 정치학의 기존 메타이론은 상대론의 모습을 보여주고 있고, 이러한 상대론적 기존 메타이론 속에도 '지배와 피지배의 틀'이 깊이 내장되어 있다는 점이다. 둘째, 현실을 '일이 되어가는 방식'의 측면에서 보면 현실을 단순히 '인간이 인식하는 가치'를 기준으로 해서 보는 것보다 더욱 포괄적으로 직시할 수 있다는 점이다.

1) 인간 자아 준거적 메타이론의 '가치론'

가치론(axiology)에서 좋음에 관한 서양철학의 전통은 고중세철학의 우주적이고 신적인 '좋음(agathos, bonus)'[28]에서 근현대 철학의 인간적인 '좋음(goodness)'이나 '가치(value)'로 변화되어왔다.[29] 이것은 단순히 표현의 변화만이 아니라 자연과 신 중심적인 세계관으로부터 좋음이나 가치는 오로지 "인간에 의해서 파악되고 실현될 수 있을"(헤센, 1992: 20) 뿐이라고 당당하게 선언할 수 있는 인간을 중심으로 한 세계관으로의 변화를 뜻한다.

근대 철학 전통에서 보자면, 인간이 인식하는 '가치론'은 인간이

---

[28] 플라톤의 '좋음의 이데아(idea of the good)', 아리스토텔레스의 '형상(form)', 고대 헬라스의 우주적 차원의 '좋음(agathos)', 중세 기독교 신 의지의 발현으로서 '좋음(bonus)' 등이다.
[29] 근대 '좋음(goodness)'은 중세 영어의 '결합과 일치(ghedh → god)'에서 유래하여 원래 수단적인 의미가 강한 '적합함'이라는 뜻을 가진다. 로크와 칸트 등에 의해 자연물에 결합되어 있고 인간의 요구에 적합한 것이라고 생각되는 '가치(value)' 개념이 등장한다. 로크로부터 헤겔과 맑스를 거치면서 근대 가치 개념은 인간이 자신의 노동을 통하여 자연물에 부가하거나 투영해서 자신의 요구에 적합하게 구성해낸 바로 그것을 뜻한다.

획득하는 '인식론'에 그 근거를 두며, 이 '인식론'은 인간 존재자에 준거하는 '존재론'에 그 근거를 둔다. 달리 말해서 근현대 철학의 전통에서 봤을 때, '가치론'의 기초는 곧 '인식론'이며, '인식론'의 기초는 곧 '존재론'인 셈이다.[30] 이런 연유에서 기존 메타이론의 '가치론'은 '인식론'과 '존재론'에 그 근거를 두게 된다. '가치론'에 관한 기존 메타이론은 다음과 같은 특징을 보여준다.

첫째, '물질 자원의 부족'과 '인간의 이기심'을 전제한다. 둘째, '올바름'과 '이로움'에 관한 논의를 그 주요 내용으로 한다. '이로움'과 '좋음'을 특별히 구분하지 않고 같은 의미로 사용한다. 셋째, 유한한 물질 자원과 이기적 개인들이 모여 있는 현실에서 어떤 가치가 됐든 그것을 인간 욕구 만족을 위한 수단과 방법으로 간주하고 상대적인 것으로 본다.

이것은 '좋음' 또는 '가치'를 인간 욕구 만족에 대해 상대적이고, 인간 욕구 만족을 위해 수단적이며, 인간 욕구 만족에 비해 부차적이라고 전제하는 것과 같다. 이러한 특징을 보여주는 기존 메타이론의 가치론을 '상대론적 가치론'이라고 할 수 있을 것이다. 인간 욕구 만족을 위한 가치라는 점에서, 가치론에 관한 기존 메타이론 역시 '인간 자아 준거적 메타이론'이라고 할 수 있을 것이다.

(1) 기존 메타이론의 상대론적 가치론은 '인간 자신'을 이 세상에 유일한 하나[一, one](절대적 기준)로 전제하고, '좋음'이나 '좋은 것'이나 구체적인 '재화(goods)' 등은 인간 자신의 욕구 만족을 위한 수단

---

[30] 이런 배경에서 소광희(1988: 259-260)는 "가치의 문제는 …… 인식의 문제가 전제되어야" 하고, "인식은 존재론이라는 보다 근원적이고 포괄적인 지평 위에서 성립 근거를 찾지 않으면 안 된다."고 한다. 비판적 실재론도 "존재론적 질문이 실재에 대한 철학의 출발점이 되어야 하며, 지식이 어떻게 가능한가라는 인식론적 질문이 출발점이 될 수는 없다."(다네마르크, 2005: 20)고 한다.

과 방법이라는 여럿[多, many](상대적 기준)으로 전제한다. 바로 이러한 전제는 근대 철학 전통 속에도 그대로 반영되어 있다. 근대 철학의 존재론, 인식론, 가치론 등의 제반 논의의 최종적 근거를 '인간이라는 특유의 존재자'에다 두고, 거기서부터 여러 논의나 명제를 도출해가는 것이다.

이런 연유로 '좋음(goodness)'과 '좋은 것(good thing)'을 굳이 구별할 이유도 없고 필요도 없게 된 것이다. 인간이라는 특유의 존재자를 중심으로 봤을 때, '좋음'이란 한갓 개념 따위에 불과하고 '좋은 것'이란 욕구 만족을 위한 수단에 불과하기 때문이다. 이런 맥락에서 백종현(2007: 252-253)은 좋음에 관한 정의가 좋은 것에 관한 이해에 '단지 논리적으로' 선행한다는 이유로 그 둘을 구별해야 한다는 주장은 "딴은 일리 있는 주장"이지만, 좋음을 논리적으로 정의하는 일은 불가능하다고 하면서 '좋음'과 '좋은 것'을 굳이 구별할 이유도 없고 필요도 없다고 주장한다.

좋음과 좋은 것을 구별할 이유나 필요가 없다는 주장이나 '단지 논리적으로' 필요하다는 이유로 그 둘을 구별해야 한다는 주장이나, 이 두 주장 모두 이미 은연중에 '인간 자신'이야말로 이 세상에 유일한 하나, 곧 '인간 자신'이야말로 존재론, 인식론, 가치론 등의 제반 논의의 최종적인 유일한 근거라는 점을 전제하고 있다는 것을 알 수 있다.

그런데 흥미로운 것은 정치학의 기존 방법론들이 정작 '인간 자신'을 그들의 제반 논의의 최종적인 유일한 근거로 전제하지 않고, 그것과 유사한 다른 것들로 바꿔치기하고, 심지어 바꿔치기한 그것으로 외려 인간 자신을 '지배'하기에 이르렀다는 점이다. 바꿔치기한 그것들의 예는 실증주의의 경우 인간의 오관으로 확인한 '사실(fact)', 현상학의 경우 인간의 주관으로 구성한 의미체라는 '현상

(phenomenon)', 비판적 실재론의 경우 인간의 합리적인 탐구 방법과 절차라는 '과학(science)', 유물론의 경우 인간의 노동과 자연이 결합한 '역사적 물질(historical matter)' 등이다.

인간 자신보다도 인간 자신과 바꿔치기한 그것들이 정치학과 정치의 제반 논의와 실천에서 최종적인 유일한 근거로 강조되고 있고 어느 누구도 그것에 대해 이의를 제기하기 어려울 지경에 이르렀다는 점에서, 이제 인간 자신이 그것들에 의해 거꾸로 지배당하고 있는 것이다. 이처럼 기존 메타이론의 상대론적 가치론 속에도 '지배와 피지배의 틀'이 내장되어 있다.

(2) 그러나 이와 같은 웃지 못할 '바꿔치기'와 상대론적 가치론의 기존 메타이론 속에 내장된 '지배와 피지배의 틀'은 인간 자신을 이 세상에 유일한 하나로 전제한 처음부터 이미 예고된 일이다. 인간 해방을 위한 거대한 기획이었다고 하지만, 오히려 족쇄가 된 것이다. '인간 자신'을 이 세상에 유일한 최종인 근거인 하나로 전제한다는 것은 '좋음', '좋은 것', '재화' 등을 인간 자신의 욕구 만족을 위한 여러 가치 가운데 하나인 상대적인 가치로 전제한다는 것을 뜻한다.

첫째, 여기서 욕구 만족하는 방법은 욕구하는 방법을 뜻한다. 욕구하는 방법에서 그 방법은 욕구가 향하는 목적을 담고 있게 마련이다. 욕구가 향하는 목적은 욕구가 향하는 그것의 다른 이름이다. 따라서 욕구 만족하는 방법은 욕구가 향하는 그것에 따라서 상대적이게 되고, 욕구가 향하는 그것에 의해서 외려 욕구 만족하는 방법이 지배당하고 결국 욕구가 향하는 그것에 의해 욕구가 지배당하는 꼴이 되고 만다.

둘째, 욕구 만족하는 방법은 욕구와 (욕구 만족하는) 방법으로 이원화 될 수 있다. 이것은 욕구와 욕구하는 방법의 이원화를 뜻한다. 그리고 욕구하는 방법은 욕구가 향하는 목적과 (욕구가 향하는 목적을 달성하기 위한) 방법의 이원화를 낳는다. 그리고 (욕구가 향하는 목적을 달성하기 위한) 방법

안에서 또 욕구가 향하는 목적과 그 목적을 달성하기 위한 방법의 이원화를 낳게 되어, 이렇게 한이 없게 된다. 그러면서 결국 (여러 방법 가운데 하나의) 방법이 도리어 (인간 자신의) 욕구를 지배하게 된다.

셋째, 근현대 정치학 메타이론의 거대한 인간 해방 기획이 이렇게 역지배라는 우스꽝스러운 형국으로 전락하게 된 까닭은 그 메타이론 속에 어떤 욕구 만족이 좋은 욕구 만족(좋은 것)인지, 그리고 여러 좋은 것의 최종적 근거로서 좋음이란 무엇인지에 관한 내용이 쏙 빠져 있기 때문이다.

요컨대 이 세상에 유일한 최종적 근거인 하나(절대적 기준)의 자리에 좋음을 놓지 않고 인간 자신을 주체적 인간이라고 하면서 그 자리에 뒀기 때문에, 엉뚱한 좋지 않은 것에 의해 인간 자신도 좋은 것도 좋음도 모두 지배당하게 된 것이다. '상대적 가치와 방법의 절대화' 그리고 '지배와 피지배의 틀', 이것은 하나의 자리에 인간 자신을 둔 상대론적 가치론의 기존 메타이론에 처음부터 예고된 운명이다.

이처럼 하나(절대적 기준)의 자리에 주체적 인간이라고 스스로 명한 인간 자신을 두게 된 데에는 우선 중세 말기 어두운 역사의 터널을 통과해야만 했던 서유럽 특유의 역사 현실적 배경이 있었을 것이다. 그러나 그에 못지않게 근현대 특유의 '대화 방식 및 과정' 또한 크게 작용했던 것으로 보인다. A는 무엇인가?(What is A?)라는 질문, 그 질문에 대해 A는 B이다(A is B)라는 인간의 자신감 어린 대답, 이들 사이의 '대화 방식 및 과정'이 그것이다.

(3) 정치학에서 가치를 인식하고 구체적으로 도출하는 '방법'에 관한 기존 메타이론은 크게 다음 두 가지다.

첫째, 규범주의처럼 욕구를 극복하는 힘(이성의 힘)에 의해 자율적으로 인식하는 방법이고, 이러한 이성의 힘이 있는 다수의 사람들이 서로 합의하는 방법으로 도출한다고 전제한다. 여기서 이성의 힘이란 자신의 욕구를 극복하고 지배하는 힘이고, 합리성이란 이러한 이성의 지배에 부합하는 방법이다. 이렇게 인식하고 도출한 가치는 소위 '합의 가치'다.

둘째, 공리주의처럼 욕구의 대상(욕구가 향하는 그것)으로 다가가는 힘(이성의 힘)에 의해 탐색하여 인식하는 방법이고, 이러한 이성의 힘이 있는 다수의 사람들이 서로 동감하는 방법으로 도출한다고 전제한다. 여기서 이성의 힘이란 욕구의 대상에 다가가고 그것을 지배하는 힘이고, 합리성이란 이러한 이성의 지배에 부합하는 방법이다. 이렇게 인식하고 도출한 가치는 소위 '효용 가치'다.

이와 같이 가치를 인식하고 구체적으로 도출하는 '방법'에서 가장 핵심적인 것은 '인간 이성의 힘', 곧 '인간의 힘'이다. 자신의 욕구를 지배하는 힘이건 욕구의 대상을 지배하는 힘이건, 이러한 '지배의 힘'이 있는 '인간 자신'이 유일한 하나(절대적 기준)이고, 좋음, 좋은 것 등의 나머지는 상대적이라는 것이다. 기존 메타이론은 '방법(method, met+hodos)'을 수단화하면서 '방식[道, hodos, way]'마저 수단화해버린 것이다. 물론 방법을 수단화하게 된 이유 가운데 하나는 '목적'과 '방법'을 이원화하게 된 데에 있다.

그런데 참 '목적'과 그 목적을 실현하는 참 '방식'마저 수단화해버리게 된 것은, 지금까지 검토한 몇 가지 외에, 기존 메타이론이 인간의 힘으로서 '지배의 힘'[支配力]이야말로 인간이 존재하고 인식하고 가치로 삼는 최종 목적이라고 하고, 지배의 힘이야말로 그 목적을 실현하는 방식이라고 받아들이고 있기 때문인 것으로 보인다. 이처럼 방법관에 관한 기존 메타이론 역시 가치론에 관한 기존 메타이론과 마찬가지로 그 속에 '지배와 피지배의 틀'을 깊이 내장하고 있다.[31]

---

31) 이러한 메타이론은 정치학의 기존 힘 개념이 '지배의 힘'에만 머무르게 된 근

2) 일 자체 준거적 메타이론의 '방식론'

기존 메타이론에 준거한 정치학 방법론은 현실을 인간이 인식하는 가치를 기준으로 해서 본다. 예컨대 가치중립을 강조하는 기능주의나 체계이론의 방법론조차도 인간이 인식하는 '안정'과 '불안정'을 기준으로 현실을 본다. 맑스주의나 갈등 이론의 방법론은 인간이 인식하는 '평등'과 '불평등'을 기준으로 현실을 본다.

물론 안정과 불평등, 조화와 갈등, 이 가운데 어느 기준으로 봐야 현실을 제대로 볼 수 있을 것이냐 하는 문제를 "기본적인 이론적 딜레마"로 삼을 수 있다(기든스, 2009: 100-107). 그러나 이러한 딜레마는 기존 메타이론에 따르는 함정일 수 있다. 현실을 일이 되어가는 방식 측면에서 보면 인간이 인식하는 가치를 기준으로 해서 보는 것보다 훨씬 심각하고 중대한 문제가 드러나 보일 수 있다.

(1) 사람이 관여하는 일에서 사람이 제대로 감당하지 못하여 문제가 생기기도 하지만, 사람이 관여할 수 없는 일이 개입하여 사람이 감당하기 어려운 문제가 생기기도 한다. 농사짓는 일에도 '사람이 관여하는 일'이 있지만, '사람이 관여할 수 없는 일'도 있다. 예컨대 가뭄, 해일, 태풍, 지진, 전염병 등등이다. 이러한 '사람이 관여할 수 없는 일'을 '우연' 혹은 '우연한 일'이라고 한다. 농사짓는 일에도 끊

원적 배경이며 정치가 '지배의 정치'에만 치우치게 된 근원적 배경이다. 예컨대 로크(Locke, 1975: Ch. 21)의 능동적인 힘(active power)과 수동적인 힘(passive power) 개념, 헤겔의 '정신력(물질계에 대한 일방 지배적인 힘)' 개념, 맑스의 '생산력(정신계에 대한 일방 지배적인 힘)' 개념, 룩스(Lukes, 1974)의 의사 결정력, 의제 형성력, 선호 조작력 개념, 푸코(Foucault, 1984)의 능동적이고 생산적이며 미시적인 힘(지식이나 기술 등의 일상적인 미시적 차원에 침투하여 재생산하는 힘) 개념 등이 그것이다. 이러한 대표적인 기존 힘 개념들은 능동적인가 수동적인가 혹은 거시적인가 미시적인가 등의 차이가 있을 뿐이며, 결국 이들 모두 일방 지배적인 힘을 서로 다른 측면에서 표현한 것에 불과하다.

임없이 우연이 개입한다.

  농사짓는 일이 잘 되는 때보다도, 그럭저럭 되거나 잘 안 되는 때가 더 많다. 끊임없이 문제가 생겨나기 때문이다. 농사일의 현실 직시의 요체는 문제 진단에 있다. 끊임없이 우연이 개입하는 가운데서도, 문제의 진단, 처방, 해결 등을 잘 해가면서 현실 개선을 잘 해가야 한다. 이런 연유로 농사짓는 일은 사람이 수동태적으로 관여하는 일도 아니며, 사람이 능동태적으로 관여하는 일도 아니다.

  사람은 자신을 통해 농사짓는 일에 올바른 방식이 개입할 수 있도록 '매개자의 몫'을 잘 감당해야 한다. 농사일의 '존재(임)'(제 모습)에 농사일이 더욱 가까이 다가가도록 매개하는 일이 곧 매개자의 몫이다. 이 매개자의 몫을 잘 감당하기 위해선 농사일에 중간태적으로 관여해야 한다. 중간태적으로 농사일에 관여하는 사람-매개자는 농사일의 '존재(임)'(제 모습)를 깊이 좋아하고 소망하여 늘 거기에 더욱 가까이 다가가기 때문에, 자신이 관여하는 농사일에서 끊임없이 생겨나는 중대한 문제를 잘 진단하고 해결해갈 가능성이 높다.

  여기서 말하는 '문제(problem)'란 주로 농사일의 존재(임)(제 모습)에 관한 매개자-사람의 소망이 잘 만족되지 못하도록 가로막는 장애물(걸림돌)일 경우가 많다. 수동태적으로 관여하면서 문제없는 농사일을 그가 욕구한다면, 그 욕구는 욕망이다. 능동태적으로 관여하면서 작위적으로 문제를 설정하고 그 문제의 해결을 욕구한다면, 그 욕구는 야망이다. 사람이 관여하는 모든 일이 그렇지만, 농사일도 야망이나 욕망으로 하는 일이 아니다.

  문제를 진단할 때 무엇을 기준으로 문제를 진단하느냐는 점은 매우 중요하다. 이는 문제 진단과 현실 직시의 관건이다. 문제 진단과 현실 직시의 과정에 이처럼 인간의 욕구가 개입한다는 점에서 한국 정치사상의 사단칠정 이론은 '일 자체 준거적 메타이론'에서 매우

중요한 위치에 놓인다.[32]

(2) 농사일은 무슨 일'인가'?라는 질문, '농사일'(A)은 '씨 뿌려 거두는 일'(B)'이다(be)'라는 인간의 자신감 어린 대답, 이들 사이의 '대화 방식 및 과정', 이 대화에는 단지 농사일이라는 인식 대상의 이름(A)과 씨 뿌려 거두는 일이라는 인식 작용의 결과로 얻은 인식 대상에 관한 지식(B)만이 있다.

이 대화에는 다음과 같은 것들이 빠져 있다. 첫째, 가뭄, 해일 등과 같은 '사람이 관여할 수 없는 일', 즉 '우연'이 농사짓는 일에도 늘 개입한다는 점이 빠져 있다. 둘째, 농사짓는 일은 중간태적 작용 과정을 통해 농사일의 '존재(임)'를 찾아서 거기에 이르러 그 일부나마 드러내는 일이라는 점이 빠져 있다. 셋째, 농사짓는 일은 낡은 이름(A)과 고착화된 지식(B)을 버리는, 소위 끊임없는 '자기부정'의 겸손을 통해서 농사일의 '존재(임)'를 찾아 거기에 다가가고, 농사일의 제 모습을 소망하면서 문제를 진단, 처방, 해결해가는 일이라는 점이 빠져 있다.

소크라테스의 산파술(maieutikē)로 유명한 고대 그리스의 '대화 방식 및 과정(변증 방식 및 과정)'은 이와 같은 오늘날의 '대화 방식 및 과정'과 중요한 차이가 있는 것으로 보인다. 소크라테스는 무지자(無知者)를 자처하면서 끝내 뭔가에 관하여 의미 규정하지 않는다. 이것은 자신의 대화 상대 역시 인간 언어상의 일의적이고 획일적인 의미 규정을 넘어서서 '무지의 지'에 이르고 정작 존재자의 '존재(임)'에 보

---

32) 사단칠정 이론의 핵심은 리(理)와 인간 욕구[七情] 사이의 결합 방식 및 과정에 있다. 『맹자』 「고자상」 제6장과 제7장에 의거하면 '리'는 곧 '좋음'이라고 할 수 있다. 조선 사단칠정 논쟁의 핵심은 욕구와 결합하는 리(理)가 어떤 '좋음'이냐에 관한 견해의 차이로부터 말미암는다. 퇴계의 입장은 리를 실체적이고 절대적인 '좋음'이라고 인정할 수밖에 없다는 입장이라면, 고봉이나 율곡의 입장은 리를 단지 '좋은 것'의 표상 또는 개념이라고 보는 입장이다.

다 가까이 이르도록 도우려는 것이라고 할 수 있다. 중간태적 작용 과정의 전범을 보여준다고 하겠다.

『대학』 팔조목 가운데 '격물치지(格物致知)'는 이러한 중간태적 작용 과정의 매우 중요한 과정을 자세히 보여주고 있다. 주자는 격물의 '격은 이르다[格至也]'라고 주석한다. 격물(格物)은 물(物)의 '존재(임)'에 이르는 과정이고, 치지(致知)는 물의 '존재(임)'에 관한 앎에 도달해 가는 과정이다. 그리고 그 과정에 늘 우연이 개입한다. 이렇게 놓고 봤을 때, 격물의 '격'은 농사일에서 언제든 만날 수 있는 '우연', '존재', '문제' 등과의 만남에 이르는 과정의 품격(만남의 품격)을 아울러 내포한다.[33]

(3) 누군가가 농사일에 관여한다는 것은 곧 농사일과 그가 만난다는 것이다. 이렇게 농사일과 만나-관여하는 과정에, 그리고 농사일에서 언제든 만날 수 있는 우연, 존재, 문제 등과 만나-관여하는 과정에 올바른 방식이 개입할 수도 있고 올바르지 못한 방식이 개입할 수도 있다. 나누어-분할하는 일에도 마찬가지다. 올바른 방식이 개입할 수도 있고 올바르지 못한 방식이 개입할 수도 있다. 요컨대 올바른 방식 혹은 올바름이란 사람이 관여하는 일의 '제 모습대로 만남의 방식'이자 '제 모습대로 나눔의 방식'이다.

'제 모습대로 만남의 방식'과 '제 모습대로 나눔의 방식'인 '올바른 방식' 혹은 '올바름[正義, justice]' 개념은 그 고전적 원형을 '제 일을 하는 것'으로서 플라톤의 정의 개념과 '부분적 정의'로서 아리스토텔레스의 '분배적 정의' 개념 등에서 찾아볼 수 있을 것이다.[34] 분배

---

33) '관여 과정(만나는 과정)'에는 '대면 과정(만나-맞서는 과정)', '접촉 과정(만나-맞대는 과정)', '조우 과정(만나-마중하는 과정)' 등의 세 유형의 과정이 있다. 만남의 품격이 다른 것이다.
34) 아리스토텔레스는 크게 '전체적 정의(complete justice)'와 '부분적 정의(partial

적 정의는 분배의 기준이다. 그런데 아리스토텔레스는 여러 사람 사이에 서로 공유할 수 있는 통약 가능한 분배의 기준을 찾기가 극히 어려운 과제라고 한다. 정치철학의 가장 어려운 난제(aporia)라는 것이다.

이것은 마치 농사일의 '존재(임)'를 찾아 농사일의 제 모습에 더욱 가까이 다가가 농사일의 '제 모습대로(제대로)' 만나고 나누는 방식이 '올바른 방식'이라고 하지만, 농사일의 '존재(임)'(제 모습)를 찾기가 매우 어려운 과제인 것과 마찬가지다. 바로 이런 연유로 '사람이 관여하는 일'의 분산과 취합의 양상에는 그 경향, 정도, 범위에서 한계가 있다고 한 것이고, 그 한계의 구체적 표현이 국가라고 한 것이다. 사람이 관여하는 일이기 때문에, 사람이 관여하는 그 어떤 일이든 그 일의 '존재(임)'(제 모습)를 온전하게 드러내기가 어려운 것이다. 따라서 부분적으로 결여된 다른 모습들이 늘 함께 드러나게 되며, 그 다른 모습들 사이의 결합과 그 결합 비율이 또한 중요하게 된다. 이는 가치들 사이의 결합을 말한다.

이런 맥락에서 봤을 때, '안정'과 '평등', '자유'와 '평등', '조화'와 '갈등', 이렇게 서로 다른 가치 기준들 역시 그 각각이 절대 기준일 수는 없다. '존재(임)'(제 모습)에 비추어봤을 때, 그리고 제 모습일 좋은 모습(좋음)과 여러 상대적 모습의 절대적 기준인 하나에 비추어봤을 때, 그 각각의 가치 기준은 얼마큼 결여된 부분적이고 상대적인 가치임을 인정할 수밖에 없다. 따라서 인간이 인식하는 어떤 가치든 사람이 받아들이는 어떤 방식이든, 그것은 인간과 함께 하나(절대적 기준)의 자리를 독차지하려고 할 것이 아니라, 다른 가치들이나 다른

justice)'로 구분하며, 부분적 정의를 다시 '교정적 정의(rectifying justice)'와 '분배적 정의(distributive justice)'로 구분한다.

방식들과의 결합과 그 결합 비율을 불가피하게 그리고 중요하게 받아들여야 할 것이다.

이런 맥락에서 『니코마코스 윤리학』에서 아리스토텔레스가 '쾌락'과 '자유', '명예'와 '부', '지혜'와 '덕성', 이들 사이의 결합을 시도하고 그 결합 비율로서 '중용(mesotēs)'을 '우리와 연관된 중용(the intermediate relatively to us)'으로 제시하려고 했던 것을 기억할 필요가 있다.[35]

벼농사 일을 돌이켜보면 병충해나 각종 피해로부터 벼의 '건강'이나 혹은 '건강'에 관한 하나의 표현으로서 '안정'을 유지해야 할 것이다. 물 대는 일에서나 햇빛을 쪼이는 일에서도 물이나 햇빛은 벼들에게 골고루 '같게' 혹은 '같음'에 관한 하나의 표현으로서 '평등'하게 분배되어야 할 것이다. 싹이 돋아나는 과정에서부터 색깔을 발하고 줄기가 돋는 과정에서도 그리고 사실 모든 과정에서 벼들은 참으로 저마다의 여러 모습을 '다르게' 혹은 '다름'에 관한 하나의 표현으로서 '자유'로이 펼쳐간다.

벼농사 일이야말로 일이 되어가는 경향, 정도, 범위에 따라 끊임없이 여러 가치 사이에 결합을 이뤄가는 과정이다. 여러 가치 사이에 결합을 이뤄가는 일에 수미일관 관통하는 방식은 역시 '중용(中庸)의 방식', 곧 '올바른 방식(올바름)'이다. 그리고 『중용』에서 말하는 '미발(未發)의 욕구[喜怒哀樂]'는, 일에 관여하면서 아무에게나 쉽게 발동하는 욕망이나 야망이 '아닌', 즉 '아직 발동하지 않은 욕구'로서, 농사일과 같은 어떤 일에 누군가가 관여하면서 끊임없이 자신이 관여하는 그 일의 '존재(임)'(제 모습)를 찾아 다가가는 '소망'을 말한다.

---

35) 이에 관한 자세한 설명은 김병욱(2011a: 279-318)을 참조 바란다.

5. '좋은 일에 관여하는 삶'과 '메타정치학'

　지금까지 정치학의 기존 '인간 자아 준거적 메타이론' 속에 '지배와 피지배의 틀'이라는 치명적인 결함이 얼마나 깊게 내장되어 있는지 살펴보았다. 이러한 기존 메타이론 위에 건립된 좌우 정치학 방법론의 대부분의 문제 진단이 이 메타이론의 불가피한 함정으로부터 자유롭지 못한 상태에서 이뤄진 나머지, 기존 방법론과 메타이론이 정작 심각하고 중대한 문제를 진단조차 하지 못하게 되고 부차적이고 사소한 문제에 얽매이는 경우가 많다는 점 또한 확인할 수 있었다. 그만큼 현실 직시와 문제 진단을 제대로 감당할 수 없는 근원적인 한계를 지니고 있는 것이다.
　아직까지 실마리 수준이지만 기존 메타이론의 결함을 보완하거나 그 메타이론을 포괄할 수 있는 대안으로서 '일 자체 준거적 메타이론'을 이 글에서 제안하였다. 이 새로운 메타이론은 한국의 현실 직시와 제대로 된 문제의 진단과 처방을 위해 그리고 이 시대에 우리가 함께 꿈꿀 수 있는 '좋은 생명 활동'을 위해 여러 함의를 갖는다. 그 가운데 다음 몇 가지를 이 글의 결론 삼아 강조해두고자 한다.
　첫째, 자연-환경은 물론 이웃과 상대의 존재(임)(제 모습)를 깊이 인정할 줄 모르고 오히려 자연과 인간을 교만하게 지배하려 들거나 가식적으로 숭배하려 드는 '자기중심주의'와 '냉소주의', 그리고 이로부터 말미암은, 자연-환경과 인간-사회의 생명 활동에서 최근 현격하게 가중되고 있는 고통의 문제다. 이 문제는 자연주의나 생태주의를 강조하는 것만으로 해결될 수 있는 것이 아니며, 자기중심적 상대주의나 다원주의를 강조하거나 상호 인정이나 상호 주관성을 강조하는 것만으로 해결될 수 있는 것이 아니다.
　절대의 자리를 상대가 차지하는 '상대적 가치와 방법의 절대화',

목적과 방법의 이원화에 따르는 '방식[道, way]의 수단화' 등이 이러한 문제의 근원적인 원인이다. 따라서 이 세상의 유일한 최종적 근거인 하나(절대적 기준)의 자리에, 기존 상대론적 가치론의 메타이론처럼 인간 자신이나 인간이 인식한 상대적 가치를 둘 것이 아니라, 좋음(절대적 가치)과 존재(임)(절대적 모습)를 둬야 한다. 이 점을 '일 자체 준거적 메타이론'이 잘 해명해주고 있다. 이는 다음 둘째 문제와도 직결된다.

둘째, 서구의 제국주의적 지배와 비서구의 반제국주의적 저항, 현존 질서 유지 세력의 보수적 지배와 현존 질서 타파 세력의 급진적 저항, 이들을 공통적으로 얽매고 있는 것이 있다면, 하나(절대적 기준), 좋음(절대적 가치), 존재(절대적 모습) 등을 전혀 인정하려 들지 않고, 상대적인 하나의 기준, 상대적인 좋음의 가치, 상대적인 존재자의 모습만을 인정하고 주장하려 드는 '역사주의'와 '허무주의'라고 할 수 있다. 이러한 역사주의와 허무주의, 그리고 이로부터 말미암은 인간이 있어야 할 위치(자리)의 상실, 인간이 꿈꿔야 할 소망(비전)의 상실이라는 문제다.

이 문제 역시 최근 사조처럼 인간의 모든 욕구를 긍정하는 연장선상에 있는 각종 상대주의나 다원주의를 강조하거나 상호 인정이나 상호 주관성을 강조하는 것만으로 해결될 수 있는 것이 아니다. 물론 과거 사조처럼 인간의 모든 욕구를 부정하는 연장선상에 있는 각종 금욕주의를 강조하는 것으로 해결될 수 있는 것도 아니며, 인간 그리고 인간 욕구와 무관하게 절대자나 보편자만을 향한 각종 초월주의를 강조하는 것만으로 해결될 수 있는 것도 아니다.

하나 아니면 여럿, 좋음 아니면 좋지 않음, 존재(임/있음) 아니면 비존재(아님/없음), 이렇게 '이것 아니면 저것'이라고 하는 양분법적인 틀 속에서만 모든 것을 보는 것이 이와 같은 문제의 근원적인 원인이다. 따라서 이들 양자 사이에 중간자(中間子)를 인정함으로써 그 사이에 '일 수 있는' 다양한 그 무엇과 '있을 수 있는' 다양한 그 무엇의 존재 양상의 변화 과정을 볼 수 있어야 한다.

그래야만 비로소 역사주의와 허무주의의 굴레로부터 벗어날 수 있고, 한국을 포함하여 그동안 소외되어온 비서구 지역 역사 현실의 질곡으로부터도 근원적으로 벗어날 수 있는 가능성이 열리게 된다. 이 점을 '일 자체 준거적 메타이론'이 잘 해명해주고 있다. 예컨대 농사짓는 일로 대변되는 '사람이 관여하는 일[事] 개념'이야말로 이와 같은 중간자의 변폭(變幅)을 잘 보여준다.[36] 이는 다음 셋째 문제와도 직결된다.

셋째, 그렇다면 이와 같은 중간자의 변폭을 통과해가면서 과연 여럿이 하나에 참여해갈 수 있느냐, 혹은 좋지 않음이 좋음을 공유해갈 수 있느냐, 혹은 비존재가 존재와 함께 결합해갈 수 있느냐 하는 가능성의 문제다. 달리 말해서 하나, 좋음, 존재 등이 무한자(apeirōn)의 세 측면의 이름이라고 할 때, 여럿, 좋지 않음, 비존재 등의 유한자 속에서 무한자가 온전히 드러날 수 있느냐 하는 가능성 문제다.

이는 정치의 가능성 문제와 직결된다. 만일에 이러한 가능성을 불신하고 부인한다면 정치의 가능성 문제 또한 고작 어떤 존재자와 다른 존재자 사이의—중재, 타협, 투쟁 등을 포함해서—지배와 피지배의 문제로 치환돼버리고 말 것이다. 기존 '인간 자아 준거적 메타이론'이 이러한 가능성을 근원적으로 불신하고 부인하고 있다는 것을 구체적으로 드러내주는 것이 바로 그 존재론과 공간관, 그 인식

---

36) 예컨대 앞에서 살펴본 '사람이 관여할 수 없는 일'인 '우연'이 '사람이 관여하는 일'에 개입하는 과정, '올바름'이 '사람이 관여하는 일'에 개입하는 과정, '사람이 관여하는 일'의 '관여 과정'과 '분산 과정'과 '취합 과정' 등은 이와 같은 중간자의 변폭을 해명하기 위한 것들이다.

론과 변화-운동관, 그 가치론과 방법관 등의 곳곳에 뿌리깊이 내장되어 있는 기존 메타이론의 '지배와 피지배의 틀'이다.

그러나 '일 자체 준거적 메타이론'은 이러한 가능성을 신뢰하고 인정한다. 그리고 여기서부터 정치의 가능성 문제를 탐지해간다. 이러한 탐지 과정은 중간자의 변폭에서 차지하는 사람이 관여하는 일의 위치, 사람이 관여하는 일에서 사람의 위치와 사람 욕구의 위치, 그리고 그 위치에서 (사람이 관여하는) 일이 되어가는 질서의 변화 과정을 해명해가는 과정이기도 하다. 그리고 이러한 해명 과정은 (사람이 관여하는) 일이 되어가는 질서의 변화 과정에서 올바른 방식과 과정은 그 선후 과정을 '지탱'하기 쉽지만, 올바르지 못한 방식과 과정은 그 선후 과정을 '지배'하기 쉽다는 점을 해명해가는 과정이기도 하다.

이러한 해명을 통해서 지탱의 과정과 지배의 과정은 (사람이 관여하는) 일이 되어가는 질서의 변화 과정에서 생겨나는 동시적 과정이라는 점을 밝혀둔 것이고, 정치의 가능성 또한 지배하는 일에만 함몰되어 있는 것이 아니라 지탱하는 일이기도 하다는 점을 밝혀둔 셈이다. 물론 중간자의 변폭에서 차지하는 사람이 관여하는 일의 위치, 사람이 관여하는 일에서 사람의 위치와 사람 욕구의 위치가 유한하듯이, 사람이 관여하는 일에서 지탱하는 일의 경향, 정도, 범위에도 분명한 한계가 있기 마련이다.

유한자 속에서 무한자가 온전히 드러날 수 있는 가능성과 함께 지탱의 정치 또한 유한한 현실 속에서 온전히 드러날 수 있는 가능성이 열린 것이지만 이것은 매우 어려운 과정임에 틀림없다. 이것은 늘 '우연'이 개입하는 가운데, 끊임없는 '자기부정'의 겸손을 통해서 농사일의 '존재(임)'(제 모습)를 찾아 다가가고 소망하면서 문제를 진단, 처방, 해결해가는 것이 매우 어려운 일인 것과 마찬가지다.

이러한 '일 자체 준거적 메타이론'은 이 시대에 우리의 아픔과 괴로움 속에서 던지지 않을 수 없는 다음과 같은 '질문'에 대한 하나의 작은 신음 소리와도 같은 '응답'이라고 할 수 있을 것이다. 자연과 인간의 생명 활동에서 최근 현격하게 가중되고 있는 고통의 문제는 과연 어디에서 연원하는 것이며, 이러한 생명 활동에 대한 인간의 지배 문제는 근원적으로 어디에서부터 연원하는 것이냐는 질문, 그리고 이러한 생명 활동에서 인간이 있어야 할 위치는 어디며, 인간이 꿈꿀 수 있고 인간이 관여할 수 있는 일은 과연 어떤 일이냐는 질문, 그리고 정치의 가능성이라고도 할 수 있을 이 일의 가능성을 어디서부터 어떻게 탐지해갈 수 있을 것이냐는 질문 등이 그것이다.

어떻게든 응답을 모색해야만 하는 현실적인 필요성과 나름대로 응답할 수 있는 새로운 가능성을 담지하고 있는 '일 자체 준거적 메타이론'을 간단히 줄여서 '메타정치학'이라고 할 때, '메타정치학'은 정치학과 정치학 방법론을 가능하게 하는 기본 가정과 전제에 관한 끊임없는 자기 검토 그리고 자기부정으로 도달해가는 '포괄적 정치학 메타이론'으로서 '일 자체 준거적 메타이론'을 뜻한다.

이러한 메타정치학이 지탱하는 기반 위에 건립할 새로운 정치학 방법론은, '사람이 관여하는 일의 변폭'(중간자의 변폭)을 직시하려는 '정치학 방법론'과 그것을 개선하려는 '정치 방법론' 사이의 통일을 이뤄가면서, 인간과 자연 온 누리의 '좋은 생명 활동'으로서 '좋은 일에 관여하는 삶', 특히 '지탱하는 일에 관여하는 삶'을 위해 그리고 한국의 현실 직시와 제대로 된 문제 진단을 위해 다음 몇 가지 방법론적 가능성 또한 열어갈 수 있을 것이다.

첫째, '인간 자아'에 준거하고서 안과 밖을 구분하는 획일적인 국경선에만 얽매이기보다 여러 분할선과 분할 과정에서 때로 심각하고 중대한 문제를 야기할 수도 있는 '일 자체'에 준거한다는 점에서, 근대 주권국가, 영토-시장국가, 군사국가 등의 경계를 기준으로 하는 기존 '비교정치학의 내재적 방법론과 국제정치학의 외재적 방법론 사이의 양극화 문제'를 해소할 가능성을 열어갈 수 있을 것이다.

둘째, 끊임없는 자기 검토와 자기부정으로 도달해가기 때문에 늘 선환하는 과정을 수반하면서 때에 따라 제 모습대로 거듭 변화해가는 '일 자체'에 준거한다는 점에서, 한국의 과거 정치사의 경험처럼 불교 체제나 유교 체제에 의해 흥하기도 하고 동일한 불교 체제나 유교 체제에 의해 망하기도 하는 중요한 원인 가운데 하나로 지목되는 '정치학 방법론과 정치 방법론의 고착화 문제'를 해소할 가능성을 열어갈 수 있을 것이다.

셋째, 민족주의적 접근이나 계급주의적 접근 등의 기존 비교정치학 방법론이나 기능주의적 접근이나 세계 구조주의적 접근 등의 기존 국제정치학 방법론을 거의 그대로 차용하고 있고, 통일 과정은 물론이고 통일 결과에서도 연합국가든 연방국가든 단일국가든, 어떤 형태로든 근대 주권국가, 영토-시장국가, 군사국가 등의 단일한 모델만을 전제하고 있는 '남북한 통일 방법론의 고착화 문제'를 해소할 가능성을 열어갈 수 있을 것이다.

참고 문헌

『周易』

『孟子』

『大學』

『中庸』

『春秋左氏傳』

『국가·정체』(플라톤, 박종현 역주, 서울: 서광사, 1997)

『니코마코스 윤리학』(아리스토텔레스, 이창우·김재홍·강상진 공역, 서울: 이제이북스, 2006)

『정치학』(아리스토텔레스, 천병희 역, 고양: 숲, 2009)

강정인·정승현, 2010, 「현대 한국정치학의 정체성 담론: 역사적 고찰」, 『사회과학연구』 제18집 1호: 8-43.

기든스, 앤서니, 2009, 『현대 사회학』, 김미숙 외 옮김, 서울: 을유문화사.

기든스, 앤서니, 1998, 『사회 구성론』, 황명주·정희태·권진현 옮김, 서울: 자작아카데미.

김남국, 2005, 「미국 정치학계의 방법론 논쟁에 관한 소고」, 『한국정치연구』 제14집 1호: 227-249.

김병욱, 2011a, 『메타비교정치학: 비교윤리문화방법론의 모색』, 서울: 백산출판사.

김병욱, 2011b, 「정치학 방법론에 관한 메타이론적 검토: 메타정치학의 모색」, 『한국정치학회보』 제45집 제4호: 109-137.

김웅진, 1993, 「방법론의 이론 종속성과 이론의 방법론 종속성」, 『한국정치학회보』 제27집 2호: 165-179.

김웅진, 2010, 「한국정치학의 방법론 연구, 1980-2009」, 『한국정치연구』 제19집 3호: 1-24.

김태경, 2000, 『나눔을 중심으로 한 플라톤의 후기 인식론』, 서울: 성균관대학교 출판부.

다네마르크, 베르트 외, 2005, 『새로운 사회과학 방법론』, 이기홍 옮김, 서울: 한울.

로크, 존, 1996, 『통치론』, 강정인·문지영 옮김, 서울: 까치.

맑스, 칼, 1999, 『자본론1(상)』, 김수행 옮김, 서울: 비봉출판사.

문승익, 1999, 『자아 준거적 정치학의 모색』, 서울: 오름.

문승익, 1975, 「자아 준거적 정치학: 그 모색을 위한 제안」, 『국제정치논총』 제13, 14집: 111-118.

박종현, 1987, 「플라톤의 결합 이론」, 『서양고전학연구』 창간호, 한국서양고전학회.

백종현, 2007, 『철학의 개념과 주요 문제』, 서울: 철학과현실사.

소광희, 1988, 「존재의 문제」, 『철학개론』, 서울대학교출판부.

스키너, B. F., 1982, 『자유와 존엄을 넘어서』, 차재호 역, 서울: 탐구당.

안재흥, 2008, 「정치학 방법론의 새로운 흐름」, 한국정치학회 편, 『정치 이론과 방법론: 정치학 이해의 길잡이』 vol. 2, 서울: 법문사.

양준희, 2009, 「과학적 이론으로서 현실주의와 포퍼의 반증 가능성」, 『한국정치연구』 제18집 2호: 159-188.

윤노빈, 2003, 『신생철학』 증보판, 서울: 학민사.

이용필, 1995, 『정치 현상의 체계적 이해』, 서울: 서울대학교출판부.

이화남, 2001, 『그리스어 중간태 연구』, 서울: 영한.

임석진, 1990, 『헤겔의 노동 개념 — 정신현상학 해설 시론』, 서울: 지식산업사.

질송, 에티엔느, 1992, 『존재란 무엇인가』, 정은해 옮김, 서울: 서광사.

칠코트, 로널드, 1999, 『비교정치학이론』 개정증보판, 강문구 옮김, 서울: 한울아카데미.

케머, 수잔, 2003, 『중간태』, 백미현 역, 서울: 서울문화사.

하이데거, 마틴, 1998, 『존재와 시간』, 이기상 옮김, 서울: 까치글방.

헤센, 요하네스, 1992, 『가치론』, 진교훈 옮김, 서울: 서광사.

Bhaskar, Roy, 1978, *A Realist Theory of Science*, Hassocks: Harvester Press.

Foucault, M., 1984, "Truth and Power", P. Rainbow ed., *The Foucault Reader*, New York: Pantheon.

Locke, John, 1975, *An Essay concerning Human Understanding*, Oxford: Oxford University Press.

Lukes, Steven, 1974, *Power: A Radical View*, Atlantic Highlands: Humanities Press.

Martindale, Don, 1965, "Functionalism in the Social Sciences", *Monograph* 5, Philadelphia: American Academy of Political and Social Science.

Parsons, Talcott, 1968(1937), *The Structure of Social Action*, New York: Free Press.

각 장에 대한 안내 및 각 장이 처음 게재된 학술지

1장(육혜원)과 5장(안정석), 13장(김용민)은 이 책에 처음 싣는 글이고, 10장(정원섭)은 이 책에 처음 싣는 글이나, 이 글의 내용 중 재산 소유 민주주의에 대한 논의는 정원섭, 2013, 「자유주의 정치철학과 복지: 롤즈의 재산소유 민주주의를 중심으로」(『통일인문학논총』 56집)에 포함되어 있다. 그 외의 글들은 학술지에 게재된 것을 이 책에 맞게 일부 내용을 수정, 보완한 것이다.

2장: 장의관, 2011, 「좋은 사람과 좋은 시민의 긴장: 아리스토텔레스 정치공동체의 가능성과 한계」(『한국정치학회보』 45권 2호)를 전재한 것이다.

3장: 박의경, 2009, 「종교적 좋은 삶과 정치적 좋은 삶: 아우구스티누스를 중심으로」(『21세기정치학회보』 제19집 3호)를 전재한 것이다.

4장: 안외순, 2009, 「'좋은 삶'과 맹자의 인정론」(『동양고전연구』 37집)을 수정한 것이다.

6장: 오수웅, 2010, 「인간 삶의 도덕적 좋음과 정치원리: 루소의 정치미학」

(『정치사상연구』 16집 1호)을 수정, 보완한 것이다.

7장: 「'인정의 질서'와 좋은 삶의 공동체적 조건—헤겔의 '인륜성' 개념을 중심으로」(『시대와 철학』 2012년 제23권 2호)를 수정, 보완한 것이다.

8장: 신복룡, 2011, 「후기 실학사상」(『한국정치사상사』(하권), 지식산업사)을 수정, 보완한 것이다.

9장: 최순영, 2010, 「니체의 위버멘쉬와 고귀한 삶 그리고 정치」(『정치사상연구』 16집 2호)를 수정, 보완한 것이다.

11장: 설한, 2010, 「킴리카(Kymlicka)의 자유주의적 다문화주의에 대한 비판적 고찰: 좋은 삶, 자율성, 그리고 문화」(『한국정치학회보』 제44집 1호)를 수정한 것이다.

12장: 김주성, 2010, 「현대정치와 실존양식」(『정치사상연구』 제16집 1호)을 전재한 것이다.

14장: 김병욱, 2011, 『메타비교정치학: 비교윤리문화방법론의 모색』(서울: 백산출판사)과 김병욱, 2011, 「정치학 방법론에 관한 메타이론적 검토: 메타정치학의 모색」(『한국정치학회보』 제45집 제4호)을 수정, 보완한 것이다.

지은이 소개

김용민은 미국 시카고대학교에서 박사 학위를 받았으며, 캐나다 브리티시컬럼비아대학교 및 미국 시카고대학교 방문 교수를 지내고 한국정치사상학회 회장을 역임했다. 현재 한국외국어대학교 정치외교학과 교수로 있으며, 주요 관심 분야는 플라톤, 키케로, 루소의 정치철학이다. 저서로 『루소의 정치철학』(2004)이 있으며, 주요 논문으로 「행복의 철학과 영혼치료학으로서의 철학의 위상정립을 위한 키케로의 시도」(2013), 「키케로의 정치철학: 『국가에 관하여』와 『법률에 관하여』를 중심으로」(2007), 「플라톤의 세계에서 신화의 의미」(2004) 등이 있다. 이메일: kimkym@hufs.ac.kr

육혜원은 독일 베를린자유대학교에서 정치학 박사 학위를 받았으며, 현재 경희사이버대학교, 아주대학교 등에 출강 중이다. 주로 고대·근현대 정치철학과 서유럽 정치학을 강의하고 있으며, 주요 관심 분야는 정치와 사유의 관계, 유럽 정치 등과 관련된 문제들이다.

저서로 『아비투어 철학 논술—플라톤, 소크라테스, 아리스토텔레스』(2006), 『레오스트라우스가 들려주는 정치 이야기』(2008), 『역사공화국 세계사법정: 왜 소크라테스는 독배를 마셨을까』(2010), 『역사공화국 세계사법정: 왜 아테네는 펠로폰네소스 전쟁에서 졌을까』(2010) 등이, 역서로 『영웅본색. 세계사의 흐름을 바꾼 14인의 두 얼굴』(2007), 『미래전쟁』(2013) 등이 있다. 이메일: yheawon@naver.com

장의관은 미국 시카고대학교에서 정치학 박사 학위를 받았으며, 현재 이화여자대학교 정책과학대학원 초빙교수로 재직 중이다. 주로 현대 정치이론 분야를 강의하고 있으며, 실천적 정의와 윤리의 문제에 관심을 가지고 있다. 저서로 『생각하는 사회: 정의와 시민지성』(2014)이, 논문으로 「미국 신보수주의의 이론과 한계」(2013), 「아담 스미스와 규제 없는 시장의 덕성」(2012), 「다문화주의의 한국적 수용: 주요 쟁점의 분석과 정책 대응」(2011) 등이 있다. 이메일: bluhevn@ewha.ac.kr

박의경은 미국 럿거스대학교에서 정치학 박사 학위를 받았으며, 현재 전남대학교 정치외교학과 교수로 재직하고 있다. 서양 정치사상사와 여성 정치를 강의하고 있으며, 주요 관심 분야는 민주주의 사상과 여성 정치사상 관련 문제들이다. 저서로 『여성정치사상의 근대적 토대』(2014년 출간 예정), 『인권의 정치사상』(2012, 공저), 『한국 민주주의와 여성정치』(2000, 공저) 등이, 역서로 『서양정치사상과 여성』(2014년 출간 예정), 『지하드 맥월드』(2004) 등이, 논문으로 「전쟁의 길과 평화의 나무」(2013), 「다문화 사회에서의 참여민주주의의 가능성」(2013), 「계몽과 근대의 아포리아, 여성」(2013), 「지속가능한 여성정책을 위한 제언」(2012), 「대중에서 시민으로」(2012) 등이 있다. 이

메일: pek2000@jnu.ac.kr

안외순은 이화여자대학교에서 정치학 박사 학위를 받았으며, 현재 한서대학교 국제관계학과 교수로 재직 중이다. 주로 동아시아 정치사상과 외교사 관계를 강의하고 있으며, 주요 관심 분야는 정치와 도덕의 관계, 문명과 국제질서, 유교의 정치적 정의 등이다. 저서로 『유교리더십과 한국정치』(2002, 공저), 『민주주의의 한국적 수용』(2002, 공저), 『〈대학〉의 종합적 이해』(2013, 공저) 등이, 역서로 『정치이론과 현대국가』(1996), 『맹자』(2002), 『동호문답』(2005) 등이, 논문으로 「송시열과 한국 보수주의의 기원」, 「유가적 군주정과 서구적 민주정에 대한 조선 실학자의 인식」, 「마키아벨리와 맹자의 군주론 비교 이해」(2013) 등이 있다. 이메일: wsahn@hanseo.ac.kr

안정석은 미국 북텍사스주립대학에서 정치학 박사 과정을 수료하고 부산대학교에서 박사 학위를 받았으며, 현재 부경대학교 국제지역학부에서 정치학을 강의하고 있다. 주로 미국학을 강의하고 있으며, 주요 관심 분야는 서양 정치철학의 마키아벨리와 리오 스트라우스의 정치철학으로, 현재 정치철학과 국제 관계 분야를 가로지르는 국가 간 윤리(international ethics) 문제와 영화와 정치철학의 상관관계에 관심을 가지고 있다. 논문으로 「마키아벨리와 리비우스 사이에서: 근대성의 정치철학」(2009), 「마키아벨리의 도덕적 선-악에 대한 해석방식에 관한 소고: 『군주론』과 『리비우스논고』」(2006), "Marsilius of Padua's Theory of 'Sovereignty' in *Defensor Pacis*"(2009), 「근대 자연법사상에 내재된 권력의 정당성과 그 현대적 함의: 레오 스트라우스의 관점을 중심으로」(2010) 등이 있다. 이메일: jeong-sahn@naver.com

오수웅은 한국외국어대학교에서 정치학 박사 학위를 받았으며, 현재 숙명여자대학교 교육대학원 일반사회교육전공 교수로 재직하고 있다. 주로 정치사상 및 이론, 교육철학을 강의하고 있으며, 주요 관심 분야는 문화와 인권, 도덕, 정치교육, 교육철학 관련 주제들이다. 논문으로 「루소에 있어서 인권사상」(2007), 「루소의 시민사회와 인권실현」(2008), 「루소의 도덕과 법: 개념과 관계」(2009), 「취향교육의 도덕정치적 함의: 루소의 사상을 중심으로」(2009), 「현대의 인권 연구경향 비판과 대안의 모색: 인권의 본질로서 능력과 연구방향」(2010), 「다문화사회에서 이민과 국가정체성: 루소의 사상을 중심으로」(2012), 「一般意志の道德性: ルソーの「定言命法」」(2013), 「인권지수 개발을 위한 실험: 능력기반접근」(2013) 등이 있다. 이메일: peter-pan@sookmyung.ac.kr

김동하는 독일 베를린자유대학교에서 정치학 박사 학위를 받았으며, 현재 서강대학교 사회과학연구소 연구교수로 재직 중이다. 주로 서양 정치사상사와 현대 민주주의 이론을 강의하고 있으며 주요 관심 분야는 정치 통합 문제, 정치와 종교의 관계, 사회적 소수자의 인정 문제 등이다. 저서로는 독일의 Königshausen & Neumann 출판사에서 출간된 *Anerkennung und Integration: Zur Struktur der Sittlichkeit bei Hegel*(2011), 『보수주의와 보수의 정치철학』(2013, 공저) 등이 있고, 논문으로 「'헌법'과 통합의 정치: 헤겔 '법철학'의 현재성 옹호를 위한 요소들」(2013), 「시민종교와 정치통합: 헤겔의 규범적 통합이론의 문화론적 재구성」(2012), 「독일 바이마르 시기의 '보수혁명' 담론에 나타난 국가, 시장, 민주주의」(2011) 등이 있다. 이메일: parhesia@sogang.ac.kr

신복룡은 건국대학교에서 동학(東學) 연구로 정치학 박사 학위를 받았으며, 건국대학교 정치외교학과에서 석좌교수를 끝으로 퇴직했다. 주로 한국 정치사와 한국 정치사상사를 강의했으며, 주요 관심 분야는 정치와 종교, 남북 분단, 전기정치학, 민주주의의 사상사적 유산 관련 문제들이다. 저서로 『전봉준평전』(1996), 『한국정치사』(2003), 『한국분단사연구: 1943-1953』(2001), *The Politics of Separation of the Korean Peninsula*(2008), 『한국정치사상사』(2011) 등이 있고, 역서로 『入唐求法巡禮行記』(2007), 『한말외국인기록』(전23권, 1999), 『갑신정변회고록』(2006, 공역), 『외교론』(1998), 『군주론』(2006) 등이 있고, 논문으로 「한국정치사학사」(2001), 「傳記政治學 試論: 그 학문적 정립을 위한 모색」(1998), 「한국사에서 서해5도의 정치지리학: 1943-1953」(2011), 「동방 삼국을 바라보는 당태종(唐太宗)의 시선」(2012)이 있다. 이메일: simon@konkuk.ac.kr

최순영은 독일 베를린 훔볼트 대학에서 철학 박사 학위를 받았으며, 현재 한신대학교 등에서 강의하고 있다. 주로 정치사상사를 강의하고 있으며, 주요 관심 분야는 니체의 정치철학, 포스트모던 정치철학, 환경정치학, 신학과 철학 등이다. 저서로 『니체와 도덕의 위기 그리고 기독교』(2012), 『주요 국가별 다문화 정책』(2012, 공저), 『정치학의 정체성』(2013, 공저)이 있으며, 논문으로 「니체의 기독교 이해에 대한 비판적 고찰」(2008), 「독일 정치학의 역사적 전개과정: 대학제도 변화와의 관계를 중심으로」(2009), 「삶과 죽음 그리고 정치」(2009), 「니체의 위버멘쉬와 고귀한 삶 그리고 정치」(2010), 「저탄소 녹색성장에 대한 환경정치학적 성찰」(2010), 「니체의 자유민주주의 비판」(2012) 등이 있다. 이메일: csyjc@hanmail.net

정원섭은 서울대학교에서 철학 박사 학위를 받았으며, 미국 퍼듀대학교 철학과에서 박사 후 과정을 거쳐 건국대학교 교양학부에서 근무하였다. 현재는 서울대학교 철학사상연구소에 근무하면서 도덕철학 및 정치 철학을 연구하고 있다. 특히 디지털 기술이 야기하는 윤리적 문제들에 대하여 꾸준히 관심을 기울여왔으며 최근에는 인권에 대한 철학적 정초 작업을 과제로 삼아 전쟁과 평화에 대해 주목하고 있다. 저서로『롤즈의 공적 이성과 입헌민주주의』(2008),『정의론과 사회윤리』(2012, 공저),『처음 읽는 윤리학』(2013, 공저),『처음 읽는 영미현대철학』(2014, 공저),『한국형 복지국가』(2014, 공저) 등이 있고, 역서로『정의와 다원적 평등』(1999),『자유주의를 넘어서』(2000) 등이 있으며, 논문으로「인권의 현대적 역설」(2012),「현대 자유주의 정치철학에서 복지」(2013), "Human Rights and Asian Values"(2013) 등 다수가 있다. 이메일: wonsupj@hanmail.net

설한은 미국 펜실베니아주립대학교에서 정치학 박사 학위를 받았으며, 현재 경남대학교 정치외교학과 교수로 재직 중이다. 주로 현대 정치철학 및 정치이론을 강의하고 있으며, 주요 관심 분야는 자유주의, 민주주의, 다문화주의, 세계화 등을 핵심 주제로 하여 서로 연계된 현대 정치철학 관련 제 문제들이다. 저서로『정치사상, 정치리더십, 한국정치』(2004, 공저) 등이, 논문으로「정의와 민주주의의 관계: 절차적인가, 실질적인가?」(2013),「초국적 제도의 민주적 정당성에 대한 고찰」(2010),「자유주의 다원사회와 권리의 정치」(2009) 등이 있다. 이메일: hsuhl@kyungnam.ac.kr

김주성은 미국 텍사스대학교(오스틴)에서 정치학 박사 학위를 받았으며, 현재 한국교원대학교 총장으로 재직하고 있다. 그동안 한국교

원대학교 일반사회교육과의 교수로 재직하였으며, 관심 분야는 사회정의론, 한국 정치론 및 민주주의론 등이다. 저서로는 『한국 민주주의의 기원과 미래』(2011, 공저), 『페어소사이어티』(2011, 공저) 등이 있고, 역서로는 『직관과 구성』(1999, 공역)이 있다. 이메일: joosung-kim@knue.ac.kr

김병욱은 중앙대학교에서 정치학 박사 학위를 받았으며, 현재 중앙대학교 민족통일연구소 선임연구원으로 재직 중이다. 주요 관심 분야는 한국정치사상사에 기초를 둔 비교윤리문화방법론과 한국비교정치이론을 구축하는 일이다. 저서로 『메타비교정치학』(2011), 『인권의 정치사상』(공저, 2010), 『공적윤리와 정치』(2004) 등이 있으며, 논문으로 「정치학 방법론에 관한 메타이론적 검토: 메타정치학의 모색」(2011), 「인권에 관한 윤리철학 및 정치철학 측면의 검토」(2009), 「정치이론과 현실 개념에 관한 윤리적 검토」(2008), 「공적 윤리 관점으로 검토해보는 니코마코스 윤리론」(2006), 「정치사상적으로 검토해보는 한국비교정치론」(2005) 외 다수가 있다. 이메일: kongism@hanmail.net